MariaDB 10.0과 MYSQL 5-6을 한번에 배우는

Real MariaDB

MariaDB 10.0과 MySQL 5·6을 한번에 배우는

Real MariaDB

지은이 이성욱

펴낸이 박찬규 | 엮은이 이대엽 | 디자인 북누리 | 표지디자인 아로와 & 아로와나

펴낸곳 위키북스 | 전화 031-955-3658, 3659 | 팩스 031-955-3660
주소 경기도 파주시 문발로 115 세종출판벤처타운 311호

가격 35,000 | 페이지 636 | 책규격 188 x 240 x 29

초판 발행 2014년 04월 18일 | 2쇄 발행 2016년 04월 18일
ISBN 978-89-98139-53-7 (93000)

등록번호 제406-2006-000036호 | 등록일자 2006년 05월 19일
홈페이지 wikibook.co.kr | 전자우편 wikibook@wikibook.co.kr

이 도서의 국립중앙도서관 출판시도서목록 CIP는
서지정보유통지원시스템 홈페이지(http://seoji.nl.go.kr)와
국가자료공동목록시스템(http://www.nl.go.kr/kolisnet)에서 이용하실 수 있습니다.
CIP제어번호 2014011618

Real

MariaDB

MariaDB 10.0과
MySQL 5.6을
한번에 배우는

이성욱 지음

위키북스

MariaDB Foundation is committed for the introduction of storage engines and a variety of improvements and management capabilities such as the optimizer for a better MariaDB.

In addition, we will continue to develop the community of MariaDB and that the aim of open source of MariaDB on an ongoing basis, through the participation of open source advocates and many more.

Around the MariaDB Foundation, many global IT companies such as Taobao and Google have joined the crowd of MariaDB world already. In the future, I strongly believe that many companies will also participate in the construction of MariaDB ecosystem is expected to further.

I hope that many people in Korea join the MariaDB community and hope that many Korean companies will have experience with MariaDB too.

I personally thank and congratulate Matt[1] for publishing the first book about MariaDB in Korea and hope many DBAs find out the beauty of features and functions of MariaDB from his book.

CTO of MariaDB Foundation
Michael "Monty" Widenius

Chief Evangelist of MariaDB
Colin Charles

---

1 저자의 영어 이름

저자가 "Real MySQL"을 저술하기 시작한 2010년경, 다른 상용 RDBMS와 비교했을 때 MySQL 서버는 용도가 확연히 구분되어 있었다. 데이터가 조금 손실되거나 갑자기 MySQL 서버가 크래시(Crash)되어도 서비스에 크게 문제가 되지 않는 환경에서 주로 사용되었다. 그래서인지 많은 데이터베이스 관리자들도 "MySQL 서버가 그렇죠! 뭐.." 라는 생각을 많이 가지고 있었다. MySQL 서버는 주로 전문 DBA가 없는 스타트업 기업들이 많이 사용했었는데, 개발 업무만으로도 시간이 부족한 개발자가 MySQL 서버를 관리하면서 MySQL 서버는 하드웨어와 설정이 최적화되지 못한 상태에서 구동되는 경우가 많았다. 이런 환경에서 MySQL 서버를 경험한 사용자는 대부분 "MySQL 서버는 참 이상한 데이터베이스"라는 선입관을 가지고 있기도 했었다.

"Real MariaDB"가 출판되는 2014년 4월, MySQL은 이젠 더 이상 소규모 스타트업 회사나 인터넷 포털 기업에서만 사용하는 불안정한 무료 데이터베이스가 아니다. 이제는 빌링 시스템까지 MySQL 서버를 사용하고 있고, MSSQL이나 오라클 DBMS만이 유일한 솔루션이었던 게임 서비스까지 MySQL 서버가 조금씩 그 역할을 대체해 나가고 있다. 소규모 모바일 게임뿐만 MMORPG와 같은 대형 게임에서도 MySQL 서버를 사용하려는 움직임들도 보이고 있다. 오라클이나 MSSQL 서버의 높은 라이선스 가격도 MySQL 사용자 확대에 크게 기여하고 있는 것은 사실이지만, 무엇보다 MySQL 서버 자체의 신뢰성이나 탁월한 비용 대비 효과가 많은 사용자를 끌어모았다는 점은 누구도 부정할 수 없을 것이다. 또한 "Real MySQL"도 이런 MySQL의 흐름에 조금이나마 도움이 되었기를 기대해 본다.

어느새 "Real MySQL"이 출판된 지 2년의 시간이 지나가고 있다. 그 시간 동안 MySQL 시장에서도 조금씩 다른 움직임이 나타나기 시작했는데, 대표적인 것이 PerconaServer와 이 책에서 다룰 MariaDB다. PerconaServer는 오라클에서 릴리즈되는 MySQL 서버에 매우 종속적이지만 MariaDB는 기능이나 철학적인 부분에서 상당히 독립적인 방향을 가지고 있으며, 앞으로는 그러한 움직임이 더욱더 가속화될 것으로 보인다.

구글이나 중국의 거대 온라인 쇼핑몰 업체인 타오바오에서 MariaDB의 소스코드에 기여(Contribution)하기 시작했다. 이런 거대 기업에게는 MariaDB의 태생적인 한계가 MariaDB의 장점으로 작용하고 있기 때문이다. MariaDB는 오라클 MySQL 소스코드를 근간으로 시작되었기 때문에 오라클과 같이 쉽게 상용화할 수가 없다. 즉 MySQL 엔터프라이즈 버전과 같이 소스코드 비공개의 유료 버전 출시가 쉽지 않다는 것이다. 구글이나 타오바오와 같이 MySQL의 소스코드를 보완해서 사용해야 하는 기업들에게 일부 기능만 사용할 수 있는 MySQL 커뮤니티 버전보다는 MariaDB가 더 매력적으로 보인 것으로 생각할 수 있다. 이렇게 능력을 갖춘 거대 기업들이 MariaDB를 사용한다는 것은 MariaDB의 신뢰성뿐만 아니라 그들이 보완하고 개선한 기능들을 우리는 아무런 비용없이 사용할 수 있게 된다는 것을 의미한다.

이 책은 MariaDB와 MySQL에 관심이 있는 독자들을 위해서 MariaDB 10.0과 MySQL 5.6의 각 고유 기능과 공통 기능들을 비교 설명하는 방식으로 구성했다. 부디 이 책이 MariaDB와 MySQL의 특성과 기능 차이를 이해하고, 서비스의 특성에 맞게 (MariaDB와 MySQL 중에서) 적절한 솔루션을 선택하는 안목을 키우는 데 도움이 되었으면 한다.

03
MariaDB 기동 및 쿼리 실행

04
실행 계획 분석

05

최적화

06
스토리지 엔진

07
기타 기능

08

레플리케이션

01

MariaDB

1.1 MariaDB란?

MariaDB는 Monty Program AB라는 회사에서 만든 MySQL이나 오라클과 같은 하나의 독립적인 RDBMS이다. 여기에서 "독립적인"이란 표현의 의미는 InnoDB와 같이 MySQL에 플러그인 형태로 사용할 수 있는 스토리지 엔진이 아니라는 것을 의미한다. MariaDB를 한마디로 소개하는 것은 어려울 것이다. 여기에서는 MariaDB의 주요 특성 몇 가지를 통해서 개괄적으로 살펴보도록 하겠다.

MariaDB는 MySQL 커뮤니티 코드 베이스를 이용해서 탄생했다.

MariaDB는 오픈소스 MySQL(커뮤니티 버전)의 코드를 기반으로 만들어진 RDBMS이다. 밑에서 자세히 살펴보겠지만, MariaDB의 각 버전은 상응하는 각각의 MySQL 커뮤니티 버전을 기반으로 하고 있다. 하지만 MariaDB는 MySQL 커뮤니티 버전의 소스를 그대로 가져온 것이 아니라 MySQL 커뮤니티 버전이 가지고 있는 기능과 Monty Program AB에서 새로운 기능을 더해서 출시되는 RDBMS이다. MySQL 커뮤니티 버전을 기반해서 만들었다는 의미는 MySQL 커뮤니티 버전과 MariaDB가 상당 부분 호환된다는 말과도 상통한다고 볼 수 있다.

MariaDB는 Monty Program AB에 의해서 다듬어진 MySQL이다.

Monty Program AB라는 회사는 MySQL을 처음으로 개발한 Michael "Monty" Widenius(이하 Monty로 명명)가 2009년 설립한 회사이다. MySQL이 썬 마이크로시스템즈에 매각되고 그 이후 오라클에 다시 매각되는 과정을 거치면서 MySQL의 라이선스 정책도 바뀌고 MySQL 개발자들도 많이 교체되었다. 그런 와중에 많은 MySQL의 코어 개발자들이 Monty Program AB로 이동한 것으로 알려져 있다. 오라클에서 MySQL 커뮤니티 버전을 릴리즈하면 Monty Program AB의 MySQL 전문가들이 기존 코드를 개선하고 부가적인 기능을 더해서 MariaDB를 릴리즈하는 것이므로, MariaDB는 MySQL 커뮤니티 버전에 비해서 조금 더 다듬어진 버전이라고 볼 수 있다.

MariaDB는 오픈소스이다.

오라클 MySQL의 커뮤니티 버전은 여전히 오픈소스이다. 많은 사용자들이 MySQL 커뮤니티 버전도 오픈소스인데 "왜 또 다른 오픈소스 RDBMS인가?"라고 생각할 수도 있다. 하지만 오라클의 MySQL 커뮤니티 버전은 오라클의 "오픈 코어" 비즈니스 모델의 일부인 것이다[1]. 오픈 코어 비즈니스 모델은 부분 유료화 게임과 비교하면 쉽게 이해할 수 있다. 즉 게임에서 모든 플레이는 가능하지만 좀 더 풍부한 아이템이나 즐길 거리를 위해서는 돈을 지불해야 하는 것처럼, MySQL도 무료로 사용할 수 있지만 조금 더 고급 기능은 돈을 지불해야 사용할 수 있는 것이다. 그 버전을 우리는 MySQL 엔터프라이즈 버전이라고 부르고 있는 것이다. 하지만 MariaDB에는 그런 구분은 없다. 즉 돈을 더 지불해야만 사용할 수 있는 소프트웨어적 기능은 없으며, 내가 원하는 기능을 언제든지 무료로 사용할 수 있을 뿐만 아니라 능력이 된다면 그 기능들이 어떻게 구현되었는지도 소스코드를 통해서 살펴볼 수 있다. 물론 소프트웨어 이외의 기술 지원과 같은 서비스는 별개로 생각하자.

---

1 물론 Oracle의 비즈니스 모델에 대해서 부정적인 생각을 가지고 있는 것은 아니다. 좋은 기능을 돈을 지불하고 사용하는 것은 당연한 것이다.

MySQL의 창시자인 Monty가 다시 MariaDB라는 새로운 오픈소스를 시작하게 된 이유로, 아래 2가지를 언급했다.

- MySQL 코드 베이스(MariaDB라는 이름으로)가 계속 오픈소스로 남기를 바란다.
- MySQL 개발자들이 오픈소스 방식으로 계속 MySQL을 개발할 수 있는 공간(Good home)을 가질 수 있기를 바란다.

Monty Program AB라는 회사도 언제 다른 회사로 팔려서 오픈소스 의지가 사라지게 될지는 모르지만, 이 2가지를 본다면 Monty가 남아 있는 한은 MariaDB는 계속 오픈소스로 남게 되지 않을까 그리고 내가 꼭 필요한 기능을 무료로 계속 사용할 수 있지 않을까 기대해 본다. 또한 이미 MariaDB는 MySQL 커뮤니티 버전의 소스코드를 기반으로 하고 있기 때문에 MariaDB를 이용해서 합법적으로 상용 버전을 만들어 내기는 사실 어려울 수밖에 없다. Monty Program AB에서 다시 오라클로부터 MySQL을 사들이지 않고서는 말이다.

지금까지 설명한 몇 가지 내용으로 MariaDB의 모든 것을 설명하기는 부족할 것이다. 또한 이 책이 MariaDB와 오픈소스의 철학을 논하고자 하는 것이 아니므로 이 정도로 끝내도록 하겠다.

> **참고**   MariaDB라는 이름은 도대체 어디에서 온 것일까? 왠지 종교적인 느낌도 조금은 풍기는 듯하고 DBMS 소프트웨어의 이름으로는 조금 어색하기도 하다. 우선 MariaDB의 이름이 어디에서 왔는지를 이해하려면 MySQL이 어떻게 만들어졌는지부터 알아야 하고, 사실 우리에겐 그다지 중요하지 않지만 Monty의 가족사도 조금은 알고 있어야 한다.
>
> MySQL에서 "My"의 의미를 모르는 사람들이 매우 많을 것으로 생각된다. 여기에서 "My"는 "I"의 소유격으로서 My가 아니다. 많은 사람들이 MySQL을 "나의 SQL"쯤으로 생각하는데, 사실 MySQL의 "My"는 Monty의 첫 번째 딸 이름에서 따온 것이다. 그리고 Monty가 두 번째 아들 Max를 가지면서 MaxDB라는 DBMS를 만들었다. 이쯤 되면 많은 독자가 눈치챘을 것이다. Maria는 Monty의 세 번째 자녀(딸)인 Maria에서 따온 이름이다. Monty는 네이밍에 대해서는 가이드라인이 확실한 것 같다. Monty가 1962년생이므로 올해(2013년) 51살인 것을 생각하면, 아무래도 Monty의 네 번째 DBMS는 나오지 않을 것 같다.

1.2 MariaDB vs. MySQL

이제 MariaDB를 철학이 아니라 컴퓨터 엔지니어 입장으로 들어가서 살펴보자. 처음에도 간략히 언급했듯이, MariaDB는 MySQL로부터 시작했기 때문에 MySQL과의 차이와 공통점을 비교해보면 쉽게 MariaDB에 친숙해질 수 있을 것으로 생각된다.

> **주의** 이 책에서는 MySQL이라는 단어를 오라클에서 출시하는 MySQL로 한정할 때에도 사용하지만 MariaDB와 Percona에서 출시하는 PerconaServer 그리고 오라클의 MySQL을 모두 묶어서 명명할 때에도 MySQL이라는 단어를 사용한다. 지면이나 설명의 간결을 위해서 매번 "오라클 MySQL" 또는 "변형(Fork) 버전을 포함한 MySQL"이라고 명명하기가 어렵기 때문이다. 이런 규칙은 InnoDB와 XtraDB 스토리지 엔진에서도 똑같이 적용된다. InnoDB가 오라클 MySQL에서 개발된 InnoDB 스토리지 엔진만을 지칭할 때도 있지만 오라클 MySQL의 InnoDB 뿐만 아니라 XtraDB까지 포함해서 InnoDB로 지칭되는 경우도 있다.
>
> 이 모든 것들에 대해서 가능하면 구분이 될 수 있도록 명시하려고 노력했지만, 그렇지 못한 부분들도 있으므로 문맥으로 적절히 파악할 수 있도록 주의하자.

1.2.1 MariaDB와 MySQL 그리고 PerconaServer

MariaDB를 이해하기 위해서는 먼저 MySQL과 PerconaServer를 알아야 한다. 이미 MySQL 서버에 대해서는 많이 들어 보고 경험해 보았을 것이다. PerconaServer는 Percona(http://www.percona.com/)라는 회사에서 MySQL 서버의 소스코드를 기반으로 만든 MySQL 서버의 또 다른 포크(fork) 버전이다.

오라클이나 Monty Program AB와는 달리 Percona는 MySQL 서버에 대한 기술 지원을 위주로 시작된 회사이다. 기술 지원을 통해서 축적된 경험과 노하우 그리고 MySQL 서버의 부족한 부분들을 하나씩 직접 MySQL 서버에 구현해서 추가하면서, 지금은 MySQL 서버의 전반적인 부분에 대해서 기능 개선을 한 PerconaServer를 출시하고 있다. 그래서 PerconaServer는 운영 편의성과 성능에 더 집중하는 경향을 보인다. 또한 PerconaServer는 MariaDB와는 달리 MySQL 서버가 릴리즈되면, MySQL 서버의 소스코드에 Percona에서 가지고 있는 기능들을 주로 패치해서 넣는 형태로 PerconaServer를 릴리즈하고 있다. 즉 Percona는 MySQL 서버와 거의 비슷한 주기로 동일한 숫자의 버전으로 PerconaServer를 출시하고 있다.

MySQL과 MariaDB 그리고 PerconaServer의 관계는 다음 그림과 같이 생각해 볼 수 있다.

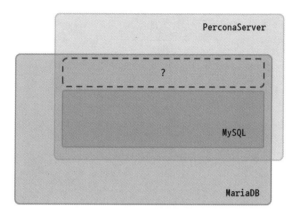

〈그림 1-1〉 MariaDB와 MySQL 그리고 PerconaServer의 관계

〈그림 1-1〉을 보면 알 수 있듯이 MariaDB와 PerconaServer 모두 MySQL 서버의 코드를 기반으로 새로운 버전이 출시되고 있다. 물론 이제 MariaDB는 MySQL의 소스코드와는 조금씩 다른 방향으로 발전하고 있지만 PerconaServer는 새로운 버전의 MySQL이 출시되면 거의 동시에 똑같은 버전의 PerconaServer로 출시되고 있는 편이다. 또한 PerconaServer도 자체적으로 성능 개선이나 신기능들을 추가해서 출시되고 있으며, MariaDB 또한 PerconaServer처럼 자체적인 기능들을 가지고 출시되고 있다. 한 가지 재미있는 것은 PerconaServer는 MariaDB에서 구현된 기능을 가져다 사용하지는 않지만, MariaDB는 Percona에서 구현된 기능들(그림 1-1의 "?" 영역)을 같이 배포 버전에 포함하고 있다. 대표적인 것이 바로 Percona에서 개발된 XtraDB 스토리지 엔진이다.

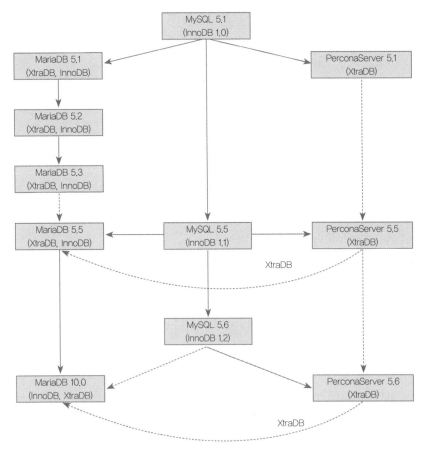

〈그림 1-2〉 MariaDB vs. MySQL vs. PerconaServer 버전 간의 관계

〈그림 1-2〉는 MariaDB와 MySQL 그리고 PerconaServer의 버전 관계도이다. 이 관계도에서 실선으로 표시된 것은 기반을 둔 소스코드(코드 베이스)의 관계이며, 점선은 일부 기능들을 소스코드 형태로 가져와서 보완해서 적용하는 것을 의미한다. 그리고 PerconaServer의 XtraDB에서 MariaDB로 이어진 연한 회색의 점선은 MariaDB가 XtraDB 스토리지 엔진을 가져와서 사용함을 의미한다.

XtraDB는 오라클의 MySQL 서버에 기본으로 포함되어 있는 InnoDB의 소스코드를 개선해서 만든 새로운 스토리지 엔진이다. XtraDB 또한 InnoDB와 모든 데이터 파일이 100% 호환된다. 그래서 InnoDB 대신 XtraDB로 바꿔서 사용할 수도 있는데, PerconaServer와 MariaDB 5.5 버전에서는

InnoDB 대신 XtraDB가 기본 스토리지 엔진으로 사용되고 있다. MariaDB 10.0.6[2]까지는 Percona 의 XtraDB가 아직 포함되어 있지 않지만, Percona의 XtraDB 스토리지 엔진이 MariaDB 10.0에서 필요한 기능을 갖춘 시점(MariaDB 10.0.7)부터는 기본적으로 탑재되어서 배포되고 있다. 그래서 지금 사용하고 있는 MariaDB의 버전에서 내부적으로 오라클의 InnoDB 스토리지 엔진이 사용되고 있는지 아니면 Percona의 XtraDB가 InnoDB를 대체하고 있는지를 잘 살펴보고 기억해야 한다.

간단히 오라클의 MySQL과 Percona 그리고 Monty Program AB에서 출시되는 MySQL 포크 (fork) 버전 2개 사이의 관계를 살펴보았다. 이 그림에서 저자가 하고 싶은 이야기는 MariaDB와 PerconaServer 둘 중에서 어떤 솔루션을 선택한다 하더라도 MySQL의 기본 기능을 모르고서는 제대 로 사용하기 어렵다는 것이다. MariaDB와 PerconaServer는 아직 완벽한 매뉴얼을 가지고 있지도 않 다. MariaDB와 PerconaServer 도큐먼트는 독자적으로 가지고 있는 기능들에 대한 소개만 있으며, MySQL 서버와 공통되는 기능에 대해서는 매뉴얼을 작성하거나 관리하지도 않는다. 그래서 MariaDB 나 PerconaServer를 사용한다고 해서 MySQL을 몰라도 되는 것은 절대 아니다. 또한 〈그림 1-1〉에서 도 봤듯이 MariaDB는 내부적으로 XtraDB 스토리지 엔진을 사용하기 때문에 Percona의 매뉴얼을 참 조해야 할 때도 있다.

지금까지 소개한 3개 회사의 솔루션이 서로 기본 코드를 공유하면서도 각자 조금씩 다른 기능들을 가 지고 있어, 조금 부담을 느끼는 독자도 있을진 모르겠다. 하지만 다행히도 3개의 솔루션 모두 최대한 오라클 MySQL과 호환성을 유지하려고 노력하고 있다. 그래서 지금 느끼는 부담감보다는 훨씬 더 쉽 게 MariaDB에 접근할 수 있을 것이다.

1.2.2 공통점

MariaDB에서는 "Binary drop-in replacement of MySQL"이라는 표현으로 MySQL과의 호환성이 나 공통점을 언급하곤 한다. 말 그대로 MariaDB 프로그램으로 MySQL 프로그램을 대체할 수 있다는 의미이다. 그리고 여기에서 "Binary"라는 말의 의미는 프로그램의 이진 코드가 호환된다는 의미가 아 니라 MySQL 서버에서 사용되던 데이터 파일들이 서로 호환된다는 것을 말한다.

- MariaDB의 실행 프로그램들과 유틸리티는 모두 MySQL과 이름이 동일하며, 호환된다.
- MySQL 5.x의 데이터 파일과 .FRM 파일(테이블 정의 파일)은 MariaDB 5.x와 호환된다.

---

2 저자가 이 책을 저술하면서 주로 사용했던 버전은 10.0.6이며, 일부 기능은 XtraDB가 같이 배포되기 시작한 MariaDB10.0.7에서 테스트되었다.

- 모든 클라이언트 API와 통신 프로토콜은 서로 호환된다.

- 모든 파일(복제 관련 데이터 파일과 소켓 파일)과 포트 및 파일의 경로가 동일하다.[3]

- MySQL Connector(자바 드라이버 및 C 클라이언트 라이브러리)는 모두 MariaDB에서 변경없이 사용 가능하다.

- MySQL 클라이언트 프로그램은 그대로 MariaDB 서버의 연결에 사용할 수 있다.

실제로 MariaDB 5.x 버전과 MySQL 5.x 버전은 거의 대부분 내용들이 비슷하며 호환된다. 그래서 MariaDB 초창기에는 MariaDB 전용의 자바 드라이버나 C API가 별도로 존재하지 않았었다. 최근에서야 MariaDB JDBC 드라이버와 C API 라이브러리가 릴리즈되었는데, 아직도 MySQL JDBC 드라이버를 그대로 사용하는 곳이 많은 상태이다. 그래서인지 MySQL 서버를 관리하는 DBA가 아니라면, 접속하는 서버가 MariaDB인지 MySQL 서버인지 거의 차이를 느끼지 못하고 그걸 구분할 필요조차도 없을 정도로 호환이 된다고 볼 수 있다.

MariaDB와 MySQL에 포함된 클라이언트 프로그램과 유틸리티 중에서 우리가 자주 사용하는 프로그램들의 이름을 한번 비교해 보자.

〈표 1-1〉 프로그램과 유틸리티 비교

	MariaDB	MySQL
데이터베이스 서버 프로그램	mysqld	mysqld
MyISAM 체크 프로그램	myisamchk	myisamchk
클라이언트 프로그램	mysql	mysql
서버 관리자 유틸리티	mysqladmin	mysqladmin
데이터 덤프 프로그램	mysqldump	mysqldump
데이터 적재 프로그램	mysqlimport	mysqlimport
빌트인 백업 유틸리티	mysqlhotcopy	mysqlhotcopy
스키마 업그레이드 유틸리티	mysql_upgrade	mysql_upgrade
바이너리 로그 분석 프로그램	mysqlbinlog	mysqlbinlog
데이터베이스 구조 분석 유틸리티	mysqlshow	mysqlshow
슬로우 쿼리 로그 분석 프로그램	mysqldumpslow	mysqldumpslow

---

3 복제를 위한 바이너리 로그 포맷은 MariaDB 10.0과 MySQL 5.6 간의 차이가 다소 있음

〈표 1-1〉에서 보는 바와 같이, MariaDB와 MySQL 서버의 각종 프로그램과 유틸리티의 이름까지 모두 동일하다. 이는 MariaDB에서 프로그램의 이름을 변경하지 못해서가 아니라 기존 MySQL 서버와의 호환성을 최대한 유지해서 MySQL 서버를 사용해 본 경험이 있는 사용자들이 쉽게 MariaDB로 진입할 수 있도록 한 것이다.

이 정도로 MariaDB와 MySQL 서버가 호환된다면, "군이 MariaDB가 왜 만들어 졌을까?"라고 생각하는 독자들도 있을 것이다. 하지만 MariaDB와 MySQL의 진정한 차이는 JDBC 드라이버나 클라이언트 유틸리티와 같이 외부로 드러나는 부분에 있는 것이 아니다. 서버의 옵티마이저나 스토리지 엔진의 설정 내용들에서는 MariaDB 5.x 버전에서도 상당한 차이가 있으며, MariaDB 10.x 버전으로 올라가면서는 더 큰 차이를 보여준다.

MariaDB 5.x 버전에서는 사실 개발자가 MySQL 5.x 서버와 크게 구분해서 생각할 필요가 없을 정도였지만, MariaDB 10.x 버전부터는 개발자에게 노출되는 부분도 편의성과 효율성 그리고 성능과 관련해서 많은 부분들이 개선됐다. 이제부터 이러한 차이점에 대해 각 장을 통해 차근차근 살펴보겠다.

1.2.3 차이점

MariaDB와 MySQL은 아직은 기능이나 성능에서 큰 차이점을 보이고 있지는 않다. MySQL 서버의 데이터 파일을 그대로 복사해서 MariaDB에서 사용해도 문제없을 정도로 호환이 된다. 지금 둘의 가장 큰 차이점은 아무래도 누가 각 오픈소스 프로젝트를 이끌고 있느냐일 것이다. 지금은 큰 차이가 없지만, Monty Program AB와 오라클의 성향에 따라서 앞으로는 많은 변화들이 올 것이라고 생각된다.

1.2.3.1 라이선스

MariaDB와 MySQL의 가장 큰 차이점은 아마도 오픈소스 정책의 방향이나 소프트웨어의 라이선스 정책이 아닐까 생각된다. MySQL 커뮤니티 버전을 보면 MariaDB와 MySQL의 라이선스가 큰 차이 없어 보이지만, MySQL의 이중 라이선스(커뮤니티와 엔터프라이즈 라이선스) 정책을 생각하면 뭔가 큰 차이가 있어 보이기도 한다.

- MariaDB 서버는 GPL 라이선스로 배포되며, 클라이언트 프로그램 및 라이브러리(Connector/J와 C Client API)는 LGPL 라이선스를 따른다

- 커뮤니티 버전의 MySQL 서버와 클라이언트 프로그램 및 라이브러리(Connector/J와 C Client API)는 모두 GPL 라이선스로 배포되며, 엔터프라이즈 버전은 상용 라이선스를 따른다

GPL과 LGPL은 소스 및 라이브러리와 실행 파일 등이 모두 오픈소스로 공개된다는 것이지만, LGPL은 GPL보다는 조금 제약이 느슨한(Lesser) 라이선스이다. MySQL 서버의 소스코드를 사용함에 있어서, GPL 라이선스에 의해서 가장 크게 영향 받는 부분은 MariaDB나 MySQL서버의 코드를 상용 소프트웨어에 같이 패키징해서 재배포할 때일 것이다. 이렇게 소프트웨어 패키징을 할 때 MySQL 클라이언트 라이브러리는 필수적인 부분인데, MariaDB의 클라이언트 라이브러리는 LGPL 라이선스이므로 조금은 더 자유롭다는 의미이다.

또한 MariaDB는 GNU GPLv2 라이선스로만 배포되며 상용 버전이 따로 없다. MariaDB의 소스코드는 오라클 MySQL 소스코드를 기반으로 하고 있기 때문에 Monty Program AB에서 자체적으로 상용 버전을 출시할 수 없다는 제약이 있다. 하지만 이는 MariaDB를 사용하는 사용자에게는 MariaDB가 가지는 큰 장점일 수도 있다.

1.2.3.2 스토리지 엔진

기능적으로 MariaDB와 MySQL의 큰 차이를 만들어 내는 부분이 아마도 스토리지 엔진일 것이다. SQL 문장을 작성하는 입장에서 보면 별다른 차이가 느껴지지 않겠지만, MariaDB와 MySQL 서버는 각 용도별로 사용되는 스토리지 엔진 자체가 다르다.

〈표 1-2〉MariaDB와 MySQL의 스토리지 엔진 비교

용도	MariaDB	MySQL
기본 메모리 스토리지 엔진	MySQL 코드 베이스에 포함된 MEMORY 스토리지 엔진을 기본 메모리 스토리지 엔진으로 사용한다. MariaDB에 포함된 MEMORY 스토리지 엔진은 VARCHAR 가변 데이터 타입에 대한 지원이 가능하도록 개선되었다고 MariaDB의 매뉴얼 페이지에서는 언급하고 있다. 즉 MariaDB의 메모리 테이블이나 내부 임시 테이블에 VARCHAR(2000) 칼럼이 있다면 MariaDB에서는 실제 저장된 값의 길이 만큼만 메모리가 소비된다고 되어 있지만 확인 결과 이는 MariaDB 10.0 버전에서도 구현되지 않았다는 것이 확인되었다.	MySQL 5.6에서도 메모리 스토리지 엔진의 기능에는 큰 변화가 없으며, MariaDB의 메모리 스토리지 엔진과 거의 동일하다.
디스크 기반 내부 임시 테이블 스토리지 엔진	기본적으로 MariaDB에서는 Aria 스토리지 엔진이 내부 임시 테이블용 스토리지 엔진으로 사용된다. Aria 스토리지 엔진은 InnoDB와 비슷하게 인덱스뿐만 아니라 레코드 데이터까지 모두 메모리 캐시를 이용할 수 있기 때문에 MyISAM에 비해서는 빠른 처리를 보장한다. 내부 임시 테이블 용도의 스토리지 엔진을 MyISAM으로 사용할지 Aria 스토리지 엔진을 사용할지는 aria_used_for_temp_tables 시스템 옵션으로 조정할 수 있다. (실제 aria_used_for_temp_tables 시스템 옵션으로 조정되진 않고, MariaDB 옵션으로만 조정된다. 이에 대한 자세한 내용은 다시 Aria 스토리지 엔진에서 자세히 설명하도록 하겠다.)	MySQL 서버가 내부 임시 테이블이 필요한 작업에서는, MyISAM 스토리지 엔진을 사용하는 테이블을 생성하여 작업을 처리한다.

용도	MariaDB	MySQL
트랜잭션 지원 스토리지 엔진	MariaDB의 트랜잭션 지원 스토리지 엔진으로는 InnoDB 대신 XtraDB가 사용된다. XtraDB에 대해서는 차후 스토리지 엔진에서 자세히 다루도록 하겠다. MariaDB 10.0.7 버전부터는 XtraDB가 기본 스토리지 엔진이 아니라 오라클의 InnoDB 스토리지 엔진이 기본 스토리지 엔진으로 바뀌었다. 오라클의 InnoDB 스토리지 엔진 대신 XtraDB 스토리지 엔진을 사용하는 방법에 대해서는 나중에 자세히 살펴보도록 하겠다.	이미 MySQL에서 많이 사용되고 있는 InnoDB가 기본 스토리지 엔진이며, 또한 트랜잭션 용도의 스토리지 엔진으로 사용된다.
NoSQL 지원 스토리지 엔진	MariaDB 10.0부터는 MariaDB 인스턴스 외부에서 작동 중인 Cassandra와 연결해서, Cassandra의 데이터를 MariaDB 서버를 통해서 접근할 수 있게 되었다.	MySQL 5.6부터는 스토리지 엔진은 아니지만, InnoDB의 데이터를 Memcached API를 이용해서 데이터를 접근할 수 있도록 Memcached 플러그인이 제공된다.

이처럼 MariaDB와 MySQL 서버가 내부적으로 사용하는 스토리지 엔진이 다르기 때문에 튜닝을 해야 하는 옵션들이 서로 차이가 있으며, 스토리지 엔진별로 조금씩 성격이 달라서 장단점이 다르다고 볼 수 있다.

1.2.3.3 기능

MariaDB 5.5 버전과 MySQL 5.5 버전까지는 아직 기능상으로 큰 차이점은 없다. MySQL 서버에 추가된 기능들은 길지 않은 시간 내에 MariaDB에도 똑같이 구현되고 있고, MariaDB가 MySQL 서버로부터 떨어져 나온 지 오래되지 않아서 서로 추가해야 하는 기능들의 우선순위가 거의 비슷하기 때문이라고 볼 수 있다. 〈표 1-3〉에서와 같이 MariaDB와 MySQL 각각 서로 가지고 있지 않은 독립적인 기능들은 몇 개 되지 않는다. 동일 기능이 어떤 버전의 MariaDB와 MySQL에서 추가되었는지 등의 차이만 보이는 경우가 많다. 물론 MySQL에서는 그 기능이 지원된다 하더라도, MySQL 커뮤니티 버전에서는 사용하지 못할 수도 있다.

〈표 1-3〉 MariaDB와 MySQL의 기능 비교

	MariaDB	MySQL
스레드 풀	MariaDB 5.1 버전부터 지원	MySQL 커뮤니티 버전에서는 지원되지 않으며, MySQL 5.5 엔터프라이즈 버전에서만 지원
버퍼 풀 프리 로드(Pre-Load)	MariaDB 5.5에 포함된 XtraDB에서는 버퍼 풀의 내용을 덤프하고, 덤프된 버퍼 풀 정보를 MariaDB 재시작 후 다시 버퍼 풀로 로딩할 수 있는 기능을 제공	MySQL 5.6 버전에서부터 InnoDB 버퍼 풀의 덤프와 로딩 기능을 지원

	MariaDB	MySQL
SSD 지원	MariaDB 5.5의 기본 스토리지 엔진인 XtraDB에서는 SSD 기반의 디스크 I/O를 위한 블록 플러시 알고리즘 지원	–
서브쿼리 최적화	MariaDB 5.5 버전부터 "IN (subquery)"이나 "NOT IN (subquery)" 형태의 최적화를 지원하며, FROM절에 사용된 서브 쿼리(DERIVED)를 외부 쿼리와 통합(Query rewriting) 하는 최적화 기능 적용	MySQL 5.6 버전부터 "IN (subquery)"이나 "NOT IN (subquery)" 그리고 FROM절에 사용된 서브 쿼리 최적화 기능 추가
조인 최적화	인크리멘탈 조인 버퍼를 이용한 네스티드 루프 조인과 BKA 조인 지원하며, 기본적인 방식의 해시 조인 지원	인크리멘탈 조인 버퍼를 이용한 네스티드 루프 조인과 BKA 조인 지원. 해시 조인은 MySQL 5.6에서 지원되지 않음
멀티 소스 레플리케이션	전통적으로 하나의 슬레이브가 2개 이상의 마스터를 가지는 형태의 레플리케이션 구성은 불가능한 형태였음 MariaDB 10.0 부터는 이런 형태의 복제 구성이 가능하도록 기능이 보완	MySQL 5.7버전부터 멀티 소스 레플리케이션 기능 추가
멀티 스레드 레플리케이션	지금까지는 레플리케이션 슬레이브는 하나의 스레드로만 마스터의 복제된 쿼리를 처리했으며, 이로 인해서 슬레이브의 복제 지연 현상이 많은 이슈가 되었음 MariaDB 10.0부터는 레플리케이션 스레드 개수를 2개 이상으로 설정할 수 있으며, 각 스레드는 도메인 아이디 단위의 병렬 복제 수행	MySQL 5.6 버전부터 멀티 스레드 슬레이브가 지원되지만, 이는 레코드 기반이 아니라 데이터베이스 단위의 멀티 쓰레딩 방식을 사용한다. 그래서 MySQL 서버에 하나의 데이터베이스만 존재한다면, 예전의 싱글 스레드 방식의 복제와 동일한 형태로 처리
롤(ROLE) 기반의 권한 관리	MariaDB 10.0부터는 오라클 RDBMS와 같이 특정 유저 그룹을 위한 롤(ROLE)을 생성하고, 각각의 롤을 사용자들에게 부여하는 형태로 권한 관리가 가능.	–
마이크로 초(Second) 단위의 데이터 타입	MariaDB 5.3 버전부터 밀리초(millisecond)와 마이크로 초 (microsecond) 단위의 시간을 TIME 또는 DATETIME 타입에 저장하고 읽을 수 있도록 개선	MySQL 5.6 버전부터 MariaDB와 동일한 기능을 지원
반 동기화(Semi-sync) 레플리케이션	–	MySQL 5.5 버전부터 플러그인 형태로 설치해서 사용 가능
가상 칼럼	MariaDB 5.2 버전부터 지원됨. 가상 칼럼은 1개 이상의 칼럼 값을 미리 별도의 칼럼에 저장하거나, 쿼리 처리 시점에 가공하여 보여 주는 기능	–
동적 칼럼	동적 칼럼은 NoSQL 솔루션과 같이 각 레코드들이 가지는 칼럼들이 규칙적이지 않을 때 사용할 수 있는 기능. 동적 칼럼은 하나의 물리적인 칼럼으로 생성되며, 그 물리 칼럼에 여러 개의 논리 칼럼들을 생성하여 값을 저장하고 읽을 수 있도록 해줌	–
PAM(Pluggable Authentication Module) 인증	MariaDB 5.2 버전부터 플러그인 인증 모듈 사용 가능	MySQL 커뮤니티 버전에서는 지원되지 않으며, MySQL 5.5 이상의 엔터프라이즈 버전에서만 사용 가능

1.2.3.4 옵티마이저

외부적으로 보이지는 않지만 놓칠 수 없는 부분이 MariaDB와 MySQL 서버의 최적화 수준이다. 최적화 관련해서 MariaDB 5.3 버전에서 큰 변화가 생겼으며, MariaDB 5.3에 추가된 최적화 옵션들이 MySQL에서는 5.6 버전과 5.7 버전에서 도입되었다. 아직 MySQL 5.7이 릴리즈되지 않았으므로 MySQL 5.6 버전까지에 대해서 몇 가지 주요한 최적화 옵션과 기능들을 비교해서 살펴보도록 하자.

〈표 1-4〉 버전별 지원 기능 비교

구분	기능	MariaDB 5.3/5.5	MariaDB 10.0	MySQL 5.5	MySQL 5.6
디스크 읽기	멀티 레인지 읽기 (Multi Rrange Read – MRR)	YES	YES	–	YES
	index_merge 실행 계획의 Sort_intersection 알고리즘 추가	YES	YES	–	–
	비용에 기반한 range와 index_merge 실행 계획 선정	YES	YES	–	–
디스크 읽기	ORDER BY ... LIMIT 〈small_limit〉	–	YES		YES
	세컨드리 인덱스 확장 (Extended secondary index optimization)	YES (5.5)	YES	–	YES
조인	배치화된 인덱스 읽기(Batched key access – BKA)	YES	YES		YES
	블록 해시 조인(Block hash join)	YES	YES		–
서브쿼리	IN 쿼리 최적화(In-to-exists optimization)	YES	YES	YES	YES
	세미 조인(Semi-join)	YES	YES		YES
	구체화(Materialization)	YES	YES	–	YES
	비용에 기반한 구체화와 In-to-Exist 최적화 (Cost based choice of materialization vs.. in-to-exists)	YES	YES	–	YES
	서브 쿼리 캐싱(Subquery cache)	YES	YES	–	–
	서브 쿼리의 실행 계획 성능 향상 (Fast explain with subqueries)	YES	YES	–	–
임시테이블 & 뷰	파생 테이블과 뷰의 지연된 구체화 (Delayed materialization of derived tables / materialized views)	YES	YES	–	YES
	파생 테이블의 실행 계획 성능 향상 (Instant EXPLAIN for derived tables)	YES	YES		YES

구분	기능	MariaDB 5.3/5.5	MariaDB 10.0	MySQL 5.5	MySQL 5.6
임시테이블 & 뷰	파생 테이블의 인덱스 최적화 (Derived Table with Keys optimization)	YES	YES	–	YES
기타	LIMIT ROWS EXAMINED rows_limit	YES (5.5)	YES	–	–
	DELETE, INSERT, REPLACE, 그리고 UPDATE 실행 계획	–	구현중	–	YES
	실행 계획의 JSON 포맷 출력	–	–	–	YES

MariaDB와 MySQL 옵티마이저의 차이점 중에서 너무 코드 내부적인(Internal) 부분은 제외하고, 우리가 쉽게 인지할 수 있는 부분들에 대해서만 정리해 보았다. 대체적으로 MariaDB 5.5에 추가된 최적화 옵션들이 MySQL에서는 5.6 버전에 도입된 것을 확인할 수 있다. 대체적으로 서브 쿼리와 파생 테이블 생성 쿼리에 대한 최적화가 많이 도입된 것을 알 수 있다. 위의 내용 하나하나에 대해서는 나중에 다시 예제를 통해서 자세히 살펴보도록 하겠다.

1.2.4 버전별 호환성

MariaDB와 MySQL의 대부분 기능들은 유사하여, 〈표 1-5〉와 같이 해당 버전별로는 거의 문제없이 데이터 파일이나 로그 파일들이 그대로 호환된다. 실제로 MariaDB 5.1과 5.2 그리고 5.3은 MySQL 5.1의 소스코드를 기반으로 만들어졌으며, MariaDB 5.5는 MySQL 5.5와 MariaDB 5.3 코드를 기반으로 만들어졌다. 그리고 MariaDB 10.0은 MySQL 5.6이 아니라 MariaDB 5.5 코드를 기반으로 탄생했기 때문에 이와 같은 호환성 테이블이 나온 것이다.

〈표 1-5〉 MariaDB와 MySQL 상호 호환 버전

MariaDB	MySQL
5.1, 5.2, 5.3	5.1
5.5, 10.0	5.5

〈표 1-5〉와 같이 MySQL 5.1 버전은 MariaDB 5.1 ~ 5.3까지와 호환되며, MySQL 5.5 버전은 MariaDB 5.5 ~ 10.0까지 호환된다. 여기서 호환된다는 의미는 MariaDB의 각 버전이 대상 버전의 MySQL 소스코드를 기반으로 만들어졌다는 것과 동일한 의미이다. 또한 호환의 의미는 대부분의 데이터 파일뿐만 아니라 클라이언트와 서버 간의 통신 프로토콜 및 기타 유틸리티 프로그램들도 같이 사용할 수 있음을 의미한다.

하지만 MariaDB와 MySQL의 모든 내용들이 서로 동일한 것은 아니다. 대부분 내용들이 상호 호환되지만 사용자들에게 노출되는 부분들 중에서 차이가 있거나 조금 다르게 작동하는 것들이 있는데, 각 버전별로 관심을 가져야 할 부분만 살펴보도록 하자.

MariaDB 5.1과 MySQL 5.1

- MariaDB의 설치 프로그램(rpm이나 msi) 이름이 MySQL에서 MariaDB로 바뀜
- MariaDB의 mysqld 프로그램은 설정 파일에서 "[mariadb]" 섹션도 인식함
- CHECKSUM TABLE 명령 처리시 MariaDB는 NULL 칼럼 값도 무시하지 않으므로, MySQL과 체크섬 결과가 달라질 수 있음
- MariaDB의 슬로우 쿼리 로그는 각 쿼리의 간단한 실행 계획(풀 테이블 스캔을 수행했는지, 임시 테이블을 사용했는지 등에 대한 기본 정보)을 같이 표시함
- MariaDB는 내부적으로 MyISAM 대신 Aria 스토리지 엔진을 사용하는데, Aria 스토리지 엔진을 위한 메모리가 조금 더 사용됨

MariaDB 5.2와 MySQL 5.1(MariaDB 5.1과 MySQL 5.1의 차이 포함)

- IGNORE_BAD_TABLE_OPTIONS 옵션이 SQL_MODE에 추가됨. 이 옵션이 없으면 각 스토리지 엔진이 인식하지 못하는 테이블 옵션인 경우 에러를 발생함.

MariaDB 5.3과 MySQL 5.1(MariaDB 5.2와 MySQL 5.1의 차이 포함)

- MariaDB에서만 발생하는 에러 코드는 1900번부터 시작(MySQL 에러 번호와 충돌 방지)
- DATETIME 타입이나 TIME 타입에 마이크로초까지 저장 가능
- UNIX_TIMESTAMP( ) 함수는 소수점 6자리까지 반환
- SHOW PROCESSLIST 명령의 결과에서 쿼리의 처리 진행 상황을 보여주는 항목("Progress")이 추가됨
- IGNORE 옵션은 안전한 경우에만 무시하고, 그렇지 않은 경우(FATAL 에러)에는 에러 발생
- 쿼리 옵티마이저의 기능(optimizer_switch 옵션)이 많이 추가됨. 옵티마이저의 최적화 방식 튜닝 가능

MariaDB 5.5와 MySQL 5.5

• INSERT IGNORE에서 중복 키 에러에 대해서는 경고 메시지 발생

간단히 MariaDB의 각 버전과 MySQL의 각 버전에 대해서 호환성과 비호환성 부분을 살펴보았다. 대부분의 비호환성 부분은 사실 아주 작은 부분일 뿐이며, 실제 저자가 지금까지 사용해 본 경험으로는 주로 사용하는 기능들에 대해서 크게 영향을 받지는 않았다.

1.2.5 성능 비교

아마도 이 책의 독자라면 MariaDB와 MySQL의 성능 비교에 가장 많은 관심을 가질 것이라 생각한다. 아마 다른 솔루션을 선택할 때도 비슷한 기준이 적용될 것이다. 하지만 MariaDB와 MySQL 중에서 누가 더 빠르다라는 이야기를 쉽게 할 수 있는 사람은 거의 없을 것이다. 다음과 같이 여러 가지 고려해야 할 사항이 많기 때문에 이 책에서는 MariaDB와 MySQL 중에서 누가 더 빠른지에 대한 내용은 언급하지 않을 것이다.

• 테스트 시나리오가 MariaDB에서도 최적으로 수행되고 MySQL에서도 최적으로 수행되는 시나리오인가? 또한 최적의 기준은 어떻게 적용되었는가?

• MariaDB와 MySQL 서버 모두 최적의 상태로 튜닝되었는가?

• MariaDB가 우수한 성능을 내는 부분과 MySQL 서버가 우수한 성능을 내는 부분이 충분히 감안되었는가?

• 상당히 긴 시간 동안 안정적인 성능을 보이는 성능 테스트 결과가 수집된 것인가?

인터넷에서 "MariaDB MySQL Performance Comparision"라고 검색해보자. 아마도 여러 개의 벤치마크 결과를 쉽게 만나 볼 수 있을 것이다. 시간이 허용된다면 상위 몇 개의 사이트를 방문하여 성능 비교 결과를 한번 살펴보자. 참고로 아래의 예제 그래프는 MariaDB(https://mariadb.com/blog/sysbench-oltp-mysql-56-vs-mariadb-100)와 플래닛MySQL(http://planet.mysql.com/entry/?id=36221)의 벤치마크 그래프를 옮겨온 것이다.

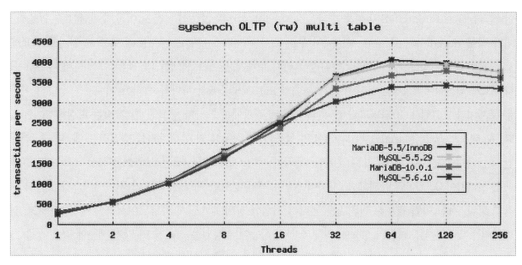

〈그림 1-3〉 MariaDB 사이트의 벤치마크 그래프 (가로축 = 스레드 수)

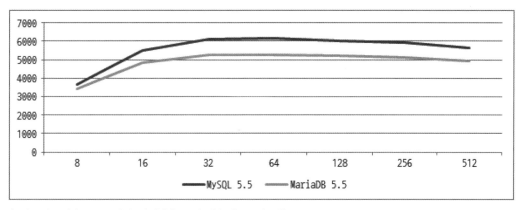

〈그림 1-4〉 플래닛 MySQL 사이트의 벤치마크 그래프 (가로축 = 스레드 수)

두 개의 그림을 보면 쉽게 저자의 의도를 이해할 수 있을 것이다. 결국 누가 테스트를 했는지 어떤 시나리오로 벤치마크를 했는지에 따라서 결과가 서로 달라진다는 것을 알 수 있다. 그렇다고 해서 이 테스트를 진행했던 사람들의 능력을 의심하는 것은 아니다. 둘 다 MySQL에 대해서 상당히 전문가들이 진행한 테스트임이 확실하다. 사실 저자가 테스트하더라도 위의 전문가들만큼 더 정밀하고 엄밀하게 벤치마크를 진행하기는 어려울 것이다.

이 결과들을 보고 MariaDB의 성능이 나은지 MySQL 서버의 성능이 나은지 어떻게 판단할 수 있을까? 내가 직접 MariaDB와 MySQL 서버에서 우리 회사의 서비스 모델로 테스트해 보고 그 결과를 비교해 보는 것이 최선이라고 볼 수 있다. 하지만 그러기 위해서는 내가 선택한 데이터베이스 서버 옵션과 시나리오가 최적이어야 한다. 사실 이렇게 비슷한 RDBMS 중에서 하나를 선택한다는 것은 상당히 어려운 문제이다. 〈그림 1-3〉과 〈그림 1-4〉의 테스트 결과에서 그나마 중요한 한 가지는 확실히 알 수 있다. 두 테스트 모두 "MariaDB와 MySQL의 성능이 둘 중에서 뭘 선택할지를 결정하는 데 영향을 미칠 만큼 큰 성능 차이는 아니다"라는 것이다. 우리가 서비스하고 있는 모든 서비스를 통틀어서 '초당 트랜잭션 처리량이 3000이면 안되고 3500이어야 한다'라는 강력한 제약 사항을 가지는 서비스가 있는지 생각해 보자. 사실 이런 경우는 거의 없을뿐더러 저렴한 장비에서 잘게 샤딩되어서 작동하는 MySQL 서버에서는 대부분 하드웨어의 성능에 의해서 최대 성능이 결정되는 경우가 더 많기 때문에 작은 성능 차이에 너무 매달려서 MariaDB와 MySQL을 비교할 필요는 별로 없어 보인다.

또한 실제 DBMS를 운영하거나 장시간 사용해 본 경험이 있는 사용자라면 뼈저리게 느끼는 것이 있는데, 바로 "안정성"이라는 항목이다. 위의 테스트들은 단순히 시간당 최대 처리량(트랜잭션이나 쿼리 수)을 비교한 것이다. 하지만 우리 서비스에서 사용되는 데이터베이스 서버는 짧게는 몇 달 길게는 몇 년을 두고 일분 일초도 흐트러짐 없이 그 성능을 유지하는 것이 매우 중요하다.

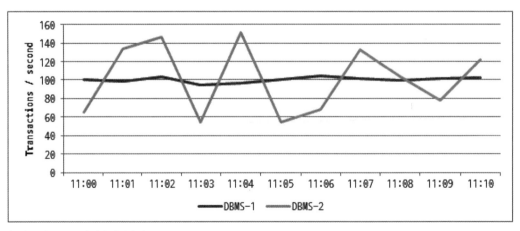

〈그림 1-5〉 DBMS의 처리 안정성 비교

〈그림 1-5〉는 실제 테스트 결과가 아니라 간단히 안정성에 대한 설명을 위해서 저자가 그려 본 성능 그래프이다. 이 그림은 DBMS-1과 DBMS-2 두 개의 DBMS 서버에 대해서 초당 트랜잭션의 처리

량을 나타내고 있다. 실제로 11:00부터 11:10까지의 전체 처리량(Throughput)을 보면 두 데이터베이스 모두 동일하다. 하지만 DBMS-2는 어떤 때에는 DBMS-1보다 빠른 성능을 보이지만, 어떨 때에는 DBMS-1보다 낮은 성능을 보여준다. 이때 DBMS-1은 지속적으로 초당 100 정도의 트랜잭션을 처리할 수 있다고 볼 수 있지만 DBMS-2는 초당(그래프의 가장 낮은 수치인) 60 정도의 트랜잭션을 처리하는 것으로 판단해야 한다. 일반적인 서비스 환경에서는 지속적으로 일정 수준의 트랜잭션 요청이 유입되기 때문이다.

〈그림 1-5〉의 DBMS-1과 DBMS-2가 MariaDB와 MySQL 서버의 관계를 표현한 것은 아니다. 각 서비스의 특성에 따라서 MariaDB와 MySQL 서버 모두 DBMS-2와 같은 패턴을 보여줄 경우도 있고 DBMS-1과 같이 안정된 패턴을 보여줄 때도 있을 것이다. 하지만 DBMS-2와 같이 불안정한 패턴을 보여줄 때에 튜닝하고 개선할 수 있는 옵션을 가지고 있는지는 상당히 중요한 요소라고 볼 수 있다.

1.2.6 MariaDB가 MySQL을 대체하게 될까?

이 문제 또한 지금으로서는 정답을 알 수가 없다. 단지 저자의 개인적인 생각으로 MariaDB와 MySQL의 앞날을 예측해 본다면, MariaDB는 아마도 지금보다는 더 넓은 사용자층을 가지게 될 것으로 보인다.

오라클은 MySQL 서버를 커뮤니티 버전과 상용 버전인 엔터프라이즈 버전으로 구분해서 따로 관리하고 있다. MySQL 서버가 썬마이크로시스템즈에 소속되어 있을 때는 엔터프라이즈 버전과 커뮤니티 버전이 모두 같은 코드를 가지고 있었으며, 단지 기술 지원의 여부만 달랐다. 하지만 MySQL이 오라클로 인수된 이후 바로 엔터프라이즈 버전은 소스코드가 비공개로 전환되었으며, 일부 주요 기능들은 엔터프라이즈에만 포함되는 형태로 변경되었다. 여러분이 구글이나 페이스북 그리고 아마존과 같이 MySQL 서버의 소스코드를 분석하고 기능을 개선할 능력을 가진 회사들이라고 생각해 보자. 그럼 MariaDB와 MySQL 중에서 어떤 버전을 선택하겠는가? 앞에서 언급했던 3개 회사만 하더라도 MySQL 생태계에 엄청난 영향력을 가지고 있는 회사들이다.

MariaDB에서 내세우는 가장 큰 장점은 MySQL보다 풍부한 기능을 빠르게 오픈소스로 제공하면서, MySQL과 바이너리 호환성을 유지한다는 것이다. 지금까지 MySQL 서버를 사용해 온 회사라면 누구나 큰 어려움 없이 바로 MySQL에서 MariaDB로 이전이 가능하다. 응용 프로그램의 코드 한 줄 변경 없이 MariaDB로 이전하는 것이 가능하며, MySQL이 가지고 있는 기능들을 MariaDB에서도 똑같이 사용할 수 있기 때문에 전사적으로 MariaDB로 방향을 바꾸는 데는 사실 별로 고민거리가 없어 보인다.

이미 구글에서 MariaDB 오픈소스를 지원하겠다고 선언한 상황이어서, 앞으로 MariaDB가 쉽게 사라지지는 않을 것이라는 점은 확실해 보인다. 다만 오라클이 더 폐쇄적으로 엔터프라이즈 버전의 기능과 성능에만 집중할지, 커뮤니티 버전을 더 활성화시킬지는 두고 볼 일이다.

1.2.7 MariaDB와 MySQL 선택

저자의 짧은 경력으로 미루어 보건대, DBMS를 선택할 때 가장 크게 고려해야 할 부분은 다음과 같이 네 가지 정도인 듯하다.

- DBMS 성능
- 안정성
- DBMS 기능과 유틸리티
- 기술 지원

이미 성능과 안정성에 대해서는 살펴보았는데, 안정성에 대해서 한 가지만 더 언급하고 싶다. 최근 저자는 MySQL 서버가 가지고 있는 복제 기능을 이용하여 Memcached 데이터를 복제하는 기능을 구현하기 위해서 MySQL 5.6.14 버전의 소스코드를 수정한 적이 있다. 실제 Memcached 서버와 MySQL 서버의 복제 기능을 구현하는 데에는 1주 반 정도의 시간이 걸렸다. 하지만 테스트를 진행하면서 상당한 어려움을 겪었는데, 하루 이틀을 넘기지 못하고 세그먼테이션 폴트나 메모리 릭으로 서버가 크래시되는 현상이 발생했다.

실제 테스트를 하는 동안 MySQL 5.6.14 버전의 세그먼테이션 폴트(Segmentation Fault) 버그 2건, 그리고 메모리 릭(Memory Leak)이 3건 정도가 발생해서 3~4주 정도의 기간 동안 디버깅과 코드 보완을 하고 난 후에야 비로소 안정화되었다. 단 하루 테스트로 메모리 릭이 발견되었으며, 오라클에서는 레포팅된 버그의 원인 파악에만 3주가 걸렸다. 이 버그에 대한 패치가 적용된 버전은 언제 나올지 예측할 수가 없어 결국 버그를 직접 수정할 수밖에 없었다. 5.6.14 버전임에도 불구하고, 회피할 수 없는 세그먼테이션 폴트나 메모리 릭 같은 중대 버그가 이렇게 많았다는 것은 MySQL 서버의 코드 안정성 테스트에 조금은 문제가 있어 보인다.

이제 DBMS의 기능에 대해서 한번 생각해 보자. 이미 성능과 안정성에 대해서는 MariaDB나 MySQL 이 거의 비슷한 결과를 보여 준다는 걸 알게 되었다. 그렇다면 결론은 DBMS의 기능이 중요한 결정 요소가 아닐까 생각된다. 여기에서는 MySQL 엔터프라이즈 버전은 제외하고 MySQL 커뮤니티 버전과 MariaDB의 기능을 살펴보자. MySQL이 5.5 버전을 출시하면서 멀티 코어(CPU) 확장성(Scalability) 이 대폭 개선되었다고 홍보를 할 때, 스레드 풀 기능이 사용되었다. 안타깝게도 MySQL 5.5 커뮤니티 버전에서는 이 기능을 사용할 수가 없다. 하지만 MariaDB 5.5에서는 거의 비슷한 기능의 스레드 풀을 무료로 사용할 수 있다.

때로는 MariaDB가 더 나은 DBMS 기능과 진단 도구를 제공하는 경우도 있다. MySQL 엔터프라이즈 버전에서만 사용할 수 있는 엔터프라이즈 백업 기능도, 이미 Percona[4]라는 MySQL 기술 지원 회사에서 더 훌륭한 기능들을 탑재해서 무료로 사용할 수 있도록 배포하고 있다. 때로는 MySQL 서버의 메모리 사용량이 얼마나 되는지, 어떤 스레드가 이렇게 많은 메모리를 가져다 쓰고 있는지 궁금할 때도 있다. 이런 소소해 보이지만 꼭 필요한 기능들은 MySQL보다는 MariaDB에서 더 많이 제공하고 있는 것 같다. 이런 소소하지만 꼭 필요한 기능들은, 오라클이나 Monty Program AB와 같은 RDBMS 벤더가 개발하는 경우보다 페이스북이나 구글과 같이 대규모로 MySQL이나 MariaDB를 사용하는 업체들이 개발하는 경우가 많은데, MariaDB는 상용 버전이 없으므로 이런 패치들을 라이선스 제한 없이 그대로 사용할 수 있다. 이는 결국 MariaDB가 더 풍부한 기능들을 가지게 될 것을 의미하기도 한다.

기술 지원에 대해서 살펴보자. MySQL의 기술 지원을 받기 위해서 오라클과 계약을 하는 것처럼 MariaDB도 더 빠른 기술 지원을 위해서는 SkySQL[5]과 계약을 하면 된다. 오라클은 MySQL 서버에 대해서만 기술 지원을 하고 있지만 SkySQL에서는 MariaDB 뿐만 아니라 오라클 MySQL에 대해서도 기술 지원을 해주고 있다. 물론 MySQL 서버에 대한 문의는 SkySQL에서 문제나 원인을 파악하고 피해 갈 수 있는 워크 어라운드(Work around)가 있다면 그걸 제시해 줄 것이다. 하지만 별도의 워크 어라운드가 없다면 결국 소스코드를 관리하는 오라클로 버그 레포팅을 하는 수준에서 멈추게 될 것이다. 즉 MySQL 서버에 대해서는 SkySQL에서 모든 부분을 지원하지는 않는다.

DBMS를 선택할 때 관심을 가져야 할 네 가지 부분에 대해서 모두 살펴보았다. 저자가 MariaDB 책을 저술하고 있다고 해서 MariaDB가 항상 좋다라고 장담할 수는 없다. 그렇지 않은 부분도 반드시 있을

---

[4] Percona라는 회사도 PerconaServer라는 MySQL 브랜치 버전을 개발해서 제공하고 있지만 이 책에서는 MariaDB가 주제이므로 나중에 XtraDB 스토리지 엔진을 언급할 때 잠깐 소개하도록 하겠다.

[5] Monty Program AB의 기술 지원 회사

테니 말이다. 중요한 것은 MariaDB와 MySQL 각각이 가진 장점이나 약점을 잘 파악해서 독자의 서비스와 최적으로 결합하는 것이 중요하다. 그러기 위해서는 MariaDB의 장점이나 기능들에 대해서 조금 더 자세히 살펴볼 필요가 있는데, 다음 장부터는 MariaDB가 가진 차별화된 기능이나 장점들을 하나씩 자세히 살펴보도록 하겠다.

02
설치

2.1 다운로드

MariaDB 설치 프로그램은 MariaDB 다운로드 사이트를 통해서 내려받을 수 있다. 우선 아래의 사이트를 웹브라우저로 열어 보자.

https://downloads.mariadb.org/

〈그림 2-1〉 MariaDB 다운로드 페이지

〈그림 2-1〉과 같이 사이트에는 여러 버전의 MariaDB 다운로드 페이지가 링크돼 있다. 아직 MariaDB 10.0은 베타 버전이므로 MariaDB 5.5 시리즈의 최신 버전을 클릭하면 〈그림 2-2〉와 같이 5.5 버전의 플랫폼별 패키지 목록을 확인할 수 있다. 또한 최신 버전이 아닌 그 이전 버전의 MariaDB 서버를 내려받으려면 우측 상단의 "View all releases"를 클릭하면 MariaDB 5.5 시리즈의 예전 버전을 모두 목록으로 표시해 준다. 별도의 플랫폼이 명시되지 않은 Tar 파일(mariadb-5.5.34.tar.gz)은 직접 MariaDB를 빌드할 때 사용하는 MariaDB 소스코드 파일이다.

Tar로 패키징된 다운로드 파일들의 이름에 사용된 각 플랫폼 약어들의 의미는 아래와 같다.

〈표 2-1〉 플랫폼 약어의 의미

winx32	32비트 윈도우 운영체제
winx64	64비트 윈도우 운영체제
linux-i686	32비트 리눅스 계열 운영체제 (CentOS와 RedHat 그리고 Fedora 포함)
linux-x86_64	64비트 리눅스 계열 운영체제 (CentOS와 RedHat 그리고 Fedora 포함)

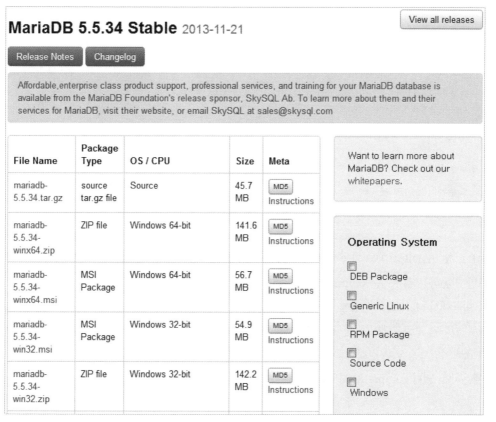

〈그림 2-2〉 플랫폼별 MariaDB 패키지

다운로드 페이지의 가장 밑에는 데비안이나 우분투 운영체제를 위한 패키지와 나머지 리눅스 계열의 설치 패키지를 내려받을 수 있는 링크를 제공하고 있다. "Red Hat, Fedora, and CentOS Packages" 링크를 클릭하면 각 나라나 지역별로 FTP 사이트로 링크된다. 해당 사이트에서 적절한 버전의 RPM 패키지를 내려받을 수 있다. 각 상세 플랫폼별로 RPM 패키지가 제공되는데, x86은 32비트 운영체제를 의미하며 amd64라고 명시된 것은 64비트 운영체제를 의미한다. 실제 amd64는 x86_64와 같은 표현 으로 이해하면 된다.

RPM 패키지는 각 모듈별로 패키징되어 있는데, 각 패키지는 다음과 같은 프로그램과 라이브러리를 포 함하고 있다. 만약 여러분이 RPM이 아니라 TAR로 압축된 MariaDB(*.tar.gz)를 내려받았다면, 그 압 축 파일에 아래의 모든 프로그램과 라이브러리들이 모두 포함(Galera 클러스터 관련 프로그램 제외)되 어 있는 것이므로 tar.gz로 압축된 파일 하나만 내려받으면 된다.

〈표 2-2〉 RPM 패키지가 포함하는 파일들

MariaDB-버전-운영체제-비트-client.rpm	MariaDB 클라이언트를 기동하는 데 필요한 프로그램과 파일
MariaDB-버전-운영체제-비트-common.rpm	MariaDB 서버나 클라이언트가 기동하는 데 필요한 설정 파일(my.cnf)이 나 문자 셋이 정의된 XML 파일
MariaDB-버전-운영체제-비트-compat.rpm	예전 버전의 MariaDB 라이브러리와 함께 빌드된 외부 클라이언트들이 작동할 수 있도록 호환성을 제공하는 공유 라이브러리
MariaDB-버전-운영체제-비트-devel.rpm	MariaDB를 이용하는 C/C++ 프로그램을 개발하고 빌드하는 데 필요한 헤더 파일과 라이브러리
MariaDB-버전-운영체제-비트-server.rpm	MariaDB 서버
MariaDB-버전-운영체제-비트-shared.rpm	MariaDB 라이브러리를 동적으로 링크한 외부 프로그램들이 실행될 때 필요한 라이브러리
MariaDB-버전-운영체제-비트-test.rpm	MariaDB 서버를 테스트하는 데 필요한 프로그램
MariaDB-Galera-버전-운영체제-비트-server.rpm	MariaDB + Galera 클러스터 설치 프로그램
galera-버전-운영체제-비트.rpm	MariaDB + Galera 클러스터를 위한 Galera 라이브러리

일반적으로 MariaDB 서버를 기동하는 데는 common과 server RPM만 설치하면 되고, mysql 클라 이언트만 기동하는 경우에는 common과 client RPM만 설치하면 된다. 그리고, C/C++ 프로그래밍 언어를 이용해서 MariaDB 서버에 접속하도록 만들어진 외부 프로그램 중에서 공유 라이브러리를 사 용하도록 빌드된 프로그램이 있는 경우에는 shared나 compat RPM을 설치해 주면 된다. MariaDB 서버와 클라이언트는 모두 정적으로 빌드되어서 배포되기 때문에 MariaDB 서버나 클라이언트를 실행 할 때에는 shared나 compat RPM의 공유 라이브러리가 필요치 않다.

처음 방문했던 〈그림 2-1〉의 웹 사이트 하단으로 내려가면, MariaDB를 위한 자바 JDBC 드라이버와 C/C++ 클라이언트 라이브러리도 내려받을 수 있다. 자바 JDBC 드라이버와 C/C++ 클라이언트 라이브러리는 MariaDB 서버의 버전과는 별도로 할당되므로 꼭 MariaDB 서버 버전이 5.5라고 해서 클라이언트 버전이 5.5이어야 하는 것은 아니다. 항상 자바 드라이버나 C/C++ 클라이언트 라이브러리는 최신 버전을 사용하면 특별히 버전 간의 문제는 없을 것이다.

2.2 설치

MariaDB가 지원하는 플랫폼은 여러 가지인데, 모든 운영체제에 대해서 각 설치 방법을 모두 설명하기에는 지면상 어려움이 있다. 주로 윈도우 버전은 개인의 PC에 설치해서 테스트하는 용도로 사용하고, 실제 서비스용 MariaDB 서버는 주로 레드햇이나 CentOS와 같은 리눅스에 설치해서 사용할 것이므로, 여기에서는 윈도우과 리눅스(CentOS 기준) 버전의 설치에 대해서만 살펴보겠다.

2.2.1 윈도우 버전 설치

윈도우 버전은 MSI로 된 설치 프로그램을 이용하는 방법과 ZIP으로 압축된 버전을 이용하는 방법 두 가지가 있다. MSI 인스톨러는 MariaDB 서버를 윈도우의 서비스로 등록해주며, MariaDB 서버의 설정 마법사 기능 등이 포함되어 있다. 그리고 ZIP으로 압축된 파일을 이용하는 경우에는 윈도우 서비스 등록이 없으며, MariaDB 설정 파일(my.ini)도 수동으로 직접 작성해야 한다.

> **주의** XtraDB를 포함하고 있는 PerconaServer는 마이크로소프트 윈도우 버전을 지원하지 않는다. 그래서 윈도우에 MariaDB을 설치할 경우에도 XtraDB 스토리지 엔진을 사용할 수가 없다. 만약 XtraDB의 성능이나 기능을 테스트하거나 공부하려면 리눅스 계열의 운영체제에서 MariaDB를 설치해서 사용하는 것이 좋다. 아직 Percona에서는 마이크로소프트 윈도우 버전에 대한 배포판은 계획하고 있지 않은 것으로 보아 짧은 시간 내에 윈도우 버전의 XtraDB나 PerconaServer를 사용해 보기는 어려울 듯하다.

2.2.1.1 설치 프로그램(MSI)을 이용한 설치

이 책에서는 MariaDB 10.0 버전을 기준으로 설명을 하고 있으므로 최신 버전의 MariaDB 10.0.x 마이크로소프트 인스톨러 패키지를 내려받는다. 설치 방법은 크게 어려운 부분은 없지만 리눅스 버전과는 달리 윈도우 버전에서는 설치 과정 중에 몇 가지 환경 설정 내용들을 선택해야 한다.

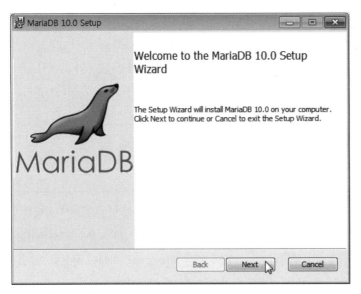

〈그림 2-3〉 설치 시작

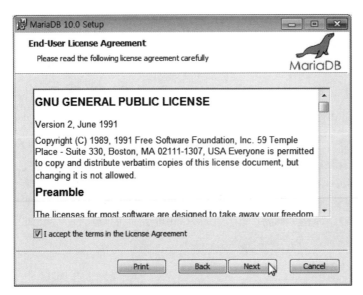

〈그림 2-4〉 라이선스 계약

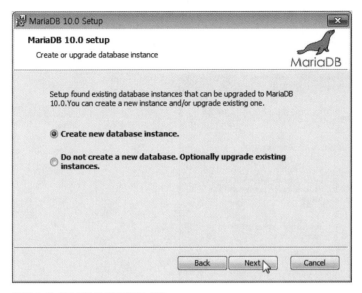

〈그림 2-5〉 새로 설치 및 업그레이드 선택

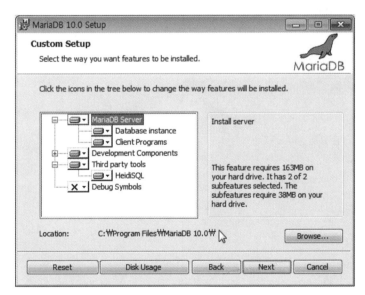

〈그림 2-6〉 설치 모듈 및 디렉터리 선택

〈그림 2-6〉의 설치 과정 중에 MariaDB 서버의 프로그램과 데이터 디렉터리 관련 설정을 한다. MariaDB 프로그램의 디렉터리는 크게 중요하지 않지만, 큰 데이터로 MariaDB를 테스트하거나 서비스용으로 사용할 예정이라면 〈그림 2-7〉의 데이터 디렉터리 선택에서 데이터 디렉터리를 준비된 디스

크 볼륨으로 선택해야 한다. 물론 설치 과정 중에 선택된 데이터 디렉터리나 버퍼 풀 관련 옵션들은 모두 나중에 MariaDB 서버의 설정 파일(my.cnf)에서 다시 조정할 수 있다.

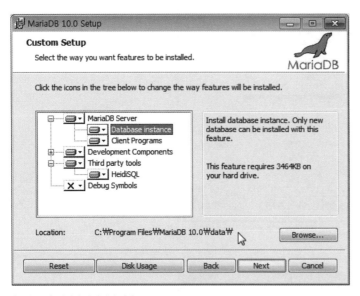

〈그림 2-7〉 데이터 디렉터리 선택

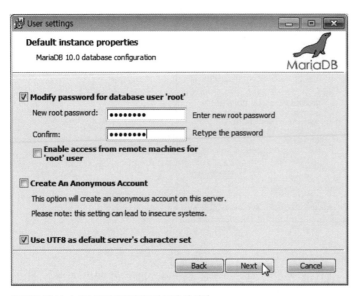

〈그림 2-8〉 MariaDB 관리자 비밀번호와 문자 셋 설정

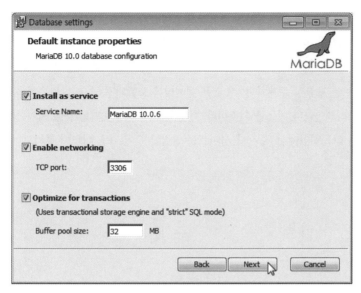

〈그림 2-9〉 MariaDB 서버의 포트와 InnoDB/XtraDB 버퍼 풀 사이즈 설정

〈그림 2-9〉에서는 MariaDB 서버의 포트 번호와 InnoDB/XtraDB 버퍼 풀 사이즈를 설정한다. 여기에서 테스트용으로 PC에 설치하는 것이라면 32~64MB 정도만 할당해도 충분할 것이다. 하지만 서비스 환경을 위해서 MariaDB 서버를 설치하는 것이라면 전체 메모리의 50~80% 수준에서 적절히 다른 프로세스의 메모리 사용량을 고려하여 설정하는 것이 좋다.

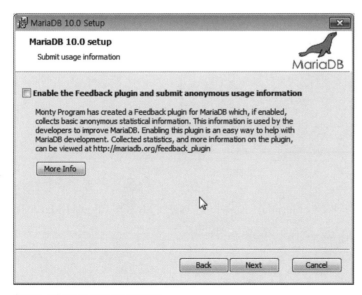

〈그림 2-10〉 피드백 플러그인 설치 옵션

〈그림 2-10〉에서는 MariaDB 서버의 피드백 플러그인을 설치할지 결정한다. 피드백 플러그인이 활성화되면 설치된 MariaDB 서버의 정보를 주기적으로 mariadb.org 사이트로 업로드하게 된다. 이렇게 업로드된 정보는 MariaDB가 많이 사용하는 기능들 위주로 더 발전할 수 있는 정보로 활용될 것이다. 피드백 플러그인으로 수집되는 정보는 보안상 문제가 될 수 있는 데이터는 포함되지 않으며, 단순히 하드웨어적인 정보와 MariaDB의 플러그인이나 기능들 위주이다. 이런 정보가 업로드되는 것을 원치 않는다거나 MariaDB 서버가 설치된 하드웨어에서 외부 웹 사이트로 연결할 수 없다면 피드백 플러그인 설치를 선택하지 않도록 하자.

- MariaDB 서버가 설치된 플랫폼과 하드웨어 정보
- MariaDB 서버가 설치된 하드웨어의 국적이나 국가 정보
- MariaDB 서버의 버전과 빌드 정보
- 사용되는 기능 및 옵션

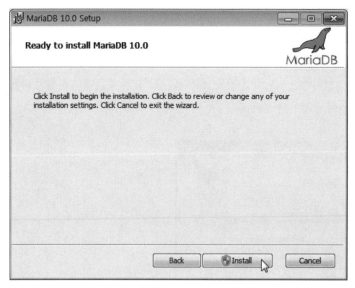

〈그림 2-11〉 설치 완료

모든 설치가 완료되면 〈그림 2-12〉와 같이 MariaDB 10.0이라는 메뉴에 MySQL Client나 MariaDB 설정 파일(my.ini)에 바로 접근할 수 있는 단축 아이콘이 생성된다.

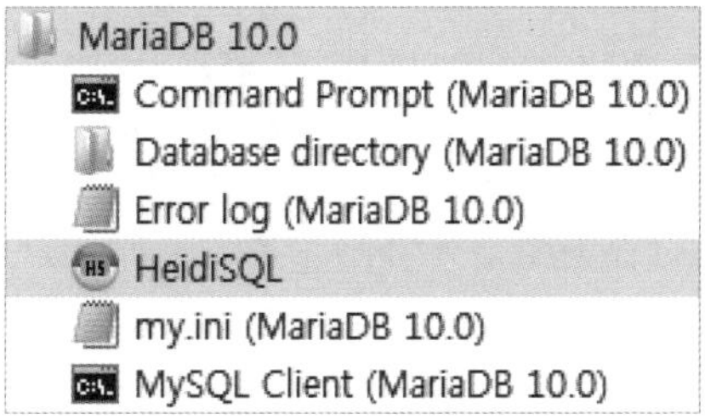

〈그림 2-12〉 윈도우에서 MariaDB의 단축 아이콘

MariaDB 10.0 윈도우 버전을 설치하면 MariaDB의 기본 텍스트 모드 클라이언트인 "mysql"
과 "HeidiSQL"이라는 GUI 클라이언트도 함께 설치된다. 텍스트 모드 클라이언트가 불편하다면
HeidiSQL 클라이언트를 사용해 보도록 하자.

2.2.1.2 압축(ZIP)된 MariaDB 설치

압축된 버전의 MariaDB는 단순히 압축만 해제해서 프로그램들이 위치한 디렉터리 또는 MariaDB의
전용 디렉터리로 옮기기만 하면 된다. 하지만 이 경우에는 MariaDB의 데이터 디렉터리나 기본 데이터
베이스(mysql 데이터베이스) 그리고 설정 파일(my.cnf)을 생성하지 않으므로 직접 데이터 디렉터리
와 설정 파일들을 준비해야 한다. 물론 크게 어려운 과정은 아니지만 간단히 테스트용으로 설치한다면
MSI 인스톨러를 이용하는 것이 좋다.

압축 버전으로 설치를 하더라도 MariaDB의 설정 파일을 조정해서 MSI 인스톨러로 설치한 것과 동일
하게 설치할 수 있다. 하지만 압축 버전의 설치에서는 윈도우의 서비스로 MariaDB 서버를 자동 등록
하지 않으므로 별도로 시작 스크립트를 준비해야 할 수도 있다.

2.2.2 리눅스 버전 설치

리눅스 설치 또한 RPM을 이용하는 것과 단순히 tar.gz로 압축된 버전 두 가지를 제공하는데, 레드햇이
나 CentOS의 경우 YUM과 같은 자동화된 패키지 관리 도구를 이용해서 MariaDB RPM 패키지를 설
치하고 업그레이드를 관리할 수 있다.

MariaDB 5.5에서는 XtraDB 스토리지 엔진이 기본 스토리지 엔진으로 빌드되어서 배포되었다. 하지만 MariaDB 10.0 초기 버전에서는 XtraDB 스토리지 엔진이 포함되어 있지 않거나, XtraDB 스토리지 엔진이 기본 스토리지 엔진이 아닌 경우도 있다. 만약 지금 사용하는 버전이 MariaDB 10.0.9 이전이라면, 다음과 같이 MariaDB 서버의 설정 파일(my.cnf)을 조금 수정해서 MariaDB를 시작해야 한다. XtraDB 스토리지 엔진을 위한 공유 라이브러리 파일은 ha_xtradb.so인데, 이 파일은 MariaDB 배포 버전에서 lib/plugin/ 디렉터리에 저장되어 있다.

```
[mysqld]
ignore_builtin_innodb = ON
plugin-load = ha_xtradb.so
```

2.2.2.1 RPM을 이용한 설치

MariaDB 다운로드 웹 페이지를 통해 다음의 RPM 패키지를 내려받는다.

- MariaDB-10.0.8-centos6-x86_64-client.rpm

- MariaDB-10.0.8-centos6-x86_64-devel.rpm

- MariaDB-10.0.8-centos6-x86_64-server.rpm

- MariaDB-10.0.8-centos6-x86_64-shared.rpm

필요한 경우 MariaDB 테스트 모듈이 포함된 "MariaDB-10.0.8-centos6-x86_64-test.rpm" 등을 설치하자. 테스트 모듈 패키지에는 MariaDB의 성능을 간단히 테스트해 볼 수 있는 벤치마크 툴을 포함하고 있다. 이제 내려받은 RPM 패키지를 다음 순서대로 하나씩 실행해 주기만 하면 된다.

```
shell> RPM -ivh MariaDB-10.0.8-centos6-x86_64-client.rpm
shell> RPM -ivh MariaDB-10.0.8-centos6-x86_64-devel.rpm
shell> RPM -ivh MariaDB-10.0.8-centos6-x86_64-server.rpm
shell> RPM -ivh MariaDB-10.0.8-centos6-x86_64-shared.rpm
```

또한 RPM으로 설치하는 경우에는 아래와 같은 스토리지 엔진 라이브러리를 가진 패키지를 필요 시 별도로 설치해야 할 수도 있다.

- MariaDB-10.0.8-centos6-x86_64-cassandra-engine.rpm

- MariaDB-10.0.8-centos6-x86_64-connect-engine.rpm

- MariaDB-10.0.8-centos6-x86_64-oqgraph-engine.rpm

RPM 설치가 완료되면 MariaDB 서버의 비밀번호를 꼭 변경하도록 하자.

```
shell> mysqladmin -u root -h "127.0.0.1" -p 3306 password '비밀번호';
```

MariaDB 서버가 기본 모드로 설치되면 여러 가지 확인용으로 사용해 볼 수 있는 test 데이터베이스가 함께 생성되는데, 이 test 데이터베이스는 누구나 접속할 수 있도록 모든 권한이 오픈되어 있으며 등록 되지 않은 유저도 MariaDB 서버에 접속할 수 있도록 익명 유저의 접근이 허용되어 있다. 만약 이런 보 안적인 문제를 제거하고자 한다면, mysql_secure_installation 설치 스크립트를 이용하면 된다.

레드햇이나 CentOS 리눅스를 사용하는 경우에는 YUM을 이용해서 MariaDB 패키지를 설치할 수도 있다. YUM 설정에 대한 자세한 내용은 아래의 MariaDB 매뉴얼을 참조하도록 하자.

- https://mariadb.com/kb/en/installing-mariadb-with-yum/

2.2.2.2 압축(tar.gz)된 MariaDB 설치

리눅스에서 압축된 버전은 윈도우의 압축된 버전과 거의 동일한 과정으로 설치하면 된다. 만약 여러분 이 직접 여러분의 서비스 환경에 맞는 배포 버전을 만들고자 한다면 압축된 버전을 이용해서 필요한 형 태대로 다시 압축하거나 RPM 버전으로 만들 수도 있다.

2.3 업그레이드

MySQL에서 똑같은 소스코드 베이스의 MariaDB 버전으로 마이그레이션하는 경우라면 기본적으로 데이터베이스를 덤프해서 다시 임포트하는 작업은 필요치 않다. 기본적으로 MariaDB는 동일 소스코 드 베이스 버전(버전에서 앞 두 자리) 간의 호환성을 보장하기 때문이다. 또한 〈표 1-5〉에서 살펴보았 던 호환성 테이블처럼 MySQL 5.1에서 MariaDB 5.2나 5.3으로 업그레이드하는 경우에도 별도의 데 이터 덤프나 임포트 작업은 필요치 않다. 하지만 이렇게 소스코드 베이스 버전이 변경되는 경우(5.1 → 5.2나 5.3)에는 mysql_upgrade 유틸리티를 이용하여 인증이나 기본 딕셔너리 정보 테이블(MySQL 서버의 mysql 데이터베이스 내에 존재하는 테이블들)의 구조를 업그레이드해 줄 필요가 있다.

이렇게 MySQL에서 MariaDB로 업그레이드되는 경우라 하더라도, 클라이언트의 JDBC 드라이버 나 MySQL C/C++ 클라이언트를 업그레이드하거나 컴파일하는 작업은 필요치 않다. MySQL과

MariaDB는 동일 클라이언트 프로토콜을 사용하며, 서로 호환되기 때문이다. 물론 클라이언트 프로그램의 재배포를 고려한다면 MySQL JDBC나 C/C++ API보다는 MariaDB의 JDBC 드라이버나 C/C++ API로 함께 업그레이드를 하는 편이 라이선스와 관련해서 더 자유로울 것이다.

2.3.1 MySQL에서 MariaDB로 업그레이드할 때 주의 사항

MySQL에서 쿼리를 처리하는 도중 임시 테이블이 필요한 경우에는 MEMORY 스토리지 엔진과 MyISAM 스토리지 엔진을 사용한다. 그래서 MySQL에서 MyISAM 스토리지 엔진을 주로 사용하지 않는다 하더라도 기본적인 MyISAM 옵션은 튜닝해 두는 것이 좋다. 그런데 MariaDB에서는 쿼리를 처리할 때 MySQL과 마찬가지로 MEMORY 스토리지 엔진은 사용하지만 디스크에 만들어지는 임시 테이블을 위해서는 MyISAM 스토리지 엔진 대신 Aria 스토리지 엔진을 사용한다. 그래서 MySQL에서 MariaDB로 업그레이드할 때는 MyISAM을 위한 키 버퍼 사이즈와 함께 Aria 스토리지 엔진의 페이지 캐시 사이즈는 설정해 주는 것이 좋다.

```
aria-pagecache-buffer-size = 64M
```

Aria 스토리지 엔진의 페이지 캐시는 MyISAM 스토리지 엔진의 key_buffer_size와 거의 비슷하게 Aria 스토리지 엔진의 데이터와 인덱스 페이지를 캐시하고 버퍼링하는 역할의 메모리 공간이다. 다만 MyISAM의 키 버퍼는 MyISAM 테이블의 인덱스만 캐시하지만 Aria 스토리지 엔진의 페이지 캐시는 인덱스뿐만 아니라 데이터 파일의 페이지까지도 캐시할 수 있다. Aria 스토리지 엔진에 대해서는 나중에 스토리지 엔진 설명에서 자세히 언급할 것이므로 여기에서는 MySQL에서 MariaDB로 업그레이드할 때 위 옵션 정도는 설정해 줄 필요가 있다는 것만 기억하자.

만약 복제를 이용해서 마스터와 슬레이브 MySQL 서버를 각각 별도로 업그레이드할 경우에는 주의해야 할 것이 있다. 일반적으로 MySQL 서버의 바이너리 로그는 MariaDB 서버가 인식할 수 있지만 MariaDB의 바이너리 로그는 MySQL 서버가 인식하지 못하는 경우도 있다. 그래서 마스터와 슬레이브를 각각 따로 업그레이드할 경우에는 반드시 슬레이브를 먼저 MariaDB로 업그레이드하고 그 이후 마스터와 슬레이브를 스위치하거나 또는 마스터 MySQL 서버를 MariaDB로 업그레이드하는 형태가 좋다.

그리고 업그레이드 도중 어떤 문제가 발생할지 사실 누구도 장담할 수 없다. 그래서 반드시 업그레이드나 마이그레이션을 진행하기 전에 업그레이드 실패 시 기존 MySQL 서버로 다시 돌아갈 수 있도록 데이터 파일 뿐만 아니라 설정 파일까지도 함께 백업을 받아 두도록 하자.

2.3.2 버전에 관계없이 가장 안전한 방법

오래된 MySQL 서버에서 임의의 MariaDB 버전으로 업그레이드를 할 때 버전 간 호환성에 대한 고민 없이 안전하게 업그레이드하는 방법은 mysqldump와 같은 논리 백업 도구를 이용하여 모든 데이터를 덤프해서 MariaDB를 설치하고 백업받은 데이터를 적재하는 방법이다. mysqldump는 단순한 ANSI SQL 문장으로 데이터를 덤프하기 때문에 어떤 버전으로의 마이그레이션도 수행할 수 있다. 하지만 mysqldump를 통한 백업은 시간이 많이 걸리고 새로운 MariaDB 서버에 덤프된 데이터를 적재하는 것도 시간이 많이 걸리기 때문에 데이터가 아주 큰 경우라면 좋지 않은 방법이다.

1. 오래된 버전의 MySQL 서버에서 mysqldump로 데이터 백업

```
shell> mysqldump -u root -p --all-databases > backup.dump
```

2. 새로운 버전의 MariaDB를 설치 후 기동

3. mysqldump로 백업된 덤프 파일을 새로운 버전의 MariaDB에서 실행

```
shell> mysql -u root -p < backup.dump
```

4. 새로운 버전의 MariaDB에서 적재가 완료되면 mysql_upgrade 명령 실행

```
shell> mysql_upgrade --verbose
```

3번 과정에서와 같이 데이터를 임포트할 때에는 리눅스나 윈도우 커맨드 명령으로 데이터를 적재할 수도 있지만 직접 MariaDB 클라이언트를 기동한 상태에서 source 라는 MariaDB 클라이언트 명령을 이용해서 데이터를 적재할 수도 있다. 개인적으로는, 덤프 파일을 리다이렉션으로 임포트하는 방식보다 MariaDB 클라이언트에서 source 명령으로 데이터를 임포트하는 것을 더 선호한다. 리다이렉션 방식의 경우 화면상에 아무것도 출력되지 않지만 source 명령은 덤프 파일의 SQL 문장 단위로 처리 내역을 계속적으로 보여 주기 때문에 뭔가 임포트가 계속 진행되고 있다는 것을 알 수 있기 때문이다.

```
shell> mysql -h localhost -u root -p
Enter password:
Welcome to the MariaDB monitor.  Commands end with ; or \g.
Your MariaDB connection id is 3
Server version: 10.0.6-MariaDB-log mariadb.org binary distribution

Copyright (c) 2000, 2013, Oracle, Monty Program Ab and others.
Type 'help;' or '\h' for help. Type '\c' to clear the current input statement.
```

```
MariaDB [(none)]> source employees.sql
Query OK, 0 rows affected (0.29 sec)

Query OK, 0 rows affected (0.34 sec)

Query OK, 0 rows affected (0.47 sec)

Query OK, 0 rows affected (0.47 sec)
...
```

데이터 적재가 완료되면 mysql_upgrade 명령으로 테이블들을 업그레이드 해주는 것이 좋다. 만약 덤프 파일들이 서비스용 데이터만 가지고 있다면 mysql_upgrade 명령은 필요치 않을 수도 있다. 하지만 덤프 파일이 예전 버전의 MySQL 서버에서 모든 데이터베이스(mysql이나 information_schema 등의 관리용 DB 포함)를 가진 경우라면 mysql DB에 포함된 인증이나 딕셔너리 테이블의 구조는 버전 간 호환되지 않을 수도 있으므로 mysql_upgrade 명령으로 꼭 현재 MariaDB 버전으로 업그레이드해 주어야 한다.

```
shell> mysql_upgrade -h localhost -u root -p
Enter password:
Phase 1/3: Fixing table and database names
Phase 2/3: Checking and upgrading tables
Processing databases
information_schema
mysql
mysql.column_stats                          OK
mysql.columns_priv                          OK
mysql.db                                    OK
mysql.user                                  OK
performance_schema
...
Phase 3/3: Running 'mysql_fix_privilege_tables'...
OK
```

2.3.3 MySQL 5.0이나 그 이전 버전에서 MariaDB 5.5로 업그레이드

이 방식은 기존 버전의 MySQL 서버에서 데이터를 덤프받는 방식이 아니라 기존의 데이터 파일을 그대로 유지한 상태에서 MySQL 서버 프로그램만 4.1 또는 5.0에서 MariaDB 5.5로 업그레이드하는 방식을 소개한 것이다. 만약 mysqldump를 이용해서 MySQL 서버를 업그레이드하려면 버전에 관계없이 "3.3.1 가장 안전한 방법"을 참조하도록 하자.

MySQL 5.0이나 4.1 버전과 MariaDB 5.1 버전의 데이터 파일에는 대표적으로 아래와 같은 변화가 있었다.

- 인덱스 칼럼의 콜레이션 변경
- MySQL 4.1 버전과 5.0은 DECIMAL과 VARCHAR 데이터 타입의 저장 방식이 변경
- MySQL 5.1부터는 모든 플랫폼에서 테이블 명이 동일하도록 인코딩되어서 저장되도록 변경

위와 같은 변화를 적용하기 기위해서는 mysql_upgrade 유틸리티를 이용해서 기존 데이터 파일을 변환해주어야 한다. 만약 MariaDB 프로그램만 5.5로 업그레이드한 상태에서 바로 서비스한다면 일부 테이블을 읽지 못한다거나 테이블의 이름이(#mysql50#…)과 같이 이상하게 나타날 수도 있다.

1. 기존 데이터 백업 (만약 업그레이드 실패에 대비해서 기존 버전의 데이터베이스 백업은 필수)
2. 데이터는 그대로 유지한 상태에서 오래된 버전의 MySQL 서버는 삭제
3. MariaDB 5.5 설치 및 설정 파일 재조정
4. MariaDB 5.5 시작
5. mysql_upgrade 실행

mysql_upgrade 명령 실행결과로 업그레이드가 완료되면 MariaDB의 데이터 디렉터리에 "mysql_upgrade_info"라는 이름의 파일을 생성한다. 이 파일에는 mysql_upgrade 명령이 실행된 MariaDB 서버의 버전이 기록되며, 이미 mysql_upgrade가 실행된 서버나 mysql_upgrade_info를 가진 MariaDB 서버에서 mysql_upgrade가 다시 실행되면 이 파일의 내용을 참조해서 "이미 업그레이드가 완료되었다"라는 메시지를 출력한다. 만약 다시 한번 강제로 mysql_upgrade를 실행하고자 한다면 "mysql_upgrade_info"라는 파일을 삭제 후 실행하거나 "--force" 옵션과 함께 mysql_upgrade를 실행해주면 된다.

2.3.4 MySQL 5.1에서 MariaDB 5.5로 업그레이드

이 방식 또한 기존 버전의 MySQL 서버에서 데이터를 덤프받는 방식이 아니라 기존의 데이터 파일을 그대로 유지한 상태에서 MySQL 서버 프로그램만 5.1에서 MariaDB 5.5로 업그레이드하는 방식이다.

MySQL 5.1과 MariaDB 5.5 버전의 데이터 파일 포맷은 사실 그다지 큰 변화는 없었다. 그래서 업그레이드도 크게 문제될 부분은 없을 것이다. 업그레이드를 수행하는 방법은 크게 다르지 않다. 항상 업그레이드나 다운그레이드 직전에는 항상 백업을 받아 두는 것이 좋다.

1. 기존 데이터 백업 (만약 업그레이드 실패에 대비해 기존 버전의 데이터베이스 백업은 필수)

2. 데이터는 그대로 유지한 상태에서 오래된 버전의 MySQL 서버는 삭제

3. MariaDB 5.5를 설치 및 설정 파일 재조정

4. MariaDB 5.5 시작

5. mysql_upgrade 실행

MySQL에서 MariaDB로의 마이그레이션 문제를 떠나서, 기존 MySQL 5.1 버전의 설정 파일 내용 중에서 MariaDB 5.5나 MySQL 5.5로 올라가면서 "default-character-set"과 같이 없어진 설정 옵션들이 있을 수 있다. 이런 옵션들로 인해서 MariaDB 5.5 시작이 문제될 수 있는데, 이럴 때에는 MariaDB의 에러 로그를 자세히 살펴보면 어떤 설정 내용들이 문제가 되는지 쉽게 파악할 수 있다. 이런 옵션들은 MariaDB 5.5나 MySQL 5.5 버전의 매뉴얼에서 해당 설정을 찾아보면 없어진 설정 변수인지 아니면 어떻게 바뀌었는지 추적할 수 있다.

아무리 버전 차이가 크지 않고 변화가 별로 없다 하더라도 mysql_upgrade 프로그램은 반드시 실행해 주는 것이 좋다. 버전 간 실제 데이터 파일의 포맷이나 데이터 타입의 저장 방식이 동일하다 하더라도 MariaDB의 버전이 업그레이드되면서 mysql DB 내에 존재하는 유저나 인증 관련 테이블 또는 스토어드 프로그램이 저장되는 테이블들의 칼럼들이 계속 추가되거나 변경되기 때문이다. 때로는 MySQL 5.1에서 MariaDB 5.5로 업그레이드 후 mysql_upgrade 유틸리티를 실행하지 않아도 MariaDB 서버가 작동하는 데 아무런 문제가 없을 때도 있다. 그런데 이런 경우 주로 트리거나 스토어드 프로시저를 생성하거나 삭제할 때 이상한 에러 메시지를 출력하기도 한다. 업그레이드 후 특별히 문제가 없다 하더라도 mysql_upgrade 유틸리티를 실행해 주는 것을 잊지 말자.

2.3.5 MySQL 5.5에서 MariaDB 5.5로 업그레이드

MySQL 5.5와 MariaDB 5.5는 데이터 포맷이나 mysql DB의 딕셔너리 정보까지 모두 동일하므로 별도의 mysql_upgrade 유틸리티를 실행할 필요는 없다. 하지만 mysql_upgrade를 실행해도 데이터 파일의 변환 작업 없이 단순히 체크만 하고 넘어갈 것이므로 실행해 줘도 무방하다.

MySQL 5.5에서 MariaDB 5.5로 업그레이드하는 경우에는 MariaDB 5.5가 최적으로 작동할 수 있도록 부가적인 설정 작업들이 필요할 수도 있다. 이런 부분들은 이 책에 있는 각 스토리지 엔진이나 MariaDB 시스템 설정 부분에서 자세히 언급하도록 하겠다.

03

MariaDB 기동 및
쿼리 실행

3.1 서버 시작 및 종료 `MariaDB` `MySQL`

리눅스에서 RPM으로 설치하거나 윈도우에서 MSI 설치 프로그램을 이용해서 설치했다면 두 플랫폼 모두 MariaDB 서버는 자동적으로 서비스로 등록된다. 서비스로 등록되면 운영체제의 각 부트업 레벨에 따라서 MariaDB 서버가 적절히 종료되거나 자동으로 재시작될 수 있도록 설정된다. MariaDB는 MySQL 서버와 마찬가지로 서비스로 등록된 상태에서 데몬 모드로 서버가 기동될 수도 있지만 여러 버전을 설치해 두고 간단하게 테스트용으로 데몬 모드가 아닌 상태로도 기동할 수 있다. 여기에서는 서비스로 등록된 상태에서 MariaDB 서버를 시작하고 종료하는 방법과 서비스로 등록되지 않은 상태에서 간단하게 MariaDB 서버를 시작하고 종료하는 방법을 살펴보도록 하겠다.

3.1.1 리눅스에서 MariaDB 서버의 시작과 종료

MariaDB 서버를 리눅스의 서비스로 등록하는 방법과 그렇지 않고 mysqld_safe 스크립트를 이용해서 직접 기동하는 방법은 실제 MariaDB 서버가 작동하는 방식에 영향을 미치지는 않는다. 운영 환경(프로덕션 환경)의 MariaDB 서버에서는 서비스로 등록해서 자동으로 MariaDB가 종료되고 시작될 수 있도록 해주는 것이 일반적이다. 하지만 개인적으로 PC나 노트북에 설치해서, 자동으로 MariaDB 서버가 재시작되는 것을 원치 않고 가끔 직접 MariaDB 서버를 수동으로 시작하는 형태가 필요할 경우에는 mysqld_safe나 support-files/mysql.server 스크립트를 이용해서 시작하는 것도 가능하다.

3.1.1.1 서비스로 등록된 경우

RPM으로 MariaDB 서버를 설치했다면 자동으로 /etc/init.d/ 디렉터리에 mysql이라는 이름의 MariaDB 서버 초기화 스크립트도 함께 설치된다. 또한 자동으로 각 초기화 레벨(리눅스 init 레벨)에 맞게 MariaDB 서버가 자동으로 종료되고 다시 기동될 수 있도록 서비스에 등록된다.

이렇게 서비스로 등록된 MariaDB를 시작하고 종료하는 방법은 상당히 간단하다.

```
## MariaDB 서버 시작
shell> service mysql start

## MariaDB 서버 종료
shell> service mysql stop
```

그리고 MariaDB가 서비스로 등록된 경우에는 아래와 같이 MariaDB 서버의 프로세스 상태를 체크할 수도 있다.

```
shell> service mysql status
MySQL running(19807)   [ OK ]
```

명령 실행 결과 MySQL 프로세스 번호가 19807이며, 이 프로세스가 정상적으로 기동되어 있음을 알 수 있다. 만약 MariaDB 서버 프로세스가 기동되지 않았다면 "MySQL is not running [Failed]"라고 출력될 것이다.

MariaDB를 RPM으로 설치하지 않고 직접 컴파일을 했거나 tar.gz로 압축된 버전으로 설치를 했다면 /etc/init.d/ 디렉터리에 MariaDB의 초기화 스크립트가 자동으로 설치되지 않을 것이다. 이런 경우에는 설치된 MariaDB 홈 디렉터리 하위의 support-files 디렉터리에서 mysql.server라는 스크립트를 /etc/init.d/ 디렉터리로 복사해 주면 된다. 다음 예시는 MariaDB가 /usr/local/mysql이라는 디렉터리에 설치된 경우이며, mysql.server라는 스크립트를 /etc/init.d/ 디렉터리에 mysql이라는 이름으로 복사한 것이다. 그리고 chkconfig를 실행하면 mysql 초기화 스크립트 파일의 헤더 부분에 정의된 대로 mysql 서버의 시작과 종료 레벨을 결정해서 서비스로 등록하게 된다.

```
shell> cp /usr/local/mysql/support-files/mysql.server /etc/init.d/mysql
shell> chkconfig mysql
```

위와 같이 chkconfig를 실행해 주면 RPM으로 설치했을 때와 동일하게 MariaDB를 "service mysql start" 명령으로 시작하고 종료할 수 있다.

3.1.1.2 서비스로 등록되지 않은 경우

때로는 여러 버전의 MariaDB를 잠깐씩 테스트하는 용도로 사용할 때도 있을 것이다. 이럴 때에는 굳이 MariaDB를 서비스로 등록하고 관리하는 것이 귀찮을 수도 있으며, 여러 MariaDB가 같은 port를 동시에 사용할 수 없으므로 리눅스 서비스로 관리하는 것이 귀찮을 수도 있다. 특히 개인적으로 사용하는 PC의 경우에는 굳이 재시작할 때마다 MariaDB 서버를 기동시켜서 자원을 낭비하기 싫을 수도 있다.

이런 경우에는 MariaDB를 서비스로 등록하지 않고, 다음과 같이 간단히 스크립트를 만들어서 MariaDB를 필요한 경우에만 수동으로 시작할 수 있다.

```
#!/bin/bash

MYSQL_HOME=/usr/local/mysql
${MYSQL_HOME}/bin/mysqld_safe --defaults-file=/etc/my.cnf &
```

만약 MariaDB 서버의 엔젤 프로세스(mysqld_safe)도 필요치 않다면 mysqld_safe를 mysqld로 바꿔서 스크립트를 만들어 두면 된다. 그리고 수동으로 직접 시작하고 종료하는 경우라도 support-files/mysql.server 스크립트로 직접 시작하고 종료할 수 있다.

```
## 시작
shell> sh ${MYSQL_HOME}/support-files/mysql.server start

## 종료
shell> sh ${MYSQL_HOME}/support-files/mysql.server stop
```

이렇게 수동으로 MariaDB 서버를 기동한 경우에는 mysqladmin 유틸리티를 이용해서 MariaDB를 종료하면 된다.

```
shell> mysqladmin -u root -p shutdown
```

물론, MariaDB가 서비스로 등록되어서 "service mysql start"로 시작된 경우라 하더라도 위와 같이 mysqladmin 명령을 이용해서 MariaDB를 종료해도 무방하다.

만약 MariaDB 서버가 다른 서버에서 기동 중이거나 유닉스 소켓 파일로 접근이 안 되는 경우에는 다음과 같이 호스트명과 포트 번호를 모두 입력해서 mysqladmin 명령을 실행하면 된다. 만약 종료하려는 MariaDB 서버가 리모트 장비라면 당연히 root 유저가 현재 컴퓨터로부터 MariaDB 서버로 접속이 가능해야 한다.

```
shell> mysqladmin -h 192.168.0.1 -P 3307 -u root -p shutdown
```

MariaDB 서버의 InnoDB는 종료되었다가 나중에 다시 시작될 때 트랜잭션 로그를 이용해서 자동 복구가 되긴 하지만 "kill −9"로 MariaDB 서버를 종료하는 것은 좋지 않은 방법이다. 그러므로 mysql-admin을 이용하거나 "service mysql stop" 명령을 이용하도록 하자.

3.1.2 윈도우에서 MariaDB 서버의 시작과 종료

윈도우에서 수동으로 직접 실행하는 방법은 리눅스 계열의 운영체제에서 했던 것과 거의 비슷하다. 단지 서비스로 등록되는 경우에는 윈도우의 "서비스" 패널을 이용해서 MariaDB 서버를 시작하고 종료할 수 있다.

3.1.2.1 서비스로 등록된 경우

MariaDB의 윈도우 설치 프로그램(MSI)를 이용해서 설치하면 설치 마법사가 실행되는 중에 윈도우의 서비스로 등록할 이름을 입력 받는 단계가 있으며, 이 단계에서 입력한 이름으로 윈도우 서비스 관리자에 등록된다. 여기에서는 "MariaDB 10.0.6"으로 등록된 MariaDB 서버를 확인할 수 있다.

〈그림 3-1〉 윈도우 서비스로 등록된 MariaDB 서버의 시작과 종료

이렇게 윈도우 서비스로 등록된 경우에는 서비스 관리 도구의 상단 툴바에서 서비스의 종료나 시작 버튼을 클릭해서 MariaDB 서버를 쉽게 시작하고 종료할 수 있다.

3.1.2.2 서비스로 등록되지 않은 경우

윈도우 설치 프로그램을 이용하지 않은 경우에는 MariaDB가 자동으로 윈도우의 서비스로 등록되지 않는다. 이런 경우에는 리눅스에서와 마찬가지로 별도의 MariaDB 시작 스크립트(bat 파일)를 만들어서 MariaDB 서버를 시작하거나 종료할 수 있다.

윈도우 버전의 MariaDB에서는 별도의 엔젤 프로세스(mysqld_safe)가 존재하지 않으므로 "--defaults-file" 옵션을 이용해서 mysqld 프로그램을 시작한다.

```
c:\mysql\MariaDB10.0.6\bin\mysqld --defaults-file=c:\mysql\MariaDB10.0.6\my.ini
```

MariaDB를 종료할 때에도 리눅스와 마찬가지로 mysqladmin 프로그램을 이용하여 셧다운하면 된다.

```
c:\mysql\MariaDB10.0.6\bin\mysqladmin -h127.0.0.1 -P3306 -u root -p shutdown
```

3.2 서버 로그인 　MariaDB　　MySQL

MariaDB 서버에 접속하기 위해서는 mysql 커맨드 라인 툴을 이용하거나 MariaDB 설치 프로그램(MSI)와 함께 설치된 HeidiSQL GUI 툴을 이용하면 된다.

3.2.1 서버 로그인 및 버전 확인

mysql 커맨드 라인 툴을 실행하면 "Enter password:"라고 출력되고 비밀번호 입력을 기다린다. 비밀번호를 입력하면 MariaDB 프롬프트가 나타난다.

```
C:\mysql> c:\mysql\MariaDB10.0.6\bin\mysql -h 127.0.0.1 -P 3306 -u root -p
Enter password:
Welcome to the MariaDB monitor.  Commands end with ; or \g.
Your MariaDB connection id is 3
Server version: 10.0.6-MariaDB-log mariadb.org binary distribution

Copyright (c) 2000, 2013, Oracle, Monty Program Ab and others.

Type 'help;' or '\h' for help. Type '\c' to clear the current input statement.

MariaDB [(none)]>
```

기본적으로 접속하려는 MariaDB 서버가 로컬 컴퓨터인 경우에는 "-h 127.0.0.1" 옵션은 입력하지 않아도 되며, MariaDB 서버가 MySQL 기본 포트인 3306을 사용하는 경우에는 "-P 3306" 옵션은 입력하지 않아도 무방하다. 위의 예시는 MariaDB와 같이 설치된 mysql 클라이언트 프로그램으로 접속한 결과이다. 이 결과에서는 "Server version:"이 "10.0.6-MariaDB-log"라고 출력된 것을 확인할 수 있다.

이제 똑같은 MariaDB 서버에 MySQL의 mysql 클라이언트 프로그램으로 접속해서 어떤 결과가 나오는지 살펴보자.

```
C:\mysql>c:\mysql\mysql5.6.15\bin\mysql -h 127.0.0.1 -P 3306 -u root -p
Enter password:
Welcome to the MySQL monitor.  Commands end with ; or \g.
Your MySQL connection id is 3
Server version: 5.5.5-10.0.6-MariaDB-log mariadb.org binary distribution

Copyright (c) 2000, 2013, Oracle and/or its affiliates. All rights reserved.

Oracle is a registered trademark of Oracle Corporation and/or its
affiliates. Other names may be trademarks of their respective
owners.

Type 'help;' or '\h' for help. Type '\c' to clear the current input statement.

mysql>
```

MariaDB가 아닌 MySQL 설치 프로그램에 포함된 mysql 클라이언트로 MariaDB 서버에 접속하면 위와 같이 "Server version:"이 "5.5.5-10.0.5-MariaDB-log"라고 표시되는 것을 확인할 수 있다. 이는 MariaDB와 MySQL의 mysql 클라이언트 프로그램 간의 버전 호환성을 위해 MariaDB 서버에서 버전을 조금씩 조작해서 내려보내 주기 때문이다. 즉 MySQL에 포함된 mysql 클라이언트 프로그램은 MariaDB의 "10.0.x" 버전을 인식하지 못하기 때문에 MariaDB 서버는 가장 호환되는 버전인 "5.5.5"를 표시하고 그 뒤에 실제 MariaDB 서버의 버전인 "10.0.6"을 표시한 것이다.

mysql 클라이언트 프로그램은 이 정보를 이용해서 서버가 어떤 버전의 문법을 인식할 수 있는지 어떤 버전의 프로토콜을 인식할 수 있는지를 판단해서 서버와 통신하기 때문에 MariaDB 서버에서는 호환성을 위해서 클라이언트의 종류에 따라서 버전을 다르게 알려 주는 것이다. MariaDB 서버와 접속된 연결 정보를 확인하려면 mysql 클라이언트 프로그램에서 "\s" 또는 "status"를 입력하면 된다. 이 명령은 서버의 버전이나 현재 클라이언트의 접속 계정 그리고 문자 셋 변환에 관련된 정보들을 출력해 주므로 유용하게 사용될 수 있다.

```
MariaDB [(none)]> \s
--------------
c:\mysql\MariaDB10.0.6\bin\mysql  Ver 15.1 Distrib 10.0.6-MariaDB, for Win32 (x86)

Connection id:          4
Current database:
Current user:           root@localhost
SSL:                    Not in use
Using delimiter:        ;
Server:                 MariaDB
Server version:         10.0.6-MariaDB-log mariadb.org binary distribution
Protocol version:       10
Connection:             127.0.0.1 via TCP/IP
Server characterset:    utf8
Db     characterset:    utf8
Client characterset:    utf8
Conn.  characterset:    utf8
TCP port:               3310
Uptime:                 2 min 28 sec

Threads: 2  Questions: 7  Slow queries: 0  Opens: 0  Flush tables: 1  Open tables: 63  Queries
per second avg: 0.047
--------------
```

3.2.2 mysql 클라이언트 프로그램 옵션

mysql 클라이언트 프로그램은 GUI 환경의 화려한 툴은 아니지만, 그래도 이만큼 기능이 풍부하면서 유용한 도구는 없다. 기본적으로 mysql 커맨드 라인 툴은 리눅스와 같이 GUI 환경이 아닌 터미널 환경에서는 아주 유용한 도구이며, 특히 많은 옵션들을 제공하기 때문에 배치 형태로 데이터를 조회하거나 쿼리를 실행할 수 있는 유일한 도구이기도 하다.

mysql 클라이언트 프로그램이 인식할 수 있는 옵션은 "mysql --help"와 같이 입력하면 모두 확인할 수 있다.

```
C:\> mysql --help
c:\mysql\mysql5.6.15\bin\mysql  Ver 14.14 Distrib 5.6.15, for Win32 (x86)
Copyright (c) 2000, 2013, Oracle and/or its affiliates. All rights reserved.

Oracle is a registered trademark of Oracle Corporation and/or its
affiliates. Other names may be trademarks of their respective
owners.

Usage: c:\mysql\mysql5.6.15\bin\mysql [OPTIONS] [database]
  -?, --help          Display this help and exit.
  -I, --help          Synonym for -?.
  --auto-rehash       Enable automatic rehashing. One doesn't need to use
                      'rehash' to get table and field completion, but startup
                      and reconnecting may take a longer time. Disable with
                      --disable-auto-rehash.
                      (Defaults to on; use --skip-auto-rehash to disable.)
...
```

출력되는 옵션이 너무 많아서 그 중에서 자주 사용되는 옵션 몇 개만 소개하겠다.

- --host, -h: 접속할 MariaDB 서버의 호스트명을 명시

- --port, -P: 접속할 MariaDB 서버의 포트 번호를 명시

- --user, -u: MariaDB 서버에 접속할 때 사용할 유저 이름

- --password, -p: MariaDB 서버에 접속할 때 사용할 비밀번호(-p 옵션의 값이 생략되면, 자동으로 mysql 프로그램이 실행된 후 입력할 수 있도록 입력 프롬프트가 표시된다.)

- --database, -D: mysql 클라이언트기 MariaDB 서버에 접속함과 동시에 기본으로 사용할 데이터베이스명 명시

- --auto-rehash: mysql 클라이언트 프로그램내에서 테이블이나 칼럼명을 입력할 때, "TAB"을 이용해서 자동 완성이 가능하도록 해 준다.

- --batch: mysql 클라이언트 프로그램을 대화형(Interactive) 모드가 아닌 배치 모드로 실행한다.

- --execute, -e: mysql 클라이언트 프로그램이 MariaDB 서버에 접속됨과 동시에 파라미터로 주어진 문장을 실행한다. 비대화형 모드로 사용된다.

- --skip-column-names, -N: mysql 클라이언트에서 실행된 쿼리의 결과에서 칼럼 이름을 출력하지 않고 버린다.

- --safe-updates, -U: mysql 클라이언트를 안전 모드로 실행한다. 안전 모드는 SELECT나 UPDATE 그리고 DE-LETE 쿼리가 인덱스를 사용하지 못하고 풀 테이블 스캔을 해야 할 때, 자동으로 쿼리 실행을 멈추는 모드를 의미한다. 즉 안전 모드는 중요한 테이블에 대해서 작업하는 경우 실수를 막아 주는 역할을 하는 것이다.

3.2.2.1 안전 모드로 mysql 클라이언트 실행

안전 모드로 실행되면 MariaDB 서버가 INSERT를 제외한 UPDATE와 DELETE 그리고 SELECT 쿼리가 인덱스를 사용하지 못할 때 다음과 같이 에러를 발생시키고 쿼리 실행을 중지시켜 준다. 즉 사용자 실수로 테이블의 모든 레코드를 업데이트해 버린다거나 모두 삭제해 버리는 상황을 막아 주는 것이다.

```
MariaDB> CREATE TABLE tab_important (uid INT, uname VARCHAR(20), PRIMARY KEY(uid));
MariaDB> INSERT INTO tab_important VALUES (1, 'Matt');

MariaDB> DELETE FROM tab_important WHERE uname='Matt';
ERROR 1175 (HY000): You are using safe update mode and you tried to update a table without a
WHERE that uses a KEY column

MariaDB> UPDATE tab_important SET uname='Lee';
ERROR 1175 (HY000): You are using safe update mode and you tried to update a table without a
WHERE that uses a KEY column
```

3.2.2.2 --execute 옵션으로 mysql 클라이언트 실행

--execute 옵션으로 실행할 쿼리를 인자로 설정하면 mysql 클라이언트가 MariaDB 서버에 접속되면서 인자로 주어진 쿼리를 실행해서 그 결과를 표준 출력(stdout)으로 내보내고 종료한다. --execute 옵션은 mysql 클라이언트 프로그램을 대화형 모드가 아니라 리눅스의 크론(cron)이나 윈도우 스케줄러 작업과 같이 비대화형 모드로 실행할 때 유용하게 사용할 수 있다.

```
shell> mysql -h 127.0.0.1 -P 3306 -u root -p -D test --execute="SELECT * FROM tab_important"

+-----+-------+
| uid | uname |
+-----+-------+
|   1 | Matt  |
+-----+-------+
```

3.2.2.3 --batch 모드와 함께 --execute 옵션으로 mysql 클라이언트 실행

기본적으로 mysql 클라이언트는 배치 모드가 아닌 상태로 실행되는데, 이 경우에는 쿼리의 실행 결과가 텍스트 모드의 표 형태로 칼럼명과 값들이 출력된다. 그런데 --batch 옵션으로 실행되면 쿼리의 실행 결과가 라인이 없는 표 형태로 출력된다. 셀 스크립트를 이용해서 쿼리의 실행 결과를 조작할 때는 --batch 옵션으로 배치 모드에서 쿼리를 실행하는 것이 좋다.

```
shell> mysql -h 127.0.0.1 -P 3306 -u root -p -D test --batch
              --execute="SELECT * FROM tab_important"

uid      uname
1        Matt
```

3.2.2.4 --batch 모드로 --skip-column-names와 함께 --execute 옵션으로 mysql 클라이언트 실행

셀 스크립트에서 쿼리의 실행 결과를 조작하고자 하는 경우에는 --batch 옵션과 함께 --skip-column-names 옵션을 사용하면 셀 스크립트에서 불필요한 칼럼의 이름들을 제거하고 칼럼 값만 표준 출력으로 표시한다. 이는 셀 스크립트에서 MariaDB 서버에 저장된 값을 읽어 와서 뭔가를 처리할 때 유용하게 사용할 수 있다.

```
shell> mysql -h 127.0.0.1 -P 3306 -u root -p -D test --batch --skip-column-names
              --execute="SELECT * FROM tab_important"

1        Matt
```

3.3 데이터베이스 및 사용자 생성 [MariaDB] [MySQL]

MariaDB가 설치되면서 자동으로 또는 mysql_install_db라는 유틸리티에 의해서 기본적으로 몇 개의 데이터베이스와 테이블이 생성된다. 이 데이터베이스들은 MariaDB가 기동하는 데 꼭 필요한 데이터베이스이므로 MariaDB 서버를 시작하기 전에 먼저 준비해야 하며, 또한 기본 데이터베이스와 함께 처음 MariaDB 서버에 접속할 수 있는 사용자 계정이 생성된다. 여기에서는 기본적으로 생성되는 데이터베이스와 테이블 그리고 사용자 계정을 살펴보고, 서비스를 위해서 직접 데이터베이스와 계정을 생성하는 방법을 알아보겠다.

3.3.1 MariaDB의 사용자 계정 인식과 권한

MySQL과 MariaDB의 유저 정보는 다른 RDBMS와는 조금은 차이가 있는데, 단순히 유저의 이름뿐만 아니라 유저가 접속을 시도하는 클라이언트도 인증의 일부가 된다는 것이다. 또한 이로 인해서 MariaDB 서버 연결에서 각종 문제가 발생하기도 하므로 주의하는 것이 좋다.

3.3.1.1 사용자의 식별

MariaDB의 사용자는 다른 DBMS와는 조금 다르게 사용자의 계정뿐만 아니라 그 사용자의 접속 지점 (클라이언트가 실행된 호스트 명이나 도메인 또는 IP주소)도 계정의 일부가 된다. 그래서 MariaDB에서 계정을 언급할 때에는 다음과 같이 항상 아이디와 호스트를 함께 명시해야 한다. 아이디나 IP 주소를 감싸는 역 따옴표(`)는 MariaDB에서 식별자를 감싸주는 따옴표의 역할을 하는데 이는 종종 그냥 홑따옴표(')로도 자주 바뀌어서 사용된다. 다음의 사용자 계정은 항상 MariaDB 서버가 기동 중인 장비에서 svc_id라는 아이디로 접속할 때에만 사용될 수 있는 계정이다. 만약 사용자 계정에 다음의 계정만 등록되어 있다면 다른 컴퓨터로부터는 svc_id라는 아이디로 접속을 할 수 없음을 의미한다.

```
'svc_id'@'127.0.0.1'
```

만약 모든 외부의 컴퓨터로부터 접속이 가능한 사용자 계정을 생성하려면 사용자 계정의 호스트 부분을 "%" 문자로 대체해 주면 된다. 여기에서 "%" 문자는 모든 IP 또는 모든 호스트 명을 의미한다.

중첩되는 계정이 여러 개가 있을 때, MariaDB 서버는 인증을 수행하기 위해서 중첩된 여러 개의 계정 중에서 단 하나만을 선택해야 한다. 이때 MariaDB가 여러 개의 중첩된 계정 중에서 어떤 것을 선택하게 되는지는 꼭 기억해두어야 한다. 예를 들어서 다음과 같은 사용자 계정들을 가지고 있는 MariaDB 서버가 있다고 가정해 보자.

```
'svc_id'@'192.168.0.10'   (이 계정의 비밀번호는 123)
'svc_id'@'%'              (이 계정의 비밀번호는 abc)
```

만약 IP 주소가 192.168.0.10인 PC에서 MariaDB 서버에 접속할 때, 첫 번째 계정 정보를 이용해서 인증을 실행할지 아니면 두 번째 계정 정보를 이용할지에 따라서 이 접속은 성공할 수도 있고 실패할 수도 있다. MariaDB는 둘 중에서 어떤 것을 선택 할까? 항상 권한이나 계정 정보에 있어서 MariaDB는 범위가 가장 작은 것을 먼저 선택한다. 즉 위의 두 계정 정보 중에서 범위가 좁은 것은 "%"가 포함되지 않은 'svc_id'@'192.168.0.10'이기 때문에 IP가 명시된 계정 정보를 이용해서 이 사용자를 인증하게 된다. 그래서 만약 이 사용자가 192.168.0.10이라는 IP를 가지는 PC에서 'svc_id'라는 아이디와 abc라는 비밀번호로 로그인을 하면 "비밀번호가 일치하지 않는다"라는 이유로 접속이 거절될 것이다. 왜 이런 중첩된 계정을 생성할까라고 생각할 수도 있지만 운영을 하다 보면 이런 케이스가 종종 발생하고 이 때문에 "MariaDB 서버에 접속이 되지 않는다"는 개발자들의 문의 그리고 복제에서 슬레이브 MariaDB가 마스터 MariaDB에 접속하지 못하는 등의 문제가 자주 발생한다.

3.3.1.2 권한

MariaDB에서는 여러 가지 권한(Privileges)이 존재하는데, 기본적인 권한들을 이해해야 접속하는 계정들의 용도별로 적절히 권한을 부여할 수 있다. 또한 MariaDB 10.0 버전부터는 이런 권한들을 묶어서 권한 그룹(Role)을 생성하고, 특정 사용자에게 권한 그룹을 부여하는 것도 가능하다.

MariaDB의 권한은 영향력의 범위에 따라서 서버 전체와 데이터베이스 및 테이블 그리고 스토어드 프로그램 관련 권한으로 나누어 볼 수 있다. 실제로는 칼럼 레벨까지도 권한을 부여할 수 있지만 이 정도까지의 권한은 사실 그다지 사용되지 않으므로 무시하겠다. 사용자에게 권한을 부여할 때에는 다음과 같이 GRANT 명령을 사용하는데, ON 절에는 대상 오브젝트를 명시해 주면 된다. 이때 ON 절에 명시하는 오브젝트는 다음과 같다.

"*.*"

대상 오브젝트가 MariaDB 서버 전체를 의미하며, 이 경우 privilege_list에는 전역 권한만 사용해야 한다.

"db1.*"

대상 오브젝트가 특정 데이터베이스 하나를 지칭하며, privilege_list에는 전역 권한을 제외한 데이터베이스 레벨과 테이블 레벨 그리고 스토어드 프로그램 레벨의 권한을 명시할 수 있다.

"db1.table1"

대상 오브젝트가 특정 데이터베이스의 테이블 하나를 지칭하며, privilege_list에는 테이블 레벨의 권한만 사용할 수 있다.

"db1.stored_program1"

대상 오브젝트가 특정 데이터베이스의 스토어드 프로그램 하나를 지칭하며, privilege_list에는 스토어드 프로그램 레벨의 권한만 사용할 수 있다.

```
GRANT privilege_list ON db.TABLE TO 'user'@'host' ;
```

이제 권한의 범위별로 MariaDB에 어떤 권한들이 있는지 살펴보자.

전역 권한

권한 (Privilege)	설명
CREATE USER	새로운 사용자를 생성할 수 있는 권한
FILE	LOAD DATA INFILE이나 LOAD_FILE( ) 함수와 같이 디스크의 파일을 접근할 때 필요한 권한
GRANT OPTION	다른 사용자에게 권한을 부여할 수 있는 권한(GRANT 권한이 있더라도, 반드시 현재 사용자가 가진 권한들만 부여할 수 있다)
PROCESS	SHOW PROCESSLIST 명령과 같이 MariaDB 서버 내의 프로세스를 조회할 수 있는 권한
RELOAD	FLUSH … 명령을 실행할 수 있는 권한
REPLICATION CLIENT	SHOW MASTER STATUS나 SHOW SLAVE STATUS와 같이 복제 클라이언트에 관련된 정보를 조회할 수 있는 권한
REPLICATION SLAVE	슬레이브 MariaDB 서버가 마스터 MariaDB에 접속할 때 사용하는 사용자 계정에 필요한 권한(이 권한이 있어야 마스터 MariaDB에 발생한 변경 내역을 조회할 수 있다)
SHOW DATABASES	데이터베이스 목록을 조회할 수 있는 권한
SHUTDOWN	MariaDB 서버를 종료할 수 있는 권한
SUPER	하단의 추가 설명 참조

SUPER 권한은 유닉스의 root 사용자와 같은 권한을 의미하지는 않지만, 특정한 상황에서는 제한을 넘어서서 뭔가 작업을 할 수 있는 권한이다. 즉 read_only 설정으로 인해서 읽기 전용으로 설정된 MySQL 서버에서 데이터를 변경할 수 있으며, max_connections 제한으로 더 이상 커넥션을 생성할 수 없는 상황에서도 SUPER 권한을 가진 사용자에 대해서 1개의 커넥션을 더 생성할 수 있으며, MySQL 5.0(TRIGGER 권한이 별도로 정의되어 있지 않았던 버전)에서는 트리거를 생성하거나 삭제하기 위해서 필요한 권한이기도 했다. 사실 조금은 모호한 권한이 SUPER가 아닌가 생각된다. 좀 특이한 상황에서 필요한 권한은 모두 SUPER에 할당해 두었다는 느낌이 든다. 그래서 가능하면 일반 사용자나 서비스 계정에는 SUPER 권한을 부여하지 않는 것이 좋다.

데이터베이스 레벨 권한

권한 (Privilege)	설명
CREATE	새로운 데이터베이스를 생성할 수 있는 권한
CREATE ROUTINE	새로운 스토어드 프로시저나 함수를 생성할 수 있는 권한
CREATE TEMPORARY TABLES	임시 테이블을 생성할 수 있는 권한(내부 임시 테이블의 생성과는 무관하다)
DROP	데이터베이스를 삭제할 수 있는 권한
EVENT	이벤트를 생성하고 삭제할 수 있는 권한
GRANT OPTION	데이터베이스에 대한 권한을 다른 사용자에게 권한을 부여할 수 있는 권한(GRANT 권한이 있다 하더라도, 반드시 현재 사용자가 가진 권한들만 부여할 수 있다)
LOCK TABLES	LOCK TABLES 명령을 이용하여 명시적으로 테이블을 잠글 수 있는 권한

테이블 레벨 권한

권한 (Privilege)	설명
ALTER	테이블의 구조를 변경할 수 있는 권한
CREATE	테이블을 생성할 수 있는 권한
CREATE VIEW	뷰를 생성할 수 있는 권한
DELETE	테이블의 레코드를 삭제(DELETE 쿼리)할 수 있는 권한
DROP	테이블이나 뷰를 삭제할 수 있는 권한
GRANT OPTION	테이블에 대한 권한을 다른 사용자에게 부여할 수 있는 권한
INDEX	CREATE INDEX 명령으로 인덱스를 생성할 수 있는 권한(테이블을 생성할 수 있는 권한이 있다면 이 권한이 없어도 CREATE TABLE 문장과 함께 인덱스를 생성하는 것은 가능하다)
INSERT	테이블에 레코드를 저장(INSERT 쿼리)할 수 있는 권한
SELECT	테이블의 레코드를 조회(SELECT 쿼리)할 수 있는 권한
SHOW VIEW	SHOW CREATE VIEW 명령을 이용하여 뷰의 구조를 조회할 수 있는 권한
TRIGGER	트리거의 생성과 삭제 그리고 실행에 대한 권한
UPDATE	테이블의 레코드를 변경(UPDATE 쿼리)할 수 있는 권한

스토어드 프로그램 레벨 권한

권한 (Privilege)	설명
ALTER ROUTINE	스토어드 프로그램(프로시저와 함수)의 내용을 변경할 수 있는 권한
EXECUTE	스토어드 프로그램(프로시저와 함수)을 실행할 수 있는 권한
GRANT OPTION	다른 사용자에게 스토어드 프로그램(프로시저와 함수)의 권한을 부여할 수 있는 권한

3.3.1.3 권한의 부여

사용자에게 권한을 부여할 때는 GRANT SQL 문장을 사용한다. GRANT 문장은 다음과 같은 문법으로 작성하는데, 여기에서 각 권한들의 특성(범위)에 따라서 대상 오브젝트의 내용이 바뀌어야 한다.

```
mariadb> GRANT privilege_list ON db.TABLE TO 'user'@'host' ;
mariadb> GRANT privilege_list ON db.TABLE TO 'user'@'host' identified BY 'password'
          WITH GRANT OPTION ;
```

GRANT 문장은 특정 사용자에게 권한을 부여할 뿐만 아니라 해당 사용자가 이미 생성되어 있지 않았다면 사용자까지 생성하고 권한을 부여한다. GRANT 명령으로 사용자의 생성과 권한 부여를 동시에 수행할 수 있지만 만약 사용자가 존재하지 않는 경우라면 GRANT 명령에 IDENTIFIED BY 절을 이용해서 사용자의 비밀번호까지 설정하는 것이 좋다. 또한 다른 권한과는 달리 "GRANT OPTION" 권한(다른 사용자에게 권한을 부여할 수 있는 권한)은 GRANT 문장의 마지막에 "WITH GRANT OPTION"을 이용해서 부여한다. privilege_list에는 위의 표에 명시된 권한들을 구분자(,)를 이용해서 여러 개를 동시에 명시할 수 있다. TO 키워드 뒤에는 권한을 부여할 대상 사용자를 명시하며, ON 키워드 뒤에는 어떤 데이터베이스의 어떤 오브젝트에 권한을 부여할지 결정할 수 있는데, 이때 권한의 범위에 따라서 사용하는 방법이 달라진다. 간단하게 예제를 한번 살펴보자.

글로벌 권한

```
mariadb> GRANT SUPER ON *.* TO 'user'@'localhost';
```

글로벌 권한을 부여하는 경우에는 ON 절의 대상 오브젝트를 모든 DB의 모든 오브젝트를 지칭한다는 의미로 "*.*"을 명시해 주어야 한다. 즉 특정 DB에 대해서만 글로벌 권한을 부여할 수는 없기 때문에 글로벌 권한의 경우에는 특정 DB나 특정 오브젝트를 명시할 수는 없는 것이다. SUPER와 같은 글로벌 권한은 DB 단위나 오브젝트 단위로 부여할 수 있는 권한이 아니기 때문에 항상 "*.*"로만 대상을 사용할 수 있다.

데이터베이스 권한

```
mariadb> GRANT EVENT ON *.* TO 'user'@'localhost';
mariadb> GRANT EVEMT ON employees.* TO 'user'@'localhost';
```

DB 권한은 특정 DB에 대해서만 권한을 부여하거나 또는 서버에 존재하는 모든 DB에 대해서 권한을 부여하는 것이 가능하기 때문에 위의 예제와 같이 ON 절에 "*.*"이나 "employees.*" 둘 다 사용 가능하다.

하지만 DB 권한만을 부여하는 경우에(DB 권한은 테이블에 대해서 부여할 수 없기 때문에) employees.department와 같이 테이블까지 명시할 수는 없다. DB 권한은 서버 전체적으로 모든 DB에 적용하는 것이 가능하기 때문에 대상에 "*.*"을 사용하는 것이 가능하며, 또한 특정 DB에 대해서만 권한을 부여하는 것도 가능하기 때문에 "db.*"로 대상을 설정하는 것도 가능하다. 하지만 오브젝트 권한처럼 "db.table"로 오브젝트(테이블)까지 명시할 수는 없다.

테이블 권한

```
mariadb> GRANT SELECT,INSERT,UPDATE,DELETE ON *.* TO 'user'@'localhost';
mariadb> GRANT SELECT,INSERT,UPDATE,DELETE ON employees.* TO 'user'@'localhost';
mariadb> GRANT SELECT,INSERT,UPDATE,DELETE ON employees.department TO 'user'@'localhost';
```

오브젝트 권한은 첫 번째 예제와 같이 서버에 있는 모든 데이터베이스에 소속된 오브젝트에 대해서 권한을 부여하는 것도 가능하며, 두 번째 예제와 같이 특정 DB의 오브젝트에 대해서만 권한을 부여하는 것도 가능하다. 그리고 당연히 특정 DB의 특정 테이블에 대해서만 권한을 부여하는 것도 세 번째 예제와 같이 사용 가능하다. 오브젝트 권한은 서버 전체적으로 모든 오브젝트에 권한을 부여하기 위해서 대상을 "*.*"로 사용하는 것도 가능하며, 특정 DB 내의 모든 오브젝트에 대해서 적용하는 것도 가능하기 때문에 "db.*"과 같이 사용하는 것도 가능한 것이다.

그리고 오브젝트 권한과 비슷하지만 테이블의 특정 칼럼에 대해서만 권한을 부여하는 경우에는 GRANT 문장의 문법이 조금 달라져야 한다. 칼럼에 부여할 수 있는 권한은 DELETE를 제외한 INSERT와 UPDATE 그리고 SELECT 3가지이며, 각 권한의 뒤에 칼럼을 명시해 주는 형태로 부여한다. employees DB의 department 테이블에서 dept_name 칼럼은 업데이트할 수 없도록 권한을 부여하기 위해서는 다음과 같이 GRANT 구문을 사용하면 된다. SELECT나 INSERT는 모든 칼럼에 대해서 가능하지만 UPDATE는 dept_name 칼럼만 할 수 있게 된다.

```
mariadb> GRANT SELECT,INSERT,UPDATE (dept_name) ON employees.department TO 'user'@'localhost';
```

여러 가지 레벨이나 범위로 권한을 설정하는 것이 가능하지만 테이블이나 칼럼 단위까지의 권한은 잘 사용하지 않는다. 또한 칼럼 단위의 권한이 하나라도 설정되면, 나머지 모든 테이블의 모든 칼럼에 대해서도 권한 체크가 발생하기 때문에 칼럼 하나에 대해서만 권한을 설정한다면 성능상 좋지 않다고 알려져 있다. 만약 칼럼 단위의 접근 권한이 꼭 필요하다면 GRANT로 해결하기보다는 해당 테이블에서 권한 설정이 필요한 칼럼만으로 별도의 뷰(VIEW)를 만들어서 제공하는 방법을 추천하고 싶다.

GRANT 명령에 의해서 부여된 권한 정보는 mysql 데이터베이스(MariaDB의 인증 및 딕셔너리 데이터베이스)의 user 테이블과 host 테이블들에 저장된다.

3.3.1.4 권한 그룹 `MariaDB`

MariaDB 10.0.5 버전부터는 각각의 권한들을 사용자에게 할당하는 방식뿐만 아니라 개별 권한들을 묶어서 하나의 권한 그룹(Role)으로 만들고 그 권한 그룹을 개별 사용자에게 부여하는 방식의 권한 관리도 지원한다.

권한 그룹(Role) 생성

권한 그룹은 CREATE ROLE 명령으로 생성하는데, CREATE USER 권한을 가진 사용자만 CREATE ROLE 명령으로 권한 그룹을 생성할 수 있다. CREATE ROLE 명령이 실행될 때마다 mysql 데이터베이스의 user 테이블에 권한 그룹의 정보가 저장되는데, 이때 mysql.user 테이블의 is_role 칼럼이 'Y'로 설정된다. 즉 mysql.user라는 테이블에 권한 그룹과 사용자 정보가 함께 저장되는 것이다.

```
mariadb> CREATE ROLE dba;
mariadb> CREATE ROLE developer WITH ADMIN {CURRENT_USER | CURRENT_ROLE | user | role}
```

권한 그룹을 생성할 때 그 권한 그룹을 다른 사용자에게 부여할 수 있는 사용자가 누구인지가 함께 명시되어야 한다. 첫 번째 예제와 같이 그 정보를 누락시킬 수도 있고 두 번째 예제와 같이 직접 명시해 줄 수도 있다. 첫 번째 예제와 같이 WITH ADMIN 절이 완전히 누락되면 기본적으로 "WITH ADMIN CURRENT_USER"가 적용된다. 즉 dba라는 권한 그룹을 생성한 사용자만 다른 사용자에게 dba 권한 그룹을 부여할 수 있게 되는 것이다. 두 번째 예제와 같이 WITH ADMIN절에 키워드인 CURRENT_USER나 CURRENT_ROLE을 명시하면 현재 권한 그룹을 생성하는 사용자 또는 그 사용자가 소속된 권한 그룹의 사용자가 권한 그룹을 부여할 수 있게 된다. 그렇지 않고 WITH ADMIN 절에 직접 특정 사용자나 특정 그룹을 명시할 수도 있다. 예약어로 등록되어 있으므로 권한 그룹의 이름에 PUBLIC과 NONE은 사용할 수 없다.

이렇게 권한 그룹이 생성되면, 일반 사용자에게 권한을 부여하듯이 다음 예제와 같이 특정 권한 그룹에게 권한을 부여할 수 있다.

```
mariadb> GRANT ALL PRIVILEGES ON *.* TO dba;
mariadb> GRANT SELECT, INSERT, UPDATE, DELETE ON 'db1'.* TO developer;
```

권한 그룹(Role) 부여

준비된 권한 그룹을 특정 사용자에게 부여할 때도 똑같이 GRANT 명령을 사용한다. 권한 그룹이 사용자에게 부여되면, 각 사용자와 권한 그룹 간의 관계 정보는 mysql.roles_mapping 테이블에 저장된다.

```
mariadb> GRANT developer TO 'user1'@'%';
```

MariaDB 10.0의 버전(현재 최신 버전인 MariaDB 10.0.8까지)의 권한 그룹은 안타깝게도 사용자가 부여된 권한 그룹을 자동으로 인식하지 않는다.

```
mariadb> SELECT CURRENT_ROLE;
+--------------+
| current_role |
+--------------+
| NULL         |
+--------------+
```

MariaDB 서버에 로그인한 후 현재 로그인된 사용자의 권한 그룹을 확인해 보면 아무것도 설정되지 않았다는 것을 알 수 있다. 실제로 사용자가 현재 커넥션(세션)에서 권한 그룹을 획득하기 위해서는 SET ROLE 명령을 실행해야 한다.

```
mariadb> SET ROLE dba;
Query OK, 0 rows affected (0.00 sec)

mariadb> SELECT CURRENT_ROLE;
```

```
+--------------+
| current_role |
+--------------+
| dba          |
+--------------+
```

한 가지 더 안타까운 사실은 한 사용자가 2개 이상의 권한 그룹을 동시에 가질 수 없다는 것이다. dba 라는 권한 그룹을 가진 상태에서 다시 SET ROLE 명령을 실행하면 마지막으로 설정된 권한 그룹만 인식하게 된다.

```
mariadb> SET ROLE developer;
Query OK, 0 rows affected (0.00 sec)

mariadb> SELECT CURRENT_ROLE;
+--------------+
| current_role |
+--------------+
| developer    |
+--------------+
```

설정된 권한 그룹을 제거할 때에는 다음과 같이 권한 그룹을 NONE으로 설정하면 된다.

```
mariadb> SET ROLE NONE;
Query OK, 0 rows affected (0.00 sec)

mariadb> SELECT CURRENT_ROLE;
+--------------+
| CURRENT_ROLE |
+--------------+
| NULL         |
+--------------+
```

MariaDB 10.0.5부터 시작된 권한 그룹은 이제 시작인 관계로 앞으로 많이 개선되겠지만 지금 수준에서는 현업에서 사용되기는 조금 불편함이 있어 보인다. 빠른 시일 내에 MariaDB의 권한 그룹의 기능이 오라클 RDBMS와 같이 지원되기를 기대해 본다.

3.3.2 MariaDB의 기본 사용자

윈도우에서 MariaDB를 설치한 경우에는 자동으로 MariaDB 홈 디렉터리 하위에 data라는 폴더가 만들어지는데, 이 디렉터리에 MariaDB 서버의 데이터 파일들이 저장된다. 리눅스 계열의 운영체제에서는 mysql_install_db라는 명령을 이용해서 기본 데이터를 생성해 주면 된다. MariaDB의 설치와 함께 생성되는 데이터 파일에는 기본적으로 몇 개의 MariaDB 서버의 사용자 계정도 함께 준비되어 있는데, 사실 이 계정들은 처음 MariaDB 서버에 접속할 때에만 사용되며, 실제 서비스용으로 사용할 MariaDB 서버에서는 모두 삭제하거나 다른 이름으로 새로운 계정을 생성하는 것이 보안상 안전하다.

- 'root'@'127.0.0.1'
- 'root'@'::1'
- ''@'localhost'
- 'root'@'localhost'

사용자 계정에서 호스트 부분이 "127.0.0.1"인 것과 "localhost"인 것은 사실 같은 의미이다. 하지만 "localhost"로 명시된 사용자의 경우에는 MariaDB 서버에 접속할 때 "-h" 옵션에 localhost를 사용해야만 접속을 할 수 있다. 윈도우에서는 소켓 파일을 이용한 접속 기능이 지원되지 않으므로 "localhost"와 "127.0.0.1"의 차이가 없다. 하지만 유닉스 계열의 MariaDB에서는 로컬 컴퓨터에 설치된 MariaDB 서버에 접속할 때(TCP/IP를 사용하지 않는) 유닉스 도메인 소켓 파일을 이용해서 접속할 수도 있다. 이때 호스트명을 localhost로 지정하면 자동으로 유닉스 도메인 소켓 파일을 통해서 접속한다. 조금 귀찮고 헷갈리긴 하지만 로컬 컴퓨터에 설치된 MariaDB 서버에 대한 사용자를 생성할 때에는 가능하면 localhost와 127.0.0.1 사용자 계정을 함께 만들어 주는 것이 좋다.

MariaDB에서 root 사용자 계정은 기본적으로 모든 권한을 가지고 있는 것으로 초기화되어 있다. 그리고 처음 설치된 MariaDB 서버에는 비밀 번호 없이 root로 로그인하거나 사용자 아이디 없이 로그인할 수 있는 계정도 있다. 그래서 항상 새로운 MariaDB를 설치하면 모든 사용자 계정을 삭제하고 다시 재설정할 것을 권장한다. 그리고 MariaDB의 관리자 계정은 항상 root인 것으로 생각하는 경우가 많은데 이는 초기 설치된 MariaDB의 root 계정이 모든 권한을 가지고 있도록 되어 있기 때문이다. MariaDB에서 "root"라는 이름을 가진 계정이 항상 필요한 것이 아니기 때문에 만약 필요하다면 MariaDB 서버의 관리자 계정을 "admin"으로 변경해도 무방하다(단 관리자로서 필요한 권한은 모두 별도로 부여해야 한다). 만약 초기에 데이터베이스가 생성될 때부터 이런 보안적인 문제들을 없애려면 mysql_secure_installation 유틸리티를 이용해서 초기 데이터베이스를 생성하면 된다.

3.3.3 MariaDB의 기본 데이터베이스

mysql 클라이언트 프로그램을 실행해서 다음과 같이 MariaDB 서버에 로그인하고, 데이터베이스 목록을 조회하는 명령을 실행해 보자. MariaDB가 최초로 시작된 상태에서는 root라는 DBA 계정이 준비되어 있으므로 root 계정으로 접속하도록 하자.

```
shell> mysql -h 127.0.0.1 -P3310 -u root -p
Enter password:
Welcome to the MariaDB monitor.  Commands end with ; or \g.
Your MariaDB connection id is 3
Server version: 10.0.6-MariaDB-log mariadb.org binary distribution

Copyright (c) 2000, 2013, Oracle, Monty Program Ab and others.

Type 'help;' or '\h' for help. Type '\c' to clear the current input statement.

mariadb> SHOW DATABASES;
+--------------------+
| Database           |
+--------------------+
| information_schema |
| mysql              |
| performance_schema |
| test               |
+--------------------+
```

기본적으로 생성되어 있는 데이터베이스 중에서 mysql 데이터베이스는 MariaDB 서버의 사용자 인증 정보나 스토어드 프로그램과 이벤트 정보 그리고 타임 존이나 복제에 관련된 정보들이 저장되는 기본 데이터베이스이다. 그래서 mysql 데이터베이스는 관리자 이외의 사용자가 접근하도록 허용해서는 안 되며, 가능하면 직접 데이터를 변경해서는 안 된다.

information_schema 데이터베이스의 테이블들은 실제 디스크에 데이터 파일을 가진 테이블이 아니라 MariaDB 서버가 시작되면서 모든 데이터베이스와 테이블 그리고 칼럼의 정보와 스토어드 프로그램과 같은 메타 정보들을 메모리에 읽어들이는데, 그 정보들을 테이블 형태로 접근할 수 있도록 해주는 데이터베이스이다. information_schema 데이터베이스의 테이블들을 잘 이용하면 MariaDB 서버의 스키마 정보와 스토어드 프로그램의 정보 그리고 인덱스의 통계 정보들까지 확인할 수 있다.

performance_schema 데이터베이스는 요청된 쿼리들을 MariaDB 서버가 처리할 때 발생하는 각종 이벤트와 잠금 그리고 잠금 대기 현상들을 숫자로 기록하는 테이블들이 저장되어 있다. performance_schema 데이터베이스의 테이블들 또한 디스크에는 테이블의 구조만 저장되어 있으며, 실제 데이터는 모두 메모리상에서 관리되며 MariaDB 서버가 재시작되면 모두 초기화된다. performance_schema 데이터베이스 테이블의 모든 테이블은 오라클 RDBMS의 OWI(Oracle Wait Interface)와 같은 역할을 하기 때문에 쿼리나 MariaDB 서버의 상태 튜닝에 많은 도움이 될 것이다.

test 데이터베이스는 말 그대로 테스트용으로 사용하는 데이터베이스이며, 데이터베이스 내부에 어떠한 테이블도 가지고 있지 않다. test 데이터베이스는 서비스용으로 사용될 MariaDB에서는 불필요하므로 삭제해 버리는 것이 일반적이다. 그리고 디폴트로 MariaDB 서버의 권한 정보에 "test"라는 단어가 들어간 데이터베이스는 누구든지 볼 수 있는 권한이 설정되어 있다. 그래서 서비스용 MariaDB에서는 이 권한을 삭제하는 것이 좋다.

```
mariadb> SELECT * FROM mysql.user\G
*************************** 1. row ***************************
              Host: %
                Db: test\_%
              User:
...

mariadb> SELECT * FROM mysql.db\G
*************************** 1. row ***************************
              Host: %
                Db: test
              User:
...
*************************** 2. row ***************************
              Host: %
                Db: test\_%
              User:

mariadb> DELETE FROM mysql.user WHERE USER='' AND host='%';
mariadb> DELETE FROM mysql.db WHERE USER='' AND host='%' AND db LIKE 'test%';
mariadb> FLUSH PRIVILEGES;
```

만약 test 데이터베이스의 불필요한 권한을 삭제하지 않으면, test로 시작되는 모든 데이터베이스는 아무나 접근할 수 있게 된다. 만약 데이터베이스 이름이 "test_project"였다면 이 데이터베이스의 데이터를 MariaDB 서버에 접근하는 모든 사용자가 볼 수 있게 되는 것이다.

3.3.4 새로운 데이터베이스 생성

새로운 데이터베이스를 생성할 때에는 CREATE DATABASE 명령을 사용하면 된다. 새로운 데이터베이스를 생성할 때에는 이 데이터베이스에 생성되는 테이블이 기본적으로 어떤 문자 셋과 어떤 콜레이션을 가지는지만 결정하면 된다.

```
mariadb> CREATE DATABASE firstdb;
mariadb> CREATE DATABASE firstdb DEFAULT CHARACTER SET utf8mb4;
```

첫 번째 예제와 같이 아무런 옵션 없이 데이터베이스의 이름만 명시하면 MariaDB 서버에 설정된 기본 문자 셋과 그 문자 셋의 기본 콜레이션이 데이터베이스에 적용된다. 그렇지 않고 별도의 문자 셋을 지정하고자 할 때에는 DEFAULT CHARACTER SET 절을 같이 포함해서 CREATE DATABASE 명령을 실행하면 된다.

이미 만들어져 있는 데이터베이스를 삭제할 경우에는 DROP DATABASE 명령을 실행하면 된다. 만약 삭제하려는 데이터베이스가 테이블이나 레코드를 많이 포함하고 있다면 데이터베이스 삭제가 꽤 오랜 시간이 걸릴 수 있으므로 서비스 중인 MariaDB에서는 주의해야 한다.

```
mariadb> DROP DATABASE firstdb;
```

3.3.5 사용자 생성

MariaDB 10.0 이전 버전까지는 사용자를 생성하고 개별 사용자 계정별로 권한을 설정해야 했지만 MariaDB 10.0.5 버전 이후부터는 기존 방식 이외에도 권한 그룹을 이용해서 권한을 설정할 수도 있다. 권한 그룹을 이용하는 방법은 이미 살펴보았으므로 여기에서는 사용자를 생성하고 각 사용자별로 개개의 권한을 부여하는 기존 방법을 살펴보겠다.

3.3.5.1 사용자 생성 및 권한 부여

새로운 사용자를 생성할 때에는 CREATE USER 명령이나 GRANT 명령을 이용하면 된다. CREATE USER는 단순히 새로운 사용자를 생성만 하되, 실제 그 사용자의 권한을 부여하지는 않는다. 그래서 CREATE USER로 새로운 사용자를 생성하면 GRANT 명령으로 별도의 권한을 부여해야 한다. 그런데 GRANT 명령에 명시된 사용자가 존재하지 않는 경우에는 유저를 생성(CREATE USER)하고 그 사용자에게 주어진 권한을 부여하게 된다. 그래서 새로운 사용자를 생성하고 권한을 부여할 때에는 별도로 CREATE USER 명령은 사용하지 않고 GRANT 명령만 사용하기도 한다.

```
mariadb> GRANT SHOW DATABASES ON *.* TO 'user'@'%' IDENTIFIED BY 'user_password';
mariadb> GRANT SELECT, INSERT, UPDATE, DELETE ON firstdb.* TO 'user'@'%';
mariadb> FLUSH PRIVILEGES;
```

위 예제에서 SHOW DATABASES 권한은 전역 권한이며 SELECT와 INSERT 등의 권한은 데이터베이스나 테이블 레벨의 권한이기 때문에 한번에 모아서 GRANT할 수가 없다. 그래서 첫 번째 GRANT 명령에서는 "*.*"로 전역 권한을 부여했으며, 두 번째 문장에서는 firstdb의 모든 테이블에서 대해서 INSERT와 UPDATE 그리고 SELECT와 DELETE를 실행할 수 있는 권한을 부여했다.

MariaDB에서는 새로운 유저를 생성한다고 해서 그 사용자의 데이터베이스가 준비되는 것이 아니다. 즉 사용자와 데이터베이스가 전혀 무관하게 이원화되어서 관리된다. 그러므로 데이터베이스가 생성되면 그 데이터베이스를 위한 사용자를 별도로 생성하고 권한을 부여하는 것이 일반적이다.

3.3.5.2 관리자 계정 준비

root라는 관리자 계정은 너무 많이 알려져 있기 때문에 별도의 아이디를 이용해서 관리자 계정을 준비하는 것이 좋다. 이 책에서는 admin이라는 아이디를 관리자 계정으로 사용하는데, 이 또한 보안상 그다지 좋은 선택은 아니므로 다른 사람들이 예측하기 어려운 계정을 사용하도록 하자. 그리고 관리자 계정에는 모든 권한을 부여하는 것이 일반적이지만 로컬 서버에서만 접속이 가능하도록 'admin'@'localhost'와 'admin'@'127.0.0.1'만 허용해 주는 것이 좋다.

```
mariadb> GRANT ALL ON *.* TO 'admin'@'localhost' identified BY 'adminpass' WITH GRANT OPTION ;
mariadb> GRANT ALL ON *.* TO 'admin'@'127.0.0.1' identified BY 'adminpass' WITH GRANT OPTION ;
mariadb> FLUSH PRIVILEGES;
```

위의 두 명령은 admin이라는 아이디를 가지는 관리자 계정을 생성하는 명령이다. 기본적으로 GRANT 명령을 실행하면 즉시 계정이 생성되지만, 가끔 그렇지 않은 경우에는 FLUSH PRIVILEGES 명령을 실행해 주면 된다.

3.4 테이블 생성 및 변경

MariaDB에서 테이블 생성, 삭제 및 변경 작업은 거의 표준화된 ANSI SQL 문장을 사용한다. 하지만 MariaDB의 특성상 스토리지 엔진을 명시한다거나 로우(레코드) 포맷을 지정하는 등의 조금씩 다른 옵션들이 필요하다. 물론 이런 옵션 없이 기본값으로 테이블을 생성하는 것도 가능하지만 때로는 좀 더 나은 성능을 위해서 옵션값이 필요한 경우도 있다. 물론 서로 다른 스토리지 엔진을 사용하는 테이블들을 하나의 SQL 문장에 섞어서 조인이나 서브 쿼리 등으로 사용할 수도 있다.

MariaDB에서는 각 테이블이 서로 다른 스토리지 엔진을 사용하도록 생성할 수 있다. 테이블이 어떤 스토리지 엔진을 사용하게 될지는 상당히 어려운 결정이며, 성능에도 큰 영향을 미치게 된다. 테이블이 어떤 스토리지 엔진을 사용할지 어떤 로우 포맷을 사용해야 할지는 나중에 MariaDB에서 지원하는 스토리지 엔진들에 대해서 공부할 때 자세히 살펴보도록 하겠다. 여기에서는 기본적인 테이블의 생성과 삭제에 대해서 살펴보고, MariaDB 10.0부터 지원되는 온라인 스키마 변경에 대해서도 알아보겠다.

3.4.1 테이블 생성

MariaDB에서 테이블을 생성할 때에는 CREATE TABLE 명령을 사용하는데, 조금 독특한 부분은 IF NOT EXISTS라는 조건을 같이 포함할 수 있다는 점이다.

```
mariadb> CREATE TABLE IF NOT EXISTS tab_test (
           tid BIGINT NOT NULL AUTO_INCREMENT,
           tname VARCHAR(100) NOT NULL,
           tmemo TEXT NOT NULL,
           PRIMARY KEY (tid),
           INDEX ix_tname_tid (tname, tid)
         ) ENGINE=InnoDB;
```

"IF NOT EXISTS" 조건은 테이블이나 칼럼을 생성할 때 사용할 수 있다. 생성하려는 테이블이나 칼럼이 이미 있는 경우는 에러를 발생시키지 않고 경고 메시지만 발생시킨다. 즉 테이블이 이미 존재하는지 여부를 정확히 판단하기 어려운 경우에는 IF NOT EXISTS 조건 문을 사용하면 된다.

테이블 생성 문의 마지막에 ENGINE이라는 키워드를 사용했는데, 여기에서는 tab_test라는 테이블이 InnoDB 스토리지 엔진을 사용하도록 생성하라는 의미이다. 테이블을 생성할 때 스토리지 엔진을 별도로 명시하지 않으면 MariaDB 서버의 설정 파일(my.cnf 또는 my.ini)에 명시된 기본 스토리지 엔진이 사용된다. 여기에서는 테이블이 특정 스토리지 엔진을 사용하도록 할 때에는 ENGINE 절을 사용한다는 것만 기억하도록 하자.

이렇게 생성된 테이블은 SHOW CREATE TABLE 명령이나 DESC(DESCRIBE) 명령으로 생성된 테이블의 내역을 다시 살펴볼 수 있다.

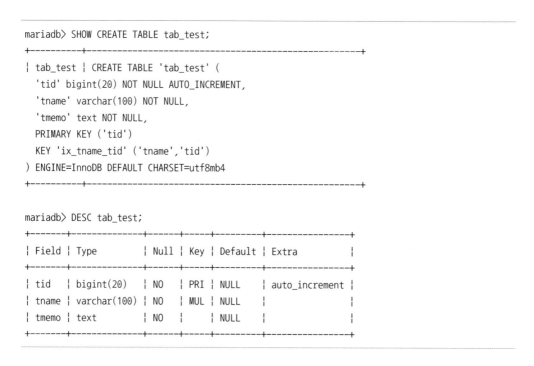

```
mariadb> SHOW CREATE TABLE tab_test;
+----------+----------------------------------------------------+
| tab_test | CREATE TABLE 'tab_test' (
  'tid' bigint(20) NOT NULL AUTO_INCREMENT,
  'tname' varchar(100) NOT NULL,
  'tmemo' text NOT NULL,
  PRIMARY KEY ('tid')
  KEY 'ix_tname_tid' ('tname','tid')
) ENGINE=InnoDB DEFAULT CHARSET=utf8mb4
+----------+----------------------------------------------------+

mariadb> DESC tab_test;
+-------+--------------+------+-----+---------+----------------+
| Field | Type         | Null | Key | Default | Extra          |
+-------+--------------+------+-----+---------+----------------+
| tid   | bigint(20)   | NO   | PRI | NULL    | auto_increment |
| tname | varchar(100) | NO   | MUL | NULL    |                |
| tmemo | text         | NO   |     | NULL    |                |
+-------+--------------+------+-----+---------+----------------+
```

SHOW CREATE TABLE 명령은 CREATE TABLE 명령문을 그대로 재구성해서 출력하며, DESC 명령은 테이블의 칼럼과 인덱스 정보를 표 형태로 출력한다. DESC 명령문의 결과가 더 깔끔해서 보기 좋은 듯하지만 실제로 테이블의 구조를 한눈에 보기에는 SHOW CREATE TABLE로 출력되는 CREATE

문장이 더 좋다. DESC 명령문의 결과로 출력되는 내용에서는 여러 칼럼으로 만들어진 복합 인덱스를 한눈에 파악하기가 쉽지 않기 때문이다.

3.4.2 테이블 변경(온라인 및 오프라인)

MariaDB 10.0 버전과 MySQL 5.6 이상의 버전에서는 온라인 스키마 변경 기능이 도입되었다. 여기에서는 MariaDB 5.5 버전과 그 이하 버전에서 사용되던 오프라인 스키마 변경과 MariaDB 10.0 버전부터 사용 가능한 온라인 스키마 변경 기능을 살펴보도록 하겠다.

3.4.2.1 오프라인 스키마 변경

기존의 테이블에 칼럼을 추가하거나 삭제 또는 인덱스를 추가하거나 삭제하는 작업은 모두 ALTER TABLE 명령으로 가능하다. 물론 인덱스를 추가하거나 삭제할 때에는 CREATE INDEX나 DROP INDEX 명령을 사용할 수도 있지만 ALTER TABLE로 모두 모아서 처리가 가능하기 때문에 CREATE INDEX나 DROP INDEX 명령보다는 ALTER TABLE ADD INDEX 또는 ALTER TABLE DROP INDEX 명령이 더 유용하게 사용된다.

다음은 tab_test 테이블에 created라는 칼럼을 추가하고, 다시 그 칼럼에 인덱스를 생성하는 예제이다. 예제에서와 같이 스키마 변경 문장이 실행되면, 항상 마지막에 몇 건의 레코드가 처리되었는지 그리고 작업 과정 중에서 중복된 레코드 발생이 몇 건 있었는지 또는 다른 경고성 내용이 있었는지를 보여준다. 항상 중요한 작업 뒤에는 출력되는 중복이나 경고성 메시지를 확인하는 것이 좋다.

```
mariadb> ALTER TABLE tab_test ADD created DATETIME NOT NULL;
Query OK, 0 rows affected (0.57 sec)
Records: 0  Duplicates: 0  Warnings: 0

mariadb> ALTER TABLE tab_test ADD INDEX ix_created (created);
Query OK, 0 rows affected (0.42 sec)
Records: 0  Duplicates: 0  Warnings: 0
```

MariaDB 5.5와 MySQL 5.5 이전 버전에서는 온라인 스키마 변경 기능이 지원되지 않았다. 이때에는 대부분의 스키마 변경 작업이 다음과 같이 임시 테이블로 레코드를 복사하고, 그 작업이 완료되면 RENAME하는 형태로 스키마 변경이 처리되었다.

1) tab_test 테이블 잠금 설정
2) 변경 요청된 내용이 적용된 형태의 임시 테이블 생성
3) tab_test 테이블의 레코드를 한 건씩 읽어서 1번에서 생성된 테이블로 복사
4) tab_test 테이블의 모든 레코드가 임시 테이블로 복사될 때까지 3번 과정을 반복 실행
5) tab_test 테이블을 삭제하고, 임시 테이블의 이름을 tab_test로 RENAME
6) tab_test 테이블의 잠금 해제

이렇게 테이블의 구조를 변경할 때 다른 커넥션에서는 그 테이블의 레코드를 변경할 수가 없었다. 그래서 레코드를 많이 가진 테이블의 스키마 변경은 서비스 중인 데이터베이스에서 실행할 수가 없었으며, 서비스를 멈춘 상태에서 스키마 변경을 실행했다. 만약 tab_test 테이블에 칼럼 생성과 인덱스 생성을 각각 다른 명령문으로 실행한다면 실제 tab_test 테이블의 레코드를 2번 복사해야 하기 때문에 실제 스키마 변경 시간이 2배가 걸리는 것이다. 그래서 MariaDB에서는 아래와 같이 여러 개의 스키마 변경 문장을 하나로 모아서 실행할 수 있도록 지원한다.

```
mariadb> ALTER TABLE tab_test ADD created DATETIME NOT NULL,
                         ADD INDEX ix_created (created);
Query OK, 0 rows affected (0.88 sec)
Records: 0  Duplicates: 0  Warnings: 0
```

물론 MariaDB 5.5 이하의 버전에서도 모든 스키마 변경 작업이 레코드를 복사하는 형태로 처리되는 것은 아니다. 대표적으로 다음과 같은 간단한 스키마 변경 작업에 대해서는 테이블의 모든 레코드를 임시 테이블로 복사하는 형태의 처리가 필요치 않다.

- 칼럼 이름 변경

- 숫자 타입의 표시 길이 변경 (INT(2) → INT(3)으로 변경)

- 테이블의 코멘트 변경

- ENUM 타입의 아이템 리스트의 마지막에 새로운 아이템 추가

- 테이블 이름 변경

3.4.2.2 MariaDB의 온라인 스키마 변경 🔷 MariaDB

MySQL 5.5 버전까지의 매뉴얼에서 ALTER TABLE 문장의 문법을 살펴보면, ONLINE이라는 키워드를 사용할 수 있는 것으로 되어 있다. 하지만 MySQL 5.5 버전까지의 ONLINE은 ANSI SQL 문장의 표준 때문에 추가해 둔 것일 뿐 실제 사용되지는 않았다. 물론 MySQL Cluster에서는 ONLINE 키워드

가 사용되지만 이 책의 설명에서 MySQL Cluster는 제외하도록 하겠다. MySQL 5.5 버전에서 ALTER ONLINE TABLE … 문장을 사용하면 에러가 발생하는 것을 확인할 수 있다. 하지만 MariaDB는 5.3 버전부터 ONLINE 키워드를 실제 레코드 복사가 필요한 작업인지 아닌지 확인하는 용도로 사용할 수 있도록 기능을 제공하고 있다.

MariaDB 5.5에서 다음 예제를 한번 테스트해 보면, MariaDB에서 ONLINE 키워드가 어떻게 활용되는지 쉽게 이해할 수 있다.

```
mariadb> CREATE TABLE t1 (fd1 INT, fd2 ENUM('red','green'));
mariadb> ALTER ONLINE TABLE t1 MODIFY fd2 ENUM('red','green','blue');
-> Query OK, 0 rows affected (0.11 sec)
-> Records: 0  Duplicates: 0  Warnings: 0

mariadb> ALTER ONLINE TABLE t1 ADD fd3 INT;
-> ERROR 1656 (HY000): Can't execute the given 'ALTER' command as online
```

먼저 t1 이라는 테이블을 생성하고, 두 번째 명령에서 fd2 칼럼의 ENUM 타입의 아이템 리스트 마지막에 'blue'라는 아이템을 추가하는 변경을 실행했다. "3.4.2.1 오프라인 스키마 변경"에서 살펴봤듯이 ENUM 타입의 아이템 리스트 마지막에 새로운 아이템을 추가하는 작업은 테이블의 레코드를 복사하지 않고 구조를 변경할 수 있다. 그래서 위 예제의 두 번째 명령문은 ONLINE 키워드가 있음에도 문제없이 실행된 것이다. 하지만 세 번째 ALTER 명령도 똑같이 ONLINE 키워드가 사용되었는데, 이 예제는 실패했다.

즉 MariaDB에서 ALTER 명령문에 사용된 ONLINE 옵션은 레코드의 복사가 필요치 않은 경우에만 스키마 변경이 실행되도록 하는 안전 장치로 사용될 수 있도록 개선된 것이다. MariaDB에서 스키마 변경을 해야 하는데, 이 작업이 테이블의 모든 레코드를 복사하는 과정이 필요할지 아닌지를 명확히 모르겠다면 ONLINE 키워드를 넣어서 실행해 보면 된다.

이제 MariaDB 10.0 버전부터 추가된 온라인 스키마 변경에 대해서 살펴보자. 온라인 스키마 변경이라 함은 하나의 커넥션에서 테이블의 구조를 변경하는 문장이 실행되고 있는 상태에서도 다른 커넥션의 INSERT와 UPDTAE 그리고 DELETE 문장들이 대기 상태로 빠지지 않고 즉시 처리되는 것을 의미한다.

MariaDB 10.0 버전부터는 대표적인 테이블 스키마 변경 명령인 칼럼의 추가와 삭제 그리고 인덱스의 추가와 삭제 작업이 온라인으로 처리가 가능해졌다. 현재 온라인 스키마 변경을 지원하는 스토리지 엔진은 InnoDB 스토리지 엔진과 TokuDB 스토리지 엔진이며, 현재 릴리즈된 최종 버전의 MariaDB(10.0.8)에서 온라인으로 처리 가능한 DDL 명령은 아래와 같다.

- 칼럼의 추가와 삭제
- 인덱스의 생성 및 삭제
- 칼럼의 순서 변경

이미 존재하는 칼럼의 길이를 늘리는 형태의 온라인 스키마 변경은 현재 MariaDB 10.0 버전의 개선 계획에는 포함되어 있지만 현재 베타 버전인 MariaDB 10.0.8에서는 온라인으로 작동하지 못했다.

```
mariadb> ALTER ONLINE TABLE tab_alter MODIFY fd VARCHAR(20);
ERROR 1846 (0A000): LOCK=NONE is not supported. Reason: Cannot change column type INPLACE. Try
LOCK=SHARED.
```

위 예제는 VARCHAR(10)으로 생성되어 있던 칼럼 fd를 VARCHAR(20)으로 확장하는 명령을 온라인으로 실행했을 때 에러가 발생한 상황이다. 에러 메시지에서는 "Reason: Cannot change column type INPLACE"라고 상세하게 온라인 스키마 변경이 실패한 이유를 알려 주고 있다. 여기에서 "IN-PLACE"라는 단어는 테이블의 레코드를 복사하지 않고 스키마 변경하는 것을 의미하는데, 에러 메시지 상으로는 레코드를 복사하지 않고 스키마 변경하는 것이 불가능하다라는 것을 말하고 있다.

MariaDB 10.0 버전의 개선 계획에는 포함되어 있지만 다음 4가지 형태의 작업은 현재 베타 버전인 MariaDB 10.0.8에서 아직 구현되지 않았다.

- CHAR나 VARCHAR 칼럼의 길이를 늘리는 경우 (e.g. VARCHAR(10)을 VARCHAR(20)으로 변경)
- 숫자 타입 칼럼의 저장 공간을 늘리는 경우 (e.g. TINYINT를 INT로 변경)
- OPTIMIZE 명령
- ANALYZE 명령

또한 MariaDB 10.0의 개선 계획에는 포함되어 있지 않지만 아직 다음과 같은 스키마 변경은 온라인 처리를 지원하지 않고 있다.

- 칼럼의 길이를 줄이는 작업

- 칼럼의 이름을 변경하는 작업

- 문자열 칼럼의 문자 셋이나 콜레이션을 변경하는 작업

- AUTO_INCREMENT 칼럼 추가

- 프라이머리 키 추가 및 삭제

MariaDB 10.0.8 버전에 포함된 InnoDB나 XtraDB 스토리지 엔진은 모두 MySQL 5.6의 InnoDB에서 파생된 스토리지 엔진들이므로 MySQL 5.6의 온라인 스키마 변경과 거의 비슷하게 작동한다. 물론 MariaDB의 XtraDB 스토리지 엔진은 MySQL 5.6의 InnoDB를 개선한 버전이므로 오라클 MySQL 5.6 버전의 InnoDB보다는 더 많은 기능들이나 유연성을 가지고 있을 것이다. Percona에서 MySQL 5.6의 InnoDB 스토리지 엔진 소스코드를 더 개선해서 XtraDB 스토리지 엔진을 출시했기 때문이다.

MariaDB의 처음 소개에서 언급했던 것처럼 MySQL의 기능은 대부분 MariaDB로 흡수되기 때문에 MySQL의 온라인 스키마 변경 기능이 MariaDB의 스키마 변경 기능과 다르지 않다. 그러므로 여기에서는 MySQL 5.6 버전의 온라인 스키마 변경에 대해서 살펴보도록 하겠다. MySQL 온라인 스키마 변경에서 소개할 LOCK이나 ALGORITHM 옵션은 MariaDB에서도 그대로 모두 사용 가능한 옵션들이므로 꼭 기억하도록 하자.

3.4.2.3 MySQL의 온라인 스키마 변경   MariaDB   MySQL

기본적으로 MySQL 5.6의 InnoDB 테이블에 대해서는 온라인 스키마 변경 작업을 위해서 특별한 형태의 ALTER TABLE 명령문이나 옵션은 필요치 않고 기존 MySQL 5.5에서와 동일하게 사용하면 된다. 하지만 때로는 ALTER TABLE 문장의 문법을 조금 다르게 하거나 시스템 설정의 조작이 필요한 경우도 있는데, 이때에는 ALTER TABLE 문장에 LOCK과 ALGORITHM 절을 명시해서 온라인 스키마 변경의 처리 방법을 제어할 수 있다. LOCK 절은 테이블에 대한 동시성 처리에 대한 튜닝 기능을 제공하며, ALGORITHM 절은 온라인 DDL의 성능 관련된 튜닝 기능을 제공한다.

> LOCK= { DEFAULT | NONE | SHARED | EXCLUSIVE }
>
> 만약 온라인 DDL이 실행되는 중에도 다른 커넥션에서 테이블에 대한 읽기나 쓰기를 허용하려면 LOCK=NONE을 설정하고, 읽기만 허용하고자 한다면 LOCK=SHARED를 명시하면 된다. 하지만 DDL 문장이 주어진 LOCK 옵션을 만족시킬 수 없는 경우에는 에러와 함께 즉시 종료된다. LOCK=DEFAULT는 LOCK 절을 명시하지 않는 것과 같다.

ALGORITHM= { DEFAULT | INPLACE | COPY }

온라인 스키마 변경 알고리즘에서 COPY는 MySQL 5.5 이하 버전에서 사용되던 방법으로, 테이블의 모든 레코드를 임시 테이블로 복사하고 레코드 복사가 완료되면 테이블을 RENAME하는 형태의 방법을 의미한다. 반면 INPLACE는 MySQL 5.6 버전부터 지원되는 스키마 변경 방법으로, 테이블의 레코드를 임시 테이블로 복사하지 않고 그 자리(in-place)에서 바로 바로 변경하는 방법을 의미하며, ALGORITHM=DEFAULT는 ALGORITHM 절을 명시하지 않는 것과 같다. INPLACE 알고리즘이 온라인 스키마 변경에 사용되면 MySQL 서버는 다음과 같은 절차를 거쳐서 작업이 수행된다.

1. INPLACE 스키마 변경이 지원되는 스토리지 엔진의 테이블인지 확인

2. INPLACE 스키마 변경 준비
   새로 생성되는 인덱스에 대한 정보를 준비해서 온라인 스키마 변경 작업 동안 변경되는 데이터를 추적할 준비

3. 테이블 스키마 변경 및 새로운 DML 로깅
   이 작업은 실제 스키마 변경을 수행하는 과정으로, 이 작업이 수행되는 동안은 다른 커넥션의 DML 작업이 블로킹되지 않는다. 이렇게 스키마를 온라인으로 변경함과 동시에 다른 스레드에서는 사용자에 의해서 발생한 DML들에 대해서는 별도의 로그로 기록

4. 로그 적용
   온라인 스키마 변경을 수행하는 동안 별도의 로그에 수집된 DML 내역은 3번에서 새로 구축된 테이블에 일괄 적용

5. INPLACE 스키마 변경 완료 (COMMIT)

INPLACE 알고리즘으로 스키마가 변경될 때는 절차 중에서 2번과 4번 단계에서는 잠깐 동안의 배타적 잠금(Exclusive lock)이 필요하며 이 시점에는 다른 커넥션의 DML들이 잠깐 동안 대기를 하게 된다. 하지만 실제 변경 작업이 실행되면서 많은 시간이 필요한 3번 단계는 다른 커넥션의 DML 작업이 블로킹되지 않는다. 그리고 INPLACE 알고리즘으로 온라인 테이블 변경이 진행되는 동안에는 새로 유입된 DML 쿼리들에 의해서 변경되는 정보들을 "온라인 변경 로그(Online alter log)"라는 메모리 공간에 쌓아 두었다가 온라인 스키마 변경이 완료되면 로그의 내용을 실제 테이블로 일괄 적용하게 된다. 이때 온라인 변경 로그는 디스크가 아니라 메모리에만 생성되며, 이 메모리 공간의 크기는 innodb_online_alter_log_max_size 시스템 설정 변수에 의해서 결정된다. 기본적으로 온라인 변경 로그의 크기는 128MB인데, 온라인 스키마 변경이 오랜 시간이 걸린다거나 온라인 스키마 변경 중에 유입되는 DML 쿼리가 많다면 이 메모리 공간을 더 할당해 주는 것이 좋다. innodb_online_alter_log_max_size 시스템 변수는 세션 단위의 동적 변수이므로 필요한 경우에는 언제든지 조정할 수 있다.

MySQL 5.5 이하 버전에서 사용되던 형태와 같이 임시 테이블에 전체 레코드를 복사하는 형태로 ALTER TABLE 명령이 처리되기를 원한다면 old_alter_table 시스템 변수를 ON으로 설정하거나 ALTER TABLE 명령에 ALGORITHM=COPY 옵션을 사용하면 된다. 만약 old_alter_table 시스템 변수와 ALGORITHM 절의 설정 값이 충돌한다면 ALGORITHM 절에 명시된 옵션이 시스템 변수보다 우선한다. ALGORITHM=DEFAULT는 아무런 알고리즘을 적용하지 않는 것과 같다.

그래서 MySQL 5.6 매뉴얼에서는 INPLACE 알고리즘으로 처리되지만 테이블의 레코드가 복사되는 형태를 "REOGRANIZE"라고 표현하고 있으며, INPLACE 알고리즘으로 처리는 불가하면서 테이블의 레코드가 복사되는 형태를 "REBUILD"라고 표현하고 있다. 매뉴얼을 참조할 때에는 두 단어를 구분해서 이해하도록 하자.

MySQL 5.6에서 온라인 스키마 변경 작업들이 IN-PLACE 알고리즘을 사용할 수 있는지 그리고 다른 커넥션의 DML(INSERT, UPDATE, DELETE) 작업이 블로킹되지 않는지 여부를 간단한 표로 살펴보자.

〈표 3-1〉 온라인 스키마 변경(Online DDL) 작업별 처리 방식

변경 작업	IN-PLACE	다른 커넥션의 DML 실행	다른 커넥션의 SELECT 실행	설명
인덱스 추가	O	O	O	FULLTEXT INDEX 생성은 제외 (CREATE FULLTEXT INDEX 설명 참조)
전문인덱스 추가	O	X	X	첫 번째 FULLTEXT INDEX 생성은 테이블 레코드 복사가 필요함
인덱스 삭제	O	O	O	
칼럼의 DEFAULT 값 설정	O	O	O	*.FRM 파일만 변경하며, 실제 데이터 파일의 변경은 전혀 없음
AUTO_INCREMENT 값 변경	O	O	O	MySQL 서버 메모리의 AutoIncrement 값만 변경하며, 디스크상의 데이터 파일이나 FRM 파일 변경 없음
외래키 생성	O	O	O	테이블의 레코드 복사를 피하기 위해서는 FOREIGN KEY 생성하는 동안 foreign_key_checks 시스템 변수 비활성화 필요
외래키 삭제	O	O	O	
칼럼명 변경	O	O	O	스키마가 변경되는 동안 다른 커넥션의 DML 작업이 처리되도록 하려면 칼럼의 타입이나 기타 정보는 모두 같고 칼럼의 이름만 달라야 함
칼럼 추가	O	O	O	예외적으로 AUTO_INCREMENT 칼럼이 추가되는 경우에는 다른 커넥션의 DML 허용 안 됨. IN-PLACE 알고리즘은 허용되지만 실제 내부적으로는 테이블 레코드의 복사가 필요하므로 부하가 높음
칼럼 삭제	O	O	O	IN-PLACE 알고리즘은 허용되지만 실제 내부적으로는 테이블 레코드의 복사가 필요하므로 부하가 높음
칼럼 순서 변경	O	O	O	
테이블의 ROW_FORMAT 변경	O	O	O	
테이블의 KEY_BLOCK_SIZE 변경	O	O	O	

변경 작업	IN-PLACE	다른 커넥션의 DML 실행	다른 커넥션의 SELECT 실행	설명
칼럼을 NULLABLE로 변경	O	O	O	
칼럼을 NOT NULL로 변경	O	O	O	
칼럼의 타입 변경	X	X	O	IN-PLACE 알고리즘 사용 불가하며, 다른 커넥션에서는 DML 실행 불가
프라이머리 키 추가	O	O	O	IN-PLACE 알고리즘은 허용되지만 실제 내부적으로는 테이블 레코드의 복사가 필요하므로 부하가 높음. 또한 NULLABLE 칼럼을 NOT NULL로 변경하면서 프라이머리 키를 추가하는 경우는 IN-PLACE 알고리즘 사용 불가하며, 이때에는 다른 커넥션의 DML 실행 불가
프라이머리 키 삭제 + (동시에) 새로운 프라이머리 키 추가	O	O	O	ALTER TABLE 문장에 DROP PRIMARY KEY와 ADD PRIMARY KEY가 동시에 포함된 경우이다. IN-PLACE 알고리즘은 허용되지만 실제 내부적으로는 테이블 레코드의 복사가 필요하므로 부하가 높음
프라이머리 키 삭제	X	X	O	기존 프라이머리 키는 삭제되지만 새로운 프라이머리 키가 추가되지 않는 경우
칼럼의 문자 셋 변경하거나 정의하는 경우	X	X	O	테이블 리빌드 필요
FORCE 옵션과 함께 REBUILD 실행	X	X	O	테이블 리빌드 필요. ALGORITHM=COPY를 명시 또는 old_alter_table 시스템 변수를 1로 설정한 경우와 동일하게 작동

온라인 스키마 변경 문장에 IN-PLACE 알고리즘을 사용할 수 있다고 해서 항상 테이블의 레코드 복사 과정이 없는 것은 아니다. 실제로 인덱스를 추가하거나 삭제하는 작업 이외의 거의 모든 작업은 임시 테이블을 만들고 테이블의 모든 레코드를 임시 테이블 복사하는 작업이 수반되는 것으로 보인다.

MySQL 5.6뿐만 아니라 MariaDB 10.0에서 LOCK과 ALGORITHM 옵션은 MariaDB의 온라인 스키마 변경에서 설명했던 ONLINE 키워드와 거의 동일한 역할을 하게 된다. 다음 예제와 같이 tab_test라는 테이블에 new_col이라는 칼럼을 추가할 때, LOCK=NONE 옵션과 ALGORITHM=INPLACE 옵션을 사용했다고 생각해 보자.

```
mariadb> ALTER TABLE tab_test ADD fd2 VARCHAR(20),
                        LOCK=NONE, ALGORITHM=INPLACE;

mariadb> ALTER TABLE tab_test ADD fd0 INT AUTO_INCREMENT PRIMARY KEY,
                        LOCK=NONE, ALGORITHM=INPLACE;
```

〈표 3-1〉에서 살펴봤듯이 위의 두 쿼리 중에서 첫 번째 쿼리는 아무 문제없이 실행되겠지만 두 번째 쿼리(AUTO_INCREMENT 칼럼을 추가하면서 그 칼럼에 PRIMARY KEY를 생성하는 경우)는 INPLACE 알고리즘(온라인 처리 불가)으로 처리되지 못한다는 것을 알 수 있다. 다음은 위의 두 쿼리를 MariaDB 10.0에서 실행한 결과이다. 예상했던 대로 첫 번째 쿼리는 아무런 문제 없이 온라인으로 처리되었다. 하지만 두 번째 쿼리는 "AutoIncrement를 추가하는 작업은 잠금이 필요하므로 LOCK=SHARED로 변경해라(Reason: Adding an auto-increment column requires a lock. Try LOCK=SHARED)"라는 에러를 발생시키고 종료됐다.

```
mariadb> ALTER TABLE tab_test ADD fd2 VARCHAR(20), LOCK=NONE, ALGORITHM=INPLACE;
Query OK, 0 rows affected (0.24 sec)
Records: 0  Duplicates: 0  Warnings: 0

mariadb> ALTER TABLE tab_test ADD fd0 INT AUTO_INCREMENT PRIMARY KEY,
                        LOCK=NONE, ALGORITHM=INPLACE;
ERROR 1846 (0A000): LOCK=NONE is not supported. Reason: Adding an auto-increment column
requires a lock. Try LOCK=SHARED.
```

이와 같이 LOCK=NONE 옵션과 ALGORITHM=INPLACE 옵션을 사용하면 MariaDB의 ONLINE 키워드와 같이 온라인 스키마 변경이 가능하다면 즉시 스키마 변경을 실행하고 그렇지 못하다면 작업을 중단하므로 서비스 중인 MariaDB에서는 안전망과 같은 효과를 볼 수 있다.

MariaDB 10.0이나 MySQL 5.6에서 온라인 스키마 변경을 실행하는 동안 아래과 같은 이유로 실패할 가능성이 몇 가지가 있다.

1. ALTER TABLE 명령이 장시간 실행되고 동시에 다른 커넥션에서 DML이 많이 실행되는 경우이거나 온라인 변경 로그의 공간이 부족한 경우 온라인 스키마 변경 작업은 실패

```
ERROR 1799 (HY000) : Creating index 'idx_aaa' required more than
                     'innodb_online_alter_log_max_size' bytes of modification log.
                     Please try again.
```

2. ALTER TABLE 명령이 실행되는 동안 ALTER TABLE 이전 버전의 테이블 구조에서는 아무런 문제가 안 되지만 ALTER TABLE 이후의 테이블 구조에는 적합하지 않은 레코드가 INSERT되거나 UPDATE 되었다면 온라인 스키마 변경 작업은 마지막 과정에서 실패

```
ERROR 1062 (23000): Duplicate entry 'd005-10001' for key 'PRIMARY'
```

3. 스키마 변경을 위해서 필요한 잠금 수준보다 낮은 잠금 옵션이 사용된 경우

```
ERROR 1846 (0A000): LOCK=NONE is not supported. Reason: Adding an auto-increment column
                    requires a lock. Try LOCK=SHARED.
```

4. 온라인 스키마 변경은 LOCK=NONE으로 실행된다 하더라도 변경 작업의 처음과 마지막 과정에서 잠금이 필요한데, 이 잠금을 획득하지 못하고 타임 아웃이 발생하게 되면 실패함

```
ERROR 1205 (HY000): Lock wait timeout exceeded; try restarting transaction
```

5. 온라인으로 인덱스를 생성하는 작업의 경우 정렬을 위해서 tmpdir 시스템 변수에 설정된 디스크의 임시 디렉터리를 사용하는데, 이 공간이 부족한 경우 또한 온라인 스키마 변경은 실패하게 됨

> **주의** LOCK=NONE으로 온라인 스키마 변경이 실행된다 하더라도 변경 작업의 처음과 마지막에는 테이블의 메타 데이터에 대한 잠금이 필요하다는 것은 이미 살펴보았다. 메타 데이터에 대한 잠금을 획득하지 못하고 타임 아웃이 발생하면 온라인 스키마 변경이 실패하게 된다. MySQL 서버나 MariaDB에는 이미 타임 아웃에 관련된 시스템 변수들이 꽤 많이 있는데, 이때 타임 아웃의 기준으로 사용되는 시스템 변수는 무엇일까?
> InnoDB 스토리지 엔진을 사용하는 테이블이라 하더라도 온라인 스키마 변경에서는 필요한 잠금은 테이블 수준의 메타 데이터 잠금이다. MariaDB와 MySQL에서 메타 데이터 잠금에 대한 타임 아웃은 lock_wait_timeout 시스템 변수에 의해서 결정된다. InnoDB의 레코드 잠금에 대한 대기 타임 아웃인 innodb_lock_wait_timeout은 온라인 스키마변경과는 무관하다는 것도 기억해 두도록 하자. SHOW GLOBAL VARIABLES 명령을 이용해서 "lock_wait_timeout"의 설정 값을 확인해 보자.

```
mariadb> SHOW GLOBAL VARIABLES LIKE 'lock_wait_timeout';
+---------------------------+----------+
| Variable_name             | Value    |
+---------------------------+----------+
| lock_wait_timeout         | 31536000 |
+---------------------------+----------+
```

31536000초 정도가 lock_wait_timeout으로 설정되어 있는데, 이 값은 실제 MySQL이나 MariaDB 서버의 기본 설정 값이다. 만약 온라인 스키마 변경을 실행하고 있는데 다른 커넥션에서 아주 장시간 DML이 실행되고 있다거나 트랜잭션이 정상적으로 종료되지 않아서 INSERT나 UPDATE 쿼리가 활성 트랜잭션 상태로 남아 있는 커넥션이 있다면 온라인 스키마 변경은 31536000초 동안 기다리게 될 것이다.

물론 온라인 스키마 변경이 진행되는 동안에는 주의해서 이와 같이 스키마 변경을 방해하는 트랜잭션이 발생하지 않도록 해야겠지만, 만약 이런 현상을 피할 수 없는 상황이라면 lock_wait_timeout을 적절한 시간으로 조정해서 일정 시간 이상 대기할 때는 온라인 스키마 변경을 취소하도록 조치하는 것도 도움이 될 수 있다. lock_wait_timeout은 글로벌 변수임과 동시에 세션 변수이기도 하다. 그러므로 반드시 lock_wait_timeout은 온라인 스키마 변경을 실행하는 세션에서 적정 값으로 조정해 주는 것이 좋다.

```
mariadb> SET SESSION lock_wait_timeout=1800;
mariadb> ALTER TABLE tab_test ADD fd2 VARCHAR(20), LOCK=NONE, ALGORITHM=INPLACE;
```

3.4.2.4 pt-online-schema-change

pt-online-schema-change 도구는 Percona 툴킷(http://www.percona.com/doc/percona-toolkit/2.2/)에 포함된 온라인 스키마 변경을 위한 3rd party 도구이다. Percona에서 개발되었지만, MariaDB나 MySQL 서버에서 모두 사용할 수 있다. 널리 사용되고 있으며, 관련 웹 사이트들도 많아서 자세한 내용은 생략하도록 하고, 간단히 작동 원리와 주의해야 할 사항 몇 가지만 살펴보도록 하겠다.

pt-online-schema-change는 스키마를 변경하려는 테이블과 동일한 구조의 새로운 테이블을 만든 후에 기존 테이블의 데이터를 새로운 테이블로 조금씩 복사해서 스키마 변경을 수행하는 도구이다. 예를 들어서(emp_no, first_name, last_name, hire_date)라는 칼럼을 가진 employees 테이블에 (birth_date)라는 새로운 칼럼을 추가하기 위해서 다음과 같은 명령을 실행한다고 가정해 보자.

```
shell> pt-online-schema-change --alter \
  "ADD birth_date DATE" D=employees,t=employees \
  --no-drop-old-table \
  --no-drop-new-table \
  --chunk-size=500 \
  --chunk-size-limit=600 \
  --defaults-file=/etc/my.cnf \
  --host=127.0.0.1 \
  --port=3306 \
  --charset=UTF8MB4 \
  --user=dba_user \
  --ask-pass \
  --progress=time,30 \
  --max-load="Threads_running=100" \
  --critical-load="Threads_running=1000" \
  --chunk-index=PRIMARY \
  --retries=20 \
  --execute
```

pt-online-schema-change 도구는 위의 명령을 처리하기 위해서 〈그림 3-2〉와 같이 먼저 기존 employees 테이블의 구조에 변경하고자 하는 내용을 반영해서 새로운 테이블(_employees_new)을 생성한다. 그리고 기존 테이블(employees)에는 INSERT와 UPDATE 그리고 DELETE되는 내용들이 _employees_new 테이블로 전달될 수 있도록 AFTER 트리거를 생성해 둔다. 그리고 본격적으로 pt-online-schema-change는 기존 테이블의 레코드를 chunk-size 옵션에 정의된 레코드 수만큼 읽어서 _employees_new 테이블로 복사를 수행한다. pt-online-schema-change가 레코드를 청크 단위로 복사하는 동안 사용자들이 기존 employees 테이블에 실행한 DML들은 모두 트리거를 통해서 _employees_new 테이블로 자동 반영되는 것이다. pt-online-schema-change가 모든 레코드를 복사하고 나면 최종적으로 RENAME 명령을 이용해서 employees 테이블을 _employees_old로 변경하고, _employees_new 테이블을 employees로 변경한다. RENAME 명령은 여러 테이블의 이름 변경을 하나의 트랜잭션으로 처리할 수 있기 때문에 RENAME이 수행되는 중에도 사용자 쿼리는 실패하지 않는다. 이렇게 RENAME이 완료되면 응용 프로그램에서는 아무 일도 없었다는 듯이 새로운 칼럼이 추가된 테이블을 사용하게 되는 것이다. 의외로 간단한 구조로 온라인 스키마 변경이 구현된 것이다.

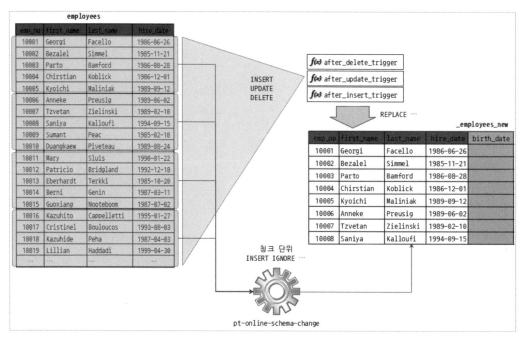

〈그림 3-2〉 pt-online-schema-change 작동 방식

pt-online-schema-change 도구를 사용할 때 대표적으로 주의해야 할 사항이 두 가지가 있다.

트리거 중복

작동 방식에서도 설명했듯이 pt-online-schema-change 도구는 변경하려는 테이블에 대해서 INSERT와 UPDATE 그리고 DELETE 문장에 대한 AFTER 트리거를 생성해야 한다. 만약 이미 기존 테이블에서 AFTER 트리거를 사용하고 있다면 pt-online-schema-change를 사용할 수 없게 되는 것이다.

데드 락(Dead Lock)

또 하나의 문제는 잠금 문제인데, 만약 employees 테이블의 first_name 칼럼에 유니크 인덱스가 있다고 가정해 보자. pt-online-schema-change 도구는 프라이머리 키를 이용해서 레코드를 청크 단위로 자르고 선택된 범위의 레코드를 _employees_new 테이블로 복사하게 된다. 즉 이 과정에서 _employees_new 테이블의 프라이머리 키에 대해서 배타적 잠금을 가진 상태에서 다시 first_name 칼럼의 유니크 인덱스에 대해서도 중복 체크를 위해서 잠금을 걸어야 한다. 그리고 사용자가 실행하는 변경 내용(INSERT와 UPDATE 그리고 DELETE 문장)들은 트리거를 통해서 _employees_new 테이블에도 그대로 적용될 것이다. 그런데 트리거를 통해서 들어오는 쿼리가 프라이머리 키가 아니라 first_name 칼럼에 생성된 유니크 인덱스를 먼저 배타적 잠금을 걸고 다시 레코드의 프라이머리 키에 대해서 잠금을 걸려고 하는 경우에는 pt-online-schema-change 프로세스의 청크 단위 복사 작업과 데드 락 상태가 되어 버리게 된다. 이런 잠금 경합과 데드 락에 대해서 더 자세한 내용은 "Real MySQL" 서적을 참고하도록 하자.

이렇게 프라이머리 키와 유니크 키를 가진 테이블에서는 데드 락 현상이 매우 빈번하게 발생할 수 있다. 만약 프라이머리 키가 AutoIncrement라면 더 주의해야 한다. 더 큰 문제는 이렇게 데드 락이 걸리면 InnoDB/XtraDB 스토리지 엔진은 두 트랜잭션 중에서 변경한 레코드 수가 적은 쪽을 강제 종료시키게 된다. 그러면 항상 5~600건씩 레코드를 변경하는 pt-online-schema-change보다는 레코드를 1~2건씩 변경하는 사용자 트랜잭션이 강제 종료되어 버리게 된다.

pt-online-schema-change 유틸리티에는 --max-load나 --critical-load와 같이 부하를 자동으로 조절할 수 있는 옵션들을 가지고 있다. 하지만 여전히 pt-online-schema-change가 실행되는 동안에는 응용 프로그램에서 요청되는 쿼리의 실행에 악영향을 미치게 된다. 만약 pt-online-sche-ma-change의 스키마 변경 속도가 조금 느려도 괜찮다면 다음과 같이 pt-online-schema-change 유틸리티의 코드를 변경해서 5~600건 단위의 청크 복사가 완료될 때마다 2~30ms 정도 대기하는 코드를 넣어 주는 것이 안정적인 서비스에 많은 도움이 된다.

```
...
package pt_online_schema_change;

use strict;
use warnings FATAL => 'all';
use English qw(-no_match_vars);
use constant PTDEBUG => $ENV{PTDEBUG} || 0;

use Time::HiRes qw(time sleep usleep);
use Data::Dumper;
$Data::Dumper::Indent = 1;
$Data::Dumper::Sortkeys = 1;
$Data::Dumper::Quotekeys = 0;

...
...

sub exec_nibble {
  ## Sleep micro seconds : 20000 micro seconds(20 milli-seconds)
  usleep(20000);

  my (%args) = @_;
  my @required_args = qw(Cxn tbl NibbleIterator Retry Quoter OptionParser);
  ...
```

코드를 변경해서 사용할 때에는 반드시 "use Time::HiRes qw(time sleep <u>usleep</u>)" 라인의 "usleep" 임포트를 먼저 해주고, 밑에서 usleep(20000); 함수를 호출해야 한다.

3.4.2.5 온라인 스키마 변경을 사용해도 될까?

MariaDB 10.0과 MySQL 5.6의 온라인 스키마 변경은 사실 MySQL 역사상으로 보면 상당히 오래전부터 필요했고 많은 사람들의 기대를 모으는 기능임이 확실하다. 그렇다면 정말 온라인 스키마 변경 기능을 서비스 중인 MariaDB 서버에 사용할 수 있을까를 고민해 보자. 여기에서 MariaDB라고만 언급하지만 사실 MariaDB의 InnoDB가 MySQL 5.6의 InnoDB 스토리지 엔진과 동일한 것이므로 당연히 MySQL 5.6에도 해당되는 이야기라는 것을 기억해야 한다.

1천만 건 정도의 레코드를 가진 테이블에 대해 초당 1000번의 SELECT 그리고 INSERT, UPDATE, DELETE와 같은 DML 문장이 초당 270번 정도 실행되는 서비스 환경을 구성해 보았다. 그리고 그 데이터베이스에서 온라인 스키마 변경을 실행하면서 성능 정보를 수집해서 그래프로 표현한 것이 〈그림 3-2〉이다.

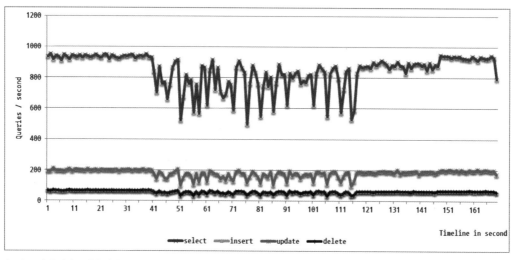

〈그림 3-3〉 온라인 스키마 변경

〈그림 3-3〉을 보면 온라인 스키마 변경은 대략 2분 40초 정도 소요되었는데, 처리되는 중간 과정에서 SELECT 쿼리뿐만 아니라 DML 쿼리들의 처리량이 상당히 불안하게 움직이는 것을 확인할 수 있다. 기대했던 온라인 스키마 변경이 훨씬 불안하게 처리되고 있다는 것을 볼 수 있다.

그래서 MariaDB와 MySQL에 온라인 스키마 변경이 지원되기 이전에 자주 사용하던 pt-online-schema-change라는 도구를 사용해서 같은 시나리오로 한번 테스트해 보았다. 〈그림 3-4〉의 그래프를 보면 pt-online-schema-change라는 도구로는 대략 6분 20초 가량 소요된 것을 알 수 있다. pt-online-schema-change 도구로는 MySQL의 온라인 스키마 변경보다 2배 넘게 시간이 걸린 것인데, 사실 이것은 저자가 pt-online-schema-change 도구의 소스코드를 조금 변경했기 때문이다. 변경된 pt-online-schema-change 도구는 청크(500 레코드 정도의 블록)가 복사 완료되면 5ms를 쉬도록 작동한다. 어쨌거나 결론적으로는 〈그림 3-4〉를 보면 서비스 쿼리가 처리되는 데 전혀 악영향이 없이 pt-online-schema-change 도구가 작동하고 있다는 것을 볼 수 있었다.

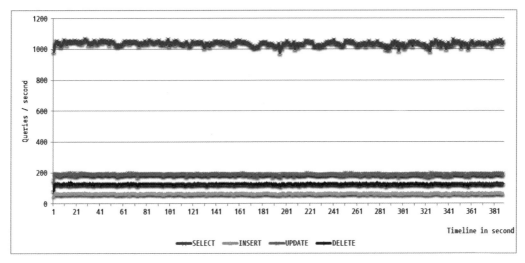

〈그림 3-4〉 pt-online-schema-change 도구

실제 MySQL의 온라인 스키마 변경 기능과 pt-online-schema-change가 실행되는 동안 CPU 사용량과 시스템의 로드를 측정해서 같이 그래프로 표현해 보았다. 〈그림 3-5〉의 시스템 로드를 보면 MySQL의 온라인 스키마 변경이 실행되는 동안은 거의 로드가 3.5정도인 반면, pt-online-schema-change의 실행 동안은 거의 1 수준에서 머물고 있다는 것을 볼 수 있다.

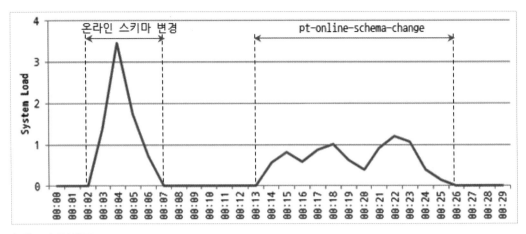

〈그림 3-5〉 시스템 로드

또한 〈그림 3-6〉의 CPU 사용률을 보아도 MySQL 서버의 온라인 스키마 변경이 높게 CPU를 사용하고 있다는 것을 확인할 수 있다.

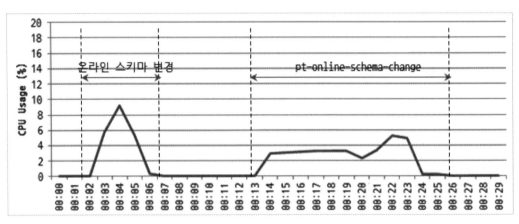

〈그림 3-6〉 CPU 사용률

저자가 하고 싶은 이야기는 MySQL 온라인 스키마 변경 기능이 쓸모 없음을 이야기하는 것이 아니라 다른 커넥션의 DML 쿼리를 허용하면서도 빠르게 처리되는 대신에 자원을 많이 사용해서 서비스 쿼리에 악영향을 미칠 수 있다는 것이다. 개인적으로 MySQL 서버의 온라인 스키마 변경 기능에도 일정한 건수의 레코드만큼 작업하고 나면 잠시 쉬도록 하는 sleep_time을 설정할 수 있으면 더 좋지 않을까 생각된다.

온라인 스키마 변경 기능은 아직 도입된 지 오래되지 않은 걸음마 단계라 많은 기능이 개선되고 보완되어야 함은 틀림없다. 물론 앞으로 많은 발전이 있겠지만 저자가 테스트했던 MariaDB 10.0.6과 MySQL 5.6.15 버전의 성능을 보면 아직은 pt-online-schema-change나 Facebook의 OSC와 도구가 더 안정적인 변경 기능을 제공하는 것으로 보인다.

> **주의** pt-online-schema-change 도구에서 자동으로 생성하는 트리거중에서 DELETE 트리거는 변경 대상 테이블의 프라이머리 키나 유니크 키를 필요로 한다. 그래서 프라이머리 키나 유니크 키가 없는 경우에는 pt-online-schema-change를 사용할 수가 없다. MariaDB나 MySQL에서 테이블 파티션 키는 반드시 모든 프라이머리 키와 유니크 키의 일부로 참여해야 한다는 제약 사항이 있다. 이 때문에 파티션된 테이블은 프라이머리 키와 유니크 키를 가지고 있지 않은 경우가 많으므로 파티션된 테이블에 pt-online-schema-change 도구를 사용할 때에는 주의해야 한다.

3.4.3 테이블 삭제

DROP TABLE명령을 이용해서 테이블을 삭제할 수 있다. 또한 DROP TABLE IF EXISTS 문장으로 테이블이 존재하는 경우에는 삭제하고 테이블이 없다면 에러 없이 경고 메시지만 발생하도록 하는 것도 가능하다.

```
mariadb> DROP TABLE tab_test;
mariadb> DROP TABLE IF EXISTS tab_test;
```

MySQL 5.6이나 MariaDB 10.0에서 DROP TABLE 기능은 크게 개선된 내용이 없다. 그래서 기존 MySQL이나 MariaDB에서와 동일하게 작동하는데, DROP TABLE 명령에서 주의해야 할 부분은 크게 2가지이다.

- 버퍼 풀에서 해당 테이블의 페이지를 제거
- 디스크에서 물리적인 데이터 파일 삭제

InnoDB 버퍼 풀에는 테이블의 데이터나 인덱스 페이지(블록)가 캐싱되어 있을 수 있는데, 테이블이 삭제되면 해당 테이블과 연관된 페이지는 버퍼 풀에서 제거되어야 한다. 이를 위해서 DROP TABLE 명령이 실행되면 버퍼 풀의 모든 캐시 페이지를 스캔해야 하는데, InnoDB 버퍼 풀이 크고 사용량이 높다면 테이블 삭제에서 이 작업이 시간을 많이 소모하게 된다. 사실 버퍼 풀을 스캔해서 삭제될 테이블의 캐시 블록을 삭제하는 것은 특별히 문제되지 않을 것이다. 게다가 MariaDB 5.5나 MySQL 5.5 버전 후반 버전에서 테이블 삭제를 위한 버퍼 풀 스캔과 같은 부분은 버그 레포팅도 있고 개선된 이력들도 있다.

하지만 디스크에서 실제 물리적인 데이터 파일을 삭제하는 것은 문제가 되는 경우가 많다. 특히나 EXT3 파일 시스템에서 파일의 삭제(unlink 시스템 콜)는 상당히 많은 시간을 소모한다. 파일의 크기가 크면 클수록 시간은 더 많이 소모되는데, 크기가 큰 파일(5~60GB 이상) 삭제에 몇 십 초의 시간이 걸리는 경우도 허다하다. 상대적으로 XFS 파일 시스템에서는 이런 파일 삭제 작업이 빠르게 처리된다. 파일 시스템의 구현 방법에 따라서 삭제를 하는 방법도 다르기 때문이다. MariaDB 5.5나 MySQL 5.5 버전 후반대에서 데이터 파일을 삭제할 때 서버 내부적인 뮤텍스의 잠금과 해제 절차는 개선이 되었지만 EXT3 파일 시스템에서는 큰 파일의 삭제가 발생하면 거의 디스크가 마비 상태로 빠진 것처럼 작동하기 때문에 다른 처리는 거의 불가능할 때도 많다.

테이블의 크기가 크다면 테이블을 삭제하는 작업도 별도의 점검 시간이나 사용량이 높지 않은 새벽 시간대를 이용하는 것이 좋다.

3.5 데이터 조작   MariaDB   MySQL

SQL 문장을 이용해서 테이블의 내용을 조회하거나 변경할 때에는 반드시 대상 데이터베이스의 이름과 테이블의 이름이 명시되어야 한다. 하지만 매번 SQL 문장을 실행할 때마다 데이터베이스의 이름을 명시한다는 것은 여간 번거로운 일이 아닐 것이다. 이를 위해서 MariaDB에서는 USE라는 명령을 이용하여 기본 데이터베이스를 명시할 수 있다. USE 명령을 이용하여 기본 데이터베이스가 설정되면, 그 이후부터는 각 테이블이나 스토어드 프로그램의 이름이 데이터베이스 이름 없이 지칭되는 경우에는 항상 기본 데이터베이스에서 해당 오브젝트(테이블이나 스토어드 프로그램 등)를 찾도록 작동한다.

```
mysql> USE 데이터베이스명 ;
```

지금부터는 MariaDB에서 사용할 수 있는 데이터 조작을 위한 SQL 문장들을 살펴보도록 하겠다. MariaDB에서도 ANSI 표준 SQL 문장에서 벗어난 다양한 형태의 변형 문장들을 제공하고 있다. 각 SQL 문장의 문법에 대해서는 MySQL 매뉴얼 페이지(http://dev.mysql.com/doc/refman/5.6/en/

sql-syntax.html)를 참조하는 것이 좋다. 여기에서는 설치된 MariaDB의 기본적인 작동을 확인하는 데 필요한 SELECT 쿼리 문장과 DML 문장들의 예제만 살펴보도록 하겠다.

3.5.1 INSERT

테이블에 레코드를 저장하기 위해서는 INSERT 문장을 사용하는데, INSERT 문장이 실행되기 위해서는 반드시 먼저 테이블이 존재해야 한다. 간단히 테스트를 위한 테이블을 생성해 보도록 하자.

```
mariadb [(none)]> USE test;
Database changed

mariadb [test]> CREATE TABLE tab_test (
                fd1 INT NOT NULL,
                fd2 VARCHAR(50),
                PRIMARY KEY(fd1)) ENGINE = InnoDB;
```

이제 INSERT 명령을 실행해 보자. 다음 예제의 첫 번째 INSERT 문장에서는 값을 저장할 칼럼들을 직접 나열하는 문법을 사용했으며, 두 번째 예제에서는 칼럼을 별도로 나열하지 않고 INSERT 문장을 실행했다. 두 번째 형태의 문법에서는 반드시 VALUES 이후에 테이블의 모든 칼럼에 대해서 저장할 값을 나열해야 한다.

```
mariadb [test]> INSERT INTO tab_test (fd1, fd2) VALUES (1, 'Matt');
Query OK, 1 row affected (0.02 sec)

mariadb [test]> INSERT INTO tab_test VALUES (2, 'Toto');
Query OK, 1 row affected (0.03 sec)
```

일반적으로 두 번째와 같이 테이블의 칼럼을 나열하지 않는 형태는 테이블의 구조가 변경되면 오류가 발생할 가능성이 높으므로 응용 프로그램을 개발할 때는 첫 번째와 같은 형태를 사용하는 것이 좋다.

INSERT 문장에서 가끔 ON DUPLICATE KEY UPDATE라는 형태의 구문이 자주 사용되곤 하는데, ON DUPLICATE KEY UPDATE 옵션이 사용되면 중복된 레코드가 이미 존재할 때에는 UPDATE가 실행되고 그렇지 않을 때에는 INSERT가 실행된다.

```
mariadb [test]> INSERT INTO tab_test(fd1, fd2)
                     VALUES (3, 'Lee') ON DUPLICATE KEY UPDATE fd2='Lee';
Query OK, 1 row affected (0.03 sec)

mariadb [test]> INSERT INTO tab_test(fd1, fd2)
                     VALUES (3, 'SeongUck') ON DUPLICATE KEY UPDATE fd2='SeongUck';
Query OK, 2 rows affected (0.02 sec)
```

예제의 첫 번째 INSERT 문장이 실행되면 프라이머리 키인 fd1 칼럼의 값과 중복되는 레코드가 없으므로 ON DUPLICATE KEY UPDATE 이하의 절은 무시되고(3, 'Lee') 레코드가 저장될 것이다. 하지만 두 번째 예제가 실행될 때에는 이미 fd1=3인 레코드가 있으므로 INSERT INTO .. VALUES .. 부분은 무시되고 UPDATE fd2='SeongUck' 부분이 실행될 것이다. 그래서 두 번째 예제가 실행되면 기존(3, 'Lee') 레코드가(3, 'SeongUck')로 바뀌게 될 것이다.

3.5.2 SELECT

테이블에 저장된 레코드를 조회하기 위해서는 SELECT 문장을 사용한다. 아래는 tab_test 테이블에 저장된 모든 레코드를 가져와서 출력하는 예제이다.

```
mariadb [test]> SELECT * FROM tab_test;
+-----+----------+
| fd1 | fd2      |
+-----+----------+
|   1 | Matt     |
|   2 | Toto     |
|   3 | SeongUck |
+-----+----------+
3 rows in set (0.00 sec)
```

SELECT 문장에 별도의 조건(WHERE) 절이 명시되지 않으면 그 테이블의 모든 레코드를 가져와서 출력한다. 하지만 테이블의 레코드가 많을 때에는 너무 많은 레코드를 클라이언트로 가져와서 화면에 출력하므로 조회의 목적에 적절하지 않을 수 있다. 이런 경우에는 WHERE 절을 포함시켜서 특정 조건에 부합되는 레코드만 가져오도록 할 수 있다.

```
mariadb [test]> SELECT * FROM tab_test WHERE fd1=1;
+-----+------+
```

```
| fd1 | fd2  |
+-----+------+
|   1 | Matt |
+-----+------+
1 row in set (0.00 sec)
```

살펴본 두 개의 SELECT 예제는 SELECT 키워드 뒤에 모두 "*"가 사용되었는데, 여기에서 사용된 "*"는 테이블의 모든 칼럼을 의미한다. 때로는 테이블에 칼럼이 너무 많아서 조회된 데이터를 살펴보는 것이 어려울 때도 있다. 이런 경우에는 SELECT 절에 "*" 대신 조회하고자 하는 칼럼만 나열할 수도 있다.

```
mariadb [test]> SELECT fd2 FROM tab_test;
+----------+
| fd2      |
+----------+
| Matt     |
| Toto     |
| SeongUck |
+----------+
3 rows in set (0.00 sec)
```

그리고 mysql 클라이언트 프로그램을 사용하는 경우에는 위 예제처럼 테이블의 레코드를 표 형태가 아닌 모든 칼럼을 행 단위로 표시하도록 조회할 수도 있다.

```
mariadb [test]> SELECT * FROM tab_test\G
*************************** 1. row ***************************
fd1: 1
fd2: Matt
*************************** 2. row ***************************
fd1: 2
fd2: Toto
*************************** 3. row ***************************
fd1: 3
fd2: SeongUck
3 rows in set (0.00 sec)
```

위 예제에서는 SQL 문장의 끝인 ";" 표기 대신 "\G"를 사용하였는데, 이렇게 "\G"로 SQL 문장의 끝을 표시하면 mysql 클라이언트 프로그램은 가져온 레코드를 칼럼 단위로 새로운 라인에 표시해서 화면에 출력한다.

3.5.3 UPDATE

UPDATE 문장은 INSERT된 레코드를 삭제하지 않고, 레코드의 일부 칼럼을 변경하기 위한 SQL 문장이다. 아래 예제는 INSERT된 레코드를 UPDATE 문장으로 변경하는 예제이다.

```
mariadb [test]> UPDATE tab_test SET fd2='Brandon' WHERE fd1=1;
Query OK, 1 row affected (0.02 sec)
Rows matched: 1  Changed: 1  Warnings: 0

mariadb [test]> SELECT * FROM tab_test WHERE fd1=1;
+-----+---------+
| fd1 | fd2     |
+-----+---------+
|   1 | Brandon |
+-----+---------+
1 row in set (0.00 sec)
```

fd1 칼럼의 값이 1인 레코드를 찾아서, 그 레코드의 fd2 칼럼의 값을 'Brandon'으로 변경하는 예제를 살펴보았다. UPDATE 문장 사용 시 주의해야 할 것은 UPDATE 문장에 WHERE 조건 절 없이 실행되는 경우이다.

```
mariadb [test]> UPDATE tab_test SET fd2='Brandon';
Query OK, 2 rows affected (0.02 sec)
Rows matched: 3  Changed: 2  Warnings: 0

mariadb [test]> SELECT * FROM tab_test;
+-----+---------+
| fd1 | fd2     |
+-----+---------+
|   1 | Brandon |
|   2 | Brandon |
|   3 | Brandon |
+-----+---------+
3 rows in set (0.00 sec)
```

위 예제에서와 같이 UPDATE 문장이 WHERE 조건절이 없는 경우에는 그 테이블의 모든 레코드에 대해서 칼럼 값을 변경한다. 서비스용 데이터를 가지고 있는 테이블에서 이런 실수를 하게 되면 거의 모든 데이터를 잃어 버리는 것과 비슷한 상황이 될 것이므로 주의해야 한다.

3.5.4 REPLACE

INSERT INTO … ON DUPLICATE KEY UPDATE .. 문장을 공부했는데, REPLACE 문장도 이와 비슷한 처리를 수행하는 SQL이다. 외형적으로는 레코드가 존재하지 않으면 INSERT로 처리되고 레코드가 존재하는 경우에는 UPDATE로 처리된다.

```
mariadb [test]> REPLACE tab_test SET fd1=1, fd2='Matt';
Query OK, 2 rows affected (0.01 sec)

mariadb [test]> SELECT * FROM tab_test WHERE fd1=1;
+-----+------+
| fd1 | fd2  |
+-----+------+
|   1 | Matt |
+-----+------+
1 row in set (0.00 sec)
```

tab_test 테이블에는 fd1이 1인 레코드가 존재했기 때문에 그 레코드의 fd2 칼럼의 값을 'Matt'로만 바꾼 것처럼 결과가 조회되었다. 그런데 사실은 REPLACE 문장은 프로이머리 키나 유니크 키가 중복된 레코드가 있다면 먼저 그 레코드를 삭제하고 새로운 레코드로 INSERT를 수행한다. 그래서 사용자에게는 실제 UPDATE가 된 것처럼 보이지만 사실 REPLACE 문장이 실행되기 전의 레코드와 실행된 후의 레코드는 내부적으로 완전히 다른 레코드인 것이다.

REPLACE 문장은 중복된 레코드가 있을 경우 이렇게 레코드를 삭제하고 다시 INSERT하게 되므로 INSERT INTO .. ON DUPLICATE KEY UPDATE … 문장보다는 부하도 높고 시스템의 자원을 많이 소모하게 된다. 가능하다면 REPLACE 문장보다는 INSERT INTO … ON DUPLICATE KEY UPDATE …를 사용하는 것이 좋다.

3.5.5 DELETE

테이블에 존재하는 레코드를 삭제할 때는 DELETE 문장을 사용하면 된다.

```
mariadb [test]> DELETE FROM tab_test WHERE fd1=1;
Query OK, 1 row affected (0.02 sec)

mariadb [test]> SELECT * FROM tab_test;
+-----+---------+
| fd1 | fd2     |
+-----+---------+
|   2 | Brandon |
|   3 | Brandon |
+-----+---------+
2 rows in set (0.00 sec)
```

DELETE 문장도 다른 SQL과 비슷하게 WHERE 조건절이 있는 경우에는 그 조건에 부합되는 레코드
만 삭제하지만 WHERE 조건 절이 없는 경우에는 테이블의 모든 레코드를 삭제한다.

```
mariadb [test]> DELETE FROM tab_test;
Query OK, 2 rows affected (0.03 sec)

mariadb [test]> SELECT * FROM tab_test;
Empty set (0.00 sec)
```

MariaDB나 MySQL에서는 모든 SQL 문장이 기본적으로 AUTO-COMMIT 모드로 작동한다. 즉
SQL 문장이 성공적으로 완료되면 자동으로 내부적으로 COMMIT이 실행되어 변경 내용이 영구적으
로 적용됨을 의미한다. 그런데 테이블의 일부 레코드만을 삭제하기 위해서 DELETE 문장을 실행하면
서 WHERE 조건 절을 사용하지 않아서 테이블의 레코드를 모두 삭제하는 실수가 자주 발생한다. 물론
백업을 했다면 그나마 복구를 할 수 있겠지만 백업이 없거나 받아 둔 백업이 오래되었다면 그 동안의
데이터는 손실될 수도 있다. 반드시 DELETE나 UPDATE 문장을 실행할 때에는 주의하고, 가능하다
면 서비스 환경의 데이터베이스에서는 AUTO-COMMIT 모드를 끄고 DELETE와 UPDATE 문장을
실행할 것을 권장한다.

04

실행 계획 분석

어떤 일을 하기 위해서는 계획이 반드시 필요하다. 예를 들어 외국 여행을 간다고 가정해 보자. 우선 비행기를 타고 경유를 할지, 직항으로 갈지 결정해야 한다. 그리고 인천 공항과 김포 공항, 혹은 김해 공항 중 어디서 출발할지 선택해야 한다. 다음으로 집에서 공항까지 가는 교통편을 결정해야 한다. 막상 여행지에 도착하면 더 많은 경로나 결정이 필요하다. 같은 장소를 가는 데도 다양한 방법과 경로가 존재하는 것이다.

MariaDB의 쿼리 실행 또한 같은 결과를 만들어 내는 데 한 가지 방법만 있는 것은 아니다. 아주 많은 방법이 있지만 그 중에서 어떤 방법이 최적이고 최소의 비용이 소모될지 결정해야 한다. 여행할 때도 인터넷이나 책 등을 참고해서 최소한의 비용이 드는 방법을 알아본 뒤에 여행 경로를 결정할 것이다. MariaDB에서도 쿼리를 최적으로 실행하기 위해 각 테이블의 데이터가 어떤 분포로 저장돼 있는지 통계 정보를 참조하며, 그러한 기본 데이터를 비교해 최적의 실행 계획을 수립하는 작업이 필요하다. MariaDB를 포함한 대부분의 DBMS에서는 옵티마이저가 이러한 기능을 담당한다.

MariaDB에서는 EXPLAIN이라는 명령으로 쿼리의 실행 계획을 확인할 수 있는데, EXPLAIN 명령의 결과에는 상당히 많은 정보가 출력된다. 이번 장에서는 실행 계획에 표시되는 내용이 무엇을 의미하고 MariaDB 서버가 내부적으로 어떤 작업을 하는지 자세히 살펴보겠다. 그리고 끝으로 어떤 실행 계획이 좋고 나쁜지도 간단히 살펴보겠다.

4.1 개요 MariaDB MySQL

어떤 DBMS든지 쿼리의 실행 계획을 수립하는 옵티마이저는 가장 복잡한 부분으로 알려져 있으며, 옵티마이저가 만들어 내는 실행 계획을 이해하는 것 또한 상당히 어려운 부분이다. 하지만 그 실행 계획을 이해할 수 있어야만 실행 계획의 불합리한 부분을 찾아내고, 더욱 최적화된 방법으로 실행 계획을 수립하도록 유도할 수 있다. 실행 계획을 살펴보기 전에 먼저 알고 있어야 할 몇 가지 부분을 살펴보자.

4.1.1 쿼리 실행 절차

MariaDB 서버에서 쿼리가 실행되는 과정은 크게 3가지로 나눌 수 있다.

- 사용자로부터 요청된 SQL 문장을 잘게 쪼개서 MariaDB 서버가 이해할 수 있는 수준으로 분리(파스 트리)한다.
- SQL의 파싱 정보(파스 트리)를 확인하면서 어떤 테이블부터 읽고 어떤 인덱스를 이용해 테이블을 읽을지 선택한다.
- 두 번째 단계에서 결정된 테이블의 읽기 순서나 선택된 인덱스를 이용해 스토리지 엔진으로부터 데이터를 가져온다.

첫 번째 단계를 "SQL 파싱(Parsing)"이라고 하며, MariaDB 서버의 "SQL 파서"라는 모듈로 처리한다. 만약 SQL 문장이 문법적으로 잘못됐다면 이 단계에서 걸러진다. 또한 이 단계에서 "SQL 파스 트리"가 만들어진다. MariaDB 서버는 SQL 문장 그 자체가 아니라 SQL 파스 트리를 이용해 쿼리를 실행한다.

두 번째 단계는 첫 번째 단계에서 만들어진 SQL 파스 트리를 참조하면서 다음과 같은 내용을 처리한다.

- 불필요한 조건의 제거 및 복잡한 연산의 단순화
- 여러 테이블의 조인이 있는 경우 어떤 순서로 테이블을 읽을지 결정
- 각 테이블에 사용된 조건과 인덱스 통계 정보를 이용해 사용할 인덱스 결정
- 가져온 레코드들을 임시 테이블에 넣고 다시 한번 가공해야 하는지 결정

물론 이 밖에도 수많은 처리를 하지만 대표적으로 이런 작업을 들 수 있다. 두 번째 단계는 "최적화 및 실행 계획 수립" 단계이며, MariaDB 서버의 "옵티마이저"에서 처리한다. 또한 두 번째 단계가 완료되면 쿼리의 "실행 계획"이 만들어진다.

세 번째 단계는 수립된 실행 계획대로 스토리지 엔진에 레코드를 읽어오도록 요청하고, MariaDB 엔진에서는 스토리지 엔진으로부터 받은 레코드를 조인하거나 정렬하는 작업을 수행한다.

첫 번째 단계와 두 번째 단계는 거의 MariaDB 엔진에서 처리하며, 세 번째 단계는 MariaDB 엔진과 스토리지 엔진이 동시에 참여해서 처리한다. 〈그림 4-1〉은 "SQL 파서"와 "옵티마이저"가 MariaDB 전체적인 아키텍처에서 어느 위치에 있는지 보여준다.

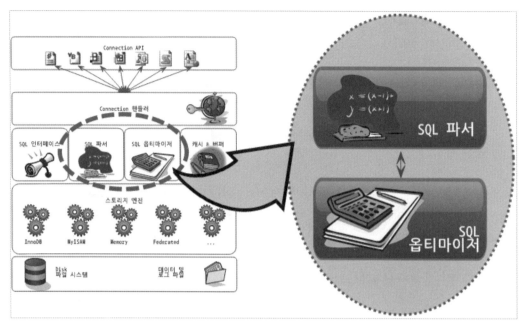

〈그림 4-1〉 쿼리 파서와 옵티마이저

4.1.2 옵티마이저의 종류

옵티마이저는 데이터베이스 서버에서 두뇌와 같은 역할을 담당하고 있다. 옵티마이저는 현재 대부분의 DBMS가 선택하고 있는 비용 기반 최적화(Cost-based optimizer, CBO) 방법과 예전 오라클에서 많이 사용됐던 규칙 기반 최적화 방법(Rule-based optimizer, RBO)으로 크게 나눌 수 있다.

- 규칙 기반 최적화는 기본적으로 대상 테이블의 레코드 건수나 선택도 등을 고려하지 않고 옵티마이저에 내장된 우선순위에 따라 실행 계획을 수립하는 방식을 의미한다. 이 방식에서는 통계 정보(테이블의 레코드 건수나 칼럼 값의 분포도)를 조사하지 않고 실행 계획이 수립되기 때문에 같은 쿼리에 대해서는 거의 항상 같은 실행 방법을 만들어낸다. 하지만 규칙 기반의 최적화는 이미 오래 전부터 많은 DBMS에서 거의 지원되지 않거나 업데이트되지 않은 상태로 그대로 남아 있는 것이 현실이다.

- 비용 기반 최적화는 쿼리를 처리하기 위한 여러 가지 가능한 방법을 만들고, 각 단위 작업의 비용(부하) 정보와 대상 테이블의 예측된 통계 정보를 이용해 각 실행 계획별 비용을 산출한다. 이렇게 산출된 각 실행 방법별로 최소 비용이 소요되는 처리 방식을 선택해 최종 쿼리를 실행한다.

규칙 기반 최적화는 각 테이블이나 인덱스의 통계 정보가 거의 없고, 상대적으로 느린 CPU 연산 탓에 비용 계산 과정이 부담스러웠기 때문에 사용되던 최적화 방법이다. 현재는 거의 대부분의 RDBMS가 비용 기반의 옵티마이저를 채택하고 있으며, MariaDB 역시 마찬가지다.

4.1.3 통계 정보

비용 기반 최적화에서 가장 중요한 것은 통계 정보다. 통계 정보가 정확하지 않다면 전혀 엉뚱한 방향으로 쿼리를 실행해 버릴 수 있기 때문이다. 예를 들어 1억 건의 레코드가 저장된 테이블의 통계 정보가 갱신되지 않아서 레코드가 10건 미만인 것처럼 돼 있다면 옵티마이저는 실제 쿼리를 실행할 때 인덱스 레인지 스캔이 아니라 테이블을 처음부터 끝까지 읽는 방식(풀 테이블 스캔)으로 실행해 버릴 수도 있다. 부정확한 통계 정보 탓에 0.1초에 끝날 쿼리가 1시간이 소요될 수도 있다.

MariaDB 또한 다른 DBMS와 같이 비용 기반의 최적화를 사용하지만 다른 DBMS보다 통계 정보는 그리 다양하지 않다. 기본적으로 MariaDB에서 관리되는 통계 정보는 대략의 레코드 건수와 인덱스의 유니크한 값의 개수 정도가 전부다. 오라클과 같은 DBMS에서는 통계 정보가 상당히 정적이고 수집에 많은 시간이 소요되기 때문에 통계 정보만 따로 백업하기도 한다.

4.1.3.1 MySQL 5.6의 통계 정보

MariaDB 10.0은 기본적으로 MySQL 5.6의 기능들을 포함하고 있기 때문에 MySQL 5.6의 통계 정보가 어떻게 관리되는지를 이해하는 것은 MariaDB 10.0의 통계 정보 관리 방법을 이해하는 데 도움이 될 것이다. MySQL 5.6에서는 InnoDB 스토리지 엔진을 사용하는 테이블에 대한 통계 정보를 영구적으로(Persistent) 관리할 수 있게 개선되었다. MySQL 5.5 버전까지는 SHOW INDEX FROM '테이블' 명령으로만 테이블의 인덱스 칼럼의 분포도를 볼 수 있었지만 MySQL 5.6 버전부터는 mysql 데이터베이스의 innodb_index_stats 테이블과 innodb_table_stats 테이블에서도 인덱스를 조회할 수 있게 되었다.

```
MariaDB [mysql]> SHOW TABLES LIKE '%_stats';
+-------------------------+
| Tables_in_mysql (%_stats) |
+-------------------------+
| innodb_index_stats      |
| innodb_table_stats      |
+-------------------------+
```

MySQL 5.6에서 테이블을 생성할 때는 STATS_PERSISTENT 옵션을 설정할 수 있는데, 이 설정 값에 따라서 테이블 단위로 영구적인 통계 정보를 보관할지 말지를 결정할 수 있다.

```
mysql> CREATE TABLE tab_test (fd1 INT, fd2 VARCHAR(20), PRIMARY KEY(fd1))
```

```
                ENIGNE=InnoDB STATS_PERSISTENT={ DEFAULT ¦ 0 ¦ 1 }
```

STATS_PERSISTENT=0

테이블의 통계 정보를 MySQL 5.5 이전의 방식대로 관리하며, mysql 데이터베이스의 innodb_index_stats과 innodb_table_stats에 저장하지 않음

STATS_PERSISTENT=1

테이블의 통계 정보를 mysql 데이터베이스의 innodb_index_stats과 innodb_table_stats 테이블에 저장함

STATS_PERSISTENT=DEFAULT

테이블을 생성할 때 별도로 STATS_PERSISTENT 옵션을 설정하지 않은 것과 동일하며, 테이블의 통계를 영구적으로 관리할지 말지를 innodb_stats_persistent 시스템 설정 변수의 값으로 결정한다.

innodb_stats_persistent 시스템 설정 변수는 기본적으로 ON(1)으로 설정되어 있으며, STAT_ PERSISTENT 옵션 없이 테이블을 생성하면 영구적인 통계 정보를 사용하게 되면서 innodb_index_ stats 테이블과 innodb_table_stats 테이블에 통계 정보를 저장한다. 다음 예제에서는 tab_persistent 과 tab_transient라는 두 테이블의 STATS_PERSISTENT 값을 0과 1로 다르게 생성해 보았다.

```
MariaDB [test]> CREATE TABLE tab_persistent (fd1 INT PRIMARY KEY, fd2 INT)
                    ENGINE=InnoDB STATS_PERSISTENT=1;

MariaDB [test]> CREATE TABLE tab_transient (fd1 INT PRIMARY KEY, fd2 INT)
                    ENGINE=InnoDB STATS_PERSISTENT=0;

MariaDB [test]> SELECT * FROM mysql.innodb_table_stats
                    WHERE table_name IN ('tab_persistent', 'tab_transient')\G
*************************** 1. row ***************************
        database_name: test
           table_name: tab_persistent
          last_update: 2013-12-28 17:11:30
               n_rows: 0
  clustered_index_size: 1
sum_of_other_index_sizes: 0
```

테이블이 생성된 후 mysql 데이터베이스의 innodb_table_stats 테이블의 통계 정보를 조회해보면 STATS_PERSISTENT=1로 생성한 tab_persistent 테이블의 통계 정보만 조회되는 것을 확인할 수 있다. 물론 이렇게 생성된 테이블의 통계 정보를 영구적(STATS_PERSISTENT=1)으로 또는 단기적

(STATS_PERSISTENT=0)으로 변경하는 것은 ALTER TABLE 명령으로 실행할 수 있다.

MySQL 5.5 버전이나 MariaDB 5.5 버전까지는 다음 경우마다 테이블의 통계 정보가 새로 수집되었다.

- 테이블이 새로 오픈되는 경우
- 테이블의 레코드가 대량으로 변경되는 경우(테이블의 전체 레코드 중에서 1/16 정도의 UPDATE 또는 INSERT나 DELETE가 실행되는 경우)
- ANALYZE TABLE 명령이 실행되는 경우
- SHOW TABLE STATUS 명령이나 SHOW INDEX FROM 명령이 실행되는 경우
- InnoDB 모니터가 활성화되는 경우
- innodb_stats_on_metadata 시스템 설정이 ON된 상태에서 SHOW TABLE STATUS 명령이 실행되는 경우
- 기타

하지만 이렇게 자주 테이블의 통계 정보가 변경되어 버리면 응용 프로그램의 쿼리를 인덱스 레인지 스캔으로 잘 처리하던 MariaDB 서버가 갑자기 어느날 풀 테이블 스캔으로 실행해버리는 상황이 발생할 수도 있다. 하지만 영구적인 통계 정보가 도입되면서 이렇게 의도되지 않은 통계 정보 변경을 막을 수 있다. 그리고 innodb_stats_auto_recalc 시스템 설정 변수의 값을 OFF로 설정해서 통계 정보가 자동으로 수집되는 것을 막을 수 있다. innodb_stats_auto_recalc 시스템 설정 변수의 기본값은 ON이므로 영구적인 통계 정보를 이용하고자 한다면 이 설정을 OFF로 변경하도록 하자. 또한 통계 정보를 자동으로 수집할지 여부도 테이블을 생성할 때 STATS_AUTO_RECALC 옵션을 이용해서 테이블 단위로 조정할 수 있다.

STATS_AUTO_RECALC=1
테이블의 통계 정보를 MySQL 5.5 이전의 방식대로 자동 수집하게 된다.

STATS_AUTO_RECALC=0
테이블의 통계 정보는 ANALYZE TABLE 명령을 실행할 때에만 수집된다.

STATS_AUTO_RECALC=DEFAULT
테이블을 생성할 때 별도로 STATS_AUTO_RECALC 옵션을 설정하지 않은 것과 동일하며, 테이블의 통계 정보 수집을 innodb_stats_auto_recalc 시스템 설정 변수의 값으로 결정한다.

MySQL 5.5 버전에서는 테이블의 통계 정보를 수집할 때 몇 개의 InnoDB 테이블 블록을 샘플링할지 결정하는 옵션으로 innodb_stats_sample_pages 시스템 설정 변수가 제공되는데, MySQL 5.6 버전부터는 이 옵션은 없어(Deprecated)졌다. 대신 이 시스템 변수가 innodb_stats_transient_sample_pages와 innodb_stats_persistent_sample_pages 시스템 변수 2개로 분리되었다.

innodb_stats_transient_sample_pages

이 시스템 변수의 기본값은 8인데, 이는 자동으로 통계 정보 수집이 실행될 때 8개 페이지만 임의로 샘플링해서 분석하고 그 결과를 통계 정보로 활용함을 의미한다.

innodb_stats_persistent_sample_pages

기본값은 20이며, ANALYZE TABLE 명령이 실행되면 임의로 20개 페이지만 샘플링해서 분석하고 그 결과를 영구적인 통계 정보 테이블에 저장하고 활용함을 의미한다.

만약 영구적인 통계 정보를 사용한다면 MariaDB 서버의 점검이나 사용량이 많지 않은 시간을 이용해서 더 정확한 통계 정보를 수집해 둘 수도 있다. 물론 더 정확한 통계 정보 수집에는 많은 시간이 소요되겠지만, 이 통계 정보의 정확성에 의해서 쿼리의 성능이 결정되기 때문에 시간을 투자할 충분한 가치가 있는 것이다. 이렇게 더 정확한 통계 정보를 수집하고자 한다면 innodb_stats_persistent_sample_pages 시스템 변수에 높은 값을 설정하면 된다. 하지만 이 값을 너무 높게 되면 통계 정보 수집 시간이 많이 걸리게 되므로 주의해야 한다.

4.1.3.2 MariaDB 10.0의 통계 정보 `MariaDB`

MariaDB 5.5 버전까지는 모든 테이블의 통계 정보가 해당 테이블의 스토리지 엔진 레벨에서 관리되었다. 하지만 이렇게 테이블의 통계 정보가 각 스토리지 엔진별로 다른 형태로 관리될 때에는 다음과 같은 문제점들이 있었다.

- 각 스토리지 엔진이 제공하는 통계 정보는 내용이 상당히 부족함
- MySQL(MariaDB) 스토리지 엔진 인터페이스로 통계 정보를 전달하기에는 제약이 많음(인덱스가 아닌 칼럼의 통계 정보 수집 불가능)
- 통계 정보의 제어가 쉽지 않아서 통계 정보가 영구적이지 못하고 단기적(Transient)으로 관리됨

이런 문제점 때문에 MySQL 5.5나 5.6에서는 인덱스가 아닌 칼럼들에 대해서는 통계 정보를 가질 수가 없었다. MariaDB 10.0에서는 이런 문제점을 해소하기 위해서 스토리지 엔진에 관계없이 사용 가능

한 통합된 통계 정보(이하 "통합 통계 정보"라 칭함)를 관리할 수 있는 기능을 제공하고 있다. MariaDB 10.0 버전부터는 인덱스되지 않은 칼럼에 대한 통계 정보도 관리할 수 있을 뿐만 아니라 이렇게 통합 관리된 통계 정보는 영구적으로 사용될 수 있다. 그래서 다른 RDBMS와 같이 MariaDB에서도 정확도가 높은 통계 정보를 별도로 백업해 두거나 다시 복구해서 사용할 수도 있게 되었다. 그리고 통계 정보가 부정확한 경우에는 관리자가 직접 통계 정보를 변경해서 MariaDB 옵티마이저가 조금 더 정확한 정보를 기준으로 실행 계획을 수립할 수 있게 되었다.

MariaDB의 통합된 통계 정보는 MariaDB 서버의 기본 데이터베이스인 mysql 데이터베이스에 table_stats과 column_stats 그리고 index_stats 테이블로 관리되는데, 이 테이블들은 모두 MyISAM 스토리지 엔진을 사용하도록 되어 있다.

```
MariaDB> SHOW TABLES LIKE '%_stats';
+--------------------------+
| Tables_in_mysql (%_stats) |
+--------------------------+
| column_stats             |
| index_stats              |
| table_stats              |
+--------------------------+
3 rows in set (0.00 sec)
```

통합 통계 정보 테이블의 각 칼럼은 다음과 같은 정보들을 저장하고 있다.

table_stat

칼럼	의미
db_name	대상 테이블이 속한 데이터베이스 명
table_name	대상 테이블의 이름
cardinality	테이블의 레코드 건수

column_stat

칼럼	의미
db_name	대상 테이블이 속한 데이터베이스 명

칼럼	의미
table_name	대상 테이블의 이름
column_name	대상 칼럼 이름
min_value	해당 칼럼의 최솟값(정수 타입도 문자열 포맷으로 저장됨)
max_value	해당 칼럼의 최댓값(정수 타입도 문자열 포맷으로 저장됨)
nulls_ratio	NULL 값의 비율(0: NULL 없음, 0.5: NULL 값을 가진 레코드가 50%, 1: 모든 레코드가 NULL)
avg_length	칼럼 값의 평균 바이트 수
avg_frequency	중복된 값을 가진 평균 레코드의 수(1: 중복된 값 없음)

index_stat

칼럼	의미
db_name	대상 테이블이 속한 데이터베이스 명
table_name	대상 테이블의 이름
index_name	대상 인덱스 이름
prefix_arity	인덱스 키 파트 순번 INDEX (fd1, fd2)의 경우, prefix_arity는 1은 fd1 칼럼에 대한 통계이며, prefix_arity=2는 (fd1, fd2) 조합에 대한 통계 정보임
avg_frequency	중복된 값을 가진 평균 레코드의 수(1: 중복된 값 없음)

MySQL 5.6에서는 통계 정보를 영구적인 방법과 단기적인 방법 2가지로 관리한다는 점을 이미 살펴보았다. MariaDB 10.0에서는 스토리지 엔진과 무관하게 통합된 형태의 통계 정보가 도입되면서 관리 방법이 3가지가 됐다. 그런데 사실 MariaDB 10.0 버전의 통합 통계 정보와 MySQL 5.6의 영구적 통계 정보는 동시에 사용되는데, 실제 쿼리가 실행될 때 어떤 통계 정보를 사용할지는 use_stat_tables 시스템 설정에 의해서 결정된다. 이 설정 값은 "never"와 "complementary" 그리고 "preferably" 세 개 중에서 하나의 값을 가질 수 있는데, 기본값은 "never"이다.

use_stat_tables='never'

MySQL 5.6의 통계 정보 관리 방식과 동일하게 작동하며, mysql 데이터베이스의 table_stats와 column_stats 그리고 index_stats 테이블에는 통계 정보가 수집되지 않는다. MariaDB 10.0에서도 use_stat_tables 시스템 변수를 "never"로 설정해서 MySQL 5.6 버전의 영구적 통계 정보를 그대로 사용할 수 있다.

use_stat_tables='complementary'

use_stat_tables 시스템 설정이 "complementary"로 설정된 경우에는 각 스토리지 엔진이 제공하는 통계 정보를 우선적으로 사용하되 스토리지 엔진이 제공하는 정보가 부족하거나 없는 경우에는 MariaDB의 통합 통계 정보가 사용된다. MySQL 5.6의 InnoDB 스토리지 엔진 테이블의 경우에는 테이블의 전체 레코드 건수나 인덱스 칼럼의 카디널리티(Cardinality) 정보는 있지만 인덱스되지 않은 칼럼에 대한 통계 정보는 관리되지 않는다. 또한 MyISAM이나 MEMORY 스토리지 엔진의 경우에는 통계 정보가 전혀 없다. "complementary" 모드는 이런 단점들을 보완하기 위해 MariaDB의 통합 통계 정보가 사용되는 형태이다.

use_stat_tables='preferably'

use_stat_tables 시스템 설정이 "perferably"로 설정되면, MariaDB 엔진은 각 스토리지 엔진별로 관리되는 통계 정보보다 MariaDB의 통합 통계 정보를 우선해서 사용하며, 만약 MariaDB의 통합 통계 정보가 존재하지 않는 경우에는 스토리지 엔진에서 제공한 통계 정보를 이용해서 쿼리의 실행 계획을 수립한다.

innodb_stats_auto_recalc 시스템 설정 변수가 ON으로 설정되면 MariaDB 10.0 버전의 InnoDB 스토리지 엔진에서도 테이블의 구조가 변경되거나 대량의 데이터 변화가 발생하면 자동으로 통계 정보를 수집하게 될 것이다. 그런데 이때 수집되는 통계 정보는 MariaDB의 통합 통계 정보와는 무관하게 InnoDB 스토리지 엔진의 통계 정보만 업데이트된다. 다음 예제를 한번 살펴보자.

```
MariaDB [test]> SHOW GLOBAL VARIABLES LIKE 'innodb_stats_auto_recalc';
+--------------------------+-------+
| Variable_name            | Value |
+--------------------------+-------+
| innodb_stats_auto_recalc | ON    |
+--------------------------+-------+

MariaDB [test]> INSERT INTO tab_recalc SELECT * FROM employees;
Query OK, 300024 rows affected (4.35 sec)
Records: 300024  Duplicates: 0  Warnings: 0

MariaDB [test]> SELECT * FROM mysql.table_stats WHERE table_name='tab_recalc';
Empty set (0.00 sec)

MariaDB [test]> SELECT * FROM mysql.innodb_table_stats WHERE table_name='tab_recalc';
*************************** 1. row ***************************
        database_name: test
           table_name: tab_recalc
          last_update: 2013-12-28 19:13:29
               n_rows: 299645
```

```
        clustered_index_size: 929
    sum_of_other_index_sizes: 0
```

위 예제에서는 tab_recalc라는 빈 테이블을 생성하고, 30만 건 정도의 레코드를 employees 테이블로부터 SELECT하면서 INSERT했다. 쿼리 실행 후에 MariaDB의 통합 통계 테이블(mysql.table_stats)과 InnoDB의 영구적 통계 테이블(mysql.innodb_table_stats)의 결과를 조회했더니 MariaDB의 통합 통계 테이블에는 아무런 정보가 없지만 InnoDB의 통계 테이블에는 정보가 누적된 것을 확인할 수 있다. 만약 innodb_stats_auto_recalc 시스템 설정 변수가 OFF로 설정되어 있었다면 InnoDB의 통계 테이블에도 아무런 값이 저장되지 않았을 것이다.

위에서도 알 수 있듯이 MariaDB 10.0의 통합 통계 정보는 자동적으로 수집되지 않는다. MariaDB 10.0의 통합 통계 정보를 수집하기 위해서는 ANALYZE TABLE 명령을 실행해야 한다.

```
MariaDB [test]> ANALYZE TABLE tab_recalc;
+-----------------+---------+----------+----------+
| Table           | Op      | Msg_type | Msg_text |
+-----------------+---------+----------+----------+
| test.tab_recalc | analyze | status   | OK       |
+-----------------+---------+----------+----------+

MariaDB [test]> SELECT * FROM mysql.table_stats WHERE table_name='tab_recalc';
+---------+------------+-------------+
| db_name | table_name | cardinality |
+---------+------------+-------------+
| test    | tab_recalc |      300024 |
+---------+------------+-------------+

MariaDB [test]> SELECT * FROM mysql.innodb_table_stats WHERE table_name='tab_recalc'\G
*************************** 1. row ***************************
            database_name: test
               table_name: tab_recalc
              last_update: 2013-12-28 19:23:33
                   n_rows: 299246
        clustered_index_size: 929
    sum_of_other_index_sizes: 0
```

위의 예제에서는 ANALYZE TABLE 명령을 실행한 후의 MariaDB 통합 통계 테이블의 변화를 보여주고 있다. tab_recalc 테이블의 카디널리티(Cardinality)는 300,024라고 저장되어 있는데, 사실 이는 매우 정확한 값이다. MariaDB 10.0의 ANALYZE TABLE 명령은 풀 테이블 스캔과 인덱스 풀 스캔을 했기 때문에 이렇게 정확한 값이 수집할 수 있는 것이다.

> **주의** 안타깝게도 MariaDB 10.0.8 버전에서는 ANALYZE TABLE 명령이 실행되면 테이블을 풀 스캔하거나 인덱스를 풀 스캔해야 한다. 그래서 MariaDB의 통합 통계 정보는 수집하기가 상당히 부담스러우며 조심해야 한다.
>
> 다행히 MariaDB에서는 복제를 이용해서 마스터와 슬레이브 형태로 구축되는 경우가 많다. 그래서 서비스에서 사용되는 마스터 MariaDB 서버에서 통계 정보를 수집하기 어렵다면 슬레이브에서 통계 정보를 수집해서 마스터 MariaDB로 복사하는 것도 좋은 방법일 수 있다.

use_stat_tables 시스템 설정이 "never"로 설정된 상태에서 MariaDB 10.0에서 ANALYZE TABLE 명령을 실행하면 스토리지 엔진 레벨의 통계 정보는 여전히 수집되지만 MariaDB의 통합 통계 정보는 수집되지 않는다. use_stat_tables가 "complementary"나 "preferably"로 설정된 상태에서 ANALYZE TABLE 명령이 수행되면 스토리지 엔진 레벨의 통계 정보와 MariaDB의 통합 통계 정보가 동시에 수집된다.

또한 MariaDB 10.0 버전에서는 통합 통계 정보 수집을 위해서 ANALYZE TABLE 명령의 문법이 조금 확장되었다.

```
## tbl 테이블 통계 정보 그리고 col1과 col2 칼럼 그리고 idx1과 idx2에 대해서만 통계 정보 수집
ANALYZE TABLE tbl PERSISTENT FOR COLUMNS (col1,col2) INDEXES (idx1,idx2);

## tbl 테이블 통계 정보 그리고 col1과 col2 칼럼의 통계 정보만 수집
ANALYZE TABLE tbl PERSISTENT FOR COLUMNS (col1,col2) INDEXES ( );

## tbl 테이블 통계 정보 그리고 idx1과 idx2에 대해서만 통계 정보 수집
ANALYZE TABLE tbl PERSISTENT FOR COLUMNS ( ) INDEXES (idx1,idx2);

## tbl 테이블의 통계 정보만 수집
ANALYZE TABLE tbl PERSISTENT FOR COLUMNS ( ) INDEXES ( );

## 테이블과 모든 칼럼 그리고 모든 인덱스의 통계 정보 수집
## ANALYZE TABLE tbl 명령과 동일한 효과
ANALYZE TABLE tbl PERSISTENT FOR ALL;
```

4.1.4 히스토그램 통계 정보 [MariaDB]

히스토그램은 칼럼 값의 분포도를 분석할 수 있는 통계 정보이다. MySQL 5.6에서는 아직 지원되지 않으며 MariaDB 10.0에서만 지원되고 있다. 히스토그램이 없는 경우에는 하나의 칼럼에서 유니크한 값의 개수에 기반해서 대략의 분포도를 예측하는 형태로 실행 계획의 비용이 계산되었다. 그런데 이마저도 인덱스가 만들어진 칼럼에 대해서만 유니크한 값의 개수가 관리되었기 때문에 인덱스되지 않은 칼럼의 조건은 분포도 예측이 불가능했었다.

4.1.4.1 히스토그램이란?

MySQL 5.5 버전이나 MariaDB 5.5 버전에서는 실행 계획을 예측한 내용이 상당히 부정확한데, 이를 보완하기 위해서 실제 데이터 페이지를 분석하기도 한다. 그래서 단순한 형태의 쿼리 문장에 대한 실행 계획에서는 예측된 레코드 건수(실행 계획의 rows 칼럼에 출력되는 값)가 상당히 정확하게 표시되기도 한다. 하지만 복잡한 형태의 쿼리 문장에서는 예측된 레코드 건수의 오차가 많아서 잘못된 실행 계획을 선택하는 경우도 많다.

MariaDB 10.0에서는 인덱스로 만들어진 칼럼뿐만 아니라 인덱싱되지 않은 칼럼에 대해서도 모두 히스토그램 정보를 저장할 수 있도록 개선되었다. MariaDB 10.0 에서는 테이블의 모든 칼럼에 대해서 최솟값과 최댓값 그리고 NULL 값을 가진 레코드의 비율 그리고 칼럼 값들의 분포를 히스토그램으로 수집해서 mysql 데이터베이스의 column_stats 라는 테이블에 관리한다.

```
MariaDB [employees]> DESC mysql.column_stats;
+---------------+-------------------------------------+------+-----+---------+-------+
| Field         | Type                                | Null | Key | Default | Extra |
+---------------+-------------------------------------+------+-----+---------+-------+
| db_name       | varchar(64)                         | NO   | PRI | NULL    |       |
| table_name    | varchar(64)                         | NO   | PRI | NULL    |       |
| column_name   | varchar(64)                         | NO   | PRI | NULL    |       |
| min_value     | varchar(64)                         | YES  |     | NULL    |       |
| max_value     | varchar(64)                         | YES  |     | NULL    |       |
| nulls_ratio   | decimal(12,4)                       | YES  |     | NULL    |       |
| avg_length    | decimal(12,4)                       | YES  |     | NULL    |       |
| avg_frequency | decimal(12,4)                       | YES  |     | NULL    |       |
| hist_size     | tinyint(3) unsigned                 | YES  |     | NULL    |       |
| hist_type     | enum('SINGLE_PREC_HB','DOUBLE_PREC_HB') | YES  |     | NULL    |       |
| histogram     | varbinary(255)                      | YES  |     | NULL    |       |
+---------------+-------------------------------------+------+-----+---------+-------+
```

MariaDB 10.0에서 히스토그램을 관리하는 방법은 "Height-Balanced Histogram" 알고리즘을 사용하며, 사실 다른 상용 RDBMS에 비하면 조금 뒤떨어진 것이 사실이다. "Height-Balanced Histogram"은 컬럼의 모든 값을 정렬해서 동일한 레코드 건수가 되도록 그룹을 몇 개로 나눈다. 그리고 각 그룹의 마지막 값(정렬된 상태에서 가장 큰 값)들을 취해서 히스토그램에 저장하는 방법이다.

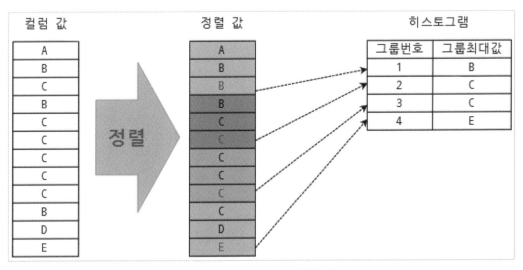

〈그림 4-2〉 MariaDB에서 사용하는 히스토그램(Height-Balanced Histogram) 알고리즘

〈그림 4-2〉는 MariaDB에서 사용하고 있는 히스토그램 알고리즘인 Height-Balanced 히스토그램의 생성 절차를 표현해 본 것이다. Height-Balanced 히스토그램에서는 테이블의 컬럼의 값들을 모두 정렬한 다음 일정한 개수로 나누어서 그룹으로 만들게 되는데, 〈그림 4-2〉에서는 각 그룹에 컬럼의 값을 3개씩 할당하는 것을 예를 들어본 것이다. MariaDB에서는 각 그룹의 개수를 histogram_size라는 시스템 설정 변수로 제어할 수 있다. 물론 개수가 많아지면 히스토그램의 정확도가 높아지겠지만 더 많은 저장 공간과 분석 시간이 필요할 것이다. 이 그림에서 최종적으로 만들어진 히스토그램을 보면 2번과 3번 그룹은 "C"라는 값을 공통적으로 가지게 되는데 이로써 특정 컬럼 값이 얼마나 넓게 분포되는지를 알 수 있는 것이다.

MariaDB에서는 이렇게 만들어진 히스토그램 값을 각 그룹별로 한바이트씩 할당해서 VARBINARY(255) 타입의 histogram 컬럼에 저장한다. 실제 저장되는 값은 단순 그룹 최댓값이 아니라 "그룹최댓값 / (컬럼최댓값 - 컬럼최솟값) *α" 계산을 거쳐서 그 결과를 histogram 컬럼의 각 바이트에 순서대로 저장한다. 계산식에서 "α" 값은 "그룹최댓값 / (칼럼최댓값 − 칼럼최솟값)"의 결과 값이 소수점 값인데 이를 정수형으로 변환해서 histogram의 VARBINARY 타입에 저장하기 쉽도록 하기 위해서이다. 이때 "α"값이 크면 클수록 히스토그램의 정확도는 높아지겠지만 저장 공간을 많이 사용하게 될 것이다. MariaDB에서는 histogram_type이라는 시스템 변수에 "SINGLE_PREC_HB"나 "DOUBLE_PREC_HB" 둘 중 하나를 설정할 수 있는데, "SINGLE_PREC_HB"가 설정되면 "α" 값은 28으로 계산되며 "DOUBLE_PREC_HB"가 설정되면 "α" 값은 216이 된다. 옵티마이저가 히스토그램을 이용할 때에는 이 계산식의 역으로 풀어서 사용한다.

mysql 데이터베이스의 column_stats 테이블을 분석해보면 MariaDB에서 계산해서 저장해둔 히스토그램을 직접 눈으로 살펴볼 수 있다. 이때 histogram 칼럼은 VARBINARY 타입이므로 바로 확인은 어렵다. 그래서 MariaDB에서는 DECODE_HISTOGRAM이라는 함수를 제공하고 있다.

```
MariaDB> SELECT table_name, min_value, max_value,
              DECODE_HISTOGRAM(histogram, hist_type) as histogram
        FROM mysql.column_stats
        WHERE table_name='salaries' AND column_name='salary'\G
*************************** 1. row ***************************
table_name: salaries
 min_value: 38623
 max_value: 158220
 hist_size: 30
 hist_type: DOUBLE_PREC_HB
 histogram: 0.02759,0.02521,0.02394,0.02263,0.02202,0.02196,0.02222,0.02274,0.02377,0.02547,
            0.02792,0.03194,0.03830,0.04883,0.07225,0.54322
```

hist_size는 30인데, 실제 히스토그램의 개수는 16개이다. hist_size 설정 변수의 값이 실제 히스토그램의 그룹 수를 직접적으로 결정하는 것이 아니라 실제 히스토그램이 저장될 공간의 바이트 수를 결정한다. 그래서 hist_type이 SINGLE_PREF_HB인 경우는 hist_size가 실제 히스토그램의 그룹 수가 되지만 DOUBLE_PREC_HB인 경우에는(hist_size / 2)가 실제 히스토그램의 그룹 수가 되는 것이다.

위의 결과를 보면 히스토그램의 사이즈(그룹의 수)는 30이며, "DOUBLE_PREC_HB" 타입으로 생성된 것을 알 수 있다. 다음과 같이 mysql.table_stats 테이블을 조회해보면 employees 테이블의 전체 레코드 건수를 확인할 수 있다.

```
MariaDB> SELECT * FROM mysql.table_stats WHERE table_name='employees';
+-----------+------------+-------------+
| db_name   | table_name | cardinality |
+-----------+------------+-------------+
| employees | salaries   |     2844047 |
+-----------+------------+-------------+
```

실제 MariaDB 서버가 히스토그램을 만들 때 각 그룹에 "2844047 / 16 = 177752.93"개의 레코드를 하나의 그룹으로 묶었다는 것을 알 수 있다. 이제 mysql.column_stats 테이블에서 조회해본 histogram 값의 비율을 다음과 같이 사용해봄으로써 히스토그램이 얼마나 정확하게 활용될 수 있는지를 확인해볼 수 있다.

```
MariaDB [employees]> SELECT COUNT(*) FROM salaries WHERE salary<=38623+(158220-38623)*0.02759;
+----------+
| COUNT(*) |
+----------+
|   177733 |
+----------+
```

위의 계산 결과에서 177733이라는 값이 나왔는데, 처음 히스토그램이 만들어질 때 각 그룹에 묶여진 레코드 수인 177752.93의 근사치로 재현된 것을 확인할 수 있다.

4.1.4.2 MariaDB에서 히스토그램 사용

히스토그램은 ANALYZE TABLE 명령으로 다른 통계 정보와 함께 생성된다. 히스토그램을 수집할지 여부를 결정하는 시스템 설정 옵션은 histogram_size이다. histogram_size 시스템 설정은 기본값이 0으로 설정되어 있는데, 이는 히스토그램을 사용하지 않는다는 것을 의미한다. 그래서 히스토그램을 사용하고자 할 때에는 먼저 histogram_size 시스템 설정 변수의 값을 0보다 큰 값으로 설정하는 것이 중요하다. 그리고 히스토그램의 정확도를 위해서 histogram_type 시스템 설정 변수를 DOUBLE_PREC_HB로 할지 SINGLE_PREC_HB로 할지를 설정해야 한다.

```
MariaDB> SET histogram_size=20;
MariaDB> SET use_stat_tables='preferably';
MariaDB> SET histogram_type='double_prec_hb';
```

위의 시스템 설정들은 모두 전역과 세션(커넥션) 단위 설정이 가능하다는 것도 주의하자. 시스템 설정이 완료되었다면, 다음과 같이 ANALYZE TABLE 명령으로 다른 통계 정보와 함께 히스토그램을 수집할 수 있다. MySQL 5.6 버전과는 달리 MariaDB 10.0에서는 각 칼럼이나 인덱스 단위로 통계 정보를 수집할지 여부를 선택해서 ANALYZE 명령을 실행할 수 있다는 것은 이미 살펴보았다.

```
MariaDB> ANALYZE TABLE salaries;
```

mysql 데이터베이스의 table_stats와 index_stats 그리고 column_stats 테이블을 조회해 보면 수집된 통계 정보를 확인해볼 수 있다. 히스토그램은 column_stats 테이블에 칼럼 단위로 저장된다.

```
MariaDB> SELECT * FROM mysql.table_stats;
MariaDB> SELECT * FROM mysql.index_stats;
MariaDB> SELECT * FROM mysql.column_stats;
```

수집된 히스토그램을 옵티마이저가 사용할 때에는 MariaDB의 엔진 레벨과 각 스토리지 엔진 레벨의 통계 정보를 다음과 같이 여러 수준으로 섞어서 사용할 수 있다. optimizer_use_condition_selectivity 시스템 변수의 기본값은 1이다.

optimizer_use_condition_selectivity=1
MariaDB 5.50에서 사용되던 선택도(Selectivity) 예측 방식을 그대로 유지

optimizer_use_condition_selectivity=2
인덱스가 생성되어 있는 칼럼의 조건에 대해서만 선택도 판단

optimizer_use_condition_selectivity=3
모든 칼럼의 조건에 대해서 선택도 판단(히스토그램 사용 안함)

optimizer_use_condition_selectivity=4
모든 칼럼의 조건에 대해서 선택도 판단(히스토그램 사용)

optimizer_use_condition_selectivity=5
모든 칼럼의 조건에 대해서 히스토그램을 이용해서 선택도를 판단하며, 추가적으로 인덱스 레인지 스캔이 불가한 칼럼에 대해서도 레코드 샘플링을 이용해서 선택도 판단

수집된 히스토그램 정보를 이용하면 인덱싱되지 않은 칼럼에 대해서도 대략적인 레코드 건수를 예상할 수 있다.

```
MariaDB> SET use_stat_tables='preferably'
MariaDB> SET optimizer_use_condition_selectivity=4;
MariaDB> EXPLAIN EXTENDED SELECT * FROM salaries WHERE to_date<='1989-03-01';
```

위의 salaries 테이블에 대한 실행 계획은 다음과 같다. 눈여겨봐야 할 부분은 rows 필드와 filtered 필드이다. 이 두 필드의 값을 해석하는 방법은 다음과 같다.

① 전체 2844047건의 레코드를 InnoDB 스토리지 엔진이 읽어서 반환

② MariaDB 엔진이 ①에서 읽은 레코드 중에서 WHERE 조건(to_date<='1989-03-01')에 일치하는 것들만 골라내어서 사용자에게 반환

즉 최종적으로 사용자에게 반환해야 할 레코드는 2844047건 중에서 조건에 일치하는 3.92%의 111486 건이라는 것이다.[1]

Id	select_type	table	type	key	key_len	ref	rows	filtered	Extra
1	SIMPLE	salaries	ALL	NULL	NULL	NULL	2844047	3.92	Using where

그렇다면 실제 일치하는 레코드가 얼마나 될지 한번 쿼리를 실행해보자.

---

[1] EXPLAIN EXTENDED 실행 계획에서 filtered 칼럼의 값을 이해하는 방법은 나중에 실행 계획에서 자세히 설명하도록 하겠다.

```
MariaDB> SELECT COUNT(*) FROM salaries WHERE to_date<='1989-03-01';
+----------+
| count(*) |
+----------+
|   125536 |
+----------+
```

실제 레코드 건수는 125536건이다. 쿼리의 실행 계획에서 산출된 111486건과 거의 비슷하다는 것을 알
수 있다. 이 예제를 위해서 histogram_size는 100으로 그리고 histogram_type은 DOUBLE_PREC_
HB로 설정한 후, ANALYZE TABLE salaries를 실행한 후에 쿼리의 실행 계획을 살펴본 것이다.

4.1.5 조인 옵티마이저 옵션

MariaDB에는 조인 쿼리의 실행 계획 최적화를 위한 옵티마이저 옵션이 2개 있다. 사실 이 옵션들은
MariaDB에만 있는 것은 아니고 이미 MySQL 5.0 버전부터 있었던 옵션인데, 그 중요성에 비해 모르
는 분들이 많아서 함께 설명하고자 한다.

MariaDB와 MySQL의 조인 최적화는 나름 많이 개선됐다고 많이들 이야기한다. 하지만 사실 테이블
의 개수가 많아지면 최적화된 실행 계획을 찾는 부분이 상당히 어려워지고, 하나의 쿼리에서 조인되는
테이블의 개수가 많아지면 실행 계획을 수립하는 데만 몇 분이 걸릴 수도 있다. 테이블의 개수가 특정
한계를 넘어서면 그때부터는 실행 계획 수립에만 소요되는 시간만 몇 시간이나 며칠로 늘어날 수도 있
다. 여기서는 왜 그런 현상이 생기고, 어떻게 그런 현상을 피할 수 있는지 살펴보겠다.

MariaDB에는 최적화된 조인 실행 계획 수립을 위한 2가지 알고리즘이 있다. 적절한 한글 명칭이 없어
서 영어를 그대로 표기하겠다. 다음과 같이 간단히 4개의 테이블을 조인하는 쿼리 문장이 조인 옵티마
이저에 따라 어떻게 처리되는지 간단히 살펴보자.

```
SELECT *
FROM t1, t2, t3, t4
WHERE …
```

Exhaustive 검색

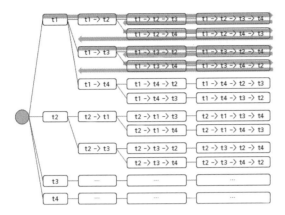

〈그림 4-20〉 Exhaustive 검색

Exhaustive 검색은 MySQL 5.0과 그 이전 버전에서 사용되던 조인 최적화 기법으로, FROM 절에 명시된 모든 테이블의 조합에 대해 실행 계획의 비용을 계산해서 최적의 조합 1개를 찾는 방법이다. 〈그림 4-20〉은 4개의 테이블(t1 ~ t4)이 Exhaustive 검색 알고리즘으로 처리될 때 최적의 조인 순서를 찾는 방법을 표현한 것이다. 만약 테이블이 20개라면 이 방법으로 처리했을 때 가능한 조인 조합은 모두 20! (Factorial, 3628800)개가 된다. 예전 버전에서 사용되던 Exhaustive 검색 방법으로는 사실 테이블이 10개만 넘어도 실행 계획을 수립하는 데 몇 분이 걸릴 것이다. 그리고 테이블이 10개에서 1개만 더 늘어나도 11배의 시간이 더 걸리게 되는 것이다.

Greedy 검색

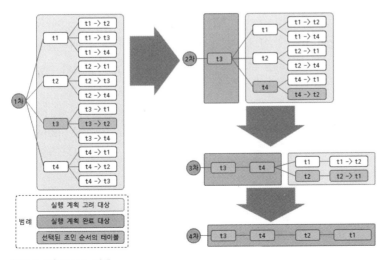

〈그림 4-21〉 Greedy 검색

Greedy 검색은 Exhaustive 검색의 시간 소모적인 문제점을 해결하기 위해 MySQL 5.0부터 도입된 조인 최적화 기법이다. 〈그림 4-21〉은 4개의 테이블(t1 ~ t4)이 Greedy 조인 알고리즘으로 처리될 때(optimizer_search_depth 시스템 설정 변수는 2로 가정) 최적의 조인 순서를 검색하는 방법을 보여준다. Greedy는 Exhaustive 검색보다는 조금 복잡한 형태로 최적의 조인 순서를 결정한다. 〈그림 4-21〉의 내용을 간단히 순서대로 살펴보자.

1. 전체 N개의 테이블 중에서 optimizer_search_depth 시스템 설정 변수에 정의된 개수의 테이블로 가능한 조인 조합을 생성

2. 1번에서 생성된 조인 조합들 중에서 최소 비용의 실행 계획 하나를 선정

3. 2번에서 선정된 실행 계획의 첫 번째 테이블을 "부분 실행 계획(그림 4-21에서는 실행 계획 완료 대상으로 표현됨)"의 첫 번째 테이블로 선정

4. 전체 N-1개의 테이블 중(3번에서 선택된 테이블 제외)에서 optimizer_search_depth 시스템 설정 변수에 정의된 개수의 테이블로 가능한 조인 조합 생성

5. 4번에서 생성된 조인 조합들을 하나씩 3번에서 생성된 "부분 실행 계획"에 대입해 실행 비용을 계산

6. 5번의 비용 계산 결과, 최적의 실행 계획에서 두 번째 테이블을 3번에서 생성된 "부분 실행 계획"의 두 번째 테이블로 선정

7. 남은 테이블이 모두 없어질 때까지 4~6번까지의 과정을 반복 실행하면서 "부분 실행 계획"에 테이블의 조인 순서를 기록

8. 최종적으로 "부분 실행 계획"이 테이블의 조인 순서로 결정됨

Greedy 검색 방법은 optimizer_search_depth 시스템 변수에 설정된 값에 따라 조인 최적화의 비용이 상당히 줄어들 수 있다. 그런데 optimizer_search_depth 시스템 변수의 기본 값은 64다. 물론 Greedy 검색에서는 아우터 조인과 같이 이미 조인의 순서가 결정된 내용에 대해서도 최적화를 수행하기는 하지만 64는 그래도 적지 않은 수치다. 만약 테이블이 20개 정도만 되어도 실행 계획 수립에 꽤 많은 시간이 걸릴 것이다.

MariaDB와 MySQL에서는 조인 최적화를 위한 시스템 변수로 optimizer_prune_level과 optimizer_search_depth가 제공되고 있다.

optimizer_search_depth

optimizer_search_depth 시스템 변수는 Greedy 검색과 Exhaustive 검색 중에서 어떤 알고리즘을 사용할지 결정하는 시스템 변수다. optimizer_search_depth는 0~63까지의 정수 값을 설정할 수 있는데, 1~62까지의 정수 값이 설정

되면 Greedy 검색 대상을 지정된 개수로 한정해서 최적의 실행계획을 산출한다. optimizer_search_depth가 0으로 설정되면 Greedy 검색을 위한 최적의 조인 검색(search_depth) 테이블의 개수를 MySQL 옵티마이저가 자동으로 결정하게 되며, 63으로 설정되면 Greedy 검색 알고리즘을 사용하지 않고 MySQL 5.0 이전과 같이 Exhaustive 검색 알고리즘을 사용한다. optimizer_search_depth의 기본 값은 62인데, 사실 이 값은 매우 큰 값이다. 왜 optimizer_search_depth의 기본 값이 62로 설정됐는가에 대해 블로그나 메일링 리스트에서 언급돼 있는 것을 가끔 볼수 있는데, 이는 아마도 기존 버전과의 호환성 때문인 듯하다. 물론 테이블 3~5개 정도의 조인이라면 Exhaustive 검색에서도 120개 정도의 실행 계획만 검토하면 되므로 조인을 별로 사용하지 않거나 쿼리에서 많은 테이블이 조인되지 않는 경우라면 크게 차이는 없을 것이다. 사실 optimizer_search_depth가 기본값인 62로 설정된 MariaDB 서버에서는 우리가 작성한 쿼리의 FROM 절이 62개 이상의 테이블을 사용하지 않는다면 Greedy 검색의 장점은 누리지 못하고 있는 것이다. 어떤 블로그에서는 optimizer_search_depth를 3~5정도로 줄여서 설정하는 것을 권장하기도 한다. 하지만 이 값이 작아질수록 MariaDB가 선정한 실행 계획의 최적화 정도는 떨어지게 된다는 점도 기억하자.

optimizer_prune_level

MySQL 5.0부터는 Heuristic 검색이라는 또 하나 중요한 조인 최적화 기능이 추가됐다. 우리가 Exhaustive 검색과 Greedy 검색 중에서 어떤 알고리즘을 사용한다 하더라도 MySQL 옵티마이저는 여러 테이블의 조인 순서를 결정하기 위해 상당히 많은 조인 경로를 비교하게 된다. Heuristice 검색의 가장 핵심적인 내용은 다양한 조인 순서의 비용을 계산하는 도중 언제든지 이미 계산했던 조인 순서의 비용보다 큰 경우에는 중간에 포기할 수 있다는 것이다. 예를 들어, 첫 번째 조인 순서의 비용이 100이라고 가정하면, 이 이후에 비교되는 조인 순서의 비용이 100보다 크다면 그 조인 순서는 끝까지 비교해 볼 필요가 없는 것이다. 그리고 아우터 조인으로 연결되는 테이블은 우선 순위에서 제거하는 등의 경험 기반의 최적화도 Heuristic 검색 최적화에는 포함돼 있다. optimizer_prune_level이 ON으로 설정되면 MariaDB는 조인 순서 최적화에 경험 기반의 Heuristic 알고리즘을 사용하게 된다. 그리고 이 값이 OFF로 설정되면 경험 기반의 Heuristic 최적화가 적용되지 않는다. 실제 Heuristic 조인 최적화는 조인 대상 테이블이 몇 개 되지 않더라도 상당한 성능 차이를 낸다. 그러므로 특별한 요건이 없다면 optimizer_prune_level을 OFF로 설정하지는 말자.

그렇다면 테이블 조인이 많은 쿼리의 실행 계획 수립이 얼마나 느려질 수 있는지, optimizer_prune_level과 optimizer_search_depth를 조정하면 얼마나 더 빨라질 수 있는지 한번 살펴보자.

우선 아래와 같이 칼럼 2개와 프라이머리 키 그리고 보조 인덱스를 가진 테이블을 tab01부터 tab30까지 생성하고, 레코드를 2000건 정도 INSERT했다. 테이블의 구조와 인덱스 구조를 좀 다양화하기 위해 몇 개의 테이블은 fd1 칼럼과 fd2 칼럼을 INT와 BIGINT 타입으로 생성했고, 몇 개의 테이블은 일부러 보조 인덱스를 제거했다. 그리고 MariaDB 10.0 버전부터 사용 가능한 Sequence 스토리지 엔진을 이용해 2000개의 레코드를 INSERT 했다.

```
CREATE TABLE tab01 (
  fd1 char(20) NOT NULL,
  fd2 char(20) DEFAULT NULL,
```

```
   PRIMARY KEY (fd1),
   KEY ix_fd2 (fd2)
) ENGINE=InnoDB DEFAULT CHARSET=utf8mb4;

INSERT INTO tab01 SELECT seq, seq FROM seq_1_to_2000;
```

테스트를 수행할 테이블은 준비됐으니 이제 아래의 쿼리로 실행 계획을 한번 확인해 보자. 최적화된 쿼리는 아니므로 실제 이 쿼리 문장으로 데이터를 조회하지는 말자. 쿼리 자체는 최적화되지 않았지만 쿼리의 실행 계획을 확인하는 것은 쿼리의 성능과는 무관하므로 MariaDB의 실행 계획 수립에 소요되는 시간을 확인하는 것으로는 충분할 것이다.

```
MariaDB> SET SESSION optimizer_prune_level = 1;
MariaDB> SET SESSION optimizer_search_depth= { 1 | 5 | 10 | 15 | 20 | 25 | 30 | 35 | 40 | 62 };
MariaDB> EXPLAIN
    SELECT *
    FROM
        tab01, tab02, tab03, tab04, tab05,
        tab06, tab07, tab08, tab09, tab10,
        tab11, tab12, tab13, tab14, tab15,
        tab16, tab17, tab18, tab19, tab20,
        tab21, tab22, tab23, tab24, tab25,
        tab26, tab27, tab28, tab29, tab30
    WHERE
        tab01.fd1=tab02.fd1
        AND tab02.fd1=tab03.fd2
        AND tab03.fd1=tab04.fd2
        AND tab04.fd2=tab05.fd1
        AND tab05.fd2=tab06.fd1
        AND tab06.fd2=tab07.fd2
        AND tab07.fd1=tab08.fd1
        AND tab08.fd2=tab09.fd1
        AND tab09.fd1=tab10.fd2
        AND tab10.fd1=tab11.fd2
        AND tab11.fd2=tab12.fd1
        AND tab12.fd2=tab13.fd2
        AND tab13.fd1=tab14.fd1
        AND tab14.fd2=tab15.fd1
        AND tab15.fd1=tab16.fd2
        AND tab16.fd1=tab17.fd1
        AND tab17.fd2=tab18.fd2
```

```
AND tab18.fd1=tab19.fd1
AND tab19.fd2=tab20.fd2
AND tab20.fd1=tab21.fd1
AND tab21.fd2=tab22.fd2
AND tab22.fd2=tab23.fd1
AND tab23.fd1=tab24.fd2
AND tab24.fd2=tab25.fd2
AND tab25.fd1=tab26.fd2
AND tab26.fd1=tab27.fd2
AND tab27.fd2=tab28.fd1
AND tab28.fd2=tab29.fd1
AND tab29.fd2=tab30.fd2;
```

〈그림 4-3〉의 그래프는 optimizer_search_depth 옵션의 값을 1부터 5씩 증가시켜서 62까지 변화시켜가면서 30개 테이블을 조인하는 쿼리 문장의 실행 계획을 수립하는 데 걸린 시간을 밀리초 단위로 표시한 것이다.

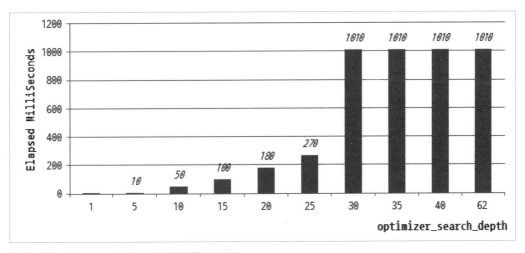

〈그림 4-3〉 optimizer_search_depth와 실행 계획 수립 시간

저자의 테스트에서 optimizer_search_depth가 1인 경우는 0.4 밀리초 정도 소요됐는데, 이 값은 오차가 클 수 있고 이 글의 설명하고자 하는 것은 상대적인 비교이므로 일부러 그래프에서는 생략했다. optimizer_search_depth가 증가하면서 쿼리의 실행 계획은 상당히 느려진다는 것을 확인할 수 있다. 또한 이 쿼리는 테이블 30개를 조인하는 것이어서 optimizer_search_depth가 30 이상인 경우는 성능 차이가 없다는 것도 확인할 수 있다.

만약 여러분이 가지고 있는 시스템에서 쿼리의 실행 계획 수립이 얼마나 빨리 처리되는지 확인하고자 한다면 MariaDB의 CPU 프로파일링 기능을 활용하면 된다.

마지막의 SHOW PROFILE CPU FOR QUERY 1 명령의 결과에 출력된 내용 중에서 "statistics"라고 적힌 항목에 소요된 시간이 쿼리의 실행 계획을 수립하는 데 걸린 시간이다. 이 예제에서는 0.024초가 소요됐다. MariaDB에서는 테이블의 통계 정보도 테이블에 저장돼 있기 때문에 처음 실행한 경우에는 통계 정보 테이블을 읽어야 하므로 성능이 조금 느리게 나올 수 있다. 동일한 SQL 문장을 여러 번 실행해서 프로파일 정보를 보면 아마도 대략적인 성능을 확인해볼 수 있을 것이다.

```
MariaDB> SET PROFILING=1;
MariaDB> SELECT * FROM tab_test WHERE fd=1;

MariaDB> SHOW PROFILES;
+----------+------------+---------------------------------+
| Query_ID | Duration   | Query                           |
+----------+------------+---------------------------------+
|        1 | 0.05178391 | SELECT * FROM tab_test WHERE fd=1 |
+----------+------------+---------------------------------+

MariaDB> SHOW PROFILE CPU FOR QUERY 1;
+----------------------+----------+----------+------------+
| Status               | Duration | CPU_user | CPU_system |
+----------------------+----------+----------+------------+
| starting             | 0.000092 | 0.000000 |   0.000000 |
| checking permissions | 0.000011 | 0.000000 |   0.000000 |
| Opening tables       | 0.009897 | 0.000000 |   0.000000 |
| System lock          | 0.000012 | 0.000000 |   0.000000 |
| Table lock           | 0.000015 | 0.000000 |   0.000000 |
| Opening tables       | 0.017150 | 0.000000 |   0.000000 |
| init                 | 0.000048 | 0.000000 |   0.000000 |
| optimizing           | 0.000027 | 0.000000 |   0.000000 |
| statistics           | 0.024340 | 0.015600 |   0.000000 |
| preparing            | 0.000046 | 0.000000 |   0.000000 |
| executing            | 0.000022 | 0.000000 |   0.000000 |
| query end            | 0.000012 | 0.000000 |   0.000000 |
| closing tables       | 0.000012 | 0.000000 |   0.000000 |
| freeing items        | 0.000011 | 0.000000 |   0.000000 |
| updating status      | 0.000069 | 0.000000 |   0.000000 |
| cleaning up          | 0.000020 | 0.000000 |   0.000000 |
+----------------------+----------+----------+------------+
```

그리고 SHOW PROFILE CPU 명령은 리눅스에서는 내부적으로 rusage()라는 시스템 콜을 이용한다. 그런데 rusage()라는 시스템 콜은 스레드 단위가 아니라 프로세스 단위로 작동한다. 그래서 SHOW PROFILE CPU 명령의 결과는 동일 프로세스의 다른 스레드의 간섭도 있을 수 있다라는 것을 잊지 말자.

이 쿼리를 실제 서비스에서 사용한다고 가정해보자. 쿼리의 실행 계획 수립에만 대략 1초가 걸린다. 그렇다면 실제 쿼리의 결과를 가져오기 위해 디스크나 메모리의 데이터를 가져와서 연산하는 작업까지 가정한다면 쿼리의 실행 성능은 많이 떨어질 것이다. 그리고 또 하나 더 주의해야 할 것은 MariaDB와 MySQL에서는 쿼리의 실행 계획이 거의 재사용되지는 것이다. 그렇다면 매번 쿼리를 실행할 때마다 쿼리의 실행 계획을 다시 산출해야 하는데 그럴 때마다 1초씩 시간이 걸린다는 것을 생각하면 사실 이런 쿼리는 빈번히 실행하기는 상당히 부담스러울 것이다.

〈그림 4-3〉의 테스트에서는 optimizer_prune_level은 1로 설정해서 Heuristic 검색 알고리즘이 사용되게 한 상태에서 optimizer_search_depth만 1 ~ 62까지 조정해가면서 성능을 확인해 본 것이다. 즉, Greedy 검색 알고리즘에서 최적화 대상 테이블의 개수를 1개에서 62개까지 변경해가면서 성능을 비교해본 것이다. 만약 30개의 테이블을 조인하는 이 쿼리에서 optimizer_prune_level을 0으로 설정하고 optimizer_search_depth를 63으로 설정해서 Exhaustive 검색 알고리즘이 사용되게 한다면 어떻게 될까? 30개의 테이블이 조인되므로 비교 판단해야 하는 조인 계획은 전체 30!(팩토리얼)이다. 30!이란 수치가 얼마나 큰 값인지 계산기를 한번 두드려보자. optimizer_prune_level이 0으로 설정되고 Exhaustive 검색 알고리즘이 사용되면 테이블이 10개만 넘어서도 쿼리의 실행 계획조차 확인이 불가능할 것이다.

하나의 쿼리에서 조인하는 테이블의 개수가 4~5개 미만이라면 Exhaustive 검색 알고리즘을 사용하고, 4~5개 이상이라면 Greedy 검색 알고리즘을 사용하는 것이 좋다고 언급하는 블로그도 있다. 하지만 매번 쿼리를 실행할 때마다 시스템 설정(optimizer_search_depth와 optimizer_prune_level 시스템 변수는 전역이면서 동시에 세션 변수이므로 특정 커넥션 단위로 조정할 수 있음)을 바꿔가면서 쿼리를 실행한다는 것은 사실 제어하기가 어렵다. 쿼리의 실행에서 아주 특별한 문제가 발생하는 것이 아니라면 optimizer_prune_level은 1로 설정하고 optimizer_search_depth는 3 ~ 10 이내의 값으로 설정해서 Greedy 검색 알고리즘(MariaDB와 MySQL 서버의 기본 설정)을 사용하는 것이 좋다.

만약 테이블의 조인이 아주 많아서 쿼리의 실행 계획 수립 자체가 부담된다면 optimizer_search_depth를 5 정도로 낮춰서 MariaDB 서버를 운용해보는 것을 고려해보자. 쿼리를 적절히 튜닝할 수 있다면 먼저 최적의 실행 계획을 확인한 다음 STRAIGHT_JOIN과 같은 옵티마이저 힌트를 이용해 조인의 순서를 강제적으로 옵티마이저에게 적용하는 것도 방법일 수 있다.

4.2 예제 데이터 준비

실행 계획을 자세히 살펴보기 전에 이 책의 예제로 사용된 쿼리들을 실행해볼 수 있는 데이터를 준비해야 한다. 만약 데이터의 내용이 저자가 테스트했던 것과 다르다면 책의 예제로 사용된 결과와 다른 결과를 얻게 될 것이다. 또한 같은 데이터가 적재되었다고 해도 테이블의 통계 정보가 다르다면 마찬가지로 쿼리의 실행 계획이 달라지게 될 것이다.

4.2.1 예제 데이터 적재

이 책에서 소개하는 쿼리 문장이나 실행 계획들은 대부분 다음 URL의 사이트에서 제공하는 테스트용 employees 데이터베이스를 기반으로 준비된 것들이다.

https://launchpad.net/test-db/

하지만 위 사이트의 테스트 데이터베이스는 저자가 생각하는 이상적인 구조는 아니었으며, 테스트용 쿼리를 위해서 변경이나 추가가 필요한 것들도 조금 있었다. 그래서 위 사이트의 employees 데이터베이스의 데이터 파일과 조금 변경을 위한 내용까지 별도의 SQL 파일로 만들어서 저자의 카페에 업로드해두었다. 만약 예제 데이터 파일의 원본이 필요하다면 위의 론치패드 사이트에서 다운로드하도록 하자.

먼저 데이터 파일을 MariaDB 서버에 적재하기 전에 MariaDB 서버의 설정을 저자가 테스트했던 환경과 동일하게 맞추는 작업이 필요할 것이다. 저자가 테스트했던 환경과 다른 환경에서 이 책의 예제들을 실습해본다면 저자가 언급했던 실행 계획이나 최적화 내용이 표시되지 않을 수도 있다. MariaDB 서버의 설정 파일(my.cnf 또는 my.ini)에서 실행 계획에 영향을 미칠 수 있는 설정 내용들에 대해서는 다음과 같이 동일하게 적용하도록 하자. MariaDB 10.0.9 이전 버전인 경우에는 XtraDB 스토리지 엔진을 사용하도록 ignore_builtin_innodb와 plugin-load 옵션도 같이 설정하도록 하자.

```
## 리눅스 계열의 운영체제인 경우 (윈도우 제외)
## 오라클 InnoDB를 무시하고, Percona XtraDB 스토리지 엔진 사용
ignore_builtin_innodb = ON
plugin-load = ha_xtradb.so

innodb_stats_auto_recalc=0
use_stat_tables='preferably'
innodb_stats_transient_sample_pages=8
```

```
innodb_stats_persistent_sample_pages=20
innodb_stats_persistent=1
innodb_stats_on_metadata=0
innodb_page_size=16K
innodb_file_per_table=1
innodb_file_format=Antelope
innodb_buffer_pool_size=64MB
```

설정 파일의 변경이 완료되었다면 MariaDB 서버를 한번 재시작하도록 하자.

이제 저자의 카페(http://cafe.naver.com/realmysql)에서 자료실 메뉴의 첫 번째 게시물을 클릭하면 예제 데이터베이스를 위한 파일을 내려받을 수 있다. 파일을 정상적으로 내려받았다면 다음과 같이 간단하게 MariaDB 서버로 데이터를 적재할 수 있다.

- 첨부된 파일을 내려받은 후, 압축 해제한다
- 윈도우나 리눅스의 커맨드 창(리눅스 셸)에서 압축 해제한 디렉터리로 이동한다
- 그 디렉터리에서 mysql 클라이언트를 기동한다.
- 다음 명령을 실행하여 예제 데이터를 로드한다.

```
MariaDB> SOURCE employees.sql
```

- 다음 명령을 실행해 불필요한 인덱스 생성 및 테스트용 새로운 테이블과 인덱스를 생성한다.

```
MariaDB> SOURCE employees_schema_modification.sql
```

위 과정에서 4번의 작업은 론치패드의 사이트(https://launchpad.net/test-db/)에서 제공하는 예제 데이터를 사용해서 employees라는 데이터베이스를 생성하고 로드하는 것이며, 5번의 작업에서는 론치패드 사이트에서 제공하는 데이터 모델에서 불필요한 외래 키를 삭제하고 인덱스와 테이블을 추가하는 작업을 수행한다.

5번 과정까지 모두 완료되면 MariaDB 클라이언트 프로그램으로 해당 데이터베이스에 로그인하여 테이블의 목록이 다음과 같은지 확인해 보자.

```
MariaDB> USE employees;

MariaDB> SHOW TABLES;
+---------------------+
| Tables_in_employees |
+---------------------+
| departments         |
| dept_emp            |
| dept_manager        |
| employee_name       |
| employees           |
| salaries            |
| tb_dual             |
| titles              |
+---------------------+
```

4.2.2 통계 정보 수집

MariaDB에 데이터를 적재하면서 자동으로 예제 데이터베이스 테이블의 통계 정보가 적용되지는 않았을 것이다. MariaDB 10.0 버전부터는 통계 정보의 내용이 많이 변경되어서 MariaDB 5.x 버전처럼 자동으로 통계 정보가 사용자의 의도와 무관하게 변경되지는 않도록 설정했기 때문이다.

MariaDB 클라이언트 프로그램을 실행하여 통계 정보를 수집하도록 다음과 같이 ANALYZE 명령을 실행하자.

```
MariaDB> USE employees;

MariaDB> ANALYZE TABLE departments   ;
MariaDB> ANALYZE TABLE dept_emp      ;
MariaDB> ANALYZE TABLE dept_manager ;
MariaDB> ANALYZE TABLE employee_name;
MariaDB> ANALYZE TABLE employees     ;
MariaDB> ANALYZE TABLE salaries      ;
MariaDB> ANALYZE TABLE tb_dual       ;
MariaDB> ANALYZE TABLE titles        ;
```

통계 정보를 저장하는 테이블이 미리 준비되지 못했다거나 잘못 삭제된 경우에는 ANALYZE 명령으로 통계 정보를 수집하는 동안 다음과 같은 에러 메시지가 출력될 수도 있다.

```
MariaDB [employees]> analyze table employees;
+---------------------+---------+----------+------------------------------------------+
| Table               | Op      | Msg_type | Msg_text                                 |
+---------------------+---------+----------+------------------------------------------+
| employees.employees | analyze | Error    | Table 'mysql.table_stats' doesn't exist |
| employees.employees | analyze | status   | OK                                       |
+---------------------+---------+----------+------------------------------------------+
```

MariaDB 클라이언트를 종료하고 mysql_upgrade 명령을 한번 실행해서 통계 정보가 저장되는 테이블을 재생성하자. "--force" 옵션은 한번 이미 업그레이드된 데이터베이스라 하더라도 강제로 업그레이드와 기본 테이블들을 생성하도록 하는 옵션이다.

```
shell> mysql_upgrade --force -h127.0.0.1 -P3306 -uroot -p
```

<table>
<tr><td>주의</td></tr>
</table>

MariaDB와 MySQL에서는 optimizer_switch라는 시스템 설정 변수를 이용해서 각 패턴의 쿼리들이 최적화될 때 어떤 옵션들을 적용할지 또는 적용하지 않을지를 제어할 수 있다. optimizer_switch 시스템 변수에 설정된 값에 따라서 쿼리의 실행 계획은 상당히 많이 달라질 수 있다. 우선은 이 책에서 설명한 실행 계획에 관련된 내용을 읽으면서 실행 계획에 조금 익숙해진 후에 최적화 스위치의 내용과 그에 따라서 달라지는 실행 계획의 내용을 살펴보도록 하자.

이 책의 실습에서 사용된 optimizer_switch 옵션의 내용은 다음과 같으며, 이 값은 MariaDB 10.0.6 버전에서 모두 기본으로 설정된 값들이다. 이 값의 내용에 따라서 실행 계획이 다르게 출력될 수 있으므로 이 책의 내용과 동일한 실행 계획 결과를 보고자 한다면 optimizer_switch 옵션의 값이 다음과 같이 설정되어 있는지를 확인하도록 하자.[4]

```
index_merge=on
index_merge_union=on
index_merge_sort_union=on
index_merge_intersection=on
index_merge_sort_intersection=off
engine_condition_pushdown=off
index_condition_pushdown=on
derived_merge=on
derived_with_keys=on
firstmatch=on
loosescan=on
materialization=on
```

---

2 만약 optimizer_switch의 변경이 필요한 예제에서는 별도로 optimizer_switch 옵션을 변경하는 명령을 같이 명시해두었다.

```
in_to_exists=on
semijoin=on
partial_match_rowid_merge=on
partial_match_table_scan=on
subquery_cache=on
mrr=off
mrr_cost_based=off
mrr_sort_keys=off
outer_join_with_cache=on
semijoin_with_cache=on
join_cache_incremental=on
join_cache_hashed=on
join_cache_bka=on
optimize_join_buffer_size=off
table_elimination=on
extended_keys=off
exists_to_in=off
```

만약 optimizer_switch 아이템을 하나하나 직접 확인하는 것이 귀찮다면 다음과 같이 optimizer_switch의 모든 아이템을 기본 모드로 설정할 수 있다. 하지만 다음의 명령으로 적용된 내용은 MariaDB 서버가 재시작되면 사라질 것이다. 우선 이 책의 예제를 실행할 때에는 MariaDB 서버의 설정 파일(my.cnf나 my.ini)에 optimizer_switch를 명시적으로 변경하는 설정을 완전히 제거하도록 하자.

```
MariaDB> SET GLOBAL optimizer_switch=DEFAULT;
MariaDB> SET SESSION optimizer_switch=DEFAULT;
```

다른 시스템 변수와는 달리 optimizer_switch 옵션은 아이템 하나씩 변경할 수 있다. optimizer_switch 시스템 변수 하나에 다음과 같이 여러 개의 설정 값이 모두 저장되어 있는데, 이를 하나씩 변경해 주어도 다른 아이템의 값은 영향을 받지 않는다.

```
MariaDB> SHOW GLOBAL VARIABLES LIKE 'optimizer_switch'\G
*************************** 1. row ***************************
Variable_name: optimizer_switch
        Value: index_merge=off,index_merge_union=on,index_merge_sort_union=on,...

MariaDB> SET GLOBAL optimizer_switch='index_merge=on';

MariaDB> SHOW GLOBAL VARIABLES LIKE 'optimizer_switch'\G
*************************** 1. row ***************************
Variable_name: optimizer_switch
        Value: index_merge=on,index_merge_union=on,index_merge_sort_union=on,...
```

4.3 실행 계획 분석 　『 MariaDB 』　『 MySQL 』

MariaDB에서 쿼리의 실행 계획을 확인하려면 EXPLAIN 명령을 사용하면 된다. 아무런 옵션 없이 EXPLAIN 명령만 사용하면 기본적인 쿼리 실행 계획만 보인다. 하지만 EXPLAIN EXTENDED나 EXPLAIN PARTITIONS 명령을 이용해 더 상세한 실행 계획을 확인할 수도 있다. 추가 옵션을 사용하는 경우에는 기본적인 실행 계획에 추가로 정보가 1개씩 더 표시된다. 우선 기본 실행 계획을 제대로 이해할 수 있어야 하므로 옵션이 없는 "EXPLAIN" 명령으로 조회하는 실행 계획을 자세히 살펴보겠다. 그리고 마지막에 PARTITIONS나 EXTENDED 옵션의 실행 계획을 확인하는 방법을 설명하겠다.

EXPLAIN 명령은 다음과 같이 EXPLAIN 키워드 뒤에 확인하고 싶은 SELECT 쿼리 문장을 적으면 된다. 실행 계획의 결과로 여러 가지 정보가 표 형태로 표시된다. 실행계획 중에는 possible_keys 항목과 같이 내용은 길지만 거의 쓸모가 없는 항목도 있다. 이 책에서는 실행 계획의 여러 결과 중 꼭 필요한 경우를 제외하고는 모두 생략하고 표시했다. 또한 실행 계획에서 NULL 값이 출력되는 부분은 모두 공백으로 표시했다.

```
EXPLAIN
SELECT e.emp_no, e.first_name, s.from_date, s.salary
FROM employees e, salaries s
WHERE e.emp_no=s.emp_no
LIMIT 10;
```

EXPLAIN을 실행하면 쿼리 문장의 특성에 따라 표 형태로 된 1줄 이상의 결과가 표시된다. 표의 각 라인(레코드)은 쿼리 문장에서 사용된 테이블(서브 쿼리로 임시 테이블을 생성한 경우 그 임시 테이블까지 포함)의 개수만큼 출력된다. 실행 순서는 위에서 아래로 순서대로 표시된다(UNION이나 상관 서브 쿼리와 같은 경우 순서대로 표시되지 않을 수도 있다). 출력된 실행 계획에서 위쪽에 출력된 결과일수록(id 칼럼의 값이 작을수록) 쿼리의 바깥(Outer) 부분이거나 먼저 접근한 테이블이고, 아래쪽에 출력된 결과일수록(id 칼럼의 값이 클수록) 쿼리의 안쪽(Inner) 부분 또는 나중에 접근한 테이블에 해당된다. 하지만 쿼리 문장과 직접 비교해 가면서 실행 계획의 위쪽부터 테이블과 매칭해서 비교하는 편이 더 쉽게 이해될 것이다.

id	select_type	table	type	Key	key_len	ref	rows	Extra
1	SIMPLE	e	index	ix_firstname	44		300584	Using index
1	SIMPLE	s	ref	PRIMARY	4	employees.e.emp_no	4	

다른 DBMS와는 달리 MariaDB에서는 필요에 따라 실행 계획을 산출하기 위해 쿼리의 일부분을 직접 실행할 때도 있다. 때문에 쿼리 자체가 상당히 복잡하고 무거운 쿼리인 경우에는 실행 계획의 조회 또한 느려질 가능성이 있다.

이제부터는 실행 계획에 표시되는 각 칼럼이 어떤 것을 의미하는지, 그리고 각 칼럼에 어떤 값들이 출력될 수 있는지 하나씩 자세히 살펴보겠다.

4.3.1 id 칼럼

하나의 SELECT 문장은 다시 1개 이상의 하위(SUB) SELECT 문장을 포함할 수 있다. 다음 쿼리를 살펴보자.

```
SELECT ...
FROM (SELECT ... FROM tb_test1) tb1,
  tb_test2 tb2
WHERE tb1.id=tb2.id;
```

위의 쿼리 문장에 있는 각 SELECT를 다음과 같이 분리해서 생각해볼 수 있다. 이렇게 SELECT 키워드 단위로 구분한 것을 "단위(SELECT) 쿼리"라고 표현하겠다.

```
SELECT ... FROM tb_test1;
SELECT ... FROM tb1, tb_test2 tb2 WHERE tb1.id=tb2.id;
```

실행 계획에서 가장 왼쪽에 표시되는 id 칼럼은 단위 SELECT 쿼리별로 부여되는 식별자 값이다. 이 예제 쿼리의 경우 실행 계획에서 최소 2개의 id 값이 표시될 것이다.

만약 하나의 SELECT 문장 안에서 여러 개의 테이블을 조인하면 조인되는 테이블의 개수만큼 실행 계획 레코드가 출력되지만 같은 id가 부여된다. 다음 예제에서처럼 SELECT 문장은 하나인데 여러 개의 테이블이 조인되는 경우에는 id 값이 증가하지 않고 같은 id가 부여된다.

```
EXPLAIN
SELECT e.emp_no, e.first_name, s.from_date, s.salary
```

```
FROM employees e, salaries s
WHERE e.emp_no=s.emp_no
LIMIT 10;
```

id	select_type	table	type	key	key_len	ref	rows	Extra
1	SIMPLE	s	index	ix_salary	4	NULL	2844047	Using index
1	SIMPLE	e	eq_ref	PRIMARY	4	employees.s.emp_no	1	

반대로 다음 쿼리의 실행 계획에서는 쿼리 문장이 3개의 단위 SELECT 쿼리로 구성돼 있으므로 실행 계획의 각 레코드가 각기 다른 id를 지닌 것을 확인할 수 있다.

```
EXPLAIN
SELECT
( (SELECT COUNT(*) FROM employees) + (SELECT COUNT(*) FROM departments) ) AS total_count;
```

id	select_type	table	type	key	key_len	ref	rows	Extra
1	PRIMARY	NULL	NULL	NULL	NULL	NULL	NULL	No tables used
3	SUBQUERY	departments	index	PRIMARY	12	NULL	9	Using index
2	SUBQUERY	employees	index	ix_hiredate	3	NULL	300024	Using index

4.3.2 select_type 칼럼

각 단위 SELECT 쿼리가 어떤 타입의 쿼리인지 표시되는 칼럼이다. select_type 칼럼에 표시될 수 있는 값은 다음과 같다.

4.3.2.1 SIMPLE

UNION이나 서브 쿼리를 사용하지 않는 단순한 SELECT 쿼리인 경우, 해당 쿼리 문장의 select_type은 SIMPLE로 표시된다(쿼리에 조인이 포함된 경우에도 마찬가지다). 쿼리 문장이 아무리 복잡하더라도 실행 계획에서 select_type이 SIMPLE인 단위 쿼리는 반드시 하나만 존재한다. 일반적으로 제일 바깥 SELECT 쿼리의 select_type이 SIMPLE로 표시된다.

4.3.2.2 PRIMARY

UNION이나 서브 쿼리를 가지는 SELECT 쿼리의 실행 계획에서 가장 바깥쪽(Outer)에 있는 단위 쿼리는 select_type이 PRIMARY로 표시된다. SIMPLE과 마찬가지로 select_type이 PRIMARY인 단위 SELECT 쿼리는 하나만 존재하며, 쿼리의 제일 바깥 쪽에 있는 SELECT 단위 쿼리가 PRIMARY로 표시된다.

4.3.2.3 UNION

UNION으로 결합하는 단위 SELECT 쿼리 가운데 첫 번째를 제외한 두 번째 이후 단위 SELECT 쿼리의 select_type은 UNION으로 표시된다. UNION의 첫 번째 단위 SELECT는 select_type이 UNION이 아니라 UNION되는 쿼리 결과들을 모아서 저장하는 임시 테이블(DERIVED)이 select_type으로 표시된다.

```
EXPLAIN
SELECT * FROM (
  (SELECT emp_no FROM employees e1 LIMIT 10)
  UNION ALL
  (SELECT emp_no FROM employees e2 LIMIT 10)
  UNION ALL
  (SELECT emp_no FROM employees e3 LIMIT 10)
) tb;
```

위 쿼리의 실행 계획은 다음과 같다. UNION이 되는 단위 SELECT 쿼리 3개 중에서 첫 번째(e1 테이블)만 UNION이 아니고, 나머지 2개는 모두 UNION으로 표시돼 있다. 대신 UNION의 첫 번째 쿼리는 전체 UNION의 결과를 대표하는 select_type으로 설정됐다. 여기서는 세 개의 서브 쿼리로 조회된 결과를 UNION ALL로 결합해 임시 테이블을 만들어서 사용하고 있으므로 UNION ALL의 첫 번째 쿼리는 DERIVED라는 select_type을 갖는 것이다.

id	select_type	table	type	key	key_len	ref	rows	Extra
1	PRIMARY	⟨derived2⟩	ALL	NULL	NULL	NULL	30	
2	DERIVED	e1	index	ix_hiredate	3	NULL	300024	Using index
3	UNION	e2	index	ix_hiredate	3	NULL	300024	Using index
4	UNION	e3	index	ix_hiredate	3	NULL	300024	Using index
NULL	UNION RESULT	⟨union2,3,4⟩	ALL	NULL	NULL	NULL	NULL	

4.3.2.4 DEPENDENT UNION

DEPENDENT UNION 또한 UNION select_type과 같이 UNION이나 UNION ALL로 집합을 결합하는 쿼리에서 표시된다. 그리고 여기서 DEPENDENT는 UNION이나 UNION ALL로 결합된 단위 쿼리가 외부의 의해 영향을 받는 것을 의미한다. 다음의 예제 쿼리를 보면 두 개의 SELECT 쿼리가 UNION으로 결합됐으므로 select_type에 UNION이 표시된 것이다. IN 이하 서브 쿼리에서는 두개의 쿼리가 UNION으로 연결된 것을 확인할 수 있다. MariaDB에서는 IN(subquery) 형태의 쿼리는 기본 옵티마이저 모드에서는 IN 내부의 서브 쿼리가 먼저 처리되지 못하고 외부의 employees 테이블이 먼저 읽힌 다음 서브 쿼리가 실행되면서 employees 테이블의 칼럼 값이 서브 쿼리에 영향을 주게 된다. 이렇게 내부 쿼리가 외부의 값을 참조해서 처리될 때 DEPENDENT 키워드가 select_type에 표시된다.

```
EXPLAIN
SELECT *
FROM employees e1
WHERE e1.emp_no IN (
  SELECT e2.emp_no FROM employees e2 WHERE e2.first_name='Matt'
  UNION
  SELECT e3.emp_no FROM employees e3 WHERE e3.last_name='Matt'
);
```

결국 내부적으로는 UNION에 사용된 SELECT 쿼리의 WHERE 조건에 "e2.emp_no=e1.emp_no"와 "e3.emp_no=e1.emp_no"라는 조건이 자동으로 추가되어서 실행된다. 그래서 외부에 정의된 employees 테이블의 emp_no 칼럼이 서브쿼리에 사용되기 때문에 DEPENDENT UNION이 select_type에 표시된 것이다.

id	select_type	table	type	key	key_len	ref	rows	Extra
1	PRIMARY	e1	ALL	NULL	NULL	NULL	300024	Using where
2	DEPENDENT SUBQUERY	e2	eq_ref	PRIMARY	4	func	1	Using where
3	DEPENDENT UNION	e3	eq_ref	PRIMARY	4	func	1	Using where
NULL	UNION RESULT	⟨union2,3⟩	ALL	NULL	NULL	NULL	NULL	

하나의 단위 SELECT 쿼리가 다른 단위 SELECT를 포함하고 있으면 이를 서브 쿼리라고 표현한다. 이처럼 서브 쿼리가 사용된 경우에는 외부(Outer) 쿼리보다 서브 쿼리가 먼저 실행되는 것이 일반적이며, 대부분이 이 방식이 반대의 경우보다 빠르게 처리된다. 하지만 select_type에 "DEPENDENT" 키워드를 포함하는 서브 쿼리는 외부 쿼리에 의존적이므로 절대 외부 쿼리보다 먼저 실행될 수가 없다. 그래서 select_type에 "DEPENDENT" 키워드가 포함된 서버 쿼리는 비효율적인 경우가 많다.

4.3.2.5 UNION RESULT

UNION 결과를 담아두는 테이블을 의미한다. MariaDB에서 UNION ALL이나 UNION(DISTINCT) 쿼리는 모두 UNION의 결과를 임시 테이블로 생성하게 되는데, 실행 계획상에서 이 임시 테이블을 가리키는 라인의 select_type이 UNION RESULT다. UNION RESULT는 실제 쿼리에서 단위 쿼리가 아니기 때문에 별도로 id 값은 부여되지 않는다.

```
EXPLAIN
SELECT emp_no FROM salaries WHERE salary>100000
UNION ALL
SELECT emp_no FROM dept_emp WHERE from_date>'2001-01-01';
```

id	select_type	Table	Type	key	key_len	ref	rows	Extra
1	PRIMARY	salaries	range	ix_salary	4	NULL	193362	Using where; Using index
2	UNION	dept_emp	index	ix_fromdate	3	NULL	1	Using where; Using index
NULL	UNION RESULT	⟨union1,2⟩	ALL	NULL	NULL	NULL	NULL	

위 실행 계획의 마지막 "UNION RESULT" 라인의 table 칼럼은 "⟨union1,2⟩"로 표시돼 있는데, 이 것은 〈그림 4-4〉와 같이 id가 1번인 단위 쿼리의 조회 결과와 id가 2번인 단위 쿼리의 조회 결과를 UNION했다는 것을 의미한다.

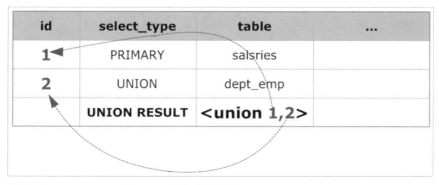

〈그림 4-4〉 UNION RESULT의 〈union N,M〉이 가리키는 것

4.3.2.6 SUBQUERY

일반적으로 서브 쿼리라고 하면 여러 가지를 통틀어서 이야기할 때가 많은데, 여기서 SUBQUERY라고 하는 것은 FROM 절 이외에서 사용되는 서브 쿼리만을 의미한다.

```
EXPLAIN
SELECT
  e.first_name,
  (SELECT COUNT(*) FROM dept_emp de, dept_manager dm WHERE dm.dept_no=de.dept_no) AS cnt
FROM employees e
WHERE e.emp_no=10001;
```

id	select_type	table	type	key	key_len	ref	rows	Extra
1	PRIMARY	e	const	PRIMARY	4	const	1	
2	SUBQUERY	de	index	PRIMARY	16	NULL	1	Using index
2	SUBQUERY	dm	ref	PRIMARY	12	employees.de.dept_no	1	Using index

MariaDB의 실행 계획에서 FROM 절에 사용된 서브 쿼리는 select_type이 DERIVED라고 표시되고, 그 밖의 위치에서 사용된 서브 쿼리는 전부 SUBQUERY라고 표시된다. 그리고 이 책이나 MariaDB 매뉴얼에서 사용하는 "파생 테이블"이라는 단어는 DERIVED와 같은 의미로 이해하면 된다.

4.3.2.7 DEPENDENT SUBQUERY

서브 쿼리가 바깥쪽(Outer) SELECT 쿼리에서 정의된 칼럼을 사용하는 경우를 DEPENDENT SUBQUERY라고 표현한다. 다음의 예제 쿼리를 한번 살펴보자.

```
EXPLAIN
SELECT e.first_name,
  (SELECT COUNT(*)
   FROM dept_emp de, dept_manager dm
   WHERE dm.dept_no=de.dept_no AND de.emp_no=e.emp_no) AS cnt
FROM employees e
WHERE e.first_name='Matt';
```

이럴 때는 안쪽(Inner)의 서브 쿼리 결과가 바깥쪽(Outer) SELECT 쿼리의 칼럼에 의존적이라서 DEPENDENT라는 키워드가 붙는다. 또한 DEPENDENT UNION과 같이 DEPENDENT SUBQUERY 또한 외부 쿼리가 먼저 수행된 후 내부 쿼리(서브 쿼리)가 실행돼야 하므로 (DEPENDENT 키워드가 없는) 일반 서브 쿼리보다는 처리 속도가 느릴 때가 많다.

id	select_type	table	type	key	key_len	ref	rows	Extra
1	PRIMARY	e	ALL	NULL	NULL	NULL	300024	Using where
2	DEPENDENT SUBQUERY	de	ref	ix_empno_fromdate	4	employees.e.emp_no	1	Using index
2	DEPENDENT SUBQUERY	dm	ref	PRIMARY	12	employees.de.dept_no	1	Using index

4.3.2.8 DERIVED

MySQL 5.5 버전이나 MariaDB 5.2 버전까지는 서브 쿼리가 FROM 절에 사용된 경우 항상 select_
type이 DERIVED인 실행 계획을 만든다. 하지만 MariaDB 5.3 버전과 MySQL 5.6 버전부터는 옵티
마이저 옵션(optimizer_switch)에 따라서 FROM절의 서브 쿼리를 외부 쿼리와 통합하는 형태의 최적
화가 수행되기도 한다. DERIVED는 단위 SELECT 쿼리의 실행 결과를 메모리나 디스크에 임시 테이
블을 생성하는 것을 의미한다. select_type이 DERIVED인 경우에 생성되는 임시 테이블을 파생 테이
블이라고도 한다. 또한 MySQL 5.5 버전과 MariaDB 5.2 버전까지는 파생 테이블에는 인덱스가 전혀
없으므로 다른 테이블과 조인할 때 성능상 불리할 때가 많다. 그러나 MariaDB 5.3 버전부터는 옵티마
이저 옵션에 따라 쿼리의 특성에 맞게 임시 테이블에도 인덱스를 추가해서 만들 수 있도록 최적화되었
다.

```
EXPLAIN
SELECT *
FROM
  (SELECT de.emp_no FROM dept_emp de GROUP BY de.emp_no) tb,
  employees e
WHERE e.emp_no=tb.emp_no;
```

사실 위의 쿼리는 FROM 절의 서브 쿼리를 간단히 제거하고 조인으로 처리할 수 있는 형태다. 실제로
다른 DBMS에서는 이렇게 쿼리를 재작성하는 형태의 최적화 기능도 제공한다. 하지만 다음 실행 계획
을 보면 알 수 있듯이 MariaDB에서는 FROM 절의 서브 쿼리를 임시 테이블로 만들어서 처리한다.

id	select_type	table	type	key	key_len	ref	rows	Extra
1	PRIMARY	⟨derived2⟩	ALL	NULL	NULL	NULL	2	
1	PRIMARY	e	eq_ref	PRIMARY	4	tb.emp_no	1	
2	DERIVED	de	index	ix_empno_fromdate	7	NULL	1	Using index

MySQL 5.0 버전부터 조인 쿼리에 대한 최적화는 많이 성숙된 상태이다. 그래서 파생 테이블에 대한 최적화가 부족한 버전의 MySQL이나 MariaDB를 사용 중일 경우 가능하다면 DERIVED 형태의 실행 계획을 조인으로 해결할 수 있게 바꿔주는 것이 좋다. MariaDB 10.0 버전부터는 FROM 절의 서브 쿼리에 대한 최적화도 많이 개선되어서, 가능하다면 불필요한 서브 쿼리는 조인으로 쿼리를 재작성해서 처리하려고 할 것이다. 하지만 여전히 옵티마이저가 처리할 수 있는 것은 한계가 있으므로 최적의 쿼리를 작성하는 것은 중요하다.

> **주의** 쿼리를 튜닝하기 위해 실행 계획을 확인할 때 가장 먼저 select_type 칼럼의 값이 DERIVED인 것이 있는지 확인해야 한다. 다른 방법이 없어서 서브 쿼리를 사용하는 것은 피할 수 없다. 하지만 조인으로 해결할 수 있는 경우라면 서브 쿼리보다는 조인을 사용할 것을 강력히 권장한다. 실제로 기능을 조금씩 단계적으로 추가하는 형태로 쿼리를 개발한다. 이러한 개발 과정 때문에 대부분의 쿼리가 조인이 아니라 서브 쿼리 형태로 작성되는 것이다. 물론 이런 절차로 개발하는 것이 생산성은 높겠지만 쿼리의 성능은 더 떨어진다. 쿼리를 서브 쿼리 형태로 작성하는 것이 편하다면 반드시 마지막에는 서브 쿼리를 조인으로 풀어서 고쳐 쓰는 습관을 들이자. 그러면 어느 순간에는 서브 쿼리로 작성하는 단계 없이 바로 조인으로 복잡한 쿼리를 개발할 수 있을 것이다.

4.3.2.9 UNCACHEABLE SUBQUERY

하나의 쿼리 문장에서 서브 쿼리가 하나만 있더라도 실제 그 서브 쿼리가 한 번만 실행되는 것은 아니다. 그런데 조건이 똑같은 서브 쿼리가 실행될 때는 다시 실행하지 않고 이전의 실행 결과를 그대로 사용할 수 있게 서브 쿼리의 결과를 내부적인 캐시 공간에 담아둔다. 여기서 언급하는 서브 쿼리 캐시는 쿼리 캐시나 파생 테이블(DERIVED)과는 전혀 무관한 기능이므로 혼동하지 않도록 주의하자. 간단히 SUBQUERY와 DEPENDENT SUBQUERY가 캐시를 사용하는 방법을 비교해 보자.

- SUBQUERY는 바깥쪽(Outer)의 영향을 받지 않으므로 처음 한 번만 실행해서 그 결과를 캐시하고 필요할 때 캐시된 결과를 이용한다.
- DEPENDENT SUBQUERY는 의존하는 바깥쪽(Outer) 쿼리의 칼럼의 값 단위로 캐시해두고 사용한다.

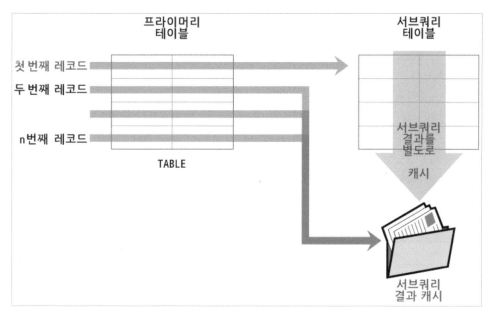

〈그림 4-5〉 SUBQUERY와 DEPENDENT SUBQUERY의 결과 캐시

〈그림 4-5〉는 select_type이 SUBQUERY인 경우 캐시를 사용하는 방법을 표현한 것이다. 이 그림에 서는 캐시가 처음 한 번만 생성된다는 것을 알 수 있다. 하지만 DEPENDENT SUBQUERY는 서브 쿼 리 결과가 딱 한 번만 캐시되는 것이 아니라 외부(Outer) 쿼리의 값 단위로 캐시가 만들어지는(즉, 위 의 그림이 차례대로 반복되는 구조) 방식으로 처리된다.

select_type이 SUBQUERY인 경우와 "UNCACHEABLE SUBQUERY"는 이 캐시를 사용할 수 있는 냐 없느냐에 차이가 있다. 서브 쿼리에 포함된 요소에 의해 캐시 자체가 불가능할 수가 있는데, 이러면 select_type이 UNCACHEABLE SUBQUERY로 표시된다. 캐시를 사용하지 못하도록 하는 요소로는 대표적으로 다음과 같은 것들이 있다.

- 사용자 변수가 서브 쿼리에 사용된 경우

- NOT-DETERMINISTIC 속성의 스토어드 루틴이 서브 쿼리 내에 사용된 경우
  Real MySQL 서적의 11장 "스토어드 루틴"을 참조하자.

- UUID( )나 RAND( )와 같이 결과값이 호출할 때마다 달라지는 함수가 서브 쿼리에 사용된 경우

다음은 사용자 변수(@status)가 사용된 쿼리 예제다. 이 경우 WHERE 절에 사용된 단위 쿼리의 select_type은 UNCACHEABLE SUBQUERY로 표시되는 것을 확인할 수 있다.

```
EXPLAIN
SELECT *
FROM employees e
WHERE e.emp_no = (
        SELECT @status FROM dept_emp de WHERE de.dept_no='d005'
);
```

id	select_type	table	type	key	key_len	ref	rows	Extra
1	PRIMARY	e	const	PRIMARY	4	const	1	Using where
2	UNCACHEABLE SUBQUERY	de	ref	PRIMARY	12	const	1	Using where; Using index

4.3.2.10 UNCACHEABLE UNION

이미 UNION과 UNCACHEABLE에 대해서는 충분히 설명했으므로 기본적인 의미는 쉽게 이해했을 것이다. UNCACHEABLE UNION이란 이 두 개의 키워드의 속성이 혼합된 select_type을 의미한다. UNCACHEABLE UNION은 MariaDB 5.0에서는 표시되지 않으며, MariaDB 5.1부터 추가된 select_type이다.

4.3.2.11 MATERIALIZED

MariaDB 5.3 버전과 MySQL 5.6 버전부터 도입된 select_type으로, 주로 FROM 절이나 IN(subquery) 형태의 쿼리에 사용된 서브 쿼리의 최적화를 위해서 사용된다. 다음 쿼리는 급여가 100보다 크고 1000보다 적은 직원들의 정보를 모두 가져오는 쿼리이다.

```
EXPLAIN
SELECT *
FROM employees e
WHERE e.emp_no IN (SELECT emp_no FROM salaries WHERE salary BETWEEN 100 AND 1000);
```

MySQL 5.6이나 MariaDB 5.2 버전까지는 employees 테이블을 읽어서 매 employees 테이블의 레코드마다 salaries 테이블을 읽는 서브 쿼리가 실행되는 형태로 처리되었다. 하지만 MariaDB 5.3 버전부터는 서브 쿼리의 내용을 임시 테이블로 구체화(Materialization)한 후, 임시 테이블과 employees 테이블을 조인하는 형태로 최적화되어서 처리하게 된다. 다음은 위 예제 쿼리의 실행 계획이다. 서브 쿼리 부분(실행 계획에서 id=2인 레코드)이 먼저 처리되어서 임시 테이블로 구체화되었다는 것을 select_type의 MATERIALIZED 키워드로 알 수 있다.

id	select_type	table	type	Key	key_len	Ref	rows	Extra
1	PRIMARY	⟨subquery2⟩	ALL	NULL	NULL	NULL	1	
1	PRIMARY	e	eq_ref	PRIMARY	4	salaries.emp_no	1	
2	MATERIALIZED	salaries	range	ix_salary	4	NULL	1	Using where; Using index

IN(subquery)나 FROM 절에 사용된 서브 쿼리에 대한 최적화는 나중에 옵티마이저 스위치 옵션에서 자세히 다시 살펴보도록 하겠다. 우선은 select_type에 사용된 MATERIALIZED 키워드는 DERIVED와 비슷하게 쿼리의 내용을 임시 테이블로 생성했다는 것 정도로 이해해두도록 하자.

4.3.2.12 INSERT

MariaDB 10.0.5부터는 INSERT 문장과 UPDATE 그리고 DELETE 문장에 대해서도 실행 계획을 조회할 수 있게 되었다. MariaDB 5.5와 그 이전의 버전에서는 UPDATE 문장이나 DELETE 문장에 대한 실행 계획을 조회하기 위해서 UPDATE 문장을 SELECT 문장으로 변경해서 실행 계획을 조회했었으나, 사실 이는 실제와는 거리감이 조금 있었다. 또한 조인을 이용하는 UPDATE나 DELETE 문장의 경우에는 이 방법마저도 쉽지 않았다.

INSERT 문장의 실행 계획인 경우에는 select_type만 INSERT라고 출력되고, 실행 계획의 나머지 부분은 SELECT 쿼리 문장과 거의 비슷하게 출력된다.

```
EXPLAIN
INSERT INTO employees VALUES (1, '2014-01-01', 'Matt', 'Lee', 'M', '2014-01-02');
```

순수한 INSERT 문장이 실행될 때는 특별히 테이블의 접근 방법이나 인덱스 사용 등에 대한 내용을 볼 필요가 거의 없다.

id	select_type	table	type	key	key_len	ref	rows	Extra
1	INSERT	employees	ALL	NULL	NULL	NULL	NULL	NULL

하지만 INSERT INTO .. SELECT ..와 같이 조금 복잡한 문장의 실행 계획을 조회하면 INSERT 키 워드는 없어지고 SELECT 쿼리의 실행 계획을 조회할 때와 같이 SIMPLE 등의 키워드가 select_type 에 출력될 것이다. employees 테이블과 departments 테이블을 조인한 결과를 dept_emp 테이블에 INSERT하는 예제의 실행 계획을 한번 살펴보자.

id	select_type	table	type	key	key_len	ref	rows	Extra
1	SIMPLE	departments	index	PRIMARY	12	NULL	9	Using index
1	SIMPLE	employees	index	ix_hiredate	3	NULL	300024	Using index; Using join buffer (flat, BNL join)

INSERT 문장의 실행 계획을 조회한 결과이지만 select_type 필드에서 INSERT라는 키워드는 사라지 고 SELECT 쿼리의 실행 계획을 조회할 때와 같이 SIMPLE이라는 키워드가 출력되었다. UPDATE 문 장이나 DELETE 문장의 경우에는 어떻게 출력될까? 간단한 UPDATE 문장 하나의 실행 계획을 살펴 보자.

```
EXPLAIN
UPDATE employees SET gender='F' WHERE first_name='Matt';
```

UPDATE 문장은 실제 업데이트해야 할 대상 레코드를 찾는 작업이 필요하기 때문에 어떤 인덱스를 어 떻게 읽었는지와 같은 조금 상세한 정보들이 출력되었다. 하지만 select_type은 UPDATE가 아니라 SIMPLE이라고 출력되었다.

id	select_type	table	type	key	key_len	ref	rows	Extra
1	SIMPLE	employees	range	ix_firstname	44	NULL	233	Using where

버그인지는 모르겠으나 사실 select_type이 UPDATE라고 출력되든 아니든 별로 중요치 않다. INSERT나 UPDATE 그리고 DELETE 문장에 대해서 실행 계획을 조회할 수 있게 되었다는 것 자체로도 많은 도움이 될 듯하다.

4.3.3 table 칼럼

MariaDB의 실행 계획은 단위 SELECT 쿼리 기준이 아니라 테이블 기준으로 표시된다. 만약 테이블의 이름에 별칭이 부여된 경우에는 별칭이 표시된다. 다음 예제 쿼리와 같이 별도의 테이블을 사용하지 않는 SELECT 쿼리인 경우에는 table 칼럼에 NULL이 표시된다.

```
EXPLAIN SELECT NOW( );
EXPLAIN SELECT NOW( ) FROM DUAL;
```

id	select_type	table	type	key	key_len	ref	rows	Extra
1	SIMPLE	NULL						No tables used

> **참고** 일부 DBMS에서는 SELECT 문장이 반드시 FROM 절을 가져야 하는 제약이 있다. 이를 위해 DUAL이라는 스칼라(칼럼 1개짜리 레코드 1개를 가지는) 값을 가지는 테이블을 사용하곤 하는데, MariaDB에서는 FROM 절이 없어도 쿼리 실행에 특별히 문제가 되지는 않는다. 하지만 다른 DBMS와의 호환을 위해 "FROM DUAL"로 사용해도 문제없이 실행된다. 실제 MariaDB 서버에 DUAL이라는 테이블이 없어도 MariaDB 서버는 마치 DUAL이라는 테이블이 존재하는 것처럼 처리해준다. 위 예제에서 두 번째 쿼리의 "FROM DUAL"은 없어도 무방하다. 즉, 첫 번째 쿼리와 두 번째 쿼리는 같은 쿼리다.

Table 칼럼에 〈derived N〉 또는 〈union M,N〉과 같이 "〈〉"로 둘러싸인 이름이 명시되는 경우가 많은데, 이 테이블은 임시 테이블을 의미한다. 또한 "〈〉" 안에 항상 표시되는 숫자는 단위 SELECT 쿼리의 id를 지칭한다. 다음 실행 계획을 한번 살펴보자.

id	select_type	table	type	Key	key_len	ref	rows	Extra
1	PRIMARY	〈derived2〉	ALL				10420	
1	PRIMARY	e	eq_ref	PRIMARY	4	de1.emp_no	1	
2	DERIVED	dept_emp	range	ix_fromdate	3		20550	

위의 예에서 첫 번째 라인의 table 칼럼의 값이 〈derived2〉인데, 이것은 단위 SELECT 쿼리의 아이디가 2번인 실행 계획으로부터 만들어진 파생 테이블을 가리킨다. 단위 SELECT 쿼리의 id 2번(실행 계획의 최하위 라인)은 dept_emp 테이블로부터 SELECT된 결과가 저장된 파생 테이블이라는 점을 알 수 있다. 〈그림 4-6〉은 실행 계획의 table 칼럼에 표시된 정보를 해석하는 방법을 보여준다.

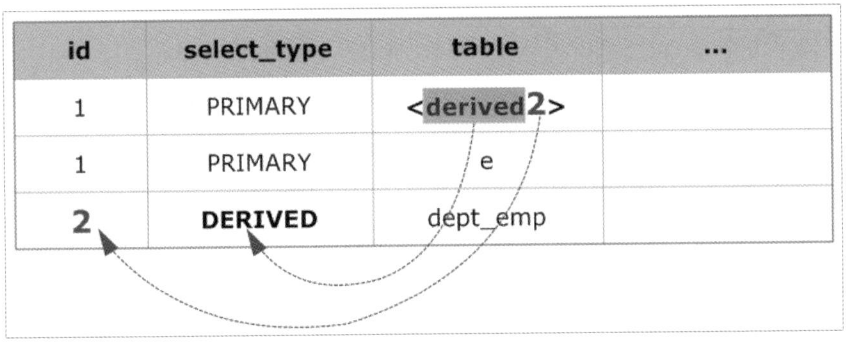

id	select_type	table	...
1	PRIMARY	<derived2>	
1	PRIMARY	e	
2	**DERIVED**	dept_emp	

〈그림 4-6〉 〈derived N〉의 의미

지금까지 실행 계획의 id 칼럼과 select_type 그리고 table 칼럼을 살펴봤다. 이 3개의 칼럼은 실행 계획의 각 라인에 명시된 테이블이 어떤 순서로 실행되는지를 판단하는 근거를 표시해준다. 그러면 이 3개의 칼럼만으로 위의 실행 계획을 분석해 보자.

① 첫 번째 라인의 테이블이 〈derived2〉라는 것으로 보아 이 라인보다 쿼리의 id가 2번인 라인이 먼저 실행되고 그 결과가 파생 테이블로 준비돼야 한다는 것을 알 수 있다.

② 세 번째 라인의 쿼리 id 2번을 보면, select_type 칼럼의 값이 DERIVED로 표시돼 있다. 즉, 이 라인은 table 칼럼에 표시된 dept_emp 테이블을 읽어서 파생 테이블을 생성하는 것을 알 수 있다.

③ 세 번째 라인의 분석이 끝났으므로 다시 실행 계획의 첫 번째 라인으로 돌아가자.

④ 첫 번째 라인과 두 번째 라인은 같은 id 값을 가지고 있는 것으로 봐서 2개 테이블(첫 번째 라인의 〈derived2〉와 두 번째 라인의 e 테이블)이 조인되는 쿼리라는 사실을 알 수 있다. 그런데 〈derived2〉 테이블이 e 테이블보다 먼저(윗 라인에) 표시됐기 때문에 〈derived2〉가 드라이빙 테이블이 되고, e 테이블이 드리븐 테이블이 된다는 것을 알 수 있다. 즉, 〈derived2〉 테이블을 먼저 읽어서 e 테이블로 조인을 실행했다는 것을 알 수 있다.

이제 MariaDB에서 쿼리의 실행 계획을 어떤 순서를 읽는지 대략 파악됐을 것이다. 참고로 방금 분석해 본 실행 계획의 실제 쿼리는 다음과 같다.

```
SELECT *
FROM
    (SELECT de.emp_no FROM dept_emp de GROUP BY de.emp_no) tb,
    employees e
WHERE e.emp_no=tb.emp_no;
```

MariaDB 10.0부터는 서브 쿼리에 대한 최적화가 많이 보완되었는데, 이미 select_type 필드의 값을 설명하면서 MATERIALIZED라는 것을 살펴보았다. select_type이 MATERIALIZED인 실행 계획에서는 "〈subquery N〉"과 같은 값이 table 필드에 표시된다. 이는 서브 쿼리의 결과를 구체화 (Materialization)해서 임시 테이블로 만들었다는 의미이며, 실제로는 〈derived N〉과 같은 방법으로 해석하면 된다.

참고
MariaDB는 다른 DBMS와 달리 FROM 절에 사용된 서브 쿼리(Derived, 파생 테이블)는 반드시 별칭을 가져야 한다. 그렇지 않으면 별칭이 부여되지 않았다는 에러 메시지가 출력되고 쿼리는 실행되지 않을 것이다. 쿼리를 작성하거나 실행 계획을 확인할 때는 임시 테이블의 별칭을 잊지 말고 명시해야 한다.

```
MariaDB> SELECT dttm FROM (SELECT NOW( ) AS dttm);
ERROR 1248 (42000): Every derived table must have its own alias

MariaDB> SELECT dttm FROM (SELECT NOW( ) AS dttm) derived_table_alias;
+---------------------+
| datetime            |
+---------------------+
| 2011-02-05 14:57:23 |
+---------------------+
```

4.3.4 type 칼럼

쿼리의 실행 계획에서 type 이후의 칼럼은 MariaDB 서버가 각 테이블의 레코드를 어떤 방식으로 읽었는지를 나타낸다. 여기서 방식이라 함은 인덱스를 사용해 레코드를 읽었는지 아니면 테이블을 처음부터 끝까지 읽는 풀 테이블 스캔으로 레코드를 읽었는지 등을 의미한다. 일반적으로 쿼리를 튜닝할 때 인덱스를 효율적으로 사용하는지 확인하는 것이 중요하므로 실행 계획에서 type 칼럼은 반드시 체크해야 할 중요한 정보다.

MariaDB의 매뉴얼에서는 type 칼럼을 "조인 타입"으로 소개한다. 또한 MariaDB에서는 하나의 테이블로부터 레코드를 읽는 작업도 조인처럼 처리한다. 그래서 SELECT 쿼리의 테이블 개수에 관계없이 실행 계획의 type 칼럼을 "조인 타입"이라고 명시하고 있다. 하지만 크게 조인과 연관 지어 생각하지 말고, 각 테이블의 접근 방식(Access type)으로 해석하면 된다.

실행 계획의 type 칼럼에 표시될 수 있는 값은 현재 많이 사용되는 대부분의 버전들(MySQL 5.0이나 5.1 그리고 MySQL 5.6 및 MariaDB 5.x와 MariaDB 10.0)에서 거의 차이 없이 다음과 같은 값이 표시된다.

- system
- const
- eq_ref
- ref
- fulltext
- ref_or_null
- unique_subquery
- index_subquery
- range
- index_merge
- index
- ALL

위의 12개 접근 방법 중에서 하단의 ALL을 제외한 나머지는 모두 인덱스를 사용하는 접근 방법이다. ALL은 인덱스를 사용하지 않고, 테이블을 처음부터 끝까지 읽어서 레코드를 가져오는 풀 테이블 스캔 접근 방식을 의미한다. 하나의 단위 SELECT 쿼리는 위의 접근 방법 중에서 단 하나만 사용할 수 있다. 또한 index_merge를 제외한 나머지 접근 방법은 반드시 하나의 인덱스만 사용한다. 그러므로 실행 계획의 각 라인에 접근 방법이 2개 이상 표시되지 않으며, index_merge 이외의 type에서는 인덱스 항목에도 단 하나의 인덱스 이름만 표시된다.

이제 실행 계획의 type 칼럼에 표시될 수 있는 값을 위의 순서대로 하나씩 살펴보자. 참고로 위에 표시된 각 접근 방식은 성능이 빠른 순서대로 나열된 것(MariaDB에서 부여한 우선순위임)이며, 각 type의 설명도 이 순서대로 진행할 것이다. MariaDB 옵티마이저는 이런 접근 방식과 비용을 함께 계산해서 최소의 비용이 필요한 접근 방식을 선택한다.

4.3.4.1 system

레코드가 1건만 존재하는 테이블 또는 한 건도 존재하지 않는 테이블을 참조하는 형태의 접근 방법을 system이라고 한다. 이 접근 방식은 InnoDB나 XtraDB 스토리지 엔진을 사용하는 테이블에서는 나타나지 않고, MyISAM이나 MEMORY 테이블에서만 사용되는 접근 방법이다.

```
EXPLAIN
SELECT * FROM tb_dual;
```

id	select_type	table	type	key	key_len	ref	rows	Extra
1	SIMPLE	tb_dual	system				1	

위 예제에서 tb_dual 테이블은 레코드가 1건만 들어 있는 MyISAM 테이블이다. 만약 이 테이블을 InnoDB로 변환하면 결과는 어떻게 될까?

id	select_type	table	type	key	key_len	ref	rows	Extra
1	SIMPLE	tb_dual	index	PRIMARY	1		1	Using index

쿼리의 모양에 따라 조금은 다르겠지만 접근 방법(type 칼럼)이 ALL 또는 index로 표시될 가능성이 크다. system은 테이블에 레코드가 1건 이하인 경우에만 사용할 수 있는 접근 방법이므로 실제 애플리케이션에서 사용되는 쿼리에서는 거의 보이지 않는 실행 계획이다.

4.3.4.2 const

테이블의 레코드의 건수에 관계없이 쿼리가 프라이머리 키나 유니크 키 칼럼을 이용하는 WHERE 조건절을 가지고 있으며, 반드시 1건을 반환하는 쿼리의 처리 방식을 const라고 한다. 다른 DBMS에서는 이를 유니크 인덱스 스캔(UNIQUE INDEX SCAN)이라고도 표현한다.

```
EXPLAIN
SELECT * FROM employees WHERE emp_no=10001;
```

id	select_type	table	type	key	key_len	ref	rows	Extra
1	SIMPLE	employees	const	PRIMARY	4	const	1	

다음 예제와 같이 다중 칼럼으로 구성된 프라이머리 키나 유니크 키 중에서 인덱스의 일부 칼럼만 조건으로 사용할 때는 const 타입의 접근 방법을 사용할 수 없다. 이 경우에는 실제 레코드가 1건만 저장돼 있더라도 MariaDB 엔진이 데이터를 읽어보지 않고서는 레코드가 1건이라는 것을 확신할 수 없기 때문이다.

```
EXPLAIN
SELECT * FROM dept_emp WHERE dept_no='d005';
```

프라이머리 키의 일부만 조건으로 사용할 때는 접근 방식이 const가 아닌 ref로 표시된다.

id	select_type	table	type	key	key_len	ref	rows	Extra
1	SIMPLE	dept_emp	ref	PRIMARY	12	const	53288	Using where

하지만 프라이머리 키나 유니크 인덱스의 모든 칼럼을 동등 조건으로 WHERE 절에 명시하면 다음 예제와 같이 const 접근 방법을 사용한다.

```
EXPLAIN
SELECT * FROM dept_emp WHERE dept_no='d005' AND emp_no=10001;
```

id	select_type	table	type	key	key_len	ref	rows	Extra
1	SIMPLE	dept_emp	const	PRIMARY	16	const,const	1	

실행 계획의 type 칼럼이 const인 실행 계획은, MariaDB의 옵티마이저가 쿼리를 최적화하는 단계에서 쿼리를 통째로 상수화한다. 그래서 실행 계획의 type 칼럼의 값이 "상수(const)"라고 표시되는 것이다. 다음의 예제 쿼리를 한번 살펴보자.

```
EXPLAIN
SELECT COUNT(*)
FROM employees e1
WHERE first_name=(SELECT first_name FROM employees e2 WHERE emp_no=100001);
```

위의 예제 쿼리에서 WHERE 절에 사용된 서브 쿼리는 employees(e2) 테이블의 프라이머리 키를 검색해서 first_name을 읽고 있다. 이 쿼리의 실행 계획은 다음과 같은데, 예상대로 e2 테이블은 프라이머리 키를 const 타입으로 접근한다는 것을 알 수 있다.

id	select_type	table	type	key	key_len	ref	rows	Extra
1	PRIMARY	e1	ref	ix_firstname	44		247	Using where
2	SUBQUERY	e2	const	PRIMARY	4	const	1	

실제 이 쿼리는 옵티마이저에 의해 최적화되는 시점에 다음과 같은 쿼리로 변환된다는 것이다. 즉, 옵티마이저에 의해 상수화된 다음 쿼리 실행기로 전달되기 때문에 접근 방식이 const인 것이다.

```
SELECT COUNT(*)
FROM employees e1
WHERE first_name='Jasminko'; -- // Jasminko는 사번이 100001인 사원의 first_name 값임
```

4.3.4.3 eq_ref

eq_ref 접근 방법은 여러 테이블이 조인되는 쿼리의 실행 계획에서만 표시된다. 조인에서 처음 읽은 테이블의 칼럼 값을, 그다음 읽어야 할 테이블의 프라이머리 키나 유니크 키 칼럼의 검색 조건에 사용할 때를 eq_ref라고 한다. 이때 두 번째 이후에 읽는 테이블의 type 칼럼에 eq_ref가 표시된다. 또한 두 번째 이후에 읽히는 테이블을 유니크 키로 검색할 때 그 유니크 인덱스는 NOT NULL이어야 하며, 다중 칼럼으로 만들어진 프라이머리 키나 유니크 인덱스라면 인덱스의 모든 칼럼이 비교 조건에 사용돼야만 eq_ref 접근 방법이 사용될 수 있다. 즉, 조인에서 두 번째 이후에 읽는 테이블에서 반드시 1건만 존재한다는 보장이 있어야 사용할 수 있는 접근 방법이다.

다음 예제 쿼리의 실행 계획을 살펴보자. 우선 첫 번째 라인과 두 번째 라인의 id가 1로 같으므로 두 개의 테이블이 조인으로 실행된다는 것을 알 수 있다. 그리고 dept_emp 테이블이 실행 계획의 위쪽에 있으므로 dept_emp 테이블을 먼저 읽고 "e.emp_no=de.emp_no" 조건을 이용해 employees 테이블을 검색하고 있다. employees 테이블의 emp_no는 프라이머리 키라서 실행 계획의 두 번째 라인은 type 칼럼이 eq_ref로 표시된 것이다.

```
EXPLAIN
SELECT * FROM dept_emp de, employees e
WHERE e.emp_no=de.emp_no AND de.dept_no='d005';
```

id	select_type	table	type	key	key_len	ref	rows	Extra
1	SIMPLE	de	ref	PRIMARY	12	const	1	Using where
1	SIMPLE	e	eq_ref	PRIMARY	4	employees.de.emp_no	1	

4.3.4.4 ref

ref 접근 방법은 eq_ref와는 달리 조인의 순서와 관계없이 사용되며, 또한 프라이머리 키나 유니크 키 등의 제약 조건도 없다. 인덱스의 종류와 관계없이 동등(Equal) 조건으로 검색할 때는 ref 접근 방법이 사용된다. ref 타입은 반환되는 레코드가 반드시 1건이라는 보장이 없으므로 const나 eq_ref보다는 빠르지 않다. 하지만 동등한 조건으로만 비교되므로 매우 빠른 레코드 조회 방법의 하나다.

```
EXPLAIN
SELECT * FROM dept_emp WHERE dept_no='d005';
```

id	select_type	table	type	key	key_len	ref	rows	Extra
1	SIMPLE	dept_emp	ref	PRIMARY	12	const	53288	Using where

위의 예에서는 dept_emp 테이블의 프라이머리 키를 구성하는 칼럼(dept_no+emp_no) 중에서 일부만 동등(Equal) 조건으로 WHERE 절에 명시됐기 때문에 조건에 일치하는 레코드가 1건이라는 보장이 없다. 그래서 const가 아닌 ref 접근 방법이 사용됐으며 실행 계획의 ref 칼럼 값에는 const가 명시됐다. 이 const는 접근 방식이 아니라 ref 비교 방식으로 사용된 입력 값이 상수('d005')였음을 의미한다. ref 칼럼의 내용은 밑에서 다시 한번 살펴보겠다.

지금까지 배운 실행 계획의 type에 대해 간단히 비교하면서 다시 한 번 정리해 보자.

const

조인의 순서에 관계없이 프라이머리 키나 유니크 키의 모든 칼럼에 대해 동등(Equal) 조건으로 검색(반드시 1건의 레코드만 반환)

eq_req

조인에서 첫 번째 읽은 테이블의 칼럼값을 이용해 두 번째 테이블을 프라이머리 키나 유니크 키로 동등(Equal) 조건 검색(두 번째 테이블은 반드시 1건의 레코드만 반환)

ref

조인의 순서와 인덱스의 종류에 관계없이 동등(Equal) 조건으로 검색(1건의 레코드만 반환된다는 보장이 없어도 됨)

이 세 가지 접근 방식 모두 WHERE 조건절에 사용하는 비교 연산자는 동등 비교 연산자이어야 한다는 공통점이 있다. 동등 비교 연산자는 "=" 또는 "〈=〉"을 의미한다. "〈=〉" 연산자는 NULL에 대한 비교 방식만 조금 다를 뿐 "=" 연산자와 같은 연산자다. "〈=〉" 연산자에 대해서는 7장 "쿼리 작성 및 최적화"에서 자세히 살펴보겠다.

또한 세 가지 모두 매우 좋은 접근 방법으로 인덱스의 분포도가 나쁘지 않다면 성능상의 문제를 일으키지 않는 접근 방법이다. 쿼리를 튜닝할 때도 이 세 가지 접근 방법에 대해서는 크게 신경 쓰지 않고 넘어가도 무방하다.

4.3.4.5 fulltext

fulltext 접근 방법은 MariaDB의 전문 검색(Fulltext) 인덱스를 사용해 레코드를 읽는 접근 방법을 의미한다. 지금 살펴보는 type의 순서가 일반적으로 처리 성능의 순서이긴 하지만 실제로 데이터의 분포나 레코드의 건수에 따라 빠른 순서는 달라질 수 있다. 이는 비용 기반의 옵티마이저에서 통계 정보를 이용해서 비용을 계산하는 이유이기도 하다. 하지만 전문 검색 인덱스는 통계 정보가 관리되지 않으며, 전문 검색 인덱스를 사용하려면 전혀 다른 SQL 문법을 사용해야 한다. 그래서 전문 검색 쿼리(.. MATCH .. AGAINST 구문)를 실행할 때 MariaDB 옵티마이저는 쿼리의 비용과는 관계없이 거의 매번 fulltext 접근 방법을 사용한다. 물론, fulltext 접근 방법보다 명백히 빠른 const나 eq_ref 또는 ref 접근 방법을 사용할 수 있는 쿼리에서는 억지로 fulltext 접근 방법을 선택하지는 않는다.

MariaDB의 전문 검색 조건은 우선순위가 상당히 높다. 쿼리에서 전문 인덱스를 사용하는 조건과 그 이외의 일반 인덱스를 사용하는 조건을 함께 사용하면 일반 인덱스의 접근 방법이 const나 eq_ref, 그리고 ref가 아니면 일반적으로 MariaDB는 전문 인덱스를 사용하는 조건을 선택해서 처리한다.

전문 검색은 "MATCH ... AGAINST ..." 구문을 사용해서 실행하는데, 반드시 해당 테이블에 전문 검색용 인덱스가 준비돼 있어야만 한다. 만약 테이블에 전문 인덱스가 없다면 쿼리는 오류가 발생하고 중지될 것이다. 다음의 "MATCH ... AGAINST ..." 예제 쿼리를 한 번 살펴보자.

```
EXPLAIN
SELECT *
FROM employee_name
WHERE emp_no=10001
  AND emp_no BETWEEN 10001 AND 10005
AND MATCH(first_name, last_name) AGAINST('Facello' IN BOOLEAN MODE);
```

위 쿼리 문장은 3개의 조건을 가지고 있다. 첫 번째 조건은 employee_name 테이블의 프라이머리 키를 1건만 조회하는 const 타입의 조건이며, 두 번째 조건은 밑에서 설명할 range 타입의 조건이다. 그리고 마지막으로 세 번째 조건은 전문 검색(Fulltext) 조건이다. 이 문장의 실행 계획을 보면 다음과 같다.

Id	select_type	table	type	key	key_len	ref	rows	Extra
1	SIMPLE	employee_name	const	PRIMARY	4	const	1	Using where

최종적으로 MariaDB 옵티마이저가 선택한 것은 첫 번째 조건인 const 타입의 조건이다. 만약 const 타입의 첫 번째 조건이 없으면 둘 중에서 어느 것을 선택할까? 다음의 실행 계획은 첫 번째 조건을 빼고 실행 계획을 확인해 본 결과다.

id	select_type	table	type	key	key_len	ref	rows	Extra
1	SIMPLE	employee_name	fulltext	fx_name	0		1	Using where

이번에는 range 타입의 두 번째 조건이 아니라 전문 검색(Fulltext) 조건인 세 번째 조건을 선택했다. 일반적으로 쿼리에 전문 검색 조건(MATCH ... AGAINST ...)을 사용하면 MariaDB는 아무런 주저

없이 fulltext 접근 방식을 사용하는 경향이 있다. 하지만 지금까지의 경험으로 보면 전문 검색 인덱스를 이용하는 fulltext보다 일반 인덱스를 이용하는 range 접근 방법이 더 빨리 처리되는 경우가 더 많았다. 전문 검색 쿼리를 사용할 때는 각 조건별로 성능을 확인해 보는 편이 좋다.

> **참고** MySQL 5.5 버전과 MariaDB 5.5 버전까지는 MyISAM 스토리지 엔진을 사용하는 테이블에 대해서만 전문 검색 엔진을 생성할 수 있었다. 하지만 MariaDB 10.0과 MySQL 5.6 버전부터는 InnoDB 스토리지 엔진을 사용하는 테이블에 대해서도 전문 검색 엔진을 사용할 수 있게 되었다. 하지만 안타까운 점은 MariaDB 10.0이나 MySQL 5.6 버전에서도 여전히 구분자 기반의 인덱스만 지원한다는 것이다. 즉 띄어쓰기나 문장 기호 등으로 구분된 단어를 B-Tree 형태로 관리한다는 것을 의미하며, 이는 단어의 일부(특히 단어의 뒷 부분)에 대한 검색은 불가능하다는 것을 말한다.

4.3.4.6 ref_or_null

이 접근 방법은 ref 접근 방식과 같은데, NULL 비교가 추가된 형태다. 접근 방식의 이름 그대로 ref 방식 또는 NULL 비교(IS NULL) 접근 방식을 의미한다. 실제 업무에서 많이 사용되지도 않고, 별로 존재감이 없는 접근 방법이므로 대략의 의미만 기억해두어도 충분하다.

```
EXPLAIN
SELECT * FROM titles WHERE to_date='1985-03-01' OR to_date IS NULL;
```

id	select_type	table	Type	key	key_len	ref	rows	Extra
1	SIMPLE	titles	ref_or_null	ix_todate	4	const	2	Using where; Using index

4.3.4.7 unique_subquery

WHERE 조건절에서 사용될 수 있는 IN(subquery) 형태의 쿼리를 위한 접근 방식이다. unique_subquery의 의미 그대로 서브 쿼리에서 중복되지 않은 유니크한 값만 반환할 때 이 접근 방법을 사용한다.

```
EXPLAIN
SELECT * FROM departments WHERE dept_no IN (
  SELECT dept_no FROM dept_emp WHERE emp_no=10001);
```

id	select_type	table	type	key	key_len	ref	rows	Extra
1	PRIMARY	departments	index	ux_deptname	123		9	Using where; Using index
2	DEPENDENT SUBQUERY	dept_emp	unique_subquery	PRIMARY	16	func,const	1	Using index; Using where

위 쿼리 문장의 IN(subquery) 부분에서 subquery를 살펴보자. emp_no=10001인 레코드 중에서 부서 번호는 중복이 없기 때문에(dept_emp 테이블에서 프라이머리 키가 dept_no+emp_no이므로) 실행 계획의 두 번째 라인의 dept_emp 테이블의 접근 방식은 unique_subquery로 표시된 것이다.

> **주의** unique_subquery와 index_subquery 설명에서 사용된 실행 계획 예제는 설명을 돕기 위해서 MySQL 5.1 버전에서 출력된 실행 계획을 사용한 것이다. MySQL 5.6에서는 IN (subquery) 형태의 쿼리의 처리 방식이 일부 개선되었으며, MariaDB 10.0에서는 상당히 많이 개선되었다. 그래서 더이상 MariaDB 10.0과 MySQL 5.6에서는 예전 MySQL 5.1 버전에서와 같이 불합리한 형태로 처리되지 않는다. unique_subquery와 index_subquery는 IN (subquery) 형태의 쿼리 실행 계획에서 자주 나타나던 형태였지만, 앞으로는 여러분이 실행 계획을 조회할 때 별로 나타나지 않을 것으로 보인다.
> unique_subquery와 index_subquery 설명에서 사용되었던 쿼리는 MariaDB 10.0과 MySQL 5.6 버전에서 옵티마이저가 조인 형태로 쿼리를 실행하도록 개선되었다.

4.3.4.8 index_subquery

IN 연산자의 특성상 IN(subquery) 또는 IN(상수 나열) 형태의 조건은 괄호 안에 있는 값의 목록에서 중복된 값이 먼저 제거돼야 한다. 방금 살펴본 unique_subquery 접근 방법은 IN(subquery) 조건의 subquery가 중복된 값을 만들어내지 않는다는 보장이 있으므로 별도의 중복을 제거할 필요가 없었다. 하지만 업무적인 특성상 IN(subquery)에서 subquery가 중복된 값을 반환할 수도 있다. 이때 서브 쿼리 결과의 중복된 값을 인덱스를 이용해서 제거할 수 있을 때 index_subquery 접근 방법이 사용된다.

명확한 이해를 위해 index_subquery와 unique_subquery 접근 방법의 차이를 다시 한 번 정리해 보자.

unique_subquery

IN (subquery) 형태의 조건에서 subquery의 반환 값에는 중복이 없으므로 별도의 중복 제거 작업이 필요하지 않음

index_subquery

IN (subquery) 형태의 조건에서 subquery의 반환 값에 중복된 값이 있을 수 있지만 인덱스를 이용해 중복된 값을 제거할 수 있음

사실 index_subquery나 unique_subquery 모두 IN( ) 안에 있는 중복 값을 아주 낮은 비용으로 제거한다.

다음 쿼리에서 IN 연산자 내의 서브 쿼리는 dept_emp 테이블을 dept_no로 검색한다. dept_emp 테이블의 프라이머리 키가(dept_no+emp_no)로 만들어져 있으므로 서브 쿼리는 프라이머리 키의 dept_no 칼럼을 'd001'부터 'd003'까지 읽으면서 dept_no 값만 가져오면 된다. 또한 이미 프라이머리 키는 dept_no 칼럼의 값 기준으로 정렬돼 있어서 중복된 dept_no를 제거하기 위해 별도의 정렬 작업이 필요하지 않다.

```
EXPLAIN
SELECT * FROM departments WHERE dept_no IN (
  SELECT dept_no FROM dept_emp WHERE dept_no BETWEEN 'd001' AND 'd003');
```

id	select_type	table	type	key	key_len	ref	rows	Extra
1	PRIMARY	departments	index	ux_deptname	122		9	Using where; Using index
2	DEPENDENT SUBQUERY	dept_emp	index_subquery	PRIMARY	12	func	18626	Using index; Using where

4.3.4.9 range

range는 우리가 익히 알고 있는 인덱스 레인지 스캔 형태의 접근 방법이다. range는 인덱스를 하나의 값이 아니라 범위로 검색하는 경우를 의미하는데, 주로 "〈, 〉, IS NULL, BETWEN, IN, LIKE" 등의 연산자를 이용해 인덱스를 검색할 때 사용된다. 일반적으로 애플리케이션의 쿼리가 가장 많이 사용하는 접근 방법인데, 이 책에서 소개되는 접근 방법의 순서상으로 보면 MariaDB이 가지고 있는 접근 방법 중에서 상당히 우선순위가 낮다는 것을 알 수 있다. 하지만 이 접근 방법도 상당히 빠르며, 모든 쿼리가 이 접근 방법만 사용해도 어느 정도의 성능은 보장된다고 볼 수 있다.

```
EXPLAIN
SELECT * FROM employees WHERE emp_no BETWEEN 10002 AND 10004;
```

id	select_type	table	type	key	key_len	ref	rows	Extra
1	SIMPLE	employees	range	PRIMARY	4	NULL	3	Using where

> **주의** 이 책에서 인덱스 레인지 스캔이라고 하면 const, ref, range라는 세 가지 접근 방법을 모두 묶어서 지칭하는 것임에 유의한다. 또한 "인덱스를 효율적으로 사용한다" 또는 "범위 제한 조건으로 인덱스를 사용한다"는 표현 모두 이 세 가지 접근 방법을 의미한다. 업무상 개발자나 DBA와 소통할 때도 const나 ref 또는 range 접근 방법을 구분 해서 언급하는 경우는 거의 없으며, 일반적으로 "인덱스 레인지 스캔" 또는 "레인지 스캔"으로 언급할 때가 많다.

4.3.4.10 index_merge

지금까지 설명한 다른 접근 방식과는 달리 index_merge 접근 방식은 2개 이상의 인덱스를 이용해 각 각의 검색 결과를 만들어낸 후 그 결과를 병합하는 처리 방식이다. 하지만 지금까지의 경험으로 보면 이름만큼 그렇게 효율적으로 작동하는 것 같지는 않았다. index_merge 접근 방식에는 다음과 같은 특 징이 있다.

- 여러 인덱스를 읽어야 하므로 일반적으로 range 접근 방식보다 효율성이 떨어진다.
- AND와 OR 연산이 복잡하게 연결된 쿼리에서는 제대로 최적화되지 못할 때가 많다.
- 전문 검색 인덱스를 사용하는 쿼리에서는 index_merge가 적용되지 않는다.
- Index_merge 접근 방식으로 처리된 결과는 항상 2개 이상의 집합이 되기 때문에 그 두 집합의 교집합이나 합집합 또는 중복 제거와 같은 부가적인 작업이 더 필요하다.

MariaDB 매뉴얼에서 index_merge 접근 방법의 우선순위는 ref_or_null 바로 다음에 있다. 하지 만 이 책에서는 위의 이유 때문에 우선순위의 위치를 range 접근 방식 밑으로 옮겼다. index_merge 접근 방식이 사용될 때는 실행 계획에 조금 더 보완적인 내용이 표시되는데, 그 내용은 실행 계획의 "Extra" 부분 설명에서 자세히 살펴보도록 하겠다.

다음은 두 개의 조건이 OR로 연결된 쿼리다. 그런데 OR로 연결된 두 개 조건이 모두 각각 다른 인덱 스를 최적으로 사용할 수 있는 조건이다. 그래서 MariaDB 옵티마이저는 "emp_no BETWEEN 10001

AND 11000" 조건은 employees 테이블의 프라이머리 키를 이용해 조회하고, "first_name='Smith'"
조건은 ix_firstname 인덱스를 이용해 조회한 후 두 결과를 병합하는 형태로 처리하는 실행 계획을 만
들어 낸 것이다.

```
EXPLAIN
SELECT * FROM employees
WHERE emp_no BETWEEN 10001 AND 11000
OR first_name='Smith';
```

id	select_type	table	type	key	key_len	ref	rows	Extra
1	SIMPLE	employees	index_merge	PRIMARY, ix_firstname	4,44		1521	Using union (PRIMARY,ix_firstname); Using where

4.3.4.11 index

index 접근 방법은 많은 사람이 자주 오해하는 접근 방법이다. 접근 방식의 이름이 index라서
MariaDB에 익숙하지 않은 많은 사람이 "효율적으로 인덱스를 사용하는구나"라고 생각하게 만드는 것
같다. 하지만 index 접근 방식은 인덱스를 처음부터 끝까지 읽는 인덱스 풀 스캔을 의미한다. range
접근 방식과 같이 효율적으로 인덱스의 필요한 부분만 읽는 것을 의미하는 것은 아니라는 점을 잊지
말자.

index 접근 방식은 테이블을 처음부터 끝까지 읽는 풀 테이블 스캔 방식과 비교했을 때 비교하는 레코
드 건수는 같다. 하지만 인덱스는 일반적으로 데이터 파일 전체보다는 크기가 작아서 풀 테이블 스캔보
다는 효율적이므로 풀 테이블 스캔보다는 빠르게 처리된다. 또한 쿼리의 내용에 따라 정렬된 인덱스의
장점을 이용할 수 있으므로 풀 테이블 스캔보다는 훨씬 효율적으로 처리될 수도 있다. index 접근 방법
은 다음의 조건 가운데(첫 번째+두 번째) 조건을 충족하거나(첫 번째+세 번째) 조건을 충족하는 쿼리
에서 사용되는 읽기 방식이다.

- range나 const 또는 ref와 같은 접근 방식으로 인덱스를 사용하지 못하는 경우
- 인덱스에 포함된 칼럼만으로 처리할 수 있는 쿼리인 경우(즉, 데이터 파일을 읽지 않아도 되는 경우)
- 인덱스를 이용해 정렬이나 그룹핑 작업이 가능한 경우(즉, 별도의 정렬 작업을 피할 수 있는 경우)

다음 쿼리는 아무런 WHERE 조건이 없으므로 range나 const 또는 ref 접근 방식을 사용할 수 없다. 하지만 정렬하려는 칼럼은 인덱스(ux_deptname)가 있으므로 별도의 정렬 처리를 피하려고 index 접근 방식이 사용된 예제다.

```
EXPLAIN
SELECT * FROM departments ORDER BY dept_name DESC LIMIT 10;
```

id	select_type	table	type	possible_keys	key	key_len	ref	rows	Extra
1	SIMPLE	departments	index		ux_deptname	123		9	Using index

이 예제의 실행 계획은 테이블의 인덱스를 처음부터 끝까지 읽는 index 접근 방식이지만 LIMIT 조건이 있기 때문에 상당히 효율적이다. 단순히 인덱스를 거꾸로(역순으로) 읽어서 10개만 가져오면 되기 때문이다. 하지만 LIMIT 조건이 없거나 가져와야 할 레코드 건수가 많아지면 상당히 느려질 것이다.

4.3.4.12 ALL

우리가 흔히 알고 있는 풀 테이블 스캔을 의미하는 접근 방식이다. 테이블을 처음부터 끝까지 전부 읽어서 불필요한 레코드를 제거(체크 조건이 존재할 때)하고 반환한다. 풀 테이블 스캔은 지금까지 설명한 접근 방법으로는 처리할 수 없을 때 가장 마지막에 선택되는 가장 비효율적인 방법이다.

다른 DBMS와 같이 InnoDB도 풀 테이블 스캔이나 인덱스 풀 스캔과 같은 대량의 디스크 I/O를 유발하는 작업을 위해 한꺼번에 많은 페이지를 읽어들이는 기능을 제공한다. InnoDB에서는 이 기능을 "리드 어헤드(Read Ahead)"라고 하며, 한번에 여러 페이지를 읽어서 처리할 수 있다. 데이터웨어하우스나 배치 프로그램처럼 대용량의 레코드를 처리하는 쿼리에서는 잘못 튜닝된 쿼리(억지로 인덱스를 사용하도록 튜닝된 쿼리)보다 더 나은 접근 방법이 되기도 한다. 쿼리를 튜닝한다는 것이 무조건 인덱스 풀 스캔이나 테이블 풀 스캔을 사용하지 못하게 하는 것은 아니라는 점을 기억하자.

일반적으로 index와 ALL 접근 방법은 작업 범위를 제한하는 조건이 아니므로 빠른 응답을 사용자에게 보내 줘야 하는 웹 서비스 등과 같은 OLTP 환경에는 적합하지 않다. 테이블이 매우 작지 않다면 실제로 테이블에 데이터를 어느 정도 저장한 상태에서 쿼리의 성능을 확인해 보고 적용하는 것이 좋다.

4.3.5 possible_keys 칼럼

실행 계획에 있는 이 칼럼 또한 사용자의 오해를 자주 불러일으키곤 한다. MariaDB 옵티마이저는 쿼리를 처리하기 위해 여러 가지 처리 방법을 고려하고 그중에서 비용이 가장 낮을 것으로 예상하는 실행 계획을 선택해서 쿼리를 실행한다. 그런데 possible_keys 칼럼에 있는 내용은 MariaDB 옵티마이저가 최적의 실행 계획을 만들기 위해 후보로 선정했던 접근 방식에서 사용되는 인덱스의 목록일 뿐이다. 즉, 말 그대로 "사용될 법했던 인덱스의 목록"인 것이다. 실제로 실행 계획을 보면 그 테이블의 모든 인덱스가 목록에 포함되어 나오는 경우가 허다하기에 쿼리를 튜닝하는 데 아무런 도움이 되지 않는다. 그래서 실행 계획을 확인할 때는 possible_keys 칼럼은 그냥 무시하자. 절대 Possible_keys 칼럼에 인덱스 이름이 나열됐다고 해서 그 인덱스를 사용한다고 판단하지 않도록 주의하자.

4.3.6 key 칼럼

possible_keys 칼럼의 인덱스가 사용 후보였던 반면 Key 칼럼에 표시되는 인덱스는 최종 선택된 실행 계획에서 사용하는 인덱스를 의미한다. 그러므로 쿼리를 튜닝할 때는 Key 칼럼에 의도했던 인덱스가 표시되는지 확인하는 것이 중요하다. Key 칼럼에 표시되는 값이 PRIMARY인 경우에는 프라이머리 키를 사용한다는 의미이며, 그 이외의 값은 모두 테이블이나 인덱스를 생성할 때 부여했던 고유 이름이다.

실행 계획의 type 칼럼이 index_merge가 아닌 경우에는 반드시 테이블 하나당 하나의 인덱스만 이용할 수 있다. 하지만 index_merge 실행 계획이 사용될 때는 2개 이상의 인덱스가 사용되는데, 이때는 Key 칼럼에 여러 개의 인덱스가 ","로 구분되어 표시된다. 위에서 살펴본 index_merge 실행 계획을 다시 한번 살펴보자. 다음의 실행 계획은 WHERE 절의 각 조건이 PRIMARY와 ix_firstname 인덱스를 사용한다는 것을 나타낸다.

id	select_type	table	type	key	key_len	ref	rows	Extra
1	SIMPLE	employees	index_merge	PRIMARY,ix_firstname	4,44		1521	…

그리고 실행 계획의 type이 ALL일 때와 같이 인덱스를 전혀 사용하지 못하면 Key 칼럼은 NULL로 표시된다.

> **참고**
> MariaDB에서 프라이머리 키는 별도의 이름을 부여할 수 없으며, 기본적으로 PRIMARY라는 이름을 가진다. 그 밖의 나머지 인덱스는 모두 테이블을 생성하거나 인덱스를 생성할 때 이름을 부여할 수 있다. 실행 계획뿐 아니라 쿼리의 힌트를 사용할 때도 프라이머리 키를 지칭하고 싶다면 PRIMARY라는 키워드를 사용하면 된다.

4.3.7 key_len 칼럼

key_len 칼럼은 많은 사용자가 쉽게 무시하는 정보지만 사실은 매우 중요한 정보 중 하나다. 실제 업무에서 사용하는 테이블은 단일 칼럼으로만 만들어진 인덱스보다 다중 칼럼으로 만들어진 인덱스가 더 많다. 실행 계획의 key_len 칼럼의 값은 쿼리를 처리하기 위해 다중 칼럼으로 구성된 인덱스에서 몇 개의 칼럼까지 사용했는지 우리에게 알려준다. 더 정확하게는 인덱스의 각 레코드에서 몇 바이트까지 사용했는지 알려주는 값이다. 그래서 다중 칼럼 인덱스뿐 아니라 단일 칼럼으로 만들어진 인덱스에서도 같은 지표를 제공한다.

다음 예제는 두 개의 칼럼(dept_no+emp_no)으로 만들어진 프라이머리 키를 가지는 dept_emp 테이블을 조회하는 쿼리다. 이 쿼리는 dept_emp 테이블의 프라이머리 키 중에서 dept_no만 비교에 사용하고 있다.

```
EXPLAIN
SELECT * FROM dept_emp WHERE dept_no='d005';
```

id	select_type	table	type	key	key_len	ref	rows	Extra
1	SIMPLE	dept_emp	ref	PRIMARY	12	const	53288	Using where

그래서 key_len 칼럼의 값이 12로 표시된 것이다. 즉, dept_no 칼럼의 타입이 CHAR(4)이기 때문에 프라이머리 키에서 앞쪽 12바이트만 유효하게 사용했다는 의미다. 이 테이블의 dept_no 칼럼은 utf8 문자집합을 사용하고 있다. 실제 utf8 문자 하나가 차지하는 공간은 1바이트에서 3바이트까지 가변적이다. 하지만 MariaDB 서버가 utf8 문자를 위해 메모리 공간을 할당해야 할 때는 문자에 관계없이 고

정적으로 3바이트로 계산한다. 그래서 위의 실행 계획에서 key_len 칼럼의 값은 12바이트(4*3 바이트)가 표시된 것이다.

이제 똑같은 인덱스를 사용하지만 dept_no 칼럼과 emp_no 칼럼에 대해 각각 조건을 하나씩 가지고 있는 다음의 쿼리를 한번 살펴보자.

```
EXPLAIN
SELECT * FROM dept_emp WHERE dept_no='d005' AND emp_no=10001;
```

id	select_type	table	type	key	key_len	ref	rows	Extra
1	SIMPLE	dept_emp	const	PRIMARY	16	const,const	1	

dept_emp 테이블의 emp_no의 칼럼 타입은 INTEGER이며, INTEGER 타입은 4바이트를 차지한다. 위의 쿼리 문장은 프라이머리 키의 dept_no 칼럼뿐 아니라 emp_no까지 사용할 수 있게 적절히 조건이 제공됐다. 그래서 key_len 칼럼이 dept_no 칼럼의 길이와 emp_no 칼럼의 길이 합인 16으로 표시된 것이다.

그리고 때로는 key_len 필드의 값이 데이터 타입의 길이보다 조금씩 길게 표시되는 경우도 발생할 수 있다. 다음과 같이 테이블을 생성하고, 쿼리의 실행 계획을 살펴보자.

```
EXPLAIN
SELECT * FROM titles WHERE to_date<='1985-10-10';
```

위 쿼리의 실행 계획은 다음과 같이 출력되었다. 다음 내용에서 key_len는 4로 표시되었는데, ix_todate 인덱스는 DATE 타입 칼럼인 to_date라는 칼럼 하나만 가지고 있는 인덱스이다. MariaDB에서 DATE 타입은 3바이트를 사용하므로 key_len이 3이라고 출력되어야 하는데, 왜 4가 출력되었을까?

id	select_type	table	Type	key	key_len	Ref	Rows	Extra
1	SIMPLE	titles	range	ix_todate	4	NULL	51	Using where; Using index

그 이유는 to_date 칼럼이 DATE 타입을 사용하면서 NULL이 저장될 수 있는(NULLABLE) 칼럼으로 정의되었기 때문이다. MariaDB에서는 NOT NULL인 칼럼일 때에는 칼럼의 값이 NULL인지 아닌지를 저장하기 위해서 1바이트를 추가로 더 사용한다. 그래서 이 예제에서는 3+1바이트가 key_len에 표시된 것이다.

하나 더 주의해야 할 것은 key_len의 값을 표시하는 기준이 MariaDB의 버전별로 다르다는 점이다. 다음 쿼리의 실행 계획을 MySQL 5.0.x 버전과 MariaDB 5.5.x 버전에서 각각 확인해보자.

```
EXPLAIN
SELECT * FROM dept_emp WHERE dept_no='d005' AND emp_no <> 10001;
```

MySQL 5.0 이하 버전

쿼리 문장은 프라이머리 키를 구성하는 emp_no와 dept_no의 조건을 줬지만 key_len 값은 12로 바뀌었다. 왜 16이 아닌 12로 줄어들었을까? 그 이유는 Key_len에 표시되는 값은 인덱스를 이용해 범위를 제한하는 조건의 칼럼까지만 포함되며, 단순히 체크 조건으로 사용된 칼럼은 key_len에 포함되지 않기 때문이다. 그래서 MariaDB 5.0에서는 key_len 칼럼의 값으로 인덱스의 몇 바이트까지가 범위 제한 조건으로 사용됐는지 판단할 수 있다.

id	select_type	table	Type	key	key_len	Ref	Rows	Extra
1	SIMPLE	dept_emp	ref	PRIMARY	12	const	53298	Using where

MariaDB 5.1 이상 버전

MariaDB 5.1 버전에서는 실행 계획의 key_len이 16으로 표시됐다. 하지만 type 칼럼의 값이 ref가 아니고 range로 바뀐 것을 확인할 수 있다. 하지만 "emp_no<>10001" 조건은 단순한 체크 조건임에도 key_len에 같이 포함되어 계산됐다. 결과적으로 MariaDB 5.1에서는 key_len 칼럼의 값으로 인덱스의 몇 바이트까지가 범위 제한 조건으로 사용됐는지를 알아낼 수는 없다.

id	select_type	table	type	Key	key_len	ref	rows	Extra
1	SIMPLE	dept_emp	range	PRIMARY	16		53298	Using where

사실 두 버전 간의 차이는 MariaDB 엔진과 InnoDB 스토리지 엔진의 역할 분담에 큰 변화가 생긴 것이 원인이다. MySQL 5.0에서는 범위 제한 조건으로 사용되는 칼럼만 스토리지 엔진으로 전달했다. 하지만 MariaDB 5.1부터는 조건이 범위 제한 조건이든 체크 조건이든 관계없이 인덱스를 이용할 수만 있으면 모두 스토리지 엔진으로 전달하도록 바뀐 것이다. MariaDB에서는 이를 "컨디션 푸시 다운(Condition push down)"이라고 하는데, 이에 대해서는 6.2.10.22절 "Using where"와 6.2.10.23절 "Using where with pushed condition"에서 자세히 살펴보겠다.

4.3.8 ref 칼럼

접근 방법이 ref 방식이면 참조 조건(Equal 비교 조건)으로 어떤 값이 제공됐는지 보여 준다. 만약 상수 값을 지정했다면 ref 칼럼의 값은 const로 표시되고, 다른 테이블의 칼럼값이면 그 테이블 명과 칼럼 명이 표시된다. 이 칼럼에 출력되는 내용은 크게 신경쓰지 않아도 무방한데, 다음과 같은 케이스는 조금 주의해서 볼 필요가 있다.

가끔 쿼리의 실행 계획에서 ref 칼럼의 값이 "func"라고 표시될 때가 있다. 이는 "Function"의 줄임말로 참조용으로 사용되는 값을 그대로 사용한 것이 아니라 콜레이션 변환이나 값 자체의 연산을 거쳐서 참조됐다는 것을 의미한다. 간단히 아래 예제 쿼리의 실행 계획을 한번 살펴보자.

```
EXPLAIN
SELECT *
FROM employees e, dept_emp de
WHERE e.emp_no=de.emp_no;
```

이 쿼리는 employees 테이블과 dept_emp 테이블을 조인하는데, 조인 조건에 사용된 emp_no 칼럼의 값에 대해 아무런 변환이나 가공도 수행하지 않았다. 그래서 이 쿼리의 실행 계획은 다음과 같이 ref 칼럼에 조인 대상 칼럼의 이름이 그대로 표시된다.

id	select_type	table	type	key	key_len	Ref	rows	Extra
1	SIMPLE	de	ALL				334868	
1	SIMPLE	e	eq_ref	PRIMARY	4	de.emp_no	1	

이번에는 위의 쿼리에서 조인 조건에 간단한 산술 표현식을 넣어 쿼리를 만들고, 실행 계획을 한번 확인해 보자.

```
EXPLAIN
SELECT *
FROM employees e, dept_emp de
WHERE e.emp_no=(de.emp_no-1);
```

위의 쿼리에서는 dept_emp 테이블을 읽어서 de.emp_no 값에서 1을 뺀 값으로 employees 조인하고 있다. 이 쿼리의 실행 계획에서는 ref 값이 조인 칼럼의 이름이 아니라 "func"라고 표시되는 것을 확인할 수 있다.

id	select_type	table	type	key	key_len	Ref	rows	Extra
1	SIMPLE	de	ALL				334868	
1	SIMPLE	e	eq_ref	PRIMARY	4	func	1	Using where

그런데 이렇게 사용자가 명시적으로 값을 변환할 때뿐만 아니라 MariaDB 서버가 내부적으로 값을 변환해야 할 때도 ref 칼럼에는 "func"가 출력된다. 문자집합이 일치하지 않는 두 문자열 칼럼을 조인한다거나 숫자 타입의 칼럼과 문자열 타입의 칼럼으로 조인할 때가 대표적인 예다. 가능하다면 MariaDB 서버가 이런 변환을 하지 않아도 되도록 조인 칼럼의 타입은 일치시키는 편이 좋다.

4.3.9 rows 칼럼

MariaDB 옵티마이저는 각 조건에 대해 가능한 처리 방식을 나열하고, 각 처리 방식의 비용을 비교해 최종적으로 하나의 실행 계획을 수립한다. 이때 각 처리 방식이 얼마나 많은 레코드를 읽고 비교해야 하는지 예측해서 비용을 산정한다. 대상 테이블에 얼마나 많은 레코드가 포함돼 있는지 또는 각 인덱스 값의 분포도가 어떤지를 통계 정보를 기준으로 조사해서 예측한다.

MariaDB 실행 계획의 rows 칼럼의 값은 실행 계획의 효율성 판단을 위해 예측했던 레코드 건수를 보여 준다. 이 값은 각 스토리지 엔진별로 가지고 있는 통계 정보를 참조해 MariaDB 옵티마이저가 산출해 낸 예상 값이라서 정확하지는 않다. 또한 rows 칼럼에 표시되는 값은 반환하는 레코드의 예측치가 아니라 쿼리를 처리하기 위해 얼마나 많은 레코드를 디스크로부터 읽고 체크해야 하는지를 의미한다. 그래서 실행 계획의 rows 칼럼에 출력되는 값과 실제 쿼리 결과 반환된 레코드 건수는 일치하지 않는 경우가 많다.

```
EXPLAIN
SELECT * FROM dept_emp WHERE from_date>='1985-01-01';
```

위 쿼리는 dept_emp 테이블에서 from_date가 "1985-01-01"보다 크거나 같은 레코드를 조회하는 쿼리다. 이 쿼리는 dept_emp 테이블의 from_date 칼럼으로 생성된 ix_fromdate 인덱스를 이용해 처리할 수도 있지만 풀 테이블 스캔(ALL)을 선택했다는 것을 알 수 있다. 다음 쿼리의 실행 계획에서 rows 칼럼의 값을 확인해 보면 MariaDB 옵티마이저가 이 쿼리를 처리하기 위해 대략 331,603건의 레코드를 읽어야 할 것이라고 예측했음을 알 수 있다. dept_emp 테이블의 전체 레코드가 331,603건이 므로 테이블의 모든 레코드를 비교해봐야 한다고 판단한 것이다. 그래서 MariaDB 옵티마이저는 인덱스 레인지 스캔이 아니라 풀 테이블 스캔을 선택한 것이다.

id	select_type	table	type	possible_keys	key	key_len	ref	rows	Extra
1	SIMPLE	dept_emp	ALL	ix_fromdate				331603	Using where

그럼 이제 범위를 더 줄인 쿼리의 실행 계획을 한번 비교해 보자. 다음 쿼리의 실행 계획을 보면 MariaDB 옵티마이저는 대략 292건의 레코드만 읽고 체크해 보면 원하는 결과를 가져올 수 있을 것으로 예측했음을 알 수 있다. 물론 그래서 실행 계획도 풀 테이블 스캔이 아니라 range로 인덱스 레인지 스캔을 사용한 것이다.

```
EXPLAIN
SELECT * FROM dept_emp WHERE from_date>='2002-07-01';
```

id	select_type	table	type	possible_keys	key	key_len	ref	rows	Extra
1	SIMPLE	dept_emp	range	ix_fromdate	ix_fromdate	3		292	Using where

이 예에서 옵티마이저는 from_date 칼럼의 값이 '2002-07-01'보다 큰 레코드가 292건만 존재할 것으로 예측했고, 이는 전체 테이블 건수와 비교하면 8.8%밖에 되지 않는다. 그래서 최종적으로 옵티마이저는 ix_fromdate 인덱스를 range 방식(인덱스 레인지 스캔)으로 처리한 것이다. 또한 인덱스에 포함된 from_date가 DATE 타입이므로 key_len은 3바이트로 표시됐다.

4.3.10 Extra 칼럼

칼럼의 이름과는 달리, 쿼리의 실행 계획에서 성능에 관련된 중요한 내용이 Extra 칼럼에 자주 표시된다. Extra 칼럼에는 고정된 몇 개의 문장이 표시되는데, 일반적으로 2~3개씩 같이 표시된다. MariaDB 5.0에서 MariaDB 5.1로 업그레이드된 이후 추가된 키워드는 조금 있지만 MariaDB 5.5는 MariaDB 5.1과 거의 같다. MariaDB 5.1에서 새로 추가된 키워드는 "(MariaDB 5.1부터)"와 같이 태그를 붙여뒀으니 참고하기 바란다. 그럼 Extra 칼럼에 표시될 수 있는 문장을 하나씩 자세히 살펴보자. 여기서 설명하는 순서는 성능과는 무관하므로 각 문장의 순서 자체는 의미가 없다.

4.3.10.1 const row not found

쿼리의 실행 계획에서 const 접근 방식으로 테이블을 읽었지만 실제로 해당 테이블에 레코드가 1건도 존재하지 않으면 Extra 칼럼에 이 내용이 표시된다. Extra 칼럼에 이런 메시지가 표시되는 경우에는 테이블에 적절히 테스트용 데이터를 저장하고 다시 한번 쿼리의 실행 계획을 확인해 보는 것이 좋다.

4.3.10.2 Distinct

Extra 칼럼에 Distinct 키워드가 표시되는 다음 예제 쿼리를 한번 살펴보자.

```
EXPLAIN
SELECT DISTINCT d.dept_no
FROM departments d, dept_emp de WHERE de.dept_no=d.dept_no;
```

id	select_type	table	type	key	key_len	Ref	rows	Extra
1	SIMPLE	d	index	ux_deptname	123	NULL	9	Using index; Using temporary
1	SIMPLE	de	ref	PRIMARY	12	employees.d.dept_no	18603	Using index; Distinct

위 쿼리에서 실제 조회하려는 값은 dept_no인데, departments 테이블과 dept_emp 테이블에 모두 존재하는 dept_no만 중복 없이 유니크하게 가져오기 위한 쿼리다. 그래서 두 테이블을 조인해서 그 결과에 다시 DISTINCT 처리를 넣은 것이다.

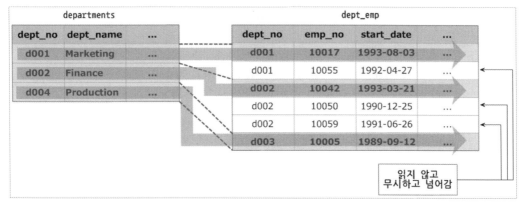

〈그림 4-7〉 Distinct의 처리 방식

〈그림 4-7〉은 실행 계획의 Extra 칼럼에 Distinct가 표시되는 경우, 어떻게 처리되는지 보여준다. 쿼리의 DISTINCT를 처리하기 위해 조인하지 않아도 되는 항목은 모두 무시하고 꼭 필요한 것만 조인했으며, dept_emp 테이블에서는 꼭 필요한 레코드만 읽었다는 것을 표현하고 있다.

4.3.10.3 Full scan on NULL key

이 처리는 "col1 IN (SELECT col2 FROM …)" 과 같은 조건을 가진 쿼리에서 자주 발생할 수 있는데, 만약 col1 의 값이 NULL이 된다면 결과적으로 조건은 "NULL IN (SELECT col2 FROM …)"과 같이 바뀐다. SQL 표준에서는 NULL을 "알 수 없는 값"으로 정의하고 있으며, NULL에 대한 연산의 규칙까지 정의하고 있다. 그 정의대로 연산을 수행하기 위해 이 조건은 다음과 같이 비교돼야 한다.

- 서브 쿼리가 1건이라도 결과 레코드를 가진다면 최종 비교 결과는 NULL
- 서브 쿼리가 1건도 결과 레코드를 가지지 않는다면 최종 비교 결과는 FALSE

이 비교 과정에서 col1이 NULL이면 풀 테이블 스캔(Full scan)을 해야만 결과를 알아낼 수 있다. Extra 칼럼의 "Full scan on NULL key"는 MariaDB가 쿼리를 실행하는 중 col1이 NULL을 만나면 예비책으로 풀 테이블 스캔을 사용할 것이라는 사실을 알려주는 키워드다. 만약 "col1 IN (SELECT col2 FROM …)" 조건에서 col1이 NOT NULL로 정의된 칼럼이라면 이러한 예비책은 사용되지 않고 Extra 칼럼에도 표시되지 않을 것이다.

Extra 칼럼에 "Full scan on NULL key"를 표시하는 실행 계획을 한번 살펴보자.

```
EXPLAIN
SELECT d.dept_no, NULL IN (SELECT id.dept_name FROM departments id)
FROM departments d ;
```

id	select_type	table	type	key	key_len	Ref	rows	Extra
1	PRIMARY	d	index	ux_deptname	123	NULL	9	Using index
2	DEPENDENT SUBQUERY	id	index_subquery	ux_deptname	123	const	2	Using index; Full scan on NULL key

만약 칼럼이 NOT NULL로 정의되지는 않았지만 이러한 NULL 비교 규칙을 무시해도 된다면 col1이 절대 NULL은 될 수 없다는 것을 MariaDB 옵티마이저에게 알려주면 된다. 가장 대표적인 방법으로는 이 쿼리의 조건에 "col1 IS NOT NULL"이라는 조건을 지정하는 것이다. 그러면 col1이 NULL이면 "col1 IS NOT NULL" 조건이 FALSE가 되기 때문에 "col1 IN (SELECT col2 FROM tb_test2)" 조건은 실행하지 않는다.

```
SELECT *
FROM tb_test1
WHERE col1 IS NOT NULL
        AND col1 IN (SELECT col2 FROM tb_test2);
```

"Full scan on NULL key" 코멘트가 실행 계획의 Extra 칼럼에 표시됐다고 하더라도, 만약 IN이나 NOT IN 연산자의 왼쪽에 있는 값이 실제로 NULL이 없다면 풀 테이블 스캔은 발생하지 않으므로 걱정하지 않아도 된다. 하지만 IN이나 NOT IN 연산자의 왼쪽 값이 NULL인 레코드가 있고, 서브 쿼리에 개별적으로 WHERE 조건이 지정돼 있다면 상당한 성능 문제가 발생할 수도 있다. 이에 대한 더 자세한 내용은 7.4.9.5절 "WHERE 절에 NOT IN과 함께 사용된 서브 쿼리 – NOT IN (subquery)"를 꼭 참고하도록 하자.

4.3.10.4 Impossible HAVING

쿼리에 사용된 HAVING 절의 조건을 만족하는 레코드가 없을 때 실행 계획의 Extra 칼럼에는 "Impossible HAVING" 키워드가 표시된다.

```
EXPLAIN
SELECT e.emp_no, COUNT(*) AS cnt
FROM employees e
WHERE e.emp_no=10001
GROUP BY e.emp_no
HAVING e.emp_no IS NULL;
```

위의 예제에서 HAVING 조건에 "e.emp_no IS NULL"이라는 조건이 추가됐지만, 사실 employees 테이블의 e.emp_no 칼럼은 프라이머리 키이면서 NOT NULL 타입의 칼럼이다. 그러므로 결코 e.emp_no IS NULL 조건을 만족할 가능성이 없으므로 Extra 칼럼에서 "Impossible HAVING"이라는 키워드를 표시한다.

id	select_type	table	type	possible_keys	key	key_len	ref	rows	Extra
1	SIMPLE								Impossible HAVING

애플리케이션의 쿼리 중에서 실행 계획의 Extra 칼럼에 "Impossible HAVING" 메시지가 출력된다면 쿼리가 제대로 작성되지 못한 경우가 대부분이므로 쿼리의 내용을 다시 점검하는 것이 좋다.

4.3.10.5 Impossible WHERE

"Impossible HAVING"과 비슷하며, WHERE 조건이 항상 FALSE가 될 수밖에 없는 경우 "Impossible WHERE"가 표시된다.

```
EXPLAIN
SELECT * FROM employees WHERE emp_no IS NULL;
```

위의 쿼리에서 WHERE 조건절에 사용된 emp_no 칼럼은 NOT NULL이므로 emp_no IS NULL 조건은 항상 FALSE가 된다. 이럴 때 쿼리의 실행 계획에는 다음과 같이 "불가능한 WHERE 조건"으로 Extra 칼럼이 출력된다.

id	select_type	table	type	possible_keys	key	key_len	ref	rows	Extra
1	SIMPLE								Impossible WHERE

4.3.10.6 Impossible WHERE noticed after reading const tables

위의 "Impossible WHERE"의 경우에는 실제 데이터를 읽어보지 않고도 바로 테이블의 구조상으로 불가능한 조건이라고 판단할 수 있었지만 다음 예제 쿼리는 어떤 메시지가 표시될까?

```
EXPLAIN
SELECT * FROM employees WHERE emp_no=0;
```

id	select_type	table	type	key	key_len	ref	rows	Extra
1	SIMPLE							Impossible WHERE noticed after reading const tables

이 쿼리는 실제로 실행되지 않으면 emp_no=0인 레코드가 있는지 없는지 판단할 수 없다. 그런데 이 쿼리의 실행 계획만 확인했을 뿐인데, 옵티마이저는 사번이 0인 사원이 없다는 것까지 확인한 것이다.

이를 토대로 MariaDB가 실행 계획을 만드는 과정에서 쿼리의 일부분을 실행해 본다는 사실을 알 수 있다. 위에서 설명한 쿼리는 employees 테이블의 프라이머리 키를 동등 조건으로 비교하고 있다. 이럴 때는 const 접근 방식을 사용한다는 것은 이미 살펴봤다. 쿼리에서 const 접근 방식이 필요한 부분은 실행 계획 수립 단계에서 옵티마이저가 직접 쿼리의 일부를 실행하고, 실행된 결과 값을 원본 쿼리의 상수로 대체한다.

```
SELECT *
FROM employees oe
```

```
WHERE oe.first_name=(
SELECT ie.first_name
FROM employees ie
WHERE ie.emp_no=10001
);
```

즉, 위와 같은 쿼리를 실행하면 WHERE 조건절의 서브 쿼리는(프라이머리 키를 통한 조회여서 const 접근 방식을 사용할 것이므로) 옵티마이저가 실행한 결과를 다음과 같이 대체한 다음, 본격적으로 쿼리를 실행한다.

```
SELECT *
FROM employees oe
WHERE oe.first_name='Georgi';
```

4.3.10.7 No matching min/max row

쿼리의 WHERE 조건절을 만족하는 레코드가 한 건도 없는 경우 일반적으로 "Impossible WHERE …" 문장이 Extra 칼럼에 표시된다. 만약 MIN( )이나 MAX( )와 같은 집합 함수가 있는 쿼리의 조건절에 일치하는 레코드가 한 건도 없을 때는 Extra 칼럼에 "No matching min/max row"라는 메시지가 출력된다. 그리고 MIN( )이나 MAX( )의 결과로 NULL이 반환된다.

```
EXPLAIN
SELECT MIN(dept_no), MAX(dept_no)
FROM dept_emp WHERE dept_no='';
```

위의 쿼리는 dept_emp 테이블에서 dept_no 칼럼이 빈 문자열인 레코드를 검색하고 있지만 dept_no 칼럼은 NOT NULL이므로 일치하는 레코드는 한 건도 없을 것이다. 그래서 위 쿼리의 실행 계획의 Extra 칼럼에는 "No matching min/max row" 코멘트가 표시된다.

id	select_type	table	type	possible_keys	key	key_len	ref	rows	Extra
1	SIMPLE								No matching min/max row

4.3.10.8 no matching row in const table

다음 쿼리와 같이 조인에 사용된 테이블에서 const 방식으로 접근할 때 일치하는 레코드가 없다면 "no matching row in const table"이라는 메시지를 표시한다.

```
EXPLAIN
SELECT *
FROM dept_emp de,
(SELECT emp_no FROM employees WHERE emp_no=0) tb1
WHERE tb1.emp_no=de.emp_no AND de.dept_no='d005';
```

이 메시지 또한 "Impossible WHERE ..."와 같은 종류로, 실행 계획을 만들기 위한 기초 자료가 없음을 의미한다.

id	select_type	table	type	key	key_len	ref	rows	Extra
1	PRIMARY							Impossible WHERE noticed after reading const tables
2	DERIVED							no matching row in const table

4.3.10.9 No tables used

FROM 절이 없는 쿼리 문장이나 "FROM DUAL" 형태의 쿼리 실행 계획에서는 Extra 칼럼에 "No tables used"라는 메시지가 출력된다. 다른 DBMS와는 달리 MariaDB는 FROM 절이 없는 쿼리도 허용된다. 이처럼 FROM 절 자체가 없거나 FROM 절에 상수 테이블을 의미하는 DUAL(칼럼과 레코드를 각각 1개씩만 가지는 가상의 상수 테이블)이 사용될 때는 Extra 칼럼에 "No tables used"라는 메시지가 표시된다.

```
EXPLAIN SELECT 1;
EXPLAIN SELECT 1 FROM dual;
```

id	select_type	table	type	possible_keys	key	key_len	ref	rows	Extra
1	SIMPLE								No tables used

> **참고**　MariaDB에서는 FROM 절이 없는 쿼리도 오류 없이 실행된다. 하지만 오라클에서는 쿼리에 반드시 참조하
> 는 테이블이 있어야 하므로 FROM 절이 필요없는 경우에 대비해 상수 테이블로 DUAL이라는 테이블을 사용한다.
> 또한 MariaDB에서는 오라클과의 호환을 위해 FROM 절에 "DUAL"이라는 테이블을 명시적으로 사용할 수도 있다.
> FROM 절에 DUAL이라는 이름이 사용되면 MariaDB 옵티마이저가 내부적으로 FROM 절이 없는 쿼리 문장과 같은
> 방식으로 처리한다.

4.3.10.10 Not exists

프로그램을 개발하다 보면 A 테이블에는 존재하지만 B 테이블에는 없는 값을 조회해야 하는 쿼리가 자
주 사용된다. 이럴 때는 주로 NOT IN(subquery) 형태나 NOT EXISTS 연산자를 주로 사용한다. 이
러한 형태의 조인을 안티-조인(Anti-JOIN)이라고 한다. 똑같은 처리를 아우터 조인(LEFT OUTER
JOIN)을 이용해서도 구현할 수 있다. 일반적으로 NOT IN(subquery)이나 NOT EXISTS 등의 연산자
를 사용하는 안티-조인으로 처리해야 하지만 레코드의 건수가 많을 때는 아우터 조인을 이용하면 빠른
성능을 낼 수 있다.

아우터 조인을 이용해 dept_emp 테이블에는 있지만 departments 테이블에는 없는 dept_no를 조회
하는 쿼리를 예제로 살펴보자. 다음의 예제 쿼리는 departments 테이블을 아우터로 조인해서 ON절
이 아닌 WHERE절에 아우터 테이블(departments)의 dept_no 칼럼이 NULL인 레코드만 체크해서
가져온다. 즉 안티-조인은 일반 조인(INNER JOIN)을 했을 때 나오지 않는 결과만 가져오는 방법이
다.

```
EXPLAIN
SELECT *
FROM dept_emp de
  LEFT JOIN departments d ON de.dept_no=d.dept_no
WHERE d.dept_no IS NULL;
```

이렇게 아우터 조인을 이용해 안티-조인을 수행하는 쿼리에서는 Extra 칼럼에 Not exists 메시지가
표시된다. Not exists 메시지는 이 쿼리를 NOT EXISTS 형태의 쿼리로 변환해서 처리했음을 의미하

는 것이 아니라 MariaDB가 내부적으로 어떤 최적화를 했는데 그 최적화의 이름이 "Not exists"인 것이다. Extra 칼럼의 Not exists와 SQL의 NOT EXISTS 연산자를 혼동하지 않도록 주의하자.

id	select_type	table	type	key	key_len	ref	rows	Extra
1	SIMPLE	de	ALL				334868	
1	SIMPLE	d	eq_ref	PRIMARY	12	employees.de.dept_no	1	Using where; Not exists

4.3.10.11 Range checked for each record(index map: N)

두 개의 테이블을 조인하는 다음의 쿼리를 보면서 이 메시지의 의미를 이해해 보자. 조인 조건에 상수가 없고 둘 다 변수(e1.emp_no와 e2.emp_no)인 경우, MariaDB 옵티마이저는 e1 테이블을 먼저 읽고 조인을 위해 e2를 읽을 때 인덱스 레인지 스캔과 풀 테이블 스캔 중에서 어느 것이 효율적일지 판단할 수 없게 된다. 즉, e1 테이블의 레코드를 하나씩 읽을 때마다 e1.emp_no 값이 계속 바뀌므로 쿼리의 비용 계산을 위한 기준값이 계속 변하는 것이다. 그래서 어떤 접근 방법으로 e2 테이블을 읽는 것이 좋을지 판단할 수 없는 것이다.

```
EXPLAIN
SELECT *
FROM employees e1, employees e2
WHERE e2.emp_no >= e1.emp_no;
```

예를 들어 사번이 1번부터 1억까지 있다고 가정해 보자. 그러면 e1 테이블을 처음부터 끝까지 스캔하면서 e2 테이블에서 e2.emp_no >= e1.emp_no 조건을 만족하는 레코드를 찾아야 하는데, 문제는 e1.emp_no=1인 경우에는 e2 테이블의 1억건 전부를 읽어야 한다는 것이다. 하지만 e1.emp_no=100000000인 경우에는 e2 테이블을 한 건만 읽으면 된다는 것이다. 〈그림 4-8〉은 이 시나리오를 그림으로 표현해 둔 것이다.

그래서 e1 테이블의 emp_no가 작을 때는 e2 테이블을 풀 테이블 스캔으로 접근하고, e1 테이블의 emp_no가 큰 값일 때는 e2 테이블을 인덱스 레인지 스캔으로 접근하는 형태를 수행하는 것이 최적의 조인 방법일 것이다. 지금까지 설명한 내용을 줄여서 표현하면 "매 레코드마다 인덱스 레인지 스캔을 체크한다"라고 할 수 있는데, 이것이 Extra 칼럼에 표시되는 "Range checked for each record"의 의미다.

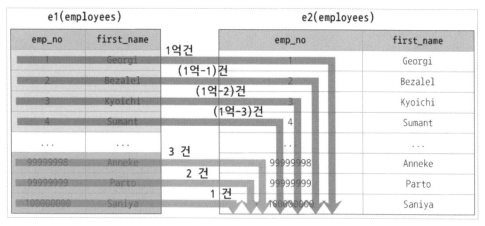

<그림 4-8> 각 레코드별로 range와 ALL 중에서 선택해야 하는 실행 계획

id	select_type	table	type	key	key_len	ref	rows	Extra
1	SIMPLE	e1	ALL		3		300584	Using index
1	SIMPLE	e2	ALL				300584	Range checked for each record (index map: 0x1)

Extra 칼럼의 출력 내용 중에서 "(index map: 0x1)"은 사용할지 말지를 판단하는 후보 인덱스의 순번을 나타낸다. "index map"은 16진수로 표시되는데, 해석을 위해서는 우선 이진수로 표현을 바꾸어야 한다. 위의 실행 계획에서는 0x1이 표시됐는데, 이는 이진수로 바꾸어도 1이다. 그래서 이 쿼리는 e2(employees) 테이블의 첫 번째 인덱스를 사용할지 아니면 테이블을 풀 스캔할지를 매 레코드 단위로 결정하면서 처리된다. 여기서 테이블의 첫 번째 인덱스란 "SHOW CREATE TABLE employees" 명령으로 테이블의 구조를 조회했을 때 제일 먼저 출력되는 인덱스를 의미한다.

그리고 쿼리 실행 계획의 type 칼럼의 값이 ALL로 표시되어 풀 테이블 스캔으로 처리된 것으로 해석하기 쉽다. 하지만 Extra 칼럼에 "Range checked for each record"가 표시되면 type 칼럼에는 ALL로 표시된다. 즉 "index map"에 표시된 후보 인덱스를 사용할지 여부를 검토해서, 이 후보 인덱스가 별로 도움이 되지 않는다면 최종적으로 풀 테이블 스캔을 사용하기 때문에 ALL로 표시된 것이다.

"index map"에 대한 이해를 돕기 위해 조금 더 복잡한 "index map"을 예제로 살펴보자. 우선 다음과 같이 여러 개의 인덱스를 가지는 테이블에 실행되는 쿼리의 실행 계획에서 "(index map: 0x19)"이라고 표시됐다고 가정하자.

```
CREATE TABLE tb_member(
  mem_id INTEGER NOT NULL,
  mem_name VARCHAR(100) NOT NULL,
  mem_nickname VARCHAR(100) NOT NULL,
  mem_region TINYINT,
  mem_gender TINYINT,
  mem_phone VARCHAR(25),
  PRIMARY KEY (mem_id),
  INDEX ix_nick_name (mem_nickname, mem_name),
  INDEX ix_nick_region (mem_nickname, mem_region),
  INDEX ix_nick_gender (mem_nickname, mem_gender),
  INDEX ix_nick_phone (mem_nickname, mem_phone)
);
```

우선 0x19 값을 비트(이진) 값으로 변환해 보면 11001이다. 이 비트 배열을 해석하는 방법은 다음 표와 같다. 이진 비트맵의 각 자리 수는 "CREATE TABLE tb_member …" 명령에 나열된 인덱스의 순번을 의미한다.

자리수	다섯 번째 자리	네 번째 자리	세 번째 자리	두 번째 자리	첫 번째 자리
비트맵 값	1	1	0	0	1
지칭 인덱스	ix_nick_phone	ix_nick_gender	ix_nick_region	ix_nick_name	PRIMARY KEY

결론적으로 실행 계획에서 "(index map: 0x19)"의 의미는 위의 표에서 각 자리 수의 값이 1인 다음 인덱스를 사용 가능한 인덱스 후보로 선정했음을 의미한다.

- PRIMARY KEY
- ix_nick_gender
- ix_nick_phone

각 레코드 단위로 이 후보 인덱스 가운데 어떤 인덱스를 사용할지 결정하게 되는데, 실제 어떤 인덱스가 사용됐는지는 알 수 없다. 단지 각 비트맵의 자리 수가 1인 순번의 인덱스가 대상이라는 것만 알 수 있다.

참고 실행 계획의 Extra 칼럼에 "Range checked for each record"가 표시되는 쿼리가 많이 실행되는 MariaDB 서버에서는 "SHOW GLOBAL STATUS" 명령으로 표시되는 상태 값 중에서 "Select_range_check"의 값이 크게 나타난다.

4.3.10.12 Scanned N databases

MariaDB 5.0부터는 기본적으로 INFORMATION_SCHEMA라는 DB가 제공된다. INFORMATION_SCHEMA DB는 MariaDB 서버 내에 존재하는 DB의 메타 정보(테이블, 칼럼, 인덱스 등의 스키마 정보)를 모아둔 DB다. INFORMATION_SCHEMA 데이터베이스 내의 모든 테이블은 읽기 전용이며, 단순히 조회만 가능하다. 실제로 이 데이터베이스 내의 테이블은 레코드가 있는 것이 아니라 SQL을 이용해 조회할 때마다 메타 정보를 MariaDB 서버의 메모리에서 가져와서 보여준다. 이런 이유로 한꺼번에 많은 테이블을 조회할 경우 시간이 많이 걸린다.

MariaDB 5.1부터는 INFORMATION_SCHEMA DB를 빠르게 조회할 수 있게 개선됐다. 개선된 조회를 통해 메타 정보를 검색할 경우에는 쿼리 실행 계획의 Extra 칼럼에 "Scanned N databases"라는 메시지가 표시된다. "Scanned N databases"에서 N은 몇 개의 DB 정보를 읽었는지 보여주는 것인데, N은 0과 1 또는 all의 값을 가지며 각각의 의미는 다음과 같다.

- 0 : 특정 테이블의 정보만 요청되어 데이터베이스 전체의 메타 정보를 읽지 않음
- 1 : 특정 데이터베이스내의 모든 스키마 정보가 요청되어 해당 데이터베이스의 모든 스키마 정보를 읽음
- All : MariaDB 서버 내의 모든 스키마 정보를 다 읽음

"Scanned N databases" 코멘트는 INFORMATION_SCHEMA 내의 테이블로부터 데이터를 읽는 경우에만 표시된다.

```
EXPLAIN
SELECT table_name
FROM information_schema.tables
WHERE table_schema = 'employees' AND table_name = 'employees';
```

위 쿼리는 employees DB의 employees 테이블 정보만 읽었기 때문에 employees DB 전체를 참조하지는 않았다. 그래서 다음과 같이 "Scanned 0 databases"로 Extra 칼럼에 표시된 것이다.

id	select_type	table	Type	..	key	..	..	..	Extra
1	SIMPLE	TABLES	ALL	..	TABLE_SCHEMA, TABLE_NAME	..	..	..	Using where; Skip_open_table; Scanned 0 databases

INFORMATION_SCHEMA DB에서 메타 정보를 조회하는 쿼리는 애플리케이션에서 거의 사용하지 않으므로 실행 계획에 "Scanned N databases"라는 코멘트가 표시되는 쿼리는 거의 없을 것이다.

4.3.10.13 Select tables optimized away

MIN( ) 또는 MAX( )만 SELECT 절에 사용되거나 또는 GROUP BY로 MIN( ), MAX( )를 조회하는 쿼리가 적절한 인덱스를 사용할 수 없을 때 인덱스를 오름차순 또는 내림차순으로 1건만 읽는 형태의 최적화가 적용된다면 Extra 칼럼에 "Select tables optimized away"가 표시된다.

또한 MyISAM 테이블에 대해서는 GROUP BY 없이 COUNT(*)만 SELECT할 때도 이런 형태의 최적화가 적용된다. MyISAM 테이블은 전체 레코드 건수를 별도로 관리하기 때문에 인덱스나 데이터를 읽지 않고도 전체 건수를 빠르게 조회할 수 있다. 하지만 WHERE 절에 조건을 가질 때는 이러한 최적화를 사용하지 못한다.

```
EXPLAIN
SELECT MAX(emp_no), MIN(emp_no) FROM employees;

EXPLAIN
SELECT MAX(from_date), MIN(from_date) FROM salaries WHERE emp_no=10001;
```

id	select_type	table	type	possible_keys	key	key_len	ref	rows	Extra
1	SIMPLE								Select tables optimized away

첫 번째 쿼리는 employees 테이블에 있는 emp_no 칼럼에 인덱스가 생성돼 있으므로 "Select tables optimized away" 최적화가 가능하다. 〈그림 4-9〉는 employees 테이블의 emp_no 칼럼에 생성된 인덱스에서 첫 번째 레코드와 마지막 레코드만 읽어서 최솟값과 최댓값을 가져오는 것을 표현하고 있다.

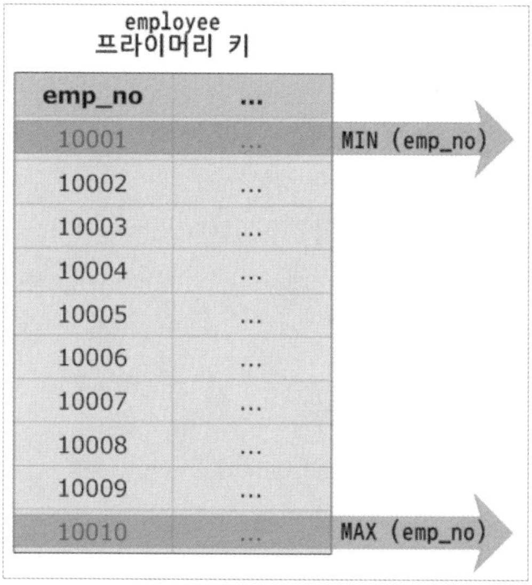

〈그림 4-9〉 WHERE 조건 없는 MIN( ), MAX( ) 쿼리의 최적화

두 번째 쿼리의 경우 salaries 테이블에 emp_no+from_date로 인덱스가 생성돼 있으므로 인덱스가 emp_no=10001인 레코드를 검색하고, 검색된 결과 중에서 오름차순 또는 내림차순으로 하나만 조회하면 되기 때문에 이러한 최적화가 가능한 것이다. 〈그림 4-10〉은 이 과정을 보여준다.

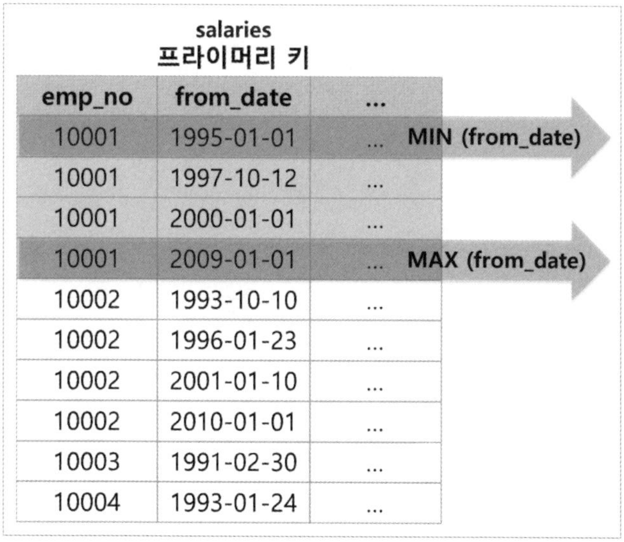

〈그림 4-10〉 WHERE 조건이 있는 MIN( ), MAX( ) 쿼리의 최적화

4.3.10.14 Skip_open_table, Open_frm_only, Open_trigger_only, Open_full_table

이 코멘트 또한 "Scanned N databases"와 같이 INFORMATION_SCHEMA DB의 메타 정보를 조회하는 SELECT 쿼리의 실행 계획에서만 표시되는 내용이다. 테이블의 메타 정보가 저장된 파일(*.FRM)과 트리거가 저장된 파일(*.TRG) 또는 데이터 파일 중에서 필요한 파일만 읽었는지 또는 불가피하게 모든 파일을 다 읽었는지 등의 정보를 보여준다. Extra 칼럼에 표시되는 메시지는 다음 4가지 중 하나이며, 그 의미는 다음과 같다.

- Skip_open_table: 테이블의 메타 정보가 저장된 파일을 별도로 읽을 필요가 없음
- Open_frm_only: 테이블의 메타 정보가 저장된 파일(*.FRM)만 열어서 읽음
- Open_trigger_only: 트리거 정보가 저장된 파일(*.TRG)만 열어서 읽음
- Open_full_table: 최적화되지 못해서 테이블 메타 정보 파일(*.FRM)과 데이터(*.MYD) 및 인덱스 파일(*.MYI)까지 모두 읽음

위의 내용에서 데이터(*.FRM) 파일이나 인덱스(*.MYI)에 관련된 내용은 MyISAM에만 해당하며, InnoDB 스토리지 엔진을 사용하는 테이블에는 적용되지 않는다.

4.3.10.15 unique row not found

두 개의 테이블이 각각 유니크(프라이머리 키 포함) 칼럼으로 아우터 조인을 수행하는 쿼리에서 아우터 테이블에 일치하는 레코드가 존재하지 않을 때 Extra 칼럼에 이 코멘트가 표시된다.

```
-- // 테스트 케이스를 위한 테스트용 테이블 생성
CREATE TABLE tb_test1 (fdpk INT, PRIMARY KEY(fdpk));
CREATE TABLE tb_test2 (fdpk INT, PRIMARY KEY(fdpk));

-- // 생성된 테이블에 레코드 INSERT
INSERT INTO tb_test1 VALUES (1),(2);
INSERT INTO tb_test2 VALUES (1);

EXPLAIN
SELECT t1.fdpk
FROM tb_test1 t1
  LEFT JOIN tb_test2 t2 ON t2.fdpk=t1.fdpk
WHERE t1.fdpk=2;
```

이 쿼리가 실행되면 tb_test2 테이블에는 fdpk=2인 레코드가 없으므로 다음처럼 "unique row not found"라는 코멘트가 표시된다.

id	select_type	table	type	key	key_len	ref	rows	Extra
1	SIMPLE	t1	const	PRIMARY	4	const	1	Using index
1	SIMPLE	t2	const	PRIMARY	4	const	0	unique row not found

4.3.10.16 Using filesort

ORDER BY를 처리하기 위해 인덱스를 이용할 수도 있지만 적절한 인덱스를 사용하지 못할 때는 MariaDB 서버가 조회된 레코드를 다시 한 번 정렬해야 한다. ORDER BY 처리가 인덱스를 사용하지 못할 때만 실행 계획의 Extra 칼럼에 "Using filesort" 코멘트가 표시되며, 이는 조회된 레코드를 정렬용 메모리 버퍼에 복사해 퀵 소트 알고리즘을 수행하게 된다는 의미이다. "Using filesort" 코멘트는 ORDER BY가 사용된 쿼리의 실행 계획에서만 나타날 수 있다.

```
EXPLAIN
SELECT * FROM employees ORDER BY last_name DESC;
```

hire_date 칼럼에는 인덱스가 없으므로 이 쿼리의 정렬 작업을 처리하기 위해 인덱스를 이용하는 것은 불가능하다. MariaDB 옵티마이저는 레코드를 읽어서 소트 버퍼(Sort buffer)에 복사하고, 정렬해서 그 결과를 클라이언트에 보낸다.

id	select_type	table	type	possible_keys	key	key_len	ref	rows	Extra
1	SIMPLE	employees	ALL					300584	Using filesort

실행 계획의 Extra 칼럼에 "Using filesort"가 출력되는 쿼리는 많은 부하를 일으키므로 가능하다면 쿼리를 튜닝하거나 인덱스를 생성하는 것이 좋다. "Using filesort"는 중요한 부분이므로 5.2절 "ORDER BY 처리(USING FILESORT)"에서 다시 자세히 다루겠다.

4.3.10.17 Using index(커버링 인덱스)

데이터 파일을 전혀 읽지 않고 인덱스만 읽어서 쿼리를 모두 처리할 수 있을 때 Extra 칼럼에 "Using index"가 표시된다. 인덱스를 이용해 처리하는 쿼리에서 가장 큰 부하를 차지하는 부분은 인덱스를 검색해 일치하는 레코드의 나머지 칼럼 값을 가져오기 위해 데이터 파일을 찾아서 가져오는 작업이다. 최악의 경우에는 인덱스를 통해 검색된 결과 레코드 한 건 한 건마다 디스크를 한 번씩 읽어야 할 수도 있다.

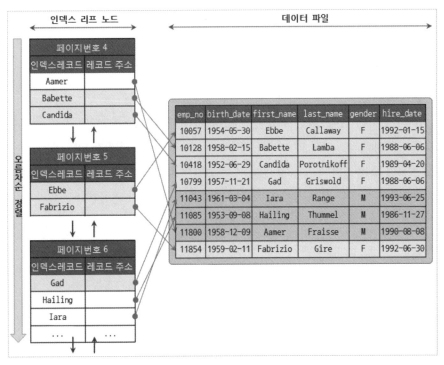

〈그림 4-11〉 B-Tree 인덱스 검색 후 데이터 레코드 읽기

〈그림 4-11〉과 같이 employees 테이블에 데이터가 저장돼 있고, 다음의 쿼리가 인덱스 레인지 스캔 접근 방식을 사용한다고 해보자. 만약 다음 쿼리가 인덱스 레인지 스캔으로 처리된다면 디스크에서 읽기 작업이 얼마나 필요한지 한 번 살펴보자.

```
SELECT first_name, birth_date
FROM employees WHERE first_name BETWEEN 'Babette' AND 'Gad';
```

id	select_type	table	type	key	key_len	ref	rows	Extra
1	SIMPLE	employees	range	ix_firstname	42		...	Using where

이 예제 쿼리는 employees 테이블의 first_name 칼럼에 생성된 인덱스(ix_firstname)를 이용해 일치하는 레코드를 검색할 것이다.

그리고 일치하는 레코드 5건에 대해 birth_date 칼럼의 값을 읽기 위해 각 레코드가 저장된 데이터 페이지를 디스크로부터 읽어야 한다.

실제 ix_firstname 인덱스에서 일치하는 레코드 5건을 검색하기 위해 디스크 읽기 3~4번만으로 필요한 인덱스 페이지를 모두 가져올 수 있다. 하지만 각 레코드의 나머지 데이터를 가져오기 위해 최대 5번의 디스크 읽기를 더 해야 한다. 물론 이 예제는 아주 간단하고 적은 개수의 레코드만 처리하기 때문에 디스크 읽기가 적지만 실제 복잡하고 많은 레코드를 검색해야 하는 쿼리에서는 나머지 레코드를 읽기 위해서 수백 번의 디스크 읽기가 더 필요할 수도 있다.

그럼 이제 birth_date 칼럼은 빼고 first_name 칼럼만 SELECT하는 쿼리를 한번 생각해보자. 이 쿼리도 마찬가지로 인덱스 레인지 스캔을 이용해서 처리된다고 가정하자.

```
SELECT first_name
FROM employees WHERE first_name BETWEEN 'Babette' AND 'Gad';
```

id	select_type	table	type	key	key_len	ref	rows	Extra
1	SIMPLE	employees	range	ix_firstname	42		...	Using index

이 예제 쿼리에서는 employees 테이블의 여러 칼럼 중에서 first_name 칼럼만 사용됐다. 즉, first_name 칼럼만 있으면 이 쿼리는 모두 처리되는 것이다. 그래서 이 쿼리는 위의 첫 번째 예제 쿼리의 두 작업 중에서 1번 과정만 실행하면 된다. 필요한 칼럼이 모두 인덱스에 있으므로 나머지 칼럼이 저장된 데이터 파일을 읽어 올 필요가 없다. 이 쿼리는 디스크에서 4~5개의 페이지만 읽으면 되기 때문에 매우 빠른 속도로 처리된다.

두 번째 예제와 같이 인덱스만으로 쿼리를 수행할 수 있을 때 실행 계획의 Extra 칼럼에는 "Using index"라는 메시지가 출력된다. 이렇게 인덱스만으로 처리되는 것을 "커버링 인덱스(Covering index)"라고 한다. 인덱스 레인지 스캔을 사용하지만 쿼리의 성능이 만족스럽지 못한 경우라면 인덱스에 있는 칼럼만 사용하도록 쿼리를 변경해 큰 성능 향상을 볼 수 있다.

InnoDB의 모든 테이블은 클러스터링 인덱스로 구성돼 있다. 그리고 이 때문에 InnoDB 테이블의 모든 보조 인덱스는 데이터 레코드의 주소 값으로 프라이머리 키값을 가진다. 〈그림 4-11〉의 그림에서 살펴 본 테이블이 만약 InnoDB 스토리지 엔진을 사용한다면 실제로 인덱스는 〈그림 4-12〉와 같이 저장될 것이다. 인덱스의 "레코드 주소" 값에 employees 테이블의 프라이머리 키인 emp_no 값이 저장된 것을 볼 수 있다.

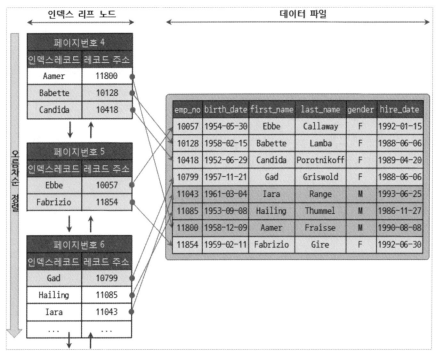

〈그림 4-12〉 InnoDB에서, B-Tree 인덱스와 데이터 레코드

InnoDB 테이블에서는 first_name 칼럼만으로 인덱스를 만들어도, 결국 그 인덱스에 emp_no 칼럼이 같이 저장되는 효과를 낸다. 이러한 클러스터링 인덱스 특성 때문에 쿼리가 "커버링 인덱스"로 처리될 가능성이 상당히 높다. 간단히 다음 쿼리를 한번 살펴보자. 이 예제 쿼리도 인덱스 레인지로 처리된다고 가정하자.

```
SELECT emp_no, first_name
FROM employees WHERE first_name BETWEEN 'Babette' AND 'Gad';
```

이 쿼리에도 위의 첫 번째나 두 번째 예제처럼 같은 WHERE 조건이 지정돼 있어서 first_name 칼럼의 인덱스를 이용해 일치하는 레코드를 검색할 것이다. 그런데 이 쿼리는 위의 두 번째 예제 쿼리와는 달리 first_name 칼럼외에 emp_no를 더 가져와야 한다. 하지만 emp_no는 employees 테이블의 프라이머리 키이기 때문에 이미 인덱스에 포함돼 있어 데이터 파일을 읽지 않아도 된다. 즉, InnoDB의 보조 인덱스에는 데이터 레코드를 찾아가기 위한 주소로 사용하기 위해 프라이머리 키를 저장해두는 것이지만, 더불어 추가 칼럼을 하나 더 가지는 인덱스의 효과를 동시에 얻을 수 있게 되는 것이다.

레코드 건수에 따라서 차이가 있겠지만 쿼리를 커버링 인덱스로 처리할 수 있을 때와 그렇지 못할 때의 성능 차이는 수십 배에서 수백 배까지 날 수 있다. 하지만 무조건 커버링 인덱스로 처리하려고 인덱스에 많은 칼럼을 추가하면 더 위험한 상황이 초래될 수도 있다. 너무 과도하게 인덱스의 칼럼이 많아지면 인덱스의 크기가 커져서 메모리 낭비가 심해지고 레코드를 저장하거나 변경하는 작업이 매우 느려질 수 있기 때문이다. 너무 커버링 인덱스 위주로 인덱스를 생성하지는 않도록 주의하자.

접근 방법(실행 계획의 type 칼럼)이 eq_ref, ref, range, index_merge, index 등과 같이 인덱스를 사용하는 실행 계획에서는 모두 Extra 칼럼에 "Using index"가 표시될 수 있다. 즉 인덱스 레인지 스캔(eq_ref, ref, range, index_merge 등의 접근 방법)을 사용할 때만 커버링 인덱스로 처리되는 것은 아니다. 인덱스 풀 스캔(index 접근 방법)을 실행할 때도 커버링 인덱스로 처리될 수 있는데, 이때도 똑같은 인덱스 풀 스캔의 접근 방법이라면 커버링 인덱스가 아닌 경우보다 훨씬 빠르게 처리된다.

> **주의** Extra 칼럼에 표시되는 "Using index"와 접근 방법 (type 칼럼의 값)의 "index"를 자주 혼동할 때가 있는데, 사실 이 두 가지는 성능상 반대되는 개념이라서 반드시 구분해서 이해해야 한다. 이미 살펴봤듯이 실행 계획의 type 칼럼에 표시되는 "index"는 인덱스 풀 스캔으로 처리하는 방식을 의미하며, 이는 인덱스 레인지 스캔보다 훨씬 느린 처리 방식이다. 하지만 "Using index"는 커버링 인덱스가 사용되지 않는 쿼리보다는 훨씬 빠르게 처리한다는 것을 의미하는 메시지다. 커버링 인덱스는 실행 계획의 type에 관계없이 사용될 수 있다.

4.3.10.18 Using index for group-by

GROUP BY 처리를 위해 MariaDB 서버는 그룹핑 기준 칼럼을 이용해 정렬 작업을 수행하고 다시 정렬된 결과를 그룹핑하는 형태의 고부하 작업을 필요로 한다. 하지만 GROUP BY 처리가 인덱스(B-Tree 인덱스에 한해서)를 이용하면 정렬된 인덱스 칼럼을 순서대로 읽으면서 그룹핑 작업만 수행한다. 이렇게 GROUP BY 처리에 인덱스를 이용하면 레코드의 정렬이 필요하지 않고 인덱스의 필요한 부분만 읽으면 되기 때문에 상당히 효율적이고 빠르게 처리된다. GROUP BY 처리가 인덱스를 이용할 때 쿼리의 실행 계획에서는 Extra 칼럼에 "Using index for group-by" 메시지가 표시된다. GROUP BY 처리를 위해 인덱스를 읽는 방법을 "루스 인덱스 스캔"이라고 하는데, 5.3.2절 "루스(loose) 인덱스 스캔을 이용하는 GROUP BY"에서 다시 살펴보도록 하겠다.

GROUP BY 처리를 위해 단순히 인덱스를 순서대로 쭉 읽는 것과 인덱스의 필요한 부분만 듬성듬성 읽는 루스 인덱스 스캔은 다르다.

타이트 인덱스 스캔(인덱스 스캔)을 통한 GROUP BY 처리

인덱스를 이용해 GROUP BY 절을 처리할 수 있더라도 AVG( )나 SUM( ) 또는 COUNT(*)와 같이 조회하려는 값이 모든 인덱스를 다 읽어야 할 때는 필요한 레코드만 듬성듬성 읽을 수가 없다. 이런 쿼리는 단순히 GROUP BY를 위해 인덱스를 사용하기는 하지만 이를 루스 인덱스 스캔이라고 하지는 않는다. 또한 이런 쿼리의 실행 계획에는 "Using index for group-by" 메시지가 출력되지 않는다.

```
EXPLAIN
SELECT first_name, COUNT(*) AS counter FROM employees GROUP BY first_name;
```

id	select_type	table	type	key	key_len	ref	Rows	Extra
1	SIMPLE	employees	index	lx_firstname	44		299809	Using index

루스 인덱스 스캔을 통한 GROUP BY 처리

단일 칼럼으로 구성된 인덱스에서는 그루핑 칼럼 말고는 아무것도 조회하지 않는 쿼리에서 루스 인덱스 스캔을 사용할 수 있다. 그리고 다중 칼럼으로 만들어진 인덱스에서는 GROUP BY 절이 인덱스를 사용할 수 있어야 함은 물론이고 MIN( )이나 MAX( )와 같이 조회하는 값이 인덱스의 첫 번째 또는 마지막 레코드만 읽어도 되는 쿼리는 "루스 인덱스 스캔"이 사용될 수 있다. 이때는 인덱스를 듬성듬성하게 필요한 부분만 읽는다. 다음 예제 쿼리는 salaries 테이블의 (emp_no+from_date) 칼럼으로 만들어진 인덱스에서 각 emp_no 그룹별로 첫 번째 from_date 값(최솟값)과 마지막 from_date 값(최댓값)을 인덱스로부터 읽으면 되기 때문에 "루스 인덱스 스캔" 방식으로 처리할 수 있다.

```
EXPLAIN
SELECT emp_no, MIN(from_date) AS first_changed_date, MAX(from_date) AS last_changed_date
FROM salaries
GROUP BY emp_no;
```

id	select_type	table	type	key	key_len	ref	Rows	Extra
1	SIMPLE	salaries	range	PRIMARY	4		711129	Using index for group-by

GROUP BY에서 인덱스를 사용하려면 우선 GROUP BY 조건에서 인덱스를 사용할 수 있는 요건이 갖춰져야 한다. 하지만 그 이전에 WHERE 절에서 사용하는 인덱스에 의해서도 GROUP BY 절의 인덱스 사용 여부가 영향을 받는다는 사실이 중요하다.

WHERE 조건절이 없는 경우

WHERE 절의 조건이 전혀 없는 쿼리는 GROUP BY절의 칼럼과 SELECT로 가져오는 칼럼이 "루스 인덱스 스캔"을 사용할 수 있는 조건만 갖추면 된다. 그렇지 못한 쿼리는 타이트 인덱스 스캔(인덱스 스캔)이나 별도의 정렬 과정을 통해 처리된다.

WHERE 조건절이 있지만 검색을 위해 인덱스를 사용하지 못하는 경우

GROUP BY 절은 인덱스를 사용할 수 있지만 WHERE 조건절이 인덱스를 사용하지 못할 때는 먼저 GROUP BY를 위해 인덱스를 읽은 후, WHERE 조건의 비교를 위해 데이터 레코드를 읽어야만 한다. 그래서 이 경우도 "루스 인덱스 스캔"을 이용할 수 없으며, 타이트 인덱스 스캔(인덱스 스캔) 과정을 통해 GROUP BY가 처리된다. 다음의 쿼리는 WHERE 절은 인덱스를 사용하지 못하지만 GROUP BY가 인덱스를 사용하는 예제다.

```
EXPLAIN
SELECT first_name FROM employees
WHERE birth_date>'1994-01-01' GROUP BY first_name;
```

id	select_type	table	type	key	key_len	ref	Rows	Extra
1	SIMPLE	employees	index	ix_firstname	44		299809	Using where

WHERE 절의 조건이 있으며, 검색을 위해 인덱스를 사용하는 경우

하나의 단위 쿼리가 실행되는 경우에 index_merge 이외의 접근 방법에서는 단 하나의 인덱스만 사용할 수 있다. 그래서 WHERE 절의 조건이 인덱스를 사용할 수 있으면 GROUP BY가 인덱스를 사용할 수 있는 조건이 더 까다로워진다. 즉 WHERE 절의 조건과 GROUP BY 처리가 똑같은 인덱스를 공통으로 사용할 수 있을 때에만 루스 인덱스 스캔을 사용할 수 있다. 만약 WHERE 조건절이 사용할 수 있는 인덱스와 GROUP BY 절이 사용할 수 있는 인덱스가 다른 경우라면 일반적으로 옵티마이저는 WHERE 조건절이 인덱스를 사용하도록 실행 계획을 수립하는 경향이 있다. 때로는 전혀 작업 범위를 좁히지 못하는 WHERE 조건이라 하더라도 GROUP BY보다는 WHERE 조건이 먼저 인덱스를 사용할 수 있게 실행 계획이 수립된다.

```
EXPLAIN
SELECT emp_no
FROM salaries WHERE emp_no BETWEEN 10001 AND 200000
GROUP BY emp_no;
```

id	select_type	table	type	key	key_len	ref	Rows	Extra
1	SIMPLE	salaries	range	PRIMARY	4		207231	Using where; Using index for group-by

참고 WHERE 절의 조건이 검색을 위해 인덱스를 이용하고, GROUP BY가 같은 인덱스를 사용할 수 있는 쿼리라 하더라도 인덱스 루스 스캔을 사용하지 않을 수 있다. 즉, WHERE 조건에 의해 검색된 레코드 건수가 적으면 루스 인덱스 스캔을 사용하지 않아도 매우 빠르게 처리될 수 있기 때문이다. 루스 인덱스 스캔은 주로 대량의 레코드를 GROUP BY하는 경우 성능 향상 효과가 있을 수 있기 때문에 옵티마이저가 적절히 손익 분기점을 판단하는 것이다.

다음 예제 쿼리는 바로 위에서 살펴본 쿼리와 같다. WHERE 절의 검색 범위만 더 좁혀졌는데, 실행 계획의 Extra 칼럼에 "Using index for group-by" 처리가 사라진 것을 확인할 수 있다.

```
EXPLAIN
SELECT emp_no
FROM salaries WHERE emp_no BETWEEN 10001 AND 10099
GROUP BY emp_no;
```

id	select_type	table	type	key	key_len	ref	Rows	Extra
1	SIMPLE	salaries	range	PRIMARY	4		1404	Using where; Using index

4.3.10.19 Using join buffer(Block Nested Loop), Using join buffer(Batched Key Access)

일반적으로 빠른 쿼리 실행을 위해 조인이 되는 칼럼은 인덱스를 생성한다. 실제로 조인에 필요한 인덱스는 조인되는 양쪽 테이블 칼럼 모두가 필요한 것이 아니라 조인에서 뒤에 읽는 테이블의 칼럼에만 필요하다. MariaDB 옵티마이저도 조인되는 두 테이블에 있는 각 칼럼에서 인덱스를 조사해서 인덱스가 없는 테이블이 있으면 그 테이블을 먼저 읽어서 조인을 실행한다. 뒤에 읽는 테이블은 검색 위주로 사용되기 때문에 인덱스가 없으면 성능에 미치는 영향이 매우 크기 때문이다.

조인이 수행될 때 드리븐 테이블의 조인 칼럼에 적절한 인덱스가 있다면 아무런 문제가 되지 않는다. 하지만 드리븐 테이블에 검색을 위한 적절한 인덱스가 없다면 드라이빙 테이블(조인에서 먼저 읽어야 하는 테이블)로부터 읽은 레코드의 건수만큼 매번 드리븐 테이블을 풀 테이블 스캔이나 인덱스 풀 스캔 해야 할 것이다. 이때 드리븐 테이블(조인에서 드라이빙이 아니어서 뒤에 읽히게 되는 테이블들)의 비효율적인 검색을 보완하기 위해 MariaDB 서버는 드라이빙 테이블에서 읽은 레코드를 임시 공간에 보관해두고 필요할 때 재사용할 수 있게 해준다. 읽은 레코드를 임시로 보관해두는 메모리 공간을 "조인 버퍼"라고 하며, 조인 버퍼가 사용되는 실행 계획의 Extra 칼럼에는 "Using join buffer"라는 메시지가 표시된다.

조인 버퍼는 join_buffer_size라는 시스템 설정 변수에 최대 사용 가능한 버퍼 크기를 설정할 수 있다. 만약 조인되는 칼럼에 인덱스가 적절하게 준비돼 있다면 조인 버퍼에 크게 신경 쓰지 않아도 된다. 그렇지 않다면 조인 버퍼를 너무 부족하거나 너무 과다하게 사용되지 않게 적절히 제한해두는 것이 좋다. 일반적인 온라인 웹 서비스용 MariaDB 서버라면 조인 버퍼는 1MB 정도로 충분하다. 하지만 MariaDB 5.3부터는 조인 버퍼를 이용해서 블록 기반의 해시 조인을 수행하기도 한다. 그래서 데이터 웨어 하우스와 같이 대용량의 쿼리들을 실행해야 한다면 조인 버퍼를 더 크게 설정해주는 것이 좋다. 다음 예제 쿼리는 조인 조건이 없는 카테시안 조인을 수행하는 쿼리다. 이런 카테시안 조인을 수행하는 쿼리는 항상 조인 버퍼를 사용한다.

```
EXPLAIN
SELECT *
FROM dept_emp de, employees e
WHERE de.from_date>'2005-01-01' AND e.emp_no<10904;
```

위 예제 쿼리의 실행 계획은 아래와 같다.

id	select_type	table	type	key	key_len	ref	rows	Extra
1	SIMPLE	de	range	ix_fromdate	3		1	Using index condition
1	SIMPLE	e	range	PRIMARY	4		902	Using where; Using join buffer (Block Nested Loop)

실행 계획의 Extra 필드에는 Using join buffer라는 문구가 표시되었는데, 이는 쿼리가 조인을 수행하기 위해서 조인 버퍼를 활용했다는 것을 의미한다. 그 뒤의 "Block Nested Loop" 문구는 조인 버퍼를

활용해서 중첩된 루프(Nested loop) 형태의 조인으로 처리되었음을 의미한다. Using Join buffer는 예전 버전에서도 존재하던 문구였다. 하지만 MySQL 5.5 버전이나 MariaDB 5.3 버전과 그 이전 버전에서는 네스티드 루프 형태의 조인만 처리되었기 때문에 별도로 "Block Nested Loop"이라는 문구를 표기할 필요가 없었다.

하지만 MySQL 5.6 버전이나 MariaDB 5.5 버전 그리고 그 이후 버전에서는 네스티드 루프 조인 이외에도 여러 가지 조인 방법들이 도입되었다. 그래서 특정 쿼리의 실행 계획에서는 "Using join buffer(Batched Key Access)"라는 문구가 표시될 수 있다. 여기에서 "Batched Key Access"는 MySQL 5.6과 MariaDB 5.5 버전부터 도입된 새로운 조인 방법 중 하나인데, 자세한 내용은 나중에 자세히 살펴보도록 하겠다. 여기에서는 "Using join buffer" 문구 뒤에 표시되는 내용은 어떤 조인 알고리즘이 사용되었는지를 알려준다는 것 정도로 이해해 두도록 하자.

4.3.10.20 Using sort_union, Using union, Using intersect, Using sort_intersection

쿼리가 Index_merge 접근 방식(실행 계획의 type 칼럼의 값이 index_merge)으로 실행되는 경우에는 2개 이상의 인덱스가 동시에 사용될 수 있다. 이때 실행 계획의 Extra 칼럼에는 두 인덱스로부터 읽은 결과를 어떻게 병합했는지 조금 더 상세하게 설명하기 위해 다음 3개 중에서 하나의 메시지를 선택적으로 출력한다.

1. Using intersect(...)
각각의 인덱스를 사용할 수 있는 조건이 AND로 연결된 경우 각 처리 결과에서 교집합을 추출해내는 작업을 수행했다는 의미다.

2. Using union(...)
각 인덱스를 사용할 수 있는 조건이 OR로 연결된 경우 각 처리 결과에서 합집합을 추출해내는 작업을 수행했다는 의미다.

3. Using sort_union(...)
Using union과 같은 작업을 수행하지만 Unsing union으로 처리될 수 없는 경우(OR로 연결된 상대적으로 대량의 range 조건들) 이 방식으로 처리된다. Using sort_union과 Using union의 차이점은 Using sort_union은 프라이머리 키만 먼저 읽어서 정렬하고 병합한 후에야 비로소 레코드를 읽어서 반환할 수 있다는 것이다.

4. Using sort_intersection(...)

MySQL 5.6에서는 Using intersection 실행 계획이 동등 비교 조건에서만 사용 가능하다. 하지만 MariaDB 5.3 버전부터는 BETWEEN이나 IN과 같은 범위 비교 연산자를 사용한 조건에서도 sort_intersection을 이용해서 index_merge 실행 계획을 사용할 수 있게 되었다. sort_intersection은 sort_union과 같이 먼저 정렬을 한 다음 교집합을 찾아내는 방식으로 처리된다.

Using union( )과 Using sort_union( )은 둘 다 충분히 인덱스를 사용할 수 있는 조건이 OR로 연결된 경우에 사용된다. Using union( )은 대체로 동등 비교(Equal)처럼 일치하는 레코드 건수가 많지 않은 경우 사용되고, 각 조건이 크다 또는 작다와 같이 상대적으로 많은 레코드에 일치하는 조건이 사용되는 경우는 Using sort_union( )이 사용된다. 하지만 실제로는 레코드 건수에 거의 관계없이 각 WHERE 조건에 사용된 비교 조건이 모두 동등 조건이면 Using union( )이 사용되며, 그렇지 않으면 Using sort_union( )이 사용된다.

> **참고**
> MariaDB 내부적으로 이 둘의 차이는 정렬 알고리즘에서 싱글 패스 정렬 알고리즘과 투 패스 정렬 알고리즘의 차이와 같다. Using union( )이 싱글 패스 정렬 알고리즘을 사용한다면 Using sort_union( )은 투 패스 정렬 알고리즘을 사용한다. 더 자세한 차이가 궁금하다면 5.2.2절 "정렬 알고리즘"의 "새로운 정렬 알고리즘(Single pass)"과 "예전 방식의 정렬 알고리즘(Two pass)"을 참고한다.

4.3.10.21 Using temporary

MariaDB가 쿼리를 처리하는 동안 중간 결과를 담아 두기 위해 임시 테이블(Temporary table)을 사용한다. 임시 테이블은 메모리상에 생성될 수도 있고 디스크 상에 생성될 수도 있다. 쿼리의 실행 계획에서 Extra 칼럼에 "Using temporary" 키워드가 표시되면 임시 테이블을 사용한 것인데, 이때 사용된 임시 테이블이 메모리에 생성됐었는지 디스크에 생성됐었는지는 실행 계획만으로 판단할 수 없다.

```
EXPLAIN
SELECT * FROM employees GROUP BY gender ORDER BY MIN(emp_no);
```

위의 쿼리는 GROUP BY 칼럼과 ORDER BY 칼럼이 다르기 때문에 임시 테이블이 필요한 작업이다. 인덱스를 사용하지 못하는 GROUP BY 쿼리는 실행 계획에서 "Using temporary" 메시지가 표시되는 가장 대표적인 형태의 쿼리다.

Id	select_type	Table	type	key	key_len	ref	rows	Extra
1	SIMPLE	employees	ALL				300584	Using temporary; Using filesort

> **주의** 실행 계획의 Extra 칼럼에 "Using temporary"가 표시되지는 않지만, 실제 내부적으로는 임시 테이블을 사용
> 할 때도 많다. Extra 칼럼에 "Using temporary"가 표시되지 않았다고 해서 임시 테이블을 사용하지 않는다라고 판
> 단하지 않도록 주의해야 한다. 대표적으로 메모리나 디스크에 임시 테이블을 생성하는 쿼리는 다음과 같다.
>
> - FROM 절에 사용된 서브 쿼리는 무조건 임시 테이블을 생성한다. 물론 이 테이블을 파생 테이블(Derived
>   table)이라고 부르긴 하지만 결국 실체는 임시 테이블이다.
>
> - "COUNT(DISTINCT column1)"를 포함하는 쿼리도 인덱스를 사용할 수 없는 경우에는 임시 테이블이 만들어진
>   다.
>
> - UNION이나 UNION ALL이 사용된 쿼리도 항상 임시 테이블을 사용해서 결과를 병합한다.
>
> - 인덱스를 사용하지 못하는 정렬 작업 또한 임시 버퍼 공간을 사용하는데, 정렬해야 할 레코드가 많아지면 결국
>   디스크를 사용한다. 정렬에 사용되는 버퍼도 결국 실체는 임시 테이블과 같다. 쿼리가 정렬을 수행할 때는 실
>   행 계획의 Extra 칼럼에 "Using filesort"라고 표시된다.
>
> 그리고 임시 테이블이나 버퍼가 메모리에 저장됐는지, 디스크에 저장됐는지는 MariaDB 서버의 상태 변수 값으로 확
> 인할 수 있다. 임시 테이블에 대한 더욱 자세한 내용은 5.5절 "임시 테이블(Using temporary)"에서 살펴보겠다.

4.3.10.22 Using where

이미 MariaDB의 아키텍처 부분에서 언급했듯이 MariaDB는 내부적으로 크게 MariaDB 엔진과 스토
리지 엔진이라는 두 개의 레이어로 나눠서 볼 수 있다. 각 스토리지 엔진은 디스크나 메모리 상에서 필
요한 레코드를 읽거나 저장하는 역할을 하며, MariaDB 엔진은 스토리지 엔진으로부터 받은 레코드를
가공 또는 연산하는 작업을 수행한다. MariaDB 엔진 레이어에서 별도의 가공을 해서 필터링(여과) 작
업을 처리한 경우에만 Extra 칼럼에 "Using where" 코멘트가 표시된다.

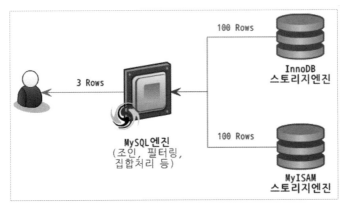

〈그림 4–13〉 MariaDB 엔진과 각 스토리지 엔진의 처리 차이

〈그림 4-13〉과 같이 각 스토리지 엔진에서 전체 200건의 레코드를 읽었는데, MariaDB 엔진에서 별도의 필터링이나 가공 없이 그 데이터를 그대로 클라이언트로 전달하면 "Using where"가 표시되지 않는다. 실제로 작업 범위 제한 조건은 각 스토리지 엔진 레벨에서 처리되지만 체크 조건은 MariaDB 엔진 레이어에서 처리된다. 다음의 쿼리를 한번 살펴보자.

```
EXPLAIN
SELECT * FROM employees WHERE emp_no BETWEEN 10001 AND 10100 AND gender='F';
```

이 쿼리에서 작업 범위 제한 조건은 "emp_no BETWEEN 10001 AND 10100"이며 "gender='F'"는 체크 조건임을 쉽게 알 수 있다. 그런데 처음의 emp_no 조건만을 만족하는 레코드 건수는 100건이지만 두 조건을 모두 만족하는 레코드는 37건밖에 안 된다. 이는 스토리지 엔진은 100개를 읽어서 MariaDB 엔진에 넘겨줬지만 MariaDB 엔진은 그중에서 63건의 레코드를 그냥 필터링해서 버렸다는 의미다. 여기서 "Using where"는 63건의 레코드를 버리는 처리를 의미한다.

id	select_type	table	type	key	key_len	ref	rows	Extra
1	SIMPLE	employees	range	PRIMARY	4	NULL	100	Using where

MariaDB 실행 계획에서 Extra 칼럼에 가장 흔하게 표시되는 내용이 "Using where"다. 그래서 가장 쉽게 무시해버리는 메시지이기도 하다. 실제로 왜 "Using where"가 표시됐는지 전혀 이해할 수 없을 때도 많다. 더욱이 MariaDB 5.0에서는 프라이머리 키로 한 건의 레코드만 조회해도 "Using where"로 출력되는 버그가 있었다. 그래서 실행 계획의 Extra 칼럼에 표시되는 "Using where"가 성능상의 문제를 일으킬지 아닐지를 적절히 선별하는 능력이 필요한데, MariaDB 5.1부터는 실행 계획에 Filtered 칼럼이 같이 표시되므로 쉽게 성능상의 이슈가 있는지 없는지를 알아낼 수 있다. 실행 계획에 Filtered 칼럼을 표시하고 분석하는 방법은 4.3.11절 "EXPLAIN EXTENDED(Filtered 칼럼)"에서 다시 자세히 다루겠다.

위의 쿼리 예제를 통해 인덱스 최적화를 조금 더 살펴보자. 위 처리 과정에서 최종적으로 쿼리에 일치하는 레코드는 37건밖에 안 되지만 스토리지 엔진은 100건의 레코드를 읽은 것이다. 상당히 비효율적인 과정이라고 볼 수 있다. 그런데 만약 employees 테이블에 (emp_no+gender)로 인덱스가 준비돼 있었다면 어떻게 될까? 이때는 두 조건 모두 작업 범위의 제한 조건으로 사용되어, 필요한 37개의 레코드만 정확하게 읽을 수 있다. 일반적으로 Extra 칼럼에 "Using where"가 표시되는 경우에는 MariaDB 엔진에서 한번 필터링 작업을 했다는 것을 의미한다. 그리고 그와 동시에 스토리지 엔진에 쓸모 없는 일을 추가로 시켰다는 것을 의미한다. 이는 MariaDB가 스토리지 엔진과 MariaDB 엔진으로 이원화된 구조 때문에 발생하는 문제점으로 볼 수 있다.

MariaDB 엔진과 스토리지 엔진의 이원화된 구조 탓에 발생하는 문제점을 하나 더 살펴보자.

```sql
CREATE TABLE tb_likefilter (
  category INT,
  name VARCHAR(30),
  INDEX ix_category_name(category, name)
);
SELECT * FROM tb_likefilter WHERE category=10 AND name LIKE '%abc%';
```

위 쿼리의 경우 category 칼럼과 name 칼럼이 인덱스로 생성돼 있다. 하지만 name LIKE '%abc%' 조건은 작업 범위 제한 조건으로 사용되지 못한다. 이처럼 작업 범위 제한 조건으로 사용되지 못하는 조건은 스토리지 엔진에서 인덱스를 통해 체크되는 것이 아니라 MariaDB 엔진에서 처리된다. 즉, 스토리지 엔진에서는 category=10을 만족하는 모든 레코드를 읽어서 MariaDB 엔진으로 넘겨주고 MariaDB 엔진에서 name LIKE '%abc%' 조건 체크를 수행해서 일치하지 않는 레코드는 버리는 것이다.

예를 들어, category=10을 만족하는 레코드가 100건, 그중에서 name LIKE '%abc%' 조건을 만족하는 레코드가 10건이라면 MariaDB 엔진은 10건의 레코드를 위해 그 10배의 작업을 스토리지 엔진에 요청한다. 상당히 불합리한 처리 방식이기도 하지만 MariaDB 5.0 이하의 버전에서는 피할 수 없는 문제점이었다. InnoDB나 MyISAM과 같은 스토리지 엔진과 MariaDB 엔진은 모두 하나의 프로세스로 동작하기 때문에 성능에 미치는 영향이 그다지 크지 않다. 하지만 스토리지 엔진이 MariaDB 엔진 외부에서 작동하는 NDB Cluster는 네트워크 전송 부하까지 겹치기 때문에 성능에 미치는 영향이 더 큰 편이다.

MariaDB 5.1의 InnoDB 플러그인 버전부터는 이원화된 구조의 불합리를 제거하기 위해 WHERE 절의 범위 제한 조건뿐 아니라 체크 조건까지 모두 스토리지 엔진으로 전달된다. 스토리지 엔진에서는 그 조건에 정확히 일치하는 레코드만 읽고 MariaDB 엔진으로 전달하기 때문에 이런 비효율적인 부분이 사라진 것이다. 즉, MariaDB 5.1부터는 위의 시나리오에서도 스토리지 엔진이 꼭 필요한 10건의 레코드만 읽게 되는 것이다. MariaDB에서 이러한 기능을 "Condition push down"이라고 표현한다.

4.3.10.23 Using where with pushed condition

실행 계획의 Extra 칼럼에 표시되는 "Using where with pushed condition" 메시지는 "Condition push down"이 적용됐음을 의미하는 메시지다. MariaDB 5.1부터는 "Condition push down"이 InnoDB나 MyISAM 스토리지 엔진에도 도입되어 각 스토리지 엔진의 비효율이 상당히 개선됐다고 볼 수 있다.

하지만 MyISAM이나 InnoDB 스토리지 엔진을 사용하는 테이블의 실행 계획에는 "Using where with pushed condition" 메시지가 표시되지 않는다. 이 메시지는 NDB Cluster 스토리지 엔진을 사용하는 테이블에서만 표시되는 메시지다. 〈그림 4-14〉와 같이 NDB Cluster는 MariaDB 엔진의 외부에서 작동하는 스토리지 엔진이라서 스토리지 엔진으로부터 읽은 레코드는 네트워크를 통해 MariaDB 엔진으로 전달된다. NDB Cluster는 여러 개의 노드로 구성되는데, 〈그림 4-14〉에서 "SQL 노드"는 MariaDB 엔진 역할을 담당하며, "데이터 노드"는 스토리지 엔진 역할을 담당한다. 그리고 데이터 노드와 SQL 노드는 네트워크를 통해 TCP/IP 통신을 한다. 그래서 실제 "Condition push down"이 사용되지 못하면 상당한 성능 저하가 발생할 수 있다.

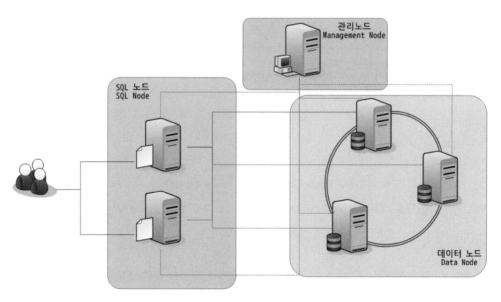

〈그림 4-14〉 NDB Cluster 아키텍처

실행 계획의 Extra 칼럼에 표시되는 "Using where with pushed condition"는 표현은 조금 다르긴 하지만 4.3.10.22절 "Using where"의 "참고"에서 설명했던 "Condition push down"과 같은 개념이 므로 참조하기 바란다.

4.3.10.24 Deleting all rows

InnoDB 스토리지 엔진이나 MyISAM 스토리지 엔진과 같이 스토리지 엔진의 핸들러 차원에서 테이블의 모든 레코드를 삭제하는 기능을 제공하는 스토리지 엔진 테이블인 경우 Extra 필드에 "Deleting all rows" 문구가 표시된다. "Deleting all rows" 문구는 WHERE 조건절이 없는 DELETE 문장의 실행 계획에서 자주 표시되며, 이 문구는 테이블의 모든 레코드를 삭제하는 핸들러 기능(API)을 한번 호출함으로써 처리되었다는 것을 의미한다. 기존까지는 테이블의 레코드를 삭제하기 위해서는 각 스토리지 엔진의 핸들러 함수를 레코드 건수만큼 호출해서 삭제해야 했는데, "Deleting all rows" 처리 방식은 한 번의 핸들러 함수 호출로 아주 간단하고 빠르게 처리할 수 있는 것이다.

아래 예제는 tab_delete라는 MyISAM 테이블을 생성하고, 예제 데이터 몇 건을 INSERT했다. 그리고 WHERE 조건절 없이 tab_delete 테이블의 모든 레코드를 삭제하는 DELETE 문장의 실행 계획을 조회해 보았다.

```
CREATE TABLE tab_delete (fd INT PRIMARY KEY) ENGINE=InnoDB;
INSERT INTO tab_delete VALUES (1), (2), (3);

EXPLAIN
DELETE FROM tab_delete;
```

위의 DELETE 문장의 실행 계획은 다음과 같다. Extra 필드에 "Deleting all rows"가 호출된 것을 확인할 수 있다. 실제 Aria 스토리지 엔진이나 MEMORY 스토리지 엔진을 사용하는 대부분의 테이블들이 "Deleting all rows" 문구가 출력되는 것을 확인할 수 있다.

id	select_type	table	type	key	key_len	ref	rows	Extra
1	SIMPLE	NULL	NULL	NULL	NULL	NULL	3	Deleting all rows

하지만 이 예제에서 "WHERE fd=1"과 같은 조건절이 사용되면 다음과 같이 Extra 필드에서 "Deleting all rows"는 없어지고 "Using where"와 같이 조건절을 위한 필터링 처리가 들어간다는 것을 확인할 수 있다.

id	select_type	table	type	key	key_len	ref	rows	Extra
1	SIMPLE	tab_delete	range	PRIMARY	4	NULL	1	Using where

4.3.10.25 FirstMatch(tbl_name)

FirstMatch는 MariaDB 5.3과 MySQL 5.6 이후 버전에서 서브 쿼리를 최적화하기 위한 여러 가지 해결책 중 하나이다. 다음 쿼리는 IN(subquery) 형태의 쿼리로, MySQL 5.5나 MariaDB 5.5 이하의 버전에서는 주로 EXISTS 형태의 쿼리로 자주 변경해서 사용하던 유형의 쿼리이다.

```
EXPLAIN
SELECT * FROM departments d
WHERE d.dept_no IN (SELECT de.dept_no FROM dept_emp de);
```

우선 MySQL 5.6에서 위의 쿼리에 대한 실행 계획을 한번 확인해보자.

id	select_type	table	type	Key	key_len	ref	rows	Extra
1	SIMPLE	d	index	ux_deptname	122		9	
1	SIMPLE	de	ref	PRIMARY	12	d.dept_no	20696	Using index; FirstMatch(departments)

위 실행 계획에서 Extra 필드에는 FirstMatch라는 키워드가 출력된 것을 확인할 수 있다. FirstMatch(table) 형태의 최적화는 이미 MySQL 5.5나 MariaDB 5.5에서 추가된 IN-to-EXISTS[3] 최적화 방식에 대해서 이름만 부여된 것이다. FirstMatch(departments)는 괄호 안의 테이블 departments가 외부 테이블임을 나타낸다.

---

[3]
MySQL 5.5나 MariaDB 5.5에서는 IN(subquery) 형태의 쿼리가 실행되면 옵티마이저가 내부적으로 EXISTS (subquery) 형태로 쿼리를 재작성해서 실행하는 최적화가 사용되었었는데, 이를 IN-to-EXISTS 최적화라고 한다.

MySQL 5.5 버전이나 MariaDB 5.5에서 위와 같은 패턴의 IN(subquery) 쿼리는 주로 다음과 같이 EXISTS(subquery) 형태로 많이 변환해서 사용하곤 했었다. 실제 MySQL 5.5나 MariaDB 5.5에서는 다음과 같이 굳이 쿼리를 변경하지 않아도 내부적으로는 최적화(IN-to-EXISTS 변환)되어서 실행되었었다. MySQL 5.6이나 MariaDB 10.0의 실행 계획에서 Extra 필드에 FirstMatch가 표시되면, 이는 IN(subquery) 쿼리가 다음 예제 쿼리와 같이 EXISTS(subquery) 형태로 변환되어서 처리된다는 것을 의미한다. 즉 departments 테이블의 레코드를 하나씩 읽은 후 dept_emp 테이블의 레코드를 검색하면서 일치하는 레코드가 발견될 때까지 검색하는 방법을 의미한다. 만약 서브 쿼리에서 일치하는 레코드를 한번만에 찾으면 아주 저비용으로 실행될 것이며, 일치하는 레코드도 하나도 찾지 못한다면 상당히 고 비용이 될 가능성이 높은 것이다.

```
SELECT * FROM departments d
WHERE EXISTS (SELECT 1 FROM dept_emp de WHERE de.dept_no=d.dept_no)
```

이제 MariaDB 10.0에서 똑같은 쿼리의 실행 계획을 한번 살펴보자.

id	select_type	table	Type	Key	key_len	ref	rows	Extra
1	PRIMARY	departments	Index	ux_deptname	122	NULL	9	Using index
1	PRIMARY	⟨subquery2⟩	eq_ref	distinct_key	12	func	1	
2	MATERIALIZED	dept_emp	Index	ix_fromdate	3	NULL	331603	Using index

MariaDB 10.0의 쿼리 실행 계획을 살펴보면 MySQL 5.6과는 달리 FirstMatch( ) 형태의 최적화가 아니라 서브 쿼리의 내용이 먼저 구체화(Materialized)되었다. 그리고 departments 테이블과 구체화된 임시 테이블을 순서대로 조인해서 이 쿼리를 실행했다는 것을 알 수 있다. 안타깝게도 서브 쿼리가 무거운 이 쿼리는 MariaDB 10.0에서 사용한 MATERIALIZED 방식보다는 MySQL 5.6이 사용한 FirstMatch 처리 방식이 훨씬 빠른 성능을 보였지만, MariaDB 10.0에서는 이 쿼리를 MySQL 5.6과 같이 FirstMatch 형태의 처리 방법으로 유도할 수 있는 방법[4]이 없었다.

---

4 물론 MariaDB 10.0의 optimizer_switch를 조정해서 FirstMatch 형태의 처리를 유도할 수 있지만 이는 나중에 다시 언급하도록 하겠다.

MariaDB 10.0	MySQL 5.6
0.25 초	0.00 초

또한 비슷한 형태의 쿼리들을 다양하게 만들어서 테스트해 보았지만, 매번 FirstMatch 형태가 아니라 MATERIALIZED 형태로 처리되었다. MariaDB 10.0 버전이 안정 버전으로 릴리즈될 때에는 조금 더 최적의 실행 계획을 선택할 수 있기를 기대해 본다.

FirstMatch에 대해서는 나중에 서브 쿼리 최적화에서 다시 한번 더 자세히 살펴보도록 하겠다.

4.3.10.26 LooseScan(m..n)

LooseScan 또한 MariaDB 5.3과 MySQL 5.6 이후 버전에서 서브 쿼리를 최적화하기 위한 여러 가지 해결책 중 하나로, IN(subquery) 형태의 쿼리에서 서브 쿼리의 결과가 중복된 레코드를 만들어 낼 가능성이 있을때 사용되는 최적화 방법이다.

이 책에서 사용하는 예제 데이터베이스에서는 LooseScan 최적화를 유도하기가 쉽지 않았다. 그래서 optimizer_switch를 조금 변경해서 LooseScan 최적화를 확인해 보고자 한다. 먼저 다음과 같이 optimizer_switch를 기본 모드로 초기화한 후 "firstmatch"와 "materialization" 최적화 기능만 꺼두도록 하자.

```
SET optimizer_switch=DEFAULT;
SET optimizer_switch='firstmatch=off';
SET optimizer_switch='materialization=off';
```

이제 다음 쿼리에 대한 실행 계획을 확인해 보도록 하자.

```
EXPLAIN
SELECT * FROM departments WHERE dept_no IN (SELECT dept_no FROM dept_emp);
```

쿼리의 실행 계획을 보면 MySQL 5.5 버전이나 MariaDB 5.2 이하의 버전과는 달리, 서브 쿼리에 사용된 테이블인 dept_emp 테이블을 먼저 읽고 departments 테이블을 읽으러 간 것을 확인할 수 있다. 그리고 dept_emp 테이블의 Extra 필드에는 "LooseScan"이 표시되었다.

id	select_type	Table	type	Key	key_len	ref	rows	Extra
1	PRIMARY	dept_emp	index	ix_fromdate	3	NULL	331603	Using index; LooseScan
1	PRIMARY	Departments	eq_ref	PRIMARY	12	dept_emp.dept_no	1	

LooseScan은 이와 같이 서브 쿼리의 내용을 "Loose Index Scan" 접근 방법으로 읽어서 중복된 레코드를 제거할 수 있는 경우 사용되는 최적화 방법이다. 이렇게 중복이 제거된 dept_emp 테이블의 결과를 드라이빙 테이블로 해서 departments 테이블과 조인으로 처리하게 된다. LooseScan으로 처리되는 경우에는 별도의 임시 테이블이 필요치 않다.

LooseScan에 대해서도 서브 쿼리 최적화에서 더 자세히 살펴보도록 하겠다.

> **주의** 영구적으로 optimizer_switch 옵션의 내용을 변경한 것이 아니라 임시적으로 optimizer_switch를 직접 변경한 경우에는 다음 테스트를 위해서 다시 optimizer_switch 옵션을 원래의 기본값으로 되돌려두는 것이 좋다. 다음과 같은 명령으로 optimizer_switch를 다시 원래대로 초기화해 두도록 하자.
>
> ```
> SET optimizer_switch=DEFAULT;
> ```

4.3.10.27 Materialize, Scan

서브 쿼리의 빠른 처리를 위한 또 다른 최적화 방법 중 하나인 구체화(Materialization)가 사용되었다는 것을 의미하는 문구이다. 이는 MySQL 5.6과 MariaDB 10.0의 초기 몇몇 버전에서만 Extra 필드에 표시되었으며, 일반적으로 독자가 사용할 만한 수준의 안정 버전에서는 이 문구들이 Extra 필드에서 모두 없어졌다. MariaDB 10.0과 MySQL 5.6 후반 안정 버전에서 구체화 최적화가 사용된 경우에는 쿼리 실행 계획의 select_type 필드에 MATERIALIZED 키워드로 표시되도록 바뀌었다.

Scan이 표시되면, 구체화된 테이블에 아무런 인덱스가 없이 생성되어서 구체화 테이블을 풀 스캔했음을 의미하고 Scan 키워드가 없으면 구체화된 임시 테이블에 인덱스가 생성되어서 룩업(Lookup)용으로 사용되었다는 것을 의미한다.

4.3.10.28 Start materialize, End materialize, Scan

Extra 필드에 "Materialize"가 표시되는 경우와 동일하다. 또한 "Start materialize"와 "End materialize" 키워드도 MySQL 5.6과 MariaDB 10.0 초반 버전대에서만 사용되었으며, 안정 버전인 후반 부 버전대에서는 실행 계획의 select_type 필드에 MATERIALIZED 키워드로 대체되었다.

4.3.10.29 Start temporary, End temporary

서브 쿼리의 최적화 방법 중에서 또 다른 방법 중 하나로 "Duplicate Weedout"이라는 것이 있는데, 이 최적화 방법이 사용된 경우에는 Extra 필드에 Start temporary와 End temporary 문구가 출력된다. Duplicate Weedout 최적화는 IN(subquery) 형태의 쿼리 문장에서 서브 쿼리를 먼저 조회해서 외부 쿼리의 테이블과 조인한 결과를 임시 테이블에 저장하고 중복된 레코드를 제거하는 것을 말한다. Duplicate weedout 최적화는 마치 우리가 직접 IN(subquery) 형태의 쿼리를 조인으로 풀어쓴 다음 GROUP BY로 중복된 레코드를 제거하는 것과 같이 작동한다.

다음 쿼리는 dept_emp 테이블의 "d001"과 "d002" 부서에 소속된 사원들만 조회하는 쿼리이다.

```
EXPLAIN
SELECT * FROM employees e
WHERE e.emp_no IN (SELECT de.emp_no FROM dept_emp de WHERE dept_no IN ('d001','d003'));
```

다음과 같이 이 쿼리의 실행 계획에서 Extra 필드에는 Start temporary와 End temporary가 표시된 것을 확인할 수 있다.

id	select_type	table	Type	Key	key_len	ref	rows	Extra
1	SIMPLE	de	range	PRIMARY	12	NULL	74908	Using where; Using index; Start temporary
1	SIMPLE	e	eq_ref	PRIMARY	4	de.emp_no	1	End temporary

Duplicate weedout 최적화는 먼저 서브 쿼리로 작성된 쿼리를 조인으로 풀어서 쿼리를 실행하고, 그 결과를 임시 테이블에 담아두게 된다. 조인을 수행할 때, 첫번째 읽는 테이블(드라이빙 테이블)의 Extra 필드에는 "Start temporary"가 표시되며, 조인의 마지막에 읽히는 테이블의 Extra 필드에는 "End temporary"가 표시된다.

4.3.10.30 Using index condition

WHERE 조건절을 가진 쿼리가 실행될 때, WHERE 절의 조건이 인덱스를 사용할 수 있다면 먼저 인덱스를 읽어서 조건에 부합되는지 여부를 판단하고 필요 시 데이터 파일의 레코드를 읽게 된다. 그런데 기존 MariaDB 5.2와 MySQL 5.5 버전까지는 인덱스를 사용할 수 있는 조건임에도 불구하고, 스토리지 엔진으로 그 조건이 전달되지 않아서 불필요하게 데이터 파일을 읽어야 하는 구조였다.

다음 쿼리는 employees 테이블에서 first_name 칼럼이 'Lee'로 시작하면서 "matt"으로 끝나는 레코드를 검색하는 쿼리이다.

```
EXPLAIN
SELECT * FROM employees WHERE first_name LIKE 'Lee%' AND first_name LIKE '%matt';
```

MySQL 5.5 버전에서 이 쿼리의 실행 계획은 다음과 같다.

id	select_type	table	type	Key	key_len	ref	rows	Extra
1	SIMPLE	employees	range	ix_firstname	44	NULL	246	Using where

위의 실행 계획을 보면 employees 테이블을 InnoDB 스토리지 엔진이 first_name이 'Lee'로 시작되는 레코드를 모두 검색한 다음 일치하는 레코드의 모든 칼럼 데이터를 읽어서 리턴해주면 MySQL 엔진에서 그 결과 레코드가 조건절(first_name LIKE '%matt')에 부합되는지 비교한 다음 최종 결과를 사용자에게 반환하는 형식으로 처리된다. InnoDB 스토리지 엔진에서 ix_firstname 인덱스를 읽으면서 first_name LIKE '%matt' 조건도 같이 검증할 수 있음에도 불구하고, 안타깝게도 InnoDB 스토리지 엔진은 first_name LIKE 'Lee%' 조건에 일치하는 모든 레코드에 대해서 데이터 파일을 랜덤하게 읽은 것이다. MySQL 5.5 버전이나 MariaDB 5.2 버전까지는 각 스토리지 엔진이 인덱스를 효율적으로 사용하지 못하는 조건들을 MySQL 엔진으로부터 전달받지 못했기 때문에 이런 최적화가 불가능했던 것이다.

이제 똑같은 쿼리를 MariaDB 10.0에서 한번 확인해보자.

id	select_type	table	type	Key	key_len	ref	rows	Extra
1	SIMPLE	employees	range	ix_firstname	44	NULL	246	Using index condition

MariaDB 10.0의 실행 계획에서는 Extra 필드의 "Using where" 문구가 없어지고 "Using index condition"이라는 문구가 표시되었다. 이는 "first_name LIKE 'Lee%'" 조건뿐만 아니라 "first_name LIKE '%matt'" 조건까지 모두 InnoDB 스토리지 엔진으로 전달되었으며, InnoDB 스토리지 엔진에서는 두 개의 조건을 이용해서 인덱스를 최대한 활용했으며 employees 테이블의 데이터 파일을 불필요하게 읽지 않았음을 의미한다. 이 최적화를 인덱스 컨디션 푸시다운(Index Condition Pushdown ,ICP)이라고 한다.

> **주의** "Using index condition" 문구와 MySQL Cluster (NDB)의 실행 계획에서 표시될 수 있는 "Using where with pushed condition"는 혼동하지 않도록 하자. 물론 비슷하게 둘다 WHERE 조건절을 스토리지 엔진으로 전달해서 쿼리 실행을 최적화한다는 개념이긴 하지만 MySQL Cluster에서는 훨씬 이전부터 이런 최적화가 도입되어 있었다. "Using where with pushed condition"는 MySQL Cluster에서만 표시되며, 우리가 자주 사용하는 MariaDB 나 MySQL에서는 "Using index condition"으로 표시된다.

4.3.10.31 Rowid-ordered scan, Key-ordered scan

MySQL 5.6과 MariaDB 5.3 버전부터 추가된 새로운 최적화 기능 중 하나로 멀티 레인지 리드(Multi Range Read, MRR)가 있다. 인덱스 레인지 스캔을 통해서 WHERE 조건에 일치하는 레코드를 발견하게 되면 필요에 따라서 데이터 파일의 나머지 레코드를 읽어야 할 때도 있다. 이렇게 인덱스를 통해서 발견된 레코드가 매우 많은 경우 해당 레코드들에 대해서 데이터 파일 읽기는 매번 랜덤 액세스로 접근하게 된다. 사실 이런 랜덤 액세스는 상당히 부담스러운 작업이며, 디스크 IO가 많은 데이터베이스에서는 상당히 시간이 오래 걸리게 된다.

MRR은 이런 단점을 보완하기 위해 인덱스를 통해서 WHERE 조건에 일치하는 레코드를 어느 정도 읽은 후 프라이머리 키 값으로 모두 정렬한 다음 실제 데이터 파일에서 나머지 칼럼들에 대한 읽기를 실행한다. 이렇게 함으로써 랜덤 데이터 파일 읽기의 횟수를 줄일 수 있다.

MySQL 5.6에서는 Multi Range Read가 사용되면 Extra 필드에 "Using MRR"이라고 표시되지만, MariaDB에서는 "Rowid-ordered scan" 또는 "Key-ordered scan"이 Extra 필드에 표시된다. 실제로 MySQL 5.6에서는 MariaDB의 "Rowid-ordered scan"에 해당되는 최적화만 수행하는 것이며, "Key-ordered scan" 최적화는 MySQL 5.6에서는 구현되지 않았다.

다음 쿼리는 이름이 'A'보다 크고 'B'보다 작은 모든 직원의 정보를 조회하는 쿼리이다. 이 쿼리는 employees 테이블의 ix_firstname 인덱스를 이용해서 WHERE 조건절을 만족하는 레코드를 검색할 수 있다. 하지만 사용자에게 반환해야 하는 정보는 employees 테이블의 모든 칼럼이기 때문에 데이터 파일을 반드시 읽어야 한다는 것을 알 수 있다.

```
EXPLAIN
SELECT * FROM employees WHERE first_name>='A' AND first_name<'B';
```

이 쿼리의 실행 계획을 살펴보면 다음과 같다.

id	select_type	table	type	Key	key_len	ref	rows	Extra
1	SIMPLE	employees	range	ix_firstname	44	NULL	43230	Using index condition; Rowid-ordered scan

Extra 필드에 "Rowid-ordered scan"이란 문구가 출력되었다. 이는 ix_firstname 인덱스를 통해 WHERE 조건절에 일치하는 레코드를 검색한 후, 실제 나머지 칼럼을 읽기 위해서 데이터 파일을 읽기 전에 employees 테이블의 프라이머리 키인 emp_no 칼럼으로 정렬을 수행한 후 데이터 파일을 읽었다는 것을 의미한다.

> **주의** 멀티 레인지 리드 최적화는, 인덱스를 읽고 데이터 파일을 읽어야 하는 쿼리에서 항상 사용되는 최적화 방법은 아니다. 그래서 이 책에서는 멀티 레인지 리드(MRR) 실행 계획을 만들기 위해서 다음과 같이 optimizer_switch를 조금 조정한 후 출력된 실행 결과를 수록한 것이다.
>
> ```
> SET optimizer_switch='mrr=ON';
> SET optimizer_switch='mrr_sort_keys=ON';
> ```
>
> 현재 저자가 예제를 실행하기 위해서 사용하고 있는 MariaDB 서버의 버전은 10.0.6으로 기본 모드에서 mrr과 mrr_sort_keys 옵티마이저 옵션은 모두 OFF로 되어 있다. 아마도 예전 버전과의 호환성 그리고 아직 정식으로 릴리즈된 버전이 아니기 때문일 것으로 보인다.

Key-ordered scan 실행 계획은 조인이 없는 단순 SELECT 쿼리에서는 사용되지 않는다. 클러스터링 키가 사용되는 XtraDB나 InnoDB와 같은 스토리지 엔진 테이블의 프라이머리 키와 조인이 사용되는 쿼리에서 사용될 수 있다. 다음 쿼리는 dept_emp 테이블의 emp_no 칼럼과 employees 테이블의

emp_no 칼럼을 이용해서 서로 조인을 하고 있는데, emp_no 칼럼은 employees 테이블의 프라이머리 키라는 것을 기억하자.

```
EXPLAIN
SELECT * FROM dept_emp de, employees e
WHERE e.emp_no=de.emp_no AND de.dept_no IN ('d001','d002');
```

위 쿼리의 실행 계획에서는 dept_emp 테이블을 먼저 읽어서 employees 테이블과 조인을 실행한다. 이때 emp_no 칼럼으로 employees 테이블을 읽기 전에 "de.dept_no IN ('d001','d002')" 조건에 일치하는 dept_emp 테이블의 emp_no 칼럼을 먼저 정렬한 다음에 employees 테이블을 읽은 것이다. employees 테이블의 emp_no 칼럼은 그 자체가 employees 테이블의 레코드 주소 역할을 수행하기 때문에 이 값을 먼저 정렬해서 배치 형태로 employees 테이블의 레코드를 읽은 것이다. 그래서 실행 계획의 Extra 필드에도 "BKAH join"이라는 문구가 같이 출력된 것이다.

id	select_type	table	type	key	key_len	ref	rows	Extra
1	SIMPLE	de	range	PRIMARY	12	NULL	75132	Using where
1	SIMPLE	e	eq_ref	PRIMARY	4	employees. de.emp_no	1	Using join buffer (flat, BKAH join); Key-ordered scan

여기에서는 멀티 레인지 리드 실행 계획을 의미하는 "Rowid-ordered scan"과 "Key-ordered scan"의 예제 쿼리를 간단히 살펴보았다. 실제 멀티 레인지 리드(MRR)의 작동 방식이나 BKA(Batched Key Access)에 대해서는 나중에 자세히 살펴보도록 하겠다.

주의 Key-ordered scan 실행 계획을 위한 예제에서도 optimizer_switch를 다음과 같이 조정한 상태에서 실행한 결과이다. join_cache_level 시스템 설정에 대해서는 5.9.2.1절 "조인 캐시 레벨"에서 다시 자세히 살펴보도록 하겠다.

```
SET optimizer_switch='mrr=on';
SET optimizer_switch='mrr_sort_keys=on';
SET join_cache_level=8;
```

4.3.10.32 No matching rows after partition pruning

MariaDB 서버에서는 파티션 테이블에 대한 검색을 수행할 때 파티션 키 칼럼에 대한 조건을 기준으로 검색할 필요가 없는 파티션을 작업 목록에서 제거하는 작업을 수행한다. 이 작업을 파티션 프루닝이라고 표현하는데, MariaDB의 옵티마이저가 쿼리의 실행 계획을 수립할 때 WHERE 조건에 부합되는 파티션이 존재하지 않는 경우에는 "No matching rows after partition pruning" 문구를 실행 계획의 Extra 필드에 표시한다. "No matching rows after partition pruning"는 "Impossible WHERE" 문구와 같이 조건에 부합되는 레코드를 찾을 수 없다는 의미이므로 WHERE 조건절을 다시 검토해 보는 것이 좋다.

4.3.11 EXPLAIN EXTENDED(Filtered 칼럼)

실행 계획의 Extra 칼럼에 표시되는 "Using where"의 의미는 이미 4.3.10.22절 "Using where"에서 자세히 설명했다. MariaDB 5.1 이상 버전이라 하더라도 스토리지 엔진에서 최종적으로 사용자에게 전달되는 레코드만 가져오는 것은 아니다. 조인과 같은 여러 가지 이유로 여전히 각 스토리지 엔진에서 읽어 온 레코드를 MariaDB 엔진에서 필터링하는데, 이 과정에서 버려지는 레코드가 발생할 수밖에 없다. 하지만 MariaDB 5.1.12 미만의 버전에서는 MariaDB 엔진에 의해 필터링 과정을 거치면서 얼마나 많은 레코드가 버려졌고, 그래서 얼마나 남았는지를 알 방법이 없었다.

MariaDB 5.1.12 버전부터는 필터링이 얼마나 효율적으로 실행됐는지를 사용자에게 알려주기 위해 실행 계획에 Filtered라는 칼럼이 새로 추가됐다. 실행 계획에서 Filtered 칼럼을 함께 조회하려면 EXPLAIN 명령 뒤에 "EXTENDED"라는 키워드를 지정하면 된다. "EXTENDED" 키워드가 사용된 실행 계획 예제를 한번 살펴보자.

```
EXPLAIN EXTENDED
SELECT * FROM employees
WHERE emp_no BETWEEN 10001 AND 10100 AND gender='F';
```

"EXPLAIN EXTENDED" 명령을 사용해 쿼리의 실행 계획을 조회하면 다음과 같이 실행 계획의 "rows" 칼럼 뒤에 "filtered"라는 새로운 칼럼이 같이 표시된다.

Id	select_type	Table	type	Key	key_len	ref	rows	filtered	Extra
1	SIMPLE	employees	range	PRIMARY	4	NULL	100	20	Using where

실행 계획에서 filtered 칼럼에는 MariaDB 엔진에 의해 필터링되어 제거된 레코드는 제외하고 최종적으로 레코드가 얼마나 남았는지의 비율(Percentage)이 표시된다. 위의 예제에서는 rows 칼럼의 값이 100건이고 filtered 칼럼의 값이 20%이므로 스토리지 엔진이 전체 100건의 레코드를 읽어서 MariaDB 엔진에 전달했는데, MariaDB 엔진에 의해 필터링되고 20%만 남았다는 것을 의미한다. 즉, MariaDB 엔진에 의해 필터링되고 남은 레코드는 20건(100건 * 20%)이라는 의미다. 여기에 출력되는 filtered 칼럼의 정보 또한 실제 값이 아니라 단순히 통계 정보로부터 예측된 값일 뿐이다(이 예제의 filtered 값은 설명을 위해 임의로 편집된 것임). 〈그림 4-15〉는 위의 쿼리가 실행되면서 스토리지 엔진과 MariaDB 엔진에서 얼마나 레코드가 읽히고 버려졌는지를 표현하고 있다.

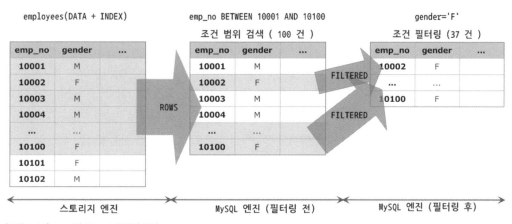

〈그림 4-15〉 rows와 filtered 칼럼의 의미

4.3.12 EXPLAIN EXTENDED(추가 옵티마이저 정보)

EXPLAIN 명령의 EXTENDED 옵션은 숨은 기능이 하나 더 있다. MariaDB 엔진에서 쿼리의 실행 계획을 산출하기 위해 쿼리 문장을 분석해 파스 트리를 생성한다. 또한 일부 최적화 작업도 이 파스 트리를 이용해 수행한다. "EXPLAIN EXTENDED" 명령의 또 다른 기능은 분석된 파스 트리를 재조합해서 쿼리 문장과 비슷한 순서대로 나열해서 보여주는 것이다. 간단히 예제를 한번 살펴보자.

```
EXPLAIN EXTENDED
SELECT e.first_name,
  (SELECT COUNT(*) FROM dept_emp de, dept_manager dm WHERE dm.dept_no=de.dept_no) AS cnt
FROM employees e
WHERE e.emp_no=10001;
```

EXPLAIN EXTENDED 명령을 실행하면 EXTENDED 옵션이 없을 때와 같이 쿼리의 실행 계획만 화면에 출력된다. 하지만 EXPLAIN EXTENDED 명령을 실행해 실행 계획이 출력된 직후, "SHOW WARNINGS" 명령을 실행하면 옵티마이저가 분석해서 다시 재조합한 쿼리 문장을 다음과 같이 확인할 수 있다.

```
MariaDB> SHOW WARNINGS;
SELECT 'Georgi' AS 'first_name',
  (SELECT COUNT(0)
    FROM 'employees'.'dept_emp' 'de'
      JOIN 'employees'.'dept_manager' 'dm'
    WHERE ('employees'.'de'.'dept_no' = 'employees'.'dm'.'dept_no')) AS 'cnt'
FROM 'employees'.'employees' 'e' WHERE 1
```

SHOW WARNINGS 명령으로 출력된 내용은 표준 SQL 문장이 아니다. 지금의 예제는 상당히 비슷하게 출력됐지만 최적화 정보가 태그 형태로 포함된 것들도 있으며 쉽게 알아보기는 어려운 경우도 많다. 위의 예제에서는 COUNT(*)가 내부적으로는 COUNT(0)으로 변환되어 처리된다는 것과 emp_no=10001 조건을 옵티마이저가 미리 실행해서 상수화된 값으로 'Georgi'가 사용됐다는 것도 알 수 있다.

EXPLAIN EXTENDED 명령을 이용해 옵티마이저가 쿼리를 어떻게 해석했고, 어떻게 쿼리를 변환했으며, 어떤 특수한 처리가 수행됐는지 등을 판단할 수 있으므로 알아두면 도움될 것이다.

4.3.13 EXPLAIN PARTITIONS(Partitions 칼럼)

EXPLAIN 명령에 사용할 수 있는 옵션이 또 하나 있는데, 이 옵션으로 파티션 테이블의 실행 계획 정보를 더 자세히 확인할 수 있다. 단순히 EXPLAIN 명령으로는 파티션 테이블이 어떻게 사용됐는지 확인할 수 없다. 하지만 EXPLAIN 명령 뒤에 PARTITIONS 옵션을 사용하면 쿼리를 실행하기 위해 테이블의 파티션 중에서 어떤 파티션을 사용했는지 등의 정보를 조회할 수 있다. 우선 다음의 예제를 한번 살펴보자.

```
CREATE TABLE tb_partition (
  reg_date DATE DEFAULT NULL,
  id INT DEFAULT NULL,
  name VARCHAR(50) DEFAULT NULL
```

```
) ENGINE=INNODB
partition BY range (YEAR(reg_date)) (
  partition p0 VALUES less than (2008) ENGINE = INNODB,
  partition p1 VALUES less than (2009) ENGINE = INNODB,
  partition p2 VALUES less than (2010) ENGINE = INNODB,
  partition p3 VALUES less than (2011) ENGINE = INNODB
);

EXPLAIN PARTITONS
SELECT * FROM tb_partition
WHERE reg_date BETWEEN '2010-01-01' AND '2010-12-30';
```

위 예제의 tb_partition 테이블은 reg_date 칼럼의 값을 이용해 연도별로 구분된 파티션 4개를 가진다. 그리고 이 테이블에서 reg_date 칼럼의 값이 "2010-01-01"부터 "2010-12-30"까지인 레코드를 조회하는 쿼리에 대한 실행 계획을 확인해 보자. 이 쿼리에서 조회하려는 데이터는 모두 2010년도 데이터로 3번째 파티션인 p3에 저장돼 있음을 알 수 있다. 실제로 옵티마이저는 이 쿼리를 처리하기 위해 p3 파티션만 읽으면 된다는 것을 알아채고, 그 파티션에만 접근하도록 실행 계획을 수립한다. 이처럼 파티션이 여러 개인 테이블에서 불필요한 파티션을 빼고 쿼리를 수행하기 위해 접근해야 할 것으로 판단되는 테이블만 골라내는 과정을 파티션 프루닝(Partition pruning)이라고 한다.

그렇다면 쿼리의 실행 계획을 통해서 어느 파티션을 읽는지 확인할 수 있어야 쿼리의 튜닝이 가능할 것이다. 이때 옵티마이저가 이 쿼리를 실행하기 위해 접근하는 테이블을 확인해 볼 수 있는 명령이 EXPLAIN PARTITIONS다. EXPLAIN PARTITIONS 명령으로 출력된 실행 계획에는 partitions라는 새로운 칼럼을 포함해서 표시한다. partitions 칼럼에는 이 쿼리가 사용한 파티션 목록이 출력되는데, 예상했던 대로 p3 파티션만 참조했음을 알 수 있다.

id	select_type	table	partitions	type	key	key_len	ref	rows	Extra
1	SIMPLE	tb_partition	p3	ALL				2	Using where

EXPLAIN PARTITIONS 명령은 파티션 테이블에 실행되는 쿼리가 얼마나 파티션 기능을 잘 활용하고 있는지를 판단할 수 있는 자료를 제공한다. EXPLAIN 명령에서는 EXTENDED와 PARTITIONS 옵션을 함께 사용할 수 없다.

> **주의** TO_DAYS( ) 함수는 입력된 날짜 값의 포맷이 잘못돼 있다면 NULL을 반환할 수도 있다. 이렇게 MariaDB의 파티션 키가 TO_DAYS( )와 같이 NULL을 반환할 수 있는 함수를 사용할 때는 쿼리의 실행 계획에서 partitions 칼럼에 테이블의 첫 번째 파티션이 포함되기도 한다. 레인지 파티션을 사용하는 테이블에서 NULL은 항상 첫 번째 파티션에 저장되기 때문에 실행 계획의 partitions 칼럼에 첫 번째 파티션도 함께 포함되는 것이다. 하지만 이렇게 실제 필요한 파티션과 테이블의 첫 번째 파티션이 함께 partitions 칼럼에 표시된다 하더라도 성능 이슈는 없으므로 크게 걱정하지 않아도 된다.

4.4 옵티마이저 힌트 `MariaDB` `MySQL`

MariaDB의 버전이 업그레이드되고 통계 정보나 옵티마이저의 최적화 방법들이 더 다양해지면서 쿼리의 실행 계획 최적화가 많이 성숙되고 있다. 하지만 여전히 MariaDB 서버는 우리가 서비스하는 업무를 100% 이해하지 못한다. 그래서 서비스 개발자나 DBA보다 MariaDB 서버가 부족한 실행 계획을 수립할 때가 있을 수 있다. 이런 경우에는 옵티마이저에게 쿼리의 실행 계획을 어떻게 수립해야 할지 알려줄 수 있는 방법이 필요하다. 일반적인 RDBMS에서는 이런 목적으로 옵티마이저 힌트가 제공되고 있으며, MariaDB에서도 풍부하지는 않지만 필수적인 몇 가지 옵티마이저 힌트를 제공하고 있다.

4.4.1 힌트의 사용법

MariaDB에서 옵티마이저 힌트는 종류별로 그 사용 위치가 정해져 있는데, 힌트를 하나씩 보면서 예제를 통해서 공부하도록 하겠다. 그리고 힌트를 표기하는 방법은 크게 다음 두 가지 방법이 있는데, 이 두 가지 방법 모두 잘못 사용할 경우 오류를 발생시키게 된다. 오라클 처럼 힌트가 주석의 일부로 해석되는 것이 아니라 SQL의 일부로 해석(설령 힌트가 주석안에 표기되었다 하더라도)되기 때문이다.

```
SELECT * FROM employees USE INDEX (primary) WHERE emp_no=10001;
SELECT * FROM employees /*! USE INDEX (PRIMARY) */  WHERE emp_no=10001;
```

첫 번째 예제에서는 별도의 주석 표기 없이 SQL 문장의 일부로 작성하는 방식이며, 두 번째 예제는 MariaDB에서 힌트를 위한 주석 표기 방법으로 사용한 것이다. 두 번째의 경우 주석 시작 마크(/*) 뒤에 공백없이 "!"을 사용하여 힌트 표기임을 알려주는 방법이다. 다른 DBMS에서 이 쿼리를 실행시키는 경우 힌트가 주석으로 처리되겠지만 MariaDB에서는 여전히 SQL의 일부로 해석되며(주석 내의 힌트 문장이) 잘못 사용된 경우에는 에러를 발생시키고 쿼리 실행은 종료된다.

옵티마이저 힌트와는 조금 거리가 있을 수도 있는데, 아래와 같은 표기법도 알아두는 것이 좋다.

```
CREATE /*!32302 TEMPORARY */ TABLE temp_emp_stat
(hire_year INT NOT NULL, emp_count INT, PRIMARY KEY (hire_year) );

CREATE TEMPORARY TABLE temp_emp_stat
(hire_year INT NOT NULL, emp_count INT, PRIMARY KEY (hire_year) );
```

위 문장은 옵티마이저 힌트와 동일한 표기법으로 작성되었다. 사실 여기에 사용된 TEMPORARY 키워드는 힌트가 아니라 SQL의 일부이며, 주석 시작 마크(/*) 뒤에 명시된 숫자는 MariaDB의 버전을 의미한다. 여기에서 "32302"는 MariaDB 버전 3.23.02[5]를 의미한다. 그래서 이 쿼리가 실행되는 MySQL의 버전이 3.23.02 이상인 경우에는 위의 두 예제 쿼리는 동일한 기능을 수행하지만 그 미만의 버전에서는 첫 번째 예제 쿼리는 temp_emp_stat 테이블을 임시(Temporary) 테이블이 아닌 정상적인 일반 테이블로 생성하게 되고, 두 번째 예제는 임시(Temporary) 테이블로 생성하려고 할 것이다. 하지만 MySQL 3.23.02 버전부터 임시 테이블 기능이 추가되었기 때문에 두번째 쿼리는 오류가 발생하게 된다. 지금 살펴본 이 예제가 버전별 주석(Version specific comment)의 사용 목적이다. 즉, SQL 문장에 특정 기능을 사용하려고 하는데 이 기능이 특정 버전 이상에서만 작동한다면 위와 같이 주석으로 감싸고 최소 사용 가능한 MariaDB 버전을 명시해 주면 되는 것이다.

MariaDB 버전은 일반적인 유닉스 계열 소프트웨어와 같이 크게 세 가지 부분으로 나뉘어져 있다. "."을 기준으로 첫 번째 부분은 메이저 버전(Major version)이며 두 번째 부분은 마이너 버전(Minor version) 마지막으로 세 번째는 패치 버전(Patch version)이라고 부른다. 여기에서 힌트로 사용할 버전을 만들어 내는 방법은 메이저 버전은 한 자리를 사용하며 마이너와 패치 버전은 두 자리를 할당해서 만들면 된다. 예를 들어서 MariaDB 5.5.8 인 경우에는 "/*!50508 TEMPORARY */"이 되는 것이다. 지금까지 릴리즈된 MariaDB의 최대 버전이 5.5.x가 마지막이므로 최대 가능한 값은 "/*!50599 … */"가 될 것이다. 하지만 여기에 더 높은 숫자를 표기한다고 해서 에러가 발생하는 것은 아니다. 이렇게 버전 지정의 주석은 다른 목적으로 사용될 수 있는데, 일반적으로 /* … */ 형태의 주석은 MariaDB 서버가 처리를 시작하기 전에 모두 제거해버리지만 /*!99999 … */ 형태의 주석은 MariaDB 서버가 제거를 하지 않는다. 이 기능을 가끔 DBA나 개발자를 편하게 해주는 방법으로 활용이 가능하다.

---

[5] MariaDB는 5.1버전부터 출시되었으므로 당연히 MariaDB 3.23.2 버전은 없다. 하지만 MySQL에서와 마찬가지로 MariaDB에서도 3.23.2 버전이 현재 MariaDB 서버의 버전보다 낮은지 높은지는 판단할 수 있다.

4.4.2 STRAIGHT_JOIN

MariaDB의 쿼리를 튜닝하면서 인덱스를 사용한 힌트보다는 이 힌트가 더 많이 사용되는 것 같다. STRAIGHT_JOIN은 옵티마이저 힌트이기도 한 동시에(JOIN UPDATE나 JOIN DELETE에서 본 것처럼) 조인 키워드이기도 하다. STRAIGHT_JOIN은 SELECT나 UPDATE, DELETE 쿼리에서 여러 개의 테이블이 조인되는 경우 조인의 순서를 고정시키는 역할을 한다. 다음 쿼리는 3개의 테이블을 조인하지만 어느 테이블이 드라이빙 테이블이 되고 어느 테이블이 드리븐 테이블이 될지 알 수 없다. 옵티마이저가 그때그때 각 테이블의 통계 정보와 쿼리의 조건을 기반으로 가장 최적이라고 판단되는 순서로 조인을 한다.

```
SELECT *
FROM employees e, dept_emp de, departments d
WHERE e.emp_no=de.emp_no AND d.dept_no=de.dept_no;
```

이 쿼리의 실행 계획을 확인해 보면 다음과 같이 departments 테이블을 드라이빙 테이블로 선택했고, 두 번째로 dept_emp 테이블을 읽은 뒤에 마지막으로 employees 테이블을 읽었음을 알 수 있다. 일반적으로 조인을 하기 위한 칼럼들의 인덱스 여부로 조인의 순서가 결정되며, 조인 칼럼의 인덱스에 아무런 문제가 없는 경우에는(WHERE 조건이 있는 경우는 WHERE 조건을 만족하는) 레코드가 적은 테이블을 드라이빙으로 선택하게 된다. 이 쿼리의 경우에는 departments 테이블이 레코드 건수가 가장 적어서 드라이빙으로 선택되었을 것으로 보인다.

id	select_type	table	type	..	Key	key_len	ref	rows	Extra
1	SIMPLE	d	index		dept_name	122		9	Using index
1	SIMPLE	de	ref		PRIMARY	12	employees.d.dept_no	18436	
1	SIMPLE	e	eq_ref		PRIMARY	4	employees.de.emp_no	1	

하지만 이 쿼리의 조인을 순서를 변경하려는 경우에는 STRAIGHT_JOIN 힌트를 사용할 수 있다. 다음 두 쿼리는 힌트의 표기법만 조금 다르게 한 것뿐 동일한 쿼리이다.

```
SELECT STRAIGHT_JOIN e.first_name, e.last_name, d.dept_name
FROM employees e, dept_emp de, departments d
WHERE e.emp_no=de.emp_no AND d.dept_no=de.dept_no;
```

```
SELECT /*! STRAIGHT_JOIN */ e.first_name, e.last_name, d.dept_name
FROM employees e, dept_emp de, departments d
WHERE e.emp_no=de.emp_no AND d.dept_no=de.dept_no;
```

STRAIGHT JOIN 힌트는 옵티마이저가 FROM 절에 명시된 테이블의 순서대로 조인을 수행하도록 유도하는데, 이 쿼리의 실행 계획을 보면 FROM 절에 명시된 테이블의 순서대로(employees → dept_emp → departments) 조인을 수행한다는 것을 알 수 있다.

id	select_type	table	type	..	key	key_len	ref	rows	Extra
1	SIMPLE	e	ALL					300439	
1	SIMPLE	de	ref		ix_empno_fromdate	4	employees.e.emp_no	1	
1	SIMPLE	d	eq_ref		PRIMARY	12	employees.de.dept_no	1	

여기서 주의해야 할 사항은 MariaDB의 힌트는 다른 DBMS의 힌트에 비해서 옵티마이저에 미치는 영향이 크다는 점이다. 조금 과장하면 힌트가 있으면 옵티마이저는 힌트를 맹신하고(힌트가 쿼리가 실행 불가능하도록 유도하지 않는다면) 그 힌트에 맞게 쿼리를 실행시킨다는 것이다. 다음 쿼리를 한번 살펴보자.

```
EXPLAIN
SELECT /*! STRAIGHT_JOIN */
   e.first_name, e.last_name, d.dept_name
FROM employees e, departments d, dept_emp de
WHERE e.emp_no=de.emp_no AND d.dept_no=de.dept_no;
```

이 쿼리는 employees 테이블을 드라이빙으로 선택하고 departments 테이블과 조인 후, dept_emp 테이블을 조인하도록 구성됐는데, 사실 employees 테이블과 departments 테이블은 직접적인 조인 조건이 성립되지 않음에도 불구하고 다음과 같이 주어진 힌트대로 쿼리를 실행하려고 한다는 것을 실행 계획을 통해서 확인할 수 있다.

id	select_type	table	type	..	key	key_len	ref	Rows	Extra
1	SIMPLE	e	ALL					300439	
1	SIMPLE	d	index		dept_name	122		9	Using index
1	SIMPLE	de	eq_ref		PRIMARY	16	employees.d.dept_no, employees.e.emp_no	1	

우선 이 쿼리 예제에서 employees → dept_emp → departments 순서대로 조인하는 경우와 employees → departments → dept_emp 테이블 순서대로 조인하는 경우 처리하는 레코드가 얼마나 차이가 발생하는지 한번 살펴보자. 이 예제는 단순히 테이블 3개를 조인만 하기 때문에 실행 계획의 rows 칼럼만 곱해 보면 된다. 여기 rows 칼럼에 출력되는 값은 통계 정보를 기준으로 예측한 값이긴 하지만 말이다. 우선 첫 번째 경우는 300439 (300439 * 1 * 1) 번의 레코드를 처리하게 된다. 하지만 두 번째 경우는 2703951 (300439 * 9 * 1) 번의 레코드를 처리한다는 것을 알 수 있다. 힌트를 잘못 사용하는 경우에는 훨씬 더 느리게 만들 수도 있다. 실제로 쿼리를 실행시켜 보면, 대략 5~8배 정도의 성능 차이가 발생함을 알 수 있다.

주로 다음 기준에 맞게 조인 순서가 결정되지 않는 경우에만 STRAIGHT_JOIN 힌트로 조인 순서를 강제해주는 것이 좋다.

임시 테이블(인라인 뷰 또는 파생된 테이블)과 일반 테이블의 조인

이 경우에는 거의 일반적으로 임시 테이블을 드라이빙 테이블로 선정하는 것이 좋다. 일반 테이블의 조인 칼럼에 인덱스가 없는 경우에는 레코드 건수가 작은 쪽을 먼저 읽도록 드라이빙으로 선택해주는 것이 좋은데, 대부분 MariaDB 옵티마이저가 적절한 조인 순서를 결정하기 때문에 옵티마이저가 반대로 실행계획을 수립하는 경우에만 힌트를 사용해 주면 된다.

임시 테이블끼리의 조인

임시 테이블(서브 쿼리로 파생된 테이블)은 항상 인덱스가 없기 때문에 어느 테이블을 먼저 드라이빙으로 읽어도 무관하므로 크기가 작은 테이블을 드라이빙으로 선택해주는 것이 좋다.

일반 테이블끼리의 조인

양쪽 테이블 모두 조인 칼럼에 인덱스가 있거나 양쪽 테이블 모두 조인 칼럼에 인덱스가 없는 경우에는 레코드 건수가 적은 테이블을 드라이빙으로 선택해주는 것이 좋으며, 그 이외의 경우에는 조인 칼럼에 인덱스가 없는 테이블을 드라이빙으로 선택하게 해주는 것이 좋다.

여기에서 언급한 레코드 건수라는 것은 인덱스를 사용할 수 있는 WHERE 조건까지 포함해서 그 조건을 만족하는 레코드 건수를 의미하는 것이지 무조건 테이블 전체의 레코드 건수를 의미하는 것은 아니다. 다음 예제의 경우에는 employees 테이블의 건수가 훨씬 많지만 조건을 만족하는 employees 테이블의 레코드는 건수가 적으므로 employees 테이블을 드라이빙이 되도록 해준다.

```
SELECT /*! STRAIGHT_JOIN */
  e.first_name, e.last_name, d.dept_name
FROM employees e, departments d, dept_emp de
WHERE e.emp_no=de.emp_no AND d.dept_no=de.dept_no AND e.emp_no=10001;
```

그리고 InnoDB 스토리지 엔진을 사용하는 테이블에서는 가능하다면 조인을 수행하기 위해서 사용하는 인덱스가 일반 보조 인덱스보다는 프라이머리 키(프라이머리 키는 클러스터링 키이기 때문에)를 사용할 수 있도록 해준다면 훨씬 더 빠른 수행 결과를 가져올 수 있다.

각자가 개발 중인 프로젝트의 업무가 다르기 때문에 지금까지 나열된 내용이 모든 조건에서 100% 들어맞지는 않을 수도 있으며, 그래서 많은 책이나 게시물에서 항상 테스트를 강조하고 있다. 여러분도 이 책의 내용을 기준으로 쿼리를 작성하되 항상 의심되는 부분은 직접 성능 비교를 수행해보는 습관을 들이는 것이 좋다.

4.4.3 USE INDEX / FORCE INDEX / IGNORE INDEX

조인의 순서를 변경하는 것 다음으로 자주 사용되는 것이 인덱스 힌트인데, STRAIGHT_JOIN 힌트와는 달리 인덱스 힌트는 사용하려는 인덱스를 가지는 테이블 뒤에 힌트를 명시해 주어야 한다. 대체적으로 MariaDB 옵티마이저는 어떤 인덱스를 사용해야 할지를 무난하게 잘 선택하는 것으로 보인다. 하지만 3~4개 이상의 칼럼을 포함하는 비슷한 인덱스가 여러 개 존재하는 경우에는 가끔 MariaDB 옵티마이저가 실수를 하는데 이런 경우에는 강제로 특정 인덱스를 사용하도록 힌트를 주는 것이 좋다. 인덱스 힌트는 크게 다음과 같이 3종류가 있다. 3 종류의 인덱스 힌트 모두 키워드 뒤에 사용할 인덱스들의 이름을 괄호로 묶어서 사용하며, 괄호 안에 아무것도 없거나 존재하지 않는 인덱스 이름을 사용할 경우에는 쿼리의 문법 오류로 처리된다. 또한 별도로 사용자가 부여한 이름이 없는 프라이머리 키는 "PRIMARY"라고 사용해 주면 된다.

USE INDEX

가장 자주 사용되는 인덱스 힌트로, MariaDB 옵티마이저에게 특정 테이블의 인덱스를 사용하도록 권장하는 힌트 정도로 생각하면 된다. 대부분의 경우 인덱스 힌트가 주어지면 옵티마이저는 사용자의 힌트를 채택하지만 항상 그 인덱스를 사용하는 것은 아니다.

FORCE INDEX

USE INDEX와 비교해서 다른 점은 없으며, USE INDEX보다 옵티마이저에게 미치는 영향이 더 강한 힌트로 생각하면 된다. 하지만 USE INDEX 힌트만으로도 옵티마이저에 대한 영향력이 충분히 크기 때문에 FORCE INDEX는 거의 사용할 필요가 없는 것으로 보인다. 지금까지의 경험으로 보면 대체적으로 USE INDEX 힌트를 부여했는데도 그 인덱스를 사용하지 않는 경우라면 FORCE INDEX 힌트를 사용해도 그 인덱스를 사용하지 않았었다. MariaDB 5.1 미만의 버전에서는 아무 인덱스도 사용하지 못하도록 인덱스 이름을 입력하지 않는 "FORCE INDEX ( )" 형태로도 사용했었는데, MariaDB 5.1 이상의 버전부터는 인자(인덱스 명)가 없는 인덱스 힌트는 문법적 오류로 처리되므로 업그레이드할 때 주의해야 한다.

IGNORE INDEX

USE INDEX나 FORCE INDEX와는 반대로 특정 인덱스를 사용하지 못하도록 하는 용도로 사용하는 힌트이다. MariaDB 5.1부터는 풀 테이블 스캔을 유도하기 위해서는 IGNORE INDEX를 사용할 수 있다.

방금 소개된 3 종류의 인덱스 힌트 모두 용도를 명시해줄 수 있다. 용도는 선택 사항이며, 특별히 인덱스 힌트에 용도가 명시되지 않으면(사용 가능한 경우) 주어진 인덱스를 3가지 용도로 사용하게 된다.

USE INDEX FOR JOIN

여기에서 JOIN이라는 키워드는 테이블간의 조인뿐만 아니라 레코드를 검색하기 위한 용도까지 포함하는 용어이다. 이미 실행 계획 부분에서도 한번 언급되었듯이 MariaDB에서는 하나의 테이블로부터 데이터를 검색하는 작업도 JOIN이라고 표현되기 때문에 여기에서 FOR JOIN이라는 이름이 붙은 것으로 보인다.

USE INDEX FOR ORDER BY

명시된 인덱스를 ORDER BY 용도로만 사용할 수 있도록 제한한다.

USE INDEX FOR GROUP BY

명시된 인덱스를 GROUP BY 용도로만 사용할 수 있도록 제한한다.

이렇게 용도를 3가지로 나누긴 했지만 ORDER BY나 GROUP BY 작업에서 인덱스를 사용할 수 있다면 나은 성능을 보장하며 용도는 옵티마이저가 대부분 최적으로 선택하기 때문에 인덱스의 용도까지는 크게 고려하지 않아도 된다.

인덱스 힌트에 대한 이론적 소개는 여기까지 하고 직접 예제를 실행해 보면서 사용법을 살펴보자.

```
SELECT * FROM employees WHERE emp_no=10001;
SELECT * FROM employees FORCE INDEX(primary) WHERE emp_no=10001;
SELECT * FROM employees USE INDEX(primary) WHERE emp_no=10001;
SELECT * FROM employees IGNORE INDEX(primary) WHERE emp_no=10001;
SELECT * FROM employees FORCE INDEX(ix_firstname) WHERE emp_no=10001;
```

예제 중에서 첫 번째부터 세 번째까지의 쿼리는 모두 동일한 실행 계획으로 employees 테이블의 프라이머리 키를 이용해서 쿼리를 처리하는 것으로 보여진다. 기본적으로 인덱스 힌트가 주어지지 않아도 "emp_no=10001" 조건이 있기 때문에 프라이머리 키를 사용하는 것이 최적이라는 것을 옵티마이저도 인식하기 때문이다. 네 번째 쿼리는 일부러 인덱스를 사용하지 못하도록 힌트를 추가해 보았다. 이 예제 또한 예시일 뿐이며, 이러한 터무니없는 힌트(프라이머리 키를 통해서 조회할 수 있는데 풀 테이블 스캔으로 처리하도록 유도하는 힌트)는 무시될 것이라고 생각할 수도 있겠지만, MariaDB 5.5에서는 실제로 프라이머리 키 레인지 스캔을 마다하고 풀 테이블 스캔으로 실행 계획이 출력되었다. 다섯 번째 예제 또한 전혀 관계없는 인덱스를 사용하도록 FORCE INDEX 힌트를 사용했더니 프라이머리 키는 버리고 풀 테이블 스캔을 하는 형태로 실행 계획이 출력되었다.

여기 있는 예제는 모두 힌트 사용법의 예시를 위한 것일 뿐이므로 주의해야 한다. 여기 예제로는 없지만 전문 검색(Fulltext) 인덱스가 있는 경우에는 MariaDB 옵티마이저는 다른 일반 보조 인덱스(B-Tree 인덱스)를 사용할 수 있는 상황이라 하더라도 전문 검색 인덱스를 선택하는 경우가 많다. 옵티마이저는 프라이머리 키나 전문 검색 인덱스와 같은 인덱스에 대해서는 선택 시 가중치를 가지고 있는 것으로 보인다.

만약 여러분이 인덱스의 사용법이나 좋은 실행 계획이 어떤 것인지 판단하기 힘든 상황이라면 힌트를 사용하여 강제로 옵티마이저의 실행 계획에 영향을 미치는 것은 피하는 것이 좋다. 이제 MariaDB의 옵티마이저도 여러분이 한눈에 파악할 수 있을 정도의 최적화는 눈 깜짝할 사이에 처리하기 때문이다. 최적의 실행 계획이란 데이터의 성격에 따라서 시시각각 변하기 때문에 지금 프라이머리 키를 사용하는 것이 좋은 계획이었다 하더라도 내일은 달라질 수도 있는 것이기 때문에 가능하다면 그때그때 옵티마이저가 그때의 통계정보를 가지고 선택하도록 해주는 것이 가장 좋다. 가장 훌륭한 최적화는 그 쿼리를 서비스에서 없애 버리거나 튜닝의 필요가 없도록 데이터를 최소화시키는 것이며, 그것이 어렵다면 데이터 모델의 단순화를 통해 쿼리를 간결하게 만들고 힌트가 필요치 않도록 해주는 것이다. 어떤 방법도 없다면 그다음으로는 힌트를 선택하는 것인데, 일반적으로 실무에서는 앞쪽의 작업들을 위해서 상당한 시간과 작업 능력이 필요하기 때문에 항상 이런 힌트에 의존하게 되는 것이 아닌가 생각된다.

4.4.4 SQL_CACHE / SQL_NO_CACHE

MariaDB의 SELECT 쿼리에 의해서 만들어진 결과는 이 쿼리 캐시에 일시적으로 저장(여러 가지 조건에 부합되는 경우)된다. SELECT 쿼리가 만들어낸 결과를 쿼리 캐시에 담아 둘지 말지를 쿼리에서 직접 선택할 수도 있는데, 이때 사용하는 힌트가 SQL_CACHE / SQL_NO_CACHE이다. query_cache_
type이라는 시스템 변수의 설정에 의해서 기본적으로 쿼리의 결과를 쿼리 캐시에 저장할지 여부가 결
정되는데, query_cache_type 변수의 설정 값과 쿼리 캐시 힌트의 사용 조합에 따라서 다음과 같이 결
정된다. 물론 다른 조건(쿼리 결과의 크기 등)에도 부합되는 경우만 쿼리 캐시에 저장되지만 여기에서
는 다른 조건들은 모두 배제한 결과이다.

	query_cache_type 시스템 변수의 설정 값		
	0 또는 OFF	1 또는 ON	2 또는 DEMAND
힌트 없음	캐시하지 않음	캐시함	캐시하지 않음
SQL_CACHE	캐시하지 않음	캐시함	캐시함
SQL_NO_CACHE	캐시하지 않음	캐시하지 않음	캐시하지 않음

만약 쿼리 캐시가 쿼리에 따라서 선별적으로 작동하도록 세밀하게 조정하고자 하는 경우에는 query_
cache_type 시스템 변수의 값을 DEMAND로 설정하고 각 쿼리에 SQL_CACHE 힌트를 사용하면
된다. 하지만 일반적으로 MariaDB를 사용하는 경우 대부분 쿼리 캐시가 사용 가능한 상태(query_
cache_type=ON)로 서비스하기 때문에 SQL_CACHE 힌트를 사용해야 할 경우는 거의 없다. 그래서
SQL_CACHE 힌트보다는 SQL_NO_CACHE 힌트가 자주 사용된다. SQL_NO_CACHE 힌트는 쿼리
캐시로부터 결과를 가져오지 못하도록 하는 것이 아니라 쿼리의 실행 결과를 쿼리 캐시에 저장하지 않
도록 하는 힌트이다. 결과적으로 보면 같은 효과이지만 SQL_NO_CACHE를 사용했다고 해서 쿼리가
실행될 때 쿼리 캐시를 검색하는 작업이 없어진다는 것을 의미하지는 않는다. SQL_NO_CACHE의 주
사용 용도는 쿼리의 성능을 비교하거나 성능을 분석하는 것이다. 예를 들어서 다음 쿼리가 실제로 쿼리
캐시를 거치지 않고 내부적인 모든 처리 과정을 거쳤을 때 얼마나 시간이 소모되는지 확인해 보고자 한
다. 조금 더 정확한 쿼리의 수행 시간을 측정하기 위해서 쿼리를 여러 번 실행해보자. 어떤 결과가 나오
게 될까?

```
SELECT COUNT(*) FROM employees WHERE last_name='Facello';
```

처음 한번은 상당한 시간이 소요되지만, 그다음부터는 거의 0.001초 이내에 결과가 나오는 것을 확인
할 수 있을 것이다. 이렇게 되는 것은 바로 쿼리 캐시 때문이다. 처음 실행했을 때에는 쿼리 캐시에 이
쿼리가 없었기 때문에 전체 실행 과정(쿼리를 분석해서 employees 테이블에 대해서 풀 테이블을 스

캔하고 다시 WHERE 조건을 필터링하면서 모든 조건을 만족하는 레코드 건수를 가져오는 작업, 그리고 마지막으로 그 결과를 쿼리 캐시에 저장하는 작업까지)을 거치면서 상당한 시간이 소모되었을 것이다. 하지만 두 번째 쿼리 실행부터는 이미 동일 쿼리의 결과가 쿼리 캐시에 있기 때문에 처음 실행할 때 발생했던 모든 작업들이 다 필요없어진 것이다. 그래서 두 번째 쿼리부터는 아주 빠른 속도로 처리되는 것을 경험하게 되는 것이다. 문제는 이렇게 실행되면 쿼리의 성능이나 처리 방식을 판단하기 상당히 어려워지게 되는데, 이러한 혼동을 막기 위해서 성능을 분석하는 쿼리에 대해서는 SQL_NO_CACHE 힌트를 사용해서 쿼리 결과를 캐시하지 못하도록 해서 쿼리의 성능을 테스트하는 것이 좋다. 물론 쿼리의 성능을 테스트할 때는 이 이외에도 신경을 써야 할 것들이 많지만 쿼리 캐시 관련된 내용은 가장 기본적인 조건이라고 볼 수 있다.

SQL_NO_CACHE 힌트는 SELECT 쿼리 문장에서만 사용 가능하며, SELECT 키워드 바로 뒤에 입력해야 한다. 다른 힌트들과 마찬가지로 힌트용 주석을 사용할 수도 있고, 그렇지 않고 SQL의 일부로써 바로 SQL_NO_CACHE 키워드를 사용해도 된다.

```
SELECT SQL_NO_CACHE COUNT(*) FROM employees WHERE last_name='Facello';
SELECT /*! SQL_NO_CACHE */ COUNT(*) FROM employees WHERE last_name='Facello';
```

4.4.5 SQL_CALC_FOUND_ROWS

MariaDB의 LIMIT를 사용하는 경우, 조건을 만족하는 레코드가 LIMIT에 명시된 수보다 더 많다 하더라도 LIMIT에 명시된 수만큼 만족하는 레코드를 찾게 되면 즉시 검색 작업을 멈추게 된다. 하지만 SQL_CALC_FOUND_ROWS 힌트가 포함된 쿼리의 경우에는 LIMIT를 만족하는 수만큼의 레코드를 찾았다 하더라도 끝까지 검색을 수행한다. 하지만 최종적으로 사용자에게는 LIMIT에 제한된 수만큼의 결과 레코드만 반환된다. SQL_CALC_FOUND_ROWS 힌트가 사용된 쿼리의 실행된 경우에는 FOUND_ROWS( )라는 함수를 이용해서 LIMIT를 제외한 조건을 만족하는 레코드가 전체 몇 건이었는지를 알아낼 수 있다. 간단한 예제를 한번 살펴보자.

```
MariaDB> SELECT SQL_CALC_FOUND_ROWS * FROM employees LIMIT 5;
+--------+------------+------------+-----------+--------+------------+
| emp_no | birth_date | first_name | last_name | gender | hire_date  |
+--------+------------+------------+-----------+--------+------------+
```

```
| 10001 | 1953-09-02 | Georgi    | Facello   | M       | 1986-06-26 |
| 10002 | 1964-06-02 | Bezalel   | Simmel    | F       | 1985-11-21 |
...
+---------+------------+-----------+-----------+---------+------------+

MariaDB> SELECT FOUND_ROWS( ) AS total_record_count;
+--------------------+
| total_record_count |
+--------------------+
|             300024 |
+--------------------+
```

아마도 이 기능을 웹 프로그램의 페이징 기능에 적용하기 위해서 검토했거나 이미 사용하고 있을지도 모르겠다. 하지만 여기에서 설명하고자 하는 것은 이 힌트의 장점이 아니라 이 힌트를 사용하면 안 되는 경우를 설명하고자 한다. 우선 SQL_CALC_FOUND_ROWS를 사용한 페이징 처리와 COUNT(*) 쿼리를 사용하는 예제를 한번 비교해 보자.

SQL_CALC_FOUND_ROWS 사용하는 방법

```
SELECT SQL_CALC_FOUND_ROWS * FROM employees WHERE first_name='Georgi' LIMIT 0, 20;
SELECT FOUND_ROWS( ) AS total_record_count;
```

이 경우에는 한번의 쿼리 실행으로 필요한 정보 2가지를 모두 가져오는 것처럼 보이지만 FOUND_ROWS( ) 함수의 실행을 위해서 또 한번의 쿼리가 필요하기 때문에 쿼리를 2번 실행해야 한다. 이 쿼리의 경우 first_name='Georgi'조건 처리를 위해서 employees 테이블의 ix_firstname 인덱스를 레인지 스캔으로 실제 값을 읽어오게 되는데, 실제 이 조건을 만족하는 레코드는 전체 253건이다. LIMIT 조건이 처음 20건만 가져오도록 했지만, SQL_CALC_FOUND_ROWS 힌트 때문에 조건을 만족하는 레코드 전부를 읽어 봐야 한다. 그래서 ix_firstname 인덱스를 통해서 실제 데이터 레코드를 찾아가는 작업을 253번 실행해야 한다는 것이며 디스크 헤드가 특정 위치로 움직일 때까지 기다려야 하는 랜덤 I/O가 253번 일어난다는 것을 의미한다.

기존 2개의 쿼리로 쪼개어서 실행하는 방법

```
SELECT COUNT(*) FROM employees WHERE first_name='Georgi';
SELECT * FROM employees WHERE first_name='Georgi' LIMIT 0, 20;
```

이 방식 또한 쿼리는 2번 실행해야 한다. 우선 전체 조건을 만족하는 건수를 조회하기 위한 첫 번째 쿼리를 살펴보자. WHERE 조건절에 first_name='Georgi'가 있기 때문에 똑같이 ix_firstname 인덱스를 레인지 스캔한다. 이 쿼리에서는 실제의 레코드 데이터가 필요한 것이 아니라 건수만 가져오면 되기 때문에 실제로 데이터 레코드를 찾아가기 위한 랜덤 I/O는 발생하지 않는다. 커버링 인덱스(Covering index) 쿼리이기 때문이다. 이번에는 실제 데이터 레코드를 읽어오기 위한 두 번째 쿼리를 한번 살펴보자. 이 쿼리는 SQL_CALC_FOUND_ROWS에서 했던 것처럼 ix_firstname 인덱스를 레인지 스캔으로 접근한 후, 실제로 데이터 레코드를 읽으러 가야 하기 때문에 랜덤 I/O가 발생한다. 하지만 이 쿼리는 LIMIT 0, 20의 제한이 있기 때문에 랜덤 I/O를 253번 실행하는 것이 아니라 20번만 실행하게 된다.

간단한 예제로 두 가지 방식을 비교해 봤는데, 아마 어렵지 않게 어느 쪽 방식이 더 빠를지 쉽게 알 수 있을 것이다. 전기적 처리인 메모리나 CPU의 연산 작업에 비해서 기계적 처리인 디스크 작업이 얼마나 느린 작업인지를 고려하면 비교할 수도 없을 만큼 SQL_CALC_FOUND_ROWS를 사용하는 경우가 느리다는 것을 쉽게 알 수 있다. 만약 SELECT 쿼리 문장이 UNION(DISTINCT)로 연결된 경우에는 SQL_CALC_FOUND_ROWS 힌트를 사용해도 FOUND_ROWS( ) 함수로 정확한 레코드 건수를 가져올 수 없다는 것도 문제이다. 인덱스나 쿼리의 튜닝이 제대로 되었다면 후자의 방식이 SQL_CALC_FOUND_ROWS를 사용하는 방식보다는 빠르게 실행될 것이므로 SQL_CALC_FOUND_ROWS는 사용하지 않는 방향으로 추천한다. 이는 SQL_CALC_FOUND_ROWS는 성능 향상을 위해서 만들어진 힌트가 아니라 개발자의 편의를 위해서 만들어진 힌트라는 것을 생각하면 당연한 결과라고 보여진다.

물론 COUNT(*) 쿼리나 칼럼 값을 읽어 오는 SELECT 쿼리가 적절히 튜닝되지 않았거나 WHERE 조건에 대해서 적절한 인덱스가 준비되어 있지 않은 경우에는 SQL_CALC_FOUND_ROWS로 처리하는 것이 빠른 경우도 있다. 만약 이러한 경우라면 어떻게든 쿼리나 인덱스를 튜닝하는 것이 훨씬 더 빠른 결과를 만들어낼 수 있는 방법이 될 것이다. 예외적인 경우도 있을 수 있겠지만 일반적인 관점에서 본다면 SQL_CALC_FOUND_ROWS보다는 레코드 카운터용 쿼리와 데이터를 조회하는 쿼리는 분리하는 것이 더 효율적인 것으로 보인다.

4.4.6 기타 힌트

지금까지 언급되진 않았지만 SQL_BIG_RESULT, SQL_SMALL_RESULT, SQL_BUFFER_RESULT, HIGH_PRIORITY 등의 힌트들도 있는데, 이러한 힌트들은 거의 사용되지 않기 때문에 이 책을 모두 공부하고 그 이후에도 혹시나 시간적인 여유가 생긴다면 매뉴얼을 통해서 천천히 공부해보길 바란다.

4.5 실행 계획 분석 시 주의사항

지금까지 MariaDB에서 쿼리를 처리하는 방식이나 실행 계획에 대해 살펴봤다. 쿼리의 실행 계획만으로도 상당히 내용이 많아서 모두 기억하자면 굉장히 힘들 것이다. 그래서 여기서는 쿼리의 실행 계획을 확인할 때 각 칼럼에 표시되는 값 중에서 특별히 주의해서 확인해야 하는 항목만 간략하게 정리했다.

4.5.1 Select_type 칼럼의 주의 대상

DERIVED

DERIVED는 FROM 절에 사용된 서브 쿼리로부터 발생한 임시 테이블을 의미한다. 임시 테이블은 메모리에 저장될 수도 있고 디스크에 저장될 수도 있다. 일반적으로 메모리에 저장하는 경우에는 크게 성능에 영향을 미치지 않지만 데이터의 크기가 커서 임시 테이블을 디스크에 저장하면 성능이 떨어진다.

UNCACHEABLE SUBQUERY

쿼리의 FROM 절 이외의 부분에서 사용하는 서브 쿼리는 가능하면 MariaDB 옵티마이저가 최대한 캐시되어 재사용될 수 있게 유도한다. 하지만 사용자 변수나 일부 함수가 사용된 경우에는 이러한 캐시 기능을 사용할 수 없게 만든다. 이런 실행 계획이 사용된다면 혹시 사용자 변수를 제거하거나 다른 함수로 대체해서 사용 가능할지 검토해보는 것이 좋다.

DEPENDENT SUBQUERY

쿼리의 FROM 절 이외의 부분에서 사용하는 서브 쿼리가 자체적으로 실행되지 못하고, 외부 쿼리에서 값을 전달받아 실행되는 경우 DEPENDENT SUBQUERY가 표시된다. 이는 서브 쿼리가 먼저 실행되지 못하고, 서브 쿼리가 외부 쿼리의 결과 값에 의존적이기 때문에 전체 쿼리의 성능을 느리게 만든다. 서브 쿼리가 불필요하게 외부 쿼리의 값을 전달받고 있는지 검토해서 가능하다면 외부 쿼리와의 의존도를 제거하는 것이 좋다.

4.5.2 Type 칼럼의 주의 대상

ALL, index

index는 인덱스 풀 스캔을 의미하며, ALL은 풀 테이블 스캔을 의미한다. 둘 다 대상의 차이만 있지 전체 레코드를 대상으로 하는 작업 방식이라서 빠르게 결과를 가져오기는 어렵다. 일반적인 OLTP 환경에 적합한 접근 방식은 아니므로 새로운 인덱스를 추가하거나 쿼리의 요건을 변경해서 이러한 접근 방법을 제거하는 것이 좋다.

4.5.3 Key 칼럼의 주의 대상

쿼리가 인덱스를 사용하지 못할 때 실행 계획의 Key 칼럼에 아무 값도 표시되지 않는다. 쿼리가 인덱스를 사용할 수 있게 인덱스를 추가하거나 WHERE 조건을 변경하는 것이 좋다.

4.5.4 Rows 칼럼의 주의 대상

- 쿼리가 실제 가져오는 레코드 수보다 훨씬 더 큰 값이 Rows 칼럼에 표시되는 경우에는 쿼리가 인덱스를 정상적으로 사용하고 있는지, 그리고 그 인덱스가 충분히 작업 범위를 좁혀 줄 수 있는 칼럼으로 구성됐는지 검토해보는 것이 좋다. 인덱스가 효율적이지 않다면 충분히 식별성을 가지고 있는 칼럼을 선정해 인덱스를 다시 생성하거나 쿼리의 요건을 변경해보는 것이 좋다.

- Rows 칼럼의 수치를 판단할 때 주의해야 할 점은 LIMIT가 포함된 쿼리라 하더라도 LIMIT의 제한은 Rows 칼럼의 고려 대상에서 제외된다는 것이다. 즉 "LIMIT 1"로 1건만 SELECT하는 쿼리라 하더라도 Rows 칼럼에는 훨씬 큰 수치가 표현될 수도 있으며, 성능상 아무런 문제가 없고 최적화된 쿼리일 수도 있다는 것이다.

4.5.5 Extra 칼럼의 주의 대상

실행 계획의 Extra 칼럼에는 쿼리를 실행하면서 처리한 주요 작업에 대한 내용이 표시되기 때문에 쿼리를 튜닝할 때 중요한 단서가 되는 내용이 많이 표시된다. 주요 키워드는 기억했다가 실행 계획상에 해당 단어가 표시될 때는 더 자세히 검토하는 것이 좋다.

4.5.5.1 쿼리가 요건을 제대로 반영하고 있는지 확인해야 하는 경우

- Full scan on NULL key
- Impossible HAVING(MariaDB 5.1부터)
- Impossible WHERE(MariaDB 5.1부터)
- Impossible WHERE noticed after reading const tables
- No matching min/max row(MariaDB 5.1부터)
- No matching row in const table(MariaDB 5.1부터)
- Unique row not found(MariaDB 5.1부터)

위와 같은 코멘트가 Extra 칼럼에 표시된다면 우선 쿼리가 요건을 제대로 반영해서 작성됐거나 버그의 가능성은 없는지 확인해야 한다. 또는 개발용 데이터베이스에 테스트용 레코드가 제대로 준비돼 있는지 확인해보는 것도 좋다. 이 항목들은 성능과 관계가 깊지 않고 단지 "그런 레코드가 없음"이라는 의미가 강하기 때문에 이 쿼리로 인한 버그의 가능성이 있을지를 집중적으로 검토하는 것이 좋다. 물론 쿼리가 업무적인 요건을 제대로 반영하고 있다면 무시해도 된다.

4.5.5.2 쿼리의 실행 계획이 좋지 않은 경우

- Range checked for each record (index map: N)

- Using filesort

- Using join buffer (MariaDB 5.1부터)

- Using temporary

- Using where

위와 같은 코멘트가 Extra 칼럼에 표시된다면 먼저 쿼리를 더 최적화할 수 있는지 검토해보는 것이 좋다. 마지막의 Using where는 사실 대부분의 쿼리에서 표시되는 경향이 있기 때문에 그냥 지나치기 쉬운데, 만약 실행 계획의 Rows 칼럼의 값이 실제 SELECT되는 레코드 건수보다 상당히 많은 경우에는 반드시 보완해서 Rows 칼럼의 값과 실제 SELECT되는 레코드의 수의 차이를 최대한 줄이는 것이 중요하다. 쿼리의 실행 계획에서 이러한 문구가 사라질 수 있다면 최선이겠지만 그렇지 않더라도 성능상 허용 가능하다면 넘어가도 좋을 듯하다. 단 반드시 자세히 검토해야 한다는 사실을 잊지 말자.

4.5.5.3 쿼리의 실행 계획이 좋은 경우

- Distinct

- Using index

- Using index for group-by

여기에 표시된 항목은 최적화되어서 처리되고 있음을 알려주는 지표 정도로 생각하자. 특히 두 번째의 Using index는 쿼리가 커버링 인덱스로 처리되고 있음을 알려주는 것인데, MariaDB에서 제공할 수 있는 최고의 성능을 보여줄 것이다. 만약 쿼리를 아무리 최적화해도 성능 요건에 미치지 못한다면 인덱스만으로 쿼리가 처리(커버링 인덱스)되는 형태로 유도해보는 것도 좋다.

05

최적화

지금까지 설명한 MariaDB의 실행 계획 중에서 성능에 미치는 영향이 미미하거나 별로 사용되지 않는 것들도 있지만 성능에 아주 큰 영향을 미치는 것들도 많이 있었다. 이번 장에서는 성능에 미치는 영향이 큰 실행 계획과 연관이 있는 단위 작업에 대해 조금 더 자세히 살펴보자.

설명하는 내용 중에서 "풀 테이블 스캔"을 제외한 나머지는 모두 스토리지 엔진이 아니라 MariaDB 엔진에서 처리되는 내용이다. 또한 MariaDB 엔진에서 부가적으로 처리하는 작업은 대부분 성능에 미치는 영향력이 큰데, 안타깝게도 모두 쿼리의 성능을 저하시키는 데 한몫하는 작업이다. 스토리지 엔진에서 읽은 레코드를 MariaDB 엔진이 아무런 가공 작업도 하지 않고 사용자에게 반환한다면 최상의 성능을 보장하는 쿼리가 되겠지만, 우리가 필요로 하는 대부분의 쿼리는 그렇지 않다. MariaDB 엔진에서 처리하는 데 시간이 오래 걸리는 작업의 원리를 알아둔다면 쿼리를 튜닝하는 데 상당히 많은 도움이 될 것이다.

5.1 풀 테이블 스캔

풀 테이블 스캔은 인덱스를 사용하지 않고 테이블의 데이터를 처음부터 끝까지 읽어서 요청된 작업을 처리하는 작업을 의미한다. MariaDB 옵티마이저는 다음과 같은 조건이 일치할 때 주로 풀 테이블 스캔을 선택한다.

- 테이블의 레코드 건수가 너무 작아서 인덱스를 통해 읽는 것보다 풀 테이블 스캔을 하는 편이 더 빠른 경우(일반적으로 테이블이 페이지 1개로 구성된 경우)
- WHERE 절이나 ON 절에 인덱스를 이용할 수 있는 적절한 조건이 없는 경우
- 인덱스 레인지 스캔을 사용할 수 있는 쿼리라 하더라도 옵티마이저가 판단한 조건 일치 레코드 건수가 너무 많은 경우(인덱스의 B-Tree를 샘플링해서 조사한 통계 정보 기준)[1]

일반적으로 테이블의 전체 크기는 인덱스보다 훨씬 크기 때문에 테이블을 처음부터 끝까지 읽는 작업은 상당히 많은 디스크 읽기가 필요하다. 그래서 대부분의 DBMS는 풀 테이블 스캔을 실행할 때 한꺼번에 여러 개의 블록이나 페이지를 읽어오는 기능이 있으며, 그 수를 조절할 수 있다. 하지만 MariaDB에는 풀 테이블 스캔을 실행할 때 한꺼번에 몇 개씩 페이지를 읽어올지 설정하는 변수는 없다. 그래서

---

[1] 인덱스 레인지 스캔으로 쿼리를 실행할 수 있다 하더라도, 만약 읽어야 할 레코드가 너무 많다면 옵티마이저는 풀 테이블 스캔을 선택하게 된다. 이런 경우에 max_seeks_for_key 변수를 특정 값(N)으로 설정하면 MariaDB 옵티마이저는 인덱스의 기수성(Cardinality)이나 선택도(Selectivity)를 무시하고 최대 N건만 읽으면 된다고 판단하게 된다. 즉 이 값을 작게 설정할수록 MariaDB 서버가 풀 테이블 스캔보다는 인덱스 레인지 스캔을 더 선호하도록 유도할 수 있다.

많은 사람들이 MariaDB가 풀 테이블 스캔을 실행할 때 디스크로부터 페이지를 하나씩 읽어 오는 것으로 생각할 때가 많다.

이것은 MyISAM 스토리지 엔진에는 맞는 이야기지만 InnoDB나 XtraDB 스토리지 엔진에서는 틀린 말이다. InnoDB나 XtraDB 스토리지 엔진은 특정 테이블의 연속된 데이터 페이지가 읽히면 백그라운드 스레드에 의해 리드 어헤드(Read ahead) 작업이 자동으로 시작된다. 리드 어헤드란 어떤 영역의 데이터가 앞으로 필요해지리라는 것을 예측해서 요청이 오기 전에 미리 디스크에서 읽어 XtraDB의 버퍼 풀에 가져다 두는 것을 의미한다. 즉, 풀 테이블 스캔이 실행되면 처음 몇 개의 데이터 페이지는 포그라운드 스레드(Foreground thread, 클라이언트 스레드)가 페이지 읽기를 실행하지만 특정 시점부터는 읽기 작업을 백그라운드 스레드로 넘긴다. 백그라운드 스레드가 읽기를 넘겨받는 시점부터는 한번에 4개 또는 8개씩의 페이지를 읽으면서 계속 그 수를 증가시킨다. 최대 한번에 64개의 데이터 페이지까지 읽어서 버퍼 풀에 저장해 둔다. 포그라운 스레드는 미리 버퍼 풀에 준비된 데이터를 가져다 사용하면 되므로 쿼리가 상당히 빨리 처리되는 것이다.

MariaDB의 XtraDB에서는 언제 리드 어헤드를 시작할지 시스템 변수를 이용해 변경할 수 있다. 그 시스템 변수의 이름이 "innodb_read_ahead_threshold"인데, 일반적으로 디폴트 설정으로도 충분하지만 데이터웨어하우스용으로 MariaDB을 사용한다면 이 옵션을 더 낮은 값으로 설정해서 더 자주 리드 어헤드가 시작되도록 유도하는 것도 좋은 방법이다.

5.2 ORDER BY 처리(Using filesort)   MariaDB   MySQL

레코드 1~2건을 가져오는 쿼리를 제외하면 대부분의 SELECT 쿼리에서 정렬(ORDER BY)은 필수적으로 사용된다. 데이터웨어 하우스처럼 대량의 데이터를 조회해서 일괄 처리하는 기능이 아니라면 아마도 레코드 정렬 요건은 대부분의 조회 쿼리에 포함돼 있을 것이다. 정렬을 처리하기 위해서는 인덱스를 이용하는 방법과 쿼리가 실행될 때 "Filesort"라는 별도의 처리를 이용하는 방법으로 나눌 수 있다.

	장점	단점
인덱스를 이용	• INSERT, UPDATE, DELETE 쿼리가 실행될 때 이미 인덱스가 정렬돼 있어서 순서대로 읽기만 하면 되므로 매우 빠르다.	• INSERT, UPDATE, DELETE 작업 시 부가적인 인덱스 추가/삭제 작업이 필요하므로 느리다. • 인덱스 때문에 디스크 공간이 더 많이 필요하다. • 인덱스가 개수가 늘어날수록 InnoDB의 버퍼 풀이나 MyISAM의 키 캐시용 메모리가 많이 필요하다.

	장점	단점
Filesort 이용	• 인덱스를 생성하지 않아도 되므로 인덱스를 이용할 때의 단점이 장점으로 바뀐다 • 정렬해야 할 레코드가 많지 않으면 메모리에서 Filesort가 처리되므로 충분히 빠르다.	• 정렬 작업이 쿼리 실행 시 처리되므로 레코드 대상 건수가 많아질수록 쿼리의 응답 속도가 느리다.

물론 인덱스를 이용한 정렬과 같이 레코드를 정렬하기 위해 항상 "Filesort"라는 정렬 작업을 거쳐야 하는 것은 아니다. 하지만 다음과 같은 이유로 모든 정렬이 인덱스를 이용하도록 튜닝하기란 거의 불가능하다.

- 정렬 기준이 너무 많아서 요건별로 모두 인덱스를 생성하는 것이 불가능한 경우
- GROUP BY의 결과 또는 DISTINCT와 같은 처리의 결과를 정렬해야 하는 경우
- UNION의 결과와 같이 임시 테이블의 결과를 다시 정렬해야 하는 경우
- 랜덤하게 결과 레코드를 가져와야 하는 경우

MariaDB가 인덱스를 이용하지 않고 별도의 정렬 처리를 수행했는지는 실행 계획의 Extra 칼럼에 "Using filesort"라는 코멘트가 표시되는지로 판단할 수 있다. 여기서는 MariaDB의 정렬이 어떻게 처리되는지 살펴보겠다. MariaDB의 정렬 특성을 이해하면 쿼리를 튜닝할 때 어떻게 하면 조금이라도 더 빠른 쿼리가 될지 쉽게 판단할 수 있을 것이다.

5.2.1 소트 버퍼(Sort buffer)

MariaDB는 정렬을 수행하기 위해 별도의 메모리 공간을 할당받아서 사용하는데, 이 메모리 공간을 소트 버퍼라고 한다. 소트 버퍼는 정렬이 필요한 경우에만 할당되며, 버퍼의 크기는 정렬해야 할 레코드의 크기에 따라 가변적으로 증가하지만 최대 사용 가능한 소트 버퍼의 공간은 sort_buffer_size라는 시스템 변수로 설정할 수 있다.

소트 버퍼를 위한 메모리 공간은 쿼리의 실행이 완료되면 즉시 시스템으로 반납된다. MyISAM이나 XtraDB와 같은 스토리지 엔진에서는 정렬을 위해서 sort_buffer_size 시스템 설정 변수로 할당된 메모리를 사용하지만 Aria 스토리지 엔진을 사용하는 테이블은 정렬을 위해서 aria_sort_buffer_size 라는 시스템 변수로 할당되는 메모리 공간을 사용한다. MariaDB 스토리지 엔진에서는 기본적으로 내부 임시 테이블을 위해서 Aria 스토리지 엔진을 사용하기 때문에 Aria 스토리지 엔진의 테이블을 위한 소트 버퍼도 같이 고려해야 한다.

여기까지는 아주 이상적인 부분만 이야기했지만 지금부터 정렬이 왜 문제가 되는지 살펴보자. 정렬해야 할 레코드가 아주 소량이어서 메모리에 할당된 소트 버퍼만으로 정렬할 수 있다면 아주 빠르게 정렬이 처리될 것이다. 하지만 정렬해야 할 레코드의 건수가 소트 버퍼로 할당된 공간보다 크다면 어떻게 될까? 이때 MariaDB는 정렬해야 할 레코드를 여러 조각으로 나눠서 처리하는데, 이 과정에서 임시 저장을 위해서 디스크를 사용한다.

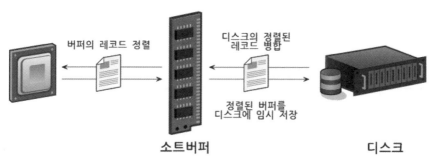

〈그림 5-1〉 소트 버퍼의 정렬과 디스크로 임시 저장 및 병합

〈그림 5-1〉처럼 메모리의 소트 버퍼에서 정렬을 수행하고, 그 결과를 임시로 디스크에 기록해 둔다. 그리고 그다음 레코드를 가져와서 다시 정렬해서 반복적으로 디스크에 임시 저장한다. 이처럼 각 버퍼 크기 만큼씩 정렬된 레코드를 다시 병합하면서 정렬을 수행해야 한다. 이 병합 작업을 멀티 머지 (Multi-merge)라고 표현하며, 수행된 멀티 머지 횟수는 Sort_merge_passes라는 상태 변수(SHOW STATUS VARIABLES; 명령 참조)에 누적된다.

이 작업들은 모두 디스크의 쓰기와 읽기를 유발하며, 레코드 건수가 많을수록 이 반복 작업의 횟수가 많아진다. 소트 버퍼를 크게 설정하면 디스크를 사용하지 않아서 더 빨라질 것으로 생각할 수도 있지만 실제 벤치마크 결과로는 거의 차이가 없었다. 〈그림 5-2〉는 MariaDB의 소트 버퍼 크기를 확장해가면서 쿼리를 실행해 본 결과 걸리는 시간을 측정한 것이다. 저자가 실행했던 벤치마크에서는 MariaDB의 소트 버퍼 크기가 256KB에서 512KB 사이에서 최적의 성능을 보였으며, 그 이후로는 아무리 소트 버퍼 크기가 확장돼도 성능상 차이가 없었다. 하지만 8MB 이상일 때 성능이 조금 더 향상되는 것으로 벤치마킹됐다는 자료도 있는데, 이는 웹과 같은 OLTP 성격의 쿼리가 아니라 대용량의 정렬 작업에 해당하는 내용일 것으로 보인다.

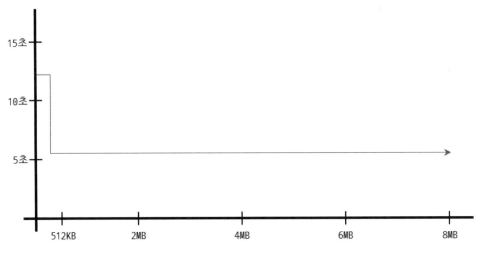

〈그림 5-2〉 소트 버퍼 크기에 따른 성능 변화

지금까지의 경험상, 소트 버퍼의 크기는 56KB에서 1MB 미만이 적절한 것으로 생각한다. MariaDB가 사용하는 메모리는 글로벌 메모리 영역과 세션(로컬) 메모리 영역으로 나눠서 생각할 수 있는데, 정렬을 위해 할당받는 소트 버퍼는 세션 메모리 영역에 해당된다. 즉 소트 버퍼는 여러 클라이언트가 공유해서 사용할 수 있는 영역이 아니다. 커넥션이 많으면 많을수록, 정렬 작업이 많으면 많을수록 소트 버퍼로 소비되는 메모리 공간이 커짐을 의미한다. 소트 버퍼의 크기를 10~20MB와 같이 터무니없이 많이 설정할 수가 있다. 이럴 때 대량의 레코드를 정렬하는 쿼리가 여러 커넥션에서 동시에 실행되면 운영체제는 메모리 부족 현상을 겪는다. 더는 메모리 여유 공간이 없는 경우에는 운영체제의 OOM-Killer는 여유 메모리를 확보하기 위해 프로세스를 강제로 종료시킬 것이다. 그런데 OOM-Killer는 메모리를 가장 많이 사용하고 있는 프로세스를 강제 종료한다. 일반적으로 MariaDB 서버가 가장 많은 메모리를 사용하기 때문에 강제 종료 1순위가 된다.

> **주의** 소트 버퍼를 크게 설정해서 획기적으로 성능을 향상시킬 수는 없지만 디스크의 읽기와 쓰기 사용량은 줄일 수 있다. 그래서 MariaDB 서버의 데이터가 많거나 디스크의 I/O 성능이 낮은 장비라면 소트 버퍼의 크기를 더 크게 설정하는 것이 도움될 수도 있다. 하지만 소트 버퍼를 너무 크게 설정하면 서버의 메모리가 부족해져서 MariaDB 서버가 메모리 부족을 겪을 수도 있기 때문에 소트 버퍼의 크기는 적절히 설정하는 것이 좋다.

5.2.2 정렬 알고리즘

레코드를 정렬할 때 레코드 전체를 소트 버퍼에 담을지 또는 정렬 기준 칼럼만 소트 버퍼에 담을지에 따라(공식적인 명칭은 아니지만) 2가지로 정렬 알고리즘을 나눠볼 수 있다.

싱글 패스(Single pass) 알고리즘

소트 버퍼에 정렬 기준 칼럼을 포함해 SELECT되는 칼럼 전부를 담아서 정렬을 수행하는 방법이며, MySQL 5.0 이후 최근의 버전에서 도입된 정렬 방법이다.

```
SELECT emp_no, first_name, last_name
FROM employees
ORDER BY first_name;
```

위 쿼리와 같이 first_name으로 정렬해서 emp_no, first_name, last_name을 SELECT하는 쿼리를 싱글 패스 정렬 알고리즘으로 처리하는 절차를 그림으로 보면 다음과 같다.

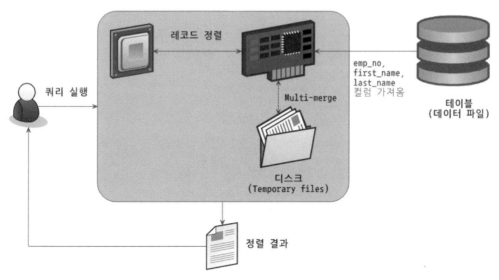

〈그림 5-3〉 새로운 방식(Single-pass)의 정렬 알고리즘

〈그림 5-3〉에서 알 수 있듯이 처음 employees 테이블을 읽을 때 정렬에 필요하지 않은 last_name 칼럼까지 전부 읽어서 소트 버퍼에 담고 정렬을 수행한다. 그리고 정렬이 완료되면 정렬 버퍼의 내용을 그대로 클라이언트로 넘겨주는 과정을 볼 수 있다.

투 패스(Two pass) 알고리즘

정렬 대상 칼럼과 프라이머리 키값만을 소트 버퍼에 담아서 정렬을 수행하고, 정렬된 순서대로 다시 프라이머리 키로 테이블을 읽어서 SELECT할 칼럼을 가져오는 알고리즘으로, 예전 버전의 MySQL(5.0 이전)에서 사용하던 방법이다. 하지만 정렬하려는 레코드의 특성에 따라서 MariaDB 10.0 버전에서도 여전히 사용되는 경우가 있다.

〈그림 5-4〉는 같은 쿼리를 MariaDB의 예전 방식인 투 패스 알고리즘으로 정렬하는 과정을 표현한 것이다. 처음 employees 테이블을 읽을 때는 정렬에 필요한 first_name 칼럼과 프라이머리 키인 emp_no만 읽어서 정렬을 수행했음을 알 수 있다. 이 정렬이 완료되면 그 결과 순서대로 employees 테이블을 한 번 더 읽어서 last_name을 가져오고, 최종적으로 그 결과를 클라이언트 쪽으로 넘기는 과정을 확인할 수 있다.

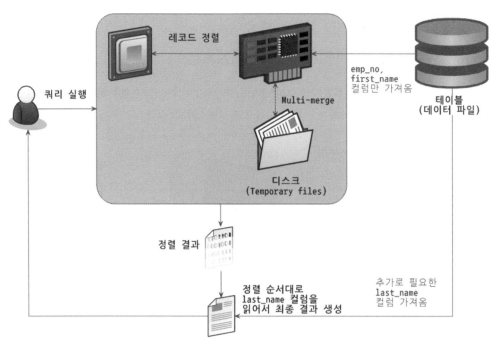

〈그림 5-4〉 예전 방식(Two-passes)의 정렬 알고리즘

MariaDB의 예전 정렬 방식인 투 패스 알고리즘은 테이블을(그것도 같은 레코드를) 두 번 읽어야 하기 때문에 상당히 불합리하지만 새로운 정렬 방식인 싱글 패스 알고리즘은 이러한 불합리가 없다. 하지만 싱글 패스 알고리즘은 더 많은 소트 버퍼 공간이 필요하다. 즉 대략 128KB의 정렬 버퍼를 사용한다면 이 쿼리는 투 패스 알고리즘에서는 대략 7,000건의 레코드를 정렬할 수 있지만 싱글 패스 알고리즘에서는 그것의 반 정도밖에 정렬할 수 없다. 물론 이것은 소트 버퍼 공간의 크기와 레코드의 크기에 따라 다르다.

최근의 MariaDB 5.x 버전에서는 일반적으로 새로운 정렬 알고리즘인 싱글 패스 방식을 사용한다. 하지만 MariaDB 5.x 버전 이상이라고 해서 항상 싱글 패스 정렬 알고리즘을 사용하는 것은 아니다. 다음과 같을 때 싱글 패스 방식을 사용하지 못하고 투 패스 정렬 알고리즘을 사용한다.

- 레코드의 크기가 max_length_for_sort_data 파라미터로 설정된 값보다 클 때
- BLOB이나 TEXT 타입의 칼럼이 SELECT 대상에 포함할 때

얼핏 생각해 보면 예전 방식이 더 빠를 것도 같지만 항상 그런 것은 아니다. 싱글 패스 알고리즘(새로운 방식)은 정렬 대상 레코드의 크기나 건수가 작은 경우 빠른 성능을 보이며, 투 패스 알고리즘(예전 방식)은 정렬 대상 레코드의 크기나 건수가 상당히 많은 경우 효율적이라고 볼 수 있다.

> **주의** SELECT 쿼리에서 꼭 필요한 칼럼만 조회하지 않고, 모든 칼럼(*)을 가져오도록 개발할 때가 많다. 하지만 이는 정렬 버퍼를 몇 배에서 몇 십배까지 비효율적으로 사용하게 만들 가능성이 크다. SELECT 쿼리에서 꼭 필요한 칼럼만 조회하도록 쿼리를 작성하는 것이 좋다고 권장하는 것은 바로 이런 이유 때문이다. 특히 정렬이 필요한 SELECT는 불필요한 칼럼을 SELECT하지 않도록 쿼리를 작성하는 것이 효율적이다. 이는 꼭 정렬 버퍼에만 영향을 미치는 것이 아니라 임시 테이블이 필요한 테이블에서도 영향을 미친다. 이에 대한 자세한 내용은 5.5절 "임시 테이블 (USING TEMPORARY)"에서 자세히 살펴보겠다.

5.2.3 정렬의 처리 방식

쿼리에 ORDER BY가 사용되면 반드시 다음 3가지 처리 방식 중 하나로 정렬이 처리된다. 일반적으로 밑쪽에 있는 정렬 방법으로 갈수록 처리는 느려진다.

정렬 처리 방법	실행 계획의 Extra 코멘트
인덱스 사용한 정렬	별도의 내용 표기 없음
드라이빙 테이블만 정렬 (조인이 없는 경우 포함)	"Using filesort"가 표시됨
조인 결과를 임시 테이블로 저장한 후, 임시 테이블에서 정렬	"Using temporary; Using filesort"가 같이 표시됨

먼저 옵티마이저는 정렬 처리를 위해 인덱스를 이용할 수 있을지 검토할 것이다. 만약 인덱스를 이용할 수 있다면 별도의 "Filesort" 과정 없이 인덱스를 순서대로 읽어서 결과를 반환한다. 하지만 인덱스를 사용할 수 없다면 WHERE 조건에 일치하는 레코드를 검색해 정렬 버퍼에 저장하면서 정렬을 처리

(Filesort)할 것이다. 이때 MariaDB 옵티마이저는 정렬 대상 레코드를 최소화하기 위해 다음 두 가지 방법 중 하나를 선택한다.

1. 드라이빙 테이블만 정렬한 다음 조인을 수행
2. 조인이 끝나고 일치하는 레코드를 모두 가져온 후 정렬을 수행

일반적으로 조인이 수행되면서 레코드 건수는 거의 배수로 불어나기 때문에 가능하다면 드라이빙 테이블만 정렬한 다음 조인을 수행하는 방법이 효율적이다. 그래서 두 번째 방법보다는 첫 번째 방법이 더 효율적으로 처리된다. 3가지 정렬 방법에 대해 하나씩 자세히 살펴보자.

5.2.3.1 인덱스를 사용한 정렬

인덱스를 이용한 정렬을 위해서는 반드시 ORDER BY에 명시된 칼럼이 제일 먼저 읽는 테이블(조인이 사용된 경우 드라이빙 테이블)에 속하고, ORDER BY의 순서대로 생성된 인덱스가 있어야 한다. 또한 WHERE 절에 첫 번째 읽는 테이블의 칼럼에 대한 조건이 있다면 그 조건과 ORDER BY는 같은 인덱스를 사용할 수 있어야 한다. 그리고 B-Tree 계열의 인덱스가 아닌 해시 인덱스나 전문 검색 인덱스 등에서는 인덱스를 이용한 정렬을 사용할 수 없다. 예외적으로 R-Tree도 B-Tree 계열이지만 특성상 이 방식을 사용할 수 없다. 여러 테이블이 조인되는 경우에는 네스티드-루프(Nested-loop) 방식의 조인에서만 이 방식을 사용할 수 있다.

정렬이 인덱스를 이용해서 처리되는 경우에는 실제 인덱스의 값이 정렬돼 있기 때문에 인덱스의 순서대로 읽기만 하면 된다. 실제로 MariaDB 엔진에서 별도의 정렬을 위한 추가 작업을 수행하지는 않는다. 다음 예제처럼 ORDER BY가 있건 없건 같은 인덱스를 레인지 스캔해서 나온 결과는 같은 순서로 출력되는 것을 확인할 수 있다. ORDER BY 절이 없어도 정렬이 되는 이유는 〈그림 5-5〉와 같이 employees 테이블의 프라이머리 키를 읽고, 그다음으로 salaries 테이블을 조인했기 때문이다.

```
SELECT * FROM employees e, salaries s
WHERE s.emp_no=e.emp_no
AND e.emp_no BETWEEN 100002 AND 100020
ORDER BY e.emp_no;
-- // emp_no 칼럼으로 정렬이 필요한데, 인덱스를 사용하면서 자동 정렬이 된다고
-- // 일부러 ORDER BY emp_no를 제거하는 것은 좋지 않은 선택이다.
SELECT * FROM employees e, salaries s
WHERE s.emp_no=e.emp_no
AND e.emp_no BETWEEN 100002 AND 100020;
```

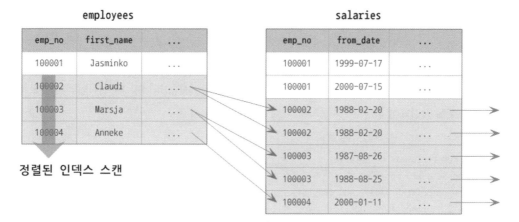

employees

emp_no	first_name	...
100001	Jasminko	...
100002	Claudi	...
100003	Marsja	...
100004	Anneke	...

정렬된 인덱스 스캔

salaries

emp_no	from_date	...
100001	1999-07-17	...
100001	2000-07-15	...
100002	1988-02-20	...
100002	1988-02-20	...
100003	1987-08-26	...
100003	1988-08-25	...
100004	2000-01-11	...

〈그림 5-5〉 인덱스를 이용한 정렬

> **주의** ORDER BY 절을 넣지 않아도 자동으로 정렬된다고 해서 ORDER BY 절 자체를 쿼리에서 완전히 빼버리고
> 쿼리를 작성하기도 한다. 혹시나 ORDER BY 절을 포함하면 MariaDB 서버가 별도로 정렬 작업을 한 번 더 할까 봐
> 걱정스러워서다. 하지만 MariaDB 서버는 정렬을 인덱스로 처리할 수 있다면 부가적으로 불필요한 정렬 작업을 수
> 행하지 않는다. 그래서 인덱스로 정렬이 처리될 때는 ORDER BY가 쿼리에 명시된다고 해서 작업량이 더 늘지는 않
> 는다.
>
> 또한 어떤 이유 때문에 쿼리의 실행 계획이 조금 변경된다면 ORDER BY가 명시되지 않은 쿼리는 결과가 기대했던
> 순서대로 가져오지 못해서 애플리케이션의 버그로 연결될 수도 있다. 하지만 ORDER BY 절을 명시해두면 성능상의
> 손해가 없음은 물론이고 이런 예외 상황에서도 버그로 연결되지 않을 것이다.

위에서도 언급했듯이 인덱스를 사용한 정렬이 가능한 이유는 B-Tree 인덱스가 키값으로 정렬돼 있기
때문이다. 또한 조인이 네스티드-루프 방식으로 실행되기 때문에 조인 때문에 드라이빙 테이블의 인
덱스 읽기 순서가 흐트러지지 않는다는 것이다. 하지만 조인이 사용된 쿼리의 실행 계획에 조인 버퍼
(Join buffer)가 사용되면 순서가 흐트러질 수 있기 때문에 주의해야 한다. 조인 버퍼에 대해서는 5.6.3
절 "조인 버퍼를 이용한 조인(Using join buffer)"에서 다시 자세히 살펴보겠다.

5.2.3.2 드라이빙 테이블만 정렬

일반적으로 조인이 수행되면 결과 레코드의 건수가 몇 배로 불어난다. 그래서 조인을 실행하기 전에 첫 번째 테이블의 레코드를 먼저 정렬한 다음 조인을 실행하는 것이 모든 조인의 결과를 통째로 정렬하는 것보다는 효율적이다. 이 방법은 조인에서 첫 번째 읽히는 테이블(드라이빙 테이블)의 칼럼만으로 ORDER BY 절이 작성돼야 한다.

```
SELECT * FROM employees e, salaries s
WHERE s.emp_no=e.emp_no
  AND e.emp_no BETWEEN 100002 AND 100010
ORDER BY e.last_name;
```

우선 WHERE 절의 조건이 다음 두 가지 조건을 갖추고 있기 때문에 옵티마이저는 employees 테이블을 드라이빙 테이블로 선택할 것이다.

- WHERE 절의 검색 조건("emp_no BETWEEN 100001 AND 100010")은 employees 테이블의 프라이머리 키를 이용해서 검색하면 작업량을 줄일 수 있다.
- 드리븐 테이블(salaries)의 조인 칼럼인 emp_no 칼럼에 인덱스가 있다.

검색은 인덱스 레인지 스캔으로 처리할 수 있지만 ORDER BY 절에 명시된 칼럼은 employees 테이블의 프라이머리 키와 전혀 연관이 없으므로 인덱스를 이용한 정렬은 불가능하다. 그런데 ORDER BY 절의 정렬 기준 칼럼이 드라이빙 테이블(employees)에 포함된 칼럼임을 알 수 있다. 옵티마이저는 드라이빙 테이블만 검색해서 정렬을 먼저 수행하고, 그 결과와 salaries 테이블을 조인한 것이다.

〈그림 5-6〉은 이 과정을 보여준다.

A) 인덱스를 이용해서 "emp_no BETWEEN 100001 AND 100010" 조건을 만족하는 9건을 검색

B) 검색 결과를 last_name 칼럼으로 정렬을 수행(Filesort)

C) 정렬된 결과를 순서대로 읽으면서 salaries 테이블과 조인을 수행해서 86건의 최종 결과를 가져옴(〈그림 5-7〉의 오른쪽에 번호는 레코드가 조인되어 출력되는 순서를 의미).

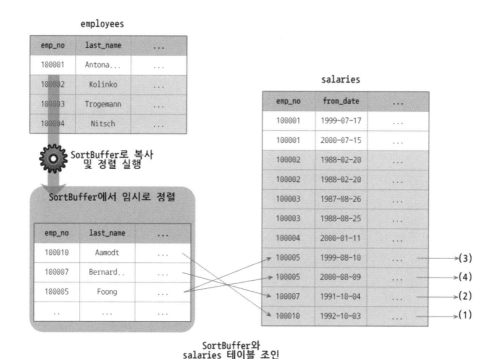

employees

emp_no	last_name	...
100001	Antona...	...
100002	Kolinko	...
100003	Trogemann	...
100004	Nitsch	...

SortBuffer로 복사
및 정렬 실행

SortBuffer에서 임시로 정렬

emp_no	last_name	...
100010	Aamodt	...
100007	Bernard..	...
100005	Foong	...
..	...	...

salaries

emp_no	from_date	...
100001	1999-07-17	...
100001	2000-07-15	...
100002	1988-02-20	...
100002	1988-02-20	...
100003	1987-08-26	...
100003	1988-08-25	...
100004	2000-01-11	...
100005	1999-08-10	...	→(3)
100005	2000-08-09	...	→(4)
100007	1991-10-04	...	→(2)
100010	1992-10-03	...	→(1)

SortBuffer와
salaries 테이블 조인

〈그림 5-6〉 조인의 첫 번째(드라이빙) 테이블만 정렬 실행

5.2.3.3 임시 테이블을 이용한 정렬

쿼리가 여러 테이블을 조인하지 않고, 하나의 테이블로부터 SELECT해서 정렬하는 경우라면 임시 테이블이 필요하지 않다. 하지만 2개 이상의 테이블을 조인해서 그 결과를 정렬해야 한다면 임시 테이블이 필요할 수도 있다. 위에서 살펴본 "드라이빙 테이블만 정렬"은 2개 이상의 테이블이 조인되면서 정렬이 실행되지만 임시 테이블을 사용하지 않는다. 하지만 그 이외 패턴의 쿼리에서는 항상 조인의 결과를 임시 테이블에 저장하고, 그 결과를 다시 정렬하는 과정을 거친다. 이 방법은 정렬의 3가지 방법 가운데 정렬해야 할 레코드 건수가 가장 많아지기 때문에 가장 느린 정렬 방법이다. 다음 쿼리는 "드라이빙 테이블만 정렬"에서 살펴본 예제와 ORDER BY 절의 칼럼만 제외하고 같은 쿼리다. 이 쿼리도 "드라이빙 테이블만 정렬"과 같은 이유로 employees 테이블이 드라이빙 테이블로 사용되며, salaries 테이블이 드리븐 테이블로 사용될 것이다.

```
SELECT * FROM employees e, salaries s
WHERE s.emp_no=e.emp_no AND e.emp_no BETWEEN 100002 AND 100010
ORDER BY s.salary;
```

하지만 이번 쿼리에서는 ORDER BY 절의 정렬 기준 칼럼이 드라이빙 테이블이 아니라 드리븐 테이블 (salaries)에 있는 칼럼이다. 즉 정렬이 수행되기 전에 반드시 salaries 테이블을 읽어야 하므로 이 쿼리는 반드시 조인된 데이터를 가지고 정렬할 수밖에 없다.

id	select_type	table	type	key	key_len	ref	rows	Extra
1	SIMPLE	e	range	PRIMARY	4		9	Using where; Using temporary; Using filesort
1	SIMPLE	s	ref	PRIMARY	4	e.emp_no	4	

쿼리의 실행 계획을 보면 Extra 칼럼에 "Using temporary; Using filesort"라는 코멘트가 표시된다. 이는 조인의 결과를 임시 테이블에 저장하고, 그 결과를 다시 정렬 처리했음을 의미한다. 〈그림 5-7〉은 이 쿼리의 처리 절차를 보여준다.

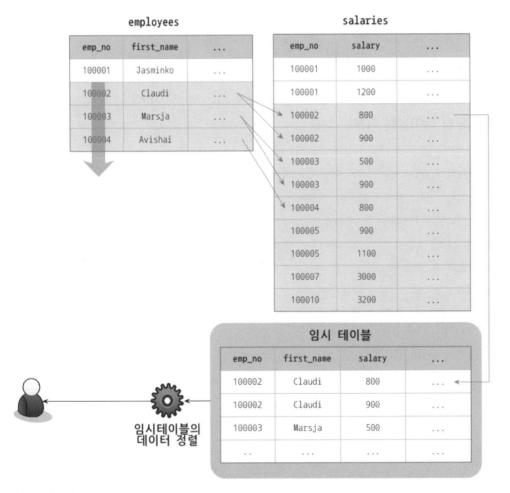

〈그림 5-7〉 임시 테이블을 이용한 정렬

5.2.3.4 정렬 방식의 성능 비교

주로 웹 서비스용 쿼리에서는 ORDER BY와 함께 LIMIT가 거의 필수적으로 사용되는 경향이 있다. 일반적으로 LIMIT는 테이블이나 처리 결과의 일부만 가져오기 때문에 MariaDB 서버가 처리해야 할 작업량을 줄이는 역할을 한다. 그런데 ORDER BY나 GROUP BY와 같은 작업은 WHERE 조건을 만족하는 레코드를 LIMIT 건수만큼만 가져와서는 처리될 수 없다. 우선 조건을 만족하는 레코드를 모두 가져와서 정렬을 수행하거나 그룹핑 작업을 실행해야만 비로소 LIMIT로 건수 제한을 할 수 있다. WHERE 조건이 아무리 인덱스를 잘 활용하도록 튜닝해도 잘못된 ORDER BY나 GROUP BY 때문에 쿼리가 느려지는 경우가 자주 발생한다.

쿼리에서 인덱스를 사용하지 못하는 정렬이나 그룹핑 작업이 왜 느리게 작동할 수밖에 없는지 한번 살펴보자. 이를 위해 쿼리가 처리되는 방법을 "스트리밍 처리"와 "버퍼링 처리"라는 2가지 방식으로 구분해보자.

스트리밍(Streaming) 방식

〈그림 5-8〉과 같이 서버 쪽에서 처리해야 할 데이터가 얼마나 될지에 관계없이 조건에 일치하는 레코드가 검색될 때마다 바로바로 클라이언트로 전송해주는 방식을 의미한다. 이 방식으로 쿼리를 처리할 경우 클라이언트는 쿼리를 요청하고 곧바로 원했던 첫 번째 레코드를 전달받을 것이다. 물론 가장 마지막의 레코드는 언제 받을지 알 수 없지만, 이는 그다지 중요하지 않다. 〈그림 5-8〉과 같이 쿼리가 스트리밍 방식으로 처리될 수 있다면 클라이언트는 MariaDB 서버가 일치하는 레코드를 찾는 즉시 전달받기 때문에 동시에 데이터의 가공 작업을 시작할 수 있다. 웹 서비스와 같은 OLTP 환경에서는 쿼리의 요청에서부터 첫 번째 레코드를 전달받게 되기까지의 응답 시간이 중요하다. 스트리밍 방식으로 처리되는 쿼리는 쿼리가 얼마나 많은 레코드를 조회하느냐에 상관없이 빠른 응답 시간을 보장해 준다.

또한 스트리밍 방식으로 처리되는 쿼리에서 LIMIT와 같이 결과 건수를 제한하는 조건들은 쿼리의 전체 실행 시간을 상당히 줄여줄 수 있다. 매우 큰 테이블을 아무런 조건 없이 SELECT만 해 보면 첫 번째 레코드는 아주 빨리 가져온다는 사실을 알 수 있다. 물론 서버에서는 쿼리가 아직 실행되고 있는 도중이라도 말이다. 이것은 풀 테이블 스캔의 결과가 아무런 버퍼링 처리나 필터링 과정 없이 바로 클라이언트로 스트리밍되기 때문이다. 이 쿼리에 LIMIT 조건을 추가하면 전체적으로 가져오는 레코드 건수가 줄어들기 때문에 마지막 레코드를 가져오기까지의 시간을 상당히 줄일 수 있다.

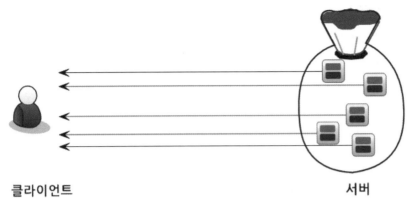

클라이언트   **서버**

〈그림 5-8〉 스트리밍 처리

> **주의**   스트리밍 처리는 어떤 클라이언트 도구나 API를 사용하느냐에 따라 그 방식에 차이가 있을 수도 있다. 대표적
> 으로 JDBC 라이브러리를 이용해 "SELECT * FROM tb_bigtable"와 같은 쿼리를 실행하면 MariaDB 서버는 레코
> 드를 읽자마자 클라이언트로 그 결과를 전달할 것이다. 하지만 JDBC는 MariaDB 서버로부터 받는 레코드를 일단 자
> 체적인 버퍼에 모두 담아둔다. 그리고 마지막 레코드가 전달될 때까지 기다렸다가 모든 결과를 전달받으면 그때서야
> 비로소 클라이언트의 애플리케이션에 반환한다. 즉, MariaDB 서버는 스트리밍 방식으로 처리해서 반환하지만 클라
> 이언트의 JDBC 라이브러리가 버퍼링을 하는 것이다. 하지만 JDBC를 사용하지 않는 SQL 클라이언트 도구는 이러
> 한 버퍼링을 하지 않기 때문에 아무리 큰 테이블이라 하더라도 첫 번째 레코드는 매우 빨리 가져온다.
>
> JDBC 라이브러리가 자체적으로 레코드를 버퍼링하는 이유는 이 방식이 전체 처리량(Throughput)에서 뛰어나기 때
> 문이다. 이 방식은 JDBC 라이브러리와 MariaDB 서버가 대화형으로 데이터를 주고받는 것이 아니라 MariaDB 서버
> 는 데이터의 크기에 관계없이 무조건 보내고, JDBC MariaDB 서버로부터 전송되는 데이터를 받아서 저장만 하므로
> 불필요한 네트워크 요청이 최소화되기 때문에 스루풋이 뛰어난 것이다.
>
> JDBC의 버퍼링 처리 방식은 기본 작동 방식이며, 아주 대량의 데이터를 가져와야 할 때는 MariaDB 서버와 JDBC
> 간의 전송 방식을 스트리밍 방식으로 변경할 수 있다.

버퍼링(Buffering) 방식

ORDER BY나 GROUP BY와 같은 처리는 쿼리의 결과가 스트리밍되는 것을 불가능하게 한다. 우선
WHERE 조건에 일치하는 모든 레코드를 가져온 후, 정렬하거나 그룹핑을 해서 차례대로 보내야 하기
때문이다. MariaDB 서버에서는 모든 레코드를 검색하고 정렬 작업을 하는 동안 클라이언트는 아무것
도 하지 않고 기다려야 하기 때문에 응답 속도가 느려지는 것이다. 이 방식을 스트리밍의 반대 표현으
로 버퍼링(Buffering)이라고 표현해 본 것이다.

〈그림 5-9〉에서 보는 바와 같이 버퍼링 방식으로 처리되는 쿼리는 먼저 결과를 모아서 MariaDB 서버에서 일괄 가공해야 하므로 모든 결과를 스토리지 엔진으로부터 가져올 때까지 기다려야 한다. 그래서 버퍼링 방식으로 처리되는 쿼리는 LIMIT와 같이 결과 건수를 제한하는 조건이 있어도 성능 향상에 별로 도움이 되지 않는다. 네트워크로 전송되는 레코드의 건수를 줄일 수는 있지만 MariaDB 서버가 해야 하는 작업량에는 그다지 변화가 없기 때문이다.

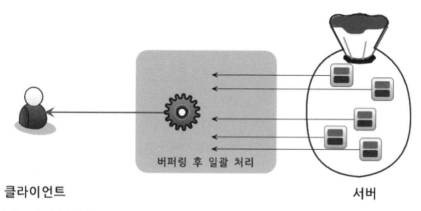

클라이언트

버퍼링 후 일괄 처리

서버

〈그림 5-9〉 버퍼링 처리

5.2.3절 "정렬의 처리 방식"에서 언급한 ORDER BY의 3가지 처리 방식 가운데 인덱스를 사용한 정렬 방식만 스트리밍 형태의 처리이며, 나머지는 모두 버퍼링된 후에 정렬된다. 즉 인덱스를 사용한 정렬 방식은 LIMIT로 제한된 건수만큼만 읽으면서 바로바로 클라이언트로 결과를 전송해줄 수 있다. 하지만 인덱스를 사용하지 못하는 경우의 처리는 필요한 모든 레코드를 디스크로부터 읽어서 정렬한 후에야 비로소 LIMIT로 제한된 건수만큼 잘라서 클라이언트로 전송해줄 수 있음을 의미한다.

조인과 함께 ORDER BY 절과 LIMIT 절이 함께 사용될 경우 정렬의 각 처리 방식별로 어떤 차이가 있는지 좀 더 자세히 살펴보자.

```
SELECT *
FROM tb_test1 t1, tb_test2 t2
WHERE t1.col1=t2.col1
ORDER BY t1.col2
LIMIT 10;
```

tb_test1 테이블의 레코드가 100건이고, tb_test2 테이블의 레코드가 1,000건(tb_test1의 레코드 1건당 tb_test2의 레코드가 10건씩 존재한다고 가정)이며, 두 테이블의 조인 결과는 전체 1,000건이라고 가정하고 정렬의 처리 방식별로 읽어야 하는 레코드 건수와 정렬을 수행해야 하는 레코드 건수를 비교해 보자.

tb_test1이 드라이빙이되는 경우

정렬 방식	읽어야 할 건수	조인 횟수	정렬해야 할 대상 건수
인덱스 사용	tb_test1 : 1건 tb_test2 : 10건	1번	0건
드라이빙 테이블만 정렬	tb_test1 : 100건 tb_test2 : 10건	10번	100건 (tb_test1 테이블의 레코드 건수만큼 정렬 필요)
임시 테이블 사용 후 정렬	tb_test1 : 100건 tb_test2 : 1000건	100번 (tb_test1 테이블의 레코드 건수만큼 조인 발생)	1,000건 (조인된 결과 레코드 건수를 전부 정렬해야 함)

tb_test2가 드라이빙되는 경우

정렬 방식	읽어야 할 건수	조인 횟수	정렬해야 할 대상 건수
인덱스 사용	tb_test2 : 10건 tb_test1 : 10건	10번	0건
드라이빙 테이블만 정렬	tb_test2 : 1000건 tb_test1 : 10건	10번	1,000건 (tb_test2 테이블의 레코드 건수만큼 정렬 필요)
임시 테이블을 사용한 후 정렬	tb_test2 : 1000건 tb_test1 : 100건	1,000번 (tb_test2 테이블의 레코드 건수만큼 조인 발생)	1000건 (조인된 결과 레코드 건수를 전부 정렬해야 함)

일반적으로 RDBMS의 조인에서는 WHERE 조건에 일치하는 대상 레코드 건수가 적은 쪽 테이블을 우선적으로 드라이빙 테이블로 선정하게 된다. 일반적으로 네스티드 루프 조인 방식에서는 드라이빙 테이블의 레코드 건수만큼 드리븐 테이블에 대해서 랜덤 액세스가 발생하기 때문이다. 즉 드라이빙 테이블의 레코드 건수가 적어야 랜덤 액세스 건수가 줄어드는 것이다. 어느 테이블이 먼저 드라이빙되어 조인되는지도 중요하지만 어떤 정렬 방식으로 처리되는지도 큰 성능 차이를 만든다. 가능하다면 인덱스를 사용한 정렬로 유도하고 그렇지 못하다면 최소한 드라이빙 테이블만 정렬해도 되는 수준으로 유도하는 것도 좋은 튜닝 방법이라고 할 수 있다.

인덱스를 사용하지 못하고 별도로 Filesort 작업을 거쳐야 하는 쿼리에서 LIMIT 조건이 아무런 도움이 되지 못하는 것은 아니다. 정렬해야 할 대상 레코드가 1,000건인 쿼리에 LIMIT 10이라는 조건이 있다면 MariaDB 서버는 1,000건의 레코드를 모두 정렬하는 것이 아니라 필요한 순서(ASC 또는 DESC)대로 정렬해서 상위 10건만 정렬이 채워지면 정렬을 멈추고 결과를 반환한다. 하지만 MariaDB 서버는 정렬을 위해 퀵 소트 알고리즘을 사용한다. 이는 LIMIT 10을 만족하는 상위 10건을 정렬하기 위해 더 많은 작업이 필요할 수도 있음을 의미한다. 퀵 소트 알고리즘은 인터넷을 통해서 쉽게 확인해볼 수 있으므로 한 번쯤 살펴보자.

결론적으로, 인덱스를 사용하지 못하는 쿼리를 페이징 처리에 사용하는 경우 LIMIT로 5~10건만 조회한다고 하더라도 쿼리가 기대만큼 아주 빨라지지는 않는다.

5.2.4 ORDER BY .. LIMIT n 최적화 〔 MariaDB 〕 〔 MySQL 〕

MySQL과 MariaDB에서는 ORDER BY절을 가진 쿼리가 인덱스를 사용하지 못할 때 MariaDB 서버에서 실시간 정렬(Using filesort)을 수행해야만 한다. 이때에는 조건절에 일치하는 레코드들을 모두 가져와서 소트 버퍼를 이용해서 퀵 소트(Quick sort) 알고리즘을 수행하게 된다. 만약 정렬해야 할 대상 레코드가 너무 많은 경우라면 소트 버퍼 크기만큼의 레코드를 모아서 정렬하고 정렬된 결과를 다시 병합(Sort_merge_pass)하는 과정을 거쳐야 한다. 이런 전체적인 과정은 CPU 뿐만 아니라 디스크에도 많은 부담을 주게 된다.

MySQL 5.6과 MariaDB 10.0에서는 ORDER BY 절과 LIMIT n 절이 함께 사용된 경우에는 조금 다른 방식으로 최적화를 수행할 수 있도록 개선되었다. 다음과 같이 인덱스를 사용하지 못하는 정렬 쿼리를 한번 가정해보자. 다음의 예제 쿼리는 employees 테이블에서 WHERE 조건에 일치하는 사원 레코드 900건을 조회해서 last_name 칼럼으로 정렬하기 위해서 퀵 소트 알고리즘을 실행해야 한다.

```
SELECT emp_no, first_name, last_name FROM employees
WHERE emp_no BETWEEN 10001 AND 10900
ORDER BY last_name
LIMIT 10;
```

위의 쿼리는 정렬을 해야 할 대상은 900건이지만, 사실 이 쿼리는 최종적으로는 10건의 레코드만 반환하면 된다. MySQL 5.6에서는 이렇게 정렬해야 하는 대상은 많지만, 최종적으로 반환해야 할 레코드 건수가 적은 경우에는 소트 버퍼에 우선순위 큐(Priority Queue)를 만들고 그 큐를 이용해서 정렬을 수행한다. 이렇게 우선순위 큐를 이용하면 퀵 소트 알고리즘으로 900건의 결과를 모두 정렬할 필요가 없으며 단순히 employees 테이블의 레코드를 하나씩 읽어서 우선순위 큐에만 넣어주면 된다. 이렇게 처리되는데 있어서 가장 중요한 것은 LIMIT n으로 가져가는 레코드의 바이트 크기가 우선순위 큐가 만들어지는 소트 버퍼의 크기보다 작은 경우에만 이 최적화가 적용 가능하다는 것이다. 〈그림 5-10〉은 ORDER BY .. LIMIT n의 최적화를 그림으로 표현한 것이다.

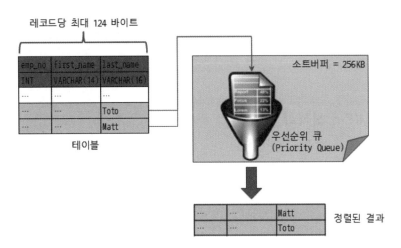

〈그림 5-10〉 우선순위 큐를 이용한 정렬 최적화

〈그림 5-10〉에서도 알 수 있듯이 가져와야 할 칼럼은 emp_no와 first_name 그리고 last_name로 최대 124바이트 정도이다. 그리고 반환해야 하는 레코드 건수는 10건(LIMIT 10)이므로 최종적으로 필요한 공간은 1240 바이트이다. 그런데 소트 버퍼의 크기가 256KB로 설정되어 있으므로 충분히 우선순위 큐를 이용한 정렬로 최적화가 가능한 것이다.

이렇게 우선순위 큐를 이용한 정렬은 복잡한 퀵 소트 알고리즘을 실행하지 않아도 될 뿐만 아니라 정렬 대상이 클 때 필요한 부분 정렬 및 병합 과정도 필요치 않다는 것이다. MySQL 5.6과 MariaDB 10.0 모두 정렬 처리에서 우선 순위 큐가 사용되었는지 여부를 실행 계획으로는 판단할 수 없다. 대신 MySQL 5.6에서는 옵티마이저 트레이스 기능을 이용해서 우선 순위 큐가 사용되었는지 확인해 볼 수 있으며, MariaDB 10.0에서는 상태 변수를 이용해서 확인할 수 있다. 또한 MariaDB 10.0에서는 쿼리가 슬로우 쿼리 로그에 기록될 때, 우선 순위 큐 사용 여부(Priority_queue: Yes)가 같이 표시된다. MariaDB 10.0에서는 Sort_priority_queue_sorts 상태 값과 Sort_range와 Sort_scan의 합의 비율을 계산해보면, 우선 순위 큐를 이용한 정렬과 퀵 소트 알고리즘을 이용한 정렬의 비율을 계산할 수 있다.

MySQL 5.6

```
mysql> SET OPTIMIZER_TRACE='enabled=on';
mysql> SELECT gender FROM employees ORDER BY gender LIMIT 10;
mysql> SELECT * FROM information_schema.OPTIMIZER_TRACE\G
  ...
  "join_execution": {
    ...
    "filesort_priority_queue_optimization": {
      "limit": 10,
      "rows_estimate": 936530,
      "row_size": 6,
      "memory_available": 10485760,
      "chosen": true
    },
    ...
```

MariaDB 10.0

```
MariaDB> SHOW SESSION STATUS LIKE 'Sort%';
+-------------------------+--------+
|Variable name            | Value  |
+-------------------------+--------+
|Sort_merge_passes        | 56     |
|Sort_priority_queue_sorts| 3      |
|Sort_range               | 0      |
|Sort_rows                | 279408 |
|Sort_scan                | 1      |
+-------------------------+--------+
```

5.2.5 정렬 관련 상태 변수

MariaDB 서버는 처리하는 주요 작업에 대해서는 해당 작업의 실행 횟수를 상태 변수로 저장하고 있다. 정렬과 관련해서도 지금까지 몇 건의 레코드나 정렬 처리를 수행했는지, 소트 버퍼 간의 병합 작업(멀티 머지)은 몇 번이나 발생했는지 등을 다음과 같은 명령으로 확인해 볼 수 있다.

```
MariaDB> SHOW SESSION STATUS LIKE 'Sort%';
+--------------------+--------+
|Variable name       | Value  |
+--------------------+--------+
```

```
|Sort_merge_passes     |  56     |
|Sort_range            |  0      |
|Sort_rows             |  279408 |
|Sort_scan             |  1      |
+----------------------+---------+
MariaDB> SELECT first_name, last_name
         FROM employees
         GROUP BY first_name, last_name;
MariaDB> SHOW SESSION STATUS LIKE 'Sort%';
+----------------------+---------+
|Variable name         | Value   |
+----------------------+---------+
|Sort_merge_passes     | 112     |
|Sort_range            | 0       |
|Sort_rows             | 558816  |
|Sort_scan             | 2       |
+----------------------+---------+
```

각 상태 값은 다음과 같은 의미가 있으며, 이 값들을 이용해 지금까지 MariaDB 서버가 처리한 정렬 작업의 내용을 어느 정도 이해할 수 있다.

- Sort_merge_passes는 멀티 머지 처리 횟수를 의미한다.

- Sort_range는 인덱스 레인지 스캔을 통해 검색된 결과에 대한 정렬 작업 횟수다.

- Sort_scan은 풀 테이블 스캔을 통해 검색된 결과에 대한 정렬 작업 횟수다. Sort_scan과 Sort_range는 둘 다 정렬 작업 횟수를 누적하고 있는 상태 값이다.

- Sort_rows는 지금까지 정렬한 전체 레코드 건수를 의미한다.

이 예제의 결과를 해석해보면 대략 다음과 같은 내용을 알아낼 수 있다.

- 풀 테이블 스캔의 결과를 1번(2 – 1 = 1) 정렬

- 단위 정렬 작업의 결과를 56번(112 – 56 = 56) 병합 처리

- 전체 정렬된 레코드 건수는 279,408건(558,816 – 279,408 = 279,408)

5.3 GROUP BY 처리　[MariaDB]　[MySQL]

GROUP BY 또한 ORDER BY와 같이 쿼리가 스트리밍된 처리를 할 수 없게 하는 요소 중 하나다. GROUP BY 절이 있는 쿼리에서는 HAVING 절을 사용할 수 있는데, HAVING 절은 GROUP BY 결과에 대해 필터링 역할을 수행한다. 일반적으로 GROUP BY 처리 결과는 임시 테이블이나 버퍼에 존재하는 값에 대해 필터링하는 역할을 수행한다. GROUP BY에 사용된 조건은 인덱스를 사용해서 처리될 수 없으므로 HAVING 절을 튜닝하려고 인덱스를 생성하거나 다른 방법을 고민할 필요는 없다.

GROUP BY 작업도 인덱스를 사용하는 경우와 그렇지 못한 경우로 나눠 볼 수 있다. 인덱스를 이용할 때는 인덱스를 차례대로 이용하는 인덱스 스캔 방법과 인덱스를 건너뛰면서 읽는 루스 인덱스 스캔이라는 방법으로 나뉜다. 그리고 인덱스를 사용하지 못하는 쿼리에서 GROUP BY 작업은 임시 테이블을 사용한다.

5.3.1 인덱스 스캔을 이용하는 GROUP BY(타이트 인덱스 스캔)

ORDER BY의 경우와 마찬가지로 조인의 드라이빙 테이블에 속한 칼럼만 이용해 그룹핑할 때 GROUP BY되는 칼럼에 이미 인덱스가 생성되어 있다면 그 인덱스를 차례대로 읽으면서 그룹핑 작업을 수행하고 그 결과로 조인을 처리한다. GROUP BY가 인덱스를 사용해서 처리된다 하더라도 그룹 함수(Aggregation function) 등의 그룹값을 처리를 위해 임시 테이블이 필요할 때도 있다. GROUP BY가 인덱스를 통해 처리되는 쿼리는 이미 정렬된 인덱스를 읽는 것이므로 5.3.1절 "GROUP BY와 정렬"에서 언급한 추가적인 정렬 작업은 필요하지 않다. 이런 그룹핑 방식을 사용하는 쿼리의 실행 계획에서는 Extra 칼럼에 별도로 GROUP BY 관련 코멘트(Using index for group-by)나 임시 테이블이나 정렬 관련 코멘트(Using temporary, Using filesort)가 표시되지 않는다.

5.3.2 루스(loose) 인덱스 스캔을 이용하는 GROUP BY

루스 인덱스 스캔 방식은 인덱스의 레코드를 건너뛰면서 필요한 부분만 가져오는 것을 의미하는데, 4.3.10.18절 "Using index for group-by" 실행 계획의 코멘트를 설명하면서 한번 언급한 적이 있다. 루스 인덱스 스캔을 사용하는 다음 예제를 한번 살펴보자.

```
EXPLAIN
SELECT emp_no
FROM salaries
```

```
WHERE from_date='1985-03-01'
GROUP BY emp_no;
```

salaries 테이블의 인덱스는(emp_no + from_date)로 생성돼 있으므로 위의 쿼리 문장에서 WHERE
조건은 인덱스 레인지 스캔 접근 방식으로 이용할 수 없는 쿼리다. 하지만 이 쿼리의 실행 계획은 다음
과 같이 인덱스 레인지 스캔(range 타입)을 이용했으며, Extra 칼럼의 메시지를 보면 GROUP BY 처
리까지 인덱스를 사용했다는 것을 알 수 있다.

id	select_type	Table	type	key	key_len	ref	rows	Extra
1	SIMPLE	salaries	range	PRIMARY	7		568914	Using where; Using index for group-by

MariaDB 서버가 이 쿼리를 어떻게 실행했는지, 순서대로 하나씩 살펴보자.

1. (emp_no + from_date) 인덱스를 차례대로 스캔하면서 emp_no의 첫 번째 유일한 값(그룹 키) "10001"을 찾아낸다.

2. (emp_no + from_date) 인덱스에서 emp_no가 '10001'인 것 중에서 from_date 값이 '1985-03-01'인 레코드만 가져
온다. 이 검색 방법은 1번 단계에서 알아낸 "10001" 값과 쿼리의 WHERE 절에 사용된 "from_date='1985-03-01'" 조
건을 합쳐서 "emp_no=10001 AND from_date='1985-03-01'" 조건으로 (emp_no + from_date) 인덱스를 검색하는
것과 거의 흡사하다.

3. (emp_no + from_date) 인덱스에서 emp_no의 그다음 유니크한(그룹 키) 값을 가져온다.

4. 3번 단계에서 결과가 더 없으면 처리를 종료하고, 결과가 있다면 2번 과정으로 돌아가서 반복 수행한다.

MariaDB의 루스 인덱스 스캔 방식은 단일 테이블에 대해 수행되는 GROUP BY 처리에만 사용할 수
있다. 또한 프리픽스 인덱스(Prefix index, 칼럼값의 앞쪽 일부만으로 생성된 인덱스)는 루스 인덱스
스캔을 사용할 수 없다. 인덱스 레인지 스캔에서는 유니크한 값의 수가 많을수록 성능이 향상되는 반면
루스 인덱스 스캔에서는 인덱스의 유니크한 값의 수가 적을수록 성능이 향상된다. 즉, 루스 인덱스 스
캔은 분포도가 좋지 않은 인덱스일수록 더 빠른 결과를 만들어낸다. 루스 인덱스 스캔으로 처리되는 쿼
리에서는 별도의 임시 테이블이 필요하지 않다.

루스 인덱스 스캔이 사용될 수 있을지 없을지 판단하는 것은 WHERE 절의 조건이나 ORDER BY 절이
인덱스를 사용할 수 있을지 없을지 판단하는 것보다는 더 어렵다. 여기서는 여러 패턴의 쿼리를 살펴보
고, 루스 인덱스 스캔을 사용할 수 있는지 없는지 판별하는 연습을 해보자. 우선, (col1+col2+col3) 칼
럼으로 생성된 tb_test 테이블을 가정해보자. 다음의 쿼리들은 루스 인덱스 스캔을 사용할 수 있는 쿼
리다. 쿼리의 패턴을 보고, 어떻게 사용 가능한 것인지를 생각해 보자.

```
SELECT col1, col2 FROM tb_test GROUP BY col1, col2;
SELECT DISTINCT col1, col2 FROM tb_test;
SELECT col1, MIN(col2) FROM tb_test GROUP BY col1;
SELECT col1, col2 FROM tb_test WHERE col1 < const GROUP BY col1, col2;
SELECT MAX(col3), MIN(col3), col1, col2 FROM tb_test WHERE col2 > const GROUP BY col1, col2;
SELECT col2 FROM tb_test WHERE col1 < const GROUP BY col1, col2;
SELECT col1, col2 FROM tb_test WHERE col3 = const GROUP BY col1, col2;
```

다음의 쿼리는 루스 인덱스 스캔을 사용할 수 없는 쿼리 패턴이다.

```
-- // MIN( )과 MAX( ) 이외의 집합 함수를 사용했기 때문에 사용 불가
SELECT col1, SUM(col2) FROM tb_test GROUP BY col1;

-- // GROUP BY에 사용된 칼럼이 인덱스 구성 칼럼의 왼쪽부터 일치하지 않기 때문에 사용 불가
SELECT col1, col2 FROM tb_test GROUP BY col2, col3;

-- // SELECT 절의 칼럼이 GROUP BY와 일치하지 않기 때문에 사용 불가
SELECT col1, col3 FROM tb_test GROUP BY col1, col2;
```

> **주의** 일반적으로 B-Tree 인덱스는 인덱스를 구성하는 칼럼이 왼쪽부터 일치하는 형태로 사용될 때만 사용할
> 수 있다. 하지만 루스 인덱스 스캔은 인덱스의 첫 번째 칼럼이 WHERE 조건이나 GROUP BY에 사용되지 않아도
> B-Tree 인덱스를 사용할 수 있는 방식이기도 하다. 오라클과 같은 DBMS에서는 옵티마이저가 인덱스의 첫 번째 칼
> 럼에 대한 조건을 마음대로 만들어서 추가하는 형태로 이런 기능이 구현돼 있다. 하지만 MariaDB와 MySQL에서는
> 아직 루스 인덱스 스캔이 이렇게 사용될 수 있는 방법은 지원되지 않는다.

5.3.3 임시 테이블을 사용하는 GROUP BY

GROUP BY의 기준 칼럼이 드라이빙 테이블에 있든 드리븐 테이블에 있든 관계없이 인덱스를 전혀 사
용하지 못할 때는 이 방식으로 처리된다. 다음 쿼리를 잠깐 살펴보자.

```
EXPLAIN
SELECT e.last_name, AVG(s.salary)
FROM employees e, salaries s
WHERE s.emp_no=e.emp_no
GROUP BY e.last_name;
```

이 쿼리의 실행 계획에서는 Extra 칼럼에 "Using temporary"와 "Using filesort" 메시지가 표시됐다. 이 실행 계획에서 임시 테이블이 사용된 것은 employees 테이블을 풀 스캔(ALL)하기 때문이 아니라 인덱스를 전혀 사용할 수 없는 GROUP BY이기 때문이다.

id	select_type	table	type	key	key_len	ref	rows	Extra
1	SIMPLE	e	ALL				300024	Using temporary; Using filesort
1	SIMPLE	s	ref	PRIMARY	4	e.emp_no	9	

⟨그림 5-11⟩은 이 실행 계획의 처리 절차를 표현해 둔 것이다.

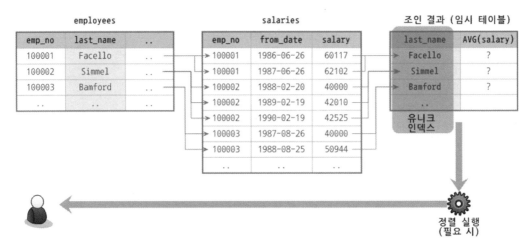

⟨그림 5-11⟩ 임시 테이블을 이용한 GROUP BY 처리

1. Employees 테이블을 풀 테이블 스캔 방식으로 읽는다.

2. 1번 단계에서 읽은 employees 테이블의 emp_no 값을 이용해 salaries 테이블을 검색한다.

3. 2번 단계에서 얻은 조인 결과 레코드를 임시 테이블에 저장한다. 이 단계에서 사용되는 임시 테이블은 원본 쿼리에서 GROUP BY 절에 사용된 칼럼과 SELECT하는 칼럼만 저장한다. 이 임시 테이블에서 중요한 것은 GROUP BY 절에 사용된 칼럼으로 유니크 키를 생성한다는 점이다. 즉, GROUP BY가 임시 테이블로 처리되는 경우 사용되는 임시 테이블은 항상 유니크 키를 가진다.

4. 1번 단계부터 3번 단계를 조인이 완료될 때까지 반복한다. 조인이 완료되면 임시 테이블의 유니크 키 순서대로 읽어서 클라이언트로 전송한다. 만약, 쿼리의 ORDER BY 절에 명시된 칼럼과 GROUP BY 절에 명시된 칼럼이 같으면 별도의 정렬 작업을 수행하지 않는다. ORDER BY 절과 GROUP BY 절에 명시된 칼럼이 다르다면 Filesort 과정을 거치면서 다시 한번 정렬 작업을 수행한다.

5.4 DISTINCT 처리

특정 칼럼의 유니크한 값만을 조회하려면 SELECT 쿼리에 DISTINCT를 사용한다. DISTINCT는 MIN( ), MAX( ) 또는 COUNT( )와 같은 집합 함수와 함께 사용되는 경우와 집합 함수가 없는 경우로 두 가지로 구분해서 살펴보자. 이렇게 구분한 이유는 DISTINCT 키워드가 영향을 미치는 범위가 달라지기 때문이다. 그리고 집합 함수와 같이 DISTINCT가 사용되는 쿼리의 실행 계획에서 DISTINCT 처리가 인덱스를 사용하지 못할 때는 항상 임시 테이블이 필요하다. 하지만 실행 계획의 Extra 칼럼에는 "Using temporary" 메시지가 출력되지 않는다.

5.4.1 SELECT DISTINCT ...

단순히 SELECT 되는 레코드 중에서 유니크한 레코드만 가져오고자 하면 SELECT DISTINCT 형태의 쿼리 문장을 사용한다. 이 경우에는 GROUP BY와 거의 같은 방식으로 처리된다. 단지 차이는 SELECT DISTINCT의 경우에는 정렬이 보장되지 않는다는 것뿐이다. 다음의 두 쿼리는 정렬 관련 부분만 빼면 내부적으로 같은 작업을 수행한다. 그런데 사실 이 두 개의 쿼리는 모두 인덱스를 이용하기 때문에 부가적인 정렬 작업이 필요하지 않으며 완전히 같은 쿼리다. 하지만 인덱스를 이용하지 못하는 DISTINCT는 정렬을 보장하지 않는다.

```
SELECT DISTINCT emp_no FROM salaries;
SELECT emp_no FROM salaries GROUP BY emp_no;
```

DISTINCT를 사용할 때 자주 실수하는 것이 있다. DISTINCT는 SELECT하는 레코드(튜플)를 유니크하게 SELECT하는 것이지 칼럼을 유니크하게 조회하는 것이 아니다. 즉, 다음 쿼리에서 SELECT하는 결과는 first_name만 유니크한 것을 가져오는 것이 아니라 first_name과 last_name 칼럼의 조합 전체가 유니크한 레코드를 가져오는 것이다.

```
SELECT DISTINCT first_name, last_name FROM employees;
```

가끔 DISTINCT를 다음과 같이 사용할 때도 있다.

```
SELECT DISTINCT(first_name), last_name FROM employees;
```

위의 쿼리는 얼핏 보면, first_name만 유니크하게 조회하고 last_name은 그냥 DISTINCT가 없을 때와 동일하게 조회하는 쿼리처럼 보인다. 그리고 실제로 상당히 그럴듯하게 아무런 에러 없이 실행되기 때문에 쉽게 실수할 수 있는 부분이다. 하지만 MariaDB 서버는 DISTINCT 뒤의 괄호를 그냥 의미없이 사용된 괄호로 해석하고 제거해 버린다. DISTINCT는 함수가 아니므로 그 뒤의 괄호는 의미가 없는 것이다.

```
SELECT DISTINCT first_name, last_name FROM employees;
```

SELECT 절에 사용된 DISTINCT 키워드는 조회되는 모든 칼럼에 영향을 미친다. 절대로 SELECT하는 여러 칼럼 중에서 일부 칼럼만 유니크하게 조회하는 방법은 없다. 단, 밑에서 설명할 DISTINCT가 집합 함수 내에 사용된 경우는 조금 다르다.

5.4.2 집합 함수와 함께 사용된 DISTINCT

COUNT( ) 또는 MIN( ), MAX( )와 같은 집합 함수 내에서 DISTINCT 키워드가 사용될 수 있는데, 이 경우에는 일반적으로 SELECT DISTINCT와 다른 형태로 해석된다. 집합 함수가 없는 SELECT 쿼리에서 DISTINCT는 조회하는 모든 칼럼의 조합이 유니크한 것들만 가져온다. 하지만 집합 함수 내에서 사용된 DISTINCT는 그 집합 함수의 인자로 전달된 칼럼 값이 유니크한 것들을 가져온다.

```
EXPLAIN
SELECT COUNT(DISTINCT s.salary)
FROM employees e, salaries s
WHERE e.emp_no=s.emp_no
AND e.emp_no BETWEEN 100001 AND 100100;
```

이 쿼리는 내부적으로는 "COUNT(DISTINCT s.salary)"를 처리하기 위해 임시 테이블을 사용한다. 하지만 이 쿼리의 실행 계획에는 임시 테이블을 사용한다는 메시지는 표시되지 않는다. 이는 버그처럼 보이지만 MariaDB와 MySQL 모든 버전의 실행 계획에서 Extra 칼럼에 "Using temporary"가 표시되지 않는다.

id	select_type	table	type	key	key_len	Ref	rows	Extra
1	SIMPLE	e	range	PRIMARY	4		100	Using where; Using index
1	SIMPLE	s	ref	PRIMARY	4	e.emp_no	9	

위의 쿼리의 경우에는 employees 테이블과 salaries 테이블을 조인한 결과에서 salary 칼럼의 값만 저장하기 위한 임시 테이블을 만들어서 사용한다. 이때 임시 테이블의 salary 칼럼에는 유니크 인덱스가 생성되기 때문에 레코드 건수가 많아진다면 상당히 느려질 수 있는 형태의 쿼리다.

만약 위의 쿼리에 COUNT(DISTINCT ...)를 하나 더 추가해서 다음과 같이 변경해보자. COUNT( ) 함수가 두 번 사용된 다음 쿼리의 실행 계획은 위의 쿼리와 똑같이 표시된다. 하지만 다음 쿼리를 처리하려면 s.salary 칼럼의 값을 저장하는 임시 테이블과 e.last_name 칼럼의 값을 저장하는 또 다른 임시 테이블이 필요하므로 전체 2개의 임시 테이블을 사용한다.

```
SELECT COUNT(DISTINCT s.salary), COUNT(DISTINCT e.last_name)
FROM employees e, salaries s
WHERE e.emp_no=s.emp_no
AND e.emp_no BETWEEN 100001 AND 100100;
```

위의 쿼리는 DISTINCT 처리를 위해 인덱스를 이용할 수 없어서 임시 테이블이 필요했다. 하지만 다음 쿼리와 같이 인덱스된 칼럼에 대해 DISTINCT 처리를 수행할 때는 인덱스를 풀 스캔하거나 레인지 스캔하면서 임시 테이블 없이 최적화된 처리를 수행할 수 있다.

```
SELECT COUNT(DISTINCT emp_no) FROM employees;
SELECT COUNT(DISTINCT emp_no) FROM dept_emp GROUP BY dept_no;
```

id	select_type	table	type	key	key_len	ref	rows	Extra
1	SIMPLE	dept_emp	range	PRIMARY	16		331603	Using index

> **주의** DISTINCT가 집합 함수 없이 사용된 경우와 집합 함수 내에서 사용된 경우 쿼리의 결과가 조금씩 달라지기 때문에 그 차이를 정확하게 이해해야 한다. 다음 3개 쿼리의 차이를 잘 기억해 두자.
>
> ```
> SELECT DISTINCT first_name, last_name
> FROM employees
> WHERE emp_no BETWEEN 10001 AND 10200;
>
> SELECT COUNT(DISTINCT first_name), COUNT(DISTINCT last_name)
> FROM employees
> WHERE emp_no BETWEEN 10001 AND 10200;
>
> SELECT COUNT(DISTINCT first_name, last_name)
> FROM employees
> WHERE emp_no BETWEEN 10001 AND 10200;
> ```

5.5 임시 테이블(Using temporary) ⚙ MariaDB 🐬 MySQL

MariaDB 엔진이 스토리지 엔진으로부터 받아온 레코드를 정렬하거나 그룹핑할 때는 내부적인 임시 테이블을 사용한다. "내부적"이라는 단어가 포함된 것은 여기서 이야기하는 임시 테이블은 "CREATE TEMPORARY TABLE"로 만든 임시 테이블과는 다르기 때문이다. 일반적으로 MariaDB 엔진이 사용하는 임시 테이블은 처음에는 메모리에 생성됐다가 테이블의 크기가 커지면 디스크로 옮겨진다. 물론 특정 예외 케이스에는 메모리를 거치지 않고 바로 디스크에 임시 테이블이 만들어지기도 한다. 원본 테이블의 스토리지 엔진과 관계없이 임시 테이블이 메모리를 사용할 때는 MEMORY 스토리지 엔진을 사용하며, 디스크에 저장될 때는 Aria 스토리지 엔진을 이용한다.

> **주의** MySQL과 Percona Server는 MariaDB와 달리, 내부 임시 테이블이 디스크로 저장되어야 하는 경우에는 MyISAM 스토리지 엔진을 사용한다. 그러므로 MySQL에서는 MyISAM에 대해서 최적화된 설정이 필요하다. 그리고 MariaDB에서는 기본적으로 mysql 데이터베이스의 몇 개 테이블들이 여전히 MyISAM 스토리지 엔진을 사용하므로 Aria 스토리지 엔진뿐만 아니라 MyISAM 스토리지 엔진에 최적화된 설정이 필요하다.

MariaDB 엔진이 내부적인 가공을 위해 생성하는 임시 테이블은 다른 세션이나 다른 쿼리에서는 볼 수 없으며 사용하는 것도 불가능하다. 사용자가 생성한 임시 테이블(CREATE TEMPORARY TABLE)과는 달리 내부적인 임시 테이블은 쿼리의 처리가 완료되면 자동으로 삭제된다.

5.5.1 임시 테이블이 필요한 쿼리

다음과 같은 패턴의 쿼리는 MariaDB 엔진에서 별도의 데이터 가공 작업을 필요로 하므로 대표적으로 내부 임시 테이블을 생성하는 케이스다. 물론 이 밖에도 인덱스를 사용하지 못할 때는 내부 임시 테이블을 생성해야 할 때가 많다.

- ORDER BY와 GROUP BY에 명시된 칼럼이 다른 쿼리
- ORDER BY나 GROUP BY에 명시된 칼럼이 조인의 순서상 첫 번째 테이블이 아닌 쿼리
- DISTINCT와 ORDER BY가 동시에 쿼리에 존재하는 경우 또는 DISTINCT가 인덱스로 처리되지 못하는 쿼리
- UNION이나 UNION DISTINCT가 사용된 쿼리(select_type 칼럼이 UNION RESULT인 경우)
- UNION ALL이 사용된 쿼리(select_type 칼럼이 UNION RESULT인 경우)
- 쿼리의 실행 계획에서 select_type이 DERIVED인 쿼리

어떤 쿼리의 실행 계획에서 임시 테이블을 사용하는지는 Extra 칼럼에 "Using temporary"라는 키워드가 표시되는지 확인하면 된다. 하지만 "Using temporary"가 표시되지 않을 때도 임시 테이블을 사용할 수 있는데, 위의 예에서 마지막 3개 패턴이 그런 예다. 첫 번째부터 네 번째까지의 쿼리 패턴은 유니크 인덱스를 가지는 내부 임시 테이블이 만들어진다. 그리고 다섯 번째와 여섯 번째 쿼리 패턴은 유니크 인덱스가 없는 내부 임시 테이블이 생성된다. 일반적으로 유니크 인덱스가 있는 내부 임시 테이블은 그렇지 않은 쿼리보다 상당히 처리 성능이 느리다.

5.5.2 임시 테이블이 디스크에 생성되는 경우(Aria 스토리지 엔진을 사용)

MariaDB

내부 임시 테이블은 기본적으로는 메모리상에 만들어지지만 다음과 같은 경우에는 메모리에 임시 테이블을 생성할 수 있는 디스크 상에 Aria 스토리지 엔진을 사용하는 테이블로 만들어진다.

- 임시 테이블에 저장해야 하는 내용 중 BLOB(Binary Large Object)나 TEXT와 같은 대용량 칼럼이 있는 경우
- 임시 테이블에 저장해야 하는 레코드의 전체 크기나 UNION이나 UNION ALL에서 SELECT되는 칼럼 중에서 길이가 512바이트 이상인 크기의 칼럼이 있는 경우
- GROUP BY나 DISTINCT 칼럼에서 512바이트 이상인 크기의 칼럼이 있는 경우
- 임시 테이블에 저장할 데이터의 전체 크기(데이터의 바이트 크기)가 tmp_table_size 또는 max_heap_table_size 시스템 설정 값보다 큰 경우

첫 번째부터 세 번째까지는 처음부터 디스크에 Aria 스토리지 엔진을 사용해서 내부 임시 테이블이 만들어진다. 하지만 네 번째는 처음에는 MEMORY 스토리지 엔진을 이용해 메모리에 내부 임시 테이블이 생성되지만 테이블의 크기가 시스템 설정 값을 넘어서는 순간 디스크의 Aria 테이블로 변환된다.

5.5.3 임시 테이블 관련 상태 변수

실행 계획상에서 "Using temporary"가 표시되면 임시 테이블을 사용했다는 사실을 알 수 있다. 하지만 임시 테이블이 메모리에서 처리됐는지 디스크에서 처리됐는지는 알 수 없으며, 몇 개의 임시 테이블이 사용됐는지도 알 수 없다. "Using temporary"가 한번 표시됐다고 해서 임시 테이블을 하나만 사용했다는 것을 의미하지는 않는다. 임시 테이블이 디스크에 생성됐는지 메모리에 생성됐는지 파악하려면 MariaDB 서버의 상태 변수(SHOW SESSION STATUS LIKE 'Created_tmp%';)를 확인해 보면 된다.

```
MariaDB> SHOW SESSION STATUS LIKE 'Created_tmp%tables';
+------------------------+--------+
|Variable name           | Value  |
+------------------------+--------+
|Created_tmp_disk_tables | 0      |
|Created_tmp_tables      | 0      |
+------------------------+--------+
MariaDB> SELECT first_name, last_name

FROM employees

GROUP BY first_name, last_name;

MariaDB> SHOW SESSION STATUS LIKE 'Created_tmp%tables';
+------------------------+--------+
|Variable name           | Value  |
+------------------------+--------+
|Created_tmp_disk_tables | 1      |
|Created_tmp_tables      | 1      |
+------------------------+--------+
```

위의 내용을 보면 쿼리를 실행하기 전에 "SHOW SESSION STATUS LIKE 'Created_tmp%';" 명령으로 임시 테이블의 사용 현황을 먼저 확인해 둔다. 그리고 SELECT 쿼리를 실행한 후 다시 상태 조회 명령을 실행해 보면 된다. 예제의 두 상태 변수가 누적하고 있는 값의 의미는 다음과 같다.

Created_tmp_tables
쿼리의 처리를 위해 만들어진 내부 임시 테이블의 개수를 누적하는 상태 값. 이 값은 내부 임시 테이블이 메모리에 만들어졌는지 디스크에 만들어졌는지를 구분하지 않고 모두 누적한다.

Created_tmp_disk_tables
디스크에 내부 임시 테이블이 만들어진 개수만 누적해서 가지고 있는 상태 값.

이 예제에서 내부 임시 테이블의 사용 현황을 보자. 임시 테이블이 1개(1-0=1)가 생성됐는데, "Created_tmp_disk_tables" 상태 변수 값의 변화를 보면 해당 임시 테이블이 디스크에 만들어졌었음을 알 수 있다.

5.5.4 인덱스를 가지는 내부 임시 테이블

MySQL 5.5 버전과 MariaDB 5.2 버전까지는 내부 임시 테이블은 항상 인덱스가 전혀 없는 테이블로 생성되었다. 그래서 조인에서 내부 임시 테이블(Derived table)이 드라이빙이 아니라 드리븐 테이블로 사용된다거나 검색용(Lookup table)으로 사용되는 경우에는 성능이 아주 저하되었었다. 하지만 MariaDB 5.3 버전부터는 MariaDB 엔진이 쿼리의 특성을 분석하여 자동으로 인덱스를 추가한 상태로 생성할 수 있도록 개선되었다.

다음의 예제 쿼리는 departments 테이블을 dept_name으로 그룹핑해서 임시 테이블로 저장하는 테이블 2개(x와 y)를 만든 후 두 테이블의 부서명으로 조인을 수행하는 쿼리이다. 이 두 테이블은 모두 임시 테이블끼리 조인이 수행되기 때문에 MariaDB 5.2 버전과 MySQL 5.5 버전까지에서는 인덱스를 이용할 수 없어서 임시 테이블을 매번 풀 테이블 스캔으로 검색했을 것이다.

```
MariaDB> EXPLAIN SELECT *
         FROM
           (SELECT dept_name FROM departments GROUP BY dept_name) x,
           (SELECT dept_name FROM departments GROUP BY dept_name) y
         WHERE x.dept_name=y.dept_name;
```

MariaDB 10.0에서 이 쿼리의 실행 계획을 살펴보면 다음과 같다.

id	select_type	table	type	Key	key_len	ref	rows	Extra
1	PRIMARY	⟨derived2⟩	ALL	NULL	NULL	NULL	9	
1	PRIMARY	⟨derived3⟩	ref	key0	123	x.dept_name	2	
3	DERIVED	departments	index	ux_deptname	122	NULL	9	Using index
2	DERIVED	departments	index	ux_deptname	122	NULL	9	Using index

위 실행 계획에서 ⟨derived2⟩로 표시된 내부 임시 테이블("x")이 드라이빙 테이블이 되고, ⟨derived3⟩으로 표시된 내부 임시 테이블("y")이 드리븐 테이블이 되어서 조인이 실행되고 있다는 것을 알 수 있다. 이 실행 계획에서 눈여겨봐야 할 부분은 두 번째 라인의 key 필드에 출력된 "key0"라는 값이다. 이는 "y" 임시 테이블의 dept_name이라는 칼럼에 인덱스를 생성했다는 것을 의미한다.

MariaDB 10.0에서는 기본적으로 이렇게 내부 임시 테이블에 인덱스를 자동으로 생성될 수 있도록 옵티마이저 옵션이 설정되어 있다. optimizer_switch 설정 변수의 값을 확인해보고, 그렇지 않도록 설정되어 있다면 다음과 같이 임시 테이블의 키 생성을 활성화할 수 있다.

```
MariaDB> SET optimizer_switch='derived_with_keys=on';
```

5.5.5 내부 임시 테이블(Internal Temporary Table)의 주의사항

레코드 건수가 많지 않으면 내부 임시 테이블이 메모리에 생성되고 MariaDB의 서버의 부하에 크게 영향을 미치지는 않는다. 성능상의 이슈가 될 만한 부분은 내부 임시 테이블이 Aria 테이블로 디스크에 생성되는 경우다.

```
SELECT * FROM employees GROUP BY last_name ORDER BY first_name;
```

위 쿼리는 GROUP BY와 ORDER BY 칼럼이 다르고, last_name 칼럼에 인덱스가 없기 때문에 임시 테이블과 정렬 작업까지 수행해야 하는 가장 골칫거리가 되는 쿼리 형태다.

id	select_type	table	type	key	key_len	ref	rows	Extra
1	SIMPLE	employees	ALL				300024	Using temporary; Using filesort

Rows 칼럼의 값을 보면 이 쿼리는 대략 처리해야 하는 레코드 건수가 30만 건 정도라는 사실을 알 수 있다. 이 실행 계획의 내부적인 작업 과정을 살펴보면 다음과 같다.

1. Employees 테이블의 모든 칼럼을 포함한 임시 테이블을 생성(MEMORY 테이블)

2. Employees 테이블로부터 첫 번째 레코드를 InnoDB 스토리지 엔진으로부터 가져와서

3. 임시 테이블에 같은 last_name이 있는지 확인

4. 같은 last_name이 없으면 임시 테이블에 INSERT

5. 같은 last_name이 있으면 임시 테이블에 UPDATE 또는 무시

6. 임시 테이블의 크기가 특정 크기보다 커지면 임시 테이블을 Aria 스토리지 엔진을 이용해서 디스크로 이동

7. Employees 테이블에서 더 읽을 레코드가 없을 때까지 2~6번 과정 반복(이 쿼리에서는 30만 회 반복)

8. 최종 내부 임시 테이블에 저장된 결과에 대해 정렬 작업을 수행

9. 클라이언트에 결과 반환

SELECT 절에 포함된 칼럼의 특징에 따라 3번 ~ 5번 과정은 조금씩 차이가 있지만 임시 테이블이 일반적으로 이러한 과정을 거친다고 생각하면 될 듯하다. 여기서 중요한 것은 임시 테이블이 메모리에 있

는 경우는 조금 다르겠지만 디스크에 임시 테이블이 저장된 경우라면 30만 건은 적지 않은 부하를 발생하게 될 것이다. 가능하다면 인덱스를 이용해서 처리하고, 처음부터 임시 테이블이 필요하지 않게 만드는 것이 가장 좋다. 만약 이렇게 하기가 어렵다면 내부 임시 테이블이 메모리에만 저장될 수 있게 가공 대상 레코드를 적게 만드는 것이 좋다. 하지만 가공해야 할 데이터를 줄일 수 없다고 해서 tmp_table_size 또는 max_heap_table_size 시스템 설정 변수를 무조건 크게 설정하면 MariaDB 서버가 사용할 여유 메모리를 내부 임시 테이블이 모두 사용해버릴 수도 있으므로 주의해야 한다.

임시 테이블이 MEMORY(HEAP) 테이블로 물리 메모리에 생성되는 경우에도 주의해야 할 사항이 있다. MEMORY(HEAP) 테이블의 모든 칼럼은 고정 크기 칼럼이라는 점이다. 만약, 위의 예제 쿼리에서 first_name 칼럼이 VARCHAR(512)라고 가정해보자. 실제 메모리 테이블에서 first_name 칼럼이 차지하는 공간은 512 * 3(문자집합을 utf8로 가정) 바이트가 될 것이다. 실제 first_name 칼럼의 값이 1글자이든 2글자이든 관계없이, 테이블에 정의된 크기만큼 메모리 테이블에서 공간을 차지한다는 것이다. 이러한 임시 테이블의 저장 방식 때문에 SELECT하는 칼럼은 최소화하고(특히 불필요하면 BLOB나 TEXT 칼럼은 배제하는 것이 좋음), 칼럼의 데이터 타입 선정도 가능한 한 작게 해주는 것이 좋다.

> **주의** MariaDB 매뉴얼에는 MariaDB 10.0의 MEMORY 스토리지 엔진에서는 가변 길이형 문자열 타입(VARCHAR)은 지원하는 것으로 되어 있지만 사실은 그렇지 않다. 그래서 MariaDB 10.0에서도 여전히 VARCHAR 타입이 필요한 경우에는 VARCHAR 대신 내부적으로는 고정 길이형 CHAR 타입이 사용된다는 것을 기억하자

5.6 인덱스 컨디션 푸시다운(Index Condition Pushdown, ICP)

[MariaDB] [MySQL]

MariaDB 5.3 버전과 MySQL 5.6 버전부터는 인덱스 컨디션 푸시 다운(Index Condition Pushdown)이라는 기능이 도입되었다. 사실 인덱스 컨디션 푸시 다운은 새로운 기술이라기보다는 너무 비효율적이어서 이미 훨씬 오래 전부터 개선되었어야 할 기능이었는데 이제서야 보완된 것이다. 우선 간단한 테스트를 위해서 다음과 같이 인덱스를 생성하고, 옵티마이저 스위치를 조정해서 인덱스 컨디션 푸시 다운 기능을 비활성화하도록 하자.

```
MariaDB> ALTER TABLE employees ADD INDEX ix_lastname_firstname (last_name, first_name);
MariaDB> SET optimizer_switch='index_condition_pushdown=off';
MariaDB> SHOW VARIABLES LIKE 'optimizer_switch';
```

```
Variable_name: optimizer_switch
        Value: ...,index_condition_pushdown=off,...
```

이제 다음과 같은 쿼리를 실행할 때 스토리지 엔진이 몇 건의 레코드를 읽게 되는지를 한번 살펴보자. 우선 다음 예제 쿼리에서 last_name='Acton' 조건은 위에서 생성한 ix_lastname_firstname 인덱스를 레인지 스캔으로 사용할 수 있다. 하지만 first_name LIKE '%sal' 조건은 인덱스 레인지 스캔으로는 검색해야 할 인덱스의 범위를 좁힐 수가 없다. 그래서 다음 쿼리에서는 last_name 조건은 ix_lastname_firstname 인덱스의 특정 범위만 조회할 수 있는 조건이며, first_name LIKE '%sal' 조건은 데이터를 모두 읽은 후 사용자가 원하는 결과인지 하나씩 비교해보는 조건(체크 조건 또는 필터링 조건이라 함)으로만 사용된다.

```
MariaDB> SELECT * FROM employees WHERE last_name='Acton' AND first_name LIKE '%sal';
```

위 쿼리의 실행 계획을 확인해 보면 다음과 같이 Extra 필드에 "Using where"가 표시된 것을 확인할 수 있다. 여기에서 "Using where"는 InnoDB/XtraDB와 같은 스토리지 엔진이 읽어서 리턴해준 레코드가 인덱스를 사용할 수 없는 WHERE 조건에 일치하는지 검사하는 과정을 의미한다. 이 쿼리에서는 first_name LIKE '%sal'이 검사 과정에 사용된 조건인 것이다.

id	select_type	Table	type	key	key_len	rows	Extra
1	SIMPLE	employees	ref	ix_lastname_firstname	50	188	Using where

〈그림 5-12〉에서는 last_name='Acton' 조건으로 인덱스 레인지 스캔을 하고 테이블의 레코드를 읽은 후, first_name LIKE '%sal' 조건에 부합되는지 비교하는 과정을 그림으로 표현한 것이다. 성능과 큰 관계가 없어 보일 수도 있지만 사실 이 과정은 매우 중요한 의미를 가진다. 〈그림 5-12〉에서는 실제 테이블을 읽어서 3건의 레코드를 가져왔지만 그 중에 단 1건만 first_name LIKE '%sal' 조건에 일치했다. 그런데 만약 last_name='Acton' 조건에 일치하는 레코드가 10만건이나 되는데, 그중에서 단 1건만 first_name LIKE '%sal' 조건에 일치했다면 어땠을까? 이 경우에는 99999건의 레코드 읽기가 불 필요한 작업이 되어버리는 것이다.

last_name	first_name
Aamodt	Abdelkader
Aamodt	Adhemar
Aamodt	Aemilian
Acton	Marsal
Acton	Marsja
Acton	Masaki
Boguraev	Iara
Boguraev	Isaac
Boguraev	Isaac

emp_no	birth_date	first_name	last_name	gender	hire_date
219052	1965-01-06	Marsal	Acton	F	1995-08-02
258005	1953-02-17	Adhemar	Aamodt	F	1991-01-21
258641	1961-05-23	Abdelkader	Aamodt	M	1994-12-02
429125	1963-07-19	Marsja	Acton	M	1991-09-05
432983	1962-05-19	Isaac	Boguraev	M	1993-07-28
442803	1957-04-21	Masaki	Acton	M	1992-11-26
450495	1952-03-10	Isaac	Boguraev	F	1985-10-20
455773	1960-05-04	Aemilian	Aamodt	M	1988-04-21
488924	1960-04-04	Iara	Boguraev	M	1991-10-14

〈그림 5-12〉 인덱스 컨디션 푸시 다운이 작동하지 않을 때

하지만 여기에서 한 번만 더 생각해 본다면 first_name LIKE '%sal' 조건을 처리하기 위해서 이미 한번 읽은 ix_lastname_firstname 인덱스의 first_name 칼럼을 이용하지 않고 다시 테이블의 레코드를 읽어서 처리했는지 궁금할 것이다. 인덱스의 first_name 칼럼을 이용해서 비교했다면 불필요한 2건의 레코드는 테이블에서 읽지 않아도 되었는데 말이다. 사실 first_name LIKE '%sal' 조건을 누가 처리하느냐에 따라서 인덱스에 포함된 first_name 칼럼을 이용할지 또는 테이블의 first_name 칼럼을 이용할지가 결정된다. 〈그림 5-12〉에서 인덱스를 비교하는 작업은 실제 InnoDB/XtraDB와 같은 스토리지 엔진이 수행하지만 테이블의 레코드에서 first_name 조건을 비교하는 작업은 MySQL이나 MariaDB 엔진이 수행하는 작업이다. 그런데 MySQL 5.5 버전이나 MariaDB 5.2 버전까지는 인덱스를 범위 제한 조건으로 사용하지 못하는 first_name 조건은 MySQL이나 MariaDB 엔진이 스토리지 엔진으로 아예 전달을 해주지 않았다. 그래서 스토리지 엔진에서는 불필요한 2건의 테이블 읽기를 수행할 수밖에 없었던 것이다.

MariaDB 5.3 버전이나 MySQL 5.6 버전부터는 이렇게 인덱스를 범위 제한 조건으로 사용하지 못한다 하더라도 인덱스에 포함된 칼럼의 조건이 있다면 모두 같이 모아서 스토리지 엔진으로 전달할 수 있도록 핸들러 API가 개선되었다. 그래서 MariaDB 5.3이나 MySQL 5.6 버전부터는 〈그림 5-13〉과 같이 인덱스를 이용해서 최대한 필터링까지 완료해서 꼭 필요한 레코드 1건에 대해서만 테이블 읽기를 수행할 수 있게 된 것이다.

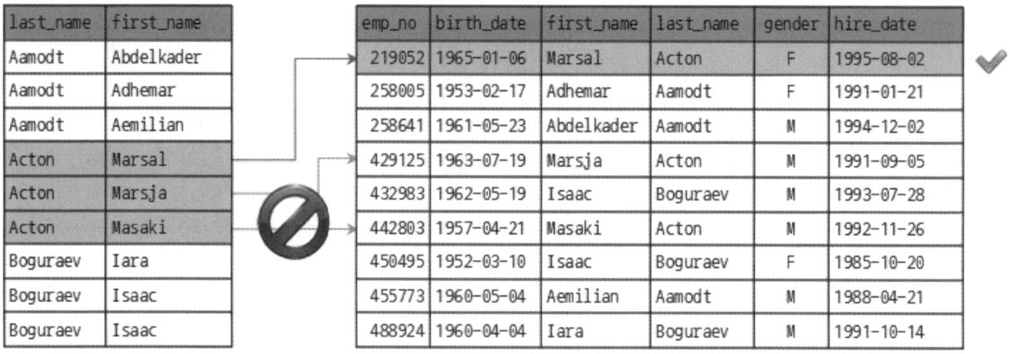

〈그림 5-13〉 인덱스 컨디션 푸시 다운

이제 옵티마이저 옵션을 원래대로 돌려두고 실행 계획을 한번 확인해보자.

```
MariaDB> SET optimizer_switch='index_condition_pushdown=on';
MariaDB> SHOW VARIABLES LIKE 'optimizer_switch';
Variable_name: optimizer_switch
        Value: ...,index_condition_pushdown=on,...
```

위와 같이 옵티마이저 스위치에서 index_condition_pushdown을 활성화하고 쿼리의 실행 계획을 확인해보면 다음과 같이 Extra 필드에 "Using where"가 없어지고 "Using index condition"이 출력되는 것을 확인할 수 있다.

id	select_type	table	type	key	key_len	rows	Extra
1	SIMPLE	employees	ref	ix_lastname_firstname	50	188	Using index condition

사실 인덱스 컨디션 푸시 다운 기능은 고도의 기술력을 필요로 하는 기능은 아니다. 하지만 이 기능으로 인해서 몇 배에서 몇 십배로 쿼리의 성능이 향상될 수도 있는 중요한 기능이다.

5.7 멀티 레인지 리드(Multi Range Read) 🦭 MariaDB   🐬 MySQL

전통적으로 RDBMS에서는 인덱스 검색을 통해서 작업 대상 레코드의 범위를 빠르게 선택하게 되는데, 문제는 인덱스를 통해서 실제 데이터 파일을 읽는 작업은 레코드 건수만큼의 랜덤 I/O 작업이 동반된다는 것이다. 〈그림 5-14〉는 employees 테이블의 first_name 칼럼에 만들어져 있는 인덱스를 이용해서 먼저 검색한 후, 레코드의 나머지 칼럼들을 읽기 위해서 데이터 파일을 랜덤 I/O로 읽는 과정을 보여주고 있다.

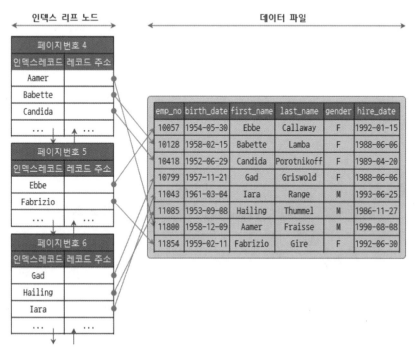

〈그림 5-14〉 인덱스를 통한 데이터 파일 읽기

MariaDB에서는 이런 랜덤 디스크 I/O를 줄이기 위해서 멀티 레인지 리드라는 최적화 기법을 도입하였다. 멀티 레인지 리드(Multi range read)는 줄여서 MRR이라고 부르기도 한다. 멀티 레인지 리드 최적화 알고리즘은 의외로 간단하다. 인덱스를 읽고 바로 데이터 파일의 데이터를 읽기 위한 랜덤 I/O를 실행하는 것이 아니라 인덱스 튜플을 적정한 양만큼 읽은 후 그 튜플들을 RowId 순서대로 정렬해서 데이터 파일의 레코드를 읽는 것이다. RowId는 데이터 파일의 레코드 저장 위치를 가리키는 값이므로 RowId로 정렬하게 되면 데이터 파일의 레코드를 순서대로 읽게 되는 것이다. 이렇게 순서대로 읽게 되면 동일 데이터 블록(페이지)에 저장된 레코드는 디스크 읽기를 하지 않고도 한번에 모두 가져올 수 있다는 것이 장점이다. 또한 같은 데이터 블록에서 레코드를 여러번 읽는다 하더라도 시간 간격이 커질수록 그 데이터 블록이 InnoDB나 XtraDB의 버퍼 풀에 남아있을 가능성이 낮아지기 때문에 가능한 한 같은 블록의 레코드 읽기는 연속해서 수행되는 것이 좋은데, 멀티 레인지 리드 최적화는 이런 부분의 장점도 가지고 있다.

〈그림 5-15〉에서는 멀티 레인지 리드 최적화 기법 작동하는 방법을 그림으로 표현한 것이다. 멀티 레인지 리드에서는 먼저 인덱스를 통해서 읽은 employees 테이블의 first_name 칼럼과 레코드 주소인 employees 테이블의 프라이머리 키(emp_no 칼럼)의 값을 MRR 버퍼에 복사해서 정렬한다. 그리고 정렬된 프라이머리 키 순서대로 employees 테이블의 레코드를 읽게 되는 것이다. 〈그림 5-15〉에서는 인덱스를 읽는 순서대로 데이터 파일의 레코드를 읽기 때문에 실제 데이터 파일에 저장된 레코드의 순서에 전혀 무관하게 접근한다. 반면 〈그림 5-15〉의 멀티 레인지 리드는 인덱스를 통해서 읽은 first_name과 emp_no 튜플을 emp_no 칼럼의 값 순서대로 정렬을 해서 employees 테이블을 읽기 때문에 실제 데이터 파일에 레코드가 저장된 순서대로 데이터 파일에 접근한다는 것을 알 수 있다.

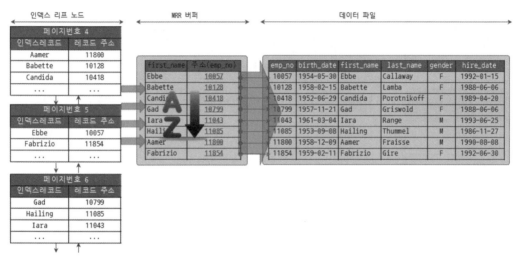

〈그림 5-15〉 멀티 레인지 리드

optimizer_switch 옵티마이저 옵션에서 mrr과 mrr_sort_keys 옵션을 활성화(ON)해야 멀티 레인지 리드 최적화 기법이 사용되는데, 멀티 레인지 리드 최적화가 사용되면 쿼리의 실행 계획의 Extra 필드에 "Rowid-ordered scan" 또는 "Key-ordered scan" 그리고 "Key-ordered Rowid-ordered scan"이라는 문구가 표시된다. 즉 MariaDB의 멀티 레인지 리드 최적화는 "Rowid-ordered scan"과 "Key-ordered scan" 그리고 "Key-ordered Rowid-ordered scan" 세 가지 알고리즘으로 처리될 수 있다.

5.7.1 RowId 기준 정렬(Rowid-ordered scan)

조인이 수행되는 쿼리에서 드리븐 테이블을 읽을 때 멀티 레인지 리드가 적용되는 방식이다. 즉 드라이빙 테이블에서 레코드를 읽고, 조인 칼럼을 이용해서 드리븐 테이블을 읽을 때 드리븐 테이블의 인덱스를 읽은 다음 인덱스의 끝에 추가로 저장되어 있는 RowId(MyISAM이나 Aria 스토리지 엔진 테이블의 경우)나 프라이머리 키(XtraDB나 InnoDB 스토리지 엔진 테이블의 경우)를 기준으로 정렬을 수행한다. 그리고 정렬된 순서대로 드리븐 테이블을 읽는 방식이다. RowId 기준 정렬이 사용될 경우 실행 계획의 Extra 필드에는 "Rowid-ordered scan"이라는 문구가 표시된다.

다음 예제는 사원의 이름이 'A'보다 크거나 같고 'B'보다 작거나 같은 사원의 모든 정보를 조회하는 쿼리이다.

```
SET optimizer_switch='mrr=ON';
SET optimizer_switch='mrr_sort_keys=ON';
EXPLAIN
SELECT * FROM employees WHERE first_name>='A' AND first_name<'B';
```

위 예제 쿼리는 실행 계획에서 볼 수 있듯이 ix_firstname 인덱스를 이용해서 first_name 칼럼이 'A'와 'B' 사이에 있는 모든 사원을 검색한다. 이때 first_name 칼럼에 대한 범위가 꽤 넓어서 WHERE 조건에 일치하는 레코드 건수가 43000여건 정도 될 것으로 옵티마이저는 판단했다.

id	select_type	table	type	key	key_len	ref	rows	Extra
1	SIMPLE	employees	range	ix_firstname	44	NULL	43230	Using index condition; Rowid-ordered scan

그래서 employees 테이블의 나머지 레코드를 읽기 위해서 43000번 정도 데이터 파일을 랜덤 I/O로 읽어야 하는데, 이 작업을 최적화하기 위해서 ix_firstname 인덱스를 스캔한 후 그 결과를 employees 테이블의 RowId 순서대로 정렬해서 멀티 레인지 리드를 수행한 것이다. RowId 기준 정렬을 수행하면 쿼리의 실행 계획 Extra 필드에 "Rowid-ordered scan"이라는 문구가 표시된다.

〈그림 5-16〉은 예제 쿼리가 실행될 때 "Rowid-ordered scan" 최적화가 어떻게 작동했는지를 표현한 것이다. 먼저 ix_firstname 인덱스를 읽어서 WHERE 조건에 일치하는 인덱스 튜플을 검색한 후, 멀티 레인지 리드 버퍼에서 RowId인 emp_no 칼럼(employees 테이블의 프라이머리 키)을 기준으로

정렬을 수행했다. 그리고 실제 employees 테이블의 데이터 파일은 RowId 순서대로 접근하면서 최대한 배치로 묶어서 한번에 많은 레코드를 읽을 수 있도록 최적화한 것이다.

인덱스(ix_firstname)

first_name	emp_no
Aamer	11800
Aamer	11935
Aamod	10346
Aamod	11973
Aamod	15430
Abdelaziz	10674
Abdelaziz	12571
Abdelaziz	15211

first_name	emp_no
Aamod	10346
Abdelaziz	10674
Aamer	11800
Aamer	11935
Aamod	11973
Abdelaziz	12571
Abdelaziz	15211
Aamod	15430

MRR 버퍼

emp_no	birth_date	first_name	last_name	gender
10346	1963-01-29	Aamod	Radwan	M
10674	1961-03-03	Abdelaziz	Bisiani	M
11800	1958-12-09	Aamer	Fraisse	M
11935	1963-03-23	Aamer	Jayawardene	M
11973	1958-02-10	Aamod	Erdmenger	F
12571	1952-04-16	Abdelaziz	Candan	F
15211	1962-01-27	Abdelaziz	Waterhouse	M
15430	1963-01-18	Aamod	Egerstedt	M

테이블 (employees)

〈그림 5-16〉 멀티 레인지 리드 (Rowid-ordered scan)

만약 이 쿼리를 조금 변경해서 다음과 같이 first_name='Matt' 조건으로 검색하는 쿼리는 어떤 실행 계획을 보이게 될까?

```
EXPLAIN SELECT * FROM employees WHERE first_name='Matt';
```

위 쿼리의 실행 계획은 다음과 같다. 이 실행 계획을 보면 전체 읽어야 할 레코드 건수를 대략 233건 정도로 예측했으며 멀티 레인지 리드 최적화는 사용되지 않았다. 즉 읽어야 할 레코드 건수가 얼마되지 않기 때문에 실제 멀티 레인지 리드를 사용하면 더 성능이 나빠질 것으로 판단한 것이다.

id	select_type	table	Type	key	key_len	rows	Extra
1	SIMPLE	employees	Ref	ix_firstname	44	233	Using index condition

> **주의** MySQL 5.6에서도 똑같이 멀티 레인지 리드 최적화 기능을 제공하고 있다. 하지만 MySQL 5.6에서는 멀티 레인지 리드 최적화가 항상 "Rowid-ordered scan"으로만 처리되며, 밑에서 설명하는 "Key-ordered scan" 알고리즘은 지원하지 않는다. 그래서 MySQL 5.6의 실행 계획에서는 "Rowid-ordered scan"이나 "Key-ordered scan"과 같은 문구 대신에 "Using MRR"이라는 문구만 출력된다.

5.7.2 Key 기준 정렬(Key-ordered scan) 🍃 MariaDB

RowId 기준 정렬과는 달리 드라이빙 테이블을 읽은 후 조인 칼럼을 정렬해서 그 순서대로 드리븐 테이블을 읽는 최적화 방법이다. 드리븐 테이블이 XtraDB나 InnoDB 스토리지 엔진을 사용하는 테이블이면서 조인 조건에 사용된 칼럼이 드리븐 테이블의 프라이머리 키인 경우 Key 값 기준 정렬 최적화 방법이 사용된다. 조인하려는 칼럼이 드리븐 테이블의 프라이머리 키라면 조인 칼럼 자체가 드리븐 테이블의 레코드 주소 역할을 하기 때문에 이런 형태의 최적화가 가능한 것이다. Key값 기준 정렬이 사용될 경우 실행 계획의 Extra 필드에는 "Key-ordered scan"이라는 문구가 표시된다.

다음 예제는 employees 테이블과 salaries 두 테이블을 단순히 조인하는 쿼리이다.

```
SET join_cache_level=8;
SET optimizer_switch='mrr=ON';
SET optimizer_switch='mrr_sort_keys=ON';
SET optimizer_switch='join_cache_hashed=ON';
SET optimizer_switch='join_cache_bka=ON';
EXPLAIN
SELECT * FROM employees e, salaries s WHERE s.emp_no=e.emp_no;
```

이 쿼리의 실행 계획을 보면 employees 테이블을 풀 스캔하면서 salaries 테이블과 배치 키 액세스(Batched Key Access, BKA) 조인 알고리즘으로 조인을 수행하고 있다.

id	select_type	table	type	key	key_len	Ref	rows	Extra
1	SIMPLE	e	ALL	NULL	NULL	NULL	299600	
1	SIMPLE	s	ref	PRIMARY	4	employees.e.emp_no	4	Using join buffer (flat, BKAH join); Key-ordered scan

옵티마이저는 employees 테이블에서 emp_no 칼럼을 읽어서 salaries 테이블을 읽으려 하고 있다. salaries 테이블의 프라이머리 키가(emp_no + from_date)이기 때문에 옵티마이저는 employees 테이블의 emp_no 칼럼을 정렬해서 salaries 테이블을 읽으면 랜덤 I/O를 최소화할 수 있을 것으로 판단한 것이다. 그래서 여기에서는 멀티 레인지 리드 최적화의 "Key-ordered scan" 알고리즘이 사용된 것이다. 일반적으로 "Key-ordered scan"은 이렇게 조인을 수행할 때 조인 칼럼이 드리븐 테이블의 프라이머리 키인 경우 자주 사용된다.

〈그림 5-17〉은 employees 테이블과 salaries 테이블 간의 배치 키 액세스 조인 과정과 멀티 레인지 리드 최적화의 "Key-ordered scan" 알고리즘의 처리 과정을 보여주고 있다.

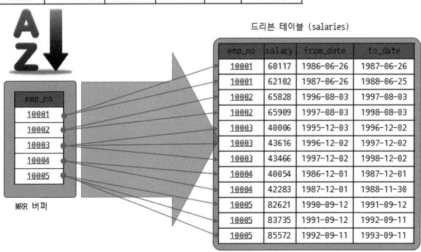

〈그림 5-17〉 멀티 레인지 리드 (Key-ordered scan)

예제 쿼리가 배치 키 액세스 해시 조인을 사용하고 있다는 것을 알 수 있다. 즉 이 예제가 실행되기 위해서는 optimizer_switch의 mrr과 mrr_sort_keys 그리고 join_cache_hashed와 join_cache_bka가 활성화되어야 할 뿐만 아니라 join_cache_level 시스템 설정 변수의 값도 가장 높은 수준인 8로 설정되어야 한다. 그래서 예제 쿼리를 실행하기 전에 먼저 optimizer_switch와 join_cache_level의 설정 값을 조정한 것이다.

또한 〈그림 5-17〉에서 드리븐 테이블로 사용된 employees 테이블의 데이터가 emp_no 순서대로 정렬되어 있지 않은 것을 알 수 있다. XtraDB나 InnoDB 스토리지 엔진을 사용하는 employees 테이블은 내부적으로 프라이머리 키인 emp_no로 정렬되어 있다. 하지만 〈그림 5-17〉에서 emp_no 값이 순서대로 표시되지 않은 이유는 쿼리의 실행 계획에서 employees 테이블을 풀 테이블 스캔을 하고 있기 때문이다. employees 테이블을 emp_no 순서대로 읽기 위해서는 employees 테이블을 풀 테이블 스캔하는 것이 아니라 PRIMARY 키를 인덱스 풀 스캔해야 한다는 것도 기억하도록 하자.

5.7.3 Key와 RowId 모두 정렬(Key-ordered, Rowid-ordered scan)

MariaDB

멀티 레인지 리드가 배치 키 액세스 조인에 사용되면 Key와 RowId 모두를 정렬해서 데이터 파일 랜덤 읽기를 최소화하는 경우도 있다. 멀티 레인지 리드 최적화에서 이 알고리즘이 사용되면 실행 계획에서 Extra 필드에 "Key-ordered Rowid-ordered scan"이라는 문구가 표시된다.

다음 예제 쿼리는 employees 테이블과 dept_emp 테이블을 emp_no 칼럼으로 단순 조인하는 쿼리이다.

```
SET optimizer_switch='mrr=ON';
SET optimizer_switch='mrr_sort_keys=ON';
SET join_cache_level=8;
EXPLAIN
SELECT  STRAIGHT_JOIN * FROM employees e, dept_emp de
WHERE de.emp_no=e.emp_no;
```

위 예제 쿼리는 일부러 employees 테이블을 먼저 읽고 그다음에 dept_emp 테이블을 읽어서 조인하도록 STRAIGHT_JOIN 옵티마이저 힌트를 사용했다. 이 쿼리의 실행 계획에서 Extra 필드에 "Key-ordered Rowid-ordered scan"이라는 문구가 출력된 것으로 보아 멀티 레인지 리드 최적화에서 Key와 RowId 모두 정렬하는 알고리즘이 사용된 것을 알 수 있다.

id	select_type	table	type	key	key_len	ref	rows	Extra
1	SIMPLE	e	ALL	NULL		NULL	NULL	300024	
1	SIMPLE	de	ref	ix_empno_fromdate	4	e.emp_no	1	Using join buffer (flat, BKAH join); Key-ordered Rowid-ordered scan

실행 계획을 보면, employees 테이블을 풀 테이블 스캔으로 읽어서 emp_no 칼럼의 값을 찾았다.
emp_no 칼럼의 값으로 dept_emp 테이블의 ix_empno_fromdate 인덱스를 읽고 그 인덱스 튜플을
dept_emp 테이블의 Key(emp_no)+RowId(dept_emp 테이블의 프라이머리 키)로 다시 정렬을 수
행해서 최종적으로 dept_emp 테이블을 멀티 레인지 리드로 읽은 것이다. 〈그림 5-18〉은 설명한 예제
쿼리의 실행 과정을 표현한 것이다.

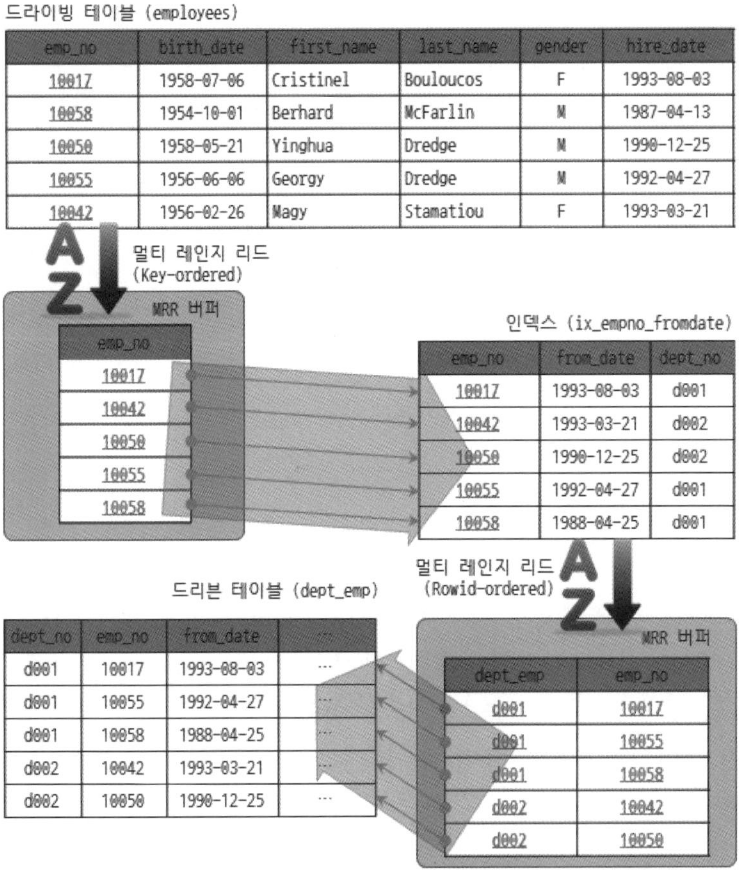

〈그림 5-18〉 멀티 레인지 리드 (Key-ordered, Rowid-ordered scan)

5.7.4 멀티 레인지 리드 최적화와 정렬

멀티 레인지 리드 최적화의 3가지 알고리즘은 모두 기본적으로 조인 버퍼를 사용한다. 나중에 블록 네스티드 루프 조인(Block Nested Loop Join, BNL Join)에서도 살펴보겠지만 조인이 조인 버퍼를 이용해서 실행되는 경우에는 기본적으로 드라이빙 테이블에서 레코드를 읽은 순서가 조인의 최종 단계까지 유지되지 않을수도 있다.

멀티 레인지 리드 최적화의 3가지 알고리즘에서 살펴보았던 예제들에 ORDER BY 정렬 구문을 넣어서 실행 계획을 한번 살펴보자. 다음 3개의 쿼리는 WHERE 조건이 조금 변경된 부분이 있긴 하지만 기본 구조는 예제와 동일하며 실행 계획상에서도 "Rowid-ordered scan"과 "Key-ordered scan" 그리고 "Key-ordered Rowid-ordered scan" 알고리즘이 사용되는 예제들이다.

```
SET join_cache_level=8;
SET optimizer_switch='mrr=ON';
SET optimizer_switch='mrr_sort_keys=ON';
SET optimizer_switch='join_cache_hashed=ON';
SET optimizer_switch='join_cache_bka=ON';

-- // Rowid-ordered scan
EXPLAIN
SELECT * FROM employees
WHERE first_name>='A' AND first_name<'B'
ORDER BY first_name;

-- // Key-ordered scan
EXPLAIN
SELECT * FROM employees e, salaries s
WHERE s.emp_no=e.emp_no AND e.emp_no BETWEEN 10001 AND 10020
ORDER BY e.emp_no

-- // Key-ordered Rowid-ordered scan
EXPLAIN
SELECT  STRAIGHT_JOIN * FROM employees e, dept_emp de
WHERE de.emp_no=e.emp_no AND e.emp_no BETWEEN 10001 AND 10100
ORDER BY e.emp_no;
```

위 예제에서 "Rowid-ordered scan" 알고리즘을 사용하는 첫 번째 쿼리는 사실 first_name 조건으로 ix_firstname 인덱스를 스캔하기 때문에 멀티 레인지 리드 최적화가 도입되기 전에는 "ORDER BY first_name" 절이 없어도 first_name으로 정렬되어서 반환되었을 것이다. 그런데 멀티 레인지 리드 최적화가 도입된 이후부터는 "ORDER BY first_name" 절이 있는 경우와 없는 경우의 실행 계획이 달라지게 된다. 다음은 첫 번째 예제 쿼리의 실행 계획이다. 이 실행 계획에서는 인덱스 칼럼으로 정렬만 추가했을 뿐인데, 멀티 레인지 리드 최적화가 사용되지 못했다.

id	select_type	table	type	Key	key_len	rows	Extra
1	SIMPLE	employees	range	ix_firstname	44	43230	Using index condition

"Key-ordered scan"을 사용하는 두 번째 예제 쿼리의 실행 계획을 한번 살펴보자. 이 실행 계획에서는 아직 멀티 레인지 리드 최적화의 "Key-ordered scan"이 사용되고 있지만 ORDER BY 절로 인해서 임시 테이블과 별도의 정렬(Using filesort) 작업이 동반되었음을 알 수 있다.

id	select_type	table	type	key	key_len	rows	Extra
1	SIMPLE	e	range	PRIMARY	4	20	Using where; Using temporary; Using filesort
1	SIMPLE	s	ref	PRIMARY	4	9	Using join buffer (flat, BKAH join); Key-ordered scan

이제 "Key-ordered Rowid-ordered scan" 알고리즘을 사용햇던 세 번째 쿼리의 실행 계획을 한번 살펴보자. 이 실행 계획에서도 "Key-ordered Rowid-ordered scan" 알고리즘은 여전히 사용되고 있지만 두 번째 쿼리와 동일하게 조인의 결과를 임시 테이블에 저장하고 별도의 정렬 처리가 수행되었음을 알 수 있다.

id	select_type	table	type	key	key_len	rows	Extra
1	SIMPLE	e	range	PRIMARY	4	100	Using where; Using temporary; Using filesort
1	SIMPLE	de	ref	ix_empno_fromdate	4	1	Using join buffer (flat, BKAH join); Key-ordered Rowid-ordered scan

두 번째와 세 번째 쿼리는 모두 동일하게 employees 테이블의 프라이머리 키(emp_no)를 레인지 스캔했다. 그렇게 때문에 기본적으로 emp_no 칼럼으로 정렬되어서 조인의 결과가 나올 것이라고 예상했지만 실제 멀티 레인지 리드 최적화가 수행되면서 쿼리 실행의 최종 단계에서 두 쿼리 모두 별도의 정렬 작업을 수행했다. 첫 번째 예제 쿼리에서는 멀티 레인지 리드 최적화보다는 인덱스 순서대로 읽으면서 별도의 정렬을 수행하지 않는 것이 더 비용이 적게 들 것이라고 예측한 것이다. 하지만 두 번째와 세 번째 쿼리는 별도의 정렬을 수행한다 하더라도 멀티 레인지 리드 최적화를 적용하는 것이 더 효율적일 것으로 판단한 것이다.

> **주의** MariaDB 서버의 옵티마이저는 갈수록 진화하고 복잡해지고 있다. 예전과 같이 단순히 인덱스를 스캔하는 쿼리는 인덱스 순서대로 최종 쿼리 결과가 정렬되어 있을 것이라 보장할 수 없게 된 것이다. 특히나 멀티 레인지 리드 최적화나 해시(Hash) 조인 그리고 블록 네스티드 루프(Block Nested Loop) 조인 등이 사용되는 쿼리에서는 필요한 정렬 조건을 반드시 쿼리에 명시했을 때에만 그 순서가 보장될 수 있다는 것에 유의하자.

5.7.5 멀티 레인지 리드 최적화 주의 사항

멀티 레인지 리드 최적화가 항상 빠른 성능을 보장하는 것은 아니다. 멀티 레인지 리드 알고리즘은 읽어들인 인덱스 튜플에 대한 정렬 작업을 먼저 수행해야 한다. 그래서 데이터의 크기가 작아서 XtraDB나 InnoDB 버퍼 풀에 모두 적재될 수 있는 경우라면 오히려 멀티 레인지 리드 알고리즘의 정렬 작업으로 인해서 더 많은 시스템 자원을 사용하면서도 느린 성능을 보일 수도 있다. 또한 "LIMIT n"이나 "ORDER BY LIMIT n" 형태의 쿼리에서 n 값이 작은 수치라면 멀티 레인지 리드 최적화는 불필요하게 많은 인덱스 튜플들을 읽어서 정렬해야 하기 때문에 성능이 오히려 떨어질 수도 있다.

멀티 레인지 리드를 위해서는 읽어들인 인덱스 튜플을 먼저 정렬해야 하는데, 이때 별도의 메모리 공간이 필요하다. 이 메모리 공간은 mrr_buffer_size라는 시스템 변수로 그 크기를 조정할 수 있다. 하지만 MRR 버퍼의 크기가 너무 작으면 멀티 레인지 리드 작업은 여러 번의 작은 단위로 나뉘어서 실행되어야 하기 때문에 성능이 저하될 수 있으며, MRR 버퍼가 너무 크게 설정되면 메모리 낭비가 발생할 수 있다. 또한 하나의 쿼리를 실행하더라도 여러 테이블이 조인되면서 멀티 레인지 리드 최적화가 여러번 실행된다면 MRR 버퍼는 여러 개가 할당되어야 한다.

나중에 조인 최적화에서 다시 살펴보겠지만 멀티 레인지 리드 최적화는 배치 키 액세스 조인 알고리즘에서도 사용될 수 있다. 이 경우에는 멀티 레인지 리드 최적화 알고리즘이 MRR 버퍼를 사용하는 것이 아니라 배치 키 액세스 조인 알고리즘이 관리하는 메모리 공간을 사용하게 된다. 배치 키 액세스 조인에서 멀티 레인지 리드 최적화가 사용되는 경우에는 조인 버퍼(join_buffer_size 시스템 설정 변수로 조정)를 사용하는데, 배치 키 액세스 조인에서도 여러 테이블 간의 조인이 멀티 레인지 리드를 사용하게 된다면 조인 버퍼를 여러 번 할당하게 된다. 이와 같이 조인 버퍼가 여러 번 할당될 경우 너무 많은 메모리가 낭비되지 않도록 join_cache_space_limit 시스템 설정을 이용해서 최대 할당 가능한 조인 버퍼의 크기를 제한할 수 있다.

멀티 레인지 리드 최적화가 사용되면 관련된 상태 변수의 값이 증가한다. 멀티 레인지 리드가 얼마나 사용되는지를 모니터링할 때에는 다음 상태 변수들의 증감을 모니터링해보면 된다.

Handler_mrr_init
얼마나 멀티 레인지 리드 최적화가 사용되었는지를 나타낸다.

Handler_mrr_key_refills
멀티 레인지 리드 최적화에서 Key-ordered scan이 사용될 때 몇 번이나 MRR 버퍼가 다시 채워졌는지를 나타낸다.

Handler_mrr_rowid_refills
멀티 레인지 리드 최적화에서 Rowid-ordered scan이 사용될 때 몇 번이나 MRR 버퍼가 다시 채워졌는지를 나타낸다.

멀티 레인지 리드에 대해서 간략히 정리해보면 다음과 같다.

- 멀티 레인지 리드 최적화는 range 접근 방법이나 배치 키 액세스 조인에서 사용될 수 있다.
- 적은 건수의 레코드를 읽을 때는 오히려 멀티 레인지 리드 최적화가 더 느린 성능을 보일 수도 있다.
- 멀티 레인지 리드 최적화는 "Rowid-ordered scan"과 "Key-ordered scan" 그리고 "Key-ordered Rowid-ordered" 3가지 전략 중 하나로 실행된다.
- optimizer_switch 옵티마이저 옵션에서 mrr과 mrr_sort_keys 옵션을 활성화(ON)해야 Mutli Range Read 최적화가 사용된다.

5.8 인덱스 머지(index_merge) 　　🐧 MariaDB 　　🐬 MySQL

인덱스를 통해서 데이터를 읽는 경우 대부분의 경우 테이블별로 하나의 인덱스만을 활용할 수 있다. 하지만 인덱스 머지 실행 계획을 사용하면 하나의 테이블에 대해서 2개 이상의 인덱스를 이용해서 쿼리를 처리한다. 쿼리에서 한 테이블에 대한 WHERE 조건이 여러 개가 있다 하더라도 하나의 인덱스에 포함된 칼럼에 대한 조건만으로 인덱스를 검색하고 나머지 조건은 읽혀진 레코드에 대해서 체크하는 형태로만 사용되는 것이 일반적이다. 이렇게 하나의 인덱스만 사용해서 작업 범위를 충분히 줄일 수 있는 경우라면 테이블별로 하나의 인덱스만을 활용하는 것이 효율적이다. 하지만 여러 개의 WHERE 조건절이 있을 때 각각의 조건들이 서로 다른 인덱스를 이용할 수밖에 없는 형태의 쿼리이면서도 각각의 조건을 만족하는 레코드 건수가 많을 것으로 예상될 때에 MariaDB는 인덱스 머지 실행 계획을 선택하게 된다.

다음 쿼리는 2개의 WHERE 조건을 가지고 있는데 employees 테이블의 first_name 칼럼과 from_date 칼럼 모두 각각의 인덱스(ix_firstname, ix_hiredate)를 가지고 있다. 즉 두 개 중에서 어떤 조건을 사용하더라도 인덱스를 사용할 수 있는 것이다.

```
EXPLAIN
SELECT * FROM employees
WHERE first_name='Matt'
      AND hire_date BETWEEN '1995-01-01' AND '2000-01-01'
```

이때 MariaDB 옵티마이저는 두개의 조건을 만족하는 레코드 건수를 대략적으로 예측한 다음 건수가 적은 조건을 사용한다. 위의 쿼리에서는 "first_name='Matt'" 조건을 만족하는 레코드 건수(233건)는 hire_date 칼럼의 조건을 만족하는 레코드(34028건)보다는 훨씬 적을 것이다. 그래서 MariaDB 옵티마이저는 employees 테이블의 ix_firstname 인덱스만 검색하고 레코드의 나머지 칼럼을 모두 읽은 후 "hire_date BETWEEN '1995-01-01' AND '2000-01-01'" 조건에 일치하는지 여부를 따져서 최종 결과 레코드를 만들어 낸다.

위의 쿼리는 예상했던 대로 ix_firstname 인덱스만을 이용해서 쿼리가 실행되었다.

id	select_type	table	type	key	key_len	ref	rows	Extra
1	SIMPLE	employees	ref	ix_firstname	44	const	233	Using index condition; Using where

그런데 만약 쿼리를 조금 고쳐서 employees 테이블에서 first_name 칼럼이 'A'보다 크고 'B'보다 작거나 같으면서 '1995-01-01' 부터 '2000-01-01' 사이에 입사한 사원을 찾는 쿼리를 실행하면 어떻게 될까?

```
EXPLAIN
SELECT * FROM employees
WHERE first_name BETWEEN 'A' AND 'B'
      AND hire_date BETWEEN '1995-01-01' AND '2000-01-01'
```

"first_name BETWEEN 'A' AND 'B'" 조건과 "from_date BETWEEN '1995-01-01' AND '2000-01-01'" 조건을 각각 만족하는 사원의 수는 다음과 같이 적지 않다는 것을 알 수 있다.

```
SELECT COUNT(*) FROM employees WHERE first_name BETWEEN 'A' AND 'B' ;
 ==> 22039
SELECT COUNT(*) FROM employees WHERE hire_date BETWEEN '1995-01-01' AND '2000-01-01';
 ==> 34028
```

이렇게 두 조건이 모두 효율적이지 않은 경우라면 MariaDB 옵티마이저는 두 개의 조건을 분리해서 각각의 인덱스로 검색을 두 번 실행한다. 그리고 두 결과 집합을 병합해서 결과를 리턴한다. 위 쿼리는 다음에 나온 실행 계획과 같이 index_merge 최적화를 사용하고 있다는 것을 알 수 있다.

id	select_type	table	type	key	rows	Extra
1	SIMPLE	employees	index_merge	ix_firstname, ix_hiredate	9912	Using sort_intersect (ix_firstname,ix_hiredate); Using where

> **주의** 예제 쿼리의 실행 계획에서는 sort_intersection 최적화가 사용되었는데, 이 알고리즘은 기본 설정에서는 비활성화되어 있다. 그래서 이 실행 계획을 확인하기 위해서는 optimizer_switch 옵션의 조정해서 Sort_intersection 알고리즘을 활성화해주어야 한다.
>
> ```
> SET optimizer_switch='index_merge_sort_intersection=on';
> ```

쿼리의 실행 계획에서 index_merge가 사용되면 항상 실행 계획의 Extra 필드에는 다음 4가지 중에서 하나의 문구가 표시된다.

- Using union

- Using intersect

- Using sort_union

- Using sort_intersection

5.8.1 Using union

"Using union" 알고리즘은 WHERE 절에 사용된 2개 이상의 조건이 각각의 인덱스를 사용하되, 이 조건들이 OR로 연결된 경우에 사용되는 알고리즘이다. 설명을 위해서 다음 예제 쿼리를 한번 살펴보자. 이 쿼리는 employees 테이블의 first_name 칼럼이 'Matt' 이거나 hire_date 칼럼이 '1987-03-31'인 사원 정보를 조회하는 쿼리이다.

```
EXPLAIN
SELECT * FROM employees
WHERE first_name='Matt'
    OR hire_date='1987-03-31'
```

위의 예제 쿼리는 두 개의 조건이 OR로 연결되어 있다는 것에 유의하자. employees 테이블에는 first_name 칼럼과 hire_date 칼럼에 각각 ix_firstname 인덱스가 ix_hiredate가 준비되어 있다. 그래서 first_name='Matt'인 조건과 hire_date='1987-03-31' 조건이 각각의 인덱스를 사용할 수 있다. 이 쿼리의 실행 계획은 다음과 같이 index_merge를 사용한다.

id	select_type	table	type	key	rows	Extra
1	SIMPLE	employees	index_merge	ix_firstname, ix_hiredate	269	Using union (ix_firstname,ix_hiredate) ; Using where

쿼리의 실행 계획에서 Extra 필드에 "Using union(ix_firstname, ix_hiredate)"이라고 표시되었는데, 이는 index_merge 최적화가 ix_firstname 인덱스의 검색 결과와 ix_hiredate 인덱스 검색 결과를 "union" 알고리즘으로 병합했다는 것을 의미한다. 여기에서 병합은 두 집합의 합집합을 가져왔다는 것을 의미한다.

> **주의** 사실 SQL 문장에서 AND 연산자와 OR 연산자는 상당히 큰 차이를 보인다. 두 개의 조건이 AND로 연결된 경우에는 두 조건 중 하나라도 인덱스를 사용할 수 있으면 인덱스 레인지 스캔으로 쿼리가 실행된다. 하지만 두 개의 WHERE 조건이 OR 연산자로 연결된 경우에는 둘 중 하나라도 제대로 인덱스를 사용하지 못하면 항상 풀 테이블 스캔으로밖에 처리하지 못한다.
>
> 위의 예제 쿼리를 다음과 같이 조금만 바꿔서 실행 계획을 확인해보면 쉽게 알 수 있다. 다음 예제는 first_name 칼럼의 비교 연산자를 동등 조건에서 인덱스를 사용하지 못하도록 first_name LIKE '%Matt'로 바꾼 것이다.
>
> ```
> EXPLAIN
> SELECT * FROM employees
> WHERE first_name LIKE '%Matt'
>     OR hire_date='1987-03-31'
> ```

index_merge 최적화의 "Using union" 알고리즘의 숨은 비밀을 하나 살펴보도록 하자. 예제로 살펴보았던 쿼리에서 first_name='Matt' 이면서 hire_date='1987-03-31'인 사원이 있었다면, 그 사원의 정보는 ix_firstname 인덱스를 검색한 결과에도 포함되어 있을 것이며, ix_hiredate 인덱스를 검색한 결과에도 포함되어 있을 것이다. 하지만 이 쿼리의 결과에서는 그 사원의 정보가 두 번 출력되지도 않고 그래서도 안 된다. 그렇다면 MariaDB 서버는 두 결과 집합을 정렬해서 중복 레코드를 제거했다는 것인데, 실제 실행 계획에는 정렬을 했다는 표시는 없다. MariaDB 서버는 이런 중복 제거를 위해서 내부적으로 정렬을 수행했을까?

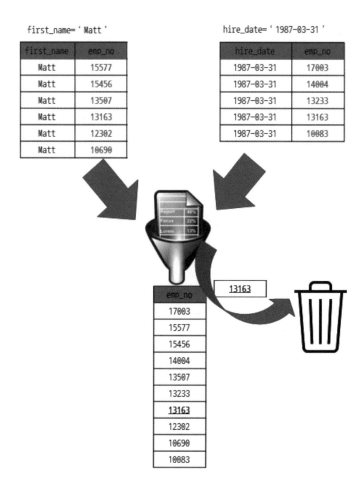

〈그림 5-19〉 인덱스 머지 (Using union)

〈그림 5-19〉는 인덱스 머지(Index merge) 최적화의 "Using union" 알고리즘의 작동 방식을 그림으로 표현한 것이다. 이 그림에서도 알 수 있듯이 first_name 칼럼의 검색 결과와 hire_date 칼럼의 검색 결과에서 사원번호가 "13163"인 사원은 양쪽 집합에 모두 포함되어 있어서 반드시 제거되어야 한다. 하지만 MariaDB는 first_name 조건을 검색한 결과와 hire_date 칼럼을 검색한 결과가 프라이머리 키로 이미 각각 정렬되어 있다는 것을 알고 있다. 예제 쿼리를 다음과 같이 각각의 쿼리로 분리해서 실행 계획이나 쿼리 결과를 살펴보면 인덱스 검색을 통한 결과가 이미 프라이머리 키로 정렬되어 있다는 것을 쉽게 확인할 수 있다.

```
SELECT * FROM employees WHERE first_name='Matt';
SELECT * FROM employees WHERE hire_date='1987-03-31';
```

그래서 MariaDB 서버는 두 집합에서 하나씩 가져와서 서로 비교하면서 프라이머리 키인 emp_no 칼럼의 값이 중복된 레코드들을 정렬 없이 걸러낼 수 있는 것이다. 우리는 이렇게 두 집합의 결과를 하나씩 가져와서 중복 제거를 수행하는 〈그림 5-19〉의 "깔대기"를 우선순위 큐(Priority Queue)라고 한다. 이것이 "Using union" 알고리즘과 "Using sort union" 알고리즘의 가장 큰 차이이다.

5.8.2 Using sort_union

인덱스 머지(Index merge)의 "Using sort_union" 알고리즘은 "Using union"과 거의 흡사하게 동작한다. 다음 예제 쿼리를 한번 살펴보자. 다음 쿼리는 "Using union"에서 살펴봤던 예제 쿼리와 비슷하지만 이번에는 hire_date 칼럼의 비교 조건에 동등 비교가 아니라 범위 조건(BETWEEN)이 사용되었다.

```
EXPLAIN
SELECT * FROM employees
WHERE first_name='Matt'
      OR hire_date BETWEEN '1987-03-01' AND '1987-03-31'
```

위의 예제 쿼리를 "Using union" 설명에서 했던 방식으로 다음과 같이 두 개의 쿼리로 분리해서 생각해보자.

```
SELECT * FROM employees WHERE first_name='Matt';
SELECT * FROM employees WHERE hire_date BETWEEN '1987-03-01' AND '1987-03-31';
```

첫 번째 쿼리는 결과가 emp_no로 정렬되어서 출력되지만, 두 번째 쿼리의 결과는 hire_date로는 정렬이 되어 있지만 emp_no 칼럼으로는 정렬되어 있지 않다는 것을 알 수 있다. 즉 위 예제의 결과에서는 중복을 제거하기 위해서 우선순위 큐를 사용하는 것이 불가능하다는 것이다. 그래서 MariaDB 서버는 두 집합의 결과에서 중복을 제거하기 위해서 각 집합을 emp_no 칼럼으로 정렬한 다음 중복 제거를 수행한다. 예제 쿼리의 실행 계획은 다음과 같다.

Id	select_type	table	type	key	key_len	rows	Extra
1	SIMPLE	employees	index_merge	ix_firstname, ix_hiredate	44,3	3196	Using sort_union (ix_firstname,ix_hiredate) ; Using where

위의 실행 계획에서와 같이 index_merge 최적화에서 중복 제거를 위해서 강제로 정렬을 수행해야 하는 경우에는 실행 계획의 Extra 필드에 "Using sort_union" 알고리즘을 사용했다라고 표시된다.

5.8.3 Using intersect

"Using union"과 "Using sort_union"은 둘 모두 각각의 인덱스를 사용할 수 있는 WHERE 조건이 OR 연산자로 연결된 경우 사용될 수 있는 최적화 알고리즘이다. 반면 "Using intersect"는 똑같이 각각의 인덱스를 사용할 수 있는 WHERE 조건이 AND 연산자로 연결된 경우 사용할 수 있는 최적화 알고리즘이다. 다음 예제 쿼리를 한번 살펴보자. 이 예제 쿼리는 "Using union"에서 봤던 쿼리와 모두 같고 단지 OR 연산자가 AND 연산자로 바뀐 것뿐이다.

```
EXPLAIN
SELECT * FROM employees WHERE first_name='Matt' AND hire_date='1991-07-22';
```

이 쿼리의 실행 계획은 다음과 같다. ix_hiredate와 ix_firstname 두개의 인덱스를 이용해서 각각의 결과 집합을 만든 후 두 집합의 결과를 "Using intersect" 알고리즘을 이용해서 교집합의 레코드만 찾아서 리턴했다는 것을 의미한다.

id	select_type	table	type	key	rows	Extra
1	SIMPLE	employees	index_merge	ix_hiredate, ix_firstname	1	Using intersect (ix_hiredate,ix_firstname) ; Using where

〈그림 5-20〉은 "Using intersect" 최적화 알고리즘이 작동하는 방식을 그림으로 표현한 것이다. 〈그림 5-19〉의 "Using union" 알고리즘 작동 방식과 비교해도 거의 차이가 없다. 단 하나의 차이는 중복을 제거하고 교집합을 사용자에게 반환하면 "Using intersect"이고, 중복을 제거하고 합집합을 사용자에게 반환하면 "Using union"인 것이다. 〈그림 5-20〉에서는 두 집합의 교집합인 "22975" 사원의 정보만 사용자에게 반환하고 나머지는 모두 버린 것이다.

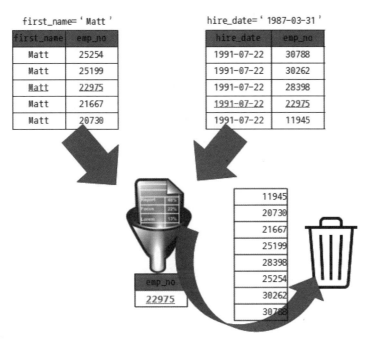

〈그림 5-20〉 인덱스 머지 (Using intersect)

"Using intersect" 최적화 알고리즘에서도 불필요한 레코드를 버리고 중복을 제거하는 작업을 위해서 별도의 정렬은 필요치 않다. "Using union"에서 살펴본 것과 같이 이미 두 집합의 결과가 employees 테이블의 프라이머리 키인 emp_no 칼럼으로 정렬이 되어 있다는 것을 MariaDB 옵티마이저는 알고 있기 때문에 "우선순위 큐"를 이용해서 교집합에 해당하는 중복 레코드 검색을 처리할 수 있는 것이다.

5.8.4 Using sort_intersect `MariaDB`

"Using intersect" 최적화 알고리즘에서 살펴 보았던 쿼리에서도 "Using union"에서와 같이 first_name 칼럼의 조건이나 hire_date 칼럼의 조건 중 하나라도 동등 비교가 아니라 범위 조건(IN이나

BETWEEN 또는 크다 작다 비교)이 사용되면 "Using intersect" 최적화를 사용할 수 없게 된다. 이 경우에는 각 집합의 쿼리 결과가 emp_no로 정렬되어 있지 않기 때문이다.

MySQL 5.5 버전이나 5.6 버전에서는 "Using union"이 사용될 수 없는 경우를 위해서 정렬 후 병합하는 "Using sort_union"은 있지만 "Using intersect"이 사용될 수 없는 경우를 위한 "Using sort_intersect" 최적화 알고리즘은 제공하지 않는다. MariaDB 10.0부터는 "Using intersect"가 사용되지 못하는 경우를 위해서 "Using sort_intersect" 최적화 알고리즘을 제공하고 있다.

아래 예제 쿼리는 first_name='Matt' WHERE 조건을 first_name LIKE 'Matt%'로 변경하면서 범위 처리가 발생하도록 변경한 것이다. 실제 조회되는 결과 데이터는 둘 모두 동일하다. 하지만 MariaDB 옵티마이저는 조건의 특성만으로 결과를 예측할 수 있기 때문에 first_name LIKE 'Matt%'는 결과가 employees 테이블의 emp_no 칼럼으로 정렬되어 있다는 보장을 하지 못한다.

```
SET optimizer_switch='index_merge_sort_intersection=on';
EXPLAIN
SELECT * FROM employees WHERE first_name LIKE 'Matt%' AND hire_date='1991-07-22';
```

위 쿼리의 실행 계획은 다음과 같이 "Using sort_intersect"가 사용되었다. 즉 두 집합의 결과를 employees 테이블의 프라이머리 키인 emp_no 칼럼으로 정렬한 다음 교집합만 필터링해서 사용자에게 반환한 것이다.

id	select_type	table	type	key	rows	Extra
1	SIMPLE	employees	index_merge	ix_hiredate, ix_firstname	1	Using sort_intersect (ix_hiredate,ix_firstname) ; Using where

주의 예제에서는 "Using sort_intersect" 최적화 알고리즘이 작동하도록 하기 위해서 index_merge_sort_intersection 옵티마이저 스위치를 ON으로 변경했다. 저자가 테스트하고 있는 MariaDB 10.0.6 버전에서는 index_merge_sort_intersection 옵티마이저 스위치 옵션이 기본값으로 OFF가 설정되어 있기 때문에 옵티마이저 스위치를 조정하지 않으면 "Using sort_intersect" 최적화 알고리즘이 사용되지 않는다. 여러분이 사용하고 있는 MariaDB에서는 sort_intersection 옵션이 활성화되어 있는지 기억해두도록 하자.

5.9 테이블 조인 ⟋ MariaDB   ⟋ MySQL

MySQL 5.5 버전과 MariaDB 5.2버전까지는 조인을 처리하는 방식이 네스티드 루프(Nested Loop) 형태 하나밖에 없을 정도로 단순했다. 하지만 MariaDB 5.3 버전과 MySQL 5.6 버전부터는 조금 다양한 형태의 조인 알고리즘들을 지원하고 있다. 여기에서는 MariaDB에서 사용 가능한 조인의 형태와 조인을 수행하는 알고리즘에 대해서 자세히 살펴보도록 하자.

5.9.1 조인의 종류

조인의 종류는 크게 INNER JOIN과 OUTER JOIN으로 구분할 수 있고, OUTER JOIN은 다시 LEFT OUTER JOIN과 RIGHT OUTER JOIN 그리고 FULL OUTER JOIN으로 구분할 수 있다. 그리고 조인의 조건을 어떻게 명시하느냐에 따라 NATURAL JOIN과 CROSS JOIN(FULL JOIN, CARTESIAN JOIN)으로도 구분할 수 있다.

조인의 처리에서 어느 테이블을 먼저 읽을지를 결정하는 것은 상당히 중요하며, 그에 따라 처리할 작업량이 상당히 달라진다. INNER JOIN은 어느 테이블을 먼저 읽어도 결과가 달라지지 않으므로 MariaDB 옵티마이저가 조인의 순서를 조절해서 다양한 방법으로 최적화를 수행할 수 있다. 하지만 OUTER JOIN은 반드시 OUTER가 되는 테이블을 먼저 읽어야 하기 때문에 조인 순서를 옵티마이저가 선택할 수 없다.

MariaDB에서 전통적으로 사용되어 왔던 네스티드 루프 조인 알고리즘을 이용해서 조인을 종류별로 살펴보도록 하자.

> **주의** 세미 조인과 안티 조인 또한 조인의 한 종류이다. 세미 조인은 특정한 문법적 형태를 가지지는 않지만 일반적으로 다음 예제와 같이 IN (subquery)나 EXISTS 형태로 많이 작성된다.
>
> ```
> SELECT * FROM dept_emp
> WHERE dept_no IN (SELECT dept_no FROM departments WHERE dept_name='Sales');
>
> SELECT * FROM dept_emp de
> WHERE EXISTS (SELECT 1 FROM departments d WHERE d.dept_no=de.dept_no);
> ```
>
> 세미 조인이나 안티 조인은 [NOT] IN (subquery) 또는 [NOT] EXISTS를 이용한 형태로 쿼리가 작성되므로 서브 쿼리 최적화에서 자세히 언급하도록 하겠다.

5.9.1.1 JOIN (INNER JOIN)

일반적으로 "조인"이라 함은 INNER JOIN을 지칭하는데, 별도로 아우터 조인과 구분할 때 "이너 조인
(INNER JOIN)"이라고도 한다. MariaDB에서 전통적으로 사용되어 왔던 네스티드-루프란 일반적으
로 프로그램을 작성할 때 두 개의 FOR나 WHILE과 같은 반복 루프 문장을 실행하는 형태로 조인이 처
리되는 것을 의미한다.

```
FOR ( record1 IN TABLE1 ){     // 외부 루프 (OUTER)
  FOR ( record2 IN TABLE2 ){   // 내부 루프 (INNER)
    IF ( record1.join_column == record2.join_column ){
      join_record_found(record1.*, record2.*);
    }else{
      join_record_notfound( );
    }
  }
}
```

위의 의사 코드에서 알 수 있듯이 조인은 2개의 반복 루프로 두 개의 테이블을 조건에 맞게 연결해주
는 작업이다(이 의사 코드의 FOR 반복문이 풀 테이블 스캔을 의미하는 것은 아니다). 두 개의 FOR 문
장에서 바깥쪽을 아우터(OUTER) 테이블이라고 하며, 안쪽을 이너(INNER) 테이블이라고 표현한다.
또한 아우터 테이블은 이너 테이블보다 먼저 읽어야 하며, 조인에서 주도적인 역할을 한다고 해서 드
라이빙(Driving) 테이블이라고도 한다. 이너 테이블은 조인에서 끌려가는 역할을 한다고 해서 드리븐
(Driven) 테이블이라고도 한다.

중첩된 반복 루프에서 최종적으로 선택될 레코드가 안쪽 반복 루프(INNER 테이블)에 의해 결정되는
경우를 INNER JOIN이라고 한다. 즉, 두 개의 반복 루프를 실행하면서 TABLE2(INNER 테이블)에 "IF
(record1.join_column == record2.join_column)" 조건을 만족하는 레코드만 조인의 결과로 가져
온다.

employees

salaries

emp_no	last_name	..
100001	Facello	..
100002	Simmel	..
100003	Bamford	..
..	..	..

emp_no	from_date	salary
100001	1986-06-26	60117
100001	1987-06-26	62102
100003	1988-08-25	50944
..	..	..

조인결과

emp_no	last_name	from_date	salary
100001	Facello	1986-06-26	60117
100001	Facello	1987-06-26	62102
100003	Bamford	1988-08-25	50944
..			

〈그림 5-21〉 INNER JOIN에서 결과를 가져오는 방법

〈그림 5-21〉에서는 employees 테이블이 드라이빙 테이블이며, salaries 테이블이 드리븐 테이블이 되어 INNER JOIN이 실행된 결과를 가져오는 과정을 보여준다. INNER JOIN을 실행하는 과정에서 emp_no가 100002인 레코드는 salaries 테이블에 존재하지 않는다는 것을 알게 되고, 이렇게 짝을 찾지 못하는 레코드는(드라이빙 테이블에만 존재하는 레코드) 조인 결과에 포함되지 않는다.

5.9.1.2 OUTER JOIN

INNER JOIN에서 살펴본 의사 코드를 조금만 수정해서 살펴보자.

```
FOR ( record1 IN TABLE1 ){     // 외부 루프 (OUTER)
  FOR ( record2 IN TABLE2 ){    // 내부 루프 (INNER)
    IF ( record1.join_column == record2.join_column ){
      join_record_found(record1.*, record2.*);
    }else{
      join_record_found(record1.*, NULL);
    }
  }
}
```

위 코드에서 TABLE2에 일치하는 레코드가 있으면 INNER 조인과 같은 결과를 만들어내지만 TABLE2(INNER 테이블)에 조건을 만족하는 레코드가 없는 경우에는 TABLE2의 칼럼을 모두 NULL로 채워서 가져온다. 즉, INNER JOIN에서는 일치하는 레코드를 찾지 못했을 때는 TABLE1의 결과를 모두 버리지만 OUTER JOIN에서는 TABLE1의 결과를 버리지 않고 그대로 결과에 포함한다.

INNER 테이블이 조인의 결과에 전혀 영향을 미치지 않고, OUTER 테이블의 내용에 따라 조인의 결과가 결정되는 것이 OUTER JOIN의 특징이다. 물론 OUTER 테이블과 INNER 테이블의 관계(대표적으로 1:M 관계일 때)에 의해 최종 결과 레코드 건수가 늘어날 수는 있지만 OUTER 테이블의 레코드가 INNER 테이블에 일치하는 레코드가 없다고 해서 버려지는 않는다.

〈그림 5-22〉는 OUTER JOIN의 처리 방식을 묘사하고 있는데, 이 그림에서 emp_no가 100002번인 레코드는 salaries 테이블에서 일치하는 레코드를 찾지 못했다. 하지만 emp_no가 100002번인 레코드는 최종 아우터 조인의 결과에 포함된다. 물론 이때 salaries 테이블에는 일치하는 레코드가 없으므로 최종 결과의 salaries 테이블 칼럼은 NULL로 채워진다.

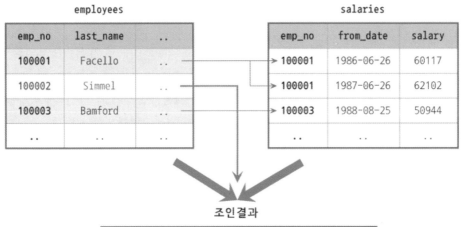

〈그림 5-22〉 OUTER JOIN에서 결과를 가져오는 방법

그리고 OUTER JOIN은 조인의 결과를 결정하는 아우터 테이블이 조인의 왼쪽에 있는지 오른쪽에 있는지에 따라 LEFT OUTER JOIN과 RIGHT OUTER JOIN, 그리고 FULL OUTER JOIN으로 다시 나뉜다.

```
SELECT *
FROM employees e
    LEFT OUTER JOIN salaries s ON s.emp_no = e.emp_no;

ELECT *
FROM salaries s
    RIGHT OUTER JOIN employees e ON e.emp_no = s.emp_no;
```

위 예제에서 첫 번째 쿼리는 LEFT OUTER JOIN이며, 두 번째 쿼리는 RIGHT OUTER JOIN이다. 두 쿼리의 차이점을 한번 비교해보자.

- 첫 번째 쿼리는 LEFT OUTER JOIN을 사용했는데, LEFT OUTER JOIN 키워드의 왼쪽에 employees 테이블이 사용됐고 오른쪽에 salaries 테이블이 사용됐기 때문에 employees가 아우터 테이블이 된다. 그래서 조인의 최종 결과는 salaries 테이블의 레코드 존재 여부에 관계없이 employees 테이블의 레코드에 의해 결정된다.

- 두 번째 쿼리는 RIGHT OUTER JOIN이 사용됐으며, RIGHT OUTER JOIN 키워드를 기준으로 오른쪽에 employees 테이블이 사용됐고 왼쪽에 salaries 테이블이 사용됐으므로 employees 테이블이 아우터 테이블이 된다. 그래서 두 번째 쿼리의 최종 결과도 salaries 테이블의 레코드 존재 여부에 관계없이 employees 테이블의 레코드에 의해 결정된다.

예제의 두 쿼리는 각각 LEFT OUTER JOIN과 RIGHT OUTER JOIN을 사용했지만 결국 같은 처리 결과를 만들어내는 쿼리다. LEFT OUTER JOIN과 RIGHT OUTER JOIN은 결국 같은 처리이므로 혼동을 막기 위해 LEFT OUTER JOIN으로 통일해서 사용하는 것이 일반적이다.

JOIN 키워드를 기준으로 왼쪽의 테이블도 OUTER JOIN을 하고 싶고, 오른쪽의 테이블도 OUTER JOIN을 하고 싶은 경우 사용하는 쿼리가 FULL OUTER JOIN인데, MariaDB에서는 FULL OUTER JOIN을 지원하지 않는다. 하지만 INNER JOIN과 OUTER JOIN을 조금만 섞어서 활용하면 FULL OUTER JOIN과 같은 기능을 수행하도록 쿼리를 작성할 수 있다.

LEFT OUTER JOIN에서는 쉽게 실수할 수 있는 부분들이 여러 가지 있다. 이제 LEFT OUTER JOIN을 사용할 때 어떤 부분에 주의해야 하고, 그런 실수를 막기 위해 어떻게 해야 할지 조금 더 자세히 살펴보겠다.

MariaDB의 실행 계획은 INNER JOIN을 사용했는지 OUTER JOIN을 사용했는지를 알려주지 않으므로 OUTER JOIN을 의도한 쿼리가 INNER JOIN으로 실행되지는 않는지 주의해야 한다. 이 부분도 실수하기 쉬운 부분인데, OUTER JOIN에서 레코드가 없을 수도 있는 쪽의 테이블에 대한 조건은 반드시 LEFT JOIN의 ON 절에 모두 명시하자. 그렇지 않으면 옵티마이저는 OUTER JOIN을 내부적으로 INNER JOIN으로 변형시켜서 처리해 버릴 수도 있다. LEFT OUTER JOIN의 ON 절에 명시되는 조건은 조인되는 레코드가 있을 때만 적용된다. 하지만 WHERE 절에 명시되는 조건은 OUTER JOIN이나 INNER JOIN에 관계없이 조인된 결과에 대해 모두 적용된다. 그래서 OUTER JOIN으로 연결되는 테이블이 있는 쿼리에서는 가능하다면 모든 조건을 ON 절에 명시하는 습관을 들이는 것이 좋다.

```
SELECT *
FROM employees e
  LEFT OUTER JOIN salaries s ON s.emp_no=e.emp_no
WHERE s.salary > 5000;
```

위 쿼리의 LEFT OUTER JOIN 절과 WHERE 절은 서로 충돌되는 방식으로 사용된 것이다. OUTER JOIN으로 연결되는 테이블의 칼럼에 대한 조건이 ON 절에 명시되지 않고 WHERE 절에 명시됐기 때문이다. 그래서 MariaDB 서버는 이 쿼리를 최적화 단계에서 다음과 같은 쿼리로 변경한 후 실행한다. MariaDB 옵티마이저가 쿼리를 변경해버리면 원래 쿼리를 작성했던 사용자의 의도와는 다른 결과를 반환받는다.

```
SELECT *
FROM employees e
  INNER JOIN salaries s ON s.emp_no=e.emp_no
WHERE s.salary > 5000;
```

이런 형태의 쿼리는 다음 2가지 중의 한 방식으로 수정해야 쿼리 자체의 의도나 결과를 명확히 할 수 있다.

```
-- // 순수하게 OUTER JOIN으로 표현한 쿼리
SELECT *
FROM employees e
  LEFT OUTER JOIN salaries s ON s.emp_no=e.emp_no AND s.salary > 5000;

-- // 순수하게 INNER JOIN으로 표현한 쿼리
SELECT *
```

```
FROM employees e
INNER JOIN salaries s ON s.emp_no=e.emp_no
WHERE s.salary > 5000;
```

LEFT OUTER JOIN이 아닌 쿼리에서는 검색 조건이나 조인 조건을 WHERE 절이나 ON 절 중에서 어느 곳에 명시해도 성능상의 문제나 결과의 차이가 나지 않는다.

> **주의** 오라클과 같은 DBMS에서는 OUTER JOIN 테이블에 대한 조건이라는 의미로 "(+)" 기호를 칼럼 뒤에 사용할 수도 있다. 하지만 MariaDB는 이러한 형태의 표기법을 허용하지 않고 LEFT JOIN 또는 LEFT OUTER JOIN과 같은 SQL 표준 문법만을 지원한다.

5.9.1.3 카테시안 조인

카테시안 조인은 FULL JOIN 또는 CROSS JOIN이라고도 한다. 일반적으로 조인을 수행하기 위해서는 하나의 테이블에서 다른 테이블로 찾아가는 연결 조건이 필요하다. 하지만 카테시안 조인은 이 조인 조건 자체가 없이 2개 테이블의 모든 레코드 조합을 결과로 가져오는 조인 방식이다. 카테시안 조인은 조인이 되는 테이블의 레코드 건수가 1~2건 정도로 많지 않을 때라면 특별히 문제가 되지는 않는다. 하지만 레코드 건수가 많아지면 조인의 결과 건수가 기하급수적으로 늘어나므로 MariaDB 서버 자체를 응답 불능 상태로 만들어버릴 수도 있다.

조인의 양쪽 테이블이 모두 레코드 1건인 쿼리를 제외하면, 애플리케이션에서 사용되는 카테시안 조인은 의도하지 않았던 경우가 대부분이다. N개 테이블의 조인이 수행되는 쿼리에서는 반드시 조인 조건은 N-1개(또는 그 이상)가 필요하며 모든 테이블은 반드시 1번 이상 조인 조건에 사용돼야 카테시안 조인을 피할 수 있다. 조인되는 테이블이 많아지고 조인 조건이 복잡해질수록 의도하지 않은 카테시안 조인이 발생할 가능성이 크기 때문에 주의해야 한다.

```
SELECT * FROM departments WHERE dept_no='d001';
SELECT * FROM employees WHERE emp_no=1000001;

SELECT d.*, e.*
FROM departments d, employees e
WHERE dept_no = 'd001' AND emp_no=1000001;
```

또한 카테시안 조인은 레코드 한 건만 조회하는 여러 개의 쿼리(전혀 연관이 없는 쿼리)를 하나의 쿼리로 모아서 실행하기 위해 사용되기도 한다. 위 예제의 첫 번째와 두 번째 쿼리는 각각 레코드 1건씩을 조회하지만 전혀 연관이 없다. 이 각각의 쿼리를 하나로 묶어서 실행하기 위해 세 번째 쿼리와 같이 하나의 쿼리로 두 테이블을 조인해서 한번에 결과를 가져오고 있다. 하지만 employees 테이블과 departments 테이블을 연결해주는 조인 조건은 없음을 알 수 있다. 위와 같이 2개의 쿼리를 하나의 쿼리처럼 빠르게 실행하는 효과를 얻을 수도 있다. 하지만 카테시안 조인으로 묶은 2개의 단위 쿼리가 반환하는 레코드가 항상 1건이 보장되지 않으면 아무런 결과도 못 가져오거나 또는 기대했던 것보다 훨씬 많은 결과를 받게 될 수도 있으므로 주의하자.

SQL 표준에서 CROSS JOIN은 카테시안 조인과 같은 조인 방식을 의미하지만 MariaDB에서 CROSS JOIN은 INNER JOIN과 같은 조인 방식을 의미한다. MariaDB에서 CROSS JOIN을 사용하는 경우 INNER JOIN과 같이 ON 절이나 WHERE 절에 조인 조건을 부여하는 것이 가능하며, 이렇게 작성된 CROSS JOIN은 INNER JOIN과 같은 방식으로 작동한다. 그래서 MariaDB에서 CROSS JOIN은 카테시안 조인이 될 수도, 아닐 수도 있다. 다음 두 예제는 같은 결과를 만들어 낸다.

```
SELECT d.*, e.*
FROM departments d
    INNER JOIN employees e ON d.emp_no=e.emp_no;

SELECT d.*, e.*
FROM departments d
    CROSS JOIN employees e ON d.emp_no=e.emp_no;
```

사실 MariaDB에서 카테시안 조인과 이너 조인은 문법으로 구분되는 것이 아니다. 조인으로 연결되는 조건이 적절히 있다면 이너 조인으로 처리되고, 연결 조건이 없다면 카테시안 조인이 된다. 그래서 CROSS JOIN이나 INNER JOIN을 특별히 구분해서 사용할 필요는 없다.

5.9.1.4 NATURAL JOIN

MariaDB에서 INNER JOIN의 조건을 명시하는 방법은 여러 가지가 있다. 다음의 예제 쿼리를 한번 살펴보자.

```
SELECT *
FROM employees e, salaries s
WHERE e.emp_no=s.emp_no;
```

```
SELECT *
FROM employees e
  INNER JOIN salaries s ON s.emp_no=e.emp_no;

SELECT *
FROM employees e
  INNER JOIN salaries s USING (emp_no);
```

위 예제의 3개 쿼리는 표기법만 조금 차이가 있을 뿐, 전부 같은 쿼리다. 세 번째의 "USING(emp_no)"는 두 번째 쿼리의 "ON s.emp_no=e.emp_no"과 같은 의미로 사용된다. USING 키워드는 조인되는 두 테이블의 조인 칼럼이 같은 이름을 가지고 있을 때만 사용할 수 있다.

여기서 살펴볼 NATURAL JOIN 또한 INNER JOIN과 같은 결과를 가져오지만 표현 방법이 조금 다른 조인 방법 중 하나다. 다음의 쿼리로 NATURAL JOIN의 특성을 살펴보자.

```
SELECT *
FROM employees e
  NATURAL JOIN salaries s;
```

위의 예제 쿼리도 employees 테이블의 emp_no 칼럼과 salaries 테이블의 emp_no 칼럼을 조인하는 쿼리다. NATURAL JOIN은 employees 테이블에 존재하는 칼럼과 salaries 테이블에 존재하는 칼럼 중에서 서로 이름이 같은 칼럼을 모두 조인 조건으로 사용한다. employees 테이블과 salaries 테이블에는 이름이 같은 칼럼으로 emp_no만 존재하기 때문에 결국 "NATURAL JOIN salaries s"는 "INNER JOIN salaries s ON s.emp_no=e.emp_no"와 같은 의미다.

NATURAL JOIN은 조인 조건을 명시하지 않아도 된다는 편리함이 있지만 사실 각 테이블의 칼럼 이름에 의해 쿼리가 자동으로 변경될 수 있다는 문제가 있다. 즉, NATURAL JOIN으로 조인하는 테이블은 같은 칼럼명을 사용할 때 자동으로 조인의 조건으로 사용돼버릴 수 있다는 점을 항상 고려해야 한다. 또한 애플리케이션이 변경되면서 테이블의 구조를 변경할 때도 NATURAL JOIN으로 조인되는 테이블이 있는지, 그리고 그 테이블의 칼럼과 비교하면서 같은 칼럼명이 존재하는지 확인해야 한다. 이는 상당히 성가신 작업이 될 것이며, 유지보수를 위한 비용만 높이는 역효과를 가져올 가능성이 크다. 단지 이러한 방식의 조인이 있다는 것만 알아두면 충분할 것으로 보인다.

5.9.2 조인 알고리즘

MariaDB 5.3 이전까지는 단순히 네스티드 루프 알고리즘을 사용하는 조인만 지원되었었지만 MariaDB 5.3 버전부터는 갖가지 다양한 형태의 조인 알고리즘이 도입되었다. 물론 MariaDB 5.3이나 MariaDB 5.5에서는 그렇게 활용률이 높지 않았지만 조금씩 MariaDB 서버의 버전이 올라가면서 이런 조인 알고리즘의 안정성도 높아지고 있는 것으로 보인다.

MariaDB 5.3 버전부터 지원되는 조인 알고리즘의 종류는 아래와 같이 5가지가 있다.

- 단순 네스티드 루프(Simple Nested Loop)
- 블록 네스티드 루프(Block Nested Loop)
- 블록 네스티드 루프 해시(Block Nested Loop Hash)
- 블록 인덱스(Block Index Join, Batched Key Access)
- 블록 인덱스 해시(Block Index Hash Join, Batched Key Access Hash)

이제부터 각 조인 알고리즘의 특성들을 살펴보도록 하자. 조인의 종류가 많이 늘어나기는 했지만 다들 조금씩 변형된 알고리즘이기 때문에 어렵지 않게 이해할 수 있을 것이다.

5.9.2.1 조인 캐시 레벨(join_cache_level) 🔷 MariaDB

MariaDB 10.0에서는 4가지 형태의 블록 기반 조인 알고리즘을 제공하고 있는데, 이들은 모두 조인 버퍼에 예전 방식으로 레코드 필드를 복사하는 플랫(flat) 방식과 포인터만 조인 버퍼에 저장하는 인크리멘탈(Incremental) 방식으로 활용될 수 있다. 그래서 전체 블록 기반의 조인은 다음과 같이 8가지 처리 알고리즘으로 구분해 볼 수 있다.

1. 블록 네스티드 루프(Block Nested Loop - Flat)
2. 블록 네스티드 루프(Block Nested Loop - Incremental)
3. 블록 네스티드 루프(Block Nested Loop Hash - Flat)
4. 블록 네스티드 루프(Block Nested Loop Hash - Incremental)
5. 배치 키 액세스(Batched Key Access - Flat)
6. 배치 키 액세스(Batched Key Access - Incremental)
7. 배치 키 액세스(Batched Key Access Hash - Flat)
8. 배치 키 액세스(Batched Key Access Hash - Incremental)

앞의 8가지 알고리즘 중에서 어떤 알고리즘을 사용할지를 결정하는 데는 3개의 optimizer_switch 옵션('join_cache_incremental'과 'join_cache_hashed' 그리고 'join_cache_bka')과 join_cache_level이라는 시스템 설정 변수가 사용된다. 만약 optimizer_switch에서 join_cache_bka가 OFF로 설정되면 5~8번까지의 알고리즘은 사용되지 않는다. 그리고 join_cache_hashed가 OFF로 설정되면 3~4번까지의 조인 알고리즘이 사용되지 않게 된다. 하지만 1번과 2번의 블록 네스티드 루프(Block Nested Loop)는 예전 버전부터 사용되어 왔으며 필수적인 알고리즘이므로 사용하지 않도록 설정할 수 없다. 또한 join_cache_incremental이 OFF로 설정되면 2번과 4번 그리고 6번과 8번의 인크리멘탈 방식 조인이 모두 비활성화되어서 사용할 수 없게 된다. 기본적으로 join_cache_bka와 join_cache_hashed 그리고 join_cache_bka 옵티마이저 스위치는 모두 ON으로 초기화되어 있으므로 일단 모든 조인 알고리즘이 사용 가능한 상태라고 볼 수 있다.

그런데 옵티마이저가 선택할 수 있는 조인 최적화 방법을 결정하는 데는 optimizer_switch 옵션만 영향을 미치는 것이 아니라 join_cache_level 시스템 설정 또한 영향을 미치게 된다. join_cache_level 시스템 변수에는 0부터 8까지의 값을 가질 수 있는데, 위의 1~8번까지의 조인 알고리즘은 join_cache_level에 설정된 정수 값보다 작은 경우만 해당 조인 알고리즘을 사용할 수 있다. 즉 join_cache_level이 1로 설정되면 기본적인 조인 알고리즘인 "Nested Loop"과 "flat Block Nested Loop" 조인만 사용할 수 있게 되는 것이다. 그리고 join_cache_level이 8로 설정되면 위에서 소개한 모든 조인 알고리즘이 사용 가능해진다.

join_cache_level 시스템 설정 변수는 기본값으로 1로 설정되어 있다. 그래서 직접 join_cache_level을 조정하지 않으면 블록 네스티드 루프 조인 알고리즘만 사용할 수 있게 되는 것이다. 또한 MariaDB 10.0.6 버전의 기본 설정에서는 블록 기반의 조인 알고리즘은 일반적인 INNER JOIN 쿼리에서만 사용될 수 있다. 만약 OUTER JOIN의 처리에도 조인 버퍼를 이용하는 블록 기반의 조인 알고리즘을 사용하고 싶다면 'outer_join_with_cache' 옵티마이저 옵션을 ON으로 설정해야 한다. 그리고 SEMI-JOIN의 처리에서도 블록 기반의 조인 알고리즘을 사용하려면 'semijoin_with_cache' 옵티마이저 옵션을 ON으로 설정해야 한다.

join_cache_level 시스템 변수와 optimizer_switch 시스템 변수는 모두 전역으로도 설정할 수 있지만 각 커넥션 단위로도 설정할 수 있으므로 용도에 맞게 조인 알고리즘을 선택할 수 있다.

MySQL에서도 5.6.2 버전까지는 MariaDB의 join_cache_level과 비슷한 optimizer_join_cache_level 시스템 변수를 가지고 있었다. MySQL 5.6의 optimizer_join_cache_level은 0~4까지의 값을 설정할 수 있으며, optimizer_join_cache_level에 설정된 값에 따라서 조인 버퍼를 어떻게 사용(플랫 방식과 인크리멘탈 방식)할지와 OUTER JOIN에 대해서 블록 네스티드 루프 조인 알고리즘을 적용할지가 결정되었다.

하지만 MySQL 5.6.3 버전부터는 optimizer_join_cache_level 시스템 변수는 없어지고, 블록 네스티드 루프 조인과 배치 키 액세스 조인 알고리즘의 사용 여부를 optimizer_switch 시스템 변수로 설정하도록 변경되었다. MySQL 5.6.3 버전부터는 optimizer_switch 시스템 변수의 block_nested_loop와 batched_key_access 아이템에 ON 또는 OFF를 설정하면 옵티마이저가 선택하는 조인 방식을 제한할 수 있다.

```
MySQL> SHOW GLOBAL VARIABLES LIKE 'optimizer_switch'\G
*************************** 1. row ***************************
Variable_name: optimizer_switch
        Value: ...,block_nested_loop=on,batched_key_access=off,...

-- // 배치 키 액세스 조인 알고리즘을 활성화하려면 아래와 같이 optimzier_switch 조정
MySQL> SET GLOBAL optimizer_switch='batched_key_access=on';
```

5.9.2.2 조인 버퍼 설정   <kbd>MariaDB</kbd>

MariaDB의 조인 알고리즘은 이미 살펴본 것처럼 여러 종류가 있다. 이 중에서는 순수한 네스티드 루프 조인과 같이 별도의 메모리 공간을 추가로 필요로 하지 않는 경우도 있지만 조인 성능을 위해서 추가로 별도의 조인 버퍼를 사용하는 조인 알고리즘도 있다.

여러 가지 조인 알고리즘 중에서 블록 기반의 조인(조인 버퍼를 사용하는 조인) 알고리즘에서 사용할 수 있는 메모리상의 조인 버퍼 최대 크기는 join_buffer_size 시스템 설정에 의해서 결정된다. 조인 버퍼의 크기는 최소한 조인 대상 레코드 한 건은 저장될 수 있을 정도로 설정되어야 한다. 그리고 MariaDB 5.3부터는 join_cache_space_limit 시스템 설정 변수가 도입되었는데, 이 변수는 쿼리가 처리될 때 최대 할당 가능한 조인 버퍼의 최대 사이즈를 제한한다.

조인 버퍼를 join_cache_space_limit 시스템 설정으로 제한하면서 최적의 상태로 조인 버퍼를 할당해서 사용하기 위해서는 optimize_join_buffer_size 옵티마이저 스위치를 ON으로 활성화해야 한다.

```
SET optimizer_switch='optimize_join_buffer_size=ON';
SET join_cache_space_limit=5*1024*1024;
```

위와 같이 옵티마이저 스위치를 변경하고 join_cache_space_limit를 5MB로 제한하면 조인 버퍼의 사이즈는 쿼리의 실행 계획에서 수립된 예상 레코드 건수에 맞게 join_cache_space_limit 시스템 설정의 한도 내에서 적절히 필요한 만큼의 메모리 공간을 할당하게 된다.

5.9.2.3 단순 네스티드 루프(Simple Nested Loop, NL)

MariaDB 5.1 버전이나 MySQL 5.5 버전에서는 네스티드 루프 방식이 그렇게 다양하지 않았기 때문에 특별히 구분하지 않고 모두 네스티드 루프라고 명명했다. 하지만 MariaDB 5.3 버전부터는 조인 알고리즘이 다양해지고 기존의 단순한 네스티드 루프 방식의 조인을 별도로 지칭할 용어가 필요해지면서 "Simple"이라는 단어를 붙여서 네스티드 루프라고 지칭한다.

단순 네스티드 루프 조인은 이미 우리가 잘 알고 있는 MySQL 5.1 버전의 조인 알고리즘을 의미한다. 단순 네스티드 루프 조인에서는 절대 조인 버퍼(join_buffer_size)를 사용하지 않는다. 오래된 알고리즘이기는 하지만 여전히 인덱스를 적절히 이용해서 조인을 수행하는 쿼리에서는 단순 네스티드 루프 알고리즘의 조인이 사용될 것이다. 또한 일반적인 웹 서비스용의 OLTP(On-Line Transaction Processing) 쿼리에서는 인덱스를 적절히 이용해서 조인되므로 대부분의 쿼리들이 단순 네스티드 루프 조인으로 처리될 것이다.

MariaDB의 네스티드-루프 조인은 "Single-sweep multi join"이라고 표현하기도 한다. 예전의 MariaDB 매뉴얼에서는 조인 방식을 "Single-sweep multi-join"이라고 설명했는데, 난해하다는 이유로 "네스티드-루프 조인"이라는 표현으로 바뀌었다. "Single-sweep multi-join"의 의미는 조인에 참여하는 테이블의 개수만큼 FOR나 WHILE과 같은 반복 루프가 중첩되는 것을 말한다. 다음 쿼리와 실행 계획을 예제로 살펴보자.

```
SELECT d.dept_name,e.first_name
FROM departments d, employees e, dept_emp de
WHERE de.dept_no=d.dept_no
  AND e.emp_no=de.emp_no;
```

위의 쿼리는 3개의 테이블을 조인하고 있는데, 이 쿼리의 실행 계획은 다음과 같다.

id	select_type	table	type	Key	key_len	Ref	rows	Extra
1	SIMPLE	d	index	ux_deptname	123	NULL	9	Using index
1	SIMPLE	de	ref	PRIMARY	12	employees.d.dept_no	18603	Using index
1	SIMPLE	e	eq_ref	PRIMARY	4	employees.de.emp_no	1	

이 실행 계획을 보면, 제일 먼저 d 테이블(departments)을 읽고, 그다음으로 de 테이블(dept_emp), 그리고 e 테이블(employees)을 읽었다는 사실을 알 수 있다. 또한 de 테이블과 e 테이블을 읽을 때 어떤 값이 비교 조건으로 들어왔는지를 ref 칼럼에 표시하고 있다. 이 실행 계획을 FOR 반복문으로 표시해 보면 다음과 같다.

```
FOR ( record1 IN departments ){
    FOR ( record2 IN dept_emp  &&  record2.dept_no = record1.dept_no ){
        FOR ( record3 IN employees && record3.emp_no = record2.emp_no ){
            RETURN {record1.dept_name, record3.first_name}
        }
    }
}
```

위의 의사 코드에서 알 수 있듯이 3번 중첩이 되긴 했지만 전체적으로 반복 루프는 1개다. 즉, 반복 루프를 돌면서 레코드 단위로 모든 조인 대상 테이블을 차례대로 읽는 방식을 "Single-sweep multi join"이라고 한다. MariaDB 조인의 결과는 드라이빙 테이블을 읽은 순서대로 레코드가 정렬되어 반환되는 것이다. 조인에서 드리븐 테이블들은 단순히 드라이빙 테이블의 레코드를 읽는 순서대로 검색(Lookup)만 할 뿐이다.

5.9.2.4 블록 네스티드 루프(Block Nested Loop, BNL)

단순 네스티드 루프 조인과 블록 네스티드 루프 조인의 가장 큰 차이는 조인 버퍼(join_buffer_size 시스템 설정으로 조정되는 조인을 위한 버퍼)가 사용되는지 여부와 조인에서 드라이빙 테이블과 드리븐 테이블이 어떤 순서로 조인되는지이다. 조인 알고리즘에서 "Block"이라는 단어가 사용되면 조인용으로 별도의 버퍼가 사용되었다는 것을 의미하는데 조인 쿼리의 실행 계획에서 Extra 필드에 "Using Join buffer"라는 문구가 표시되면 그 실행 계획은 조인 버퍼를 사용한다는 것을 의미한다.

조인은 드라이빙 테이블에서 일치하는 레코드의 건수만큼 드리븐 테이블을 검색하면서 처리된다. 즉 드라이빙 테이블은 한번에 쭉 읽지만 드리븐 테이블은 여러 번 읽는다는 것을 의미한다. 예를 들어 드라이빙 테이블에서 일치하는 레코드가 1,000건이었는데, 드리븐 테이블의 조인 조건이 인덱스를 이용할 수 없었다면 드리븐 테이블에서 연결되는 레코드를 찾기 위해 1,000번의 풀 테이블 스캔을 해야 한다. 그래서 드리븐 테이블을 검색할 때 인덱스를 사용할 수 없는 쿼리는 상당히 느려지며, MariaDB 옵티마이저는 최대한 드리븐 테이블의 검색이 인덱스를 사용할 수 있게 실행 계획을 수립한다.

그런데 어떤 방식으로도 드리븐 테이블의 풀 테이블 스캔이나 인덱스 풀 스캔을 피할 수 없다면 옵티마이저는 드라이빙 테이블에서 읽은 레코드를 메모리에 캐시한 후 드리븐 테이블과 이 메모리 캐시를 조인하는 형태로 처리한다. 이때 사용되는 메모리의 캐시를 조인 버퍼(Join buffer)라고 한다. 조인 버퍼는 join_buffer_size라는 시스템 설정 변수로 크기를 제한할 수 있으며, 조인이 완료되면 조인 버퍼는 바로 해제된다.

두 테이블이 조인되는 다음 예제 쿼리에서 각 테이블에 대한 조건은 WHERE 절에 있지만 두 테이블 간의 연결 고리 역할을 하는 조인 조건은 없다. 그래서 dept_emp 테이블에서 from_date>'1995-01-01'인 레코드(10,616건)와 employees 테이블에서 emp_no>109004 조건을 만족하는 레코드(99,003건)는 카테시안 조인을 수행한다.

```
SELECT *
FROM dept_emp de, employees e
WHERE de.from_date>'1995-01-01' AND e.emp_no>109004;
```

〈그림 5-23〉은 이 쿼리가 조인 버퍼 없이 실행된다면 어떤 절차를 거쳐 결과를 가져오는지 보여준다. dept_emp 테이블이 드라이빙 테이블이 되고, employees 테이블이 드리븐 테이블이 되어 조인이 수행되는 것으로 가정했다.

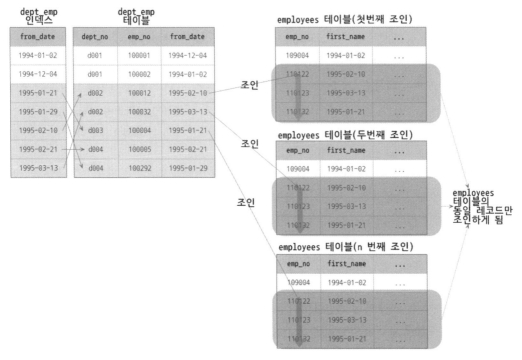

〈그림 5-23〉 조인 버퍼 없이 조인되는 경우 처리 내용 (Simple Nested Loop)

dept_emp 테이블에서 조건(from_date>'1995-01-01')을 만족하는 각 레코드별로 employees 테이블에서 emp_no>109004 조건을 만족하는 레코드 99,003건씩 가져온다. dept_emp 테이블의 각 레코드에 대해 employees 테이블을 읽을 때 드리븐 테이블에서 가져오는 결과는 매번 같지만 10,616번이나 이 작업을 실행한다는 것을 알 수 있다.

같은 처리를 조인 버퍼(Join buffer)를 사용하게 되면 어떻게 달라지는지 한번 살펴보자. 실제 이 쿼리의 실행 계획을 살펴보면 다음과 같이 dept_emp 테이블이 드라이빙 테이블이 되어 조인되고, employees 테이블을 읽을 때는 조인 버퍼(Join buffer)를 이용한다는 것을 Extra 칼럼의 내용으로 알 수 있다.

id	select_type	table	type	key	key_len	ref	rows	Extra
1	SIMPLE	de	range	ix_fromdate	3		20550	Using where
1	SIMPLE	e	range	PRIMARY	4		148336	Using where; Using join buffer

〈그림 5-24〉는 이 쿼리의 실행 계획에서 조인 버퍼가 어떻게 사용되는지 보여준다. 단계별로 잘라서 실행 내역을 한번 살펴보자.

1. dept_emp 테이블의 ix_fromdate 인덱스를 이용해 (from_date)`1995-01-01`) 조건을 만족하는 레코드를 검색한다.

2. 조인에 필요한 나머지 칼럼을 모두 dept_emp 테이블로부터 읽어서 조인 버퍼에 저장한다.

3. employees 테이블의 프라이머리 키를 이용해 emp_no〉109004 조건을 만족하는 레코드를 검색한다.

4. 3번에서 검색된 결과(employees)에 2번의 캐시된 조인 버퍼의 레코드(dept_emp)를 결합해서 반환한다.

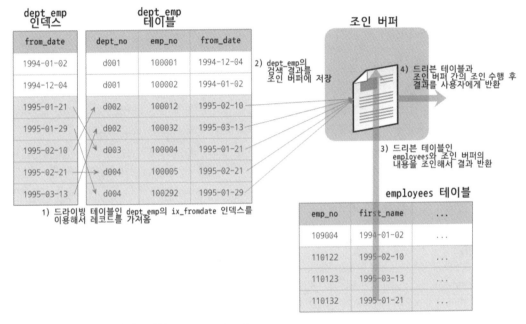

〈그림 5-24〉 조인 버퍼를 사용하는 조인 (Block Nested Loop)

이 그림에서 중요한 점은 조인 버퍼가 사용되는 쿼리에서는 조인의 순서가 거꾸로인 것처럼 실행된다는 것이다. 위에서 설명한 절차의 "4"번 단계가 "employees" 테이블의 결과를 기준으로 dept_emp 테이블의 결과를 결합(병합)한다는 것을 의미한다. 실제 이 쿼리의 실행 계획상으로는 dept_emp 테이블이 드라이빙 테이블이 되고, employees 테이블이 드리븐 테이블이 된다. 하지만 실제 드라이빙 테이블의 결과는 조인 버퍼에 담아 두고, 드리븐 테이블을 먼저 읽고 조인 버퍼에서 일치하는 레코드를 찾는 방식으로 처리된다. 일반적으로 조인이 수행된 후 가져오는 결과는 드라이빙 테이블의 순서에 의해 결정되지만 조인 버퍼가 사용되는 조인에서는 결과의 정렬 순서가 흐트러질 수 있음을 기억해야 한다.

조인 버퍼가 사용되는 경우 처음 읽은 테이블의 결과가 너무 많아서 조인 버퍼에 전부 담지 못하면 위의 1~4 번까지의 과정을 여러 번 반복한다. 그리고 조인 버퍼에는 조인 쿼리에서 필요로 하는 칼럼만 저장되고, 레코드에 포함된 모든 칼럼(쿼리 실행에 불필요한 칼럼)은 저장되지 않으므로 상당히 효율적으로 사용된다고 볼 수 있다.

MariaDB 5.3 버전부터는 조인 버퍼를 조금 더 효율적으로 사용할 수 있도록 조인 버퍼에 저장되는 레코드의 포맷이 변경되었다. 이 새로운 포맷은 다음과 같은 효율성을 제공한다.

가변 길이 칼럼과 NULL 값을 좀 더 공간 효율적으로 기록

NULL 값에 대해서는 더는 조인 버퍼의 공간 사용하지 않도록 개선되었으며, VARCHAR와 같은 가변 길이 칼럼의 경우 더는 최대 길이까지 "0"으로 패딩하는 작업 불필요하도록 개선되었다.

조인 버퍼의 증분(Incremental) 모드 지원

MariaDB 5.2 버전과 MySQL 5.5 버전까지는 쿼리에서 필요한 튜플(레코드)을 조인 버퍼에 통째로 저장하는 방식으로만 활용되었다. 하지만 MariaDB 5.3 버전부터는 3개 이상의 테이블이 조인될 때 조인 버퍼에 중복된 내용은 제거하고 중복되지 않는 내용만 저장할 수 있도록 개선된 것이다. 이런 방식을 증분(Incremental) 모드라고 한다.

예를 들어서 dept_emp와 employees 그리고 departments라는 3개의 테이블이 모두 조인 버퍼를 이용해서 조인된다고 가정해보자. 먼저 dept_emp와 employees가 조인되면서 그 결과를 조인 버퍼에 담고, 조인 버퍼에 담긴 결과와 departments가 조인되므로 두 개의 조인 버퍼가 사용될 것이다. MariaDB 5.2 버전까지는, 첫 번째 조인 버퍼 Buffer1은 dept_emp의 레코드를 담는 데 사용되고 두번째 조인 버퍼 Buffer2에는 dept_emp와 employees의 부분 조인 결과가 저장될 것이다. 하지만 이런 방식을 사용하게 되면 첫 번째 조인 버퍼의 내용이 그대로 두 번째 조인 버퍼에도 복사될 것이다. 즉 조인 버퍼의 공간 활용률이 떨어지는 것이다.

하지만 증분 모드의 조인 버퍼를 활용할 때는 Buffer2에는 Buffer1에 저장된 첫 번째 테이블 레코드와 두 번째 조인 테이블인 employees 레코드에 대한 포인터만 저장하게 된다. 이로써 Buffer2는 매우 효율적으로 공간을 사용하게 된다. 특히, 첫 번째 테이블과 두 번째 테이블의 조인 결과 건수가 많아지는 경우에는 증분 모드 조인 버퍼의 공간 활용률이 극대화될 수 있는 것이다. 이때 Buffer2를 증분 조인 버퍼(Incremental join buffer)라고 부른다.

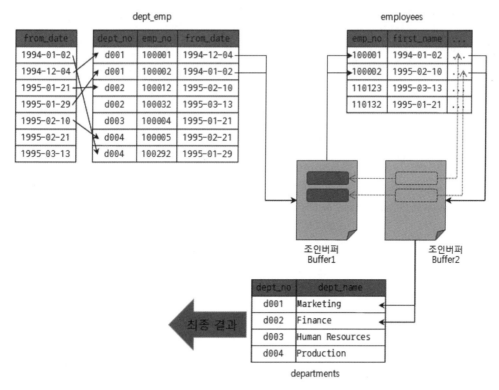

〈그림 5-25〉 증분 모드의 조인 버퍼 활용

〈그림 5-25〉는 지금까지 설명한 시나리오를 그림으로 표현한 것이다. Buffer1 조인 버퍼의 사각형이 채워진 것은 dept_emp 테이블의 레코드가 Buffer1으로 복사되었음을 의미하는 것이며, Buffer2 조인 버퍼의 사각형이 비어있고 화살표가 그려진 것은 레코드가 복사되지 않고 포인터만 가지고 있다는 것을 표현한 것이다.

아우터 조인과 세미 조인을 위한 알고리즘 사용

MariaDB 5.2나 MySQL 5.5보다 개선된 기능으로, MariaDB 5.3부터는 아우터 조인(OUTER JOIN)이나 세미 조인(SEMI-JOIN)에서도 조인 버퍼를 사용할 수 있게 되었다. 아우터 조인에서는 조인 버퍼에 저장된 각 튜플에 "매치 플래그(Match flags)"를 관리하는데, 매치 플래그는 아우터로 조인되는 테이블에서 조인 조건에 매치되는 레코드를 발견했는지 여부를 저장하는 것이다. 아우터로 조인되는 테이블에서 일치하는 레코드를 발견하면 매치 플래그를 TRUE로 설정하는 방식인 것이다. 조인이 완료되었는데도 매치 플래그가 FALSE인 경우에는 아우터 테이블의 모든 칼럼을 NULL로 채워서 반환하는 형태로 사용하는 것이다. 매치 플래그는 세미 조인에 대해서도 같은 방법으로 사용된다.

5.9.2.5 블록 네스티드 루프 해시(Block Nested Loop Hash, BNLH) 🐧 MariaDB

MariaDB 5.3에서는 MySQL 업계에서 처음으로 해시 조인이 도입되었다. 물론 MariaDB 5.3과 10.0
의 해시 조인은 단순한 형태의 해시 조인 알고리즘을 사용하고 있기는 하지만 이제부터 많이 나아질
것으로 기대한다. MariaDB의 해시 조인은 클래식 해시 조인 알고리즘을 사용하는데, 매뉴얼에서는
"Block Nested Loop Hash(BNLH)"라고도 한다. 해시 조인은 "tab1.fd1=tab2.fd2"와 같은 동등 비교
조건의 조인에서만 사용될 수 있다. 예를 들어서 departments 테이블과 dept_emp 테이블을 조인한
다고 가정해보자.

```
SET optimizer_switch='join_cache_incremental=on';
SET optimizer_switch='join_cache_hashed=on';
SET optimizer_switch='mrr=on';
SET optimizer_switch='mrr_sort_keys=on';
SET join_cache_level=8;

EXPLAIN
SELECT * FROM dept_emp de, departments d WHERE d.dept_no=de.dept_no;
```

위 쿼리는 departments 테이블과 dept_emp 테이블의 dept_no 칼럼으로 동등 비교 조건으로 조인
을 수행하고 있다. 이 쿼리의 실행 계획은 다음과 같다. 다음의 실행 계획에서 departments 테이블을
먼저 읽고, 그다음으로 dept_emp 테이블을 읽었다는 것을 알 수 있다.

id	select_type	table	type	key	key_len	ref	rows	Extra
1	SIMPLE	d	index	ux_deptname	122	NULL	9	Using index
1	SIMPLE	de	ref	PRIMARY	12	d.dept_no	20881	Using join buffer (flat, BKAH join); Key-ordered scan

해시 조인은 크게 빌드 단계(Build phase)와 프로브 단계(Probe phase)로 실행된다. 빌드 단계에서
는 일반적으로 레코드 건수가 적은 테이블이 사용되는데, 선택된 테이블의 레코드를 읽어서 조인 칼럼
의 해시 값을 계산하여 그 값으로 해시 테이블을 생성한다. 프로브 단계에서는 남은 테이블을 스캔하여
읽혀진 매 레코드마다 조인 칼럼의 해시를 계산해서 빌드 단계에서 만들어진 해시 테이블을 검색하여
최종 조인 결과를 만들어내게 된다. 해시 조인에서는 조인 칼럼 값의 길이에 관계없이 조인 칼럼의 해
시 값으로 검색하기 때문에 네스티드 루프 조인보다는 매우 빠르게 처리된다.

위의 쿼리 예제에서는 departments 테이블이 빌드 단계에 사용되며, dept_emp 테이블이 프로브 단계에서 사용되는 것이다. 그리고 쿼리의 실행 계획에는 빌드 단계의 테이블이 먼저 출력되고, 그다음으로 프로브 단계의 테이블이 순서대로 표시된다. 〈그림 5-26〉은 departments 테이블과 dept_emp 테이블간의 해시 조인 처리 내역을 그림으로 표시한 것이다.

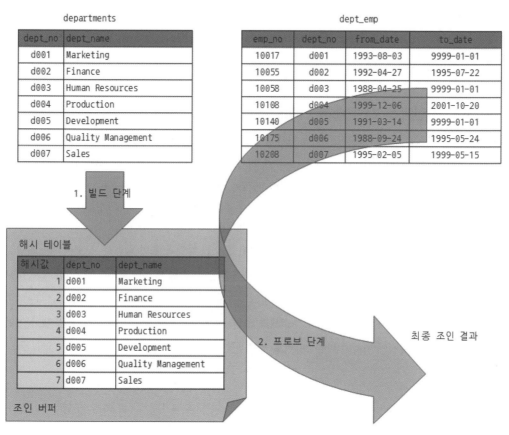

〈그림 5-26〉 해시 조인 알고리즘

해시 조인은 빌드 단계에서 만들어지는 해시 테이블을 조인 버퍼(join_buffer_size)에 저장한다. 만약 빌드 단계의 테이블이 너무 커서 만들어진 해시 테이블이 조인 버퍼보다 크다면 MariaDB 서버는 빌드 단계와 프로브 단계를 작은 단위로 잘라서 여러 번 실행한다. 그래서 빌드 단계에서 사용하는 테이블의 레코드가 많다면 조인 버퍼(join_buffer_size)를 적절히 크게 해주는 것도 성능에 많은 도움이 될 것이다. 또한 빌드 단계의 테이블이 큰 경우에는 빌드와 프로브 단계를 여러번 반복해서 실행하기 때문에

MariaDB 해시 조인의 이름이 블록 네스티드 루프 해시(Block Nested Loop Hash) 조인인 것이다. 이 이름에서 사용된 블록(Block)은 조인 버퍼를 사용한다는 의미이며, 네스티드 루프(Nested Loop) 는 빌드와 프로브 단계를 여러번 반복해서 실행할 수도 있음을 의미하는 것이다.

MariaDB 5.3이나 10.0에서 해시 조인이 지원된다고 해서 해시 조인이 항상 빠른 성능을 보장하는 것 은 아니다. 해시 조인이나 네스티드 루프는 서로 각자의 목적을 가지고 있는 조인 알고리즘이다. 일반 적으로 해시 조인은 대용량 조인에 적합한 반면 웹 기반의 OLTP 서비스와 같이 적은 레코드 건수로 조 인을 수행하는 경우에는 네스티드 루프 조인이 더 빠르게 결과를 클라이언트로 내려줄 수 있다.

5.9.2.6 블록 인덱스 조인(Block Index Join, Batched Key Access, BKA)

MariaDB 5.3부터는 블록 네스티드 루프 해시 조인과 함께 블록 인덱스 조인이라는 새로운 알고리즘 도 같이 도입되었다. 블록 인덱스 조인은 배치 키 액세스(Batched Key Access, BKA) 조인이라고도 하는데, 배치 키 액세스 조인은 내부적으로 멀티 레인지 리드(Multi Range Read, MRR) 최적화 기능 을 사용하여 조인을 수행한다.

배치 키 액세스 조인은 우선 드라이빙 테이블을 읽어서 필요한 칼럼과 조인 칼럼을 조인 버퍼에 저장한 다. 조인 버퍼의 내용이 가득 채워지면 조인 버퍼의 내용을 멀티 레인지 리드(MRR) 엔진으로 전송하는 데, 멀티 레인지 리드(MRR) 엔진은 넘겨받은 버퍼의 내용을 적절한 방식으로 정렬한 다음 드리븐 테이 블을 읽어서 리턴하면 배치 키 액세스 프로스세가 조인을 완료하게 된다. 멀티 레인지 리드에서 어떤 값을 기준으로 정렬할지에 따라서 다음 3가지로 구분해볼 수 있다.

RowId 기준 정렬

드리븐 테이블을 읽을 때 멀티 레인지 리드에서 살펴보았던 최적화가 그대로 적용되는 방식이다. 즉 드라이빙 테이블 에서 레코드를 읽고, 조인 칼럼을 이용해서 드리븐 테이블을 읽을 때 드리븐 테이블의 인덱스를 읽은 다음 인덱스의 끝 에 추가로 저장되어 있는 RowId(MyISAM이나 Aria 스토리지 엔진 테이블의 경우)나 프라이머리 키(XtraDB나 InnoDB 스토리지 엔진 테이블의 경우)를 기준으로 정렬을 수행한다. 그리고 정렬된 순서대로 드리븐 테이블을 읽는 방식이다. RowId 기준 정렬이 사용될 경우 실행 계획의 Extra 필드에는 "Rowid-ordered scan"이라는 문구가 표시된다.

더 자세한 설명은 5.7.1절 "RowId 기준 정렬 (Rowid-ordered scan)" 알고리즘과 〈그림 5-16〉을 참조하도록 하자.

Key 기준 정렬 🔷 MariaDB

RowId 기준 정렬과는 달리 드라이빙 테이블을 읽어서 조인 칼럼으로 드리븐 테이블의 인덱스를 읽기 전에 조인 칼럼 을 정렬해서 그 순서대로 드리븐 테이블을 읽는 최적화 방법이다. 드리븐 테이블이 XtraDB나 InnoDB 스토리지 엔진을 사용하는 테이블이면서 조인 조건에 사용된 칼럼이 드리븐 테이블의 프라이머리 키인 경우 Key 값 기준 정렬 최적화 방법이 사용된다. 조인하려는 칼럼이 드리븐 테이블의 프라이머리 키라면 조인 칼럼 자체가 드리븐 테이블의 레코드 주소 역할을 하기 때문에 이런 형태의 최적화가 가능한 것이다. Key값 기준 정렬이 사용될 경우 실행 계획의 Extra 필드에는 "Key-ordered scan"이라는 문구가 표시된다.

더 자세한 설명은 5.7.2절 "Key 기준 정렬 (Key-ordered scan)" 알고리즘과 〈그림 5-17〉을 참조하도록 하자.

Key와 RowId 모두 정렬 `MariaDB`

단일 테이블 읽기에서 멀티 레인지 리드가 사용될 때에는 사실 Key와 RowId를 모두 정렬해야 하는 경우는 없다. 하지만 조인을 통해서 드리븐 테이블을 읽게 되면 Key와 RowId를 모두 정렬해서 배치 키 액세스가 수행되어야 할 때도 있는데, 이 경우에는 위에서 설명했던 Key 기준 정렬과 RowId 기준 정렬이 순차적으로 실행된다.

더 자세한 설명은 5.7.2절 "Key와 RowId 모두 정렬 (Key-ordered, Rowid-ordered scan)"과 〈그림 5-18〉을 참조하도록 하자.

> **주의** 멀티 레인지 리드 엔진은 하나의 단위 프로시저를 처리하는 코드 블록을 의미하는 것이지, XtraDB나 InnoDB 스토리지 엔진과 같은 저장 엔진을 의미하는 것은 아니다. 멀티 레인지 리드 엔진은 그냥 함수(function)들의 모음 정도로 이해하면 적절할 것으로 보인다.

5.9.2.7 블록 인덱스 해시 조인(Block Index Hash Join, Batched Key Access Hash) `MariaDB`

블록 인덱스 해시 조인은 배치 키 액세스(Batched Key Access, BKA) 해시 조인이라고도 하는데, 조인 알고리즘의 이름 그대로 배치 키 액세스로 테이블을 읽어서 해시 조인을 수행하는 것을 의미한다. 조인 알고리즘이 작동하는 방식은 다음과 같다.

1) 드라이빙 테이블을 멀티 레인지 리드 접근 방법으로 조회해서 해시 테이블을 생성(빌드 단계)
2) 드리븐 테이블을 읽어서 해시 테이블을 검색(프로브 단계)해서 결과 반환

멀티 레인지 리드는 5.7절 "멀티 레인지 리드(Multi Range Read)"와 5.9.2.6절 "블록 인덱스 조인 (Block Index Join, Batched Key Access, BKA)"에서, 그리고 해시 조인에 대해서는 5.9.2.5절 "블록 네스티드 루프 해시(Block Nested Loop Hash, BNLH)"에서 자세히 살펴보았으므로 필요하다면 다시 참조하도록 하자.

5.9.3 조인의 주의사항

MariaDB의 조인 처리에서 특별히 주의해야 할 부분은 "실행 결과의 정렬 순서"와 "INNER JOIN과 OUTER JOIN의 선택"으로 2가지 정도일 것이다.

5.9.3.1 조인 실행 결과의 정렬 순서

일반적으로 조인으로 쿼리가 실행되는 경우 드라이빙 테이블로부터 레코드를 읽는 순서가 전체 쿼리의 결과 순서에 그대로 적용되는 것이 일반적이다. 이는 네스티드-루프 조인 방식의 특징이기도 하다. 다음 쿼리를 한번 살펴보자.

```
SELECT de.dept_no, e.emp_no, e.first_name
FROM dept_emp de, employees e
WHERE e.emp_no=de.emp_no
  AND de.dept_no='d005' ;
```

이 쿼리의 실행 계획을 보면 dept_emp 테이블의 프라이머리 키로 먼저 읽었다는 것을 알 수 있다. 그리고 dept_emp 테이블로부터 읽은 결과를 가지고 employees 테이블의 프라이머리 키를 검색하는 과정으로 처리되었다.

id	select_type	table	type	key	key_len	ref	rows	Extra
1	SIMPLE	de	ref	PRIMARY	12	const	53288	Using where; Using index
1	SIMPLE	e	eq_ref	PRIMARY	4	de.emp_no	1	

이 실행 계획을 좀 더 자세히 살펴보면 dept_emp 테이블의 프라이머리 키는(dept_no+emp_no)로 생성돼 있기 때문에 dept_emp 테이블을 검색한 결과는 dept_no 칼럼 순서대로 정렬되고 다시 emp_no로 정렬되어 반환된다는 것을 예상할 수 있다. 그런데 이 쿼리의 WHERE 조건에 dept_no='d005'로 고정돼 있으므로 emp_no로 정렬된 것과 같다. 결국 이 쿼리는 "ORDER BY de.emp_no ASC"를 명시하지 않았지만 emp_no로 정렬된 효과를 얻을 수 있다. 주로 조인이 인덱스를 이용해서 처리되는 경우에는 이러한 예측을 할 수 있다.

하지만 결과가 이 순서로 반환된 것은 옵티마이저가 여러 가지 실행 계획 중에서 위의 실행 계획을 선택했기 때문이다. 만약 옵티마이저가 다른 실행 계획을 선택했다면 이러한 결과는 보장되지 않는다. 당연히 인덱스를 이용해 검색하고 조인하는 것이 당연할 것 같은 쿼리에서도 테이블의 레코드 건수가 매우 적거나 통계 정보가 잘못돼 있을 때는 다른 실행 계획을 선택할 수도 있다. 이처럼 옵티마이저가 선택하는 실행 계획에 의존한 정렬은 피하는 것이 좋다. 쿼리의 실행 계획은 언제 변경될지 알 수 없기 때문이다. 테이블에 있는 대부분의 레코드가 어느 날 삭제됐다거나 인덱스가 삭제되거나 추가되어 실행 계획이 바뀌는 것은 충분히 가능한 일이기 때문이다.

위에서 살펴본 예제 쿼리에서 만약 사원 번호로 정렬되어 결과가 반환되기를 바란다면 반드시 "ORDER BY de.emp_no ASC" 절을 추가해서 정렬이 보장될 수 있게 하자. ORDER BY 절이 쿼리에 명시됐다고 해서 옵티마이저가 항상 정렬 작업을 수행하는 것이 아니다. 실행 계획상에서 이 순서를 보장할 수 있다면 옵티마이저가 자동으로 별도의 정렬 작업을 생략하고 결과를 반환한다. 만약 정렬이 보장되지 않는다면 강제로 정렬 작업을 통해 정렬을 보장해줘야 한다. ORDER BY 절이 사용된다고 해서 MariaDB 서버가 항상 정렬을 수행하는 것은 아니다.

SQL 쿼리에서 결과의 정렬을 보장하는 방법은 ORDER BY 절을 사용하는 것밖에 없다는 사실을 잊지 말자.

> **주의** 오라클과 같이 여러 가지 조인 방법을 제공하는 DBMS에서는 조인 방법에 따라 반환되는 결과의 정렬이 달라질 수도 있다. 그래서인지 오라클 DBMS는 업그레이드할 때마다 "ORDER BY"가 항상 문제가 되는 것 같다.
>
> MySQL 5.5 버전에서는 대부분의 조인이 네스티드-루프 조인 알고리즘으로 처리되었기 때문에 드라이빙 테이블에 의해서 쿼리 결과가 정렬된 상태로 반환되었다[2]. 하지만 MariaDB 5.3 버전과 MySQL 5.6 버전부터는 조인 버퍼의 사용이 더 활성화되었을 뿐만 아니라 해시 조인까지 도입되었기 때문에 조인에서 드라이빙 테이블의 순서와 관계없이 결과의 정렬 순서가 흐트러질 수도 있다. 결론적으로 어떤 DBMS를 사용하든 어떤 조인 방식이 사용되든 ORDER BY 절을 사용하는 것만이 정렬을 보장할 수 있는 유일한 방법이라는 것을 기억하자.

5.9.3.2 INNER JOIN과 OUTER JOIN의 선택

INNER JOIN은 조인의 양쪽 테이블 모두 레코드가 존재하는 경우에만 레코드가 반환된다. 하지만 OUTER JOIN은 아우터 테이블에 존재하면 레코드가 반환된다. 쿼리나 테이블의 구조를 살펴보면 OUTER JOIN을 사용하지 않아도 될 것을 OUTER JOIN으로 사용할 때가 상당히 많다. DBMS 사용

2
물론 MySQL 5.5 버전에서도 조인 버퍼를 사용한 네스티드-루프 조인이 실행되는 경우에는 결과 레코드의 정렬 순서가 드라이빙 테이블을 읽은 순서와 일치하지 않을 수 있었다. 하지만 MySQL 5.5 버전에서 조인 버퍼는 조인이 인덱스를 사용하지 못하는 경우에만 사용되었기 때문에 조인 버퍼가 그다지 자주 사용되지 않았다.

자 가운데 INNER JOIN을 사용했을 때 레코드가 결과에 나오지 않을까 걱정하는 사람들이 꽤 있는 듯하다. OUTER JOIN과 INNER 조인은 저마다 용도가 다르므로 적절한 사용법을 익히고 요구되는 요건에 맞게 사용하는 것이 중요하다.

때로는 그 반대로 OUTER JOIN으로 실행하면 쿼리의 처리가 느려진다고 생각하고, 억지로 INNER JOIN으로 쿼리를 작성할 때도 있다. 가끔 인터넷에도 OUTER JOIN과 INNER JOIN의 성능 비교를 물어보는 질문들이 자주 올라오곤 한다. 사실 OUTER JOIN과 INNER JOIN은 실제 가져와야 하는 레코드가 같다면 쿼리의 성능은 거의 차이가 발생하지 않는다. 다음의 두 쿼리를 한번 비교해보자. 이 두 쿼리는 실제 비교를 수행하는 건수나 최종적으로 가져오는 결과 건수가 같다(쿼리에 포함된 SQL_NO_CACHE와 STRAIGHT_JOIN은 조건을 같게 만들어주기 위해 사용된 힌트다. 쿼리의 힌트에 대해서는 나중에 자세히 알아볼 것이므로 여기에서는 무시하자).

```
SELECT SQL_NO_CACHE STRAIGHT_JOIN COUNT(*)
FROM dept_emp de
  INNER JOIN employees e ON e.emp_no=de.emp_no;

SELECT SQL_NO_CACHE STRAIGHT_JOIN COUNT(*)
FROM dept_emp de
  LEFT JOIN employees e ON e.emp_no=de.emp_no;
```

저자의 PC에서 테스트해본 결과, 실행하는 데 걸린 대략적인 평균 시간은 INNER JOIN이 0.37초 정도이고, OUTER JOIN이 0.38초 정도였다. OUTER JOIN은 조인되는 두 번째 테이블(employees)에서 해당 레코드의 존재 여부를 판단하는 별도의 트리거 조건이 한 번씩 실행되기 때문에 0.01초 정도 더 걸린 것으로 보인다. 그 이외 어떤 성능적인 이슈가 될 만한 부분은 전혀 없다.

INNER JOIN과 OUTER JOIN은 성능을 고려해서 선택할 것이 아니라 업무 요건에 따라 선택하는 것이 바람직하다. 레코드가 결과에 포함되지 않을까 걱정스러운 경우라면 테이블의 구조와 데이터의 특성을 분석해 INNER JOIN을 사용해야 할지 OUTER JOIN을 사용해야 할지 결정하자. 데이터의 정확한 구조나 특성을 모르고 OUTER JOIN을 사용한다면 얼마 지나지 않아서 잘못된 결과가 화면에 표시될 것이다.

5.10 서브 쿼리 `MariaDB` `MySQL`

MySQL 5.5 버전까지는 서브 쿼리의 최적화가 많은 문제를 가지고 있었다. 오라클과 같은 상용 RDBMS와 비교하면 MySQL 서버의 서브 쿼리의 최적화는 최악 수준이었다. 사실 MySQL 서버는 IN(subquery)와 같은 세미 조인 형태로 사용된 서브 쿼리에 대한 최적화 방법이 EXISTS로 풀어서 실행하는 것 하나밖에 없었다. 상관 서브 쿼리(Correlated subquery)이든지 아니든지(Non-correlated subquery) 무조건 이 방법으로만 처리되었다. 세미 조인에서 서브 쿼리가 먼저 처리될 수 있는 방법이 전혀 없었다.

MariaDB에서는 5.3 버전부터 서브 쿼리의 최적화가 대폭 개선되었다. 특히 [NOT] IN(subquery) 형태의 세미 조인에 사용된 서브 쿼리의 최적화 기능이 많이 보완되었다. 서브 쿼리는 매우 다양한 형태로 SQL 문장에 사용될 수 있는데, 각 서브 쿼리의 패턴별로 구분해서 어떻게 최적화될 수 있는지를 살펴보도록 하자.

5.10.1 세미 조인 서브쿼리 최적화

우선 MySQL 서버에서 악명 높은 세미 조인 서브 쿼리가 어떻게 생겼는지 한번 살펴보자. 사실 아마도 많은 독자들이 이런 형태의 쿼리를 즐겨 사용하고 있었을지도 모르겠다.

```
SELECT ...
FROM outer_tables
WHERE expr IN (SELECT ... FROM inner_tables ...)
```

우리는 조인을 항상 FROM 절에 여러 개의 테이블이 나열되거나 JOIN 키워드를 이용하는 경우만 생각하지만 사실 위와 같이 반쪽만 조인의 성격을 가지는 쿼리들도 조인으로 포함시켜서 이를 특별히 "세미 조인"이라고 한다. 세미 조인은 일반적으로 우리가 생각하는 JOIN 문법으로 표기될 수도 있지만 위의 형태와 같이 IN(subquery)와 같은 형태를 보이기도 한다. 사실 세미 조인은 문법적인 특성을 가지고 있지 않기 때문에 구분하기가 쉽지 않다.

이런 IN(subquery) 형태의 쿼리는 MySQL 5.5 버전까지 다음과 같은 형태로만 처리되었다. 그런데 아래와 같이 EXISTS 형태로 처리되는 경우가 효율적인 경우가 있지만 그렇지 않은 경우가 더 많았다. 그래서 MySQL 5.5 버전까지는 이런 쿼리를 일부러 조인으로 풀어서 쓴다거나 하는 튜닝을 수동으로 해왔다.

```
SELECT ...
FROM outer_tables
WHERE EXISTS (SELECT 1 FROM inner_tables WHERE inner_tables.expr=outer_tables.expr)

SELECT ...
FROM outer_tables o, inner_table i
WHERE o.expr=i.expr
```

MariaDB 5.3부터는 이런 최적화를 자동으로 옵티마이저가 알아서 처리해준다. 물론 지금까지 우리가 수동으로 튜닝해오던 것보다 더 다양한 형태로 최적화할 수 있도록 옵티마이저가 개선되었다. MariaDB 10.0 버전에서는 세미 조인 형태의 서브 쿼리를 다음과 같이 5가지 형태로 최적화할 수 있다. 혼동을 막기 위해서 최적화의 이름은 매뉴얼의 영문 이름을 그대로 사용하도록 하겠다.

- Table pullout 최적화

- FirstMatch 최적화

- Semi-join Materialization 최적화

- LooseScan 최적화

- DuplicateWeedout 최적화

위와 같은 최적화를 통해서 서브 쿼리를 최적화(쿼리 재작성, Query Rewrite)하기 위해서는 현재 몇 가지의 제한 사항이 있다. 즉 아래 조건이 갖추어진 서브 쿼리들에 대해서만 지금부터 설명할 세미 조인 최적화가 적용될 수 있는 것이다.

- IN (subquery) 또는 =ANY (subquery) 형태의 조건으로 사용된 경우

- 서브 쿼리가 UNION을 포함하지 않은 단일 SELECT인 경우

- 서브 쿼리가 집합 함수(SUM이나 COUNT등과 같은)와 HAVING 절을 가지지 않은 경우

- 서브 쿼리의 WHERE 조건이 외부 쿼리의 다른 조건들과 AND 연산자로 연결된 경우

- 조인을 사용한 UPDATE나 DELETE 문장의 서브 쿼리가 아닌 경우

- 미리 수립된 실행 계획을 사용하지 않는 경우 (PreparedStatement 사용시 실행 계획 재사용됨)

- 외부 쿼리와 서브 쿼리 모두 실존하는 테이블을 사용하는 경우 ("SELECT 1" 또는 "SELECT 1 FROM dual"과 같이 테이블이 사용되지 않거나 가상 테이블이 사용된 쿼리는 세미 조인 최적화가 적용되지 못함)

- 외부 쿼리와 서브 쿼리 모두 STRAIGHT_JOIN 힌트를 사용하지 않는 경우

이 이외에도 "첫 번째 최적화이어야 한다"와 같이 MariaDB 소스코드 상으로는 몇 가지 조건들이 더 정의되어 있지만 SQL 레벨의 사용자 수준에서는 이 정도만 기억해두도록 하자. MariaDB 10.0에서 자동으로 해주는 최적화 중 일부는 우리가 수동으로 쿼리를 고칠 수도 있겠지만 복잡한 형태의 서브 쿼리 최적화를 자동으로 처리해줄만큼 MariaDB의 옵티마이저도 보완되고 성숙했다고 볼 수 있다. 하지만 모든 것이 완벽할 수 없듯이 옵티마이저를 100% 믿을 수만은 없다. 복잡해진 옵티마이저를 제대로 사용하기 위해서는 그만큼 옵티마이저나 최적화 알고리즘을 알고 있어야 하며, 또 그만큼 주의해야 할 사항도 많아졌다. 이제 세미 조인 서브 쿼리의 최적화 전략을 하나씩 살펴보도록 하자.

5.10.1.1 Table pullout 최적화

Table pullout 최적화는 세미 조인의 서브 쿼리에 사용된 테이블을 아우터 쿼리로 끄집어 낸 후에 쿼리를 조인 쿼리로 재작성하는 형태의 최적화이다. 이는 서브 쿼리 최적화가 도입되기 이전에 수동으로 쿼리를 튜닝하던 대표적인 방법이었다.

다음 예제 쿼리는 부서 번호가 'd009'인 부서에 소속된 모든 사원을 조회하는 쿼리이다. 아마도 IN(subquery) 형태의 세미 조인이 가장 빈번하게 사용되는 형태의 쿼리일 것이다.

```
EXPLAIN
SELECT * FROM employees e
WHERE e.emp_no IN (SELECT de.emp_no FROM dept_emp de WHERE de.dept_no='d009');
```

MariaDB 5.3 이전 버전이나 MySQL 5.6 이전 버전에서는 이 쿼리의 실행 계획이 다음과 같았다(다음 실행 계획은 MySQL 5.5에서 테스트된 것이다).

id	select_type	table	type	Key	Ref	rows	Extra
1	PRIMARY	e	ALL	NULL	NULL	300252	Using where
2	DEPENDENT SUBQUERY	de	eq_ref	PRIMARY	const,func	1	Using where; Using index

MySQL 5.5 버전에서 수립된 위 실행 계획은 정말 최악이다. 우선 employees 테이블을 풀 스캔하면서 emp_no 칼럼의 값을 얻고, 그 emp_no 값을 이용해서 서브 쿼리를 한 건씩 체크 조건으로 활용한 것이다. 전체 300252건의 employees 테이블을 읽고 서브 쿼리를 300252번 반복 실행하면서 체크를 실행한 것이다. 실행 계획의 두 라인이 서로 "id" 필드 값이 다르다는 것을 기억하자.

이제 동일한 쿼리의 실행 계획을 MariaDB 10.0에서 한번 확인해 보자.

id	select_type	table	type	key	ref	rows	Extra
1	PRIMARY	de	ref	PRIMARY	const	43004	Using where; Using index
1	PRIMARY	e	eq_ref	PRIMARY	de.emp_no	1	

이 실행 계획에서 가장 큰 차이는 실행 계획의 두 라인의 "id" 칼럼의 값이 다르지 않다는 것이다. 이는 두 쿼리가 서브 쿼리 형태가 아니라 조인으로 실행되었음을 의미한다. 이 쿼리의 실행 계획은 dept_emp 테이블을 인덱스 레인지 스캔으로 43004건을 읽고 그 횟수만큼 employees 테이블을 조회했다. 단순히 쿼리 수행을 위해서 읽은 레코드 건수만 해도 1/10로 작업량이 줄어들었다.

Table pullout 최적화는 별도로 "Extra" 필드에 "Using table pullout"과 같은 문구가 출력되지 않는다. 그래서 Table pullout 최적화가 사용되었는지는 실행 계획에서 해당 테이블들의 "id" 필드 값이 동일한지 다른지를 비교해보는 것(그러면서 Extra 필드에 아무것도 출력되지 않는 경우)이 가장 간단하다. Table pullout 최적화가 사용되었는지 더 정확히 확인해볼 수 있는 방법은 EXPLAIN EXTENDED 명령을 사용하는 것이다.

```
EXPLAIN EXTENDED
SELECT * FROM employees e
WHERE e.emp_no IN (SELECT de.emp_no FROM dept_emp de WHERE de.dept_no='d009');
==> 2 rows in set, 1 warning (0.00 sec)

SHOW WARNINGS;
```

EXPLAIN EXTENDED 명령으로 실행 계획을 조회한 후에 "SHOW WARNINGS" 명령으로 Warning 메시지를 조회해보면 다음과 같은 내용이 출력된다. 저자가 가독성을 위해서 내용을 조금 편집한 것인데, 실제로는 한 줄로 내용이 출력되므로 한눈에 내용을 파악하기 어려울 수도 있다.

```
SELECT
  'employees'.'e'.'emp_no' AS 'emp_no',
  'employees'.'e'.'birth_date' AS 'birth_date',
  'employees'.'e'.'first_name' AS 'first_name',
  'employees'.'e'.'last_name' AS 'last_name',
  'employees'.'e'.'gender' AS 'gender',
```

```
    'employees'.'e'.'hire_date' AS 'hire_date'
 FROM 'employees'.'dept_emp' 'de'
   JOIN 'employees'.'employees' 'e'
 WHERE ((('employees'.'e'.'emp_no' = 'employees'.'de'.'emp_no')
   AND ('employees'.'de'.'dept_no' = 'd009'))
```

위의 "EXPLAIN EXTENDED" + "SHOW WARNINGS" 명령의 결과를 보면 SQL 문장이 그대로 출력되었지만 방금 실행 계획을 조회하기 위해서 입력했던 SQL 문장과는 다른 문장이 출력되었다. 즉 EXPLAIN EXTENDED 명령으로 출력된 내용은 처음 입력된 SQL 문장을 옵티마이저가 최적화해서 재 작성한 쿼리가 출력된 것이다. 이 결과를 이용해서도 세미 조인 서브 쿼리 문장이 조인으로 최적화 되어서 실행되었다는 것을 확인할 수 있다.

> **주의** "SHOW WARNINGS"의 결과로 실제 SQL 문장에 가까운 내용이 출력되었다. 이 예제에서는 거의 SQL 문법에 맞는 결과가 나왔지만 EXPLAIN EXTENDED 명령으로 출력된 내용은 옵티마이저가 입력된 SQL 문장을 분석한 다음 그 결과를 다시 사람이 읽을 수 있는 형태로 재조립한 버전의 쿼리라고 볼 수 있다. 그래서 EXPLAIN EXTENDED로 출력된 내용에는 옵티마이저가 가지고 있던 최적화 내용들이 "⟨...⟩" 형태로 추가되어 있을 수도 있다.

Table pullout 최적화는 모든 형태의 서브 쿼리에서 사용될 수 있는 것은 아니다. Table pullout 최적화의 몇 가지 제한 사항과 특성을 살펴보자.

- Table pullout 최적화는 세미 조인 서브 쿼리에서만 사용 가능하다.
- Table pullout 최적화는 서브 쿼리 부분이 UNIQUE 인덱스나 프라이머리 키 룩업으로 결과가 1건인 경우에만 사용 가능하다.
- Table pullout이 적용된다고 하더라도 기존 쿼리에서 가능했던 최적화 방법들이 사용 불가능하게 되는 것이 아니므로 MariaDB에서는 가능하다면 Table pullout 최적화를 최대한 적용한다.
- Table pullout 최적화는 서브 쿼리의 테이블을 아우터 쿼리로 가져와서 조인으로 풀어쓰는 최적화를 수행하는데, 만약 서브 쿼리의 모든 테이블이 아우터 쿼리로 끄집어 낼 수 있다면 서브 쿼리 자체는 없어지게 된다.
- MySQL에서는 "최대한 서브 쿼리를 조인으로 풀어서 사용해라"라는 튜닝 가이드가 많이 존재하는데, Table pullout 최적화는 사실 이 가이드를 그대로 실행하는 것이다. 이제부터는 더 이상 서브 쿼리를 조인으로 풀어서 사용할 필요가 없어진 것이다.

한 가지 주의해야 할 것이 있는데, 다른 최적화 알고리즘과는 달리 Table pullout 최적화는 독립적인 옵티마이저 스위치가 없다. 즉 Table pullout만 사용하지 못하도록 하는 옵티마이저 스위치가 없다는 것이다. 만약 Table pullout 최적화를 꼭 비활성화해야 한다면 semijoin 옵티마이저 스위치를 OFF로 해주면 된다. 이때에는 Table pullout 최적화뿐만 아니라 밑에서 설명할 세미 조인 최적화가 모두 비활성화된다는 것도 기억하도록 하자.

```
SET optimizer_switch='semijoin=OFF';
```

5.10.1.2 FirstMatch 최적화

두 번째 세미 조인 서브 쿼리 최적화 방법으로 FirstMatch가 있는데, 이는 IN(subquery) 형태의 세미 조인을 EXISTS(subquery) 형태로 튜닝한 것과 비슷한 방법으로 실행된다. 다음 예제 쿼리는 이름이 'Matt'인 사원 중에서 1995년 1월 1일부터 30일 사이에 직급이 변경된 적이 있는 사원을 조회해 보는 용도의 쿼리이다.

```
EXPLAIN SELECT *
FROM employees e WHERE e.first_name='Matt'
  AND e.emp_no IN (
    SELECT t.emp_no FROM titles t
    WHERE t.from_date BETWEEN '1995-01-01' AND '1995-01-30'
  );
```

위 예제 쿼리의 실행 계획은 다음과 같다. 실행 계획에서도 눈여겨봐야 할 부분이 "id" 필드의 값이 모두 1로 표시되었다는 것이다. 그리고 Extra 필드에는 "FirstMatch(e)"라는 문구가 출력되었다.

id	select_type	table	type	key	key_len	ref	rows	Extra
1	PRIMARY	e	ref	ix_firstname	44	const	233	Using index condition
1	PRIMARY	t	ref	PRIMARY	4	e.emp_no	1	Using where; Using index; FirstMatch(e)

실행 계획의 id 필드 값이 모두 "1"로 표시된 것으로 보아 위의 FirstMatch 최적화 예제에서 titles 테이블이 서브 쿼리 패턴으로 실행되지 않고 조인으로 처리되었다는 걸 알 수 있다. "FirstMatch(e)" 문구는 employees 테이블의 레코드에 대해서 titles 테이블에 일치하는 레코드 1건만 찾으면 더 이상의 titles 테이블 검색을 하지 않는다는 것을 의미한다. 실제 의미론적으로는 EXISTS(subquery)와 동일하게 처

리된 것이다. 하지만 FirstMatch는 서브 쿼리가 아니라 조인으로 풀어서 실행하면서 일치하는 첫 번째 레코드만 검색하는 최적화를 실행한 것이다. 〈그림 5-27〉은 위 실행 계획이 처리된 방식을 그림으로 표현해본 것이다.

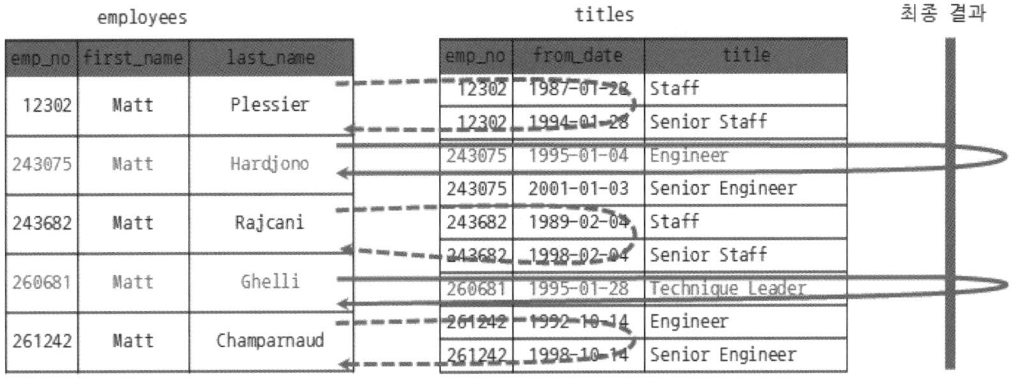

〈그림 5-27〉 FirstMatch 최적화 작동 방식

먼저 employees 테이블에서 first_name 칼럼의 값이 'Matt'인 사원의 정보를 ix_firstname 인덱스를 이용해서 레인지 스캔으로 읽은 결과가 〈그림 5-27〉의 왼쪽에 있는 employees 테이블이다. first_name이 'Matt'이고 사원 번호가 12302인 레코드를 titles 테이블과 조인해서 titles 테이블의 from_date가 "t.from_date BETWEEN '1995-01-01' AND '1995-01-30'" 조건을 만족하는 레코드를 찾아본다. 12302번 사원은 from_date 조건을 만족하는 레코드가 없으므로 사용자에게 반환되는 결과는 없다. 그다음으로 243075번 사원의 레코드를 읽어서 titles 테이블과 조인하고 조인된 titles 레코드 중에서 from_date 조건을 만족하는지 검사해 본다. 이때 일치하는 첫 번째 레코드를 찾았기 때문에 titles 테이블을 더 이상 검색해보지 않고 즉시 사원번호가 243075인 레코드를 최종 결과로 반환한다.

〈그림 5-27〉에서 본 것처럼 FirstMatch 최적화는 MySQL 5.5에서 수행했던 최적화 방법인 IN-to-EXISTS 변환과 거의 비슷한 처리 로직을 수행한다. 하지만 MySQL 5.5의 IN-to-EXISTS 변환에 비해 MariaDB 10.0의 FirstMatch 최적화는 아래와 같은 장점을 가진다.

- 가끔은 여러 테이블이 조인되는 경우 원래 쿼리에는 없던 동등 조건을 옵티마이저가 자동으로 추가하는 형태의 최적화가 실행되기도 한다. 기존의 IN-to-EXISTS 최적화에서는 이런 동등 조건 전파(Equality propagation)가 서브 쿼리 내에서만 가능했지만 FirstMatch에서는 조인 형태로 처리되기 때문에 서브 쿼리뿐만 아니라 아우터 쿼리의 테이블까지 전파될 수 있다. 그래서 최종적으로는 FirstMatch 최적화로 실행되면 더 많은 조건들이 주어지는 것이므로 더 나은 실행 계획을 수립할 수 있게 된다.

- IN-to-EXISTS 변환 최적화 전략에서는 아무런 조건없이 변환이 가능한 경우에는 무조건적으로 그 최적화를 수행했었다. 하지만 FirstMatch 최적화에서는 서브 쿼리의 모든 테이블에 대해서 FirstMatch 최적화를 수행할지 아니면 일부 테이블에 대해서만 수행할지 취사 선택을 할 수 있다는 것이 장점이다.

FirstMatch 최적화 또한 특정 형태의 서브 쿼리에서 자주 사용되는 최적화이다. FirstMatch 최적화의 몇 가지 제한 사항과 특성을 살펴보자.

- FirstMatch는 서브 쿼리에서 하나의 레코드만 검색되면 더이상의 검색을 멈추는 단축 실행 경로(Short-cut path)이기 때문에 FirstMatch 최적화에서 서브 쿼리는 그 서브 쿼리가 참조하는 모든 아우터 테이블이 먼저 조회된 이후에 서브 쿼리가 실행된다.
- FirstMatch 최적화가 사용되면 실행 계획의 Extra 필드에는 "FirstMatch(table-N)" 문구가 표시된다.
- FirstMatch 최적화는 상관 서브 쿼리(Correlated subquery)에서도 사용될 수 있다.
- FirstMatch 최적화는 GROUP BY나 집합 함수가 사용된 서브 쿼리의 최적화에는 사용될 수 없다.

FirstMatch 최적화는 optimizer_switch의 semijoin 옵션과 firstmatch 옵션이 ON으로 활성화된 경우에만 사용할 수 있다. MariaDB 10.0 이후의 버전에서는 기본적으로 이 두 옵션은 ON으로 활성화되어 있다. 만약 firstmatch 최적화만 비활성화하려면 semijoin 옵티마이저 옵션은 ON으로 활성화하되, firstmatch 옵티마이저 옵션만 OFF로 비활성화하면 된다.

일반적으로 MariaDB의 FirstMatch 최적화는 아우터 쿼리가 독립적으로 인덱스를 적절히 사용할 수 있는 별도의 조건을 가지고 있으면서 서브 쿼리가 사용된 경우에 자주 선택된다. 위에서 살펴보았던 쿼리 예제를 다시 한번 살펴보자.

```
EXPLAIN SELECT *
FROM employees e WHERE e.first_name='Matt'
  AND e.emp_no IN (
    SELECT t.emp_no FROM titles t
    WHERE t.from_date BETWEEN '1995-01-01' AND '1995-01-30'
  );
```

위의 예제 쿼리에서는 "아우터 쿼리가 독립적으로 인덱스를 적절히 사용할 수 있는 별도의 조건"인 "e.first_name='Matt'" 비교 조건을 가지고 있다. 이 조건을 이용해서 employees 테이블을 먼저 드라이빙 테이블로 해서 읽고 난 이후 서브 쿼리에 사용된 titles 테이블을 FirstMatch 최적화로 읽은 것이다. 만약 이 쿼리에 e.first_name='Matt' 조건이 없어진다면 어떻게 될까? 그 답은 "Semi-join Materialization 최적화"에서 살펴보도록 하겠다.

5.10.1.3 Semi-join Materialization 최적화

Semi-join Materialization은 세미 조인에 사용된 서브 쿼리를 통째로 구체화를 시켜서 쿼리를 최적화한다는 의미이다. 여기서 구체화(Materialization)는 쉽게 표현하면 내부 임시 테이블을 생성한다는 것을 의미한다. FirstMatch 최적화의 마지막에서 잠깐 언급했던 쿼리 예제를 한번 살펴보자.

```
EXPLAIN SELECT *
FROM employees e WHERE e.emp_no IN (
    SELECT t.emp_no FROM titles t
    WHERE t.from_date BETWEEN '1995-01-01' AND '1995-01-30'
  );
```

위 예제 쿼리는 FirstMatch에서 살펴보았던 쿼리에서 e.first_name='Matt' 조건만 제거한 것이다. 만약 이 쿼리가 FirstMatch 최적화를 사용하게 된다면 employees 테이블에 대한 조건이 서브 쿼리이외에는 아무것도 없기 때문에 employees 테이블을 풀 스캔해야 할 것이다. 그래서 이런 형태의 세미 조인에서는 FirstMatch 최적화가 별로 성능 향상에 도움이 되지 않는다.

MariaDB 5.3부터는 이런 형태의 쿼리를 위해 서브 쿼리 구체화(Subquery Materialization)라는 최적화를 사용한다. 다음 실행 계획에서는 위의 예제 쿼리의 서브 쿼리가 "서브 쿼리 구체화" 최적화를 사용하는 형태로 수립되는 것을 볼 수 있다.

id	select_type	table	type	key	key_len	ref	rows	Extra
1	PRIMARY	e	ALL	NULL	NULL	NULL	300024	
1	PRIMARY	〈subquery2〉	eq_ref	distinct_key	4	func	1	
2	MATERIALIZED	t	index	PRIMARY	159	NULL	443308	Using where; Using index

실행 계획의 마지막 라인의 select_type 필드에는 간단하게 "MATERIALIZED"라고만 표시되었다. 이 쿼리에서 사용하는 테이블은 2개인데 실행 계획은 3개 라인이 출력된 것을 봐도 이 쿼리의 실행 계획 어디선가 임시 테이블이 생성되었다는 것을 짐작할 수 있을 것이다. titles 테이블을 읽는 서브 쿼리가

먼저 실행되어서 그 결과로 임시 테이블(〈subquery2〉)이 만들어졌다. 그리고 최종적으로 employees 테이블과 서브 쿼리가 구체화된 임시 테이블(〈subquery2〉)을 조인해서 결과를 반환하게 된다.

위의 실행 계획에서 한 가지 더 관심을 가져야 할 부분이 두 번째 라인의 "key" 필드에 표시된 "distinct_key"이다. IN(subquery) 형태의 쿼리에서 서브 쿼리는 반드시 유니크한 값만을 리턴해야 한다. 그래서 이 실행 계획에서 emp_no 칼럼에 대해서 유니크한 값을 보장하기 위해서 구체화된 임시 테이블에 옵티마이저가 자동으로 유니크 키를 생성한 것이다. 물론 이 실행 계획에서 "key" 필드에 distinct_key가 표시된 것은 실행 계획상 이 인덱스를 사용했다는 의미이지만 이로써 임시 테이블이 유니크 인덱스를 가지는 형태로 생성되었다는 것까지 유추할 수 있는 것이다.

이 쿼리의 실행 계획에서 왜 서브 쿼리로 생성된 임시 테이블(〈subquery2〉)이 드라이빙 테이블이 되지 않고 훨씬 많은 레코드를 풀 스캔해야 하는 employees 테이블이 드라이빙 테이블로 선택되었는지 알 수 있다. 서브 쿼리 구체화를 수행하면서 만들어진 임시 테이블에 대해서는 조인의 순서를 고정시킬 수 있는 옵티마이저 힌트가 없어서 〈subquery2〉 임시 테이블이 먼저 드라이빙되도록 할 수가 없었다. 명확하지는 않지만 사실 employees 테이블을 드라이빙으로 선택한 것은 옵티마이저의 실수로 보인다.

titles 테이블의 서브 쿼리가 좀 더 효율적으로 실행되도록 다음과 같이 titles 테이블의 from_date 칼럼에 인덱스를 생성하고 실행 계획을 한번 살펴보자.

```
ALTER TABLE titles ADD INDEX ix_fromdate(from_date);
```

인덱스를 만들고 난 이후에는 〈subquery2〉 임시 테이블을 생성하는 부분의 실행 계획도 인덱스 레인지 스캔으로 바뀌었고, 마지막의 구체화된 〈subquery2〉 임시 테이블과 employees 테이블의 조인 순서도 훨씬 좋아졌다. 인덱스 생성 전후 쿼리를 한번 실행해보면 인덱스를 생성한 이후 쿼리의 실행 시간이 많이 빨라진 것을 알 수 있다.

id	select_type	table	type	possible_keys	key	Extra
1	PRIMARY	〈subquery2〉	ALL	distinct_key	NULL	
1	PRIMARY	e	eq_ref	PRIMARY	PRIMARY	
2	MATERIALIZED	t	range	PRIMARY, ix_fromdate	ix_fromdate	Using where; Using index

인덱스를 생성하고 난 다음의 실행 계획에서는 구체화된 임시 테이블을 드라이빙 테이블로 사용했기 때문에 만들어진 임시 테이블을 풀 스캔했다. 그래서 실행 계획 첫 번째 라인의 "key" 필드에는 "NULL"이 표시되었다. 하지만 서브 쿼리를 구체화한 것이기 때문에 반드시 이 임시 테이블에는 emp_no의 중복이 허용되어서는 안 된다. 하지만 Extra 필드에는 구체화된 임시 테이블이 유니크 인덱스를 가지고 생성되었다는 문구가 없다. 다행히 평상시에는 아무 쓸모가 없는 possible_keys 필드에 distinct_key가 표시되었다. 즉 구체화된 임시 테이블을 읽을 때는 아무런 인덱스도 사용되지 않았지만 실제 구체화된 임시 테이블에는 distinct_key라는 유니크 인덱스가 있었고 옵티마이저는 그 인덱스를 사용할지 여부를 검토했다는 것을 알 수 있다.

"MATERIALIZED" 최적화에는 "Materialization – Scan"과 "Materialization – Lookup" 2가지 전략이 있다. 예제에서 인덱스를 생성하기 전에는 구체화된 임시 테이블이 조인에서 드리븐 테이블로 사용되면서 distinct_key로 검색을 수행했는데, 이를 "Materialization-Lookup"이라고 한다. 그리고 인덱스를 만들고 난 이후에는 구체화된 임시 테이블이 드라이빙 테이블로 사용되면서 풀 테이블 스캔으로 사용되었는데, 이를 "Materialization – Scan"이라고 한다.

Semi-join Materialization 최적화는 다른 서브 쿼리 최적화와는 달리 서브 쿼리 내에 GROUP BY절이 있어도 이 최적화 전략을 사용할 수 있다.

```sql
SELECT *
FROM employees e WHERE e.emp_no IN (
    SELECT t.emp_no FROM titles t
    WHERE t.from_date BETWEEN '1995-01-01' AND '1995-01-30'
    GROUP BY t.title
)
```

위의 예제에서는 서브 쿼리 내부에 GROUP BY t.title 절이 추가되었다. 하지만 이 쿼리의 실행 계획도 여전히 구체화를 사용할 수 있다는 것을 확인할 수 있다.

id	select_type	table	type	possible_keys	key	Extra
1	PRIMARY	⟨subquery2⟩	ALL	distinct_key	NULL	
1	PRIMARY	e	eq_ref	PRIMARY	PRIMARY	
2	MATERIALIZED	t	range	PRIMARY,ix_fromdate	ix_fromdate	Using where; Using index

Semi-join Materialization 최적화가 사용될 수 있는 형태의 쿼리에도 역시 몇 가지 제한 사항과 특성이 있다.

- IN (subquery)에서 서브 쿼리는 상관 서브 쿼리가 아니어야 한다.
- 서브 쿼리는 GROUP BY나 집합 함수들이 사용되어도 구체화를 사용할 수 있다.
- 구체화가 사용된 경우에는 내부 임시 테이블이 사용된다.

Semi-join Materialization 최적화는 optimizer_switch의 semijoin 옵션과 materialization 옵션이 ON으로 활성화된 경우에만 사용된다. MariaDB 10.0 이후의 버전에서는 기본적으로 이 두 옵션은 ON으로 활성화되어 있다. 만약 Materialization 최적화만 비활성화하고자 한다면 semijoin 옵티마이저 옵션은 ON으로 활성화하되, Materialization 옵티마이저 옵션만 OFF로 비활성화하면 된다.

> **주의** 세미 조인이 아닌 서브 쿼리의 최적화에서도 구체화를 이용한 최적화가 사용될 수 있다. 만약 materialization 옵티마이저 스위치가 OFF로 비활성화된다면 세미 조인이 아닌 서브 쿼리 최적화에서도 구체화를 이용한 최적화는 사용되지 못하게 된다.

5.10.1.4 LooseScan 최적화

세미 조인 서브 쿼리 최적화의 LooseScan은 인덱스를 사용하는 GROUP BY 최적화 방법에서 살펴보았던 "Using index for group-by"의 루스 인덱스 스캔(Loose Index Scan)과 비슷한 읽기 방식을 사용한다. 다음 쿼리는 dept_emp 테이블에 존재하는 모든 부서 번호에 대해서 부서 정보를 읽어오기 위한 단순한 쿼리이다.

```
EXPLAIN
SELECT * FROM departments d WHERE d.dept_no IN (
  SELECT de.dept_no FROM dept_emp de
);
```

departments 테이블의 레코드 건수는 9건밖에 되지 않지만 departments 테이블의 레코드 건수는 무려 33만 건 가까이 저장되어 있다. 그런데 dept_emp 테이블에는(dept_no + emp_no) 칼럼의 조합으로 프라이머리 키 인덱스가 만들어져 있다. 그리고 이 프라이머리 키는 전체 레코드 수는 33만건 정도가 있지만 dept_no만으로 그룹핑해서 보면 결국 9건밖에 없다는 것을 알 수 있다. 그렇다면 dept_ emp 테이블의 프라이머리 키를 루스 인덱스 스캔으로 유니크한 dept_no만 읽는다면 아주 효율적으로 서브 쿼리 부분을 실행할 수 있는 것이다. 그것도 중복된 레코드까지 제거하면서 말이다. 〈그림 5-28〉은 LooseScan 최적화의 실행 과정을 그림으로 표현해 본 것이다.

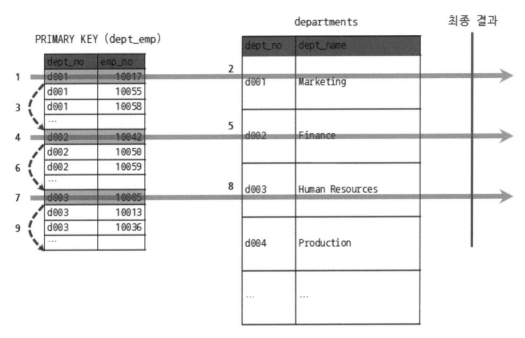

〈그림 5-28〉 LooseScan 최적화 작동 방식

〈그림 5-28〉에서는 서브 쿼리에 사용되었던 dept_emp 테이블이 드라이빙 테이블로 실행되며, dept_emp 테이블의 프라이머리 키를 dept_no 부분에서 유니크하게 한 건씩만 읽고 있다는 것을 보여주고 있다. 루스 인덱스 스캔의 "Using index for group-by"도 〈그림 5-28〉에서 표현된 dept_emp 테이블의 프라이머리 키를 읽는 방식과 동일하게 작동한다.

다음은 예제 쿼리의 실행 계획으로 Extra 필드에 "LooseScan"이라는 문구가 표시되었다. 또한 실행 계획의 각 테이블에 할당된 id 필드의 값이 동일하게 1이라는 것도 MariaDB 내부적으로는 조인처럼 처리되었다는 것을 말해주고 있다.

id	select_type	table	type	key	key_len	rows	Extra
1	PRIMARY	de	index	ix_fromdate	3	331603	Using index ; LooseScan
1	PRIMARY	d	eq_ref	PRIMARY	12	1	

> **주의**
>
> 예제에서 사용된 쿼리는 사실 LooseScan 최적화 방식으로 처리되기에는 좋은 예제 케이스이다. 하지만 아직 서브 쿼리 최적화의 성숙도 문제인데, MariaDB 10.0에서는 이 서브 쿼리를 Semi-join Materialization 알고리즘으로 쿼리를 실행하려고 했다. 그래서 옵티마이저가 LooseScan 실행 계획을 사용하도록 유도하기 위해서 다음과 같이 임시적으로 옵티마이저 스위치를 변경한 후 테스트한 것이다.
>
> ```
> SET optimizer_switch='materialization=off';
> SET optimizer_switch='firstmatch=off';
> ```
>
> 저자가 테스트했을 때는 제일 먼저 이 쿼리를 구체화를 사용하는 형태의 최적화로 실행하려고 했었다. 그래서 materialization 옵티마이저 스위치를 OFF로 비활성화했더니 그다음에는 FirstMatch 최적화로 실행 계획을 수립했다. 그래서 Semi-join Materialization과 FirstMatch 두 최적화 옵션을 모두 OFF로 비활성화한 것이다.
>
> 개인적으로 이 쿼리는 FirstMatch 실행 계획이 가장 적절할 듯하며 그다음으로는 루스 인덱스 스캔이 좋은 실행 계획일 듯한데 MariaDB 옵티마이저는 Semi-join Materialization 최적화를 제일 먼저 선택했다.

LooseScan 최적화는 아래와 같은 특성들을 가진다.

- LooseScan 최적화는 루스 인덱스 스캔으로 서브 쿼리 테이블을 읽고, 그 다음으로 아우터 테이블을 드리븐으로 조인을 수행한다. 그래서 서브 쿼리 부분이 Loose Index Scan을 사용할 수 있는 조건이 갖춰져야 사용할 수 있는 최적화이다. 루스 인덱스 스캔 최적화는 다음과 같은 형태의 서브 쿼리 최적화에 사용될 수 있다.

```
SELECT .. FROM .. WHERE expr IN (SELECT keypart1 FROM tab WHERE ...)
SELECT .. FROM .. WHERE expr IN (SELECT keypart2 FROM tab WHERE keypart1='상수' ...)
```

- 옵티마이저가 LooseScan 최적화를 사용하지 못하도록 비활성화하려면 loosescan 옵티마이저 스위치를 OFF로 설정하면 된다.

5.10.1.5 Duplicate Weedout 최적화

Duplicate Weedout은 세미 조인 서브 쿼리를 일반적인 INNER JOIN 쿼리로 바꿔서 실행하고 마지막에 중복된 레코드를 제거하는 방법으로 처리되는 최적화 알고리즘이다. 다음 예제 쿼리는 급여가 150000 이상인 사원들의 정보를 조회하는 쿼리이다.

```
EXPLAIN
SELECT * FROM employees e
WHERE e.emp_no IN (SELECT s.emp_no FROM salaries s WHERE s.salary>150000);
```

salaries 테이블의 프라이머리 키가(emp_no + from_date)이므로 salary가 150000 이상인 레코드를 salaries 테이블에서 조회하면 그 결과에는 중복된 emp_no가 발생할 수 있다. 그래서 이 쿼리를 다음과 같이 재작성해서 GROUP BY 절을 넣어주면 위의 세미 조인 서브쿼리와 동일한 결과를 얻을 수 있다.

```
SELECT e.* FROM employees e, salaries s
WHERE e.emp_no=s.emp_no AND s.salary>150000
GROUP BY e.emp_no
```

실제로 Duplicate Weedout 최적화 알고리즘은 원본 쿼리를 위와 같이 INNER JOIN + GROUP BY 절로 바꿔서 실행하는 것과 동일한 작업으로 쿼리를 처리한다. 〈그림 5-29〉는 예제 쿼리를 Duplicate Weedout 최적화 알고리즘으로 처리하는 과정을 그림으로 표현한 것이다.

1. salaries 테이블의 ix_salary 인덱스를 스캔해서 salary가 150000보다 큰 사원을 검색하여 employees 테이블 조인 실행

2. 조인된 결과를 임시 테이블에 저장

3. 임시 테이블에 저장된 결과에서 emp_no 기준으로 중복 제거

4. 중복을 제거하고 남은 레코드를 최종적으로 반환

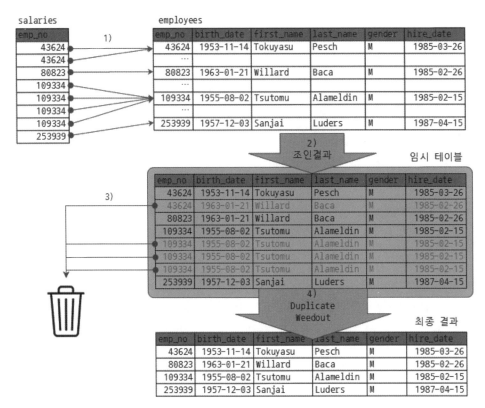

〈그림 5-29〉 Duplicate Weedout 최적화 작동 방식

Duplicate Weedout 최적화를 이용한 예제 쿼리의 실행 계획은 다음과 같다. 이 실행 계획에서는 "Duplicate Weedout"이라는 문구가 별도로 표시되거나 하진 않는다. 하지만 Extra 필드에 "Start temporary"와 "End temporary" 문구가 별도로 표기된 것을 확인할 수 있다. 〈그림 5-29〉의 처리 과정을 설명할 때에는 1번과 2번 과정을 별도로 설명했지만 사실 1번에서 조인을 수행하는 작업과 2번에서 임시 테이블로 저장하는 작업은 반복적으로 실행되는 과정이다. 이 반복 과정의 시작 테이블의 실행 계획 라인에는 "Start temporary" 문구가 그리고 반복 과정이 끝나는 테이블의 실행 계획 라인에는 "End temporary" 문구가 표시된다. 즉 Start / End temporary 문구의 구간이 Duplicate Weedout 최적화의 처리 과정이라고 보면 된다.

id	select_type	table	type	key	key_len	ref	rows	Extra
1	PRIMARY	s	range	ix_salary	4	NULL	36	Using where; Using index; Start temporary
1	PRIMARY	e	eq_ref	PRIMARY	4	s.emp_no	1	End temporary

이 책에서 예제로 사용하는 데이터베이스에서는 Duplicate Weedout 최적화 처리가 필요한 쿼리 예제를 만들기가 쉽지 않았다. 그래서 이 쿼리를 실행하는 과정에서는 다음과 같이 optimizer_switch 옵션을 변경하여 Materialization과 FirstMatch 그리고 LooseScan 최적화가 사용되지 못하도록 한 상태에서 테스트한 것이다.

```
SET optimizer_switch='materialization=OFF';
SET optimizer_switch='firstmatch=OFF';
SET optimizer_switch='loosescan=OFF';
```

주의   Duplicate Weedout 최적화의 처리 방식은 "Weed out"의 의미 그대로 해석하면 된다. 영어 사전을 검색하면 "Weed out"은 "잡초를 제거하다" 쯤으로 해석되는데, Duplicate Weedout 최적화는 사전의 의미대로 우선 중복된 레코드 레코드에 대한 고려없이 조인을 해서 중복된 레코드까지 포함한 모집합을 만들고, 그 이후에 중복된 레코드만 잡초를 뽑듯이 제거하는 방법이다. 사용자를 위한 네이밍 센스가 대단한 것 같다.

Duplicate Weedout 최적화는 다음과 같은 제한 사항을 가진다.

- 서브 쿼리가 상관 서브쿼리라 하더라도 사용할 수 있는 최적화이다.
- 서브 쿼리가 GROUP BY나 집합 함수가 사용된 경우에는 사용될 수 없다.
- Duplicate Weedout은 서브 쿼리의 테이블을 조인으로 처리하기 때문에 최적화를 할 수 있는 방법이 많다.
- Duplicate Weedout 최적화만 비활성화하거나 활성화할 수 있는 옵티마이저 옵션은 없으며, semijoin 옵티마이저 스위치로 세미 조인 서브쿼리의 모든 최적화를 비활성화하거나 활성화할 수만 있다.

5.10.2 세미 조인이 아닌 서브쿼리 최적화

지금까지 세미 조인 서브 쿼리를 최적화하는 여러 가지 방법을 살펴보았다. 그런데 쿼리의 모양은 비슷하지만 지금까지 살펴본 최적화와는 조금 다른 방향으로 처리가 되어야 하는 구문들이 몇 가지 있다. 대표적으로 다음과 같은 형태의 쿼리들이 지금 이야기하고자 하는 세미 조인이 아닌 서브 쿼리 예제들이다.

```
-- // IN (subquery)와 OR 연산자로 다른 조건이 결합된 형태
SELECT ...
FROM ...
WHERE expr1 [NOT] IN (SELECT ... ) OR expr2;

-- // NOT IN (subquery) 형태
SELECT ...
FROM ...
WHERE expr NOT IN (SELECT ... );

-- // SELECT 절에 포함된 서브 쿼리
SELECT ..., (SELECT ...)
FROM ... WHERE ...

-- // HAVING 절에 포함된 서브 쿼리
SELECT ...
FROM ... WHERE ...
HAVING (SELECT ...);

-- // 서브 쿼리에 UNION이 사용된 경우
SELECT ...
FROM ...
WHERE expr IN (SELECT ... UNION SELECT ...);
```

이렇게 세미 조인이 아닌 서브 쿼리 형태를 사용하는 경우에는 선택할 수 있는 최적화 옵션이 별로 없
다. 이런 경우에는 서브 쿼리를 임시 테이블로 구체화하는 Materialization 최적화나 IN-to-EXISTS
최적화만 사용할 수 있다.

5.10.2.1 Materialization

Materialization 최적화는 세미 조인 서브 쿼리의 Materialization 최적화와 거의 비슷하게 작동한다.
Materialization 최적화는 쿼리에 사용된 서브 쿼리 부분이 상관 서브 쿼리가 아닌 경우에만 사용될 수
있으며, 세미 조인 서브 쿼리의 Materialization과 같이 임시 테이블로 구체화되기 때문에 내부 임시
테이블 사이즈가 tmp_table_size와 max_heap_table_size 시스템 설정에 영향을 받게 된다.

Materialization 최적화가 사용되는 경우에는 MariaDB 옵티마이저가 NULL을 효율적으로 처리하기
위해서 다음과 같이 2가지 부분 일치 알고리즘을 사용한다. 이 두 가지 부분이 세미 조인 서브 쿼리의
Materialization 최적화와 다른 점이다.

RowId-merge partial matching

구체화로 생성되는 내부 임시 테이블의 특정 칼럼에 특수한 인덱스를 생성해서 각각의 인덱스를 스캔하면서 집합 연산과 같이 병합을 수행하는 방법이다.

Table scan partial matching

테이블의 레코드 수가 적어서 RowId-merge 알고리즘을 사용하는 오버헤드가 클 경우 사용하는 방법으로, 단순히 구체화된 내부 임시 테이블을 스캔하면서 부분 일치하는 레코드를 찾는 방법이다. RowId-marge 최적화와는 달리 이 방법은 별도의 버퍼를 필요로 하지 않기 때문에 레코드가 많은 경우에도 사용될 수 있다.

Materialization 최적화는 materialization 옵티마이저 스위치를 ON/OFF로 설정함으로써 제어할 수 있다. 그런데 materialization 옵티마이저 힌트를 OFF로 설정하면 "세미 조인이 아닌 서브 쿼리"의 Materialization 최적화뿐만 아니라 "세미 조인 서브 쿼리"의 Materialization 최적화까지 모두 비활성화시키는 효과를 가져온다. 또한 부분 일치 알고리즘을 위해서는 partial_match_rowid_merge와 partial_match_table_scan 옵티마이저 옵션을 제공하고 있는데, 이 옵션을 ON/OFF로 조정함으로써 두 개의 최적화 알고리즘을 제어할 수 있다. 또한 RowId-merge partial matching 최적화는 내부적으로 별도의 메모리 버퍼를 사용하게 되는데, 그 메모리 버퍼의 최대 공간을 rowid_merge_buff_size 시스템 설정 변수로 제한할 수 있다.

5.10.2.2 IN-to-EXISTS

세미 조인이 아닌 서브 쿼리의 최적화에서 서브 쿼리 부분이 상관 서브 쿼리가 아닌 경우에만 Materialization 최적화를 사용할 수 있다. 만약 서브 쿼리가 외부 쿼리의 칼럼을 참조하는 상관 서브 쿼리에서는 IN-to-EXISTS 최적화만 사용될 수 있다. IN-to-EXISTS 최적화는 말 그대로 IN(subquery)를 EXISTS로 변환해서 실행하는 방법을 의미한다.

다음 예제는 부서 번호 'd009'에 속하거나 이름이 'Matt'인 사원을 검색하는 쿼리이다. 이 쿼리는 세미 조인 서브 쿼리와 OR 연산자가 사용되어서 세미 조인으로 풀어서 최적화 할 수 없는 쿼리 형태이다.

```
EXPLAIN EXTENDED
SELECT * FROM employees e
WHERE e.emp_no IN (SELECT de.emp_no FROM dept_emp de WHERE de.dept_no='d009')
  OR e.first_name='Matt';
SHOW WARNINGS;
```

이 쿼리의 실행 계획은 별로 특별한 사항은 눈에 띄지 않는다.

id	select_type	table	type	key	key_len	ref	rows	Extra
1	PRIMARY	e	ALL	NULL	NULL	NULL	300024	Using where
2	DEPENDENT SUBQUERY	de	eq_ref	PRIMARY	16	const,func	1	Using where; Using index

하지만 SHOW WARNINGS 명령을 실행해서 출력된 내용으로 옵티마이저가 쿼리를 파싱한 후 파스
트리를 재조합한 결과를 볼 수 있는데, 여기에서 내부적으로 "〈EXISTS〉" 처리가 사용된 것을 확인할
수 있다.

```
SELECT 'employees'.'e'.'emp_no' AS 'emp_no',
'employees'.'e'.'birth_date' AS 'birth_date',
'employees'.'e'.'first_name' AS 'first_name',
'employees'.'e'.'last_name' AS 'last_name',
'employees'.'e'.'gender' AS 'gender',
'employees'.'e'.'hire_date' AS 'hire_date'
FROM 'employees'.'employees' 'e'
WHERE (<expr_cache><'employees'.'e'.'emp_no'>(<in_optimizer>('employees'.'e'.'emp_no',
<EXISTS>(SELECT 'employees'.'de'.'emp_no' FROM 'employees'.'dept_emp' 'de'
        WHERE (('employees'.'de'.'dept_no' = 'd009')
        AND (<CACHE>('employees'.'e'.'emp_no') = 'employees'.'de'.'emp_no')))))
OR ('employees'.'e'.'first_name' = 'Matt'))
```

in_to_exists 옵티마이저 옵션을 ON/OFF로 조정함으로써 IN-to-EXISTS 최적화를 활성화하거나
비활성화할 수 있다. in_to_exists 옵티마이저 옵션은 기본적으로 ON으로 활성화되어 있다.

5.10.3 서브 쿼리 캐시

서브 쿼리 캐시 최적화는 상관 서브 쿼리가 아우터 쿼리의 실행 결과 레코드 건수만큼 반복 실행되어야
할 때 사용되는 최적화 알고리즘이다. IN-to-EXISTS 최적화에서 살펴봤던 예제 쿼리를 다시 한번 확
인해보자. 다음 예제 쿼리는 세미 조인 서브 쿼리가 아니므로 세미 조인 최적화를 사용할 수 없다.

```
EXPLAIN EXTENDED
SELECT * FROM employees e
WHERE e.emp_no IN (SELECT de.emp_no FROM dept_emp de WHERE de.dept_no='d009')
  OR e.first_name='Matt';
SHOW WARNINGS;
```

위 예제 쿼리의 실행 계획에서 서브 쿼리가 "DEPENDENT SUBQUERY" 실행 계획으로 처리된 것을 확인할 수 있다.

id	select_type	table	type	Key	key_len	ref	rows	Extra
1	PRIMARY	e	ALL	NULL	NULL	NULL	300024	Using where
2	DEPENDENT SUBQUERY	de	eq_ref	PRIMARY	16	const,func	1	Using where; Using index

이 쿼리의 실행 계획을 확인한 후 SHOW WARNINGS 명령으로 옵티마이저가 재조합한 내용을 다시 살펴보자. 재조합된 쿼리의 내용을 보면 IN(subquery)가 EXISTS(subquery) 형태로 변환되어서 실행된 것을 확인할 수 있다.

```
SELECT 'employees'.'e'.'emp_no' AS 'emp_no',
'employees'.'e'.'birth_date' AS 'birth_date',
'employees'.'e'.'first_name' AS 'first_name',
'employees'.'e'.'last_name' AS 'last_name',
'employees'.'e'.'gender' AS 'gender',
'employees'.'e'.'hire_date' AS 'hire_date'
FROM 'employees'.'employees' 'e'
WHERE (<expr_cache><'employees'.'e'.'emp_no'>(<in_optimizer>('employees'.'e'.'emp_no',
<EXISTS>(SELECT 'employees'.'de'.'emp_no' FROM 'employees'.'dept_emp' 'de'
        WHERE (('employees'.'de'.'dept_no' = 'd009')
        AND (<CACHE>('employees'.'e'.'emp_no') = 'employees'.'de'.'emp_no')))))
OR ('employees'.'e'.'first_name' = 'Matt'))
```

여기에서 아우터 테이블인 employees 테이블의 레코드를 한 건 읽을 때마다 EXISTS의 서브 쿼리가 매번 실행되었다. 이때 서브 쿼리의 실행 결과를 별도의 메모리 캐시에 담아 두고 똑같은 서브 쿼리가 실행되어야 할 때에는 서브 쿼리를 다시 실행하지 않고 캐시의 내용을 즉시 리턴하는 형태로 처리된 것이다. 이때 캐시에는 서브 쿼리의 파라미터로 사용된 값(칼럼)과 서브 쿼리의 결과가 함께 저장되는데, 재조합된 쿼리의 내용에서 "〈expr_cache〉" 태그 뒤에 있는 내용으로 어떤 파라미터가 캐시에 같이 저장되었는지를 알 수 있다.

파라미터	⟨'employees'.'e'.'emp_no'⟩

캐시 결과	(⟨in_optimizer⟩('employees'.'e'.'emp_no',
	⟨EXISTS⟩(SELECT 'employees'.'de'.'emp_no' FROM 'employees'.'dept_emp' 'de'
	       WHERE (('employees'.'de'.'dept_no' = 'd009')
	       AND (⟨CACHE⟩('employees'.'e'.'emp_no') = 'employees'.'de'.'emp_no')))))

서브 쿼리 캐시는 항상 내부 임시 테이블에 파라미터 값과 서브 쿼리의 결과가 함께 저장된다. 그리고 내부 임시 테이블에서 모든 파라미터가 저장된 칼럼들을 묶어서 유니크 인덱스를 생성한다. 서브 쿼리 캐시가 저장되는 내부 임시 테이블은 처음에는 메모리 테이블(힙 테이블)로 생성되지만 tmp_table_size나 max_heap_table_size 설정 값보다 커지면 캐시의 히트 율을 계산해서 캐시를 어떻게 유지할지를 결정한다.

캐시의 히트 율이 낮을 경우 (HitRatio < 0.2)

서브 쿼리 캐시는 자동적으로 비활성화된다.

캐시의 히트 율이 적정 수준인 경우 (0.2 <= HitRatio < 0.7)

지금까지 내부 임시 테이블에 캐시된 서브 쿼리 결과를 모두 삭제하고 다시 처음부터 내부 임시 테이블에 서브 쿼리 결과를 캐시하기 시작한다.

캐시의 히트 율이 높은 경우 (HitRatio >= 0.7)

지금까지의 서브 쿼리 캐시가 저장된 메모리 기반의 내부 임시 테이블을 디스크 기반의 임시 테이블로 변환하고 계속해서 서브 쿼리 결과를 캐시한다.

06

스토리지 엔진

MySQL 서버는 데이터의 성격이나 사용 형태에 맞게 사용할 수 있도록 여러 종류의 스토리지 엔진을 제공하고 있다. 메모리에만 데이터를 저장하는 MEMORY 스토리지 엔진과 디스크에 데이터를 저장하는 MyISAM이나 InnoDB 스토리지 엔진 그리고 그 이외의 여러 가지 스토리지 엔진을 테이블 단위로 선택해서 사용할 수 있다. 이러한 스토리지 엔진들은 내부적으로는 트랜잭션을 지원하는지, 잠금 레벨이 테이블 단위인지 레코드 단위인지 등의 차이를 보이지만 최종 사용자들에게는 큰 차이없이 동일한 방식으로 접근할 수 있도록 기능이 제공되고 있다.

MariaDB에서도 MySQL과 똑같이 다양한 스토리지 엔진을 제공하고 있다. MEMORY 스토리지 엔진과 MyISAM 그리고 InnoDB 스토리지 엔진뿐만 아니라 이 스토리지 엔진들의 기능을 확장한 Aria 스토리지 엔진과 XtraDB 스토리지 엔진도 제공하고 있다. 그리고 MySQL 5.6에서는 사용할 수 없지만 MariaDB에서는 사용할 수 있는 TokuDB 스토리지 엔진과 Cassandra 스토리지 엔진 그리고 CONNECT 스토리지 엔진 등 다양한 스토리지 엔진들이 제공된다. 이번 장에서는 MariaDB의 모든 스토리지 엔진을 다 살펴보기에는 지면상 어려움이 있어 MariaDB의 대표적인 스토리지 엔진들에 대해서 살펴보도록 하겠다.

6.1 Aria 스토리지 엔진 ⚓ MariaDB

MySQL의 초창기부터 사용되어 왔던 MyISAM 스토리지 엔진은 기능과 구조가 단순해서 빠른 처리 성능과 쉽게 사용할 수 있다는 장점을 가지고 있었다. 하지만 트랜잭션을 지원하지 않고 테이블 수준의 잠금을 사용한다는 단점으로 인해서 InnoDB가 MySQL에 도입되면서부터 사용하는 곳이 많이 줄어들었다. 지금은 거의 내부 임시 테이블 용도로 사용되며, 아주 독특한 요건을 위해서만 가끔 사용되곤 한다.

Aria 스토리지 엔진은 MyISAM의 이런 단점을 보완하기 위해서 만들어진 스토리지 엔진이다. 사실 Aria 스토리지 엔진은 MyISAM 소스코드를 기반으로 해서 만들어진 스토리지 엔진이다. Aria 스토리지 엔진 프로젝트가 시작되던 초기에는 많은 사람들의 관심을 받았었다. 하지만 지금은 XtraDB와 TokuDB 스토리지 엔진의 발전에 조금 밀려서 관심밖으로 벗어나기도 했고, Monty Program AB에서는 현재 MariaDB 서버 자체의 개선에 많은 집중을 하고 있어서 Aria 스토리지 엔진의 최적화는 조금 우선순위가 떨어진 것으로 보인다. 물론 Aria 스토리지 엔진이 InnoDB를 대체할 수 있을 정도로 성숙한 것은 아니지만 MyISAM보다는 효율적이고 안정적으로 작동한다.

MariaDB에서는 내부 임시 테이블을 생성해야 할 때에는 MyISAM이 아니라 Aria 스토리지 엔진을 사용하기 때문에 Aria 스토리지 엔진의 기본적인 내용을 알고 있다면 MariaDB를 사용하는 데 많은 도움이 될 것이다. MariaDB 5.5와 MariaDB 10.0에 포함된 Aria 스토리지 엔진의 버전은 1.5 버전으로, 현재 버전의 Aria 스토리지 엔진이 MyISAM과 차별화되는 대표적인 기능은 트랜잭션과 페이지 캐시 기능이다.

6.1.1 트랜잭션

Aria 스토리지 엔진을 사용하는 테이블을 생성할 때에는 다음과 같이 TRANSACTIONAL 옵션을 명시할 수 있다. TRANSACTIONAL 옵션은 Aria 스토리지 엔진 테이블을 생성할 때에만 사용할 수 있다.

```
CREATE TABLE tb_aria (
  fd1 INT NOT NULL,
  fd2 VARCHAR(10) NOT NULL,
  PRIMARY KEY(fd1)
) ENGINE=Aria TRANSACTIONAL=1;
```

위와 같이 트랜잭션 지원을 활성화한 상태로 Aria 스토리지 엔진 테이블을 생성하면 이 테이블에 대해서는 트랜잭션이 지원된다. TRANSACTIONAL 옵션이 1로 설정되면, 이 테이블의 모든 변경 내용은 InnoDB나 XtraDB 스토리지 엔진과 같이 먼저 로그(리두 로그) 파일에 기록되고 실제 데이터 변경 내용은 지연되어서 처리된다. 안타까운 점은 MariaDB 10.0에서 사용되는 Aria 스토리지 엔진은 버전 1.5인데, 완벽한 트랜잭션 지원은 2.0 버전에서야 추가될 예정으로 알려져 있다. 그렇다고 해서 Aria 스토리지 엔진의 TRANSACTIONAL 옵션이 아무런 효과가 없는 것은 아니다.

MyISAM 스토리지 엔진을 사용해본 경험이 있다면 테이블이 자주 깨어지는 현상을 경험해보았을 것이다. 이는 별도의 로그를 이용한 자동 복구 기능이 없기 때문인데, Aria 스토리지 엔진을 TRANSACTIONAL 옵션과 함께 생성하면 리두 로그를 이용해서 비정상적으로 MariaDB 서버가 종료되었다가 재시작될 때에는 자동 복구 기능을 수행한다. 즉 Aria 스토리지 엔진의 TRANSACTIONAL 옵션은 현재로서는 트랜잭션 기능보다는 테이블이 손상되지 않도록 보호해 주는 역할로 사용되고 있다.

6.1.2 페이지 캐시

MyISAM 스토리지 엔진과 비교했을 때 Aria 스토리지 엔진의 가장 큰 장점은 페이지 캐시이다. MyISAM 스토리지 엔진은 key_buffer_size 시스템 설정으로 별도의 캐시를 사용할 수 있는데, 이 메모리 버퍼는 인덱스만 캐시할 수 있다. 하지만 Aria 스토리지 엔진은 MyISAM 스토리지 엔진과는 달리 인덱스뿐만 아니라 테이블의 데이터 페이지까지 모두 메모리 공간에 캐시할 수 있다. 다음과 같이 Aria 테이블을 생성할 때 ROW_FORMAT 옵션을 "page"로 설정한 테이블은 데이터 파일의 내용까지 모두 메모리 버퍼에 캐시할 수 있다.

```
CREATE TABLE tb_aria (
  fd1 INT NOT NULL,
  fd2 VARCHAR(10) NOT NULL,
  PRIMARY KEY(fd1)
) ENGINE=Aria ROW_FORMAT=page;
```

Aria 스토리지 엔진이 캐시를 위해서 사용할 수 있는 메모리 공간은 aria_pagecache_buffer_size 시스템 설정으로 크기를 조정할 수 있으며, 기본값은 128MB이다. 별도로 Aria 스토리지 엔진을 사용하지 않는다 하더라도 MariaDB 서버는 사용자의 쿼리를 처리하기 위해서 내부 임시 테이블로 Aria 스토리지 엔진을 사용한다. 그래서 최소한 64MB ~ 128MB 정도의 페이지 캐시 공간은 설정해 두는 것이 좋다.

만약 Aria 스토리지 엔진을 사용하는 테이블을 생성하면서 ROW_FORMAT을 "page"가 아닌 "fixed"로 설정한다면 Aria 스토리지 엔진은 MyISAM과 거의 비슷하게 작동할 것이다. 즉 페이지 캐시에는 인덱스만 캐시되고 데이터 파일의 내용은 디스크나 운영체제의 캐시에 의존하게 되는 것이다.

6.1.3 시스템 설정 변수

MyISAM 스토리지 엔진에 갖가지 메모리 버퍼의 설정이 있듯이 Aria 스토리지 엔진도 별도의 설정을 가지고 있다. 그 중에서 대표적으로 관심을 가져야 할 것들 몇 개만 살펴보도록 하겠다.

aria_pagecache_buffer_size

Aria 스토리지 엔진을 사용하는 테이블의 인덱스나 데이터 페이지를 캐시할 수 있는 메모리 공간의 크기를 설정한다.

aria_sort_buffer_size

Aria 스토리지 엔진을 사용하는 테이블을 생성하거나 Aria 테이블에 인덱스를 추가할 때 그리고 REPAIR 명령으로 Aria 스토리지 엔진을 사용하는 테이블을 복구할 때에 정렬 작업이 필요하다. 이런 정렬 작업은 aria_sort_buffer_size 시스템 변수에 설정된 크기만큼 메모리를 할당해서 사용한다.

여기에서 한 가지 주의해야 할 것은 일반적인 GROUP BY나 ORDER BY를 처리하기 위한 정렬은 aria_sort_buffer_size로 할당된 메모리 공간을 사용하지 않고 sort_buffer_size 시스템 변수의 설정만큼 할당된 메모리 공간을 사용한다는 것이다.

aria_group_commit, aria_group_commit_interval

TRANSACTIONAL 옵션이 "1"이나 "yes"로 생성된 Aria 테이블은 모든 변경 내역이 커밋될 때 로그(WAL 로그)에 먼저 기록하는데, 이때 동시에 커밋되는 트랜잭션들의 로그를 모아서 기록할 수 있다. aria_group_commit 설정은 Aria 스토리지 엔진이 그룹 커밋을 사용할지, 그리고 aria_group_commit_interval 설정은 얼마나 자주 모아서 디스크에 기록을 할지를 결정한다. aria_group_commit_interval은 마이크로 초(1/1000000 초) 단위로 설정하면 된다.

aria_block_size

Aria 스토리지 엔진을 사용하는 테이블은 블록 사이즈를 2KB와 4KB 그리고 8KB로 선택할 수 있다. 기본적으로는 8KB로 설정되며 이 설정으로 대 부분의 서비스에서 특별히 문제없이 작동할 것이다.

aria_used_for_temp_tables

MariaDB 서버가 사용자의 쿼리를 처리하는 동안 내부적으로 임시 테이블이 필요한 경우에는 MyISAM 스토리지 엔진 대신 Aria 스토리지 엔진을 사용한다. MariaDB의 매뉴얼에는 내부 임시 테이블이 Aria 스토리지 엔진 대신 MyISAM 스토리지 엔진을 사용하고자 할 때에는 이 시스템 설정을 사용하면 된다고 언급하고 있지만 실제 이 설정은 MariaDB 서버를 재시작한다 하더라도 변경할 수 없고, MariaDB 서버를 컴파일하는 시점에만 변경할 수 있다.

6.2 XtraDB 스토리지 엔진　MariaDB

XtraDB는 Percona(http://www.percona.com/)에서 InnoDB 소스코드를 보완해서 만든 스토리지 엔진이다. XtraDB는 MySQL 서버에는 포함되지 않으며, Percona에서 출시하는 PerconaServer와 MariaDB에서만 사용할 수 있다.

XtraDB는 InnoDB의 코드를 보완한 것이기 때문에 기존의 InnoDB 데이터 파일을 그대로 XtraDB에서 사용할 수 있을 정도로 호환성이 보장된다. 또한 PerconaServer나 MariaDB에서는 다음과 같이 테이블을 생성하면 내부적으로 InnoDB 스토리지 엔진이 아니라 XtraDB 스토리지 엔진을 사용하는 테이블이 생성된다.

```
CREATE TABLE tb_xtradb (
  fd1 INT NOT NULL,
  fd2 VARCHAR(20),
  PRIMARY KEY (fd1)
) ENGINE=InnoDB;
```

Percona는 기존 InnoDB의 견고함과 트랜잭션 지원 그리고 MVCC 아키텍처를 그대로 유지하면서 더 높은 확장성과 상세한 튜닝 및 모니터링이 가능하도록 XtraDB를 개선했다. Percona는 2006년부터 MySQL 서버의 기술 지원을 해오고 있는 회사이다. 긴 시간 동안 현업에서 기술 지원을 해오면서 축적된 경험과 기술 그리고 MySQL 서버의 불편함과 부족함들을 적용하고 보완해서 PerconaServer를 탄생시킨 것이다. PerconaServer는 여러 가지 개선된 기능들을 가지고 있지만 그 중에서 가장 핵심은 사실 XtraDB로 보인다.

MariaDB 서버와 PerconaServer에 포함된 XtraDB는 조금씩 버전의 차이가 있을 수 있다. 실제 PerconaServer가 출시되면 그 버전에 포함된 XtraDB 코드를 MariaDB로 가져와서 포팅하는 것이므로 가끔은 PerconaServer의 XtraDB가 가진 기능 중에서 한두 개는 MariaDB로 가져오지 못할 때도 있다. 하지만 XtraDB 대부분의 기능들은 PerconaServer에서 그대로 MariaDB로 가져오기 때문에 MariaDB의 XtraDB에 대한 자세한 내용은 PerconaServer의 매뉴얼(http://www.percona.com/doc/percona-server/5.6/)을 참조해야 할 수도 있다.

6.2.1 InnoDB와 XtraDB 스토리지 엔진 교체

MariaDB 5.5 버전까지는 XtraDB 스토리지 엔진이 기본 스토리지 엔진으로 적용되어 있었다. 그래서 MariaDB 5.5에서는 InnoDB 스토리지 엔진을 사용하는 테이블을 생성하면 기본적으로 XtraDB 스토리지 엔진이 사용되었다. 하지만 MariaDB 10.0부터는 XtraDB 스토리지 엔진이 아니라 오라클 MySQL의 InnoDB 스토리지 엔진이 기본 스토리지 엔진으로 적용되어 있다. 그래서 MariaDB 10.0 버전부터는 설치 후 그대로 사용하면 XtraDB 스토리지 엔진이 아니라 오라클 MySQL 5.6에 포함된 InnoDB 스토리지 엔진을 그대로 사용하게 된다.

만약 MariaDB 10.0에서 MySQL 5.6의 InnoDB 스토리지 엔진이 아니라 XtraDB를 기본 스토리지 엔진으로 사용하려면 다음과 같이 MariaDB의 빌트인 InnoDB 스토리지 엔진을 비활성화시키고 XtraDB 스토리지 엔진 모듈을 플러그인으로 활성화해주어야 한다. 우선 MariaDB 서버를 설치하고 아무것도 변경하지 않은 상태에서 적재된 플러그인의 목록을 한번 살펴보자. 적재된 플러그인의 이름과 라이브러리 파일의 목록은 "SHOW PLUGINS SONAME" 명령으로 확인해볼 수 있다.

```
MariaDB> SHOW PLUGINS SONAME;
+-----------------------------+---------------+--------------------+--------------+---------+
| Name                        | Status        | Type               | Library      | License |
+-----------------------------+---------------+--------------------+--------------+---------+

...
| InnoDB                      | ACTIVE        | STORAGE ENGINE     | NULL         | GPL     |
| INNODB_TRX                  | ACTIVE        | INFORMATION SCHEMA | NULL         | GPL     |
| INNODB_LOCKS                | ACTIVE        | INFORMATION SCHEMA | NULL         | GPL     |
| INNODB_LOCK_WAITS           | ACTIVE        | INFORMATION SCHEMA | NULL         | GPL     |
| INNODB_CMP                  | ACTIVE        | INFORMATION SCHEMA | NULL         | GPL     |
| INNODB_CMP_RESET            | ACTIVE        | INFORMATION SCHEMA | NULL         | GPL     |
| INNODB_CMPMEM               | ACTIVE        | INFORMATION SCHEMA | NULL         | GPL     |
...
| InnoDB                      | NOT INSTALLED | STORAGE ENGINE     | ha_xtradb.so | GPL     |
| XTRADB_READ_VIEW            | NOT INSTALLED | INFORMATION SCHEMA | ha_xtradb.so | GPL     |
| XTRADB_INTERNAL_HASH_TABLES | NOT INSTALLED | INFORMATION SCHEMA | ha_xtradb.so | GPL     |
| XTRADB_RSEG                 | NOT INSTALLED | INFORMATION SCHEMA | ha_xtradb.so | GPL     |
| INNODB_TRX                  | NOT INSTALLED | INFORMATION SCHEMA | ha_xtradb.so | GPL     |
| INNODB_LOCKS                | NOT INSTALLED | INFORMATION SCHEMA | ha_xtradb.so | GPL     |
| INNODB_LOCK_WAITS           | NOT INSTALLED | INFORMATION SCHEMA | ha_xtradb.so | GPL     |
| INNODB_CMP                  | NOT INSTALLED | INFORMATION SCHEMA | ha_xtradb.so | GPL     |
| INNODB_CMP_RESET            | NOT INSTALLED | INFORMATION SCHEMA | ha_xtradb.so | GPL     |
| INNODB_CMPMEM               | NOT INSTALLED | INFORMATION SCHEMA | ha_xtradb.so | GPL     |
...
+-----------------------------+---------------+--------------------+--------------+---------+
```

위의 결과에서 "Name" 필드의 값이 "InnoDB"인 것이 2개가 있다는 것을 알 수 있다. 하나는 "Library" 필드가 NULL로 비어있고 다른 하나는 "ha_xtradb.so"라고 되어 있는데, "Library" 필드가 NULL인 항목의 InnoDB가 MariaDB에 빌트인되어 있는 기본 InnoDB 스토리지 엔진이고 "ha_xtradb.so" 라이브러리가 XtraDB 스토리지 엔진이다. 빌트인 InnoDB 스토리지 엔진의 "Library" 필드 값이 NULL인 이유는 InnoDB 스토리지 엔진은 플러그인 형태로 빌드된 것이 아니라 MariaDB 서버의 mysqld 프로그램에 정적으로 포함되어 있기 때문이다. 위의 결과에서는 "ha_xtradb.so" 라이브러리가 설치되어 있지 않다는 것을 "Status" 필드 값으로 알 수 있다.

이제 MariaDB 서버의 설정 파일을 다음과 같이 변경해서 빌트인되어 있는 InnoDB 스토리지 엔진을 비활성화하고 XtraDB 스토리지 엔진을 적재하도록 하자. 아래의 내용을 MariaDB 서버의 my.cnf 설정 파일에 포함시키고 변경 내용을 적용하기 위해서 MariaDB 서버를 재시작해보자.

```
[mysqld]
ignore_builtin_innodb = ON
plugin-load = ha_xtradb.so
```

이제 MariaDB 서버를 재시작하고, 다시 "SHOW PLUGINS SONAME" 명령으로 MariaDB 서버에 적재된 플러그인들의 라이브러리 목록을 살펴보자.

```
MariaDB> SHOW PLUGINS SONAME;
+-----------------------------+---------------+--------------------+--------------+----------+
| Name                        | Status        | Type               | Library      | License  |
+-----------------------------+---------------+--------------------+--------------+----------+

| InnoDB                      | NOT INSTALLED | STORAGE ENGINE     | NULL         | GPL      |
| INNODB_TRX                  | NOT INSTALLED | INFORMATION SCHEMA | NULL         | GPL      |
| INNODB_LOCKS                | NOT INSTALLED | INFORMATION SCHEMA | NULL         | GPL      |
| INNODB_LOCK_WAITS           | NOT INSTALLED | INFORMATION SCHEMA | NULL         | GPL      |
| INNODB_CMP                  | NOT INSTALLED | INFORMATION SCHEMA | NULL         | GPL      |
| INNODB_CMP_RESET            | NOT INSTALLED | INFORMATION SCHEMA | NULL         | GPL      |
...
| InnoDB                      | ACTIVE        | STORAGE ENGINE     | ha_xtradb.so | GPL      |
| XTRADB_READ_VIEW            | ACTIVE        | INFORMATION SCHEMA | ha_xtradb.so | GPL      |
| XTRADB_INTERNAL_HASH_TABLES | ACTIVE        | INFORMATION SCHEMA | ha_xtradb.so | GPL      |
| XTRADB_RSEG                 | ACTIVE        | INFORMATION SCHEMA | ha_xtradb.so | GPL      |
| INNODB_TRX                  | ACTIVE        | INFORMATION SCHEMA | ha_xtradb.so | GPL      |
| INNODB_LOCKS                | ACTIVE        | INFORMATION SCHEMA | ha_xtradb.so | GPL      |
| INNODB_LOCK_WAITS           | ACTIVE        | INFORMATION SCHEMA | ha_xtradb.so | GPL      |
| INNODB_CMP                  | ACTIVE        | INFORMATION SCHEMA | ha_xtradb.so | GPL      |
| INNODB_CMP_RESET            | ACTIVE        | INFORMATION SCHEMA | ha_xtradb.so | GPL      |
| INNODB_CMPMEM               | ACTIVE        | INFORMATION SCHEMA | ha_xtradb.so | GPL      |
...
+-----------------------------+---------------+--------------------+--------------+----------+
```

이제는 MySQL 5.6의 InnoDB 스토리지 엔진이 비활성화(NOT INSTALLED)되고, XtraDB 스토리지 엔진이 InnoDB라는 이름으로 활성화(ACTIVE)된 것을 확인할 수 있다. 이제부터는 "CREATE TABLE .. ENGINE=InnoDB"와 같이 테이블을 생성하면 XtraDB 스토리지 엔진을 이용하는 테이블을 생성할 수 있게 된 것이다.

XtraDB 스토리지 엔진은 InnoDB 스토리지 엔진의 소스코드를 근간으로 하고 있기 때문에 거의 모든 데이터 파일들이 그대로 호환되며 기능들도 거의 비슷하다. 사실 XtraDB 스토리지 엔진은 InnoDB 스토리지 엔진의 기능에 부가 기능을 더 추가한 것이므로 XtraDB가 수퍼 셋(Super set)이 되는 것이다. XtraDB 스토리지 엔진에 대한 자세한 소개는 InnoDB 스토리지 엔진의 소개와 같이 묶어 서로 비교해 가면서 설명하는 것이 이해하는 데 좀 더 도움될 듯하여 XtraDB 스토리지 엔진 챕터는 여기에서 끝내고 InnoDB 스토리지 엔진에서 XtraDB와 InnoDB를 더 자세히 살펴보도록 하겠다.

6.3 InnoDB 스토리지 엔진 [MariaDB] [MySQL]

MySQL 5.5에서 MySQL 5.6으로 업그레이드되면서 InnoDB 스토리지 엔진도 많은 변화가 있었다. XtraDB 스토리지 엔진을 설명할 때도 언급했듯이 XtraDB와 InnoDB는 매우 많은 공통점을 가지고 있다. 이번 챕터에서는 MySQL 5.6에 포함된 InnoDB의 기능들을 먼저 살펴보고, 다시 MariaDB 10.0의 XtraDB 스토리지 엔진에 대해서도 살펴보도록 하겠다. 이 기능이 InnoDB의 기능인지 XtraDB의 기능인지 고민할 필요는 없다. InnoDB가 가지고 있는 모든 기능은 XtraDB도 가지고 있기 때문이며, 이 챕터에서 언급하는 모든 기능은 MariaDB의 XtraDB가 가지고 있는 기능에 대한 설명이기도 하다.

6.3.1 MySQL 5.6 InnoDB

XtraDB는 기본적으로 MySQL의 InnoDB 스토리지 엔진의 모든 기능을 그대로 유지하면서 추가적으로 성능이나 확장성이 개선된 스토리지 엔진이다. 그래서 XtraDB 스토리지 엔진을 이해하기 위해서는 MySQL에 내장된 InnoDB 스토리지 엔진의 기능들을 알고 있어야 한다. 여기에서는 MySQL 5.6의 InnoDB 스토리지 엔진의 새로운 기능들에 대해서 간단히 살펴보도록 하자.

6.3.1.1 영구적인 통계 정보

MySQL 5.6의 InnoDB에서는 이전 버전과는 달리 각 테이블의 통계 정보를 테이블로 관리하도록 보완되었다. MySQL 5.5버전까지의 InnoDB에서는 통계 정보를 단순히 각 스토리지 엔진에서 단순히 메모리상에 관리했었는데, 이는 매우 자주 변경되고 마스터와 슬레이브에서 각각 다른 쿼리 실행 계획을 만들어 낼 정도로 변덕이 심했다. 그래서 MySQL 5.6의 InnoDB에서는 테이블의 전체 레코드 수나 인덱스별로 카디널리티(Cardinality) 정보를 mysql 데이터베이스의 innodb_index_stats와 innodb_table_stats 테이블로 관리하도록 개선되었다. 또한 이 정보가 자동으로 변경되지 되는 것을 허용할지 말지를 사용자가 결정할 수 있도록 innodb_stats_auto_recalc 시스템 변수가 도입되었다. 이제는 마스터의 통계 정보를 슬레이브로 복사해서 마스터와 슬레이브의 실행 계획이 달라지는 현상을 막을 수 있게 되었다.

하지만 MySQL 5.6의 InnoDB에서 테이블의 통계 정보를 더 풍부하게 관리하도록 개선된 것은 아니다. 단순히 저장소가 메모리에서 디스크 기반의 테이블로 변경된 것이다. 이미 실행 계획에서 살펴보았던 것처럼 MariaDB 10.0에서는 스토리지 엔진 레벨이 아닌 MariaDB 서버 차원에서 스토리지 엔진의 종류에 관계없이 통계 정보를 mysql 데이터베이스에 있는 table_stats와 index_stats 그리고 column_stats 테이블로 관리하고 있다. 또한 MariaDB 10.0에서는 인덱스되지 않은 칼럼에 대해서도 통계 정보를 관리할 뿐만 아니라 칼럼의 히스토그램까지 관리할 수 있도록 개선되었다.

6.3.1.2 데이터 읽기 최적화

MySQL 5.6의 인덱스 컨디션 푸시다운(Index Condition Pushdown, ICP)과 멀티 레인지 리드(Multi Range Read, MRR) 최적화를 위해서 MySQL 서버의 핸들러 API가 개선되었는데, 이 기능들이 제대로 작동하기 위해서는 각 스토리지 엔진에서 이 핸들러 API를 모두 구현해야만 한다. MySQL에서 많이 사용되는 InnoDB와 MyISAM 스토리지 엔진은 이 API들을 모두 구현하고 있으므로 인덱스 컨디션 푸시 다운과 멀티 레인지 리드를 사용할 수 있다. 하지만 TokuDB나 Mroonga 스토리지 엔진과 같은 제 3의 스토리지 엔진은 필요 시 직접 매뉴얼을 통해서 이런 기능들이 지원되는지를 확인해 보는 것이 좋다.

6.3.1.3 커널 뮤텍스(Kernel mutex)

InnoDB는 내부적으로 많은 공유 메모리 객체들을 가지고 있다. 가장 대표적으로 버퍼 풀의 각 블록들과 리두 로그 등을 예로 들 수 있다. 이런 공유된 메모리 객체들을 수많은 클라이언트 커넥션들이 서로 경쟁하면서 점유했다가 다시 점유를 해제면서 쿼리를 처리하는 것이다. 수많은 메모리 객체들을 각 클라이언트 커넥션들이 서로 동시에 점유하지 못하도록 동기화 처리를 해야 하는데, 이런 목적으로 잠금(뮤텍스 또는 세마포어)들이 사용된다.

하지만 모든 공유 메모리 객체가 개별적인 잠금을 가지고 있지는 않다. 그렇게 구현이 된다면 너무 많은 잠금들이 뒤섞여서 사용되기 때문에 잠금의 관리가 더 복잡해질 수도 있기 때문이다. 때로는 잠금의 경합이 매우 많이 발생하는 부분에서 하나의 잠금으로 여러 개의 메모리 구조체에 대한 동기화를 처리해 버림으로써 불필요하게 잠금 대기가 발생하는 경우도 많았다. 그 중에서 가장 대표적인 잠금이 kernel_mutex라는 뮤텍스였다. kernel_mutex는 사실 딱 한마디로 용도를 설명할 수 있는 잠금이 아니었다. kernel_mutex는 MySQL 소스코드에서 딱 용도가 들어맞는 뮤텍스나 세마포어가 없을 때 사용되는 공통 뮤텍스 같은 존재였다. 이런 형식으로 kernel_mutex가 사용되다 보니 InnoDB의 성능에서 왠만하면 kernel_mutex가 병목이 되고 확장성을 저해하는 요소였다.

MySQL 5.6의 InnoDB에서는 이렇게 범용으로 사용되던 kernel_mutex를 각 용도별로 더 세분화해서 별도의 잠금을 도입했다. 대표적으로 트랜잭션의 동시성 제어와 MVCC 등의 메모리 구조체들은 모두 개별적인 읽고 쓰기 잠금으로 제어되도록 개선되었다.

6.3.1.4 멀티 스레드 기반의 언두 퍼지(Multi threaded purge)

InnoDB는 MVCC(Multi Version Concurrency Control)와 롤백을 위해서 언두 영역(Undo space, Rollback segment)을 별도로 관리하고 있다. 예를 들어서 사용자가 다음과 같은 UPDATE 문장을 실행한다고 가정해보자.

```
-- // 먼저 member 테이블에 다음과 같이 레코드가 한 건 저장되어 있다고 가정하자.
INSERT INTO member (m_id, m_name, m_area) VALUES (12, '홍길동', '서울');

-- // 그리고 다음의 UPDATE 문장이 실행
UPDATE member SET m_area='경기' WHERE m_id=12;
```

위의 UPDATE 문장이 실행되면 member 테이블의 칼럼에는 COMMIT을 수행하지 않아도 즉시 "경기"로 변경될 것이다. 하지만 InnoDB 스토리지 엔진은 사용자가 위의 UPDATE 문장 이후에 ROLLBACK을 실행할지 COMMIT을 실행할지 알 수가 없다. 그래서 사용자가 ROLLBACK할 경우를 대비해서 "경기"로 변경되기 이전의 값인 "서울"을 어딘가에 백업해 두어야 한다.

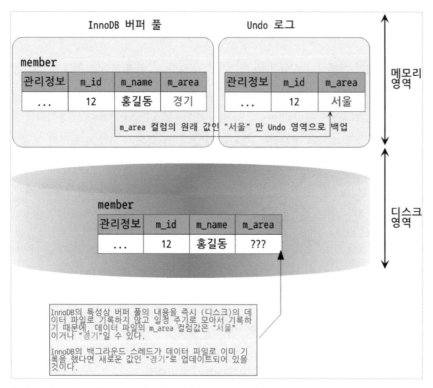

〈그림 6-1〉 UPDATE 후 InnoDB 버퍼 풀과 데이터파일 및 언두 영역의 변화

〈그림 6-1〉은 UPDATE 문장이 실행된 후 COMMIT이나 ROLLBACK이 실행되기 전의 InnoDB 버퍼 풀과 디스크의 데이터 파일 상태를 보여주고 있다. 이 상태에서 만약 사용자가 COMMIT을 수행하면 버퍼 풀의 변경된 내용이 영구적으로 적용되는 것이며, 그렇지 않고 ROLLBACK을 수행하면 언두 로그에 있던 "서울"이라는 정보를 가져와서 다시 InnoDB의 버퍼 풀에 있는 레코드 정보를 원래대로 되돌리는 것이다.

많은 클라이언트 커넥션에서 데이터를 변경하게 되면 언두 로그 영역에 수많은 변경 전 정보들이 쌓이게 되는데, 이렇게 쌓인 언두 로그를 언젠가는 삭제를 하고 빈 공간을 마련해야 이후의 변경 이력들을 계속 저장할 수 있게 되는 것이다. 이때 언두 로그를 삭제하는 작업을 언두 퍼지(Undo purge)라고 하는데, MySQL 5.1 버전까지는 언두 퍼지 작업이 마스터 스레드라고 불리는 InnoDB의 메인 스레드에서 처리되었었다. 그런데 InnoDB 마스터 스레드는 언두 퍼지 이외에도 많은 작업들을 수행하는 스레드여서 언두 퍼지가 제대로 이루어지지 못하거나 마스터 스레드의 다른 작업들이 지연되는 현상들이 발생했었다.

MySQL 5.5 버전의 InnoDB에서는 언두 퍼지를 전담하는 별도의 스레드를 도입했는데, 이때까지는 언두 퍼지를 위해서 단 하나의 스레드만 사용할 수 있었다. MySQL 서버의 innodb_purge_threads 시스템 설정 변수로 언두 퍼지 스레드의 개수를 설정할 수 있는데, MySQL 5.5까지는 이 시스템 설정에 0 또는 1만 설정할 수 있었다. 이 변수가 0으로 설정되면 전용의 언두 퍼지 스레드를 사용하는 것이 아니라 MySQL 5.1과 같이 InnoDB 마스터 스레드에서 언두를 퍼지하게 되고, 1로 설정하면 하나의 언두 퍼지 전용 스레드가 활성화되는 것이다. 하지만 이 또한 충분하지 않아서 UPDATE가 많이 발생하는 MySQL 서버에서는 언두 로그가 계속 늘어나기만 하는 경우도 있었다.

MySQL 5.6 버전의 InnoDB에서는 innodb_purge_threads 시스템 변수에 1이상의 값을 설정하여 여러 개의 언두 퍼지 스레드를 동시에 사용할 수 있도록 개선되었다.

6.3.1.5 독립된 플러시 스레드

사용자가 DML 문장을 실행하면 변경된 데이터는 먼저 리두 로그에 기록되면서 디스크에 영구적으로 남게 된다. 그리고 InnoDB 스토리지 엔진은 실제 테이블의 데이터를 메모리(InnoDB 버퍼 풀) 상에서만 변경하게 된다. 여기까지 완료되면 MySQL 서버는 클라이언트의 사용자에게 쿼리가 실행 완료되었다고 리턴을 한다. 하지만 InnoDB 스토리지 엔진은 메모리(InnoDB 버퍼 풀) 상에만 변경되어 있는 이 데이터를 언젠가는 디스크에 영구적으로 기록해야 한다. 이때 InnoDB 버퍼 풀에 변경된 데이터를 우리는 "더티(Dirty)"라고 하고, 더티 데이터를 디스크로 영구히 기록하는 작업을 "플러시(Flush)"라고 한다. 〈그림 6-1〉에서 m_area 칼럼의 값이 "서울"에서 "경기"로 변경되었는데, "경기"로 변경된 레코드를 담고 있는 페이지(InnoDB 버퍼 풀의 관리 단위로서 일반적으로는 16KB임)가 더티 페이지가 되는 것이다.

아주 잠깐만 생각해봐도 플러시 작업은 매우 중요하다는 것을 알 수 있다. 하지만 MySQL 5.5 버전의 InnoDB에서는 마스터 스레드가 다른 작업들을 수행하면서 더티 페이지를 디스크로 플러시하도록 되어 있었다. 물론 더티 페이지를 디스크로 플러시하는 알고리즘도 중요하지만 다른 작업들이 지연되어서 더티 페이지가 제때 디스크로 플러시되지 못한다면 더 큰 문제를 유발할 수 있다. 이런 문제를 보완하기 위해서 MySQL 5.6에서는 InnoDB 버퍼 풀의 더티 페이지를 디스크로 플러시하는 전용의 스레드를 도입한 것이다. 플러시 알고리즘에 대해서는 XtraDB의 더티 페이지 플러시에서 자세히 살펴보도록 하겠다.

6.3.1.6 가변 페이지 사이즈

MySQL 5.5 버전까지 InnoDB의 페이지 사이즈는 16KB로 고정이었으며, 이를 조정하기 위해서는 MySQL 서버를 다시 컴파일해야 했다. 사이즈가 작은 레코드를 2~3건씩 읽어가는 쿼리가 아주 빈번하게 실행되는 시스템에서는 16KB 페이지는 사실 많이 큰 편이다. 실제 레코드 3~40바이트를 읽기 위해서 16KB 페이지 단위로 디스크에서 읽고 그 데이터가 변경되면 16KB를 통째로 디스크에 플러시하는 것은 상당히 불합리할 수도 있다.

MySQL 5.6의 InnoDB 스토리지 엔진에서는 데이터나 인덱스 페이지의 크기를 기존 16KB에서 4KB나 8KB로 조정할 수 있게 되었다. 프라이머리 키나 인덱스를 통해서 1~2건의 레코드를 읽는 단순한 형태의 쿼리들이 아주 빈번하게 실행되는 MySQL 서버라면 기존 16KB 페이지보다는 4KB 정도의 페이지 사이즈가 훨씬 더 효율적으로 작동할 것이다. 또한 4KB 페이지 사이즈는 요즘 많이 사용되고 있는 SSD(Solid State Drive)에서도 아주 효율적으로 작동한다. 일반적인 디스크 드라이브(HDD)에서는 읽어야 할 데이터의 위치에 디스크 헤더를 움직이는 시간이 많이 걸리는 반면 그 위치에서부터 연속적으로 데이터를 얼마나 많이 읽느냐는 별로 중요하지 않았다. 즉 특정 위치에서부터 연속적으로 읽어야 할 데이터가 4KB냐 16KB냐는 별로 성능에 영향을 미치지 않았었다. 하지만 SSD와 같이 디스크 헤더가 없고 읽어야 할 데이터의 위치를 찾는(Seeking) 시간이 걸리지 않는 시스템에서는 데이터를 읽어내고 전송하는 작업이 성능에 영향을 미치게 된다. 그래서 일반적인 HDD를 사용하지 않고 SSD를 사용하는 경우에도 InnoDB의 페이지 사이즈는 4KB정도로 낮추는 것이 많이 도움이 될 것이다.

> **주의** 이미 16KB 페이지 사이즈로 시스템 테이블 스페이스가 만들어졌고 16KB 사이즈의 사용자 테이블이 있는 경우에는 MySQL 서버의 모든 데이터를 덤프받아서 다시 적재해야 한다. 이때에는 mysqldump 명령이나 SELECT INTO .. OUTFILE ..과 같은 논리적 백업 명령을 사용해야 한다.
> XtraBackup이나 오라클의 Enterprise backup과 같은 도구는 모두 데이터 파일을 그대로 복사하기 때문에 그 백업을 다시 복구한다 하더라도 여전히 데이터 파일들은 16KB 사이즈의 페이지를 그대로 사용하게 될 것이기 때문이다.

6.3.1.7 테이블 스페이스 복사(Transportable tablespace)

MySQL 5.5의 InnoDB에서도 테이블 스페이스를 복사할 수 있는 기능은 제공되고 있었다. 하지만 MySQL 5.5에서 제공된 기능은 단순히 자기 자신의 MySQL 서버로부터 백업된 테이블 스페이스 파일(*.ibd)만 복사할 수 있었다. InnoDB 스토리지 엔진은 내부적으로 모든 InnoDB 테이블의 메타 정보를 가진 딕셔너리 정보가 있는데 이 딕셔너리 정보에는 모든 InnoDB 테이블마다 고유의 ID가 할당된다. 그런데 MySQL 5.5의 InnoDB에서는 ID가 일치하지 않으면 다른 서버에서 ibd 파일을 복사해서 임포트(Import)하는 것이 불가능했다.

MySQL 5.6의 InnoDB에서는 어렵지 않게 테이블 스페이스(*.ibd) 파일만 가져오거나 복구할 수 있게 되었다. 우선 다음과 같이 테스트용 테이블인 tb_trans를 생성하고 레코드를 한 건 INSERT해두었다.

```
-- // 예제 테이블
CREATE TABLE tb_trans (
  fd1 INT NOT NULL,
  fd2 VARCHAR(20),
  PRIMARY KEY(fd1)
)ENGINE=InnoDB;

INSERT INTO tb_trans VALUES (9, 'Matt');
```

이제 tb_trans 테이블의 테이블 스페이스 파일(tb_trans.ibd)을 다른 MySQL 서버에 임포트(IMPORT)할 수 있도록 복사해야 하는데, 이때에는 FLUSH TABLES .. FOR EXPORT 명령을 사용하면 된다. 다음과 같이 FLUSH TABLES tb_trans FOR EXPORT 명령을 실행하면 MySQL 서버는 tb_trans 테이블을 변경하지 못하도록 InnoDB 스토리지 엔진은 테이블 잠금을 걸고 tb_trans 테이블 스페이스를 다른 MySQL 서버에서 임포트할 수 있도록 *.cfg 파일을 생성한다.

이제 다음과 같이 tb_trans.ibd 파일과 tb_trans.cfg 파일을 임포트할 MySQL 서버로 복사하도록 하자.

```
-- // 테이블 스페이스 익스포트 (Export)
mysql> FLUSH TABLES tb_trans FOR EXPORT;
```

```
-- // 익스포트된 테이블 스페이스 파일 복사
shell> cp /data/test/tb_trans.ibd /data/test/tb_trans.cfg  /backup/

-- // 테이블 잠금 해제
mysql> UNLOCK TABLES;
```

FLUSH TABLES .. FOR EXPORT가 실행되면 해당 테이블에 명시적인 잠금이 걸리게 되므로 다른 사용자는 그 테이블의 레코드를 읽을 수는 있지만 절대 변경할 수는 없다. 만약 필요하다면 익스포트된 파일의 복사가 끝나는 대로 즉시 "UNLOCK TABLES" 명령으로 잠긴 테이블을 해제하도록 하자.

이제 복사된 tb_trans.ibd 파일을 임포트할 MySQL 서버에서 다음과 같이 "ALTER TABLE .. DISCARD TABLESPACE" 명령으로 기존 테이블이 가지고 있던 테이블 스페이스를 삭제한다. ALTER TABLE .. DISCARD TABLESPACE 명령이 실행되면 실제 이 MySQL 서버의 기존 테이블 스페이스 파일이 삭제되므로 주의하자. ALTER TABLE tb_trans DISCARD TABLESPACE 명령이 완료되면 익스포트해서 복사해 온 테이블 스페이스 파일인 tb_trans.ibd 파일과 tb_trans.cfg 파일을 tb_trans. FRM 파일이 있는 디렉터리로 복사하도록 한다. 필요하다면 권한도 적절히 수정해야 할 것이다.

```
-- // 테이블 스페이스 임포트 (Import)
mysql> ALTER TABLE tb_trans DISCARD TABLESPACE;

shell> cp /backup/tb_trans.cfg /backup/tb_trans.ibd /data/test/

mysql> ALTER TABLE tb_trans IMPORT TABLESPACE;

-- // 데이터 확인
mysql> SELECT * FROM tb_trans;
+-----+------+
| fd1 | fd2  |
+-----+------+
|   9 | Matt |
+-----+------+
```

테이블 스페이스 파일이 제 위치에 복사되었다면 마지막으로 ALTER TABLE tb_trans IMPORT TABLESPACE 명령으로 복사된 ibd 파일을 MySQL 서버로 임포트해주면 된다.

테이블 스페이스를 익스포트해서 임포트할 때 각각의 테이블의 이름은 달라도 되지만 반드시 동일한 테이블 구조와 스토리지 엔진인 경우에만 가능하다. 이렇게 테이블 스페이스를 통째로 익스포트해서 임포트하는 기능은 아주 빠르게 큰 데이터 파일을 MySQL 서버간에 복사할 수 있는 방법이다. MySQL 서버를 운영할 때에는 아주 유용한 기능이 될 것이므로 꼭 방법을 익혀두도록 하자.

> **참고** 다른 MySQL 서버에서 가져온 InnoDB 테이블 스페이스 파일(*.ibd)을 기존의 InnoDB 테이블로 임포트하려면, 먼저 기존 테이블의 테이블 스페이스 파일(*.ibd)을 "ALTER TABLE .. DISCARD TABLESPACE" 명령으로 삭제해야 한다. 이때 "ALTER TABLE .. DISCARD TABLESPACE" 명령이 실행되면, InnoDB 스토리지 엔진은 이 파일을 직접 디스크에서 삭제해 버린다.
>
> 만약 백업이나 특수한 목적을 위해서 기존 InnoDB 테이블의 테이블 스페이스 파일을 유지해야 한다면 유닉스 계열의 운영체제에서는 다음과 같이 하드 링크(hard link)를 이용하면 된다.
>
> ```
> ## 유닉스 계열의 하드 링크를 이용해서 기존 테이블의 데이터 파일을 백업 영역으로 링크 생성
> ## ln 명령에 "-s" 옵션을 사용하면 안 됨. "-s" 옵션은 하드 링크가 아니라 소프트 링크를 생성
> 하게 됨
> shell> ln $DATA_DIR/db_test/old_table.ibd  $BACKUP_DIR/old_table.ibd
>
> MySQL> ALTER TABLE old_table DISCARD TABLESPACE;
> MySQL> ALTER TABLE old_table IMPORT TABLESPACE;
> ```
>
> 유닉스 계열의 운영체제에서 InnoDB 스토리지 엔진이 데이터 파일이나 기타 파일들을 삭제할 때에는 unlink라는 커널 함수(시스템 콜)를 사용한다. unlink 커널 함수는 하드 링크가 생성된 파일에 대해서는 메타 정보의 링크 개수만 1만큼 낮추고 실제 데이터 파일을 삭제하지는 않는다. 즉 위의 예제에서 실제 삭제 대상이 되는 파일인 "$DATA_DIR/db_test/old_table.ibd" 파일은 해당 디렉터리에서 사라지게 되지만 백업 디렉터리에 만들어둔 하드 링크인 "$BACKUP_DIR/old_table.ibd" 파일은 그대로 남아 있게 되는 것이다. 물론 unlink 커널 함수로 삭제하려는 파일이 하드 링크가 단 하나만 있는 경우에는 그 파일의 데이터는 디스크에서 삭제된다.
>
> 특정 파일 시스템에서 대용량의 파일을 삭제하는 작업은 상당히 많은 쓰기 작업을 필요로 하기 때문에 대용량 파일의 삭제 작업으로 서비스 쿼리가 느려지게 만들기도 한다. ALTER TABLE .. DISCARD TABLESPACE 명령도 마찬가지로 데이터 파일을 삭제하게 되므로 역시 악영향을 미칠 가능성이 있다. 이런 경우에도 별도의 백업 디렉터리에 하드 링크를 만들어 두고 ALTER TABLE .. DISCARD TABLESPACE 명령을 실행하면 InnoDB 스토리지 엔진에서 해당 데이터 파일을 삭제하지만 리눅스 운영체제에서는 링크만 끊어주고 실제 파일을 삭제하지는 않으므로 서비스에 큰 악영향 없이 테이블 스페이스를 DISCARD할 수 있다.

6.3.1.8 독립된 언두 스페이스

MySQL 5.5 버전까지의 InnoDB에서 언두 영역은 시스템 테이블 스페이스의 일부 영역을 사용하고 있었다. 하지만 시스템 테이블 스페이스는 인서트 버퍼나 DoubleWrite 버퍼 등의 데이터들도 모두 시스템 테이블 스페이스를 사용하고 있다. 문제는 언두 영역은 주로 랜덤 I/O 기반으로 작동하고 DoubleWrite 버퍼는 시퀀셜 I/O 기반으로 디스크에 기록된다는 것이다. 이는 시스템 테이블 스페이스가 저장될 디스크의 위치를 선정하기가 쉽지 않다는 것을 의미한다.

그러나 MySQL 5.6 버전의 InnoDB에서는 언두 영역을 시스템 테이블 스페이스가 아닌 별도의 공간에 저장할 수 있도록 아래의 3개 시스템 설정 변수가 도입되었다.

innodb_undo_directory

InnoDB의 언두 로그가 저장되는 언두 영역(Undo space, Undo tablespace)이 저장될 디렉터리를 설정한다. innodb_undo_directory 시스템 설정의 기본값은 "."인데, 이는 MySQL 5.5에서와 같이 언두 영역이 시스템 테이블 스페이스를 사용하는 것을 의미한다.

innodb_undo_tablespaces

언두 영역도 하나의 테이블처럼 생각할 수 있는데, 일반 테이블의 레코드를 파티션하듯이 언두 영역도 여러 개의 테이블 스페이스로 분리해서 생성할 수 있다. 언두 테이블 스페이스는 최대 126개까지 생성할 수 있는데, 만약 innodb_undo_tablespaces 시스템 설정을 6으로 설정했다면 innodb_undo_directory 설정 값에 지정된 언두 디렉터리에 "undo"라는 이름으로 시작하는 파일이 6개가 생성되는 것이다. 만약 언두 영역 사용에 대한 경합이 심하다면 innodb_undo_tablespaces 설정 값을 증가시켜서 언두 세그먼트에 대한 뮤텍스 경합을 줄일 수 있다.

innodb_undo_logs

언두 세그먼트 (Rollback segment)의 개수를 지정하는 시스템 설정으로, InnoDB에서는 최대 1023개의 쓰기 트랜잭션이 하나의 언두 세그먼트를 공유하면서 사용할 수 있다. 이 값은 최대 128까지 설정할 수 있다. 예를 들어서 innodb_undo_logs 값을 20으로 설정한다면 동시에 최대 20460(1023 * 20)개의 쓰기 트랜잭션이 실행될 수 있는 것이다. 한번 증가된 언두 세그먼트의 개수는 데이터베이스를 새로 생성하지 않는 이상 줄일 수 없기 때문에 처음에는 작은 값부터 시작해서 언두 세그먼트에 대한 경합이 심한 경우 증가시켜 주는 것이 좋다.

innodb_undo_directory 시스템 설정으로 언두 영역을 시스템 테이블 스페이스와 별도로 분리한다면 언두 영역은 가능한 한 빠른 디스크로 구성된 볼륨에 위치시키는 것이 좋다. 언두 영역이 별도의 디렉터리를 사용할 수 있도록 개선된 것은 사실 SSD와 같은 빠른 저장 매체를 고려한 개선 사항이기도 하다.

6.3.1.9 읽기 전용 트랜잭션(Read-only transaction) 최적화

MySQL 5.5 버전까지의 InnoDB 스토리지 엔진에서는 모든 쿼리에 대해서 트랜잭션이 자동으로 시작되고 종료되는 형태로 처리되었다. 이는 Auto-Commit이 활성화된 경우에도 마찬가지였다. 그런데 사실 트랜잭션이 보장되기 위해서는 내부적으로 트랜잭션 ID를 발급하고 트랜잭션 유지에 대한 메모리 구조체들을 매번 할당했어야 했다.

MySQL 5.6 버전의 InnoDB에서는 다음 두 가지 경우에 대해서는 읽기 전용 트랜잭션으로 처리할 수 있도록 개선되었다.

- "START TRANSACTION READ ONLY"로 시작된 트랜잭션
- AutoCommit이 활성화된 상태에서 SELECT 쿼리만 실행된 트랜잭션 (SELECT .. FOR UPDATE 제외)

InnoDB 스토리지 엔진은 이 두 조건을 만족하는 트랜잭션에 대해서는 읽기 전용 트랜잭션이라는 것을 알아채고 트랜잭션 ID를 발급하지 않고 데이터 변경에 필요한 메모리 구조체들을 할당받지 않게 된다. 또한 트랜잭션 ID가 줄어들면 모든 커넥션에서 쿼리나 DML 문장을 실행하기 위해서 참조하고 검색해야 하는 메모리 구조체가 단순해지기 때문에 더 빠른 성능을 낼 수 있게 된다.

"START TRANSACTION READ ONLY"로 시작된 읽기 전용 트랜잭션에서 데이터를 변경하는 UPDATE나 INSERT등의 문장을 실행하면 다음과 같은 에러가 발생한다.

```
ERROR 1792 (25006): Cannot execute statement in a READ ONLY transaction.
```

또한 읽기 전용 트랜잭션의 정보는 별도로 관리되기 때문에 "SHOW ENGINE INNODB STATUS" 명령의 결과에 읽기 전용 트랜잭션 정보는 출력되지 않는다. 읽기 전용 트랜잭션 정보는 information_schema 데이터베이스의 INNODB_TRX 테이블을 통해서만 참조할 수 있다. INNODB_TRX 테이블에는 trx_is_read_only라는 칼럼이 있는데, 이 칼럼을 통해서 읽기 전용 트랜잭션인지 아닌지를 구분할 수 있다.

6.3.1.10 버퍼 풀 덤프 & 로드

MySQL 5.5 버전을 사용할 때에는 MySQL 서버가 재시작된 후 처음 2~30분 가량은 긴장하면서 모니터링을 했어야 했다. 이미 경험해본 독자들도 많겠지만 MySQL 서버가 재시작되면 MySQL 5.5 버전의 InnoDB에서는 버퍼 풀의 모든 내용이 텅 비어 있는 상태로 시작하기 때문이다.

오랜 시간 동안 쿼리를 처리하던 InnoDB는 적절히 자주 사용되는 데이터들이 모두 버퍼 풀에 로딩되어 있기 때문에 대부분의 쿼리는 빠르게 처리되고 나머지 소수의 쿼리만 디스크의 데이터를 읽으면 된다. 하지만 MySQL 서버가 재시작되면 메모리에는 아무런 데이터가 없기 때문에 모든 쿼리가 디스크를 읽어야 하며, 이런 현상이 심각한 경우에는 서비스를 시작하지도 못하는 경우가 발생하곤 한다. 그래서 MySQL 5.5를 사용하던 때에는 MySQL 서버가 재시작되면 테이블과 인덱스를 풀 스캔하면서 강제로 워밍업을 하기도 했다. 하지만 이런 방식은 사용 빈도와 무관하게 데이터를 InnoDB 버퍼 풀로 로딩하기 때문에 크게 도움이 되지 않을 때도 많았다. 물론 MariaDB에서는 5.5 버전부터 버퍼 풀의 데이터를 덤프하고 로딩하는 기능을 가지고 있었기 때문에 큰 어려움은 없었다.

6.3.1.10.1 MariaDB 5.5의 버퍼 풀 덤프 & 로딩  MariaDB

MariaDB 5.5와 PerconaServer 5.5 버전의 XtraDB에서는 MySQL 5.6에 새로 도입된 버퍼 풀 워밍 업 기능이 모두 포함되어 있었다. MariaDB 5.5 버전에서는 innodb_auto_lru_dump 시스템 변수를 사용해서 MariaDB 서버가 종료될 때 XtraDB의 버퍼 풀 내용을 모두 파일로 덤프해두고, 다시 MariaDB 서버가 시작될 때 파일로 기록된 버퍼 풀 정보를 다시 XtraDB 버퍼 풀로 읽어들이는 작업을 자동으로 수행하도록 할 수 있다. innodb_auto_lru_dump 시스템 변수의 값이 0이 아닌 값이 설정되면 버퍼 풀의 덤프와 로딩이 자동으로 수행되었다.

또한 SQL 명령을 이용해서 필요한 시점에 XtraDB의 버퍼 풀을 덤프하고 다시 로딩할 수 있는 기능도 제공되고 있다. MariaDB 5.5에 포함된 버퍼 풀 덤프 & 로딩 기능은 별도의 SQL 문법을 가진 형태가 아니라 information_schema 데이터베이스의 XTRADB_ADMIN_COMMAND라는 테이블을 통해서 XtraDB의 버퍼 풀 내용을 파일로 덤프하고 다시 로딩하는 기능을 수행한다. 간단히 다음 예제를 한번 살펴보자.

```
MariaDB> SELECT * FROM information_schema.XTRADB_ADMIN_COMMAND /*!XTRA_LRU_DUMP*/;
+-----------------------------+
| result_message              |
+-----------------------------+
| XTRA_LRU_DUMP was succeeded. |
+-----------------------------+
```

위의 명령이 수행되면 XtraDB는 버퍼 풀의 데이터 페이지 목록(LRU 리스트)을 MariaDB 서버의 데이터 디렉터리에 ib_lru_dump라는 이름의 파일로 기록한다. 그리고 ib_lru_dump 파일에 덤프된 버퍼 풀의 내용을 다시 XtraDB의 버퍼 풀로 로드할 때에는 다음과 같이 information_schema.XTRADB_ADMIN_COMMAND 테이블에 대해서 SELECT 쿼리를 실행해주면 된다.

```
MariaDB> SELECT * FROM information_schema.XTRADB_ADMIN_COMMAND /*!XTRA_LRU_RESTORE*/;
+--------------------------------+
| result_message                 |
+--------------------------------+
| XTRA_LRU_RESTORE was succeeded. |
+--------------------------------+
```

XtraDB 버퍼 풀을 ib_lru_dump 파일로 덤프한다고 해서 버퍼 풀의 모든 데이터를 ib_lru_dump 파일로 기록하는 것이 아니다. 즉 XtraDB 버퍼 풀이 100GB라고 해서 ib_lru_dump 파일이 100GB가 되는 것이 아니란 의미이다. XtraDB 버퍼 풀을 덤프하라는 명령이 실행되면 XtraDB 스토리지 엔진은 버퍼 풀의 캐싱된 모든 페이지에 대해서 space_id와 page_no 값만을 모아서 space_id와 page_no 순서대로 정렬해서 ib_lru_dump 파일로 기록한다. 이렇게 정렬을 해서 저장하는 이유는 나중에 디스크에서 해당 테이블의 데이터 페이지를 읽을 때 랜덤 I/O가 아닌 시퀀셜 I/O로 한번에 많은 데이터를 읽어서 빠르게 로딩할 수 있도록 하기 위해서이다.

space_id는 테이블 스페이스를 식별하는 값이며 page_no는 하나의 테이블 스페이스에서 특정 페이지(블록)를 식별하는 값이다. 두 값 모두 8바이트 정수 값이므로 페이지 하나당 16바이트가 ib_lru_dump 파일에 기록되는 것이다. 만약 100GB 버퍼 풀을 사용한다면 ib_lru_dump 파일에 기록되는 내용은 최대 100MB((100 * 1024 * 1024 / 16) * (8+8)) 가량이지만 사실 테이블의 개수나 모델의 특성에 따라서 달라진다. 실제 100GB 수준의 버퍼 풀에서는 50MB 가량의 ib_lru_dump 파일이 생성되었으며, 20GB 수준에서는 1~5MB 가량의 ib_lru_dump 파일이 생성되었다.

버퍼 풀을 덤프하는 과정은 사실 100GB 버퍼 풀이라 하더라도 1~2초 이내로 완료된다. 하지만 로딩하는 시간은 데이터의 특성에 따라서 꽤 많은 시간이 소요될 수 있는데, 이때 innodb_buffer_pool_pages_data 상태 변수를 추적하면 현재 버퍼 풀 로딩이 어느 정도 진행되었는지를 확인해볼 수 있다.

```
MariaDB> SHOW STATUS LIKE 'Innodb_buffer_pool_pages_data';
+-------------------------------+--------+
| Variable_name                 | Value  |
+-------------------------------+--------+
```

```
| innodb_buffer_pool_pages_data | 352219 |
+-----------------------------+--------+
```

또한 Innodb_buffer_pool_pages_total 상태 변수와의 비율을 계산해보면 대략 몇 퍼센트 정도 로딩 작업이 진행되었는지도 계산해볼 수 있다.

```
MariaDB> SHOW STATUS LIKE 'Innodb_buffer_pool_pages_total';
+-----------------------------+--------+
| Variable_name               | Value  |
+-----------------------------+--------+
| innodb_buffer_pool_pages_total | 2047152 |
+-----------------------------+--------+

MariaDB> SELECT 352219*100/2047152 as loaded_pct;
--> 17.20
```

덤프된 버퍼 풀 데이터를 MariaDB 서버로 다시 로딩하는 동안 MariaDB는 사용자로부터 요청되는 쿼리가 실행되지 못하도록 막지 않는다. 그래서 버퍼 풀의 데이터 로딩이 느려지고 또한 이 시점에 실행된 사용자 쿼리도 상당히 느려질 수 있다. 그래서 MariaDB에서는 innodb_blocking_buffer_pool_restore 시스템 변수를 이용해서 버퍼 풀 워밍 업(로딩)이 진행되는 동안에는 XtraDB 스토리지 엔진 테이블을 사용하는 쿼리가 실행되지 못하도록 막을 수도 있다. innodb_blocking_buffer_pool_restore 시스템 변수가 ON으로 설정되면 버퍼 풀 로딩 중에는 사용자 쿼리를 실행할 수 없게 된다. innodb_blocking_buffer_pool_restore 시스템 변수의 기본값은 OFF이므로 기본 설정에서는 사용자 쿼리가 블로킹되지 않는다.

> **주의** MySQL 5.6부터는 오라클의 InnoDB에서 자체적으로 버퍼 풀의 메타 정보를 덤프하거나 로딩할 수 있도록 기능이 제공되기 시작했다. 그래서 MariaDB 10.0부터는 MariaDB 5.5에서 제공되던 XTRADB_ADMIN_COMMAND 테이블을 이용한 버퍼 풀 덤프나 로딩 명령이 제공되지 않는다. 그래서 MariaDB 10.0을 사용하는 경우에는 MySQL 5.6의 버퍼 풀 덤프 & 로딩 명령을 사용해야 한다.

6.3.1.10.2 MySQL 5.6의 버퍼 풀 덤프 & 로딩 `🔷 MySQL`

MySQL 5.6 버전의 InnoDB에서도 MariaDB 5.5와 비슷하게 InnoDB 버퍼 풀의 페이지들을 별도의 파일로 덤프해두었다가 적절한 시점에 덤프된 페이지들을 InnoDB 버퍼 풀로 로딩할 수 있도록 기능이 추가되었다. MySQL 5.6에서도 버퍼 풀의 페이지를 덤프한다고 해서 InnoDB 버퍼 풀의 2~40GB 데이터를 모두 기록하는 것은 아니므로 너무 걱정하지 않아도 된다. 버퍼 풀 덤프는 단지 버퍼 풀의 모든 페이지들에 대해서 그 페이지가 속한 테이블 스페이스와 페이지 ID만 별도의 파일로 저장하기 때문에 버퍼 풀의 크기가 매우 크다고 하더라도 실제 덤프하는 데에는 별로 시간이 걸리지 않는다.

버퍼 풀 덤프 및 적재는 MySQL 서버의 시스템 설정 변수로 실행할 수 있는데, 다음과 같이 덤프와 적재에 관련된 4개의 시스템 설정 변수가 있다. MySQL 5.6의 버퍼 풀 덤프나 로딩은 MariaDB와는 달리 상태 변수의 값을 변경하는 방식으로 버퍼 풀의 정보를 덤프하거나 다시 버퍼 풀로 로딩할 수 있다.

innodb_buffer_pool_dump_now

이 시스템 변수는 항상 OFF 값으로 설정되어 있으며, 이 변수 값을 ON으로 설정하면 즉시 InnoDB 버퍼 풀의 내용을 덤프한다. 버퍼 풀의 덤프가 완료되면 즉시 이 변수 값은 다시 자동으로 OFF로 재설정된다.

innodb_buffer_pool_load_now

이 시스템 변수도 항상 OFF로 설정되어 있으며, 이 변수 값을 ON으로 변경하면 innodb_buffer_pool_filename 시스템 설정 변수에 지정된 파일을 읽어서 데이터와 인덱스 페이지들을 InnoDB 버퍼 풀로 적재한다. 버퍼 풀의 적재가 완료되면 OFF로 재설정된다.

innodb_buffer_pool_dump_at_shutdown

이 시스템 변수가 ON으로 설정되어 있으면 MySQL 서버가 셧다운될 때 InnoDB 버퍼 풀의 내용을 내용을 파일로 덤프한다.

innodb_buffer_pool_load_at_startup

이 시스템 변수가 ON으로 설정되어 있으면 MySQL 서버가 시작될 때 innodb_buffer_pool_filename 시스템 설정 변수에 지정된 파일을 읽어서 데이터와 인덱스 페이지들을 InnoDB 버퍼 풀로 적재한다.

innodb_buffer_pool_dump_at_shutdown 시스템 설정과 innodb_buffer_pool_load_at_startup 시스템 설정만으로도 충분할 것 같지만 사실은 innodb_buffer_pool_dump_now 시스템 설정과 innodb_buffer_pool_load_now 시스템 설정이 더 필요할 때도 많다. 예를 들어서 자주 사용되지 않는 큰 테이블에 대해서 스키마 변경을 해야 한다고 가정해보자. 이런 경우라면 스키마 변경을 실행하기 전에 InnoDB 버퍼 풀의 내용을 백업했다가 스키마 변경이 완료되면 innodb_buffer_pool_load_now 시스템 설정 변수로 버퍼 풀을 다시 적재할 수도 있다. 다음 예제는 innodb_buffer_pool_dump_now 시스템 설정과 innodb_buffer_pool_load_now 시스템 설정을 이용해서 InnoDB 버퍼 풀의 내용을 백업했다가 다시 적재하는 것을 보여주고 있다.

```
-- // 버퍼 풀의 내용을 덤프
mysql> SET GLOBAL innodb_buffer_pool_dump_now=ON;
Query OK, 0 rows affected (0.06 sec)

-- // 덤프된 파일 확인
shell> ls /data/ib_buffer_pool

-- // 테이블의 스키마 변경
mysql> ALTER TABLE rarely_used_table ADD new_column VARCHAR(20);

-- // 스키마 변경 직전의 버퍼 풀 상태로 복구
mysql> SET GLOBAL innodb_buffer_pool_load_now=ON;
```

버퍼 풀 덤프와 적재에 관련된 상태 변수로 Innodb_buffer_pool_dump_status와 Innodb_buffer_pool_load_status가 있는데, 이 두 개의 상태 변수를 이용하면 버퍼 풀 덤프나 적재가 얼마나 진행되었는지 상태를 확인할 수 있다.

```
mysql> SHOW GLOBAL STATUS LIKE 'Innodb_buffer_pool_dump_status';
+--------------------------------+-------------+
| Variable_name                  | Value       |
+--------------------------------+-------------+
| Innodb_buffer_pool_dump_status | not started |
+--------------------------------+-------------+

mysql> SHOW STATUS LIKE 'Innodb_buffer_pool_load_status';
+--------------------------------+-----------------------+
| Variable_name                  | Value                 |
+--------------------------------+-----------------------+
| Innodb_buffer_pool_load_status | Loaded 5121/6441 pages |
+--------------------------------+-----------------------+

mysql> SHOW STATUS LIKE 'Innodb_buffer_pool_load_status';
+--------------------------------+---------------------------------------------+
| Variable_name                  | Value                                       |
+--------------------------------+---------------------------------------------+
| Innodb_buffer_pool_load_status | Buffer pool(s) load completed at 140101 02:23:12 |
+--------------------------------+---------------------------------------------+
```

버퍼 풀 덤프는 InnoDB의 버퍼 풀이 크다 하더라도 그다지 오랜 시간이 걸리지는 않는다. 길어도 2~3초 안에 끝날 것이다. 물론 버퍼 풀의 적재도 디스크에서 데이터나 인덱스 페이지를 하나씩 읽어서 적재하는 것이 아니라 배치 형태로 묶어서 읽어들이기 때문에 매우 빠르게 InnoDB 버퍼 풀에 적재할 수 있다. 하지만 버퍼 풀 적재는 여전히 많은 시간이 걸릴 수도 있다. 만약 시간이 많이 걸려서 버퍼 풀 적재를 끝까지 기다릴 수 없다면 innodb_buffer_pool_load_abort 시스템 설정 변수를 ON으로 설정해서 중간에 적재 작업을 종료할 수도 있다.

```
mysql> SET GLOBAL innodb_buffer_pool_load_abort=ON;
Query OK, 0 rows affected (0.00 sec)
```

InnoDB 버퍼 풀을 덤프하고 난 이후 테이블이 삭제되면서 덤프된 내용에 존재하지 않는 페이지가 있다고 하더라도 특별히 문제되지는 않으므로 꼭 셧다운 직전에 덤프된 파일로만 버퍼 풀을 적재해야 하는 것은 아니다.

6.3.1.11 리두 로그 사이즈

InnoDB는 서버 크래시에 대한 데이터 안전을 보장(Crash-safe)하면서 성능을 향상시키기 위해 커밋된 트랜잭션 내용을 먼저 로그 파일로 기록하고 실제 데이터 파일의 변경은 나중에 모아서 배치 형태로 처리한다. 로그를 리두 로그라고도 하며 WAL(Write Ahead Log) 로그라고도 하는데, InnoDB의 로그는 여러 개의 파일이 하나의 논리적 저장소처럼 순환되면서 사용된다.

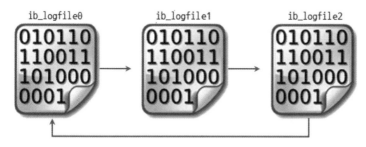

〈그림 6-2〉 리두 로그 로테이션

〈그림 6-2〉는 InnoDB의 로그 파일이 순환되어서 재사용되는 형태를 보여주고 있다. InnoDB의 로그 파일과 연관된 시스템 변수는 다음 3개가 있다.

innodb_log_file_size

각 로그 파일의 사이즈를 설정한다. InnoDB 로그 파일은 MySQL 서버가 처음 시작되면서 지정된 사이즈로 생성하기 때문에 로그 파일의 사이즈가 가변적으로 커졌다가 줄었다가 하지 않는다. 또한 이미 사용되고 있던 리두 로그 파일의 사이즈를 변경하기 위해서는 InnoDB 로그 파일의 모든 내용이 비워지도록 MySQL 서버를 클린 셧다운한 후에만 가능하다.[1]

innodb_log_files_in_group

로그 파일의 개수를 몇 개로 생성할지를 결정하는 시스템 변수이다. 그래서 InnoDB스토리지 엔진이 최종적으로 사용 가능한 로그 영역은 innodb_log_file_size * innodb_log_files_in_group만큼이 되는 것이다.

innodb_log_group_home_dir

InnoDB 리두 로그를 생성할 디렉터리를 설정하는 시스템 변수이며, 이 값이 특별히 명시되지 않으면 InnoDB 스토리지 엔진은 로그 파일을 MySQL 서버의 데이터 디렉터리에 생성한다.

> **주의** 바이너리 로그와 InnoDB의 리두 로그를 혼동하는 경우가 가끔있다. 또한 웹 사이트들에서 MySQL 서버의 바이너리 로그를 오라클이나 MSSQL의 로그와 비교하는 경우가 가끔 있다. 하지만 오라클이나 MSSQL의 로그 파일과 비교하자면 InnoDB의 로그가 더 비슷한 역할이며, MySQL 서버에서 바이너리 로그는 MySQL 서버만의 유니크한 기능인 복제를 위한 로그로 봐야 한다. 그래서 바이너리 로그는 사실 InnoDB 로그와는 달리 (성능을 위해서) 비동기 형태로 디스크에 기록되도록 유지하는 경우가 많다.

MySQL 5.5 버전의 InnoDB까지는 로그 파일의 최대 사이즈를 4GB까지만 사용할 수 있었다. 하지만 InnoDB 로그의 전체 공간은 InnoDB 버퍼 풀의 더티 페이지 플러시와 아주 밀접한 관계를 가지고 있어서 InnoDB 버퍼 풀의 크기가 매우 큰 경우에는 4GB로는 부족한 경우도 많았다. InnoDB 로그의 공간이 클수록 InnoDB 버퍼 풀에는 많은 더티 페이지들이 상주할 수 있게 되고, 그 결과 InnoDB 버퍼 풀의 더티 페이지가 조금 더 배치 형태로 디스크로 플러시될 수 있게 된다. 이를 "Write-Combining"이라고 표현한다. 이에 대한 자세한 내용은 "6.3.2 더티 페이지 플러시"에서 다시 살펴보겠다.

더티 페이지의 변경된 정보들이 InnoDB 로그 파일에 기록되기는 하지만 둘의 증가 속도가 동일한 것은 아니다. InnoDB 더티 페이지의 증가 속도는 빠르지 않지만 InnoDB 리두 로그 파일의 사용량은 급격하게 늘어날 수도 있다. 또한 요즘은 대용량의 메모리를 장착한 서버들이 늘어나면서 InnoDB

---

1 MySQL 5.5 버전까지는 리두 로그 파일의 사이즈를 변경하기 위해서 클린 셧다운하고 리두 로그 파일을 삭제한 후 재시작하는 형태가 필요했지만 MySQL 5.6 버전부터는 그냥 설정 파일만 변경하고 MySQL 서버를 재시작하면 리두 로그 파일의 크기가 확장되도록 개선되었다. 이 내용은 "6.3.1.12 리두 로그 크기 변경"에서 자세히 설명하겠다.

의 버퍼 풀을 100GB 이상씩 사용하는 경우도 많다. 하지만 MySQL 5.5 InnoDB의 로그 파일 공간은 최대 4GB까지만 사용 가능했기 때문에 대용량의 버퍼 풀을 가진 InnoDB에서는 배치 쓰기(Write-Combining)가 효율적으로 작동하지 못하는 경우도 많았다.

이를 위해서 MySQL 5.6 InnoDB에서부터는 4GB 이상의 InnoDB 로그를 설정할 수 있도록 개선되었는데, innodb_log_file_size * innodb_log_files_in_group의 조합을 512GB까지 설정할 수 있다. 이는 대용량의 버퍼 풀을 가진 InnoDB에서도 더티 페이지가 쓰기 버퍼링 역할을 더 효율적으로 해낼 수 있게 되었음을 의미한다.

> **참고** MySQL 5.5와 5.6의 InnoDB 스토리지 엔진에서는 로그 파일의 아카이빙 기능이 제공되지 않기 때문에 각 로그 파일의 크기는 큰 의미를 가지지 않는다. 즉 100GB 로그 파일 하나를 가진 InnoDB와 10GB 로그 파일 10개로 구성된 InnoDB의 성능이나 안정성 차이가 없다는 것을 의미한다. InnoDB 스토리지 엔진에서 로그 파일을 여러 개로 구성할 수 있도록 한 것은 성능적인 이슈 때문이 아니라 운영체제에서 최대 파일 사이즈의 제한을 해소할 수 있도록 고려한 것이다.
>
> InnoDB 초창기에는 innodb_mirrored_log_groups 시스템 옵션으로 InnoDB 로그가 다른 장소로도 복제되어서 기록될 수 있도록 하는 기능이 있었다. 하지만 이는 현재 많이 사용되는 MySQL 5.5나 5.6 버전에서는 없어진 기능이며, 명목상으로 시스템 변수만 남아있는 상태이다. 지금은 innodb_mirrored_log_groups 시스템 변수를 2나 3으로 설정한다 하더라도 이 설정은 모두 무시된다.

6.3.1.12 리두 로그 크기 변경

MariaDB 5.5나 MySQL 5.5에서 InnoDB/XtraDB 스토리지 엔진의 리두 로그 파일 크기를 변경하기 위해서는 나름 복잡한 과정과 위험이 있었다. 우선 MariaDB 5.5 버전에서 InnoDB/XtraDB의 리두 로그 파일 사이즈가 100MB 파일 2개로 구성되어 있었다고 가정해 보자. 이 서버의 리두 로그 파일 사이즈를 512MB 파일 2개로 변경해서 리두 로그 파일의 크기를 확장하기 위해서는 다음과 같은 과정을 거쳐야 했다.

1. MariaDB 서버에 로그인후, "SET GLOBAL innodb_fast_shutdown=0" 실행(InnoDB/XtraDB가 클린 셧다운을 할 수 있도록 변경)

2. MariaDB 서버 종료

3. MariaDB 서버의 에러 로그 파일을 열어서 정상적으로 셧다운되었는지 확인(만약 비정상적으로 셧다운되었다거나 그 과정에서 크래시된 경우에는 리두 로그 파일 사이트 변경하면 안 됨).

4. 기존의 리두 로그 파일을 별도 디렉터리로 백업("mv ib_logfile* /backup_redo/" 명령으로 안전한 디렉터리에 이동, 기존 리두 로그 파일은 InnoDB/XtraDB 리두 로그 디렉터리에 존재하지 않아야 함).

5. MariaDB 서버의 설정 파일(my.cnf 또는 my.ini)에서 innodb_log_file_size를 "100M"에서 "512M"로 변경

6. MariaDB 서버 시작

7. 에러 로그와 리두 로그 디렉터리에서 512MB 크기의 리두 로그 생성 확인

8. 혹시 셧다운 직전의 데이터 존재 여부 확인

9. 완료되면 백업해두었던 리두 로그 파일(/backup_redo/ib_logfile*) 삭제

아마도 MySQL 서버나 InnoDB/XtraDB에 익숙하지 않은 사용자에게는 매우 어렵고 복잡한 과정으로 보여질 것이다. 물론 전문가에게도 위험하고 주의해야 할 일이긴 마찬가지이다. MariaDB 10.0과 MySQL 5.6에서는 이 복잡한 과정이 다음 3개 과정으로 완료될 수 있도록 개선되었다.

1. MariaDB 서버의 설정 파일(my.cnf 또는 my.ini) 에서 innodb_log_file_size를 "100M"에서 "512M"로 변경

2. MariaDB 서버 재시작(종료 + 시작)

3. 에러 로그 파일과 리두 로그 디렉터리의 파일 사이즈 확인

이렇게 자동으로 리두 로그 파일의 사이즈가 변경되면 MariaDB 서버의 에러 로그 파일에는 다음과 같이 로그가 기록된다.

```
2014-06-23 22:10:57 5048 [Warning] InnoDB: Resizing redo log from 2*3072 to 2*32768 pages,
LSN=1626007
2014-06-23 22:10:57 5048 [Warning] InnoDB: Starting to delete and rewrite log files.
2014-06-23 22:10:57 5048 [Note] InnoDB: Setting log file ./ib_logfile101 size to 512 MB
InnoDB: Progress in MB: 100 200 300 400 500
2014-06-23 22:10:58 5048 [Note] InnoDB: Setting log file ./ib_logfile1 size to 512 MB
InnoDB: Progress in MB: 100 200 300 400 500
2014-06-23 22:11:03 5048 [Note] InnoDB: Renaming log file ./ib_logfile101 to ./ib_logfile0
2014-06-23 22:11:03 5048 [Warning] InnoDB: New log files created, LSN=1626007
```

6.3.1.13 데드락 이력

MySQL 5.5 버전의 InnoDB에서는 데드락이 발생해도 데드락 내용은 "SHOW ENGINE INNODB STATUS" 명령 결과의 DEADLOCK 섹션에서만 볼 수 있었다. 그런데 더 큰 문제는 데드락이 여러 번 발생하면 이전에 발생했던 이력은 모두 삭제되고, 가장 마지막에 발생했던 데드락 내용만 "SHOW

ENGINE INNODB STATUS" 명령으로 조회할 수 있었던 것이다. 그래서 이런 불편을 해소하고자 MySQL 서버를 기술 지원하는 회사들은 MySQL 서버에 주기적으로 접속해서 데드락 이력을 조회해서 별도의 파일로 기록하는 툴을 개발하기도 했었다.

MySQL 5.6의 InnoDB에서는 이제 더이상 별도의 툴을 이용해서 데드락 이력을 로깅할 필요가 없어졌다. innodb_print_all_deadlocks 시스템 변수를 이용해서 데드락이 발생하면 상세한 내용을 MySQL 서버 에러 로그 파일에 기록할지 말지를 선택할 수 있게 된 것이다. innodb_print_all_deadlocks 시스템 변수가 ON으로 활성화되면 다음과 같이 MySQL 서버의 에러 로그에서 데드락의 상세한 내용을 확인할 수 있다.

```
2014-01-25 12:54:16 14dcInnoDB: transactions deadlock detected, dumping detailed information.
2014-01-25 12:54:16 14dc
*** (1) TRANSACTION:
TRANSACTION 23566, ACTIVE 22 sec inserting
mysql tables in use 1, locked 1
LOCK WAIT 3 lock struct(s), heap size 320, 2 row lock(s), undo log entries 1
MySQL thread id 4, OS thread handle 0x620, query id 31 localhost 127.0.0.1 root update
insert into test_deadlock values (7)
*** (1) WAITING FOR THIS LOCK TO BE GRANTED:
RECORD LOCKS space id 71 page no 4 n bits 72 index 'ix_fd' of table 'test'.'test_deadlock' trx
id 23566 lock_mode X locks gap before rec insert intention waiting
Record lock, heap no 4 PHYSICAL RECORD: n_fields 2; compact format; info bits 0
 0: len 4; hex 8000000a; asc     ;;
 1: len 6; hex 000000195002; asc      P ;;

*** (2) TRANSACTION:
TRANSACTION 23565, ACTIVE 30 sec inserting, thread declared inside InnoDB 5000
mysql tables in use 1, locked 1
3 lock struct(s), heap size 320, 2 row lock(s), undo log entries 1
MySQL thread id 3, OS thread handle 0x14dc, query id 32 localhost 127.0.0.1 root update
insert into test_deadlock values (7)
*** (2) HOLDS THE LOCK(S):
RECORD LOCKS space id 71 page no 4 n bits 72 index 'ix_fd' of table 'test'.'test_deadlock' trx
id 23565 lock_mode X locks gap before rec
Record lock, heap no 4 PHYSICAL RECORD: n_fields 2; compact format; info bits 0
 0: len 4; hex 8000000a; asc     ;;
 1: len 6; hex 000000195002; asc      P ;;
```

```
*** (2) WAITING FOR THIS LOCK TO BE GRANTED:
RECORD LOCKS space id 71 page no 4 n bits 72 index 'ix_fd' of table 'test'.'test_deadlock' trx
id 23565 lock_mode X locks gap before rec insert intention waiting
Record lock, heap no 4 PHYSICAL RECORD: n_fields 2; compact format; info bits 0
 0: len 4; hex 8000000a; asc     ;;
 1: len 6; hex 000000195002; asc      P ;;
*** WE ROLL BACK TRANSACTION (2)
```

6.3.2 더티 페이지 플러시

InnoDB에서는 사용자의 쿼리를 처리한 결과 메모리 공간에 있는 버퍼 풀의 데이터는 변경되었지만 아직 디스크로 기록되지 않은 페이지(블록)를 더티 페이지라고 하며, 이런 더티 페이지를 디스크로 기록하는 것을 플러시라고 표현한다. InnoDB의 더티 페이지 플러시는 크게 플러시 리스트 플러시와 LRU 플러시 두 종류로 나누어볼 수 있다. InnoDB의 버퍼 풀에는 크게 LRU_list와 Flush_list라는 두 개의 리스트로 관리되는데, LRU_list는 버퍼 풀에서 자주 사용되지 않는 페이지들의 목록을 관리하기 위한 것이고 Flush_list는 버퍼 풀에서 변경된 페이지들의 목록을 시간 순서대로 관리하기 위한 것이다. Flush_list와 LRU_list 모두 더티 페이지의 플러시를 발생시키게 된다.

이번 챕터에서는 다음과 같은 InnoDB 스토리지 엔진의 핵심적인 기능에 대해서 살펴보도록 하겠다.

- InnoDB의 리두 로그와 버퍼 풀의 더티 페이지와의 관계
- DBMS의 WAL(Write Ahead Log) 메커니즘
- MySQL 5.5 InnoDB와 MariaDB 5.5 XtraDB의 더티 페이지 플러시 알고리즘
- MySQL 5.6 InnoDB와 MariaDB10.0 XtraDB의 더티 페이지 플러시 알고리즘

또한 이 내용들을 이해하기 위해서 알고 있어야 할 단어들도 함께 살펴보도록 하겠다.

> **주의** 이 챕터에서 InnoDB라고 언급하는 것은 XtraDB와 InnoDB를 통칭하는 것이며, XtraDB라고 지칭한 것은 InnoDB를 제외한 순수하게 XtraDB 스토리지 엔진만을 의미한다. InnoDB와 XtraDB 스토리지 엔진은 기본적인 작동 방식은 모두 동일하기 때문에 여기에서는 InnoDB로 통칭하고 있는 것이다. 또한 InnoDB와 XtraDB를 구분해야 하는 경우에는 MySQL InnoDB와 XtraDB라고 구분해서 언급하고 있으므로 혼동하지 않도록 하자.

6.3.2.1 플러시 리스트 플러시

MySQL 5.5버전의 InnoDB에서 더티 페이지 플러시는 부족한 부분이 많았었다. MySQL과 MariaDB 의 더티 페이지 플러시에 대해서 살펴보기 전에 우선 InnoDB의 리두 로그 파일과 버퍼 풀의 더티 페이지간의 관계를 한번 살펴보자.

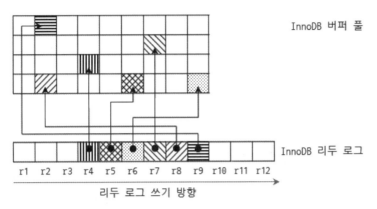

〈그림 6-3〉 InnoDB 버퍼 풀과 리두 로그의 관계

〈그림 6-3〉은 InnoDB 스토리지 엔진에서 리두 로그와 버퍼 풀의 더티 페이지와의 관계를 그림으로 표현한 것이다. InnoDB의 리두 로그는 여러 개의 파일로 구성되지만 InnoDB 스토리지 엔진은 내부 적으로 이 파일들을 모두 모아서 하나의 연속된 공간으로 인식하기 때문에 〈그림 6-3〉에서는 하나의 연속 공간으로 표현해 두었다. 이 그림에서 리두 로그는 r1 슬롯에서 r12 슬롯으로 순서대로 사용된다 고 가정하자. 〈그림 6-3〉에서는 r4 슬롯부터 r9 슬롯까지 사용되고 있으며, 각각의 리두 로그 슬롯은 InnoDB 버퍼 풀에서 각 페이지와 화살표로 연결되어 있다. 여기에서 화살표는 해당 리두 로그 슬롯에 의해서 변경된 InnoDB 버퍼 풀의 더티 페이지를 의미한다.

〈그림 6-3〉의 상태에서 데이터가 조금 더 변경되어서 〈그림 6-4〉와 같이 리두 로그 슬롯이 3개가 더 사용되었다고 가정해보자.

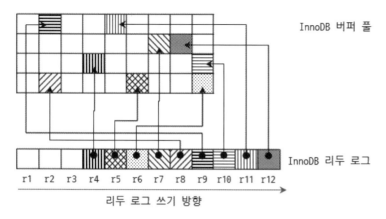

InnoDB 버퍼 풀

InnoDB 리두 로그

r1 r2 r3 r4 r5 r6 r7 r8 r9 r10 r11 r12

리두 로그 쓰기 방향

〈그림 6-4〉 쓰기가 더 발생한 상태의 리두 로그와 버퍼 풀의 관계

〈그림 6-4〉는 〈그림 6-3〉에서 3개의 UPDATE 문장이 더 실행되어서 리두 로그 r10 슬롯부터 r12까지 사용된 상태의 InnoDB 버퍼 풀과 리두 로그의 상태를 보여주고 있다. 〈그림 6-4〉에서 r4번 슬롯이 지금 InnoDB 스토리지 엔진에서 가장 오래된 리두 로그 슬롯이며, r12는 가장 최근에 발생한 변경내역을 저장하고 있는 슬롯이다. 〈그림 6-4〉에서는 3개의 리두 로그 슬롯이 증가하는 것을 살펴보았는데, InnoDB 스토리지 엔진은 오래된 리두 로그 슬롯을 적절한 시점에 비워주어야 한다.

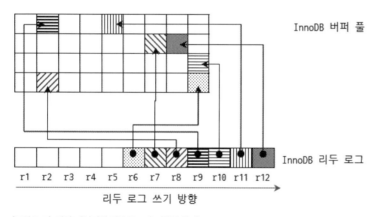

InnoDB 버퍼 풀

InnoDB 리두 로그

r1 r2 r3 r4 r5 r6 r7 r8 r9 r10 r11 r12

리두 로그 쓰기 방향

〈그림 6-5〉 더티 페이지와 리두 로그가 비워진 상태

〈그림 6-5〉는 r4번 슬롯과 r5번 슬롯이 비워진 상태를 표현한 것이다. 이때 r4번과 r5번 슬롯과 관계를 가지고 있던 InnoDB 버퍼 풀의 더티 페이지가 없어졌다는 것에 주의해야 한다. RDBMS의 리두 로그 작동 방식(Write Ahead Log) 특성상 리두 로그와 더티 페이지 중에서 항상 리두 로그가 먼저 디스

크로 플러시되어야 한다. 그리고 InnoDB 버퍼 풀에서 더티 페이지가 디스크로 완전히 플러시되어야만 그 더티 페이지와 연관을 가지고 있던 리두 로그 슬롯이 재사용될 수 있다. 이때 버퍼 풀에서 더티 페이지들을 빠르게 찾도록 하기 위해서 더티 페이지들의 변경 시간 순서대로 목록을 관리하는데 이를 Flush_List 라고 한다.

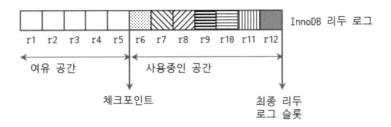

〈그림 6-6〉 리두 로그

〈그림 6-6〉에서는 〈그림 6-5〉의 리두 로그만 표현했는데, 현재 상태에서 리두 로그의 여유 공간과 사용 중인 공간을 구분해보았다. 그리고 사용 중인 공간 중에서 가장 오래된 리두 로그 슬롯은 가장 최근의 체크 포인트가 발생한 지점이라는 것을 기억하자. 〈그림 6-5〉에서 "(가장 최근의) 체크포인트" 지점과 "최종 리두 로그 슬롯"까지의 길이를 InnoDB 에서는 체크포인트 에이지(Checkpoint age)라고 한다.

여기에서 한 가지 재미있는 사실은 리두 로그는 최대한 여유 공간을 많이 확보해야 하며, InnoDB 버퍼 풀의 더티 페이지는 오랜 시간 동안 유지되면 될수록 효율적이라는 것이다. 결국은 가장 훌륭한 방법은 리두 로그의 여유 공간을 적절히 유지하면서 버퍼 풀의 더티 페이지를 최대한 유지하는 것이다. 하지만 MySQL 5.5의 InnoDB 스토리지 엔진에서는 이런 부분이 적절히 균형을 맞추면서 처리되지 못했다. MariaDB의 XtraDB는 이런 불균형을 경험하고 이를 개선하기 위해서 여러 가지 알고리즘이 보완되었다. 물론 이도 완벽하지는 않았지만 MySQL의 InnoDB에 비하면 많이 발전된 형태였다.

6.3.2.2 LRU 리스트 플러시

InnoDB에서는 Flush_list와 더불어서 LRU_list라는 또 하나의 리스트가 관리된다. 예를 들어서 InnoDB 버퍼 풀이 모두 인덱스나 데이터 페이지로 채워져 있다고 가정해보자. 즉 InnoDB 버퍼 풀에 빈 공간이 남아있지 않는 것이다. 이 상태에서 쿼리가 하나 요청되었는데, 이 쿼리를 실행하기 위해서는 디스크에서 2~3개의 페이지를 더 읽어와야 한다면 어떻게 될까? InnoDB 스토리지 엔진은 버퍼 풀에 더이상 빈 공간이 없기 때문에 지금 버퍼 풀에 적재된 몇 개의 페이지를 버퍼 풀에서 제거하고 빈 공간을 만들어야 한다. 이때 InnoDB 스토리지 엔진은 아무 페이지나 몇 개 선택해서 버퍼 풀에서 제거하는 것이 아니다. InnoDB 스토리지 엔진은 이렇게 버퍼 풀에서 페이지를 제거해야 하는 때를 위해서 LRU_list라는 목록을 관리한다. LRU_list는 최근에 가장 사용되지 않은(Least Recently Used) 페이지들의 목록을 의미하는데, 사실 LRU_list는 잘 사용되지 않는 페이지들만 가지고 있는 리스트는 아니다.

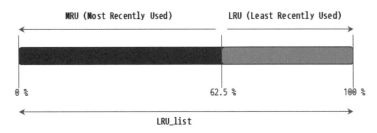

〈그림 6-7〉 버퍼 풀의 MRU와 LRU 리스트

〈그림 6-7〉은 InnoDB의 LRU_list 구조체를 그림으로 표현해본 것이다. 그림을 보면 LRU_list는 2개의 영역으로 나누어져 있는 것을 알 수 있다. 두 영역으로 나누는 분기점은 62.5%(전체 리스트의 5/8 지점)인데, 전체 LRU_list의 5/8 지점까지는 MRU(Most Recently Used) 영역이며 나머지 5/8에서부터가 LRU(Least Recently Used) 영역으로 사용된다. 즉 5/8 지점까지는 자주 사용되는 페이지들을 모아둔 것이며, 나머지 3/8 영역은 별로 사용되지 않는 페이지들을 모아둔 것이다. innodb_old_blocks_pct 시스템 변수의 값을 변경해서 MRU와 LRU의 기준점(기본값은 5/8)을 변경할 수 있다.

InnoDB 스토리지 엔진은 버퍼 풀에서 몇 개의 페이지를 제거해야 할 경우에는 LRU_list를 참조해서 가장 사용되지 않는 LRU 리스트의 끝에 있는 페이지 몇 개를 버퍼 풀에서 제거될 희생자(Victim)로 선택한다. 이제 InnoDB가 LRU_list의 마지막 페이지 3개를 제거하기로 결정했다. 그런데 만약 제거해야 할 페이지 3개 중에서 2개가 더티 페이지였다면 어떻게 될까? 이 경우에는 반드시 더티 페이지를 먼저 디스크에 기록(플러시)을 하고 제거해야 한다.

이렇게 InnoDB의 리두 로그와 전혀 무관하게 버퍼 풀에 새로운 페이지를 읽어들이기 위해서 페이지를 디스크로 플러시해야 하는 경우도 있는데, 이를 LRU_flush라고 한다. 이번 장의 설명에서 "더티 페이지 플러시"라고 언급하는 것은 모두 플러시 리스트 플러시(FlushList_flush)를 의미하는 것이며, LRU_list 플러시는 별도로 "LRU 플러시"라고 표기하겠다. MySQL 5.5 버전까지는 플러시 리스트 플러시쪽의 최적화 코드가 대부분이며 LRU 플러시에 대한 부분은 거의 최적화 기능을 가지고 있지 않았다. 그래서 MySQL 5.5에서는 LRU 플러시로 인한 성능 저하에 대해서는 튜닝할 수 있는 옵션이 전혀 없었다. MySQL 5.6에서야 비로소 LRU 플러시에 대한 튜닝 옵션이 도입되었는데, 이는 나중에 살펴보겠다.

6.3.2.3 InnoDB와 XtraDB의 더티 플러시

XtraDB는 InnoDB의 코드를 근간으로 보완된 스토리지 엔진이기 때문에 XtraDB의 더티 페이지 플러시의 기본적인 작동 방식은 InnoDB와 같다. 〈그림 6-5〉에서도 살펴보았듯이 InnoDB와 XtraDB에서는 마지막 체크포인트가 발생한 시점의 리두 로그 위치(LSN, Log Sequence Number)에서부터 마지막 리두 로그 슬롯의 위치까지의 길이를 체크포인트 에이지(Checkpoint Age)라고 한다. 체크포인트 에이지가 중요한 이유는 InnoDB와 XtraDB 모두 리두 로그의 전체 공간 크기와 체크포인트 에이지의 길이를 이용해서 플러시를 실행해야 할 더티 페이지의 개수를 결정하기 때문이다. 또한 체크포인트 에이지가 얼마나 되는지에 따라서 XtraDB나 InnoDB의 쿼리가 일부만 블로킹되거나 전부 블로킹될 수도 있기 때문이다.

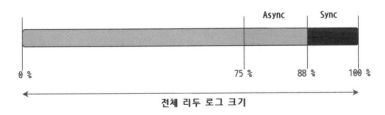

〈그림 6-8〉 리두 로그 사이즈에 의한 Async 구간과 Sync 구간

〈그림 6-8〉에서는 전체 리두 로그를 0 ~ 75% 구간과 75% ~ 88% 구간 그리고 마지막으로 88% ~ 100% 구간으로 구분해서 표시한 것이다. 여기에서 75%나 88%라는 수치는 InnoDB나 XtraDB의 소스코드상에 고정적으로 정의된 상수값이므로 MySQL 소스코드를 변경해서 다시 컴파일하지 않는 이상 바꿀 수 없다. 그리고 75%에서 88%까지의 구간을 "Async"라고 하고 88%에서 100%까지의 구간을 "Sync" 구간이라고 한다.

예를 들어서 전체 리두 로그 크기가 1000MB인데 현재 체크포인트 에이지(현재 사용 중이어서 재사용될 수 없는 리두 로그 구간)가 800MB(75%에서 88%까지의 구간)정도라면 이때부터는 InnoDB와

XtraDB가 평상시와는 조금 다른 모드로 작동하게 되는데, 이를 Async 모드라고 부른다. 그리고 만약 조금 더 상황이 악화되어서 체크포인트 에이지가 900MB(88%에서 100% 사이의 구간) 정도로 올랐다면 이때에는 평상시와 완전히 다르게 작동하는데 이를 Sync 모드라고 부른다. 그래서 각 구간의 이름이 Async와 Sync인 것이다. 그렇다면 평상시 모드와 Async 모드 그리고 Sync 모드는 어떤 차이가 있는 것일까?

평상시 모드

리두 로그의 여유 공간이 충분히 남아있는 상태이므로 InnoDB나 XtraDB에서 정해진 알고리즘 대로 적절히 더티 페이지를 디스크로 플러시한다. 체크포인트 에이지가 75% 이하인 이 상태에서는 MySQL 서버로 유입되는 쿼리는 아무런 제한없이 실행된다.

Async 모드

리두 로그의 여유 공간이 긴급하지는 않지만 부족 상황으로 접어들고 있음을 나타내는 상태이며, 이 상태에서 유입되는 쿼리는 블로킹된다. InnoDB나 XtraDB에서는 리두 로그의 여유 공간을 확보해야 한다는 것을 눈치채고 클라이언트로부터 유입된 쿼리를 막고 버퍼 풀의 더티 페이지를 디스크로 플러시한다. 물론 이미 실행되고 있던 쿼리들은 블로킹되지 않고 실행된다. 즉 일부 쿼리는 블로킹되고 나머지 쿼리들은 블로킹되지 않고 실행되는 상태가 Async 모드인 것이다.

Sync 모드

리두 로그의 여유 공간이 매우 부족한 상황임을 나타내는 상태이며, 이 상태가 되면 지금 클라이언트로부터 유입되는 쿼리뿐만 아니라 이미 시작된 쿼리들까지 모두 블로킹을 시키고 버퍼 풀의 더티 페이지를 매우 공격적으로 디스크로 플러시한다. 즉 XtraDB나 InnoDB로 유입된 모든 쿼리들을 막고 더티 페이지를 플러시하는 상태가 Sync 모드인 것이다.

일단 InnoDB나 XtraDB가 Async나 Sync 모드로 접어들게 되면, 그때부터는 버퍼 풀의 더티 페이지를 최대한 빨리 디스크로 플러시해서 리두 로그를 재사용할 수 있도록 만들어야 한다. 즉 XtraDB나 InnoDB가 Async나 Sync 모드로 접어들게 되면 응용 프로그램에서는 쿼리의 지연이 발생하게 되는 것이고 MySQL 서버가 이상 현상을 보이는 것처럼 관측되기 시작하는 것이다.

안정적으로 작동하는 MySQL 서버에서는 체크포인트 에이지가 Async 모드나 Sync 모드로 접어들지 않고 체크 포인트 에이지가 전체 리두 로그의 크기의 75% 미만에서 안정적인 그래프를 나타내게 된다. 〈그림 6-9〉와 〈그림 6-10〉은 체크포인트 에이지가 일정한 패턴을 보이면서 안정적으로 움직이는 예제를 표현해본 것이다.

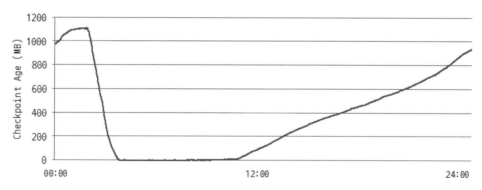

〈그림 6-9〉 DML이 많지 않은 경우의 체크포인트 에이지 그래프

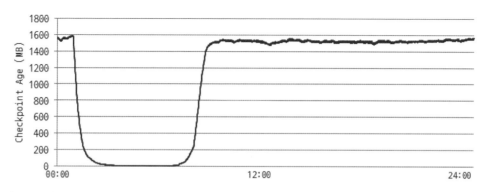

〈그림 6-10〉 DML이 많은 경우의 체크포인트 에이지 그래프

〈그림 6-9〉와 〈그림 6-10〉 모두 서비스의 DML 요청 정도에 따라서 일정한 패턴을 보이면서 톱니 형태의 그래프를 그리지 않는 것만으로 충분히 안정적인 서비스가 되고 있다는 것을 알 수 있다. 물론 〈그림 6-9〉보다는 〈그림 6-10〉의 그래프가 사용자 쿼리의 유입량에 크게 영향을 받지 않고 일정 수준의 체크포인트 에이지를 그리고 있다는 것을 알 수 있는데, 이 상태가 리두 로그의 여유 공간도 적절히 확보한 상태에서 InnoDB의 버퍼 풀에서 더티 페이지를 적절히 유지하고 있는 매우 안정적인 상태로 볼 수 있다.

그런데 MySQL 서버가 사용되는 현실 서비스에서는 사용자 쿼리의 패턴이 모두 제각각 다르다. 또한 리두 로그의 발생량과 더티 페이지의 발생량이 항상 똑같은 비율로 증가하지 않는다는 것과 시시각각 유입되는 쿼리의 양이 다르다는 것을 감안하면 〈그림 6-10〉과 같은 체크포인트 에이지 그래프는 사실 보기 어려울 수도 있다. 물론 최적의 상태로 만들기는 어렵더라도 적어도 이제 XtraDB나 InnoDB가 최적으로 작동하는 상태인지 아닌지는 구분할 수 있게 되었다. 아직까지 직접 관리하는 MySQL 서버에서 InnoDB나 XtraDB의 체크포인트 에이지의 변화를 모니터링하고 있지 않았다면 지금 당장 체크포인트 에이지에 대한 그래프를 모니터링 해보자.

이제 다시 체크포인트 에이지에 따른 InnoDB와 XtraDB의 3가지 작동 모드로 돌아가보자. 우선 안정적으로 작동하는 MySQL 서버라면 Sync 모드와 Async 모드로는 절대 가지 않고 평상시 모드에서 적절히 체크포인트 에이지를 유지해야 한다. 좋은 더티 플러시 알고리즘은 Async 모드와 Sync 모드를 어떻게 해결해서 평상시 모드로 되돌려 놓느냐가 아니라 어떻게 Async 모드와 Sync 모드로 가지 않고 평상시 모드에서 더티 페이지를 플러시하느냐에 달린 것이다. 오라클 InnoDB에 비해서 XtraDB가 가지고 있는 큰 장점 중 하나가 바로 평상시 모드에서 몇 개의 더티 페이지를 디스크로 플러시해야 할지의 알고리즘이 더 개선되었다는 것이다. 이제 이 부분에 대해서 각 버전별로 조금씩 살펴보도록 하자.

6.3.2.4 MySQL 5.5 InnoDB의 더티 플러시 ⟨♪ MySQL⟩

MySQL 5.5(InnoDB 버전 1.0.4) 버전으로 올라오면서 버퍼 풀의 더티 페이지 쓰기에 대한 최적화가 도입되기 시작했다. 이때 처음으로 경험 기반의 어댑티브 플러싱(Adaptive flushing) 기능이 추가되었다. 이는 쓰기가 발생하는 만큼 적절하게 백그라운드 스레드가 더티 페이지를 디스크로 플러시(기록)하도록 설계되었다.

어댑티브 플러시는 LRU 플러시에 의해서 영향을 받을 수도 있지만 기본적으로는 플러시 리스트 플러시(Flush_list)의 쓰기에만 적용된다. InnoDB는 리두 로그가 꽉 채워진 상태에서 더티 페이지를 플러시하게 되면 짧지 않은 시간 동안 모든 사용자 쿼리들이 리두 로그가 재사용될 수 있도록 연관 더티 페이지가 모두 플러시될 때까지 기다려야 할 것이다. 이런 장시간 대기를 막기 위해서 InnoDB는 유입되는 DML 쿼리의 량에 맞게 적절하게 더티 페이지를 디스크로 플러시해주고 그 만큼 리두 로그가 다시 재사용될 수 있도록 여유 공간을 확보해야 한다. 만약 InnoDB 스토리지 엔진이 유입되는 DML 쿼리의 양이나 리두 로그의 증가 속도보다 더티 페이지를 느리게 디스크로 플러시를 하면 사용자의 쿼리가 블로킹될 것이다. 반면 리두 로그의 증가 속도보다 빠르게 더티 페이지를 디스크로 플러시한다면 버퍼 풀의 효율이 떨어지게 되면서 때로는 과도한 디스크 I/O를 유발할 수도 있다.

그래서 MySQL 5.5 버전부터는 경험(Heuristic) 기반의 어댑티브 플러시 알고리즘이 구현된 것이다. MySQL 5.5에 내장된 InnoDB의 더티 페이지 플러시 알고리즘은 다음과 같다. 사실 이 내용을 모두 이해할 필요는 없으니 참고로 살펴보도록 하자.

```
플러시해야 할 더티 페이지 수 =
  ((버퍼 풀의 전체 더티 페이지 수) * (리두 로그 증가 사이즈) / (전체 리두 로그 사이즈))
  - (LRU_flush 페이지 수)
```

공식이 조금 어려울 수 있는데, 간단히 초 단위로 플러시해야 할 페이지 수를 계산한다면 다음과 같다.

```
1초에 플러시해야 할 더티 페이지 수 =
  ((버퍼 풀의 전체 더티 페이지 수) * (초당 리두 로그 증가 사이즈) / (전체 리두 로그 사이즈))
  - (초당 플러시된 LRU_flush 페이지 수)
```

사실 MySQL 5.5의 어댑티브 플러시는 그 이름만큼이나 부드럽게 작동하지는 않는다. InnoDB의 체크포인트 에이지가 낮아서 Async나 Sync 모드가 아닌 평상시 모드라면 위의 계산 공식 결과대로 적절히 더티 페이지를 디스크로 플러시할 것이다. 하지만 유입되는 DML 쿼리(INSERT와 UPDATE 그리고 DELETE)의 양보다 리두 로그가 누적되는 속도가 더 빠른 경우에는 결국 체크포인트 에이지가 높아져서 InnoDB가 Async 모드나 Sync 모드로 빠져 버릴 수도 있는 것이다.

MySQL 5.5 버전에는 어댑티브 플러시가 서비스의 트래픽을 적절히 소화해내지 못할 경우를 대비해서 튜닝할 수 있는 두 가지 시스템 설정을 제공하고 있다.

innodb_io_capacity

플러시해야 할 더티 페이지의 수를 계산하는 공식으로 계산한 결과가 만약 innodb_io_capacity 시스템 변수에 설정된 값보다 크다면 innodb_io_capacity 설정 값만큼의 더티 페이지만 플러시하게 된다. 즉 한번에 플러시할 수 있는 최대 더티 페이지의 개수를 설정하는 변수인 것이다.

innodb_max_dirty_pages_pct

이 시스템 설정은 InnoDB 버퍼 풀에서 더티 페이지가 어느 정도 비율까지 유지될 수 있는지를 설정하는 값이다. 기본 값은 75인데, 이는 InnoDB 버퍼 풀에서 75%까지 더티 페이지로 채워질 수 있다는 것을 의미한다. MySQL 5.5 버전의 InnoDB에서는 innodb_max_dirty_pages_pct에 설정된 값보다 더티 페이지의 비율이 높을 경우 어댑티브 플러시 알고리즘이 멈추고, innodb_io_capacity 시스템 변수에 설정된 값의 두 배 속도로 더티 페이지를 플러시하도록 구현되어 있었다.

innodb_io_capacity 시스템 변수에는 장착된 하드 디스크의 IOPS(Input Output Operation Per Second)를 설정해주면 된다. MySQL 5.5 버전의 InnoDB에서는 버퍼 풀의 더티 페이지 비율이 높아지면 innodb_io_capacity를 적절히 높은 값으로 설정해서 더티 페이지의 비율을 낮출 수 있다. 하지만 InnoDB 내부적으로는 LRU 플러시와 리두 로그 쓰기 횟수까지 합쳐서 innodb_io_capacity 를 계산하기 때문에 리두 로그가 동기화 모드로 작동하는 MySQL 서버에서는 실제 디스크의 IOPS보다 훨씬 높은 값을 설정해야 할 때도 있다. 실제로 경험했던 바에 따르면 SAS 디스크 두 개가 장착된 MySQL 서버에서 innodb_io_capacity를 1500까지 설정했던 적도 있으며, 이렇게 높은 값을 설정했음에도 더티 페이지의 비율이 떨어지지 않았었다. MySQL 5.5 버전의 InnoDB에서는 체크포인트 에이지라는 개념이 사용자에게 노출되지 않아서 관리자가 이를 모니터링하면서 튜닝하는 것이 쉽지 않았다.

innodb_max_dirty_pages_pct에는 InnoDB 버퍼 풀에 유지될 수 있는 더티 페이지의 최대 비율을 설정하게 된다. 그런데 앞에서도 언급했던 것처럼 MySQL 5.5의 InnoDB에서는 더티 페이지의 플러시 알고리즘 성숙도 부족과 LRU 플러시 그리고 리두 로그 쓰기로 인해서 적절한 속도로 더티 페이지가 플러시되지 않았다. 이렇게 더티 페이지가 적체되면 결국 체크포인트 에이지가 Async 모드나 Sync 모드로 접어들게 되고, 그 상태가 되면 일부 또는 전체 쿼리가 블로킹된 상태에서 더티 페이지를 한번에 몰아서 디스크로 플러시하게 된다. 이런 문제를 "IO 폭발(IO Burst)"이라고 하는데, 이 문제는 더티 페이지가 많으면 많을수록 그 폭발력이 더 높아지는 잠재적 문제까지 안고 있다. 그래서 MySQL 서버의 innodb_max_dirty_pages_pct를 10% 미만으로 낮춰서 사용하는 경우도 많았다. 즉 더티 페이지가 워낙 낮은 비율로 유지되기 때문에 Async나 Sync 모드로 접어들어도 금방 금방 해소되기 때문에 그대로 사용하기도 하는 것이다. 이것 또한 InnoDB 버퍼 풀을 효율적으로 사용하지 못한다는 문제점이 있다.

아마도 많은 독자들이 DML이 많이 실행될 경우 이상하게 가끔씩 쿼리들이 느리게 처리되는 상태를 경험해 보았을 것이다. 물론 쿼리가 느리게 처리되는 이유는 여러 가지가 있겠지만 그중에서 InnoDB의 더티 페이지 플러시가 부드럽게 작동하지 못해서 발생한 지연도 많이 있었을 것이다. PerconaServer 와 MariaDB 5.5에 내장되어 있는 XtraDB에서는 이런 문제점을 보완하기 위해서 어댑티브 플러시를 여러 가지 방법으로 개선했다.

6.3.2.5 MariaDB 5.5 XtraDB의 더티 플러시 MariaDB

MariaDB 5.5에서는 MySQL의 InnoDB 대신 XtraDB가 빌트인되어서 InnoDB 대신 사용된다. MariaDB에서는 InnoDB 스토리지 엔진을 사용하는 테이블을 생성하더라도 실제 내부적으로는 XtraDB 스토리지 엔진 테이블이 생성되는 것이다. XtraDB에서는 다른 부분들도 많이 개선되었지만 대표적으로 더티 페이지 플러시 알고리즘에서 많은 변화가 있었다. XtraDB에서는 더티 페이지 플러시를 조금 더 세밀하게 튜닝할 수 있도록 innodb_adaptive_flushing_method와 innodb_flush_neighbor_pages 그리고 innodb_checkpoint_age_target 세 개의 시스템 변수가 추가되었다.

MySQL 5.5의 InnoDB 스토리지 엔진에서는 체크포인트 에이지가 전체 리두 로그 크기의 75%를 넘어서면 Async 모드로 전이되고 88%를 넘어서면 Sync 모드로 넘어가게 된다. 즉 전체 리두 로그의 크기로 작동 모드가 자동으로 결정되는 것이다. 하지만 MySQL 서버로 유입되는 DML들의 특성에 따라서 75%와 88%의 기준은 달라져야 할 때도 있다. MySQL 5.5 버전의 InnoDB에서는 유입되는 DML의 특성에 따라서 리두 로그의 크기를 변경해야 할 필요도 있다. 사실 리두 로그의 크기를 변경하는 작업은 MySQL 서버를 재시작해야 할 뿐만 아니라 재시작할 때 리두 로그 내용들이 복구되지 않아도 되도록 클린 셧다운(Clean shutdown) 작업을 거쳐야 한다. 하지만 XtraDB에서는 innodb_checkpoint_age_target이라는 시스템 변수를 통해서 Async 모드와 Sync 모드로 전이되는 체크포인트 에이지의 비율을 조정할 수 있다. 즉 innodb_checkpoint_age_target 시스템 변수를 이용하면 전체 리두 로그의 사이즈를 줄였다가 늘렸다가 하는 효과를 얻을 수 있는 것이다. innodb_checkpoint_age_target 시스템 설정은 동적 변수이므로 MariaDB 서버를 재시작하지 않고도 리두 로그 사이즈를 서비스 특성에 맞게 조금씩 튜닝해볼 수 있다.

6.3.2.5.1 innodb_adaptive_flushing_method

MySQL 5.5의 InnoDB에서는 어댑티브 플러시 기능을 사용할지 말지만 컨트롤할 수 있는 반면 XtraDB에서는 innodb_adaptive_flushing_method 시스템 설정을 이용해서 어떤 어댑티브 플러시 알고리즘을 사용할지를 선택할 수 있도록 개선되었다. innodb_adpative_flushing_method 시스템 설정에는 native와 estimate 그리고 keep_average를 설정할 수 있다.

native

XtraDB 스토리지 엔진을 사용한다 하더라도 더티 페이지 플러시 알고리즘은 MySQL 5.5의 InnoDB와 동일한 알고리즘의 어댑티브 플러시를 사용하도록 설정한다. 즉 XtraDB에 추가된 더티 페이지 플러시 최적화를 사용하지 않는 옵션이다.

estimate

체크포인트 에이지가 innodb_checkpoint_age_target 시스템 변수에 설정된 값의 1/4 미만인 경우에는 10초당 innodb_io_capacity에 설정된 수만큼의 더티 페이지를 플러시한다. 그러다가 체크포인트 에이지가 innodb_checkpoint_age_target의 1/4 지점을 넘어서면 매초 단위로 리두 로그의 증가 비율에 맞춰서 더티 페이지를 디스크로 플러시한다. 물론 체크포인트 에이지가 1/4 지점을 넘어선 경우에는 10초 단위로 innodb_io_capacity에 설정된 만큼의 더티 페이지 플러시도 계속 실행된다.

keep_average

어댑티브 플러시가 keep_average 알고리즘으로 설정되면 0.1초 단위로 더티 페이지 플러시 작업이 수행된다. keep_average 알고리즘에서도 리두 로그의 증가 비율에 맞춰서 적절히 더티 페이지를 디스크로 플러시한다. 0.1초 단위로 리두 로그 증가량이 알고리즘으로 반영되기 때문에 유입되는 DML의 변화를 빠르게 반영해서 더티 페이지가 디스크로 플러시된다고 볼 수 있다. 또한 keep_average 알고리즘에서는 0.1초 단위로 더티 페이지 플러시가 발생하면서 균일하게 디스크 I/O를 유지할 수 있게 된다. keep_average 모드는 FusionIO나 FlashMax와 같은 SSD 스토리지 위한 설정으로 설계된 것이다.

6.3.2.5.2 innodb_flush_neighbor_pages

MySQL 5.5의 InnoDB에서는 더티 페이지가 플러시될 때 하나의 더티 페이지를 하나씩 디스크로 플러시하지 않는다. 더티 페이지 하나씩 디스크로 쓰기를 수행하면 매 페이지를 랜덤 I/O로 쓰기를 하게 되는데, 이런 방식은 디스크 원판이 회전해야 하는 HDD에서는 상당히 불리하게 작동한다. 그래서 InnoDB에서는 플러시해야 할 더티 페이지 주위의 더티 페이지를 모아서 같이 한번에 플러시를 하도록 설계되어 있다. MySQL 5.5의 InnoDB 스토리지 엔진에서는 이 알고리즘을 변경할 수 없다. 하지만 XtraDB에서는 innodb_flush_neighbor_pages 시스템 설정을 이용해서 3가지 모드로 조정할 수 있다.

area

innodb_flush_neighbor_pages 시스템 설정이 area로 설정되면 MySQL 5.5의 더티 페이지 플러시와 동일하게 작동한다. 이 모드에서는 플러시하고자 하는 더티 페이지를 기준으로 이웃한 페이지들 128개 중에서 더티 상태인 페이지를 모두 모아서 같이 플러시를 한다. 〈그림 6-11〉에서 "D0"를 플러시할 때에는 양 옆의 128개 페이지 중에서 더티 상태인 D1 ~ D9 페이지까지 같이 플러시를 한다.

cont

innodb_flush_neighbor_pages 시스템 설정이 cont로 설정되면 플러시하려는 더티 페이지와 인접한 더티 페이지들(인접한 페이지들이 모두 더티 상태인 것들까지만)만 같이 모아서 더티 페이지를 플러시한다. 〈그림 6-11〉에서는 D0를 기준으로 D3와 D4 그리고 D5와 D6번 페이지만 플러시하는 것이다.

none

innodb_flush_neighbor_pages 시스템 설정이 none인 경우에는 이웃한 더티 페이지들을 전혀 고려하지 않고 대상 더티 페이지만 플러시한다. area나 cont 플러시 모드는 모두 랜덤 I/O 성능이 취약한 HDD를 위한 배치 형태의 더티 플러시이다. SSD(Solid State Drive)에서는 랜덤 I/O에 대한 성능 저하가 크지 않기 때문에 이렇게 별도로 비용을 더 들여서 인접한 더티 페이지들을 굳이 찾아서 같이 내리는 것이 더 비효율적일 수도 있다. 그래서 FusionIO나 FlashMax와 같이 아주 빠르게 랜덤 I/O가 처리되는 시스템에서는 innodb_flush_neighbor_pages를 none으로 사용하는 것이 좋다. none으로 설정되면 〈그림 6-11〉에서 플러시 대상이 되는 D0 페이지만 플러시를 하게 된다.

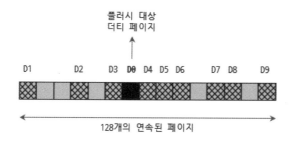

<그림 6-11〉 인접한 더티 페이지 플러시

6.3.2.5.3 innodb_flush_method

XtraDB의 플러시 기능에서 또 다른 개선 사항은 다이렉트 I/O(Direct IO)에 대한 부분이다. MySQL 5.5의 InnoDB에서도 innodb_flush_method 시스템 설정을 이용해서 데이터 파일의 읽고 쓰기를 어떤 방식으로 수행할지를 결정할 수 있다. MySQL 5.5에서는 innodb_flush_method 시스템 설정 변수에 다음 3가지 중에서 하나를 선택할 수 있다.

fdatasync

fdatasync는 이전 버전과의 호환성을 위해서 유지되고 있는 플러시 방법이다. 하지만 실제로 MySQL 서버의 설정 파일에 "innodb_flush_method=fdatasync"와 같이 설정할 수는 없으며, fdatasync로 설정하려면 innodb_flush_method 설정 자체를 MySQL 서버의 설정 파일에서 제거해야 한다. fdatasync는 원래 데이터 파일의 쓰기를 fdatasync( ) 시스템 콜로 동기화하는 목적으로 만들어졌지만 지금은 MySQL 내부적으로 fdatasync( ) 시스템 콜을 사용하지 않고 fsync( )를 호출하도록 구현되어 있다. fdatasync( ) 시스템 콜의 본래 목적은 파일의 데이터만 동기화하고 파일의 메타 정보(파일의 접근 일시나 파일의 사이즈 등과 같은)는 동기화하지 않는 것이지만 일반적인 리눅스에서는 fdatasync( ) 시스템 콜이 fsync( )와 동일하게 처리되는 것으로 알려져 있다. 결국 fdatasync는 더이상 본연의 목적이 없어져 버린 것이다.

O_DSYNC

InnoDB 스토리지 엔진이 데이터 파일에 쓰기 위해서 데이터 파일을 오픈할 때 O_DSYNC 옵션을 이용해서 파일을 열고, 데이터 쓰기 후 동기화를 수행할 때에는 fsync( ) 시스템 콜을 호출하는 방식이다. 하지만 O_DSYNC에서는 로그 파일은 O_SYNC 옵션으로 열지만 플러시는 수행하지 않는다. 운영체제의 종류에 따라서 가끔 파일을 열때 O_SYNC 옵션을 무시하는 경우도 있는 것으로 알려져 있으므로 innodb_flush_method 시스템 설정으로 O_DSYNC는 좋지 않은
선택일 수도 있다.

O_DIRECT

InnoDB 스토리지 엔진이 데이터 파일에 쓰기 위해서 파일을 오픈할 때 O_DIRECT 옵션을 이용해서 파일을 열고, 데이
터 쓰기후 동기화를 수행할 때에는 fsync( ) 시스템 콜을 호출하는 방식이다.

ALL_O_DIRECT

MariaDB 5.5의 XtraDB에 추가된 플러시 방법으로 XtraDB에서 다시 설명하도록 하겠다.[2]

O_DIRECT_NO_FSYNC

MySQL 5.6부터 도입된 플러시 방법이다. 원래 O_DIRECT 파일 입출력 모드는 쓰기를 실행하면 내부적으로 fsync( )
가 호출되는 것과 같은 효과를 낸다. 하지만 MySQL의 InnoDB 스토리지 엔진에서는 O_DIRECT 모드에서도 쓰기를
실행한 후 별도로 fsync( )를 한번 더 호출하고 있었던 것이다. 이런 이중 작업을 피하기 위해서 MySQL 5.6에서는 O_
DIRECT_NO_FSYNC 옵션을 도입한 것이다. O_DIRECT_NO_FSYNC 플러시 방식은 MySQL 5.6과 MariaDB 10.00에
서 모두 사용할 수 있다. 참고로 XFS 파일 시스템에서는 O_DIRECT_NO_FSYNC를 사용하지 않는 것이 좋다.[3]

위에서도 잠깐 언급했듯이 특정 운영체제에서는 파일을 열때 O_SYNC 옵션을 무시하는 경우가 있으
므로 innodb_flush_method 시스템 설정은 fdatasync 또는 O_DIRECT 둘 중 하나를 사용하는 것이
좋다. fdatasync와 O_DIRECT의 가장 큰 차이는 리눅스의 운영체제 캐시를 사용하는지 아닌지이다.

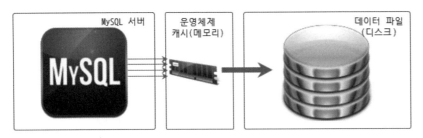

〈그림 6-12〉 Cached I/O

---

2 ALL_O_DIRECT 옵션은 MySQL에서는 지원되지 않고 MariaDB에서만 지원되는 플러시 방식이지만 설명의 일관성을 위해서 여기에서 같이 포함시킴

3 O_DIRECT_NO_FSYNC 옵션은 MySQL 5.6 버전부터 지원되는 플러시 방식이지만 설명의 일관성을 위해서 여기에서 같이 포함시킴

〈그림 6-12〉는 리눅스의 캐시 기반의(Cached) I/O를 표현한 것인데, innodb_flush_method 시스템 설정이 fdatasync나 O_DSYNC 모드인 경우 이와 동일하게 작동한다. 기본적으로 리눅스의 모든 디스크 읽고 쓰기는 Cached I/O를 기반으로 작동한다. 캐시 기반의 I/O 모드에서 디스크의 데이터를 읽고 쓰기는 다음과 같이 작동한다.

디스크로부터 데이터 읽기

캐시 기반의 I/O는 응용 프로그램에서 디스크의 데이터를 읽을 때 먼저 리눅스의 운영체제 캐시를 찾아보고 원하는 디스크 블록의 데이터가 이미 캐시되어 있는지를 확인한다. 만약 캐시에 찾는 데이터가 있다면 캐시의 데이터를 바로 응용 프로그램으로 반환한다. 그런데 찾는 블록의 데이터가 없다면 그때 실제 디스크로부터 데이터를 가져와서 운영체제 캐시에 먼저 복사하고 응용 프로그램으로 반환한다. 나중에 다시 그 블록의 데이터를 요청하는 응용 프로그램이 있으면 디스크를 다시 읽지 않고 캐시의 데이터를 바로 반환해주기 때문에 빠르게 처리된다.

디스크에 데이터 쓰기

응용 프로그램에서 운영체제로 파일의 데이터를 쓰기 요청을 하면, 리눅스는 요청을 받아서 바로 운영체제의 캐시에만 복사하고 리턴한다. 그리고 리눅스는 나중에 적절한 시점이 되면 응용 프로그램의 쓰기 요청들을 모아서 한번에 디스크로 기록한다.

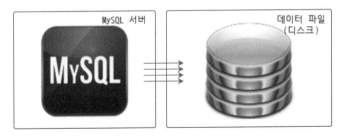

〈그림 6-13〉 다이렉트(Direct) I/O

〈그림 6-13〉은 다이렉트(Direct) I/O 모드를 그림으로 표현한 것이다. 다이렉트 I/O는 운영체제 캐시를 거치지 않기 때문에 〈그림 6-12〉의 캐시 기반의 I/O에 비하면 읽기나 쓰기 과정은 단순해졌다. 디스크로 쓰기나 읽기가 별도의 모듈을 거치지 않기 때문에 상당히 직관적이다. 하지만 실제 디스크 쓰기나 읽기는 CPU나 메모리의 성능에 비하면 상당히 느린 시스템이기 때문에 캐시 기반의 I/O에서 운영체제 캐시는 아주 빠른 하드웨어와 느린 하드웨어의 완충 작용을 하면서 많은 성능상의 보완 기능을 해준다. 그렇다면 캐시 기반의 I/O를 사용하지 않고 다이렉트 I/O를 사용하는 이유는 무엇일까? 캐시 기반의 I/O에서는 운영체제의 캐시 영역이 시스템의 메모리를 사용한다. 그런데 이미 InnoDB는 자체적으로 InnoDB 버퍼 풀이라는 아주 훌륭한 캐시 기능을 가지고 있는데, 다시 운영체제에서 메인 메모리

를 낭비해가면서 이런 캐시 기능을 가지고 있을 필요가 없기 때문이다. 이렇게 데이터가 InnoDB 버퍼 풀에도 캐시되고 운영체제의 캐시에도 캐시되는 현상을 더블 버퍼링이라고 하는데, 이런 더블 버퍼링은 불필요하게 메모리를 낭비한다.

InnoDB 버퍼 풀이 있어서 디스크 읽기 작업은 다이렉트 I/O를 하더라도 그다지 성능이 떨어지지 않는다. 하지만 캐시 기반의 I/O에 비해서 다이렉트 I/O의 쓰기 성능은 떨어지는 것이 사실이다. 그러나 요즘은 디스크의 RAID 컨트롤러가 별도의 캐시 메모리를 512MB에서 1~2GB 정도를 장착하고 있기 때문에 쓰기도 크게 문제되지 않으므로 다이렉트 I/O를 많이 사용한다. 물론 RAID 컨트롤러에 BBU(Battery-Backed Unit)가 장착되어 있다면 데이터의 안정성까지 보장되니 금상첨화인 것이다. 가끔 다이렉트 I/O를 사용하면 성능이 나아질 것이라고 생각하는 사람들이 있다. 다시 한번 강조하지만 절대 다이렉트 I/O는 성능을 높이기 위한 기능이 아니라 더블 버퍼링을 막고 메모리를 효율적으로 사용하기 위한 기능이다.

그리고 리눅스에서 캐시 기반의 I/O보다 다이렉트 I/O가 선호되는 이유는 리눅스의 고질적인 캐시 관리 모듈의 특성 때문이기도 하다. 리눅스의 캐시 모듈은 가능한 많은 데이터를 캐시하려고 노력하고 최대한 캐시된 데이터를 유지하려고 노력한다. 그래서 가끔은 리눅스의 캐시 모듈이 사용하는 메모리 때문에 엉뚱하게 InnoDB의 버퍼 풀 메모리가 디스크로 스왑 아웃(Swap-out)되는 경우가 허다하다. 이런 현상을 막기 위해서는 리눅스의 데이터 파일 읽고 쓰기가 운영체제 캐시를 사용하지 못하도록 강제하는 방법이 최선인데, 이를 위해서는 다이렉트 I/O를 사용하는 것이 가장 쉽고 빠른 방법이기 때문이다.

이제 다시 innodb_flush_method로 돌아가보자. innodb_flush_method에 O_DIRECT를 설정하면 이제 데이터 파일은 더이상 운영체제 캐시를 사용하지 않는다. 하지만 InnoDB의 리두 로그는 여전히 캐시 기반의 I/O를 하게 된다. XtraDB에서는 리두 로그까지 운영체제의 캐시를 사용하지 않고 디스크로 기록될 수 있도록 innodb_flush_method 시스템 설정 변수에 사용할 수 있는 "ALL_O_DIRECT"라는 옵션을 추가했다. 이 옵션을 사용하면 InnoDB의 데이터 파일뿐만 아니라 리두 로그까지 다이렉트 I/O를 사용한다.

6.3.2.5.4 XtraDB 스토리지 엔진의 개선된 결과

INSERT 쿼리가 많은 경우 MySQL 5.5의 InnoDB에서는 증가하는 리두 로그 대비 더티 페이지가 적절히 플러시되지 못해서 주기적으로 InnoDB 스토리지 엔진이 Async 모드에서 처리되는 것을 발견할 수 있다. 〈그림 6-14〉는 SAS 디스크로 구성된 RAID 1+0 구성의 스토리지를 사용하는 MySQL 서버에서 MySQL InnoDB와 XtraDB의 처리량 그래프를 보여주고 있다. MySQL InnoDB에서는 어댑티브 플러시(innodb_adaptive_flushing 시스템 변수)를 활성화했으며, XtraDB는 innodb_adaptive_flushing_method 시스템 변수를 estimate로 설정하고 innodb_checkpoint_age_target을 설정한 상태에서 테스트한 것이다.

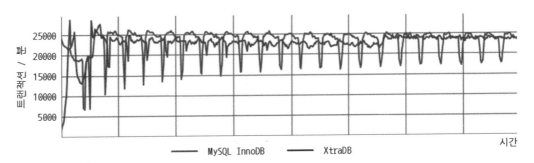

〈그림 6-14〉 RAID 10 (SAS 디스크) (estimate)

〈그림 6-15〉는 PCI-e 타입의 SSD를 스토리지로 사용하는 MySQL InnoDB와 XtraDB 스토리지 엔진을 테스트한 결과이다. 물론 InnoDB에서는 어댑티브 플러시 설정을 활성화했고, XtraDB에서는 innodb_adaptive_flushing_method 시스템 변수를 keep_average로 설정했다.

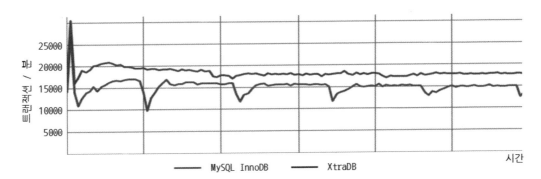

〈그림 6-15〉 SSD (PCI-e) (keep_average)[4]

XtraDB 스토리지 엔진에서는 RAID 1+0로 구성된 HDD와 SSD 모두 스루풋이 안정적으로 유지되는

---

4 〈그림 6-14〉와 〈그림 6-15〉에서 톱니 모양의 그래프가 MySQL InnoDB이며, 완만한 성능을 보이는 그래프가 XtraDB이다.

것을 확인할 수 있다. 하지만 MySQL 5.5의 InnoDB 스토리지 엔진에서는 주기적으로 잠깐씩 스루풋이 급격히 떨어졌다가 다시 올라가는 현상을 확인할 수 있다. 이 그래프가 InnoDB의 체크포인트 에이지의 변화를 보여주는 그래프는 아니다. 하지만 MySQL 5.5의 InnoDB 스토리지 엔진에서 스루풋이 급격히 떨어지는 시점은 체크포인트 에이지가 증가하여 InnoDB 스토리지 엔진이 Async 모드로 빠졌다가 다시 정상 상태로 바뀐 시점을 의미한다. 이렇게 InnoDB 스토리지 엔진이 Async 모드로 바뀌면 버퍼 풀의 더티 페이지를 플러시하면서 사용자의 요청이 블로킹되거나 빠르게 처리되지 못하는 현상이 발생하는 것이다.

> **참고**   앞의 그래프는 Percona Performance Blog의 성능 벤치마크 결과를 참조한 그래프이며, 원문은 다음 URL에서 확인할 수 있다.
>
> http://www.mysqlperformanceblog.com/2010/12/20/mysql-5-5-8-and-percona-server-being-adaptive/

6.3.2.6 MySQL 5.6 InnoDB의 더티 플러시   `MariaDB`   `MySQL`

MySQL 5.5의 InnoDB에서는 더티 페이지 플러시가 마스터 스레드라고 불리는 백그라운드 스레드에 의해서 처리되었는데, 마스터 스레드는 더티 페이지 플러시 이외에도 여러 가지 일들을 처리하는 스레드였다. 대표적으로 언두 영역의 정리 삭제 작업과 체인지 버퍼(Change buffer)를 데이터 파일로 병합하는 작업 그리고 더티 페이지 플러시 작업 등이다. 물론 MySQL 5.5 버전부터는 언두 영역을 정리하고 삭제하는 작업은 별도의 스레드로 분리되었지만 여전히 마스터 스레드는 하는 일들이 많았으며, 서로간의 간섭을 피하기가 어려운 구조였었다.

그래서 MySQL 5.6부터는 더티 페이지 플러시만 전담하는 페이지 클리너(Page Cleaner) 스레드가 도입되었다. MySQL 5.6 InnoDB의 페이지 클리너 스레드도 비슷하게 아래의 두 가지 기준으로 더티 페이지 플러시를 실행한다.

액세스 패턴(Access pattern)

버퍼 풀에 빈 공간이 없을 때에는, 최근에 자주 사용되지 않은 페이지가 LRU_list 플러시에 의해서 디스크로 플러시된다. 플러시해야 할 더티 페이지의 순서는 LRU_list에 관리된다.

에이지(Age)

더티 페이지들이 변경된 시간 순서대로 관리되는 리스트가 있는데, 이를 Flush_list라고 한다. Flush_list의 페이지는 몇 가지 경험 기반의 알고리즘을 이용해서 플러시된다.

6.3.2.6.1 액세스 패턴

MySQL 5.5 InnoDB에서는 액세스 패턴에 해당하는 LRU_list의 플러시는 백그라운드 스레드에서 수행되는 것이 아니라 사용자 스레드에서 처리되었다. 즉 사용자가 쿼리를 요청하면 InnoDB 스토리지 엔진은 그 쿼리를 처리하기 위해서 디스크의 데이터 페이지를 읽어야 할 때도 있다. 이때 만약 버퍼 풀의 Free_list에서 여유 페이지가 없다면 LRU_list의 제일 마지막 페이지를 디스크로 플러시하게 된다. 그런데 더 큰 문제는 이때 LRU_list의 페이지를 한두 개만 플러시하는 것이 아니라 배치 형식으로 많은 페이지들을 플러시해 버리게 된다는 점이다. 이렇게 Free_list 페이지가 없을 때 실행되는 쿼리는 많은 시간이 소요될 수도 있는 것이다. 그래서 MySQL 5.6 InnoDB에서는 LRU_list 플러시까지 백그라운드 스레드에서 처리하도록 개선된 것이다.

MySQL 5.6의 InnoDB에서는 LRU_list 플러시를 위해서 innodb_lru_scan_depth라는 새로운 시스템 변수가 도입되었다. 이 시스템 변수는 버퍼 풀 인스턴스 단위로 설정하는데, 페이지 클리너 스레드가 플러시할 더티 페이지를 찾기 위해서 LRU_list에서 얼마나 많은 페이지를 스캔할지를 결정한다. LRU 플러시는 1초에 한번씩 백그라운드로 실행되는데, 평균적으로 IO 여유가 있는 MySQL 서버에서는 innodb_lru_scan_depth를 조금 높게 설정하고, 쓰기가 많고 버퍼 풀이 큰 MySQL 서버에서는 이 값을 줄이는 것이 좋다.

6.3.2.6.2 체크포인트 에이지

Flush_list에 남아 있을 수 있는 페이지의 전체 양은 InnoDB의 전체 리두 로그 사이즈의 합에 의해서 결정된다. 이는 InnoDB 버퍼 풀에 유지될 수 있는 더티 페이지의 수가 리두 로그 사이즈의 합에 의해서 결정되는 것과 같은 원리이다. 이 이야기를 반대로 풀어서 보면 InnoDB의 리두 로그 파일에 적당한 크기의 여유 공간을 마련해두기 위해서 Flush_list의 더티 페이지를 계속적으로 플러시를 해야 한다는 것이다. 그런데 Flush_list의 더티 페이지를 너무 공격적으로 많이 플러시를 하면 버퍼 풀의 효율이 떨어지고, 너무 천천히 플러시를 하면 InnoDB 리두 로그의 여유 공간 확보가 어려워진다. 당연히 InnoDB의 리두 로그에 여유 공간이 없어지면 MySQL 서버의 모든 쿼리들이 블로킹 상태로 빠지고 InnoDB 스토리지 엔진은 Flush_list의 더티 페이지들을 매우 공격적으로 디스크로 플러시하게 된다. 이런 상황을 피하기 위해서 InnoDB 리두 로그의 여유 공간 확보와 버퍼 풀의 적절한 더티 페이지 보관 주기 관리가 매우 중요한 것이다.

MySQL 5.6의 InnoDB에서는 디스크로 플러시해야 할 페이지의 수를 현재 체크포인트 에이지를 기반으로 다음의 공식으로 결정하게 된다.

```
플러시해야 할 더티 페이지의 수 =
  ((innodb_io_capacity_max / innodb_io_capacity) *
   (lsn_age_factor * sqrt(lsn_age_factor))) / 7.5;
```

위의 계산식에서 lsn_age_factor는 허용 가능한 최대 체크포인트 에이지 대비 현재 체크포인트 에이지의 비율로 계산된 값이다. 위 계산식에서 보이는 것처럼 MySQL 5.6의 InnoDB에서는 innodb_io_capacity뿐만 아니라 innodb_io_capacity_max라는 새로운 시스템 변수에 의해서 더티 페이지 플러시의 속도가 결정된다는 것을 알 수 있다.

MySQL 5.6 InnoDB에서는 백그라운드 스레드가 더티 페이지 플러시를 컨트롤할 수 있도록 innodb_io_capacity와 innodb_io_capacity_max라는 두 가지 시스템 변수를 제공하고 있다. 이 두 시스템 변수를 어떻게 사용하는지 그리고 어떻게 튜닝을 해야 하는지를 살펴보도록 하자.

innodb_io_capacity

버퍼 풀의 더티 페이지나 체인지 버퍼(Change buffer)의 인덱스 병합과 같이 여러 가지 데이터를 디스크에 기록해야 하는데 이런 작업들은 모두 InnoDB의 백그라운드 스레드에 의해서 처리된다. InnoDB의 백그라운드 스레드가 이런 작업들을 수행하면서 디스크 쓰기를 수행할 때 허용되는 최대 디스크 쓰기 횟수를 제한하는 시스템 변수이다.

기본값은 200인데, 부하가 높은 시스템이나 디스크의 성능이 더 높은 경우에는 적절히 높은 값을 설정할 수 있다. 이 설정 변수는 동적 변수이므로 MySQL 서버가 기동 중인 상태에서도 변경할 수 있다. innodb_io_capacity는 버퍼 풀의 인스턴스 개수와 관계없이 모든 버퍼 풀의 전체 디스크 쓰기 횟수를 제어한다. 이 값이 너무 크게 설정되면 버퍼 풀의 더티 페이지를 빠르게 디스크로 플러시를 하기 때문에 버퍼 풀의 효율이 떨어지게 되고, 이 값이 너무 낮으면 버퍼 풀의 전체 더티 페이지 개수가 커지고 리두 로그 파일의 여유 공간이 줄어들게 될 것이다.

최근에 많이 사용되는 15000RPM이나 10000RPM의 디스크에서는 디스크 헤더 개수당 200~300 정도로 계산해서 설정하면 된다. 즉 10000RPM 디스크 4개로 RAID 1+0으로 구성했다면 쓰기용 디스크 헤더는 2개인 셈이므로 400~600 정도를 설정해주면 되는 것이다.

innodb_io_capacity_max

InnoDB의 리두 로그 증가량에 비해서 더티 페이지 플러시가 지연되면 InnoDB는 innodb_io_capacity에 명시된 IOPS보다 더 공격적으로 플러시를 수행한다. 이때 innodb_io_capacity_max 시스템 설정은 이와 같은 위급 상황에서 허용될 수 있는 최대 IOPS를 제한하는 역할을 하는데, IO 버스트(Burst)가 발생하더라도 디스크 IO가 시스템의 모든 자원을 소모하지 못하도록 제한하는 것이다.

이 값을 설정하는 방법은 innodb_io_capacity에서 값을 설정하는 방법과 거의 비슷한데, innodb_io_capacity에 설정하는 값보다는 더 큰 값으로 설정해주면 된다. innodb_io_capacity_max의 기본값은 innodb_io_capacity에 설정된 값의 2배가 기본값인데, 직접 설정할 때에는 최소 2000 이상의 값을 설정해야 한다. innodb_io_capacity_max 값 또한 버퍼 풀 인스턴스 단위 설정 값이 아니라 모든 버퍼 풀 인스턴스에서 발생하는 디스크 I/O를 제어한다.

그리고 MySQL 5.6 InnoDB 스토리지 엔진에는 innodb_adaptive_flushing_lwm과 innodb_max_dirty_pages_pct_lwm 그리고 innodb_flushing_avg_loops 시스템 설정 변수들이 새롭게 도입되었다. 이 옵션들은 어댑티브 플러시(innodb_adaptive_flushing=ON 인 경우) 알고리즘의 인자로 사용되므로 세밀하게 어댑티브 플러시의 작동 방식을 조절할 수 있게 해준다. MySQL 5.5의 InnoDB에서 이미 존재하던 innodb_adaptive_flushing와 innodb_io_capacity 그리고 innodb_max_dirty_pages_pct 옵션들은 전과 동일하게 작동하지만 MySQL 5.6의 InnoDB에 새롭게 추가된 3개 옵션들에 의해서 그 기능이 제한되거나 확장된다.

innodb_adaptive_flushing_lwm

이 옵션은 리두 로그 파일의 사이즈에 대해서 "Low water mark" 역할을 하는데, 만약 리두 로그 파일의 사용량이 innodb_adaptive_flushing_lwm 설정 값을 넘어서면 innodb_adaptive_flushing이 활성화되어 있지 않았더라도 어댑티브 플러시가 자동으로 작동한다.

innodb_max_dirty_pages_pct_lwm

InnoDB는 버퍼 풀에 innodb_max_dirty_pages_pct 시스템 변수에 설정된 값보다 더 높은 비율의 더티 페이지가 존재하지 않도록 유지한다. innodb_max_dirty_pages_pct의 기본값은 75%인데, innodb_max_dirty_pages_pct_lwm 시스템 변수는 더티 페이지의 비율을 낮추기 위해서 추가로 더티 페이지를 플러시(Pre-Flushing)를 수행시키는 "Low water mark" 역할을 한다. innodb_max_dirty_pages_pct_lwm 시스템 변수의 기본값은 0인데, 이는 추가적인 더티 페이지 플러시 작동을 비활성화시킨다.

innodb_flushing_avg_loops

이 시스템 변수는 이전의 플러시 상태에 대한 계산된 값을 몇 번(Iteration)이나 계속적으로 유지할지를 결정하는 데 사용된다. 이는 유입되는 DML 쿼리의 변화에 얼마나 InnoDB 스토리지 엔진의 더티 페이지 플러시가 빨리 대응할 수 있도록 할지에 영향을 미친다.

innodb_flushing_avg_loops 시스템 변수를 높게 설정하면 InnoDB가 이전에 계산된 값을 더 오랫동안 사용하도록 함으로써 어댑티브 플러싱이 더 천천히 반응하도록 한다. 결국 innodb_flushing_avg_loops 시스템 변수가 높으면, 사용자의 쿼리 유입 속도가 백그라운드의 더티 플러시에 즉각적인 반응으로 연결되지 않도록 하는 것이다. 리두 로그 사용량이 75% 미만을 유지하고 버퍼 풀의 더티 페이지 비율이 innodb_max_dirty_pages_pct 시스템 변수 설정 값보다 낮은 상태로 유지되는 MySQL 서버에서만 innodb_flushing_avg_loops 시스템 설정을 높게 유지하는 것이 좋다.

MySQL 서버로 유입되는 쿼리 요청이 균일하면서 리두 로그 파일의 사이즈가 크다면 innodb_flushing_avg_loops 시스템 설정을 높게 설정해주는 것이 좋다. 이 값이 높아질수록 MySQL 서버는 조금 더 부드럽게 작동할 것이다. MySQL 서버로 유입되는 쿼리량의 변화가 심하고 리두 로그의 여유 공간이 많이 남아있지 않은 MySQL 서버에서는 innodb_flushing_avg_loops 시스템 변수를 낮게 설정하는 것이 좋다. 이 값이 작으면 DML 쿼리 요청에 더티 페이지 플러시가 빠르게 반응하기 때문에 리두 로그의 사용량이 적절한 수준으로 유지될 것이다.

innodb_flush_neighbors

이 시스템 설정은 MariaDB 5.5의 XtraDB에서 사용되던 innodb_flush_neighbor_pages 시스템 설정과 동일한 역할을 수행한다. 잘 기억이 나지 않는다면 〈그림 6-11〉을 참조하자. MySQL 5.6의 InnoDB에서는 하나의 익스텐트(Extent)[5]에 속한 연속된 페이지들에 대해서 더티 플러시를 모아서 배치로 수행할지를 결정하는 옵션이다. 이 시스템 설정이 0으로 설정되면 이웃한 더티 페이지들의 배치 플러시 기능을 사용하지 않는 것이며, 1로 설정되면 동일 익스텐트에서 연속된 더티 페이지들까지만 배치로 플러시하며, 2로 설정되면 해당 더티 페이지가 속한 익스텐트의 모든 더티 페이지를 같이 디스크로 플러시하게 된다.

6.3.2.7 MariaDB 10.0의 XtraDB ⬛ MariaDB

MySQL 5.6의 InnoDB 스토리지 엔진에서 더티 페이지를 플러시할 때 사용하는 알고리즘의 계산식을 다시 한번 살펴보자.

```
플러시해야 할 더티 페이지의 수 =
  ((innodb_io_capacity_max / innodb_io_capacity) *
   (lsn_age_factor * sqrt(lsn_age_factor))) / 7.5;
```

위의 계산 공식을 살펴보면 innodb_io_capacity_max 시스템 설정 변수의 값이 실제 디스크로 플러시해야 할 더티 페이지수를 결정하는 데 큰 영향을 미친다는 것을 알 수 있다. 또한 innodb_io_capacity 시스템 설정 변수는 체인지 버퍼(Change buffer)의 병합이나 서버에 DML 쿼리 유입이 없는 비활동 상태나 셧다운 중인 서버의 더티 페이지 플러시에서 작업량을 결정할 때 사용된다.

즉 서버가 액티브하게 DML 쿼리를 처리하는 상태에서는 innodb_io_capacity_max 시스템 변수 값을 조절해야 하며, 서버가 비활동 상태이거나 셧다운 도중의 더티 페이지 플러시 작업량을 결정할 때에는 innodb_io_capacity를 조절해야 한다는 것이다. 또한 체인지 버퍼(change_buffering 시스템 변수) 설정이 활성화된 경우에는 평상시에는 innodb_io_capacity에 설정된 값의 5% 수준에서 인

---

5 익스텐트당 페이지의 수는 페이지 크기에 따라 다른데, 16KB 페이지 사이즈를 사용하는 경우에는 64개 페이지가 하나의 익스텐트에 해당하며 8KB 페이지 사이즈를 사용하는 경우에는 124개 페이지가 하나의 익스텐트에 속하게 된다.

서트 버퍼 병합을 수행하지만 인서트 버퍼의 사용량이 50%를 넘어서게 되면 innodb_io_capacity 의 5~55% 수준에서 인서트 버퍼 병합을 수행한다. 그리고 체인지 버퍼링이 활성화되어 있고 서버의 DML 쿼리가 없는 비활동 상태에서는 innodb_io_capacity에 설정된 IOPS만큼 인서트 버퍼 병합을 수행한다.

XtraDB 스토리지 엔진에서는 여러 가지 분석을 통해서 MySQL 5.6에 내장된 플러시 알고리즘보다 조금 더 버퍼 효율적이면서 리두 로그의 여유 공간 확보를 보장할 수 있는 새로운 알고리즘이 적용되어 있다. XtraDB에서는 다음과 같은 식으로 플러시해야 할 더티 페이지의 수를 계산한다.

```
플러시해야 할 더티 페이지의 수 =
  (((srv_max_io_capacity / srv_io_capacity) *
  (lsn_age_factor * lsn_age_factor * sqrt(lsn_age_factor))) / 700.5))
```

사실 MySQL 5.6의 InnoDB에서 사용되는 수식과 XtraDB에서 사용되는 수식은 거의 차이가 없어 보인다. 하지만 이런 작은 차이 하나가 만들어내는 최적화 패턴은 큰 차이를 보이는 경우가 많다.

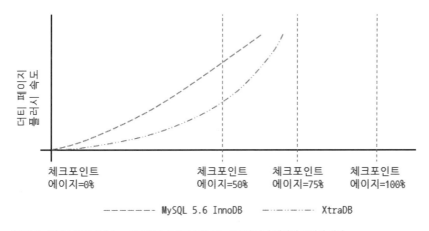

〈그림 6-16〉 MySQL 5.6 InnoDB와 MariaDB 10.0 XtraDB의 더티 페이지 플러시 패턴

〈그림 6-16〉은 MySQL 5.6의 InnoDB 스토리지 엔진과 XtraDB의 체크포인트 에이지 변화에 따른 더티 페이지 플러시 속도를 보여주는 그래프이다. 위 그래프에서 두 선의 가장 큰 차이는 각 체크포인트 에이지 지점의 기울기이다. 이상적인 그래프는 체크포인트 에이지가 낮은 시점에서는 더티 플러시의 속도를 낮춰서 버퍼 풀의 쓰기 버퍼링과 배치화된 쓰기(Write Combining)가 효율적으로 작동할 수 있도록 해줘야 한다. 그리고 체크포인트 에이지가 높아지면 더티 페이지의 플러시 속도를 높혀서 리

두 로그의 여유 공간을 빠르게 만들어낼 수 있어야 한다. 이 관점에서 〈그림 6-16〉의 그래프에서 두 그래프를 비교해보면 XtraDB의 진행 방향이 더 이상적이다.

> **주의** 〈그림 6-16〉은 Percona Performance Blog에서 인용한 그래프이다. 원문은 다음 URL에서 확인할 수 있다.
> http://www.mysqlperformanceblog.com/2013/10/30/innodb-adaptive-flushing-in-mysql-5-6-checkpoint-age-and-io-capacity/

6.3.3 버퍼 풀 성능 개선 🦭 MariaDB

InnoDB 스토리지 엔진에서 가장 핵심이 되는 부분은 버퍼 풀일 것이다. 버퍼 풀은 대부분의 InnoDB 기능과 연관을 가지면서 InnoDB의 모든 코드 블록에서도 가장 빈번하게 사용되는 모듈일 것이다. 그래서 버퍼 풀은 성능과도 아주 밀접한 관계를 가지게 된다. XtraDB 스토리지 엔진은 버퍼 풀과 관련된 여러 기능들이 개선되었는데, MySQL InnoDB에서는 지원되지 않고 XtraDB에서만 사용 가능한 기능들을 하나씩 살펴보도록 하자.

6.3.3.1 NUMA

AMD의 Opteron과 인텔의 네할렘(Nehalem) 프로세서부터는 NUMA(Non Uniform Memory Access) 아키텍처가 적용되었다. NUMA 아키텍처가 적용되기 전 프로세서에서는 UMA 아키텍처를 사용했었다. 우선 UMA와 NUMA 아키텍처에 대한 구조를 간단히 살펴보자.

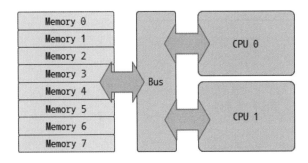

〈그림 6-17〉 UMA 아키텍처

〈그림 6-17〉은 기존의 UMA 아키텍처를 그림으로 표현한 것이다. UMA 아키텍처에서는 CPU 0번과 CPU 1번이 모두 시스템 버스(Bus)와 연결되어 있으며, 메모리는 통합되어 있고 그 메모리에 접근하기

위해서는 반드시 시스템 버스를 통해야만 했다. 하지만 이런 아키텍처에서는 CPU가 메모리에 접근하는 경로가 길고 시간이 많이 걸리는 단점이 있었다.

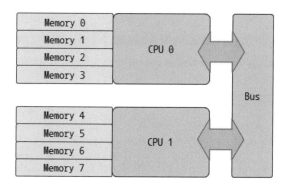

〈그림 6-18〉 NUMA 아키텍처

〈그림 6-18〉은 새로운 아키텍처인 NUMA를 표현한 것인데, 여기에서는 메모리가 CPU와 바로 연결되어 있다는 것을 알 수 있다. 〈그림 6-17〉과 〈그림 6-18〉에서 CPU는 실제 물리적인 CPU 칩을 의미하는 것이지 흔히 이야기하는 물리나 논리 코어를 의미하는 것은 아니다. NUMA 아키텍처에서는 응용 프로그램이 CPU 0번에서 기동되면 0~3번까지의 뱅크에 꽂힌 메모리를 사용한다. 그럼으로써 CPU와 메모리간의 접근이 아주 빠르게 처리되는 것이다.

지금까지 살펴본 NUMA 아키텍처의 장점은 안타깝게도 MySQL 서버와 같은 RDBMS에는 적합하지 않은 구조이다. MySQL 서버의 InnoDB 스토리지 엔진은 초기에 하나의 스레드에서 아주 대용량의 메모리를 버퍼 풀로 할당하고, 쿼리를 처리할 때에는 특정 메모리 영역만 읽어도 되는 경우가 거의 없기 때문이다. 실제 RDBMS에서 NUMA 아키텍처가 제대로 적용되려면 운영체제의 스케줄러가 쿼리가 접근하고자 하는 데이터와 각 메모리 뱅크가 가진 데이터를 인식하고 있어야 하는데, 사실 이건 거의 불가능에 가까운 일일 것이다.

MySQL 서버에서 NUMA 아키텍처가 발생시키는 진짜 골칫거리는 스왑이다. CPU가 2개인 시스템에서 NUMA 아키텍처의 각 CPU는 사용할 수 있는 메모리가 각각 반으로 줄어들게 되는데, 만약 한쪽이 90% 이상의 메모리를 사용해버린 경우라면 다른 한쪽 CPU가 사용할 수 있는 메모리가 50%가 비어있는 상태라 하더라도 스왑을 발생시키는 문제점이 있었다. 그래서 리눅스에서 기동되는 MySQL 서버는 기본적으로 NUMA를 비활성화하거나 numactl 유틸리티를 이용해서 메모리가 라운드 로빈(Round-

Robin) 방식으로 돌아가면서 할당되도록 해주고 있었다. XtraDB에서는 numa_interleave라는 시스템 변수를 제공하는데, 이 시스템 변수를 이용하면 MariaDB 서버가 인터리빙 모드(라운드 로빈으로 메모리 할당)로 기동될 수 있도록 해준다.

물론 numactl 유틸리티를 이용해서 MySQL 서버가 인터리빙 모드로 작동하도록 수정하는 것은 그렇게 어려운 일은 아니다. mysqld_safe나 my.cnf 파일을 직접 수정해서 인터리빙 모드로 MySQL이나 MariaDB가 작동하도록 설정할 수도 있다.

6.3.3.2 버퍼 풀 메모리 초기 할당

리눅스에서 기동되는 MySQL 서버에서는 시작과 동시에 필요한 모든 메모리를 할당받도록 변경하기가 쉽지 않다. 물론 리눅스의 기본 메모리 할당 방식을 변경해서 그렇게 할 수 있지만 이 방식은 리눅스의 기본 작동 방식을 변경하는 것이어서 선뜻 적용하기가 쉽지 않다. 그래서 리눅스에서는 InnoDB 버퍼 풀을 40GB로 설정하고 MySQL 서버를 시작해도 InnoDB 스토리지 엔진이 처음부터 40GB 메모리를 점유하는 것이 아니라 단순히 40GB를 사용할 것이라고 리눅스에게 예약만 해두게 된다. 이렇게 예약된 메모리는 실제 응용 프로그램에서 접근할 때에만 리눅스가 응용 프로그램쪽으로 할당해주는 방식이다.

이렇게 응용 프로그램이 필요한 만큼만 메모리를 할당해주는 방식은 사용자의 실수를 막을 수도 있고, 불필요하게 응용 프로그램에게 메모리를 많이 할당해서 낭비되는 일을 막을 수 있다는 장점이 있다. 하지만 이렇게 MySQL 서버가 사용하는 메모리가 한번에 할당되지 않고, 필요할 때마다 조금씩 조금씩 할당하는 방식에서는 관리자가 실제 MySQL 서버의 메모리 할당이 제대로 되었는지를 MySQL 서버 기동과 동시에 파악하는 것을 어렵게 만든다. 즉 관리자가 InnoDB 버퍼 풀로 아무리 많은 메모리 공간을 할당하더라도 실제 사용하는 공간이 1GB밖에 안 된다면 MySQL 서버는 메모리를 1GB만 사용할 것이기 때문이다. 하지만 나중에 데이터가 쌓이고 사용량이 늘어나면서 결국은 잘못된 메모리 할당으로 스왑을 사용하게 된다거나 리눅스의 OOM Killer 프로세스에 의해서 강제 종료되어 버릴 수도 있는 것이다.

이런 문제들을 해결하기 위해서 XtraDB에서는 버퍼 풀로 할당된 메모리 공간을 운영체제로부터 미리모두 할당받아둘 수 있는 기능을 제공한다. XtraDB에서는 innodb_buffer_pool_populate 시스템 변수를 ON으로 설정하면 MySQL 서버가 기동되면서 XtraDB가 버퍼 풀을 할당받을 때 설정된 40GB

의 메모리를 모두 할당받는다. 그리고 앞으로 쿼리가 실행되고 데이터가 늘어나도 더 이상 버퍼 풀로 사용되는 공간을 위한 메모리 할당은 발생하지 않기 때문에 전체적인 메모리 사용량은 고정되는 것이다. 이제 관리자는 처음에 MySQL 서버를 시작함과 동시에 MySQL 서버의 메모리 관련 설정이 문제가 있는지 없는지를 바로 알 수 있게 되는 것이다.

6.3.3.3 InnoDB 잠금 세분화

MySQL 5.5 버전의 InnoDB에서는 kernel_mutex라는 악명 높은 뮤텍스가 있는데, InnoDB에서 별도의 뮤텍스를 만들기가 어려운 코드 블록에서는 거의 모두 kernel_mutex가 사용되었다. 그래서 전혀 관계 없는 처리들이 kernel_mutex 때문에 불필요하게 대기하게 되는 경우도 많았다. MariaDB 5.5의 XtraDB에서는 kernel_mutex를 더 세분화해서 잠금 경합을 많이 줄였다. MySQL 5.6 InnoDB에서는 XtraDB와 비슷하게 kernel_mutex를 좀 더 세분화해서 경합을 줄일 수 있도록 개선되었다.

또한 MySQL 5.6 InnoDB에서는 LRU_list에서 페이지를 제거할 때 페이지의 개수를 파악하기 위해서 buffer_pool 뮤텍스를 사용했다. XtraDB에서는 조금은 정확하지 않더라도 뮤텍스 사용을 제거하여 실제 버퍼 풀에 접근하는 쓰레들의 병목을 개선했다. 하지만 LRU_list의 페이지 개수 파악이 조금 정확하지 않더라도 InnoDB 스토리지 엔진의 전체적인 처리에는 아무런 영향이 없다.

또한 MySQL 5.6 InnoDB에서는 버퍼 풀의 각 리스트들의 동기화를 위해서 글로벌하게 사용되던 하나의 뮤텍스를 다음과 같이 여러개의 뮤텍스로 분리하여 버퍼 풀의 잠금 경합을 낮추었다.

flush_state_mutex
플러시 상태의 더티 페이지를 보호하는 뮤텍스

LRU_list_mutex
버퍼 풀에서 LRU 리스트에 저장된 페이지들을 동기화하는 데 사용되는 뮤텍스

flush_list_mutex
버퍼 풀에서 플러시해야 할 더티 페이지들의 리스트를 동기화하는 데 사용되는 뮤텍스

free_list_mutex
버퍼 풀에서 사용되지 않는 프리 페이지들의 리스트를 관리하는 뮤텍스

zip_free_mutex

압축된 페이지들을 처리하기 위해서 사용되는 프리 페이지들의 목록을 관리하는 뮤텍스

zip_hash_mutex

압축된 페이지들을 검색하기 위한 해시 테이블을 보호하는 뮤텍스

MySQL 5.5에서 그래왔던 것처럼 Percona에서는 MySQL 5.6에 대한 기술 지원을 하면서 발생하는 이런 불필요한 잠금 경합이 발견되면 XtraDB를 개선해서 이와 같은 잠금 경합이 동시성을 저해하지 않도록 개선된 버전을 계속 출시할 것이다.

6.3.3.4 I/O 기반의 워크로드 성능 향상

디스크의 데이터 파일 크기가 InnoDB 버퍼 풀보다 훨씬 커서 디스크 읽기가 매우 빈번하게 발생하는 MySQL 서버에서는 다음과 같은 현상이 자주 발생한다.

- 페이지 클리너 스레드(Page cleaner thread)에서 프리 페이지를 준비하는 것보다 버퍼 풀의 Free_list의 프리 페이지(Free page)가 매우 더 빠르게 소진되는 경우
- 버퍼 풀의 Free_list가 모두 소진되어서 쿼리나 다른 백그라운드 스레드가 계속 대기하는 상태가 발생
- Free_list의 동기화를 위한 뮤텍스 대기가 증가
- 페이지 클리너 스레드와 사용자 스레드에서 프리 페이지를 준비해도 버퍼 풀의 Free_list에 넣기 위해서 뮤텍스 대기를 해야 하기 때문에 페이지 클리너 스레드의 성능이 떨어지게 됨

XtraDB에서는 위와 같은 악순환을 막기 위해서 프리 페이지(Free page)를 생성하는 페이지 클리너 스레드는 즉시 프리 페이지 리스트의 뮤텍스를 획득할 수 있도록 우선순위를 부여했다. 물론 이렇게 프리 페이지 생성자(페이지 클리너 스레드)에게 우선순위를 부여한다 하더라도 뮤텍스 컨텐션이 완전히 해소되지는 않을 것이다. Free_list에 프리 페이지가 하나도 없는 상태에서도 여전히 Free_list 뮤텍스는 불필요하게 점유되었다가 다시 해제되기를 반복할 것이다. Free_list에 프리 페이지가 없는 경우에는 페이지 클린 스레드와 사용자 스레드에서 동시에 프리 페이지를 준비하고 Free_list에 추가를 하는데, 사용자 스레드에서는 한 번에 하나씩 프리 페이지를 준비한다. 이는 Free_list의 뮤텍스 경합을 더 유발하는 원인이 된다.

그래서 Free_list에 프리 페이지가 없는 경우 XtraDB에서는 LRU_list 플러시를 사용자 스레드에서는 수행하지 않고 페이지 클리너 스레드에서 배치 형태로만 수행하도록 innodb_empty_free_list_ algorithm 시스템 변수로 조정할 수 있다. innodb_empty_free_list_algorithm 시스템 변수에는 legacy와 backoff 중 하나를 선택할 수 있는데, "legacy"로 설정되면 기존의 MySQL 5.6의 알고리즘이 그대로 사용되고, "backoff"로 설정되면 XtraDB의 새로운 알고리즘이 사용된다.

6.3.3.5 어댑티브 해시 파티션

InnoDB 스토리지 엔진에서는 프라이머리 키나 인덱스에 대한 룩업이 빈번히 발생하는 경우, 해당 인덱스의 일부 값들에 대해서 내부적으로 자동으로 해시 인덱스를 생성해서 검색이 빠르게 수행될 수 있도록 최적화한다. 이때 내부적으로 자동 생성되는 인덱스를 "어댑티브 해시 인덱스"라고 한다. MySQL 5.6의 InnoDB 어댑티브 해시 인덱스는 코어가 많이 장착된 시스템에서 읽기와 쓰기를 섞어서 사용하는 쿼리들이 많이 실행될 때 동시성 문제가 발생할 수 있다.

XtraDB에서는 어댑티브 해시 인덱스의 동시성 문제를 해결하기 위해서 innodb_adaptive_hash_index_partitions라는 시스템 변수를 도입했다. XtraDB는 innodb_adaptive_hash_index_partition 시스템 변수에 설정된 정수 값만큼의 어댑티브 해시 인덱스를 생성하고, InnoDB 테이블의 각 인덱스 아이디를 기준으로 사용될 어댑티브 해시 인덱스를 결정하게 된다. 즉 테이블 하나에 인덱스가 하나만 있는 MySQL 서버에서는 어댑티브 해시 인덱스 파티션이 크게 도움이 되지 않을 수 있다. innodb_adaptive_hash_index_partition 시스템 변수를 1로 설정하면 MySQL 5.6의 InnoDB와 동일하게 작동하며, 2 이상의 값이 설정되면 지정된 개수만큼의 어댑티브 해시 인덱스를 생성한다. innodb_adaptive_hash_index_partition 값은 1보다 크고 64(64비트 플랫폼, 32비트 플랫폼에서는 최대 32개)보다 적은 값이 설정되어야 한다.

6.3.4 원자 단위의 쓰기(FusionIO SSD를 위한 Atomic write) ⬛ MariaDB

InnoDB 스토리지 엔진의 리두 로그는 리두 로그 공간의 낭비를 막기 위해 페이지의 변경된 내용만 기록한다. 이로 인해서 InnoDB의 스토리지 엔진에서 더티 페이지를 디스크 파일로 플러시할 때 일부만 기록되는 문제가 발생하면 그 페이지의 내용은 복구할 수 없을 수도 있다. 이렇게 페이지가 일부만 기록되는 현상은 파샬 페이지(Partial-page 또는 Torn-page)라고 하는데, 이런 현상은 하드웨어의 오작동이나 시스템의 비정상 종료 등으로 발생할 수 있다.

InnoDB 스토리지 엔진에서는 이런 문제점을 막기 위해서 Double-write 기법을 이용한다. 〈그림 6-19〉는 InnoDB의 Double-Write 기법이 작동하는 방식을 표현한 것이다. 〈그림 6-19〉에서와 같이 InnoDB에서 "A" ~ "F"까지의 더티 페이지를 디스크로 플러시한다고 가정해보자. 이때 InnoDB 스토리지 엔진은 실제 데이터 파일에 변경 내용을 기록하기 전에 "A" ~ "F"까지의 더티 페이지를 우선 묶어서 한번의 디스크 쓰기로 시스템 테이블 스페이스의 DoubleWrite 버퍼에 기록한다. 그리고 InnoDB 스토리지 엔진은 각 더티 페이지를 파일의 적당한 위치에 하나씩 랜덤으로 쓰기를 실행하게 된다.

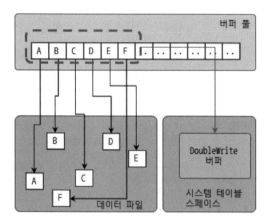

〈그림 6-19〉 Double Write 작동 방식

이렇게 시스템 테이블스페이스의 DoubleWrite 버퍼 공간에 기록된 변경 내용은 실제 데이터 파일에 "A" ~ "F" 더티 페이지가 정상적으로 기록되면 더 이상 필요가 없어진다. DoubleWrite 버퍼의 내용은 실제 데이터 파일의 쓰기가 중간에 실패할 때에만 원래의 목적으로 사용된다. 만약 "A"와 "B" 페이지는 정상적으로 기록되었지만 "C" 페이지가 기록되는 도중에 운영체제가 비정상적으로 종료되었다고 가정해보자. 그러면 InnoDB 스토리지 엔진은 재시작될 때 항상 DoubleWrite 버퍼의 내용과 데이터 파일의 페이지들을 모두 비교해서 다른 내용을 담고 있는 페이지가 있으면 DoubleWrite 버퍼의 내용을 데이터 파일의 페이지로 복사한다. DoubleWrite 기능을 사용할지 여부는 innodb_doublewrite 시스템 변수로 제어할 수 있다.

DoubleWrite 버퍼는 데이터의 안정성을 위해서 자주 사용되는데, HDD와 같이 자기 원판(Platter)이 회전하는 저장 시스템에서는 어차피 한번의 순차 디스크 쓰기를 하는 것이기 때문에 별로 부담이 되지 않는다. 하지만 SSD와 같이 랜덤 IO나 순차 IO의 비용이 비슷한 저장 시스템에서는 상당히 부담스럽다. SSD 저장 시스템에서 DoubleWrite 버퍼는 결국 2개의 더티 페이지를 플러시하는 것이다. FusionIO와 같은 고성능의 SSD는 디스크 쓰기를 원자 단위로 처리할 수 있게 해주는 기능을 가지고 있다. 여기에서 원자 단위라 함은 InnoDB 스토리지 엔진이 16KB를 디스크로 쓰기를 실행했을 때 FusionIO 드라이브는 16KB가 100% 완전하게 기록되거나 아니면 하나도 디스크에 기록되지 않는 형태로 트랜잭션을 보장하는 것이다.

FusionIO의 원자 단위 쓰기 기능을 활용하면 InnoDB 스토리지 엔진의 DoubleWrite 쓰기 기능은 더 이상 필요치 않다. 즉 SSD의 디스크 쓰기 양을 반으로 줄일 수 있게 되는 것이다. XtraDB에서는 innodb_use_atomic_write 시스템 변수를 ON으로 설정하여 FusionIO의 원자 단위 쓰기 기능을 이용할 수 있도록 기능이 추가되었다. innodb_use_atomic_write가 ON으로 설정되면 innodb_flush_method가 fdatasync나 O_DSYNC인 경우 자동으로 O_DIRECT로 변경된다. innodb_flush_method가 O_DIRECT나 ALL_O_DIRECT 그리고 O_DIRECT_NO_FSYNC 중 하나인 경우에는 그대로 유지된다. 또한 innodb_use_atomic_write가 ON으로 설정되면 innodb_doublewrite는 자동으로 OFF로 변경된다.

> **주의** FusionIO SSD에서 DirectFS를 사용하는 경우에만 innodb_use_atomic_write 시스템 변수를 ON으로 활성화할 수 있다. 아직 FusionIO를 제외한 다른 SSD 제품에서는 Atomic Write 기능을 제공하지 않고 있으며, XtraDB에서는 FusionIO의 Atomic Write API를 사용하기 때문이다.
>
> 또한 FusionIO SSD를 사용한다 하더라도 DirectFS를 사용하지 않고 EXT3나 XFS 그리고 EXT4 파일 시스템을 사용하는 경우에는 Atomic Write 기능을 사용할 수 없다.

6.3.5 확장된 InnoDB 엔진 상태 출력 [MariaDB]

MySQL 서버의 "SHOW ENGINE INNODB STATUS" 결과에 표시되는 내용은 상당히 중요한데도 내용이 너무 장황하게 출력되어 가독성이 떨어지는 단점이 있다. XtraDB에서는 "SHOW ENGINE INNODB STATUS"의 결과 값이 어떻게 보여질지를 제어할 수 있는 2개의 시스템 변수를 도입했다.

innodb_show_verbose_locks

잠긴 레코드의 정보를 출력할지 여부를 결정한다. 이 시스템 변수의 값이 0이면 잠금에 대한 상세한 내용은 출력되지 않고 간단하게 어떤 테이블과 어떤 인덱스가 잠겼는지만 출력한다. 그리고 이 값이 1로 설정되면 상세한 내용들이 출력된다. 이 시스템 변수의 기본값은 0으로 설정되어 있다.

innodb_show_locks_held

InnoDB의 각 트랜잭션 단위로 잠금의 개수를 출력할지 여부를 결정한다. 이 시스템 변수의 기본값은 10이며 최대 1000 까지 설정할 수 있다.

"SHOW ENGINE INNODB STATUS" 결과는 상당히 많은 내용이 출력되지만, 그래도 아직 필요한 데도 출력되지 않는 정보들도 있다. XtraDB에서는 "SHOW ENGINE INNODB STATUS" 결과의 "BUFFER POOL AND MEMORY" 섹션에 내부 해시 테이블("Internal hash tables")의 사이즈와 버 퍼 풀의 전체 사이즈를 바이트 단위로 출력하도록 개선되었으며, "LOG" 섹션에도 추가적인 정보들이 더 출력되도록 개선되었다.

MySQL 서버의 InnoDB 엔진을 모니터링하기 위해서 "SHOW ENGINE INNODB STATUS" 명 령의 결과로 출력되는 내용 중에서 모니터링해야 할 값들이 많다. 하지만 MySQL 5.6의 InnoDB에 서는 "SHOW ENGINE INNODB STATUS" 명령의 결과가 텍스트 형태로 출력되기 때문에 이 값 을 모두 분석해야만 그 상태 값을 모니터링할 수 있다. 하지만 아주 길게 출력되는 "SHOW ENGINE INNODB STATUS"의 결과 값을 파싱해서 필요한 값만 추출해낸다는 것은 쉬운 일이 아니다. 그래서 XtraDB에서는 "SHOW ENGINE INNODB STATUS" 결과 값의 주요 모니터링 대상 상태 값들을, MariaDB의 상태 변수로 등록해서 조회해볼 수 있도록 하고 있다. 즉 "SHOW ENGINE INNODB STATUS" 명령의 결과를 분석하는 것이 아니라 "SHOW GLOBAL STATUS" 명령으로 XtraDB 엔진 의 상태 값을 모니터링할 수 있게 된 것이다.

6.3.5.1 백그라운드 스레드 관련 상태 변수

XtraDB에서는 "SHOW ENGINE INNODB STATUS" 결과 값의 "BACKGROUND THREAD" 섹 션의 상태 값을 3개의 상태 변수로 등록했다.

```
BACKGROUND THREAD
------------------
srv_master_thread loops: 1 srv_active①, 0 srv_shutdown, 11844 srv_idle②
srv_master_thread log flush and writes: 11844 ③
```

- Innodb_master_thread_active_loops ①

- Innodb_master_thread_idle_loops ②

- Innodb_background_log_sync ③

6.3.5.2 세마포어 관련 상태 변수

XtraDB에서는 "SHOW ENGINE INNODB STATUS" 결과 값의 "SEMAPHORE" 섹션의 상태 값을 9개의 상태 변수로 새로 등록했다.

```
SEMAPHORES
----------
OS WAIT ARRAY INFO: reservation count 9664, signal count 11182
Mutex spin waits 20599③, rounds 223821②, OS waits 4479①
RW-shared spins 5155⑤, OS waits 1678④; RW-excl spins 5632⑧, OS waits 2592⑦
Spin rounds per wait: 10.87 mutex, 15.01 RW-shared⑥, 27.19 RW-excl⑨
```

- Innodb_mutex_os_waits ①
- Innodb_mutex_spin_rounds ②
- Innodb_mutex_spin_waits ③
- Innodb_s_lock_os_waits ④
- Innodb_s_lock_spin_rounds ⑤
- Innodb_s_lock_spin_waits ⑥
- Innodb_x_lock_os_waits ⑦
- Innodb_x_lock_spin_rounds ⑧
- Innodb_x_lock_spin_waits ⑨

6.3.5.3 인서트 버퍼와 어댑티브 해시 인덱스 관련 상태 변수

XtraDB에서는 "SHOW ENGINE INNODB STATUS" 결과 값의 "INSERT BUFFER AND ADAPTIVE HASH INDEX" 섹션의 상태 값을 10개의 상태 변수로 새로 등록했다.

```
INSERT BUFFER AND ADAPTIVE HASH INDEX
-------------------------------------
Ibuf: size 1⑩, free list len 0④, seg size 2⑨, 0 merges⑧
merged operations:
 insert 0⑦, delete mark 0⑤, delete 0⑥
discarded operations:
 insert 0③, delete mark 0①, delete 0②
```

```
Hash table size 174431, node heap has 0 buffer(s)
0.00 hash searches/s, 0.00 non-hash searches/s
```

- Innodb_ibuf_discarded_delete_marks ①

- Innodb_ibuf_discarded_deletes ②

- Innodb_ibuf_discarded_inserts ③

- Innodb_ibuf_free_list ④

- Innodb_ibuf_merged_delete_marks ⑤

- Innodb_ibuf_merged_deletes ⑥

- Innodb_ibuf_merged_inserts ⑦

- Innodb_ibuf_merges ⑧

- Innodb_ibuf_segment_size ⑨

- Innodb_ibuf_size ⑩

6.3.5.4 로그 관련 상태 변수

XtraDB에서는 "SHOW ENGINE INNODB STATUS" 결과 값의 "LOG" 섹션의 상태 값을 5개의 상태 변수로 새로 등록했다.

```
LOG
---
Log sequence number 10145937666①
Log flushed up to   10145937666②
Pages flushed up to 10145937666
Last checkpoint at  10145937666③
Max checkpoint age    80826164⑤
Checkpoint age target 78300347
Modified age          0
Checkpoint age        0④
0 pending log writes, 0 pending chkp writes
9 log i/o's done, 0.00 log i/o's/second
Log tracking enabled
Log tracked up to   10145937666
Max tracked LSN age 80826164
```

- Innodb_lsn_current ①

- Innodb_lsn_flushed ②

- Innodb_lsn_last_checkpoint ③

- Innodb_checkpoint_age ④

- Innodb_checkpoint_max_age ⑤

6.3.5.5 버퍼 풀 관련 상태 변수

XtraDB에서는 "SHOW ENGINE INNODB STATUS" 결과 값의 "BUFFER POOL AND MEMORY" 섹션의 상태 값을 9개의 상태 변수로 새로 등록했다.

```
BUFFER POOL AND MEMORY
----------------------
Total memory allocated 137363456③; in additional pool allocated 0
Total memory allocated by read views 88⑦
Internal hash tables (constant factor + variable factor)
    Adaptive hash index 2266736         (2213368 + 53368) ①
    Page hash           139112 (buffer pool 0 only)
    Dictionary cache    729463  (554768 + 174695)
    File system         824800  (812272 + 12528)
    Lock system         333248  (332872 + 376)
    Recovery system     0        (0 + 0)
Dictionary memory allocated 174695②
Buffer pool size        8191
Buffer pool size, bytes 134201344
Free buffers            7481
Database pages          707
Old database pages      280⑥
Modified db pages       0
Pending reads 0
Pending writes: LRU 0, flush list 0 single page 0
Pages made young 0⑤, not young 0④
0.00 youngs/s, 0.00 non-youngs/s
Pages read 707, created 0, written 1
0.00 reads/s, 0.00 creates/s, 0.00 writes/s
No buffer pool page gets since the last printout
Pages read ahead 0.00/s, evicted without access 0.00/s, Random read ahead 0.00/s
LRU len: 707, unzip_LRU len: 0
```

- Innodb_mem_adaptive_hash ①

- Innodb_mem_dictionary ②

- Innodb_mem_total ③

- Innodb_buffer_pool_pages_LRU_flushed

- Innodb_buffer_pool_pages_made_not_young ④(모니터링을 위해서 새로 추가된 상태 값)

- Innodb_buffer_pool_pages_made_young ⑤

- Innodb_buffer_pool_pages_old ⑥

- Innodb_descriptors_memory

- Innodb_read_views_memory ⑦(모니터링을 위해서 새로 추가된 상태 값)

6.3.5.6 트랜잭션 관련 상태 변수

XtraDB에서는 "SHOW ENGINE INNODB STATUS" 결과 값의 "TRANSACTIONS" 섹션의 상태
값을 6개의 상태 변수로 새로 등록했다.

```
TRANSACTIONS
------------
Trx id counter F561FD
Purge done for trx's n:o < F561EB③ undo n:o < 0④
History list length 19①
LIST OF TRANSACTIONS FOR EACH SESSION:
---TRANSACTION 0, not started, process no 993, OS thread id 140213152634640
mysql thread id 15933, query id 32109 localhost root
show innodb status
---TRANSACTION F561FC②, ACTIVE 29 sec, process no 993, OS thread id 140213152769808 updating
or deleting
mysql tables in use 1, locked 1⑤
```

- Innodb_history_list_length ①

- Innodb_max_trx_id ②

- Innodb_oldest_view_low_limit_trx_id ②

- Innodb_purge_trx_id ③

- Innodb_purge_undo_no ④

- Innodb_current_row_locks ⑤

6.3.6 XtraDB 리두 로그 아카이빙

XtraDB와 InnoDB는 리두 로그 파일을 순환하면서 사용했던 영역을 계속 덮어쓰기하면서 재사용한다. 그래서 오래된 리두 로그는 새로운 리두 로그에 의해서 덮어쓰이면서 사라진다. XtraDB에서는 오래된 리두 로그가 새로운 리두 로그에 의해서 덮어쓰이기 전에 오래된 로그를 복사하도록 기능이 추가했는데, 이 기능을 이용하면 XtraDB 테이블에 대한 변경 작업 로그를 모두 수집할 수 있다.

XtraDB의 로그 아카이빙이 활성화되면 XtraDB는 원래 리두 로그와 별도의 새로운 리두 로그 셋을 복사한다. 필요한 경우에는 새로운 파일을 생성하기도 한다. 아카이빙된 로그 파일의 이름은 ib_log_archive_〈시작_LSN〉 형태로 생성되며, 시작 LSN은 현재 아카이빙 파일이 어느 로그 시퀀스 번호(Log Sequence Number)부터 시작되었는지를 알려준다. 아카이빙된 로그 파일의 이름은 다음과 같이 생성될 것이다.

```
ib_log_archive_00000000010145937920
ib_log_archive_00000000010196267520
```

아카이빙된 리두 로그를 강제로 삭제할 수 있도록 별도의 관리자 명령도 추가되었다. 다음 두 가지 명령 모두 SUPER 권한을 필요로 한다.

PURGE ARCHIVED LOGS BEFORE 〈datetime〉

주어진 날짜 이전에 생성된 리두 로그 아카이브 파일을 삭제한다. 현재 복사되고 있는 리두 로그 아카이브는 삭제되지 않는다.

PURGE ARCHIVED LOGS TO 〈log_filename〉

인자로 주어진 "log_filename" 파일과 그 이전에 생성된 리두 로그 아카이브 파일을 모두 제거한다. 이 경우 또한 현재 복사되고 있는 리두 로그 아카이브는 삭제되지 않는다.

> **주의** 리두 로그 아카이빙은 원본 리두 로그 파일과 아카이빙된 리두 로그 파일의 양쪽 쓰기를 발생시키기 때문에 더 많은 디스크 I/O를 필요로 한다. 또한 리두 로그의 여유 공간이 부족한 경우에는 조금 더 심한 디스크 플러시를 유발할 수도 있다.

XtraDB에는 다음과 같이 리두 로그 아카이빙을 활성화할지 여부와 아카이빙된 로그를 언제 삭제할지 등의 시스템 변수가 추가되었다.

innodb_log_archive

ON 또는 OFF를 설정하여 리두 로그 아카이빙 기능을 활성화할지 말지를 결정한다.

innodb_log_arch_dir

아카이빙된 리두 로그 파일이 저장될 디렉터리를 결정한다. 아무 값이 설정되지 않으면 기본적으로 MySQL 데이터 디렉터리에 아카이빙된다.

innodb_log_arch_expire_sec

아카이빙된 리두 로그 파일이 계속 누적되면 디스크 공간이 부족해질 수도 있는데, 이를 위해서 아카이빙된 리두 로그를 특정 시간이 지나면 자동으로 삭제될 수 있도록 시간을 설정한다. 기본값은 00이며, 자동 삭제 기능을 사용하지 않는 것이다.

리두 로그 아카이빙 기능은 XtraBackup의 증분 백업(Incremental Backup)을 위해서 도입된 기능이다. 리두 로그 아카이빙 기능이 도입되기 전까지는 XtraBackup에서 증분 백업을 위해서는 데이터 파일을 모두 검색해서 변경된 페이지를 찾아내야 했다. 그리고 마지막 증분 백업 이후의 데이터는 복구하기가 쉽지 않았는데, 이제는 아카이빙된 리두 로그를 이용해서 서버 크래시 직전까지 복구할 수 있게됐다.

6.3.7 변경된 페이지 트래킹 `MariaDB`

XtraDB에서는 리두 로그 엔트리를 기반으로 변경된 페이지들을 추적할 수 있는 기능도 추가되었다. 변경된 페이지의 이력은 특수 비트맵 파일에 기록되는데, 이렇게 기록된 페이지의 변경 이력은 XtraBackup의 증분 백업(Incremental Backup)이 데이터 파일의 모든 페이지를 스캔하면서 변경 여부를 체크해야 하는 과정을 없애주기 때문에 획기적으로 증분 백업 성능을 향상시켜준다. 변경 페이지의 이력 관리는 innodb_track_changed_pages 시스템 변수로 활성화하거나 비활성화할 수 있다.

추적된 변경 페이지들의 정보는 비트맵 파일로 기록되는데, 비트맵 파일의 이름은 "ib_modified_log_⟨seq⟩_⟨startlsn⟩.xdb" 포맷으로 생성된다. ⟨seq⟩는 비트맵 로그 파일의 순번이며, ⟨startlsn⟩은 현재 파일이 추적을 시작한 로그 시퀀스 번호(LSN, Log Sequence Number)이다. 비트맵 파일은 다음 예제와 같은 포맷의 이름으로 생성된다.

```
ib_modified_log_1_0.xdb
ib_modified_log_2_1603391.xdb
```

비트맵 파일의 이름에서 시퀀스 번호는 필요한 비트맵 파일이 정상적으로 존재하는지 확인하는 과정을 간편하게 해준다. 로그 시퀀스 번호는 XtraBackup과 INFORMATION_SCHEMA의 테이블에 대한 쿼리에서 필요한 로그 시퀀스 번호 범위의 파일들을 선택할 때 사용된다. 비트맵 파일은 서버가 재시작되거나 정의된 최대 파일 사이즈를 넘어설 때마다 로테이션되며, 비트맵 파일의 최대 사이즈는 innodb_max_bitmap_file_size 시스템 변수로 설정할 수 있다.

변경된 페이지에 대한 추적 정보를 저장하는 비트맵 파일을 관리하기 위한 몇 가지 관리자용 명령도 도입되었다.

FLUSH CHANGED_PAGE_BITMAPS

현재 리두 로그의 체크포인트 지점까지의 변경된 페이지를 디스크의 비트맵 파일로 동기화하도록 하는 명령이다. 이 명령은 XtraBackup이 비트맵 파일을 참조할 필요가 있을 때 실행하는 명령이다.

RESET CHANGED_PAGE_BITMAPS

모든 비트맵 파일을 삭제하고, 비트맵 파일의 시퀀스(〈seq〉)를 초기화한다.

PURGE CHANGED_PAGE_BITMAPS BEFORE 〈lsn〉

주어진 로그 시퀀스 번호 이전까지의 모든 변경 페이지 이력을 삭제한다.

또한 "SHOW ENGINE INNODB STATUS" 명령의 결과에도 변경 페이지의 추적 상태를 표시해주도록 보완되었다. "SHOW ENGINE INNODB STATUS"의 "LOG" 섹션에서 "Log tracked up to:"항목은 로그 추적 스레드(Log tracking thread)에 의해서 어느 로그 시퀀스 번호까지의 페이지 변경 이력이 디스크로 저장되었는지를 보여준다. 그리고 "LOG" 섹션의 "Max tracked LSN age:" 항목은 페이지 변경 이력의 추적과 현재 로그 시퀀스 번호 간의 딜레이(Delay)가 최대 얼마나 허용되는지를 보여준다.

변경된 페이지의 추적을 INFORMATION_SCHEMA 데이터베이스의 INNODB_CHANGED_PAGES 메모리 테이블을 통해서도 조회해볼 수 있다. 이때 INNODB_CHANGED_PAGES 메모리 테이블의 내용을 얼마나 적재할지를 innodb_max_changed_pages 시스템 변수로 설정할 수 있다. 이 시스템 변수의 기본값은 1000000인데, 너무 크게 설정하면 많은 메모리를 필요로 하므로 특별히 변경 요건이 없다면 그대로 사용하는 것이 좋다.

6.4 전문 검색 엔진 `⌐ MariaDB` `⊼ MySQL`

MySQL 5.5 버전에서는 MyISAM 스토리지 엔진을 이용하는 테이블에 대해서만 전문 검색 인덱스를 사용할 수 있었다. 하지만 MyISAM은 아키텍처적인 특성으로 인해서 InnoDB 스토리지 엔진보다 안정적이지 못했고 또한 MyISAM 스토리지 엔진은 InnoDB 스토리지 엔진에 비해서 트랜잭션이나 레코드 기반의 잠금 등과 같은 최적화된 기능들을 사용할 수 없기 때문에 그다지 효용 가치가 크지 않았다. 그래서 MySQL 5.6 버전의 InnoDB 스토리지 엔진에서도 전문 검색 엔진을 사용할 수 있도록 기능이 추가되었다.

6.4.1 전문 검색 인덱스 추가

MySQL 5.6 InnoDB에 추가된 전문 검색 엔진을 이용하는 방법과 특성에 대해서 몇 가지 살펴보도록 하자. 우선 예제를 위해서 다음과 같이 employees 테이블의 first_name과 last_name 칼럼을 가지는 전문 검색용 테이블을 생성하자.

```
CREATE TABLE employee_name_innodb (
  emp_no int(11) NOT NULL,
  first_name varchar(14) NOT NULL,
  last_name varchar(16) NOT NULL,
  PRIMARY KEY (emp_no)
) ENGINE=InnoDB DEFAULT CHARSET=utf8;

mysql> INSERT INTO employee_name_innodb
       SELECT emp_no, first_name, last_name FROM employees;
Query OK, 300024 rows affected (2.74 sec)
Records: 300024  Duplicates: 0  Warnings: 0
```

위 테이블에서 스토리지 엔진은 InnoDB로 했으며, 테스트를 위해서 일부러 전문 검색 엔진을 생성하지는 않았다. 그리고 employees 테이블에서 emp_no와 first_name 그리고 last_name 칼럼으로 SELECT해서 employee_name_innodb 테이블에 INSERT했다. 이제 이 테이블에 전문 검색 엔진을 한번 생성해보자.

```
mysql> ALTER TABLE employee_name_innodb
          ADD FULLTEXT INDEX fx_firstname_lastname (first_name, last_name);
Query OK, 0 rows affected, 1 warning (3.70 sec)
```

```
Records: 0  Duplicates: 0  Warnings: 1

mysql> SHOW WARNINGS;
+---------+------+-------------------------------------------------------+
| Level   | Code | Message                                               |
+---------+------+-------------------------------------------------------+
| Warning |  124 | InnoDB rebuilding table to add column FTS_DOC_ID      |
+---------+------+-------------------------------------------------------+
1 row in set (0.00 sec)
```

ALTER TABLE 명령으로 전문 검색 엔진 인덱스를 생성했는데, 1개의 경고 메시지가 발생했다. 경고 메시지를 확인해보면 FTS_DOC_ID 칼럼이 없어서 새롭게 추가했고 이를 위해서 테이블이 리빌드되었다는 내용이 표시되었다. 실제 FTS_DOC_ID 칼럼은 사용자에게 노출되는 칼럼이 아니고, 내부적으로 전문 검색 인덱스와 테이블의 레코드를 연결하는 역할만 한다. 이미 기존 테이블에 AUTO_INCREMENT로 만들어진 프라이머리 키가 있는 경우에도 FTS_DOC_ID라는 칼럼을 새롭게 추가하는 형태로 처리되었다. 전문 검색 인덱스가 하나도 없던 테이블에 처음으로 전문 검색 인덱스를 생성하는 경우에는 위와 같이 테이블을 리빌드하면서 FTS_DOC_ID 칼럼이 추가된다. 이미 전문 검색 인덱스를 가진 테이블에 새로운 전문 검색 인덱스를 추가하는 경우에는 기존의 FTS_DOC_ID 칼럼이 재활용되므로 리빌드는 필요치 않다.

이미 MySQL 5.6 버전의 온라인 스키마 변경(Online DDL)에서도 살펴봤듯이 테이블에 첫 번째 전문 검색 인덱스를 추가하는 작업이 온라인으로 처리가 불가능한 이유가 바로 FTS_DOC_ID 칼럼 추가 때문이다. 테이블에 첫 번째 전문 검색 인덱스를 추가하는 작업은 고비용이면서도 온라인 처리가 불가하므로 필요하다면 서비스 시작 전에 생성해 두는 것이 좋다.

6.4.2 전문 검색 인덱스를 위한 테이블 스페이스

InnoDB 테이블에 전문 검색 인덱스가 추가되면 다음과 같이 여러 개의 *.ibd 파일이 생성된 것을 확인할 수 있다.

```
employee_name_innodb.ibd
FTS_0000000000000093_0000000000000153_DOC_ID.ibd
FTS_0000000000000093_ADDED.ibd
FTS_0000000000000093_BEING_DELETED.ibd
FTS_0000000000000093_BEING_DELETED_CACHE.ibd
```

```
FTS_0000000000000093_CONFIG.ibd
FTS_0000000000000093_DELETED.ibd
FTS_0000000000000093_DELETED_CACHE.ibd
FTS_0000000000000093_STOPWORDS.ibd
```

employee_name_innodb.ibd 파일은 InnoDB 스토리지 엔진이 테이블의 데이터를 저장하는 기본 테이블 스페이스이다. 그 이외의 나머지 파일들은 각각 다음과 같은 용도와 목적을 가진다.

FTS_xxx_yyy_DOC_ID.ibd

전문 검색 인덱스는 칼럼의 값을 구분자로 잘라서 단위 검색어로 해체해서 인덱스를 생성한다. FTS_xxx_yyy_DOC_ID.ibd 테이블 스페이스는 단위 검색어들로 구성된 인덱스 테이블 스페이스이다.

FTS_xxx_CONFIG.ibd

전문 검색 인덱스의 설정 내용들이 저장된다. 여기에는 optimize_checkpoint_limit, synced_doc_id, deleted_doc_count, stopword_table_name, use_stopword 등의 내용들이 저장되어 있는데, 이 내용들은 대부분 InnoDB 전문 검색 인덱스의 성능 최적화나 디버깅 용도로 사용할 수 있다.

FTS_xxx_STOPWORDS.ibd

MySQL 5.6 InnoDB 전문 검색은 도큐먼트의 내용(칼럼의 값)을 지정된 구분자 단위로 잘라서 인덱스를 구성한다. 이때 구분자는 이미 MySQL 서버에 내장된 구분자 셋을 사용할 수도 있고 사용자가 직접 지정할 수도 있다. FTS_xxx_STOPWORDS.ibd 테이블 스페이스는 해당 전문 검색 인덱스가 사용하는 구분자(StopWord)들을 저장하고 있다.

FTS_xxx_ADDED.ibd와 FTS_xxx_DELETED.ibd

MySQL 5.6의 InnoDB 전문 검색 인덱스에서는, 사용자가 레코드를 추가하고 삭제한다고 해서 그 내용이 즉시 전문 검색 인덱스에 반영되지 않는다. 데이터의 특성에 따라서 다를 수도 있겠지만 전문 검색 인덱스 대상 칼럼에 저장되는 데이터가 크다면 칼럼 하나에서 수백 개나 수천 개의 단위 검색어가 발생할 수도 있다. 그런데 이런 내용들을 실시간으로 전문 검색 인덱스에 반영하는 것은 상당히 부담스러운 작업이 될 것이다. 그래서 InnoDB의 전문 검색 엔진에서는 새로운 레코드가 추가되거나 삭제될 때에는 단순히 FTS_xxx_ADDED.ibd 파일과 FTS_xxx_DELETED.ibd 파일에 변경된 레코드의 내용만 기록하고 실제 전문 검색 인덱스에 반영하는 작업은 나중에 처리한다. 전문 검색 인덱스를 이용해서 검색을 수행하면 먼저 전문 검색 인덱스에서 검색어를 검색해서 FT_DOC_ID 칼럼을 기준으로 병합하고 이 결과에서 FTS_xxx_DELETED.ibd 파일을 참조해서 삭제된 레코드를 제거하고 사용자에게 반환하는 것이다.

전문 검색 인덱스를 가진 테이블이 자주 변경되는 경우에는 한 가지 주의해야 할 사항이 있다. 테이블의 레코드가 계속적으로 변경된다면 FTS_xxx_ADDED.ibd 파일과 FTS_xxx_DELETED.ibd 파일에 계속 데이터가 누적만 될 것이다. 이 내용들이 모두 전문 검색 인덱스에 반영되기를 원한다면 "ALTER TABLE employee_name_innodb ENGINE=InnoDB"나 "OPTIMIZE TABLE employee_name_innoDB"와 같은 명령을 이용해서 테이블을 리빌드해야 한다.

FTS_xxx_BEING_ADDED.ibd와 FTS_xxx_BEING_DELETED.ibd

"OPTIMIZE TABLE employee_name_innodb"와 같은 명령으로 전문 인덱스를 가진 테이블을 리빌드하면 FTS_xxx_ ADDED.ibd와 FTS_xxx_DELETED.ibd 파일의 내용을 메인 전문 인덱스에 반영하게 된다. 이때 InnoDB 스토리지 엔진이 메인 전문 인덱스에 반영하는 과정에서 작업 중인 레코드의 FTS_DOC_ID 값들을 임시로 저장하는 파일이다. 메인 전문 검색 인덱스에 반영하는 작업은 순간 순간 완료되면 이 파일의 내용은 거의 비어있는 경우가 많으며 디버깅 용도로 주로 사용된다.

FTS_xxx_ADDED_CACHE.ibd와 FTS_xxx_DELETED_CACHE.ibd

전문 검색 인덱스를 가진 테이블에 대해서 INSERT나 DELETE가 발생하면 InnoDB 스토리지 엔진은 새로운 칼럼 값을 바로 전문 인덱스에 반영하는 것이 아니라 메인 전문 검색 인덱스와 분리된 임시 전문 인덱스에 레코드를 저장하는 데 이때 사용되는 테이블 스페이스이다.

매번 INSERT나 DELETE가 실행될 때마다 그 내용을 전문 검색 인덱스에 적용하는 것은 많은 시스템 자원을 소모하게 될 것이다. 그래서 InnoDB 전문 검색 엔진에서는 한번 만들어진 전문 검색 인덱스는 그대로 유지하고, 그 이후 INSERT되거나 DELETE되는 레코드에 대해서는 별도로 임시 전문 인덱스를 생성해서 관리한다. 〈그림 6-20〉은 이렇게 InnoDB 전문 검색 엔진의 이원화된 전문 검색 인덱스 관리 방법을 표현한 것이다. 이렇게 생성된 임시 전문 인덱스는 "ALTER TALBE" 명령이나 "OPTIMIZE TABLE" 명령을 이용해서 테이블을 리빌드하게 되면 메인(Main) 전문 인덱스로 병합된다. 계속해서 INSERT되거나 DELETE된 레코드들이 누적되면 임시 전문 인덱스의 크기도 상당히 커질 수 있는데, 이런 경우에는 테이블의 리빌드를 주기적으로 실행해주는 것이 전문 검색 인덱스의 성능을 높이는 데 도움될 것이다.

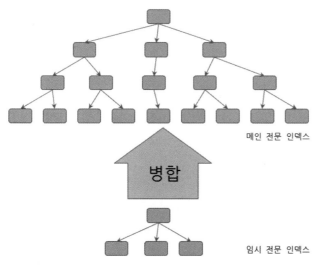

〈그림 6-20〉 임시 전문 인덱스가 사용되는 방법

위의 데이터 파일 중에서 FTS_xxx_yyy_DOC_ID.ibd 데이터 파일은 전문 검색 인덱스별로 하나씩 존재해야 한다. 그리고 그 이외의 데이터 파일들은 시점에 따라서 있을 수도 있고 아닐 수도 있다. 테이블에서 전문 인덱스만 삭제하면 FTS_xxx_yyy_DOC_ID.ibd 테이블 스페이스는 삭제되지만 나머지 테이블 스페이스는 제거되지 않는다. 만약 나머지 테이블 스페이스 파일들도 모두 제거하고자 한다면 테이블을 리빌드해주면 된다.

6.4.3 전문 검색 인덱스 관련 INFORMATION_SCHEMA 정보

위에서 살펴본 것과 같이 전문 검색 인덱스가 만들어지면 여러 개의 테이블 스페이스가 별도로 준비된다. 하지만 실제 employee_name_innodb 테이블의 레코드를 저장하고 있는 employee_name_innodb.ibd 테이블 스페이스를 제외하고는 명시적으로 조회할 수 있는 방법이 없다. 그래서 InnoDB에서는 INFORMATION_SCHEMA 데이터베이스에 위의 각 테이블 스페이스에 상응하는 테이블을 제공하고 있다.

6.4.3.1 InnoDB의 모든 전문 검색 인덱스에 적용되는 내용

INNODB_FT_CONFIG

전문 검색 인덱스의 기본 설정을 저장하고 있다.

INNODB_FT_DEFAULT_STOPWORD

전문 검색 인덱스는 단위 검색어로 인덱싱되는데, 단위 검색어는 도큐먼트의 내용을 구분자 기준으로 잘라서 생성한다. 이때 구분자는 MySQL 5.6 InnoDB에서 제공하는 기본 구분자를 사용할 수 있지만 별도로 사용자가 생성한 구분자 테이블을 사용할 수도 있다. INNODB_FT_DEFALT_STOPWORD 테이블에서는 InnoDB의 기본 구분자들의 목록을 확인할 수 있다. 안타깝게도 이 기본 구분자 테이블의 초기값에는 영어에 적합한 구분자들만 준비되어 있다.

6.4.3.2 전문 검색 인덱스를 가진 테이블 단위로 적용되는 내용

테이블 단위로 적용되는 INFORMATION_SCHEMA는 innodb_ft_aux_table 시스템 변수에 대상 테이블의 데이터베이스 이름과 테이블명을 다음과 같이 명시해야 한다. 이때 데이터베이스명과 테이블명을 "/"로 구분해주는 것도 잊지 않도록 하자.

```
mysql> SET GLOBAL innodb_ft_aux_table='employees/employee_name_innodb';
```

INNODB_FT_INDEX_TABLE

innodb_ft_aux_table 시스템 변수에 설정된 전문 검색 인덱스의 내용을 직접 조회해볼 수 있다.

INNODB_FT_INDEX_CACHE

전문 검색 인덱스를 가진 테이블에 INSERT된 레코드는 즉시 메인 전문 검색 인덱스에 반영되지 않고 임시 공간에 저장되는데, 이때 사용되는 임시 공간이 FT_INDEX_CACHE이다. INNODB_FT_INDEX_CACHE를 조회해보면 메인 전문 검색 인덱스에 반영되지 않고 임시 전문 인덱스에 남아있는 내용들을 조회해볼 수 있다.

INNODB_FT_INSERTED와 INNODB_FT_DELETED

전문 검색 인덱스를 가진 테이블에 INSERT나 DELETE가 수행되면 그 결과를 메인 전문 검색 인덱스에 즉시 반영하지 않는다는 것은 이미 살펴보았다. 이때 새롭게 추가된 레코드나 삭제된 레코드의 FTS_DOC_ID는 INNODB_FT_INSERTED나 INNODB_FT_DELETED 테이블에 저장되고, 잘게 쪼개진 검색어들은 INNODB_FT_INDEX_CACHE 테이블에 저장되는 것이다.

INNODB_FT_BEING_INSERTED와 INNODB_FT_BEING_DELETED

"OPTIMIZE TABLE"이나 "ALTER TABLE" 명령으로 테이블이 리빌드되면 INNODB_FT_INSERTED나 INNODB_FT_DELETED 테이블의 내용이 메인 전문 검색 인덱스에 반영되는데, 이때 작업 중인 레코드의 정보가 저장되는 테이블이다.

6.4.4 전문 검색 인덱스 사용

InnoDB 스토리지 엔진의 전문 검색 인덱스도 사용하는 방법은 MyISAM 스토리지 엔진과 같이 전문 검색 전용 쿼리 문법을 사용해야 한다.

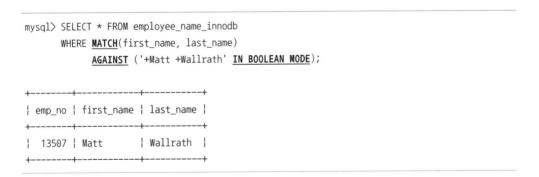

```
mysql> SELECT * FROM employee_name_innodb
        WHERE MATCH(first_name, last_name)
            AGAINST ('+Matt +Wallrath' IN BOOLEAN MODE);


+--------+------------+-----------+
| emp_no | first_name | last_name |
+--------+------------+-----------+
|  13507 | Matt       | Wallrath  |
+--------+------------+-----------+
```

전문 검색 쿼리에서 한 가지 주의해야 할 것은 반드시 MATCH 절에는 전문 검색 인덱스의 구성 칼럼을 모두 명시해야 한다는 점이다. 즉 employee_name_innodb 테이블의 fx_firstname_lastname

전문 인덱스는 first_name 칼럼과 last_name 칼럼으로 구성되어 있으므로 반드시 MATCH 절에는 (first_name, last_name)이 명시(순서는 무관)되어야 한다는 것을 의미한다.

```
mysql> EXPLAIN
       SELECT * FROM employee_name_innodb ft
       WHERE MATCH(first_name) AGAINST ('+Matt +Wallrath' IN BOOLEAN MODE);

mysql> EXPLAIN
       SELECT * FROM employee_name_innodb ft
       WHERE MATCH(first_name, last_name) AGAINST ('+Matt +Wallrath' IN BOOLEAN MODE);
```

위의 두 쿼리 차이점은 MATCH 절에 명시된 칼럼이 다르다는 것인데, 각 쿼리의 실행 계획을 확인해 보면 다음과 같이 전문 인덱스의 모든 칼럼을 명시하지 않은 쿼리는 풀 테이블 스캔을 하게 된다는 것을 알 수 있다.

id	select_type	table	type	key	key_len	ref	rows	Extra
1	SIMPLE	ft	ALL	NULL	NULL	NULL	300024	Using where

MATCH(first_name, last_name)

id	select_type	table	type	key	key_len	ref	rows	Extra
1	SIMPLE	ft	fulltext	fx_firstname_lastname	0		1	Using where

6.4.5 주의 사항

MySQL 5.5 버전에서 전문 인덱스를 가진 MyISAM 테이블을 InnoDB로 전환하고자 할 때에는 몇 가지 주의해야 할 부분이 있다. 우선 MyISAM 테이블의 전문 검색 인덱스와 MySQL 5.6의 InnoDB 전문 검색 인덱스는 서로 사용하는 구분자(Stopword) 리스트가 다르다. InnoDB의 구분자 리스트는 MyISAM보다 개수가 적은데, 이는 기술문서나 문학 등의 문서에는 짧은 단어들이 의미있는 경우가 많기 때문에 의도적으로 변경된 것이다. 그래서 MyISAM 전문 인덱스에서 검색되던 내용이 InnoDB 전문 검색 인덱스에서는 검색되지 않는다거나 MyISAM 결과에서는 나오지 않던 내용이 나올 수도 있다. 이를 위해서는 InnoDB 전문 검색 엔진의 구분자 리스트를 동일하게 설정해야 한다.

InnoDB의 기본 구분자 리스트는 INFORMATION_SCHEMA.innodb_ft_default_stopword 테이블을 조회해보면 확인할 수 있는데, 만약 직접 여러분의 서비스에 적합한 구분자를 설정하고자 한다면 innodb_ft_default_stopword 테이블과 똑같은 구조의 테이블을 생성해서 구분자를 INSERT하고 innodb_ft_server_stopword_table 시스템 변수에 "db_name/table_name" 형식으로 그 테이블을 설정하면 된다. 물론 이렇게 등록된 새로운 구분자 리스트는 등록 이후에 생성되는 테이블에 대해서만 적용된다는 것을 잊지 않도록 하자.

```
mysql> CREATE TABLE stopword_for_employees(
         value varchar(18) NOT NULL DEFAULT ''
       ) ENGINE=InnoDB;

mysql> INSERT INTO stopword_for_employees
         SELECT * FROM INFORMATION_SCHEMA.INNODB_FT_DEFAULT_STOPWORD;

mysql> SELECT * FROM stopword_for_employees limit 10;
+-------+
| value |
+-------+
| a     |
| about |
| an    |
| are   |
| as    |
| at    |
| be    |
| by    |
| com   |
| de    |
+-------+
```

employee_name_innodb 테이블에 사용할 구분자 리스트용 테이블인 stopword_for_employees를 생성하고 InnoDB의 기본 구분자 리스트를 그대로 복사해서 INSERT했다. 이제 stopword_for_employees 테이블을 기본 구분자로 설정해보자.

```
mysql> SET GLOBAL innodb_ft_server_stopword_table='employees/stopword_for_employees';

ERROR 1231 (42000): Variable 'innodb_ft_server_stopword_table' can't be set to the value of
'employees/stopword_for_employees'
```

InnoDB의 기본 구분자로 stopword_for_employees 테이블을 등록하는 도중에 오류가 발생했다. MySQL 서버의 에러 로그 파일을 살펴보면 다음과 같이 구분자 리스트 테이블은 VARCHAR 타입의 칼럼 하나만 가져야 한다는 에러 메시지가 기록되어 있다.

```
InnoDB: invalid column type for stopword table employees/stopword_for_employees. Its first
column must be of varchar type
```

안타깝게도 구분자 리스트를 저장하는 테이블은 Latin1 문자 셋만 사용할 수 있다. 즉 한국어나 일본어 그리고 중국어와 같은 언어를 구분자로 등록할 수 없다는 것이다. 이제 stopword_for_employees 테이블을 Latin1 문자 셋으로 변환하고 구분자 리스트 테이블을 등록해보자.

```
mysql> ALTER TABLE stopword_for_employees CONVERT TO CHARACTER SET Latin1;

mysql> SET GLOBAL innodb_ft_server_stopword_table='employees/stopword_for_employees';
Query OK, 0 rows affected (0.00 sec)
```

정상적으로 stopword_for_employees 테이블이 MySQL 서버의 기본 구분자 리스트로 등록되었다. InnoDB 전문 검색 인덱스에서는 innodb_ft_server_stopword_table 시스템 변수뿐만 아니라 innodb_ft_user_stopword_table 시스템 변수를 이용해서 사용자별로 구분자 리스트를 테이블로 등록할 수도 있다. 구분자 리스트 테이블은 innodb_ft_user_stopword_table 시스템 변수가 설정되어 있다면 그 설정을 이용하고, 그렇지 않다면 innodb_ft_server_stopword_table에 설정된 테이블을 이용하게 된다. 둘 다 설정되어 있지 않다면 빌트인되어 있는 기본 구분자 리스트가 사용된다.

MyISAM에서 InnoDB 전문 검색으로 옮겨올 때 한 가지 더 주의해야 할 사항은 단위 검색어의 최소 길이이다. MyISAM 전문 검색에서는 검색어의 최소 길이가 4이며 최대 길이는 무제한으로 기본값이 설정되어 있다. ft_min_word_len 시스템 변수와 ft_max_word_len 시스템 변수가 단위 검색어의 최소 및 최대 길이수를 제한하는 역할로 사용된다. 하지만 InnoDB의 전문 검색에서는 이 두 시스템 변수 대신 innodb_ft_min_token_size와 innodb_ft_max_token_len 시스템 변수를 사용한다. innodb_ft_min_token_size는 기본값이 3이며 innodb_ft_max_token_len=64로 설정되어 있다. 만약 기존에 MyISAM 전문 검색 인덱스를 사용했었다면 InnoDB 전문 검색에서도 동일하게 설정해주는 것이 호환성 유지에 도움이 될 것이다.

이 이외에도 InnoDB 전문 검색에서는 innodb_ft_result_cache_limit와 innodb_ft_total_cache_size 시스템 변수가 새로 추가되었다.

innodb_ft_result_cache_limit

전문 검색 쿼리에서 중간 결과 및 최종 결과는 우선 MySQL 서버의 메모리에 임시로 저장되는데 innodb_ft_result_cache_limit 시스템 변수는 이 임시 메모리 공간의 크기를 제한하는 용도로 사용된다. 기본값이 2GB이며 만약 전문 검색 쿼리가 실행되는 중에 innodb_ft_result_cache_limit에 설정된 크기보다 더 많은 메모리 공간이 필요한 경우에는 에러가 발생하고 쿼리 실행은 취소된다.

innodb_ft_total_cache_size

전문 검색 테이블에서는 INSERT되는 새로운 레코드가 가진 단위 검색어를 즉시 메인 전문 인덱스에 적용하지 않고 임시 전문 인덱스에 저장한다는 것은 이미 살펴보았다. 이 공간은 InnoDB의 전문 검색에서 "Cache"라는 이름으로 불리는데, 현재 MySQL 서버에 존재하는 모든 전문 검색 인덱스들의 임시 전문 검색 인덱스가 사용하는 공간이 innodb_ft_total_cache_size 시스템 변수에 설정된 크기를 넘어서면 강제 동기화 로직이 호출된다.

> **주의** 전문 검색에서 검색 알고리즘은 여러 종류가 있는데, 대표적으로 MySQL에서 사용하는 구분자 방식과 n-Gram 방식을 예를 들 수 있다. MySQL 5.6 InnoDB의 전문 검색엔진은 기존 MySQL 5.5의 MyISAM 테이블 전문 검색 엔진과 같이 구분자 방식만 사용할 수 있다. 구분자 방식은 문서의 내용을 지정된 구분자로 잘라서 검색 키워드들을 만들어서 그 키워드들의 B-Tree 인덱스를 생성하는 방식이다. 이런 형태의 전문 검색에서는 키워드가 일치하는 검색에서만 사용할 수 있으며, 띄어쓰기나 문장 부호에 상관없이 특정 단어를 포함한 문서를 검색하는 용도로는 적합하지 않다. 만약 MySQL 서버의 전문 검색 기능을 사용하려면 반드시 상세한 테스트를 거쳐서 필요한 요건을 만족할 수 있는지를 검증해보는 것이 좋다.

6.5 Memcached 플러그인 MySQL

MySQL 서버는 조인이나 서브쿼리가 포함된 복잡한 형태의 업무 요건을 처리하는 쿼리를 위해서 사용되는 경우가 많다. 하지만 최근에는 웹 기반의 서비스에서 많이 사용되면서 프라이머리 키를 통한 레코드 한 건 검색과 같이 아주 단순한 형태의 쿼리를 매우 빈번하게 처리하는 용도로도 많이 사용된다. 복잡한 형태의 쿼리를 수행할 때에는 사실 쿼리의 분석이나 최적화가 상대적으로 부담되지 않지만 프라이머리 키를 통한 검색 쿼리가 초당 몇 만 번씩 실행되는 경우에는 쿼리의 분석과 최적화에 대한 부하가 상대적으로 크게 나타난다. 그래서 MariaDB 5.5에서는 HandlerSocket(https://mariadb.com/kb/en/handlersocket/)과 같은 NoSQL 인터페이스를 제공하고 있는데, MySQL 5.6 InnoDB에서는

InnoDB 스토리지 엔진을 사용하는 테이블을 Memcached API를 이용해서 읽고 쓸 수 있도록 기능을 추가했다.

6.5.1 아키텍처

MySQL 서버에서 모든 테이블의 읽고 쓰기는 핸들러 API라는 계층을 통해서 처리가 된다. 하지만 핸들러 API는 모든 스토리지 엔진을 위한 공통된 API이기 때문에 InnoDB에 최적으로 작동하지 못한다. 그래서 Memcached 플러그인은 핸들러 API를 거치지 않고 직접 InnoDB 스토리지 엔진을 호출하는 형태로 구현되었다. Memcached 플러그인은 MySQL 서버와 별도의 프로세스로 기동되는 것이 아니라 MySQL 서버 프로세스 내에서 별도의 스레드로 서비스를 담당한다. 그래서 Memcached 플러그인을 MySQL 서버와 별도의 하드웨어나 별도의 프로세스로는 기동할 수 없다. 〈그림 6-21〉은 MySQL 5.6의 Memcached 플러그인의 모듈 스택을 표현한 것이다.

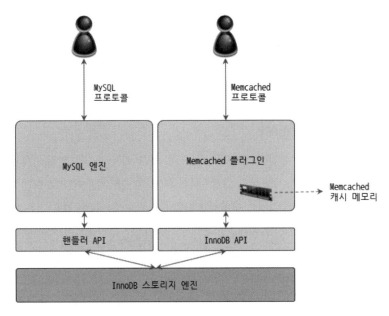

〈그림 6-21〉 Memcached 플러그인의 작동 방식

MySQL 5.6의 Memcached 플러그인이 제공하는 기능과 특성을 몇 가지 정리해 보면 다음과 같다.

- Memcached MySQL 서버의 플러그인으로 작동하면서 MySQL 서버와 동일 프로세스 내에서 작동하므로 InnoDB 스토리지 엔진 접근이 매우 빠름
- InnoDB API를 사용함으로써 쿼리의 분석과 최적화 그리고 핸들러 API를 모두 우회(bypass)하여 빠르게 처리
- Memcached의 텍스트 및 바이너리 기반 프로토콜을 지원하며, Memcapable의 55개 호환성 테스트 통과
- InnoDB 테이블의 멀티 칼럼을 구분자로 이용해서 Memcached의 Value로 매핑 가능
- Memcached의 캐시 메모리와 InnoDB 버퍼 풀의 메모리를 조합해서 사용 가능
- daemon_memcached_option 시스템 변수를 이용해서 Memcached 서버의 옵션 지정 가능
- innodb_api_trx_level 시스템 변수를 이용해서 Memcached 플러그인으로 유입되는 요청의 격리 수준 설정 가능

6.5.2 설치 및 테스트

MySQL 5.6의 Memcached 플러그인을 설치하고 테스트하는 방법을 간단하게 살펴보도록 하자. Memcached 플러그인은 내부적으로 libevent 라이브러리를 사용하므로 먼저 1.4.3 이상 버전의 libevent 라이브러리를 설치하자. RPM과 같이 패키징된 버전을 설치할 때에는 libevent 라이브러리를 설치하면 되지만 만약 MySQL 서버를 소스로부터 직접 컴파일하는 경우에는 libevent-devel 패키지를 설치해야 한다. 또한 직접 컴파일하는 경우에는 cmake 옵션에 반드시 "-DWITH_INNODB_MEMCACHED=ON" 옵션을 추가해야 InnoDB API 플러그인(innodb_engine.so)과 Memcached 플러그인 공유 라이브러리(libmemcached.so)가 함께 생성된다.

MySQL 서버의 설치가 완료되었다면 Memcached 플러그인이 MySQL 서버의 시작과 함께 기동될 수 있도록 my.cnf 설정 파일을 변경하도록 하자. Memcached 플러그인 관련해서 여러 가지 시스템 변수들이 있지만 우선은 Memcached를 기동해주는 기본 옵션만 살펴보자.

```
## TCP/IP 포트 사용
daemon_memcached_option = '-m 64 -p 11211 -c 200 -t 6'

## Unix/Linux 소켓 파일 사용
daemon_memcached_option = '-m 64 -c 200 -t 6 -s /tmp/memcached.sock'
```

Memcached 플러그인을 위한 옵션에서 중요한 것 몇 개만 살펴보겠다.

–m

Memcached 플러그인이 자체적으로 사용하는 로컬 캐시 메모리의 크기를 지정한다. 단위는 MB이므로 위의 예제에서는 캐시 메모리로 64MB를 설정한 것이다. 여기에서 설정하는 로컬 캐시 메모리는 MySQL 서버의 쿼리 캐시나 키 버퍼 또는 InnoDB 버퍼 풀과는 전혀 무관하게 할당되는 메모리이므로 이 값을 크게 설정할 때에는 하드웨어의 메모리 공간이 충분한지를 확인해야 한다.

–p

Memcached 프로토콜 통신을 하기 위한 포트를 명시한다. Memcached 서버의 기본 포트는 11211이므로 위의 설정 예제에서는 11211를 지정한 것이다.

–s

Memcached 플러그인에서도 MySQL 서버와 같이 유닉스 도메인 소켓 파일을 사용할 수 있다. 그런데 Memcached 플러그인에서 소켓 파일은 로컬 서비스를 위한 옵션이기 때문에 소켓 파일 사용 옵션이 명시되면 자동으로 "–p" 옵션으로 지정한 TCP/IP 포트는 무시되어 버린다. 그래서 Memcached 클라이언트가 MySQL 서버와 다른 하드웨어(Remote Server)라면 "–s" 옵션은 사용하면 안 된다.

–c

Memcached 플러그인에 접속할 수 있는 최대 연결 수를 지정한다.

–t

Memcached 플러그인이 사용자의 요청을 처리하기 위해서 실행할 스레드의 개수를 지정한다. 위의 설정 예제에서는 커넥션이 최대 200개이지만 서버 스레드는 6개로 설정되었는데, 200개의 커넥션에서 요청된 SET/GET 명령을 스레드 6개가 각각 분배해서 처리하는 것이다. 클라이언트 커넥션 1개당 스레드가 1개씩 생성되는 MySQL 서버와는 조금 다른 구조로 작동하는 것이다.

–v, –vv, –vvv

Memcached 플러그인이 실행되면서 발생하는 이벤트나 에러 로그들을 파일로 기록할지 여부를 결정하는 옵션으로 –v 또는 –vv 그리고 –vvv 옵션을 사용할 수 있다. "–v" 옵션은 관리자가 알아야 할 에러 로그만을 기록하며 "–vv"는 에러와 경고 메시지 등을 함께 출력하고 "–vvv" 옵션은 상세한 진단 내용까지 함께 로그 파일로 출력한다. Memcached 플러그인을 위한 전용 로그 파일은 없으며, Memcached 플러그인의 로그는 MySQL 서버의 에러 로그 파일로 함께 기록된다.

이제 설치가 완료되었으므로 MySQL 5.6에서 Memcached 플러그인을 활성화하는 방법을 살펴보도록 하자. MySQL 서버를 시작하고, 우선 다음과 같은 명령으로 Memcached 플러그인이 실행되기 위해서 필요한 메타 테이블들을 생성하자.

```
mysql> SOURCE ${MYSQL_HOME}/share/innodb_memcached_config.sql
```

위의 Memcached 메타 테이블 생성 스크립트는 innodb_memcache라는 데이터베이스와 3개의 메타 테이블을 생성하는데, 각 테이블의 용도는 다음과 같다.

cache_policies

Memcached의 SET과 GET 그리고 DELETE 및 FLUSH에 대한 캐시 정책을 설정하는 테이블이다. 위의 초기화 스크립트에서는 기본적으로 "cache_policy"라는 이름의 캐시 정책을 생성하는데, 이는 Memcached의 캐시 메모리를 사용하지 않고 InnoDB 테이블을 직접 INSERT하고 SELECT하는 정책이다. 만약 캐시 정책을 변경하려면 이 테이블의 칼럼을 직접 UPDATE하면 된다. 캐시 정책에 대해서는 나중에 자세히 살펴보겠다.

config_options

InnoDB 테이블의 레코드가 Memcached 프로토콜로 전송될 수 있도록 변환하는 등의 설정이 저장되는 테이블이다. 현재 버전(5.6.15)의 MySQL에서는 separator와 table_map_delimiter라는 두 개의 설정이 지원된다.

- separator 설정은 InnoDB 테이블의 여러 칼럼이 Memcached의 값(Value)으로 매핑될 때 각 칼럼의 구분자를 지정하는 옵션이다. 기본값으로는 "|"가 설정되어 있다.

- Memcached API에서는 키(Key)를 명시할 때, "@@" 표기를 이용해서 "@@table.key1"과 같이 아이템을 지정할 수 있다. Memcached 플러그인은 "@@table.key1" 패턴으로 명시된 키에서 InnoDB 테이블명과 실제 아이템 키를 분리해야 하는데, 이때 사용할 구분자를 table_map_delimiter에 지정하면 된다. 기본값으로 "."이 설정되어 있다.

containers

Memcached 플러그인을 통해서 SET이나 GET 그리고 DELETE와 같은 명령이 실행되면 Memcached 플러그인은 다시 InnoDB API를 통해서 InnoDB 테이블의 레코드를 INSERT하거나 SELECT 그리고 DELETE한다. 이때 Memcached 플러그인이 INSERT나 SELECT할 테이블의 정보를 관리하는 테이블이다. 새로운 테이블을 생성하고 containers에 등록하는 방법은 다시 자세히 살펴보겠다.

Memcached 플러그인이 사용할 메타 정보용 테이블이 생성되었다면 INSTALL PLUGIN 명령을 이용해서 Memcached 플러그인을 활성화한다.

```
mysql> INSTALL PLUGIN daemon_memcached SONAME "libmemcached.so";
```

이제 Memcached를 사용해볼 수 있는 모든 준비를 마쳤다. Memcached 플러그인이 제대로 작동하는지 테스트를 해보기 전에 먼저 Memcached 서버에 어떻게 접속하는지를 알아야 할 것이다. Memcached 서버는 클라이언트와 통신하기 위해서 두 가지 프로토콜을 가지고 있다.

텍스트 프로토콜

Memcached는 SMTP나 HTTP 프로토콜과 같은 텍스트 기반의 프로토콜을 처음부터 사용해왔다. 텍스트 프로토콜은 말 그대로 사용자가 입력하는 내용을 그대로 Memcached 서버에게 전송하면 서버가 그 명령을 이해할 수 있다는 것을 의미한다. 이런 텍스트 기반의 프로토콜에서는 바이트의 배열 순서인 Endian에 대한 고려가 필요치 않기 때문에 바이트 배열 순서가 다른 시스템 간의 데이터 교환도 아주 단순하게 처리될 수 있다는 장점을 가지고 있다.

바이너리 프로토콜

텍스트 프로토콜은 사람의 눈으로 식별하기 좋고 시스템 간의 호환성이 좋긴 하지만 입력된 텍스트 명령을 분석해야 하며 대체로 텍스트 기반의 내용은 이진 데이터보다는 많은 데이터 공간을 필요로 한다. 즉 텍스트 기반의 프로토콜은 CPU의 사용률과 네트워크 대역폭을 많이 사용한다고 볼 수 있는데, 이에 대한 대안으로 바이너리 프로토콜이 도입된 것이다.

MySQL 5.6의 Memcached 플러그인은 텍스트 프로토콜과 바이너리 프로토콜을 모두 지원하고 있으므로 아래 테스트에서는 텍스트 기반의 프로토콜로 확인해보도록 하겠다. 텍스트 기반의 프로토콜로 Memcached 서버에 접속할 때에는 단순히 텔넷(Telnet) 프로그램을 이용하면 된다.

```
shell> telnet localhost 11211
Trying 127.0.0.1...
Connected to localhost (127.0.0.1).
Escape character is '^]'.
```

리눅스나 유닉스 셸에서 "telnet" 명령을 사용할 때 마지막에 Memcached 플러그인의 포트 번호인 11211를 입력해주면, 위의 예제와 같이 접속이 되었다는 메시지가 표시된다. 이제 Memcached 서버와 접속된 상태에서 SET이나 GET 명령을 한번 입력하고 실행해보자. 다음 예제에서는 밑줄이 있는 부분이 직접 입력해야 하는 명령인데, 일단 다음과 똑같이 입력해서 한번 테스트해보자. SET 명령은 INSERT와 마찬가지로 값을 Memcached 플러그인과 InnoDB 테이블로 저장하는 명령이다. "set matt 0 3600 12"까지 입력한 후 반드시 "엔터"를 입력하고 그 이후에 "Real MariaDB"라고 값을 입력해야 한다. 저장이 완료되면 "STORED"라는 응답이 출력될 것이다.

```
set matt 0 3600 12
Real MariaDB
STORED
```

이제 저장된 데이터를 가져오기 위해서 GET 명령을 실행해보자. 앞 예제에서 SET 명령으로 저장한 결과가 그대로 출력됐다.

```
get matt
VALUE matt 0 12
Real MariaDB
END
```

이제 SET 명령으로 입력했던 데이터를 삭제해보자. Memcached 서버에서 아이템을 삭제할 때에는 DELETE 명령을 사용하면 된다.

```
delete matt
DELETED
```

Memcached 플러그인에서 SET이나 GET 명령은 반드시 소문자로 입력하자. 다음과 같이 대문자로 입력하면 "ERROR"가 발생하고 중간에 처리가 멈추게 된다.

```
SET matt 0 3600 12
ERROR
```

테스트가 완료되고 Memcached 서버와 연결을 끊고자 할 때에는 "quit" 명령을 입력하고 엔터를 치면 된다. 만약 유닉스 도메인 소켓 파일을 사용하도록 Memcached 플러그인을 설정한 경우에는 telnet 프로그램으로 위와 같이 테스트하는 것이 불가능하다. 이런 경우에는 다음과 같이 NetCat이라는 프로그램을 이용하면 된다. NetCat을 사용하는 경우에는 telnet 프로그램과는 달리 초기 연결되었을 때 아무런 메시지가 출력되지 않는다. 대신 그냥 SET/GET 명령을 입력해보면 정상적으로 접속된 것인지 확인할 수 있다.

```
shell> nc -U /tmp/memcached.sock
```

GET 명령과 DELETE 명령은 모두 명령어 뒤에서 검색하거나 삭제하려는 아이템의 키(Key)를 입력해주고 엔터를 입력하면 된다. 하지만 SET 명령은 SET 명령 뒤에서 몇 개의 인자가 필요한데 그 인자는 다음과 같다.

⟨key⟩

Memcached 서버에 저장하려는 아이템의 키. MySQL 서버의 Memcached 플러그인에서는 키를 250바이트까지만 저장할 수 있다.

⟨flag⟩

플래그는 Memcached 서버가 사용하는 값은 아니고, 응용 프로그램에서 별도로 더 관리해야 할 값들이 있을 때 사용할 수 있도록 준비된 필드이다. flag는 4바이트 정수 타입이다.

⟨expire_time⟩

Memcached에서는 SET 명령으로 저장되는 아이템이 계속 메모리에 남아있는 것은 아니다. Memcached에 저장된 아이템은 Memcached의 캐시 메모리가 부족하거나 예약된 시간이 지나면 자동으로 Memcached 캐시 메모리에서 제거된다. expire_time은 저장되는 아이템이 언제까지 유효한지를 설정하는 것인데, 이 시간이 지나면 자동으로 캐시 메모리에서 제거된다.

expire_time은 절대 시간과 상대 시간을 초 단위로 저장할 수 있다. 2592000 (30일)보다 작은 값이 expire_time으로 입력되면 상대 시간으로 인식하며 지금부터 30일 이후에는 자동으로 캐시 메모리에서 제거되도록 한다. 만약 30일보다 큰 값이 입력되면 Memcached 서버는 expire_time을 유닉스 타임스탬프로 해석해서 그 시간까지 해당 아이템이 유효한 것으로 판단한다.

⟨byte_count⟩

SET하려는 아이템의 값(Value)이 전체 몇 바이트인지를 명시한다. Memcached 서버에서는 값(Value)으로 최대 1MB까지 저장할 수 있다.

⟨value⟩

byte_count에 명시한 길이만큼의 값(Value)를 입력한다.

6.5.3 캐시 정책

⟨그림 6-21⟩에서 보는 것과 같이 Memcached 플러그인도 자체적인 캐시 메모리를 사용한다. 이 캐시 메모리를 사용하는 방법에 따라서 4가지 캐시 정책으로 구분된다. Memcached 플러그인의 캐시 정책은 cache_policies 메타 테이블을 직접 INSERT하거나 UPDATE해서 설정할 수 있으며, 테이블 단위로 캐시 정책을 다르게 설정할 수 있다.

innodb_only

innodb_only 캐시 정책에서는 Memcached 플러그인의 캐시 메모리는 모두 무시된다. 즉 Memcached 플러그인을 통해서 GET/SET을 호출하면 Memcached 플러그인은 자체 Memcached 캐시 메모리는 모두 무시하고

InnoDB API로 요청을 전달하고 InnoDB 스토리지 엔진으로부터 온 결과를 그대로 사용자에게 반환하는 역할을 한다. Memcached 플러그인을 통해서 SET된 데이터는 INSERT나 UPDATE 쿼리를 실행했을 때와 같이 InnoDB 테이블에 영구적으로 저장된다.

cache_only

cache_only 캐시 정책에서는 innodb_only와는 반대로 Memcached 플러그인의 캐시 메모리만 검색해서 사용자의 GET/SET 요청에 응답한다. 이 경우에는 InnoDB 스토리지 엔진의 테이블이 가지고 있는 데이터와는 전혀 무관하게 작동한다. 마치 Memcached 서버만 기동하는 것과 같다고 볼 수 있다. 자체적으로 디스크에 영구적으로 기록된 데이터가 없기 때문에 MySQL 서버가 재시작되면 자동으로 데이터는 초기화된다.

caching

caching은 InnoDB 스토리지 엔진과 Memcached 플러그인이 협업으로 작동하는 캐시 정책이다. 사용자가 GET 명령을 실행하면 Memcached 플러그인은 먼저 Memcached의 캐시 메모리에서 요청된 데이터를 검색해본다. 여기에서 원하는 데이터를 검색하면 즉시 사용자에게 결과를 반환하고, 만약 결과가 없다면 InnoDB 스토리지 엔진 쪽으로 검색을 요청한다. 사용자가 SET 명령을 실행하면 Memcached 플러그인은 데이터를 Memcached의 캐시 메모리에 저장하고 InnoDB API를 통해서 InnoDB 테이블에 영구적으로 기록한다. caching 캐시 정책에서는 마치 MySQL 서버와 Memcached 서버가 별도의 프로세스로 동시에 사용되는 사용되는 것과 비슷한 효과를 내게 된다.

disabled

disabled 캐시 정책에서는 Memcached 플러그인을 사용하지 않는다.

6.5.4 사용자 테이블 등록

MySQL 서버를 설치하면 같이 배포되는 "${MYSQL_HOME}/share/innodb_memcached_config. sql" 초기화 스크립트에는 기본적으로 "test" 데이터베이스에 "test_demo"라는 테이블을 생성하고, 이 테이블을 Memcached 플러그인이 인식할 수 있도록 등록해준다. 그래서 위에서 Memcached 플러그인을 테스트할 수 있었던 것이다. Memcached에서 SET/DELETE했던 데이터들은 test_demo 테이블에 저장되었다가 삭제된 것이며, Memcached 플러그인을 통해서 저장된 데이터를 MySQL 서버에서 SQL로 조회해볼 수 있다.

이제 테스트 스크립트에서 자동으로 등록한 테이블이 아니라 지금 서비스에서 이용되고 있는 테이블이나 직접 생성하는 테이블을 Memcached 플러그인이 인식할 수 있도록 등록하는 방법을 한번 살펴보자. 우선 Memcached 플러그인으로 서비스할 테이블이나 키(Key)로 사용될 칼럼에는 다음과 같은 몇 가지 제약 사항이 있다.

- 키(Key)로 사용되는 값에는 공백이나 줄바꿈(New-line) 문자를 포함할 수 없다. 공백이나 줄바꿈 문자는 Memcached의 텍스트 기반 프로토콜에서 구분자로 사용되기 때문이다.

- 키(Key)로 사용되는 값이 저장되는 칼럼은 정수(INTEGER)나 문자열 타입(CHAR, VARCHAR)만 사용 가능하다.

- 키(Key)로 사용되는 값이 저장되는 칼럼에는 반드시 프라이머리 키나 유니크 키가 생성되어야 한다.

- 파티션된 테이블은 Memcached 플러그인에서 사용할 수 없다.

"my_service"라는 이름의 데이터베이스를 생성한 후에 mc_store라는 이름의 테이블을 생성했다. 여기에서 데이터베이스의 이름이나 테이블의 이름은 고정된 것이 아니므로 서비스에 맞게 적절히 생성하면 된다. mc_store라는 테이블에는 c_key와 c_value 그리고 c_flag와 c_cas 그리고 c_expire 등의 칼럼들이 포함되어 있는데, 이 칼럼들은 Memcached 플러그인에서 사용하도록 하기 위해서는 모두 기본적으로 가지고 있어야 할 칼럼들이다. 물론, 이 이외의 칼럼을 추가로 더 가지고 있어도 무방하다.

```
mysql> CREATE DATABASE my_service;
mysql> USE my_service;

mysql> CREATE TABLE mc_store (
  c_key VARCHAR(250) COLLATE Latin1_bin NOT NULL,
  c_value MEDIUMBLOB,
  c_flag INT NOT NULL DEFAULT '0',
  c_cas BIGINT UNSIGNED NOT NULL DEFAULT '0',
  c_expire INT NOT NULL DEFAULT '0',
  PRIMARY KEY(c_key)
) ENGINE=InnoDB STATS_PERSISTENT=0;
```

이제 Memcached 플러그인의 메타 정보들이 저장된 innodb_memcache 데이터베이스로 이동하여, 위에서 준비한 mc_store 테이블을 Memcached가 인식할 수 있도록 등록하자. 이 과정은 mc_store의 각 칼럼들이 Memcached 플러그인에서 어떤 역할로 사용될지를 설정하는 것이다.

```
mysql> USE innodb_memcache;

mysql> INSERT INTO containers (
  name, db_schema, db_table, key_columns, value_columns, flags, cas_column,
  expire_time_column, unique_idx_name_on_key)
VALUES (
  'default', 'my_service', 'mc_store', 'c_key', 'c_value', 'c_flag', 'c_cas',
  'c_expire', 'PRIMARY');
```

여기에서 한 가지 주의해야 할 사항은 containers 테이블의 name 칼럼에 "default" 값이 INSERT되었다는 것이다. Memcached에서는 사실 테이블이라는 개념이 존재하지 않는다. 하지만 MySQL 5.6 Memcached 플러그인에서는 여러 개의 테이블을 Memcached 인터페이스를 통해서 조작할 수 있도록 제공하고 있다. 즉 Memcached 인터페이스와 MySQL 서버의 테이블 간의 매핑을 위한 정보가 필요하다는 것이다. 이를 위해서 Memcached API에서는 키 영역에 "@@"를 이용해서 테이블의 이름과 키를 함께 명시할 수 있도록 해주고 있는 것이다. 예를 들어서 아래 2개의 키 표기법을 살펴보자.

```
@@product.A01
@@order.A01
```

첫 번째 예제에서는 테이블의 이름이 "product"이고 그 테이블에서 키가 "A01"인 아이템을 지칭하는 것이며, 두 번째 예제는 "order"라는 테이블의 키 값 "A01"을 지칭하는 것이다. 이때 "product"과 "order"는 실제 InnoDB의 테이블 이름이 아니라 containers 테이블에 등록할 때 "name" 칼럼에 입력한 이름을 의미한다. 그렇다면 "@@" 표기 없이 그냥 "A01"이라고 하면 어떤 테이블을 지칭하게 될까?

containers 테이블에 등록된 테이블이 단 하나만 있는 경우라면 Memcached는 자동으로 그 테이블에서 키가 "A01"인 아이템을 지칭하는 것으로 판단한다. 하지만 containers 테이블에 등록된 InnoDB 테이블이 여러 개인 경우에는 "default"라는 이름으로 등록된 InnoDB 테이블을 지칭한다. 만약 Memcached 클라이언트에서 "@@" 표기로 별도의 테이블을 지칭하는 것을 피하려면 containers 테이블의 "name" 칼럼에 "default"를 저장해주면 된다.

6.5.5 관련 시스템 변수

Memcached 서버는 단순 Key/Value 스토어(Store)이기 때문에 MySQL 서버의 InnoDB와 같이 트랜잭션이나 격리수준등을 지원하지 않을 뿐만 아니라 이런 개념들이 필요치 않다. 하지만 InnoDB 스토리지 엔진에서는 이런 부분들이 정의가 되어야만 한다. 그래서 MySQL 서버의 시스템 변수들을 이용해서 Memcached 플러그인이 InnoDB API를 이용할 때 어떤 격리 수준을 사용할지 그리고 Memcached 플러그인으로 저장된 데이터를 어떻게 InnoDB로 전달할지를 지정한다. 여기에서는 Memcached 플러그인을 위한 설정 중에서 중요한 것 몇 가지만 살펴보자.

daemon_memcached_option

Memcached 플러그인은 MySQL 서버가 초기화된 후 MySQL 서버 프로세스에 의해서 하나의 스레드로 기동이 된다. 이때 MySQL 서버가 Memcached 플러그인을 어떤 옵션으로 기동할지를 설정한다. Memcached 플러그인의 기동 옵션은 "6.4.2 설치 및 테스트"를 다시 참조하도록 하자.

innodb_api_trx_level

Memcached 플러그인을 통한 커넥션과 MySQL 서버를 통한 커넥션이 동일한 레코드를 변경하거나 참조하는 경우에 Memcached 플러그인 커넥션이 어떤 격리 수준을 사용할지를 설정한다. innodb_api_trx_level은 정수로 설정하며, 기본값은 0으로 READ_UNCOMMITTED이다.

- 0 READ_UNCOMMITTED
- 1 READ_COMMITTED
- 2 REPEATABLE_READ
- 3 SERIALIZABLE

daemon_memcached_r_batch_size와 daemon_memcached_w_batch_size

Memcached 플러그인을 통해서 SET/GET 등의 명령을 실행할 때 얼마나 많은 SET/GET을 실행하고 Commit을 실행할지를 설정한다. 이 값이 만약 10으로 설정된다면 Memcached 플러그은 각 커넥션에서 SET이 10번 실행되어야만 Commit을 실행하는 것이다. 만약 SET 명령이 9번 실행된 상태에서 MySQL 서버나 서버가 비정상 종료(크래시)된다면 커밋되지 않은 9건의 데이터는 모두 사라지게 되는 것이다. 이 시스템 변수의 기본값은 1로 설정되어 있다. 만약 중요하지 않은 데이터라면 배치 크기를 늘려서 Memcached 플러그인의 성능을 높일 수 있다.

innodb_api_bk_commit_interval

Memcached 플러그인을 통해서 SET이나 ADD 그리고 DELETE 명령을 수행할 때에는 Memcached 프로토콜을 사용하므로 Commit이나 Rollback과 같은 명령이 없다. 그래서 Memcached 플러그인은 SET이나 DELETE된 아이템을 InnoDB에 언제 적용하고 언제 커밋을 해야 할지 판단할 수 없다. daemon_memcached_r_batch_size와 daemon_memcached_w_batch_size 시스템 변수가 1로 설정되면 매번 SET이 실행될 때마다 즉시 커밋이 실행될 것이다. 하지만 이렇게 되면 너무 잦은 InnoDB 커밋으로 인해서 Memcached의 성능이 떨어질 것이다.

daemon_memcached_r_batch_size와 daemon_memcached_w_batch_size 시스템 변수를 1보다 큰 값을 설정해서 Memcached 플러그인의 성능을 높일 수 있는데, 이때에는 지정된 수만큼의 명령이 누적되어야만 커밋이 실행된다. 그리고 어떤 경우에는 계속해서 SET이나 ADD등의 명령을 실행하지 못하고 놀고 있는 커넥션도 발생할 수 있다. 이를 위해서 Memcached 플러그인에서는 아무런 명령도 실행되고 있지 않은 (Idle 상태의) 커넥션들을 모아서 백그라운드로 일괄 커밋을 실행해주는 기능을 가지고 있다. innodb_api_bk_commit_interval 시스템 변수는 백그라운드 스레드가 얼마나 자주 모아서 커밋할지를 결정한다. 이 시스템 변수는 초 단위로 설정하며, 기본값은 5초이다.

innodb_api_enable_binlog

Memcached 플러그인을 통해서 SET이나 ADD 그리고 DELETE등의 명령이 실행되면 이 데이터들은 모두 InnoDB 스토리지 엔진으로 전달되어서 결국 디스크의 테이블로 저장될 것이다. 또한 InnoDB에 저장된 모든 데이터들은 MySQL의 복제를 통해서 슬레이브로도 전달되어야 한다. Memcached 플러그인을 통해서 저장되거나 변경된 데이터들이 모두 슬레이브 MySQL 서버로 전달되도록 하기 위해서는 Memcached 플러그인으로 유입된 변경 내용이 모두 바이너리 로그에 기록되어야 한다. innodb_api_enable_binlog 시스템 변수는 Memcached 플러그인을 통한 변경 내용이 모두 바이너리 로그에 기록되도록 할지 말지를 결정한다.

참고로 daemon_memcached_r_batch_size와 daemon_memcached_w_batch_size 그리고 innodb_api_bk_commit_interval 시스템 설정의 값이 커지면 커질수록, 마스터 MySQL 서버에서 변경된 내용이 슬레이브로 전달되는 시점은 느려진다는 것을 기억하자.

6.6 카산드라 스토리지 엔진 `MariaDB`

MariaDB 10.0에서는 요즘 많이 관심거리가 되고 있는 NoSQL 관련된 기능들이 몇 가지 추가되었다. 대표적으로 HandlerSocket이나 동적 칼럼(Dynamic Column) 그리고 Memcached 플러그인 등인데, 여기에 추가해서 카산드라의 데이터를 조회할 수 있는 카산드라 스토리지 엔진 기능이 구현되었다. 카산드라 스토리지 엔진은 실제 카산드라 클러스터가 MariaDB 서버 내부에 구현된 것이 아니라 MariaDB가 원격 서버에 있는 카산드라 서버로 접속하여 필요한 데이터를 SQL 문법으로 조회할 수 있도록 해주는 스토리지 엔진이다. 즉 카산드라 스토리지 엔진을 사용하기 위해서는 이미 사용 중인 카산드라 클러스터가 있어야 한다는 것이다.

6.6.1 카산드라

카산드라는 대표적인 NoSQL 데이터베이스로서, 내부적으로는 P2P(Peer to Peer) 방식으로 서로 통신을 하면서 클러스터 내의 각 노드들의 상태를 파악하면서 서비스가 가능한 상태를 유지하게 된다. 〈그림 6-22〉는 카산드라 클러스터가 어떻게 구성되고 서비스 요청에 응답하는지를 간단하게 표시한 것이다. 카산드라 클러스터에서 각 카산드라 인스턴스(카산드라 프로세스)를 노드라고 표현한다.

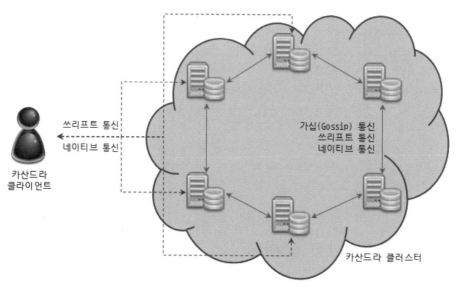

쓰리프트 통신

네이티브 통신

가십(Gossip) 통신
쓰리프트 통신
네이티브 통신

카산드라
클라이언트

카산드라 클러스터

〈그림 6-22〉 카산드라 구성도

P2P 방식이라는 표현을 사용했지만, 사실은 내부적으로 모든 노드들은 클러스터 상에서 자신의 위치가 정해져 있으며, 자신의 위치에서 좌측 노드와 우측 노드 그리고 임의의 몇 개 노드와 통신을 유지하면서 클러스터에 속해있는 전체 노드들의 상태 정보를 관리한다. 카산드라 노드가 다른 노드들의 상태를 전파하는 프로토콜을 "가십(Gossip)"이라고 한다. 가십이라는 이름은 각 노드들이 서로 상태 정보를 교환할 때 자기 자신의 상태만 전달하는 것이 아니라 자기가 알고 있는 다른 노드들의 상태를 모두 같이 전달하기 때문에 서로 "남의 이야기를 소문처럼" 전달한다고 해서 붙여진 이름이다.

그리고 카산드라는 클러스터에 속한 모든 노들들이 〈그림 6-22〉에서와 같이 링(Ring) 형태로 나열되어서 전체의 데이터를 각자 1/N씩 나눠서 가지고, 각 노드들은 자기가 가지고 있는 데이터들에 대해서만 서비스하게 된다. 만약 자기가 가지지 않은 데이터를 요청받는 경우에는 그 데이터를 가진 노드를 찾아서 데이터를 요청하고 받은 다음 최종적으로 클라이언트로 전달한다. 즉 카산드라에서는 모든 노드가 데이터를 서비스함과 동시에 데이터를 중간에 전달만 하는 프록시 역할까지 함께 담당하는 것이다. 이때 각 노드가 다른 노드 또는 클라이언트와 데이터를 주고받을 때에는 쓰리프트(Thrift) 통신을 한다. 하지만 쓰리프트 통신은 데이터의 스트리밍 처리가 안 된다거나 하는 단점들을 가지고 있어서, 최근의 카산드라(카산드라 1.2.x와 2.x 버전)에서는 자체적인 프로토콜을 만들었다. 이 프로토콜을 일컫는 특별한 이름은 없으며, 그냥 "네이티브 프로토콜" 또는 "바이너리 프로토콜"이라고 명명한다.

카산드라는 RDBMS와는 달리 정형화된 자료 구조를 관리하지 않는다. 실제 내부적으로는 Key/Value의 쌍으로 정보를 관리할 뿐이다. 하지만 카산드라의 Key/Value는 단순 1차원이 아니라 다차원 Key/Value 쌍으로 관리되기 때문에 내부 자료 구조를 자주 혼동하곤 한다. 여기에서 다차원 Key/Value의 의미는(Key/(Key/Value)) 구조를 의미하는 것으로, 하나의 키에 최종 사용자 정보가 저장된 것이 아니라 새로운 Key/Value의 쌍이 저장되어 있음을 의미한다. 이렇게 다차원으로 구성된 Key/Value 쌍 구조를 이용해서 카산드라는 RDBMS의 테이블이나 레코드와 같은 개념의 데이터를 조립해내기도 한다. 우선 간단하게 〈그림 6-23〉의 카산드라의 자료 구조(스키마 구성)를 한번 살펴보자.

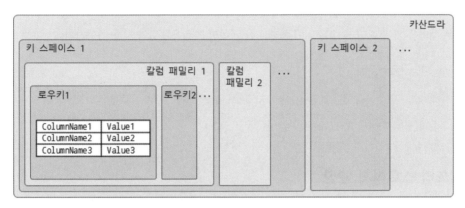

〈그림 6-23〉 카산드라의 데이터 모델

〈그림 6-23〉에서는 키 스페이스와 칼럼 패밀리 그리고 로우 키와 칼럼 간의 포함 관계를 잘 보여주고 있다. 이제 각각의 오브젝트들에 대해서 하나씩 살펴보자.

칼럼

카산드라의 칼럼은 MariaDB와는 다르게 항상 칼럼 이름과 칼럼의 값 쌍으로 관리된다. 일반적인 NoSQL 솔루션(HBase나 카산드라)에서는 RDBMS와 달리 테이블의 칼럼은 정적으로 먼저 정의되어서 사용되는 구조가 아니다. 그래서 카산드라에서는 칼럼을 저장할 때 이 칼럼의 이름과 값이 쌍으로 저장되어야만 하는 것이다.

로우 키

카산드라나 HBase와 같은 NoSQL 도구들은 사실 RDBMS와 같이 정규화된 모델을 저장하는 데이터베이스가 아니어서 RDBMS의 Row에 해당하는 개념이 명확하게 존재하지 않고 단순히 Key/Value의 쌍으로 저장된다는 개념만 가진다. 그나마 HBase와 카산드라 중에서 카산드라가 조금은 더 RDBMS의 구조에 가까우며 자체적인 SQL 문법의 인터페이스인 CQL(Cassandra Query Language)도 제공하고 있다. 카산드라의 RowKey는 실제 RDBMS에서 Row의 프라이머리 키와 비슷한 성격의 오브젝트로 이해해도 무방하다.

칼럼 패밀리

칼럼 패밀리는 MariaDB의 테이블과 비슷한 개념으로, 데이터 집합을 정의하는 단위이다. RDBMS에서는 동일한 프라이머리 키로 정의되는 데이터(어트리뷰트)들은 모두 하나의 테이블로 모아서 생성하지만 NoSQL 솔루션들에서는 그중에서도 함께 자주 사용되는 데이터들끼리만 모아서 칼럼 패밀리로 정의해서 사용한다.

키 스페이스

카산드라의 키 스페이스는 MariaDB의 데이터베이스와 비슷한 개념으로, 카산드라의 칼럼 패밀리들은 하나의 키 스페이스 내부에서만 존재할 수 있다.

카산드라에도 RDBMS의 SQL과 비슷한 문법의 CQL 클라이언트를 제공하고 있다. CQL 클라이언트는 다음과 같은 제약을 가지고 있기 때문에 아주 단순한 데이터 조회용으로만 사용 가능하다.

- 조인이나 서브 쿼리 지원 안 됨
- GROUP BY나 ORDER BY 등의 집합 및 정렬 기능이 자유롭지 못함(정렬은 로우키 + 칼럼이름으로만 가능)
- 로우 키나 칼럼 이름만 WHERE 절의 조건에 사용 가능

6.6.2 카산드라 스토리지 엔진

지금까지 카산드라의 기본적인 아키텍처나 데이터 모델을 살펴보았다. 이제 MariaDB의 카산드라 스토리지 엔진을 살펴보도록 하자. MariaDB의 카산드라 스토리지 엔진은 원격 서버에 있는 카산드라 클러스터의 데이터에 대한 뷰를 제공하는 것이 주 목적이다. 또한 CQL이 제공하지 못하는 집합이나 정렬 관련된 처리를 대신한다.

카산드라 스토리지 엔진도 기본적으로는 MariaDB에서 바로 가능한 상태로 설치되어 있는 것은 아니다. 우선 MariaDB 홈 디렉터리의 "lib/plugin/" 디렉터리에서 ha_cassandra.so 파일이나 ha_cassandra.dll 파일이 존재하는지를 확인해보자. ha_cassandra 라이브러리가 확인되었다면 이제 MariaDB 서버에서 INSTALL PLUGIN 명령을 이용해서 카산드라 스토리지 엔진을 사용할 수 있도록 등록하기만 하면 된다.

```
MariaDB> INSTALL PLUGIN cassandra SONAME 'ha_cassandra.so';
```

만약 카산드라 스토리지 엔진을 MariaDB 서버가 시작될 때 자동으로 등록되기를 원한다면 MariaDB
서버의 설정 파일(my.cnf 또는 my.ini)에 다음과 같이 plugin-load 옵션을 "[mysqld]" 섹션에 넣어
주면 된다.

```
plugin-load = ha_cassandra.so
```

카산드라 스토리지 엔진이 등록되었다면 이제 MariaDB 서버의 카산드라 스토리지 엔진 테이블을 생
성해서 원격 서버에 있는 카산드라의 데이터를 한번 조회해보자. 우선 카산드라에 다음과 같이 예제 테
이블을 생성해두도록 하자.

```
shell> cqlsh

cqlsh> CREATE KEYSPACE cassandra_se
   ...      WITH strategy_class = 'org.apache.cassandra.locator.SimpleStrategy'
   ...      AND strategy_options:replication_factor='1';
cqlsh> USE cassandra_se;

cqlsh:cassandra_se> CREATE COLUMNFAMILY cf_friends (
   ...                    uid VARCHAR PRIMARY KEY, friend_uid VARCHAR)
   ...                    WITH COMPACT STORAGE;
cqlsh:cassandra_se> INSERT INTO cf_friends (uid, friend_uid) VALUES ('matt', 'pitt');
cqlsh:cassandra_se> INSERT INTO cf_friends (uid, friend_uid) VALUES ('matt', 'pott');

cqlsh:cassandra_se> SELECT * FROM cf_friends;

 uid  | friend_uid
------+------------
 matt |     pitt
 matt |     pott
```

이제 MariaDB로 돌아와서 카산드라 스토리지 엔진의 테이블을 생성해보자. 카산드라 스토리지 엔진의 테이블을 생성할 때에는 반드시 카산드라의 칼럼 패밀리와 칼럼 이름 및 데이터 타입을 일치시켜야한다.

```
MariaDB> CREATE TABLE cass_friends (
            uid VARCHAR(64) PRIMARY KEY,
            friend_uid VARCHAR(64)
         ) ENGINE=cassandra  THRIFT_HOST='192.168.0.1'
            KEYSPACE='cassandra_se' COLUMN_FAMILY='cf_friends';
```

만약 데이터 타입이 일치하지 않거나 칼럼의 이름이 맞지 않으면 테이블을 생성하는 중에 오류가 발생한다. 카산드라 스토리지 엔진의 테이블을 생성할 때, thrift_host 옵션을 사용하면 테이블 단위로 접속할 카산드라 클러스터를 설정할 수 있다. 또한 cassandra_default_thrift_host 시스템 변수를 이용하면 생성되는 모든 테이블이 공통적으로 사용하는 카산드라 클러스트를 지정할 수도 있다. 그리고 cassandra_default_thrift_host 시스템 변수는 동적 변수이므로 MariaDB 서버 재시작 없이 카산드라 스토리지 엔진을 사용하는 테이블이 다른 카산드라 노드로 연결하도록 변경할 수 있다.

카산드라 스토리지 엔진 테이블이 생성되면 이제부터는 MariaDB 서버에서 일반 테이블을 조회하거나 데이터를 저장할 때와 마찬가지로 SELECT나 INSERT 쿼리 문장을 사용할 수 있다.

```
MariaDB> INSERT INTO cass_friends (uid, friend_uid) VALUES ('toto', 'pitt');
MariaDB> INSERT INTO cass_friends (uid, friend_uid) VALUES ('toto', 'pott');

MariaDB> SELECT * FROM cass_friends WHERE uid='toto';

+------+------------+
| uid  | friend_uid |
+------+------------+
| toto | pitt       |
| toto | pott       |
+------+------------+
```

카산드라 1.1은 쓰리프트 API를 이용해서 데이터를 주고받는다. 하지만 카산드라 1.2 버전부터는 바이너리 프로토콜이라는 네이티브 API를 지원하기 시작했다. 또한 카산드라 1.2 버전(카산드라 2.x 버전 포함)부터는 내부 데이터 모델이 조금씩 달라지기 시작했는데, 현재 버전의 MariaDB의 카산드라 스토리지 엔진은 카산드라 1.2 버전의 개선된 데이터 모델은 지원하지 못하고 있다. 카산드라 1.2에서는 카산드라 1.1 데이터 모델과 호환되는 구조를 유지하려면 "WITH COMPACT STORAGE" 옵션을 사용해야 한다. 현재 버전의 MariaDB(10.0.7 버전)의 카산드라 스토리지 엔진도 "WITH COMPACT STORAGE" 옵션을 활성화해서 생성한 칼럼 패밀리만 연동할 수 있다.

또한 현재 버전의 MariaDB에서는 쓰리프트 API로 카산드라에 연결하고 있는데, 사실 쓰리프트는 데이터를 스트리밍 처리할 수 없는 것과 같은 몇 가지 제한 사항을 가지고 있다. 얼마 전 카산드라 C++ 드라이버가 릴리즈되었으므로 아마도 곧 MariaDB도 쓰리프트가 아니라 카산드라 네이티브 프로토콜을 연동될 수 있도록 개선되어서 릴리즈될 것으로 보인다.

6.7 CONNECT 스토리지 엔진   🔧 MariaDB

CONNECT 스토리지 엔진은 XML이나 엑셀 파일 그리고 오라클이나 MSSQL과 같은 DBMS들의 테이블을 MariaDB에서 직접 쿼리할 수 있도록 연결 기능을 제공해주는 스토리지 엔진이다. CONNECT 스토리지 엔진은 실제 이 이외에도 많은 MariaDB 서버 외부의 데이터들을 손쉽게 접근해서 참조할 수 있도록 해준다. 여기에서는 간단하게 오라클 RDBMS의 테이블을 ODBC 인터페이스를 통해서 MariaDB가 접근하는 예제와 MariaDB의 설정 파일(my.cnf)을 CONNECT 스토리지 엔진으로 조회하는 방법을 살펴보도록 하자.

CONNECT 스토리지 엔진에서 DROP TABLE 명령을 사용하면 단순히 CONNECT 스토리지 엔진을 사용하는 테이블의 정의만 삭제된다는 것에 주의하자. 예를 들어서 원격 서버의 오라클 RDBMS에 존재하는 테이블을 CONNECT 스토리지 엔진 테이블로 생성했다가 MariaDB 서버에서 이 CONNECT 스토리지 엔진 테이블을 DROP TABLE로 삭제하면 실제 원격지의 오라클 테이블은 삭제되지 않고 MariaDB 서버의 테이블만 삭제된다는 것이다. 하지만 UPDATE나 DELETE 그리고 TRUNCATE 명령은 실제 원격지 서버에 있는 테이블의 내용을 변경한다.

6.7.1 CONNECT 스토리지 엔진 설치

MariaDB에서 일부 필수적이지 않은 스토리지 엔진은 설치되어 있지 않다. MySQL이나 MariaDB에서 스토리지 엔진은 모두 플러그인 형태로 사용 가능한데, 설치되어 있지 않은 스토리지 엔진을 사용하기 위해서는 INSTALL PLUGIN 명령으로 해당 플러그인의 라이브러리만 등록해주면 된다. 다음은

CONNECT 스토리지 엔진을 MariaDB에서 사용할 수 있도록 설치하는 명령이다. 실제 CONNECT 스토리지 엔진은 *.so(리눅스나 유닉스 계열) 파일이나 *.dll(윈도우) 파일 형태로 MariaDB 홈 디렉터리의 "lib/plugin/" 디렉터리에 존재한다. 다음의 명령으로 CONNECT 스토리지 엔진을 설치하기 위해서는 "lib/plugin/" 디렉터리에 ha_connect.so(유닉스나 리눅스) 파일이나 ha_connect.dll(윈도우) 파일이 존재해야 한다.

```
MariaDB> INSTALL PLUGIN connect SONAME 'ha_connect.so';
```

CONNECT 스토리지 엔진 설치가 완료되면 다음과 같이 SHOW ENGINES 명령이나 SHOW PLUGINS 명령을 이용해서 적재된 스토리지 엔진의 목록을 확인해볼 수 있다.

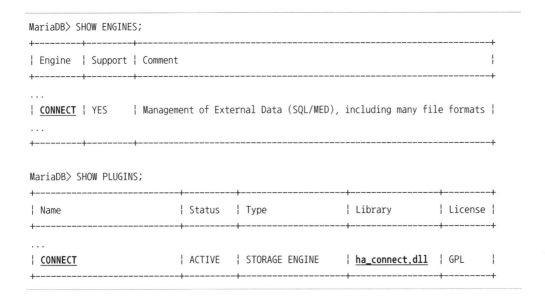

```
MariaDB> SHOW ENGINES;
+----------+---------+-------------------------------------------------------------+
| Engine   | Support | Comment                                                     |
+----------+---------+-------------------------------------------------------------+
...
| CONNECT  | YES     | Management of External Data (SQL/MED), including many file formats |
...
+----------+---------+-------------------------------------------------------------+

MariaDB> SHOW PLUGINS;
+--------------------------+---------+----------------+----------------+---------+
| Name                     | Status  | Type           | Library        | License |
+--------------------------+---------+----------------+----------------+---------+
...
| CONNECT                  | ACTIVE  | STORAGE ENGINE | ha_connect.dll | GPL     |
+--------------------------+---------+----------------+----------------+---------+
```

6.7.2 오라클 RDBMS 테이블 연결

MariaDB의 CONNECT 스토리지 엔진을 이용하면 MariaDB 서버 외부 RDBMS 서버의 테이블을 참조할 수 있다. 대부분의 RDBMS 서버는 ODBC를 이용해서 접근할 수 있는 인터페이스를 제공하고 있다. MariaDB에서 ODBC 테이블 타입의 CONNECT 스토리지 엔진 테이블을 생성하면 ODBC를 지원하는 모든 원격 데이터베이스의 테이블을 참조할 수 있다. 다음과 같이 오라클 RDBMS에 emp라는 테이블이 있다고 가정해보자.

```
Oracle> CREATE TABLE emp(
  empno     number(4,0),
  ename     varchar2(10),
  job       varchar2(9),
  mgr       number(4,0),
  hiredate date,
  sal       number(7,2),
  comm      number(7,2),
  deptno    number(2,0),
  CONSTRAINT pk_emp PRIMARY KEY (empno)
);
```

이제 다음과 같이 MariaDB 서버에서 ora_emp 테이블을 CONNECT 스토리지 엔진으로 생성하면 모든 준비가 완료된다. 물론 ora_emp 테이블을 생성하기 전에 "orcl"이라는 DSN으로 ODBC 드라이버를 등록해야 한다. 윈도우에서는 어렵지 않게 등록할 수 있으며, 만약 MariaDB 서버가 리눅스나 유닉스 계열의 운영체제에서 작동 중이라면 Unix ODBC(http://www.unixodbc.org/) 드라이버 프로젝트의 웹 사이트를 참조하도록 하자.

```
MariaDB> CREATE TABLE ora_emp
         ENGINE=CONNECT
         TABLE_TYPE=ODBC TABNAME='EMP' CONNECTION='DSN=orcl;UID=scott;PWD=tiger'
         SRCDEF='SELECT empno, ename, mgr, LEVEL FROM emp CONNECT BY PRIOR empno=mgr;';
```

ora_emp 테이블이 준비되면 이제 MariaDB에서 SELECT 쿼리로 참조해볼 수 있다. ora_emp 테이블을 생성할 때 SRCDEF 옵션에 CONNECT BY 절을 이용했다. SRCDEF 옵션에는 ora_emp 테이블이 생성되는 MariaDB 서버에서 실행되는 쿼리가 아니라 원격 오라클 RDBMS에서 데이터를 조회할 때 사용되는 쿼리를 명시하는 것이므로 오라클 RDBMS 문법의 쿼리를 입력해야 한다.

```
MariaDB> SELECT * FROM ora_emp;
+-------+-------+------+-------+
| EMPNO | ENAME | MGR  | LEVEL |
+-------+-------+------+-------+
|  7788 | SCOTT | 7566 |     1 |
|  7876 | ADAMS | 7788 |     2 |
...
+-------+-------+------+-------+
```

MariaDB의 CONNECT 스토리지 엔진은 원격지의 오라클 RDBMS와 클라이언트 사이에서 단순히 중간 저장 공간만을 제공하는 것이다. 이때 한 가지 주의해야 할 것은 engine_condition_pushdown 옵티마이저 스위치를 반드시 ON으로 활성화하는 것이 좋다는 것이다. engine_condition_pushdown 옵티마이저 스위치의 기본값은 OFF인데, engine_condition_pushdown 스위치가 비활성화된 상태에서는 WHERE 조건절의 내용이 리모트 RDBMS 서버로 전송되지 않기 때문에 원격지의 RDBMS 서버뿐만 아니라 MariaDB 서버까지 성능을 저하시킬 수 있다.

```
MariaDB> SET optimizer_switch='engine_condition_pushdown=ON';
```

6.7.3 my.cnf 설정 파일 연결

MariaDB 서버를 운영하면서 간단한 유틸리티를 만들 때마다 느끼는 불편함 가운데 대표적인 것이 MariaDB 서버의 설정 파일을 손쉽게 가져올 수 있으면 하는 것이다. 리눅스의 셸 스크립트의 GREP 과 같은 명령으로 쉽게 될 것 같지만 MariaDB 서버의 설정 파일에는 "[mysqld]"와 같은 섹션 개념이 있으며 섹션별로 중복된 옵션들을 나열할 수 있어서 생각보다 번거로운 작업이다. 물론 MariaDB 서버 에서 "SHOW GLOBAL VARIABLES" 명령을 이용해도 되지만 글로벌 변수만으로는 부족한 경우도 있다. C/C++에서도 my.cnf 설정 파일을 읽어내려면 함수 한두 개로는 절대 해결되지 않는다. 이런 어려움을 해결하기 위해서 MariaDB의 설정 파일을 MariaDB의 CONNECT 스토리지 엔진을 이용해 서 하나의 테이블로 접근할 수 있도록 해보자.

우선 MariaDB 서버에서 다음과 같이 CONNECT 스토리지 엔진을 사용하는 테이블을 생성하자. 여기 에서 한 가지 주의해야 할 점은 반드시 my.cnf 설정 파일의 위치를 MariaDB 서버(MariaDB 서버 프 로세스가 기동되는 운영체제 유저)가 접근할 수 있도록 권한이 허용되어 있어야 한다는 것이다.

```
MariaDB> CREATE TABLE mysql_config (
           section VARCHAR(64) flag=1,
           keyname VARCHAR(64) flag=2,
           value VARCHAR(256))
         ENGINE=CONNECT  TABLE_TYPE=INI  FILE_NAME='/tmp/my.cnf'
         OPTION_LIST='Layout=Row;seclen=90000';
```

위의 예제에서는 mysql_config라는 테이블을 생성했다. 3개의 칼럼을 가지고 있으며 TABLE_TYPE 옵션이 INI라고 명시되었다. MariaDB 서버의 my.cnf 파일은 확장자는 좀 다르긴 하지만 내부적으로는 ini Key/Value 포맷을 하고 있다. 그래서 FILE_NAME 옵션에는 연결하려는 my.cnf 파일의 경로를 적었다. TABLE_TYPE이 INI인 경우에는 OPTION_LIST에 Layout 옵션을 Row와 Column 중에서 선택할 수 있다. Layout이 Column인 경우에는 INI 파일에서 하나의 섹션을 하나의 테이블로 해석할 때 사용한다. 일반적으로 Key/Value 형태를 하나의 테이블 레코드로 접근할 때에는 Layout을 Row로 설정하면 된다. seclen 옵션은 INI 설정 파일에서 하나의 섹션에 포함된 모든 내용이 저장될 정도의 크기로 내부 버퍼 크기를 설정해준다.

이제 mysql_config 테이블을 SQL로 조회해보자.

```
MariaDB> SELECT * FROM mysql_config;
+------------+---------+-----------------+
| section    | keyname | value           |
+------------+---------+-----------------+
| mysqld     | port    | 3306            |
| mysqld     | socket  | /tmp/mysql.sock |
| mysqld     | tmpdir  | /tmp            |
| client     | port    | 3306            |
...

MariaDB> SELECT * FROM mysql_config WHERE section='mysqld' AND keyname='port';
+------------+---------+-----------------+
| section    | keyname | value           |
+------------+---------+-----------------+
| mysqld     | port    | 3306            |
+------------+---------+-----------------+
```

이제 MariaDB 서버의 설정 파일을 아주 손쉽게 읽을 수 있게 되었다. 이제 간단하게 MariaDB 서버에서 my.cnf 설정 파일의 내용과 실제 MariaDB 서버가 가지고 있는 글로벌 변수(SHOW GLOBAL VARIABLES)와의 차이도 한 번의 쿼리 실행으로 알아낼 수 있다.

6.7.4 운영체제의 디렉터리 연결

MariaDB 서버의 CONNECT 스토리지 엔진을 이용하면 운영체제가 가지고 있는 디렉터리의 서브 디렉터리와 파일 목록도 조회할 수 있다. 간단히 예제를 살펴보자.

```
MariaDB> CREATE TABLE temp_dir (
        PATH varchar(256) NOT NULL flag=1,
        FNAME varchar(256) NOT NULL,
        FTYPE char(4) NOT NULL,
        SIZE double(12,0) NOT NULL flag=5)
    ENGINE=CONNECT    TABLE_TYPE=DIR    FILE_NAME='/data/*'
    OPTION_LIST='subdir=1';
```

TABLE_TYPE은 DIR로 설정해서 운영체제의 디렉터리를 연결하는 테이블이라는 것을 명시한다. OPTION_LIST에서 "subdir" 옵션을 1로 설정했는데, 이는 해당 디렉터리의 서브 디렉터리까지 모두 조회한다는 것을 의미한다. 이제 MariaDB 서버에서 SQL 문장으로 디렉터리 내용을 살펴보자.

```
MariaDB> SELECT * FROM temp_dir;
+---------------------------------+----------------------+--------+----------+
| PATH                            | FNAME                | FTYPE  | SIZE     |
+---------------------------------+----------------------+--------+----------+
| /data/mysql/                    | multi-master         | .inf   |     0    |
| /data/mysql/performance_schema/ | performance_timers   | .frm   |  8776    |
| /data/mysql/performance_schema/ | events_waits_current | .frm   |  9220    |
| /data/mysql/mysql/              | host                 | .MYD   |     0    |
| /data/mysql/mysql/              | time_zone            | .frm   |  8636    |
| /data/mysql/mysql/              | host                 | .MYI   |  2048    |
...
+---------------------------------+----------------------+--------+----------+
```

6.8 시퀀스 스토리지 엔진 🔷 MariaDB

시퀀스 스토리지 엔진은 오라클 RDBMS의 일련된 번호를 채번할 수 있도록 해주는 SEQUENCE 오브젝트와는 전혀 무관하다. MariaDB의 시퀀스 스토리지 엔진은 순차적인 번호를 주어진 조건에 맞게 생성해서 메모리 테이블로 만들어 주는 기능을 제공한다. 절대 오라클 RDBMS의 시퀀스나 MariaDB의 AutoIncrement와는 혼동하지 않도록 하자.

간단하게 몇 가지 예제로 MariaDB의 시퀀스 스토리지 엔진을 살펴보자. 우선 MariaDB의 특정 버전에서는 시퀀스 스토리지 엔진이 설치되어 있지 않을수도 있다. 간단히 "SHOW ENGINES" 명령으로 시퀀스 스토리지 엔진이 설치되어 있는지 확인한 후 설치되어 있지 않다면 "INSTALL PLUGIN" 명령으로 시퀀스 스토리지 엔진을 설치하자.

```
MariaDB> INSTALL PLUGIN sequence SONAME 'ha_sequence.so';
```

6.8.1 시퀀스 스토리지 엔진 기본 사용법

시퀀스 스토리지 엔진은 다른 스토리지 엔진과는 달리 별도의 테이블을 생성할 필요가 없다. 시퀀스 스
토리지 엔진 자체가 단순히 숫자 타입의 칼럼 하나를 가지는 가상의 테이블이기 때문이다. 또한 시퀀스
스토리지 엔진은 FROM 절에 명시되는 테이블의 이름이 특정 패턴을 갖춰야 한다. 시퀀스 스토리지 엔
진의 테이블 이름은 다음과 같이 두 가지 패턴으로 명시될 수 있다.

```
seq_〈시작값〉_to_〈종료값〉
seq_〈시작값〉_to_〈종료값〉_step_〈건너뛸 값의 개수〉
```

첫 번째 예제는 〈시작값〉에서부터 1씩 증가하거나 1씩 감소해서 〈종료값〉까지 증감하면서 레코드를 가
지는 가상 테이블이 된다. 그리고 step이 명시되면 1씩 증감하는 것이 아니라 〈건너뛸 값의 개수〉씩 증
감하는 레코드를 가지는 가상 테이블이 된다. 이제 몇 가지 예제를 살펴보자.

```
MariaDB> SELECT * FROM seq_1_to_5;
+-----+
| seq |
+-----+
|   1 |
|   2 |
|   3 |
|   4 |
|   5 |
+-----+

MariaDB> SELECT  * FROM seq_5_to_1;
+-----+
| seq |
+-----+
|   5 |
|   4 |
|   3 |
|   2 |
|   1 |
+-----+
```

```
MariaDB> SELECT * FROM seq_1_to_5_step_2;
+-----+
| seq |
+-----+
|   1 |
|   3 |
|   5 |
+-----+

MariaDB> SELECT * FROM seq_5_to_1_step_2;
+-----+
| seq |
+-----+
|   5 |
|   3 |
|   1 |
+-----+
```

위의 4가지 예제를 보면 시퀀스 스토리지 엔진을 어떻게 사용할지를 쉽게 이해할 수 있을 것이다. 시퀀스 스토리지 엔진은 절대 음수 값을 만들어낼 수 없으며, 특정 범위의 숫자 값을 순환하는 형태의 결과를 만들어낼 수는 없다. 이는 시퀀스 스토리지 엔진이 만들어내는 값의 타입이 UNSIGNED 타입이기 때문이다. 만약 억지로 시퀀스 스토리지 엔진 테이블의 이름에 "–" 기호를 넣어서 실행해도 음수 값은 나오지 않는다. 하지만 음수를 만들어 내고자 할 때에는 SELECT 절에서 음수로 변환하는 연산을 해주면 된다. 물론 이때에는 CONVERT( ) 함수를 이용해서 seq 칼럼을 UNSIGNED INTEGER에서 SIGNED INTEGER로 변환한 다음 음수로 변환해야 한다.

```
MariaDB> SELECT * FROM 'seq_-5_to_1' limit 4;
+----------------------+
| seq                  |
+----------------------+
| 18446744073709551611 |
| 18446744073709551610 |
| 18446744073709551609 |
| 18446744073709551608 |
+----------------------+

MariaDB> SELECT -1 * CONVERT(seq, SIGNED INTEGER) as seq FROM seq_5_to_1;
+-----+
```

```
| seq |
+-----+
|  -5 |
|  -4 |
|  -3 |
|  -2 |
|  -1 |
+-----+
```

이제 시퀀스 스토리지 엔진을 활용할 수 있는 몇 가지 사례를 살펴보자.

6.8.2 누락된 번호 찾기

순번이 저장된 테이블이 있다고 가정해보자. 그리고 업무 요건상 그 테이블에는 순차적으로 빠짐없이 번호가 저장되어 있어야 한다고 가정해보자. 이런 경우에는 간단하게 프로그램을 작성하거나 하나씩 눈으로 확인하지 않으면 누락된 번호를 찾아내기가 쉽지 않다.

```
MariaDB> CREATE TABLE seq_test (seq INT) ENGINE=InnoDB;

MariaDB> INSERT INTO seq_test VALUES (1), (2), (3), (4), (5), (8), (9), (10);
```

이럴 때 시퀀스 스토리지 엔진을 이용한 LEFT OUTER 조인 한 번이면 누락된 번호를 쉽게 찾아낼 수 있다. 시퀀스 스토리지 엔진은 디스크를 읽어서 데이터를 가져와야 하는 것이 아니므로 확인하려는 테이블이 많은 레코드를 가지고 있다 하더라도 성능이 떨어지지는 않는다.

```
MariaDB> SELECT s.seq
         FROM seq_1_to_10 s
           LEFT OUTER JOIN seq_test t ON t.seq=s.seq
         WHERE t.seq IS NULL;
+-----+
| seq |
+-----+
|   6 |
|   7 |
+-----+
```

6.8.3 순차적으로 조합된 번호 쌍 생성

때로는 2개의 숫자 칼럼이 조합되어서 그룹핑될 수 있도록 생성해야 하는 경우가 있는데, 이럴 때에도 시퀀스 스토리지 엔진 테이블 2개를 조인해서 쉽게 생성할 수 있다.

```
MariaDB> SELECT s1.seq, s2.seq FROM seq_1_to_2 s1, seq_1_to_3 s2 ORDER BY s1.seq, s2.seq;

+-----+-----+
| seq | seq |
+-----+-----+
|   1 |   1 |
|   1 |   2 |
|   1 |   3 |
|   2 |   1 |
|   2 |   2 |
|   2 |   3 |
+-----+-----+
```

6.8.4 배수 또는 공배수 찾기

특정 숫자의 배수를 찾거나 두 숫자의 공통 배수 값을 찾는 것도 시퀀스 스토리지 엔진 테이블 2개를 조인해서 쉽게 얻을 수 있다.

```
## 100보다 작은 3의 배수 찾기
MariaDB> SELECT seq FROM seq_3_to_100_step_3;
+-----+
| seq |
+-----+
|   3 |
|   6 |
|   9 |
|  12 |
|  15 |
|  18 |
...

## 100보다 작은 3과 5의 공배수 찾기
MariaDB> SELECT s1.seq
         FROM seq_5_to_100_step_5 s1, seq_3_to_100_step_3 s2 ON s1.seq = s2.seq;
```

```
+-----+
| seq |
+-----+
|  15 |
|  30 |
|  45 |
|  60 |
|  75 |
|  90 |
+-----+
```

6.8.5 순차적인 알파벳 생성

순차적으로 증가하는 숫자 값을 이용해서 순차적으로 증가하는 문자 또는 문자열을 생성할 수도 있다.

```
MariaDB> SELECT CHAR(seq) as seq_char
         FROM (
             -- 알파벳 소문자
             (SELECT seq FROM seq_97_to_122 l)
             UNION
             -- 알파벳 대문자
             (SELECT seq FROM seq_65_to_90 u)
             UNION
             -- 숫자
             (SELECT seq FROM seq_48_to_57 d)
         ) seq_ch;

+----------+
| seq_char |
+----------+
| a        |
| b        |
| c        |
...
| A        |
| B        |
| C        |
...
| 0        |
| 1        |
| 2        |
```

```
| 3         |
...
+-----------+
```

위 예제의 결과를 두 번 만든 후, 그 두 결과를 카테시안 곱으로 만들면 순차적으로 증가하는 2글자의 알파벳 문자열을 만들 수도 있다.

6.8.6 순차적인 날짜 생성

문자열 생성과 마찬가지로 시퀀스 스토리지 엔진을 이용해서 순차적인 날짜를 조합해낼 수도 있다.

```
MariaDB> SELECT DATE_ADD('2014-01-29', INTERVAL s.seq-1 DAY) as seq_dat
         FROM seq_1_to_30 s;

+------------+
| seq_date   |
+------------+
| 2014-01-29 |
| 2014-01-30 |
| 2014-01-31 |
| 2014-02-01 |
| 2014-02-02 |
...
```

위의 순차적 날짜 생성 방법을 이용하면 시분초를 순차적으로 증가시키면서 레코드를 생성할 수도 있다. 또한 조금만 더 생각해보면 30분 단위로 시간을 증가시킨다거나 하는 규칙적인 시간 증가도 얼마든지 시퀀스 스토리지 엔진으로 만들어낼 수 있다.

6.8.7 데이터 복제 가공

아마도 copy_t라는 이름의 테이블을 들어본 독자들도 있을 것이다. 단순히 1~N까지의 정수 하나만 가진 copy_t라는 테이블을 정의하고, 이 테이블과 다른 테이블을 조인하면서 레코드를 2배나 3배로 복사해서 가공하는 용도로 많이 사용되었었다. 이렇게 단순히 스칼라 값 하나만을 가지고 복사 용도로 사용하는 테이블을 뮤텍스(Mutex) 테이블이라고도 하는데, MariaDB의 시퀀스 스토리지 엔진은 그런 용도로도 사용할 수 있다.

employees 테이블에서 사원번호가 10001보다 크고 10020보다 작은 사원들의 목록을 다 조회하고, 그 사원 중에서 입사 일자가 가장 빠른 사원의 입사 일자를 별도의 레코드로 조회하고자 한다. 일반적으로 이런 요건을 처리하기 위해서는 조건을 만족하는 사원의 목록을 찾기 위해 employees 테이블을 먼저 한번 읽고 다시 입사 일자가 가장 빠른 사원을 조회하기 위해 employees 테이블을 별도로 한 번 더 읽어야 한다. 하지만 시퀀스 스토리지 엔진을 사용하면 사원 번호가 10001보다 크고 10020보다 작은 사원들을 한 번 조회한 다음 시퀀스 스토리지 엔진과 조인을 수행하면 전체 레코드에 대해서 복사본을 가질 수 있다. 이 복사본을 seq 값에 따라서 조건부 그룹핑 처리를 해주면 원하는 결과를 얻을 수 있다.

```
SELECT CASE WHEN seq=1 THEN e.emp_no ELSE 'MIN_HIREDATE' END emp_no,
       CASE WHEN seq=1 THEN e.first_name ELSE '' END first_name,
       CASE WHEN seq=1 THEN e.hire_date ELSE MIN(e.hire_date) END hire_date
FROM employees e, seq_1_to_2 s
WHERE e.emp_no BETWEEN 10001 AND 10020
GROUP BY CASE WHEN seq=1 THEN e.emp_no ELSE seq END;
```

```
+--------------+------------+------------+
| emp_no       | first_name | hire_date  |
+--------------+------------+------------+
| MIN_HIREDATE |            | 1985-02-18 |
| 10001        | Georgi     | 1986-06-26 |
| 10002        | Bezalel    | 1985-11-21 |
| 10003        | Parto      | 1986-08-28 |
| 10004        | Chirstian  | 1986-12-01 |
...
```

MariaDB의 시퀀스 스토리지 엔진의 사용 예제 몇 가지를 살펴보았다. 사실 시퀀스 스토리지 엔진은 그다지 구현이 어렵거나 복잡한 기술을 가진 것은 아니다. 하지만 조금만 고민해보면 독자들이 SQL을 작성하면서 마주쳤던 문제들을 아주 획기적으로 해결해 줄 수 있는 열쇠가 될 수 있다. 시퀀스 스토리지 엔진은 우리가 지금까지 사용해왔던 단순 뮤텍스 테이블과는 수준이 다른 솔루션을 제공해 줄 것이다.

6.9 Mroonga 전문 검색 스토리지 엔진   [MariaDB]   [MySQL]

Mroonga(http://mroonga.org/) 플러그인은 일본의 DeNA라는 회사에서 개발한 전문 검색 엔진이다. Mroonga의 시초는 Groonga라는 MariaDB나 MySQL과는 전혀 관계가 없는 전문 검색 솔루션이다. MySQL이나 MariaDB의 사용자가 늘어나고 MySQL에는 한국어나 중국어 그리고 일본어와 같은 CJK(Chinese, Japanese, Korean) 언어에 대한 전문 검색 엔진이 없다는 것에 착안해 Groonga 검색 엔진을 Mroonga라는 이름으로 MySQL이나 MariaDB의 플러그인 모듈로 개발한 것이다. Mroonga를 사용하기 위해서 별도로 Groonga 서버를 기동해야 하는 것은 아니므로 Groonga에 대한 설명은 생략하겠다.

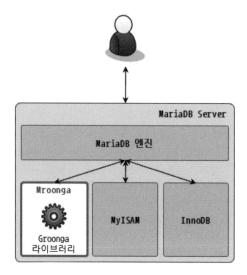

〈그림 6-24〉 Mroonga 아키텍처

〈그림 6-24〉를 보면 알 수 있듯이 Mroonga는 MariaDB에서 사용할 수 있는 하나의 스토리지 엔진이며, Mroonga는 MariaDB 외부에 별도의 Groonga 서버가 필요한 것이 아니라 MariaDB 내에서 Groonga 라이브러리를 이용해서 Groonga의 전문 검색을 지원하는 형태로 구현되었다. 또한 Mroonga 스토리지 엔진은 칼럼 기반의 스토리지 엔진으로 구현되어 있기 때문에 SQL 문장에서 사용하는 칼럼의 개수가 적으면 적을수록 빠른 성능을 보인다.

Mroonga는 두 가지 실행 모드를 가지는데, 하나는 스토리지 엔진 모드이며 다른 하나는 래퍼(Wrapper) 모드이다. 위의 〈그림 6-24〉의 구성이 스토리지 엔진 모드를 나타낸다. 이 모드에서는 Groonga라는 별도의 스토리지 엔진을 이용해서 테이블의 데이터를 저장하는 방식이다. 래퍼 (Wrapper) 모드는 실제 데이터는 InnoDB나 MyISAM 스토리지 엔진에 저장하고 검색용 전문 인덱스 만 Mroonga가 가지는 형태이다. 〈그림 6-25〉는 래퍼 모드가 어떻게 구성되는지를 보여주고 있다.

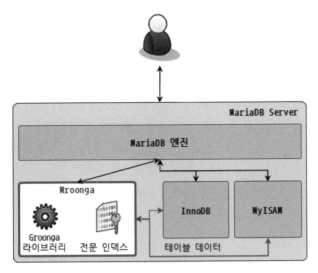

〈그림 6-25〉 Mroonga 아키텍쳐(래퍼 모드)

위에서 설명한 Mroonga의 두 가지 실행 모드는 테이블을 생성할 때 결정하기 때문에 Mroonga를 컴 파일하거나 MySQL을 설치할 때에는 실행 모드에 관계없이 동일한 절차와 옵션으로 설치하면 된다.

6.9.1 인덱스 알고리즘

전문 검색에서는 문서 본문의 내용에서 사용자가 검색하게 될 키워드를 분석해 내고, 빠른 검색용으 로 사용할 수 있도록 이 키워드들의 인덱스를 구축하게 되는데, 키워드의 분석 및 인덱스 구축에는 여 러 가지 방법이 있을 수 있다. 여기에서는 MySQL 모든 버전에서 제공하고 있는 전문 검색 엔진의 인 덱스 방식인 구분자(Stopword)와 MySQL 이외의 타사(3rd Party)에서 배포하는(주로 스핑크스나 Mroonga) 전문 검색 엔진이 주로 지원하고 있는 n-Gram 방식에 대해서 살펴보도록 하자.

6.9.1.1 구분자(Stopword) 방식

전문의 내용을 공백이나 탭(띄어쓰기) 또는 마침표와 같은 문장 기호[6]를 구분자 목록에 정의하고, 이 구분자들을 이용하여 키워드들을 분석해 내고 결과 단어들의 목록을 인덱스로 생성해 두고 검색에 이용하는 방법을 말한다. 일반적으로 구분자는 공백이나 쉼표 또는 한국어의 조사 등을 많이 사용하며, 특정 시스템별로 아주 자주 사용되는 단어들도 검색의 의미가 없기 때문에 구분자로 등록하는 경우도 많다(예를 들어 MySQL 홈페이지에서 MySQL이라는 단어는 검색의 의미가 없기 때문에 구분자로 등록하는 것이 효율적일 수 있다). MySQL의 내장 전문 검색 엔진(FullText search)은 이 방식만으로 인덱싱을 할 수 있다. Stopword 알고리즘은 문서의 본문으로부터 키워드를 추출해 내는 부분만 다를 뿐 내부적으로는 B-Tree 인덱스를 그대로 사용하므로 이에 대한 설명은 필요치 않을 것으로 생각한다.

하지만 전문 검색 엔진을 통해서 추출되는 레코드는 검색어나 본문 내용에 대해서 정렬이 보장되지 않는다. 자연어 검색에서는 일치율(Match percent)이 높은 순으로 정렬해서 출력하는 것이 일반적이다.

6.9.1.2 n-Gram 방식

몇 개의 지정된 구분자로 전 세계 모든 언어에서 단어를 구분해 낸다는 것은 쉽지 않을 것이다. 이러한 부분을 보완하기 위해서 지정된 규칙이 없는 전문에 대해서도 분석 및 검색을 가능하도록 하는 방법이 N-Gram이라는 방식이다. N-Gram이란 전문을 무조건적으로 몇 글자씩 잘라서 인덱싱하는 방법이다. 구분자에 의한 방법보다는 인덱싱 알고리즘이 복잡하고, 만들어진 인덱스의 사이즈도 상당히 큰 편이다. Mroonga나 Sphinx에서는 다른 인덱싱 방법들도 제공하지만 이 알고리즘이 주로 사용된다. n-Gram에서 n은 인덱싱할 키워드의 최소 글자(또는 바이트) 수를 의미하는데, 일반적으로는 2글자 단위의 키워드를 쪼개서 인덱싱하는 2-Gram(Bi-gram) 방식이 많이 사용된다. 여기에서도 2글자 키워드 방식의 2-Gram에 대해서 알아보도록 하겠다. n-Gram 인덱싱 기법은 일반적으로 2글자 단위의 최소 키워드에 대한 키를 관리하는 프런트-엔드(Front-end) 인덱스와 2글자 이상의 키워드 묶음 (n-SubSequence Window)을 관리하는 백-엔드(Back-end) 인덱스 2개로 구성된다. 인덱스의 생성 과정은 문서의 본문을 2글자보다 큰 사이즈로 블록을 구분해서 백-엔드 인덱스를 생성하고, 다시 백-엔드 인덱스의 키워드들을 2글자씩 잘라서 프런트-엔드 인덱스를 구성하는 순서로 진행된다. 〈그림 6-26〉은 이 과정을 그림으로 표현한 것이다.

---

[6] 추가로 사용자에 의해서 정의된 구분 문자열을 더 포함할 수도 있다

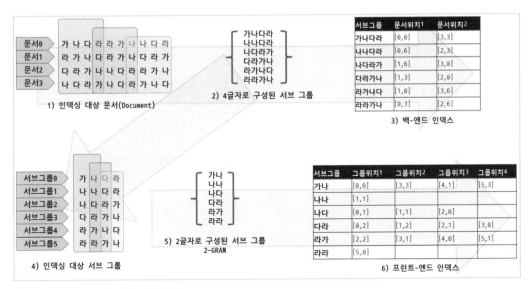

〈그림 6-26〉 2-Gram 전문 인덱스 생성 과정

n-Gram 방식의 전문 검색은 입력된 검색어를 2바이트 단위로 동일하게 잘라서 프런트-엔드 인덱스를 검색해서 대상 후보를 선정하고, 백-엔드 인덱스를 통해서 최종 검증을 거쳐서 결과를 만들어 낸다.

6.9.1.3 구분자와 n-Gram의 차이

구분자 방식과 n-Gram 방식의 가장 큰 차이는 검색 결과에 있다. 다음과 같은 데이터를 가진 테이블을 예로 살펴보자.

doc_id	doc_body
1	중고 아이폰 3G 팝니다.
2	아이폰 3Gs 구해 봅니다.
3	애플아이폰 3Gs 싸게 팝니다.

위 테이블의 doc_body 칼럼에 전문 검색 인덱스를 생성하고, 다음 쿼리를 실행하면 결과는 어떻게 달라질지 한번 살펴보자.

```
SELECT * FROM tb_test WHERE MATCH(doc_body) AGAINST ('아이폰' IN BOOLEAN MODE);
```

구분자 방식 (MySQL 5.5와 5.6의 빌트인 전문 검색)

doc_id	doc_body
1	중고 아이폰 3G 팝니다.
2	아이폰 3Gs 구해 봅니다.

n-Gram 방식 (Mroonga 스토리지 엔진)

doc_id	doc_body
1	중고 아이폰 3G 팝니다.
2	아이폰 3Gs 구해 봅니다.
3	애플아이폰 3Gs 싸게 팝니다.

MySQL 내장 전문 검색 엔진이 사용하는 구분자 방식의 검색에서는 반드시 구분자를 기준해서 왼쪽 일치 또는 전체 일치 기준으로 비교 검색을 실행하기 때문에 검색어("아이폰") 앞에 다른 장애물("애플")이 있으면 찾아낼 수 없다.

6.9.2 Mroonga 전문 검색 엔진 설치

현재 저자가 테스트 중인 MariaDB 10.0.7에서는 아직 Mroonga 전문 검색 엔진이 내장되어 배포되지 않는다. 그래서 Mroonga 전문 검색 엔진을 사용하기 위해서는 직접 빌드해야 한다. 우선 다음 두 사이트에서 Mroonga 설치에 필요한 라이브러리와 Mroonga 소스코드를 내려받도록 하자.

Mroonga 설치에 필요한 라이브러리

http://packages.groonga.org/centos/5/x86_64/Packages/

Mroonga 소스코드

http://packages.groonga.org/source/mroonga/

우선 Mroonga 라이브러리 사이트에서 다음의 RPM 파일을 내려받아 순서대로 설치하자.

- groonga-libs-3.1.2-1.x86_64.rpm

- groonga-devel-3.1.2-1.x86_64.rpm

- mecab-0.996-1.x86_64.rpm

- mecab-ipadic-2.7.0.20070801-8.1.x86_64.rpm

- groonga-tokenizer-mecab-3.1.2-1.x86_64.rpm

- groonga-normalizer-mysql-1.0.5-1.x86_64.rpm

그리고 Mroonga 소스코드 웹 사이트에서 다음 둘 중에서 하나를 내려받으면 되는데, 이때 이미 MariaDB 10.0.x 버전이 설치되어 있다면 mroonga-3.12.tar.gz만 내려받으면 된다. 그리고 만약 MariaDB가 설치되어 있지 않고 MariaDB까지 함께 빌드해서 설치하려면 mariadb-10.0.7-with-mroonga-3.12.tar.gz 파일을 내려받으면 된다.

- mariadb-10.0.7-with-mroonga-3.12.tar.gz

- mroonga-3.12.tar.gz

mariadb-10.0.7-with-mroonga-3.12.tar.gz 파일을 빌드하는 방법은 MariaDB 10.0.x를 빌드하는 방법과 거의 다르지 않으므로 여기에서는 mroonga-3.12.tar.gz를 빌드하는 방법을 살펴보도록 하겠다. mroonga-3.12.tar.gz 설치를 위해서는 먼저 MariaDB 10.0.x 버전이 설치되어 있어야 하며, 설치된 버전과 같은 버전의 MariaDB 소스코드(mroonga 소스코드가 병합되지 않은 MariaDB 사이트에서 배포되는 MariaDB 10.0.x 의 소스코드)가 서버에 있어야 한다. 이제 압축을 해제해서 mroonga 소스 디렉터리로 이동하여 configure와 make를 실행하자.

```
shell> mroonga-3.12.tar.gz
shell> cd mroonga-3.12

shell> ./configure \
--with-mysql-source=/root/install/mariadb-10.0.7 \
--with-mysql-config=${MYSQL_HOME}/bin/mysql_config

shell> make
```

Mroonga의 소스코드를 configure할 때 "--with-mysql-config" 옵션에 설정되는 mysql_config 유틸리티는 MariaDB 서버가 설치될 때 같이 배포되는 유틸리티이다. 이 유틸리티는 MariaDB 헤더와 라이브러리를 참조하는 서드파티 응용 프로그램이 참조해야 할 경로를 알려주는 역할을 한다. 그리고 "--with-mysql-source" 옵션은 MariaDB 서버의 소스코드가 위치한 디렉터리를 설정한다. 빌드가 완료되면 "make install" 명령을 실행하고 MariaDB 서버에서 플러그인을 활성화해 주면 된다.

```
shell> make install
shell> ls ${MYSQL_HOME}/lib/plugin/
```

make install 명령을 실행한 후, 설치된 MariaDB 서버의 홈 디렉터리(${MYSQL_HOME}) 하위의
lib/plugin/ 디렉터리에 ha_mroonga.so 파일이 복사되었는지를 꼭 확인해보는 것이 좋다. 파일이 존
재한다면 이제 MariaDB 서버에 로그인해서 INSTALL PLUGIN 명령으로 Mroonga 전문 검색 엔진을
활성화해주면 된다. last_insert_grn_id와 mroonga_snippet 함수(UDF, User Defined Function)
는 Mroonga를 사용하는 데 필요한 함수이므로 함께 생성해준다.

```
MariaDB> INSTALL PLUGIN mroonga SONAME 'ha_mroonga.so';
MariaDB> CREATE FUNCTION last_insert_grn_id RETURNS INTEGER soname 'ha_mroonga.so';
MariaDB> CREATE FUNCTION mroonga_snippet RETURNS STRING soname 'ha_mroonga.so';
```

Mroonga가 모두 설치되었다면 "SHOW PLUGINS" 명령이나 "SHOW ENGINES" 명령으로
Mroonga가 제대로 활성화되었는지를 확인해보면 된다.

6.9.3 Mroonga 전문 검색 엔진 사용

이제 Mroonga 전문 검색 엔진을 사용하는 테이블을 하나 생성해보자.

```
MariaDB> CREATE TABLE tb_test (
    id INT PRIMARY KEY AUTO_INCREMENT,
    content VARCHAR(255),
    FULLTEXT INDEX fx_content (content)
                COMMENT 'parser "TokenBigramIgnoreBlankSplitSymbolAlphaDigit"'
) ENGINE=mroonga COMMENT='engine "innodb"' DEFAULT CHARSET utf8mb4;

MariaDB> INSERT INTO tb_test (content) VALUES
            ("오늘은 MariaDB 공부를 했습니다. 내일도 MariaDB 공부를 할 것입니다.");
MariaDB> INSERT INTO tb_test (content) VALUES
            ("오늘은 MariaDB 공부를 했지만, 내일은 MySQL 공부를 할 것입니다.");
```

FULLTEXT INDEX 라인의 끝에 명시된 COMMENT에서 parser "TokenBigramIgnoreBlankSplit
SymbolAlphaDigit"는 Mroonga 전문 검색 엔진에서 특수문자나 알파벳 그리고 뉴메릭 문자들을 어
떻게 처리할 것인지에 대한 옵션을 설정하는 것이다. Mroonga에서 파서는 다음과 같이 다양한 형태를
사용할 수 있다.

OFF

토큰은 특수 문자나 공백 등을 제거하고 검색에서 의미가 있을 만한 단어들을 지칭하는데, 이렇게 검색에서 쓸모가 있는 토큰들을 골라내는 작업을 토크나이징이라고 한다. 예를 들어서 "전문 검색 이 뭔가요?"라는 문자열이 있다면 많은 사용자들이 공백이나 물음표와 같은 문장 기호에는 별로 관심이 없을 것이다. 그래서 "전문"과 "검색이" 그리고 "뭔가요"라는 단어(토큰)를 잘라 내어서 검색할 수 있도록 인덱싱하는 것이다. 그런데 Mroonga 테이블의 parser 옵션이 OFF로 설정되면, Mroonga 스토리지 엔진은 별도의 토크나이징 작업을 수행 하지 않기 때문에 본문의 내용이 그대로 변형없이 유지되며 검색 또한 전방 일치만 허용된다.

TokenBigram

Bi-Gram 알고리즘으로 토크나이징을 수행한다. 단 이 경우에는 연속된 알파벳이나 숫자 그리고 특수 문자는 모두 토큰으로 인정되어서 3글자 이상의 토큰이 존재할 수 있다. TokenBigram이 기본 파서로 설정되어 있다.

TokenMecab

MeCab 라이브러리를 이용해서 토크나이징한다. 이 옵션을 위해서는 MeCab 라이브러리와 함께 Mroonga가 빌드되어야 한다. 참고로 MeCab 라이브러리는 일본어 전용의 형태소 분석(morphological analyzer) 라이브러리이다.

TokenBigramSplitSymbol

Bi-Gram 알고리즘으로 토크나이징을 수행한다. TokenBigram과는 달리 연속된 특수문자는 토큰으로 인정되지 않고 Bi-Gram으로 토크나이징된다. 즉 "!?"로 전문 검색을 수행하면, TokenBigramSplitSymbol 파서 옵션에서는 "Is it really!?!?"의 "!?!?"와 일치해서 검색 결과를 가져오게 된다. 하지만 "TokenBigram" 파서 옵션에서는 "Is it really!?!?"는 일치하지 않고 검색 결과가 비어있게 된다.

TokenBigramSplitSymbolAlpha

Bi-Gram 알고리즘으로 토크나이징되며, TokenBigramSplitSymbol 파서 기능에 더불어서 연속된 알파벳도 토큰으로 인정되지 않고 Bi-Gram으로 토크나이징된다. 예를 들어서 "Is it really?"라는 칼럼 값을 가진 레코드가 있고 "real"로 검색을 수행한다고 했을 때, TokenBigramSplitSymbolAlpha 파서 옵션에서는 일치된 결과를 얻을 수 있지만 TokenBigram에서는 일치된 결과를 얻을 수 없다. TokenBigram 파서 옵션에서는 반드시 "really"라고 해야 일치된 결과를 얻을 수 있는 것이다.

TokenBigramSplitSymbolAlphaDigit

Bi-Gram으로 토크나이징을 수행하며, TokenBigramSplitSymbolAlpha 기능에 더불어서 연속된 숫자도 토큰으로 인정되지 않고 Bi-Gram에 의해서 토크나이징된다. 예를 들어서 "090-0123-4567"라는 칼럼 값을 가진 레코드가 있을 때 TokenBigramSplitSymbolAlphaDigit 파서 옵션에서는 "567" 검색어는 일치된 결과를 얻게 되지만, TokenBigram 파서 옵션에서 "567" 검색어는 아무런 결과 값을 가져오지 못한다. TokenBigram 파서 옵션에서는 "4567"로 검색해야 결과를 가져올 수 있는 것이다.

TokenBigramIgnoreBlank, TokenBigramIgnoreBlankSplitSymbol, TokenBigramIgnoreBlankSplitSymbolAlpha, TokenBigramIgnoreBlankSplitSymbolAlphaDigit

4가지 파서 옵션 모두 Bi-Gram으로 토크나이징을 수행하게 된다. 네 가지 파서 옵션 모두 각각 TokenBigram과 TokenBigramSplitSymbol 그리고 TokenBigramSplitSymbolAlpha과 TokenBigramSplitSymbolAlphaDigit과 비슷하게 분석이 수행되지만, "IgnoreBlank" 모드의 파서 옵션에서는 공백 문자를 모두 무시한다. 즉 TokenBigram에서는 공백 문자를 유효한 문자로 판단하지만 TokenBigramIgnoreBlank 파서 옵션에서는 공백을 모두 무시하기 때문에 "여러분"과 "여 러 분"은 같은 것으로 취급된다.

그 이외에도 몇 가지 파서 옵션을 더 제공하고 있지만 크게 중요하진 않으므로 모두 생략하도록 하겠다. 자세한 내용은 매뉴얼의 파서 옵션 설명(http://mroonga.org/docs/tutorial/storage.html)을 참조하자.

이 책의 예제 테이블에서는 모든 공백 문자는 무시하고 알파벳이나 숫자 그리고 특수 문자들을 모두 전방 일치(Prefix match) 및 중간 일부 일치에 대해서도 검색하기 위해 TokenBigramIgnoreBlankSplitSymbolAlphaDigit를 파서 옵션으로 설정했다.

이제 몇 가지 전문 검색 쿼리로 테스트 해보자.

```
MariaDB> SELECT *, MATCH (content) AGAINST ('MariaDB' IN BOOLEAN MODE) as score
        FROM tb_test
        WHERE MATCH (content) AGAINST ('MariaDB' IN BOOLEAN MODE)
        ORDER BY MATCH (content) AGAINST ('MariaDB' IN BOOLEAN MODE) DESC;


+----+---------------------------------------------------+-------+
| id | content                                           | score |
+----+---------------------------------------------------+-------+
| 1  | 오늘은 MariaDB 공부를 했습니다. 내일도 MariaDB .. |   2   |
| 2  | 오늘은 MariaDB 공부를 했지만, 내일은 MySQL 공부.. |   1   |
+----+---------------------------------------------------+-------+

MariaDB> SELECT *, MATCH (content) AGAINST ('ariaDB' IN BOOLEAN MODE) as score
        FROM tb_test
        WHERE MATCH (content) AGAINST ('ariaDB' IN BOOLEAN MODE)
        ORDER BY MATCH (content) AGAINST ('ariaDB' IN BOOLEAN MODE) DESC;


+----+---------------------------------------------------+-------+
| id | content                                           | score |
+----+---------------------------------------------------+-------+
```

```
│ 1 │ 오늘은 MariaDB 공부를 했습니다. 내일도 MariaDB ..│    2 │
│ 2 │ 오늘은 MariaDB 공부를 했지만, 내일은 MySQL 공부..│    1 │
+----+-------------------------------------------------+------+
```

> **주의** 이 책이 쓰여지는 시점의 MariaDB 버전(10.0.8)에서는 아직 Mroonga 전문 검색 엔진이 MariaDB의 스토리지 엔진으로는 제공되고 있지는 않다. 원한다면 직접 MariaDB 소스코드와 Mroonga 소스코드를 내려받아 컴파일하면 Mroonga 플러그인 라이브러리를 얻을 수 있다. 현재 MariaDB 10.0 버전에서 Mroonga 전문 검색 엔진을 기본적으로 같이 제공할 수 있도록 Monty Program AB에서 검토 중인 상태(현재 목표는 MariaDB 10.0.9 버전에 Mroonga 스토리지 엔진이 포함되는 것)이다. 오라클 MySQL에서 전문 검색 엔진이 n-Gram 기반의 분석 알고리즘을 추가하지 않는 이상은 MySQL이나 MariaDB에서 전문 검색은 아마도 Mroonga가 지금으로서는 유일한 해결책이 아닐까 생각된다.

07

기타 기능

MariaDB와 MySQL 서버는 항상 서로 동일한 기능으로 릴리즈되는 것은 아니다. MySQL 서버는 자체적인 유료 버전의 MySQL 엔터프라이즈 버전을 가지고 있기 때문에 MariaDB나 PerconaServer의 새로운 기능들을 그대로 가져올 수 없다. 하지만 MariaDB는 자체적인 유료 버전이 없이 모든 버전이 GPL 버전으로 릴리즈되기 때문에 MySQL 커뮤니티 버전이나 PerconaServer의 좋은 기능들을 언제든지 가져와서 사용할 수 있다. 이렇게 MariaDB는 다른 버전의 MySQL 서버의 좋은 기능들을 제한없이 가져올 수 있다. 하지만 여전히 서로의 호환성이나 기술적 문제들이 해결되어야 타 버전의 좋은 기능을 MariaDB로 가져올 수 있는 것이다.

이 책에서 MySQL이나 PerconaServer의 기능들을 폭넓게 설명하고 언급하는 이유는 바로 이 때문이다. 설령 지금의 MariaDB 서버에는 적용되어 있지 않다 하더라도 얼마 지나지 않아서 그 기능들이 MariaDB에 내장될 것이기 때문이다. MariaDB는 MySQL 서버로부터 파생된 하나의 포크(Fork) 버전이기는 하지만 절대 MySQL 서버가 가진 기능의 부분 집합이 아니라 MySQL 서버가 가진 기능에 새로운 기능 또는 개선된 기능을 탑재한 수퍼 집합의 버전이다. 이번 장에서는 MariaDB 10.0.x 버전이 가진 새로운 기능을 소개하겠다. 이 기능들은 MySQL 5.6 버전의 새로운 기능인 것들도 있지만 MariaDB만 유일하게 가진 기능도 있다.

7.1 성능 향상 〔MariaDB〕 〔MySQL Enterprise〕

MariaDB 10.0으로 업그레이드되면서 옵티마이저나 각 단위 처리 알고리즘들 그리고 InnoDB나 XtraDB 자체적으로도 많은 성능 향상이 있었다. 이미 이런 부분들은 살펴보았으므로 지금까지 소개되지 않았던 MariaDB의 중요한 기능 중 하나인 스레드 풀(Thread Pool) 기능에 대해서 한번 살펴보자.

7.1.1 스레드 풀(Thread Pool)

MySQL 5.5나 MySQL 5.6 커뮤니티 버전에서는 스레드 풀을 사용할 수가 없으며, 스레드 풀 기능을 사용하기 위해서는 오라클 MySQL의 엔터프라이즈 버전을 사용해야 한다. 아마도 〈그림 7-1〉의 성능 비교 그래프는 이미 많이들 봐왔을 것이다. 〈그림 7-1〉은 MySQL 5.5 버전이나 5.6 버전의 성능이나 확장성 향상에 대한 이야기가 나올 때마다 예시로 보여지는 성능 비교 그래프이다. 동시 클라이언트 커넥션이나 요청이 많아져도 피크 수준의 처리량이 계속 유지된다는 예시인데, 그래프의 오른쪽에 잘 명시되어 있듯이 이는 MySQL 엔터프라이즈 버전에서만 그렇다는 것이다. 안타깝게도 무료로 사용할 수 있는 MySQL 커뮤니티 버전에서는 사용할 수 없는 기능이다.

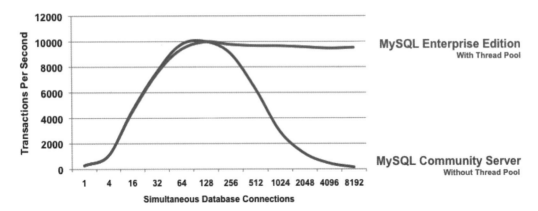

〈그림 7-1〉 MySQL 스레드 풀 성능

7.1.1.1 MySQL 서버의 전통적인 연결 및 처리 방식

MySQL 서버는 전통적으로 하나의 클라이언트가 접속할 때마다 그 클라이언트만을 위한 전용 스레드를 생성해서 할당했다. 즉 서버에 연결된 클라이언트가 10000개라면 MySQL 서버의 스레드도 10000개가 생성되어서 사용자의 요청에 응답해야 한다는 것이다. 그런데 스레드가 많아지면 많아질수록 서버의 하드웨어적 소프트웨어적 자원에 대한 경합이 심해지고, 자연히 성능이 떨어질 수밖에 없었다. 〈그림 7-2〉는 MySQL 서버의 전통적인 쓰레딩 방식을 보여 주고 있다. 〈그림 7-2〉에서도 볼 수 있듯이 스레드가 유휴(Idle) 상태이든 작업을 처리 중(Running)인 상태이든 관계없이 접속된 사용자의 수만큼 스레드가 생성되어 있어야 한다.

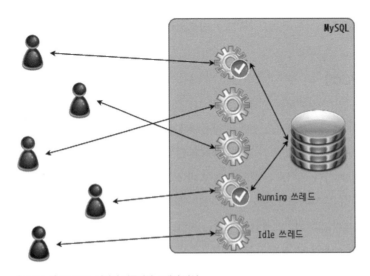

〈그림 7-2〉 MySQL 서버의 전통적인 쓰레딩 방식

그나마 스레드들이 대부분 아무런 일도 하지 않는 상태(Idle)라면 성능에 크게 영향을 미치지는 않지만 많은 스레드들이 동시에 실행되면 운영체제의 컨텍스트 스위칭을 매우 빈번하게 발생시키게 된다. 이는 컨텍스트 스위칭 자체의 오버헤드도 있지만 CPU의 캐시 로컬리티(Cache Locality)를 떨어뜨리게 된다. 만약 많은 스레드들이 동시에 같은 자원을 경합하게 된다면 상황은 더 악화될 것이다. 이런 문제를 해결하기 위해서는 동시 실행되는 스레드(Concurrent thread)의 수를 낮춰서 컨텍스트 스위치를 줄일 수 있도록 해주는 것이 스레드 풀의 가장 큰 도입 배경이다. 그렇다고 해서 스레드의 개수를 무조건 낮추는 것이 해결책은 아니다. 가장 최상은 코어당 하나의 활성 스레드가 유지되는 것이지만, 이것 또한 현실 세계에서는 쉽지 않은 일이기도 하다.

7.1.1.2 MariaDB의 스레드 풀

MariaDB에서는 5.1버전부터 스레드 풀(Thread Pool) 기능이 구현되었으며, MariaDB 10.0에 이르기까지 지속적으로 개선되어 왔다. MariaDB의 스레드 풀은 Monty Program AB에서 구현했는데, 지금은 Monty Program AB와 Percona에서 공동으로 기능을 개선해 나가고 있다. 여기에서는 MariaDB 5.5 버전과 MariaDB 10.0의 스레드 풀이 어떻게 작동하는지 그리고 어떻게 사용해야 하는지를 살펴보도록 하겠다. 우선 MariaDB 스레드 풀의 몇 가지 특징과 장점들을 살펴보자.

- 스레드 풀의 스레드 개수는 동적으로 관리(필요한 경우 자동으로 개수가 늘어났다가 불필요할 경우 자동으로 줄어듬)된다.
- 스레드 풀 자체의 관리 비용이 상당히 낮다.
- 운영체제가 가진 능력을 최대한 활용한다. 가능하다면 운영체제에서 지원하는 스레드 풀 기능을 사용했으며, 그렇지 않은 경우에는 IO 멀티 플렉싱 방법을 사용한다.
- 스레드의 최대 개수를 제한해서 시스템의 자원 사용률을 제한한다.

현재 MariaDB의 스레드 풀은 윈도우와 유닉스 계열의 운영체제에 맞게 두 종류의 구현이 존재한다. 윈도우에서는 운영체제가 제공하는 네이티브(Native) 스레드 풀 기능을 활용하며, 유닉스 계열에서는 MariaDB에서 직접 스레드 풀을 구현했다. 또한 운영체제에 맞게 스레드 풀의 시스템 변수도 조금씩 차이가 있는데, 대표적으로 윈도우에서는 thread_pool_size 시스템 변수가 지원되지 않고 유닉스 계열의 스레드 풀에서는 threadpool_min_threads 시스템 변수가 형식적으로만 지원된다.

MariaDB의 스레드 풀 구조는 〈그림 7-3〉과 같다. 우선 〈그림 7-3〉에서는 각 사용자들이 MariaDB의 스레드와 직접적으로 연결된 것이 아니라 커넥션 정보와 먼저 연결이 되어 있다는 것을 알 수 있다.

이때 실제 뭔가를 처리하고 있는 커넥션만 스레드를 점유하고 있고, 그렇지 않고 유휴 상태인 커넥션은 스레드를 점유하지 않고 단순히 커넥션 정보만 가지고 있다.

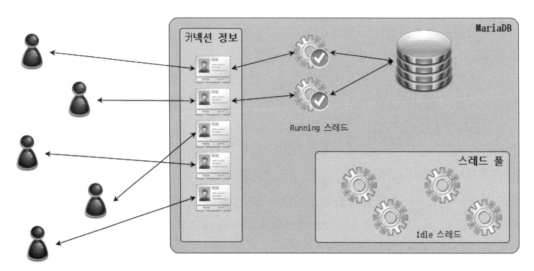

〈그림7-3〉 MariaDB의 스레드 풀 구조

여기에서 특정 사용자가 쿼리를 실행하면 MariaDB 서버는 스레드 풀에서 여유 스레드가 있는지를 확인해서 가용한 스레드를 해당 커넥션(사용자)에게 할당해 준다. 만약 스레드 풀에 가용한 스레드가 없다면 스레드 풀은 새로운 스레드를 생성해서 할당해 준다. 또한 스레드 풀에 유휴(Idle) 스레드가 너무 많다면 그 스레드들은 일정한 규칙에 의해서 제거한다. 간단히 설명한 이 과정에서 여러 가지 선택 사항들이 있을 수 있는데, 이런 선택들은 MariaDB 서버의 스레드 풀 관련 시스템 변수로 제어할 수 있다.

언제 스레드 풀을 사용하는 것이 효율적일까?

스레드 풀은 일반적으로 쿼리 하나하나가 아주 빨리 실행되는 CPU 바운드 작업인 경우 효율적으로 작동한다. MariaDB에서 실행되는 쿼리들이 디스크 바운드 작업이라면 상대적으로 느린 처리를 담당하는 디스크에서 모든 처리의 병목이 발생하게 된다. 이런 경우에는 스레드 풀을 적용하더라도 성능 향상을 기대하기는 어렵다.

언제 스레드 풀 사용을 피해야 할까?

주기적(상대적으로 긴 시간 동안의)으로 MariaDB 서버의 쿼리 요청이 폭발적으로 늘었다가 다시 부하가 거의 없는 상태가 계속 반복되는 경우에는 스레드 풀이 비효율적으로 작동할 수 있다. 물론 이런 경우에도 thread_pool_idle_timeout (유닉스 계열) 시스템 변수나 thread_pool_min_threads (윈도우) 시스템 변수을 늘려서 유지하는 것으로 이런 문제를 회피할 수도 있다.

많은 클라이언트에서 동시에 장시간 쉬지 않고 실행되는 쿼리들이 있는 경우에도 스레드 풀이 그다지 효율적이지 않을 수 있다. 이렇게 장시간 쉬지 않고 실행되는 쿼리들이 많으면 스레드 풀의 가용 스레드가 줄어들고, 이로 인해서 다른 커넥션에서 요청된 쿼리들이 지연될 수 있다.

또한 아주 가벼운 쿼리들이 빠르게 실행되기를 원할 때에도 스레드 풀은 적합한 솔루션이 아닐 수 있다.

7.1.1.3 MariaDB 스레드 풀의 사용과 튜닝

우선 MariaDB에서 스레드 풀을 사용하기 위해서는 thread_handling 시스템 변수를 "pool-of-threads"로 설정해야 한다. thread_handling의 기본값은 "one-thread-per-connection"인데, 이는 스레드 풀을 사용하지 않았던 이전 버전의 방식으로 클라이언트의 커넥션마다 전용의 서버 스레드를 생성하는 것을 의미한다. 지금부터는 스레드 풀에 관련된 MariaDB의 시스템 변수들을 살펴볼 것이다. 이 시스템 변수들은 모두 thread_handling 시스템 변수가 "pool-of-threads"로 설정된 경우에만 제대로 작동한다.

MariaDB에서는 일반적으로 스레드 풀과 관련된 설정 및 최적화는 거의 필요치 않다라고 소개하고 있다. 하지만 자주 스레드 풀의 최소 스레드 개수나 새로운 스레드를 생성해야 할 시점 결정을 위해 시스템 변수를 조정해야 할 때도 있다.

7.1.1.3.1 윈도우에서 스레드 풀 관련 시스템 변수 설정

thread_pool_min_threads

스레드 풀에 있어야 할 스레드의 최소 개수를 지정한다. 기본값은 1인데, 만약 MariaDB 서버로 유입되는 사용자 쿼리 요청이 장시간 없다가 갑자기 한번에 몰리는 형태의 서비스에서는 thread_pool_min_threads의 개수를 크게 해서 기본적으로 스레드 풀에 생성되어 있어야 할 스레드의 개수를 늘려 둘 수 있다.

thread_pool_max_threads

스레드 풀이 최대로 가질 수 있는 스레드의 개수를 지정한다. 기본값은 500이며, 이는 스레드 풀이 최대 500개 이상의 스레드를 한번에 가질 수 없음을 의미한다. 만약 많은 스레드들이 동시에 필요한 경우(시스템의 장애 상황이나 글로벌 잠금이 필요한 FLUSH TABLES WITH READ LOCK과 같은 쿼리 실행 시)에는 많은 클라이언트의 쿼리들이 대기해야 하므로 스레드 풀의 최대 스레드 개수를 넘어설 수 있다. 이런 경우에 대비해서 thread_pool_max_threads 시스템 변수를 크게 설정할 수도 있다. 때로는 MariaDB가 사용하는 메모리 사용량을 제한한다거나 전체 처리량 확보를 위해서 스레드 풀이 가질 수 있는 최대 스레드의 개수를 기본값보다 낮게 제한해야 할 때도 있다.

7.1.1.3.2 유닉스 계열의 스레드 풀 관련 시스템 변수 설정

thread_pool_size

스레드 풀에서 스레드 그룹의 개수를 지정한다. 기본값은 서버에 장착된 프로세서(코어)의 개수인데, 이는 동시에 작업을 처리하면서 최적의 성능을 낼 수 있는 개수이기도 하다. 즉 하나의 시스템에서 프로세서(Processor)의 개수만큼 프로세스(Process)가 기동되어서 컨텍스트 스위칭이 최소로 발생하면서 CPU의 캐시 로컬리티가 최적일 때 최고의 성능을 낼 수 있다. 유닉스 계열의 스레드 풀에서는 모든 클라이언트 커넥션이 여러 개의 그룹으로 구분된다. MariaDB는 한 시점에 그 그룹별로 하나의 스레드만 실행되도록 하기 위해서 스케줄링할 것이다. 때로는 MariaDB 이외의 프로세스가 전용의 CPU 코어를 할당해서 사용할 수도 있는데, 이런 경우에는 thread_pool_size를 코어의 개수보다 낮게 설정해 주는 것이 좋다. MariaDB 5.5에서는 제공되었지만 MariaDB 10.0에서는 없어진 시스템 변수이다.

thread_pool_stall_limit

스레드 풀은 기본적으로 최소한의 스레드만 유지함으로써 시스템이나 소프트웨어적인 자원 경합을 최소화하는 것이 주 역할이며, 이로써 MariaDB의 처리량을 최대로 만든다. thread_pool_stall_limit은 스레드 풀에 사용할 수 있는 스레드가 하나도 남아 있지 않을때 얼마나 더 기다렸다가 새로운 스레드를 생성할지를 결정하는 중요한 시스템 변수이다. 이 시스템 변수는 밀리초 단위로 설정하는데, thread_pool_stall_limit 시스템 변수가 (너무 큰 값을 설정하면 악영향이 더 커지겠지만) 적절한 범위 이내라면 값이 커질수록 MariaDB 서버의 전체 처리량은 높아진다. 그런데 한 가지 주의해야 할 사항은 thread_pool_stall_limit 시스템 변수의 값이 커지면 커질수록 그 시간만큼 대기해야 하는 스레드도 발생할 수 있기 때문에 특정 사용자는 쿼리 지연을 심하게 느낄 수도 있다는 것이다. 반대로 thread_pool_stall_limit 시스템 변수의 값이 작으면 작을수록 사용자 간의 응답 시간 불균형은 줄어들겠지만 스레드 풀의 효과가 감소하게 된다. 이 시스템 변수는 초기에 300~500 밀리초 정도를 설정해 두고 클라이언트 쪽의 응답 시간이 SLA(Service-level agreement)를 만족하는지 살펴보면서 조금씩 낮은 값으로 내려가면서 튜닝하는 것이 가장 좋다. MariaDB 5.5에서는 제공되었지만 MariaDB 10.0에서는 없어진 시스템 변수이다.

thread_pool_max_threads

7.1.1.3.1절 "윈도우에서 스레드 풀 관련 시스템 변수 설정"의 thread_pool_max_threads 시스템 변수 설명을 참조하도록 하자. 유닉스 계열의 운영체제에서 기동 중인 MariaDB에서도 기본값은 500으로 설정되어 있다.

thread_pool_idle_timeout

스레드 풀에서 작업을 처리하지 않고 유휴(Idle) 상태인 스레드가 최소 스레드 개수 이상인 경우에는 자동으로 스레드의 개수가 줄어든다. 이때 무조건 과잉으로 생성된 스레드를 제거하는 것이 아니라 thread_pool_idle_timeout 시간만큼 대기했다가 스레드를 제거한다. 만약 서비스의 요청이 주기적으로 많이 늘어났다가 줄어드는 형태의 워크로드가 반복된다면 이 값을 조금 크게 설정해서 스레드 풀의 스레드가 곧바로 제거되지 않도록 하는 것이 좋다. MariaDB 5.5에서는 제공되었지만 MariaDB 10.0에서는 없어진 시스템 변수이다.

thread_pool_oversubscribe

이 시스템 변수는 인터널 파라미터이므로 가능하면 조정하지 않도록 하자. 인터널 파라미터는 변경되었을 때 매뉴얼에 명시된 형태의 반응이나 결과가 나타나지 않을 수 있음을 의미한다. MariaDB 5.5에서는 제공되었지만 MariaDB 10.0에서는 없어진 시스템 변수이다.

스레드 풀이 thread_pool_max_threads 시스템 변수에 설정된 값을 넘어서 버린 경우에는 접속을 할수 없게 된다. 이는 MySQL 서버의 전통적인 쓰레딩 방식인 "one-thread-per-connection"에서 커넥션의 수가 max_connections 시스템 변수에 설정된 개수만큼 모두 사용되어 버린 경우 접속을 못하게 되는 것과 같은 상황이다. 스레드 풀을 사용하는 경우에는 이런 상황을 대비해서 별도의 포트로 커넥션을 연결할 수 있다. 다음 두 개 시스템 변수는 스레드 풀이 꽉 찬 상태에서도 MariaDB 서버에 접속하여 스레드 풀 관련 설정을 조정할 수 있도록 별도의 커넥션 채널을 설정한다.

extra_port

MariaDB가 서비스를 위한 포트 이외에 관리자를 위한 별도의 포트를 설정한다. 이 포트는 MariaDB 서버의 기본 서비스 포트와는 다른 포트를 할당해야 한다.

extra_max_connections

extra_port에 설정된 포트로 최대 몇 개의 커넥션을 더 연결할 수 있도록 할지를 설정한다. extra_port와 extra_max_connections 시스템 변수에 의해서 준비되는 관리자용 채널은 모두 커넥션마다 스레드를 생성하는 방식이므로 extra_port로 10개의 커넥션이 연결되면 MariaDB 서버는 10개의 스레드를 더 생성하는 것이다.

스레드 풀의 작동 방식을 제어할 수 있는 시스템 변수와 더불어 MariaDB에서는 스레드 풀의 작동 상태를 알려 주는 2개의 상태 변수가 있다. 다음 두 개의 상태 변수를 모니터링해 보면 MariaDB 서버에서 현재 평균적으로 몇 개의 스레드가 동시에 사용되고 몇 개가 여유 상태로 남아 있는지를 알 수 있다. 이렇게 확인된 정보는 다시 스레드 풀의 시스템 변수들의 기초 튜닝 정보가 될 것이다.

Threadpool_threads

스레드 풀에 있는 스레드의 개수

Threadpool_idle_threads

스레드 풀에 있는 스레드 중에서 클라이언트에서 요청된 쿼리를 처리하지 않고 가용 상태로 남아있는 스레드의 개수

7.1.1.4 주의 사항

스레드 풀이 활성화되면 자동으로 MariaDB의 스레드 캐시(thread_cache_size 시스템 변수에 의해서 결정되는)가 비활성화된다. 그래서 스레드 풀을 사용하는 경우에는 MariaDB의 스레드 캐시 상태는 모니터링할 필요가 없어진다.

또한 스레드 풀이 꽉 차게 되면 스레드 풀이 제 역할을 못하게 되는데, 이때에는 MariaDB가 에러 로그 파일에 다음과 같은 메시지를 출력한다. 주기적으로 에러 로그 파일을 확인해서 스레드 풀이 thread_pool_max_threads 시스템 변수에 정의된 개수만큼 모두 소진해버려서 더 이상 스레드를 생성하지 못하는 현상이 발생했었는지를 모니터링하는 것이 좋다.

```
120721 17:59:47 [ERROR] Threadpool could not create additional thread to handle queries,
because the number of allowed threads was reached. Increasing 'thread_pool_max_threads'
parameter can help in this situation.
  If <extra_port> parameter is set, you can still connect to the database with superuser
account (it must be TCP connection using extra_port as TCP port) and troubleshoot the
situation. A likely cause of pool blocks are clients that lock resources for long time. <show
processlist' or 'show engine innodb status' can give additional hints.
120721 17:59:47 [Note] Threadpool has been blocked for 30 seconds
```

7.2 관리 및 진단 ⬩ MariaDB

MySQL과 MariaDB 서버에서는 아직 서버의 상태를 진단해 볼 수 있는 기능들이 많이 부족한 편이다. 물론 MySQL 5.6 버전부터는 PERFORMANCE_SCHEMA를 통해서 여러 가지 잠금이나 대기 상태들을 진단해 볼 수 있도록 개선되긴 했지만 여전히 메모리나 각 클라이언트 스레드가 어떤 상태인지를 알려주는 등의 기능들은 많이 부족하다. MariaDB 10.0에서는 이런 부분들을 조금씩 개선하기 위해서 특정 스레드가 실행 중인 쿼리의 실행 계획이나 각 스레드가 사용 중인 메모리의 사용량을 레포팅할 수 있는 기능들이 추가되었다.

7.2.1 SHOW EXPLAIN FOR ⟨THREAD-ID⟩

MariaDB 10.0부터는 특정 클라이언트의 요청을 처리하고 있는 스레드가 실행 중인 쿼리의 실행 계획을 바로 확인해 볼 수 있다. 아래는 MariaDB 서버에서 두 개의 mysql 클라이언트를 실행한 결과이다. 한쪽에서는 employees 테이블을 조회하는 쿼리를 실행하고, 다른 한쪽의 커넥션에서는 프로세스 목록을 조회해 본 결과이다. 다음 결과에서 3번 스레드가 employees 테이블을 SELECT하고 있다는 것을 알 수 있다.

```
MariaDB> SHOW PROCESSLIST;
+----+------+---------+----------------------------------------------------------+
| Id | User | Command | Info                                                     |
+----+------+---------+----------------------------------------------------------+
|  3 | root | Query   | SELECT * FROM employees WHERE emp_no BETWEEN 10001 AND 10030 |
|  4 | root | Query   | show processlist                                         |
+----+------+---------+----------------------------------------------------------+
```

이 상태에서 프로세스 목록을 조회한 커넥션에서 다음과 같이 "SHOW EXPLAIN FOR" 명령으로 3번 스레드가 실행 중인 쿼리의 실행 계획을 조회해 볼 수 있다.

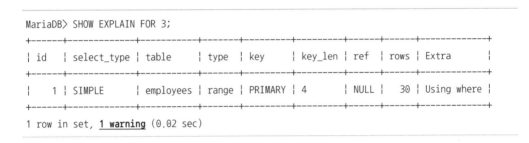

```
MariaDB> SHOW EXPLAIN FOR 3;
+------+-------------+-----------+-------+---------+---------+------+------+-------------+
| id   | select_type | table     | type  | key     | key_len | ref  | rows | Extra       |
+------+-------------+-----------+-------+---------+---------+------+------+-------------+
|    1 | SIMPLE      | employees | range | PRIMARY | 4       | NULL |   30 | Using where |
+------+-------------+-----------+-------+---------+---------+------+------+-------------+
1 row in set, 1 warning (0.02 sec)
```

물론 3번 스레드가 실행 중인 쿼리를 복사해서 EXPLAIN 명령을 실행해 보는 것도 가능하다. 하지만 모두가 알고 있듯이 EXPLAIN 명령으로 살펴보는 쿼리의 실행 계획은 단순히 옵티마이저가 쿼리의 구조와 통계 정보를 이용해서 쿼리 실행을 에뮬레이션해 보는 수준에서 만들어진 것이다. 즉 EXPLAIN의 결과대로 쿼리가 실행된다는 보장이 없다는 것이다. 하지만 SHOW EXPLAIN 명령으로 보여지는 실행 계획은 현재 해당 클라이언트 스레드가 수립하고 실행해 나가고 있는 실행 계획을 보여 준다. 그래서 SHOW EXPLAIN 명령으로는 실제 그 쿼리가 실행될 때 사용한 실행 계획을 확인할 수 있다.

MySQL 5.5 버전까지는 통계 정보가 정적이지 않았다. 그래서 일정 조건이 되면 통계 정보가 다시 수집되면서 지금까지는 인덱스를 잘 이용하던 쿼리가 갑자기 풀 테이블 스캔을 발생한다거나 하는 경우도 종종 발생했다. 하지만 이런 때에도 실제 그 쿼리를 EXPLAIN 명령으로 실행 계획을 살펴보면 아무런 문제없이 인덱스를 활용하는 것처럼 보인다. 하지만 MariaDB 10.0부터는 이런 경우 SHOW EXPLAIN 명령으로 특정 스레드가 실제 사용한 실행 계획을 조회해 볼 수 있게 됐다. SHOW EXPLAIN 명령의 결과에는 항상 경고 메시지가 1개(1 warning) 있다고 출력되는데, SHOW WARNINGS 명령으로 경고 내용을 확인해 보면 대상 스레드가 실행 중이던 SQL 문장을 조회해 볼 수 있다.

SHOW EXPLAIN 명령이 실패할 경우가 있는데, 항상 SHOW EXPLAIN 명령은 실행 계획을 필요로 하는 쿼리를 실행 중인 스레드에 대해서만 사용할 수 있다. 그렇지 않은 경우에는 다음과 같이 에러를 발생하게 된다.

```
MariaDB> SHOW EXPLAIN FOR 3;
ERROR 1933 (HY000): Target is not running an EXPLAINable command
```

또한 MySQL과 MariaDB 서버에서는 쿼리의 일부분은 조금 늦게 최적화되기도 하고, 더 이상 필요치 않은 부분의 실행 계획은 바로 바로 삭제해 버리게 된다. 이런 이유로 인해서 SHOW EXPLAIN 명령의 결과에서 Extra 필드에는 "Not yet optimized"나 "Query plan already deleted"라는 문구가 출력될 수도 있다.

7.2.2 슬로우 쿼리 로그에 실행 계획 출력

MariaDB 10.0.5 버전부터는 슬로우 쿼리 로그에 쿼리의 실행 시간과 수행된 쿼리뿐만 아니라 그 쿼리가 사용했던 실행 계획까지 함께 출력한다. MariaDB 서버에서는 5.5 버전부터 log_slow_verbosity 시스템 변수가 제공되고 있는데, 이 시스템 변수에는 다음과 같은 값들을 설정할 수 있다.

microtime

슬로우 쿼리 로그의 각종 시간과 관련된 정보들을 마이크로 초 단위로 표시한다.

query_plan

SELECT 쿼리에 대해서 실행 계획의 간략화된 정보를 출력한다. log_slow_verbosity 시스템 변수에 query_plan이 설정된 경우에는 슬로우 쿼리 로그 파일에 "Full_scan" 또는 "Full_join" 그리고 "Tmp_table"과 "Tmp_table_on_disk" 그리고 "Filesort"과 "Filesort_on_disk" 그리고 "Merge_passes during sorting" 등의 내용이 출력된다.

full

log_slow_verbosity 시스템 변수에는 여러 개의 옵션을 혼합해서 사용할 수 있는데, full이 설정되면 모든 옵션을 나열한 것과 같은 효과를 낸다.

explain

MariaDB 10.0.5부터 추가된 옵션이다. log_slow_verbosity 시스템 변수에 이 값이 설정되면 MariaDB 서버는 슬로우 쿼리 로그에 기록되는 쿼리의 EXPLAIN 결과 값을 모두 함께 기록한다.

MariaDB 서버에서는 log_slow_verbosity 시스템 변수와 더불어서 log_slow_filter 변수와 log_slow_rate_limit라는 시스템 변수도 같이 제공하고 있다. log_slow_filter 시스템 변수는 MariaDB에서 실행되는 쿼리들의 실행 계획에서 특정 조건을 만족하는 쿼리들을 슬로우 쿼리 로그로 기록하도록 하는 기능이다. log_slow_filter 시스템 변수에는 다음과 같은 값들을 설정할 수 있다.

- admin : 관리자용 쿼리(CREATE, ALTER, OPTIMIZE, DROP 등)들을 모두 슬로우 쿼리 로그에 기록한다.
- filesort : 별도의 정렬 작업이 동반된 쿼리를 모두 슬로우 쿼리 로그에 기록한다.
- filesort_on_disk : 별도의 정렬 작업이 메모리에서 처리되지 않고 디스크를 사용한 경우의 쿼리를 슬로우 쿼리 로그에 기록한다.
- full_join : 인덱스를 사용하지 못하는 조인을 슬로우 쿼리 로그에 기록한다.
- full_scan : 풀 테이블 스캔을 수행한 쿼리를 슬로우 쿼리 로그에 기록한다.
- query_cache : 쿼리 캐시로 처리한 쿼리를 슬로우 쿼리 로그에 기록한다.
- query_cache_miss : 쿼리 캐시로 처리되지 못한 쿼리를 슬로우 쿼리 로그에 기록한다.
- tmp_table : 임시 테이블을 사용한 쿼리를 슬로우 쿼리 로그에 기록한다.
- tmp_table_on_disk : 디스크에 임시 테이블을 생성했던 쿼리를 슬로우 쿼리 로그에 기록한다.

그리고 때로는 슬로우 쿼리 로그가 한꺼번에 너무 많이 기록되면서 MariaDB 서버가 슬로우 쿼리 로그에 너무 많은 시스템 자원을 소모해 버릴 때도 있다. 이런 경우를 막기 위해 MariaDB 서버에서는 log_slow_rate_limit 시스템 변수에 적절히 로깅을 무시할 쿼리의 개수를 설정해서 한꺼번에 너무 많은 슬로우 쿼리 로그가 발생하지 않도록 막을 수도 있다.

log_slow_verbosity 시스템 변수에 explain을 설정하면 다음 예제와 같이 쿼리의 상세한 실행 계획을 같이 조회해 볼 수 있다. 다음의 예제는 log_slow_verbosity 시스템 변수의 값을 "query_plan, explain"으로 설정하고 느린 쿼리를 실행했을 때의 결과이다. 그래서 다음 예제에서는 "Full_scan: Yes"와 같은 실행 계획의 요약 내용과 그 하단에서는 쿼리의 상세한 실행 계획 내용을 모두 확인할 수 있다.

```
# Time: 140201 22:47:15
# User@Host: root[root] @ localhost [127.0.0.1]
# Thread_id: 3  Schema: employees  QC_hit: No
# Query_time: 2.199310  Lock_time: 0.000148  Rows_sent: 0  Rows_examined: 663206
# Full_scan: Yes  Full_join: No  Tmp_table: No  Tmp_table_on_disk: No
# Filesort: No  Filesort_on_disk: No  Merge_passes: 0
#
```

```
# explain: id  select_type         table    type    possible_keys      key       key_len  ref
rows Extra
# explain: 1   SIMPLE      de       ALL      ix_empno_fromdate NULL      NULL      N U L  L
331603
# explain: 1   SIMPLE      e        eq_ref   PRIMARY  PRIMARY  4                    employees.de.emp_no
1    Using where
#
use employees;
SET timestamp=1391262435;
SELECT * FROM employees e, dept_emp de WHERE de.emp_no=e.emp_no AND e.last_name='Matt';
```

7.2.3 구조화된 실행 계획 출력

MySQL 5.6부터는 쿼리의 실행 계획을 JSON 포맷으로 출력할 수 있게 되었다. 예전에도 EXPLAIN 명령을 사용하여 쿼리의 실행 계획을 응용 프로그램이 직접 가져갈 수 있었으므로 사실 JSON이라는 결과물 자체는 크게 중요하지 않다. MySQL 5.6부터 추가된 JSON 포맷에는 EXPLAIN으로는 확인할 수 없는 상세한 내용들이 같이 기록된다는 것이 중요한 것이다. MariaDB 10.0.7 버전에서는 아직 이 기능을 지원하고 있지 않다.

MySQL 5.6에서 간단한 쿼리에 대해서 EXPLAIN FORMAT=JSON 명령 결과를 확인해보자.

```
mysql> EXPLAIN FORMAT=JSON
       SELECT COUNT(*) FROM employees e, dept_emp de WHERE de.emp_no=e.emp_no AND e.last_name
LIKE '%M%';

EXPLAIN: {
  "query_block": {
    "select_id": 1,
    "nested_loop": [
      {
        "table": {
          "table_name": "e",
          "access_type": "ALL",
          "possible_keys": [
            "PRIMARY"
          ],
          "rows": 299556,
```

```
                    "filtered": 100,
                    "attached_condition": "('employees'.'e'.'last_name' like '%M%')"
                }
            },
            {
                "table": {
                    "table_name": "de",
                    "access_type": "ref",
                    "possible_keys": [
                        "ix_empno_fromdate"
                    ],
                    "key": "ix_empno_fromdate",
                    "used_key_parts": [
                        "emp_no"
                    ],
                    "key_length": "4",
                    "ref": [
                        "employees.e.emp_no"
                    ],
                    "rows": 1,
                    "filtered": 100,
                    "using_index": true
                }
            }
        ]
    }
}
```

위의 예제 결과에서 볼 수 있듯이 많은 정보들은 EXPLAIN 명령으로도 참조할 수 있는 내용들이다. 하지만 위의 결과에 "attached_condition"라는 부분이 있는데, 이는 MySQL 서버의 각 처리 부분이 WHERE 절의 어떤 조건들을 가지고 수행되었는지를 확인할 수 있게 해준다. 또한 MySQL 워크벤치 유틸리티에서는 JSON 포맷의 실행 계획을 이용해서 비주얼 EXPLAIN 결과를 보여준다. 다음의 〈그림 7-3〉은 MySQL 워크벤치에서 비주얼 EXPLAIN으로 위의 쿼리 실행 계획을 살펴본 것이다.

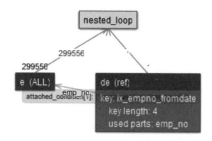

attached_condition[1] (e):
(`employees`.`e`.`last_name` like '%M%')

〈그림 7-4〉 MySQL 워크벤치의 비주얼 EXPLAIN

〈그림 7-4〉에서처럼 MySQL Workbench의 비주얼 EXPLAIN에서는 풀 테이블 스캔은 빨간색 상자로, 인덱스 룩업은 녹색 상자로 표시되어서 성능에 영향을 미칠 수 있는 부분을 쉽게 알아 볼 수 있도록 했다.

7.2.4 스레드 단위의 메모리 사용량

MySQL 서버는 서버나 각 클라이언트의 요청을 처리하는 스레드들의 메모리 상태를 진단해 볼 수 있는 기능이 아직도 많이 부족하다. MySQL 서버가 사용하는 메모리가 10GB인데, 버퍼 풀이나 쿼리 캐시 그리고 MyISAM의 키 캐시 메모리 이외에는 알려 주는 정보가 전혀 없기 때문이다. 항상 이런 부분은 매뉴얼의 내용에 근거해서 예측으로만 메모리 사용량을 판단하곤 했는데, MariaDB 10.0에서는 각 클라이언트의 요청을 처리하는 스레드가 사용하고 있는 메모리를 살펴볼 수 있는 기능이 추가되었다.

MySQL 서버에서는 "SHOW STATUS" 명령어로 현재 커넥션과 관련된 여러 가지 상태 값들을 조회할 수 있다. MariaDB 서버에는 이 상태값들에 추가해서 "Memory_used"라는 상태 변수를 하나 더 추가했다.

```
MariaDB> SHOW STATUS;
+-------------------------------------------+-------------------+
| Variable_name                             | Value             |
+-------------------------------------------+-------------------+
```

```
...
| Memory_used                                      | 28872          |           |
...

MariaDB> SHOW GLOBAL STATUS;
+--------------------------------------------------+----------------+-----------+
| Variable_name                                    | Value          |           |
+--------------------------------------------------+----------------+-----------+
...
| Memory_used                                      | 178378136      |           |
...
```

위의 SHOW STATUS 결과 값에서 이 커넥션은 현재 28872 바이트의 메모리를 사용하고 있다는 것을 알 수 있다. 또한 SHOW GLOBAL STATUS 명령의 결과 값에는 현재 178MB 정도의 메모리를 사용하고 있다고 출력되었는데, 이는 MariaDB 서버 전체가 사용 중인 메모리를 의미한다. SHOW STATUS 명령으로는 현재 커넥션에서 사용 중인 메모리만 확인할 수 있다. 만약 모든 스레드의 메모리를 사용량을 확인하려면 INFORMATION_SCHEMA 데이터베이스의 processlist 테이블을 조회해 보면 된다.

```
MariaDB> USE INFORMATION_SCHEMA;
MariaDB> SELECT ID, USER, HOST, MEMORY_USED FROM PROCESSLIST;
+----+------+-----------------+-------------+
| ID | USER | HOST            | MEMORY_USED |
+----+------+-----------------+-------------+
|  4 | root | localhost:55439 |       64536 |
|  3 | root | localhost:54947 |       44648 |
+----+------+-----------------+-------------+
```

이제 MariaDB에서는 각 클라이언트와 연결되어 있는 모든 커넥션에서 사용 중인 메모리 공간을 다음과 같이 PROCESSLIST 테이블의 MEMORY_USED 칼럼의 합으로 조사할 수 있게 된 것이다.

```
MariaDB> SELECT SUM(MEMORY_USED) FROM PROCESSLIST;
+------------------+
| SUM(MEMORY_USED) |
+------------------+
|           109184 |
+------------------+
```

7.2.5 SHUTDOWN 명령

MySQL 클라이언트 프로그램이나 JDBC로 MySQL 서버에 접속한 경우에는 MySQL 서버를 셧다운할 수 있는 명령이 없었다. 그래서 MySQL 서버를 셧다운하기 위해서는 mysqladmin 유틸리티를 이용하거나 또는 SSH와 같은 터미널 프로그램을 사용해서 해당 서버로 로그인한 다음 MySQL 서버를 종료하는 방식을 사용해야 했다. MariaDB 서버는 10.0.4 버전부터 원격지 서버의 MariaDB 서버에 SHUTDOWN이라는 명령을 실행할 수 있도록 지원하기 시작했다.

```
MariaDB> SHUTDOWN;
Query OK, 0 rows affected (0.00 sec)
```

셧다운 명령을 사용하는 것은 어렵지 않다. 위의 예제에서와 같이 SHUTDOWN 명령을 실행하기만 하면 되는데, SHUTDOWN 명령을 실행하기 위해서는 SHUTDOWN 권한을 가지고 있어야 한다. MySQL 서버에 기본적으로 내장되어 있는 mysqladmin 유틸리티를 이용해서 MySQL 서버를 종료할 수 있는데, 이때 "mysqladmin shutdown"을 실행하기 위해서도 SHUTDOWN 권한을 가지고 있어야 한다.

7.2.6 사용자나 쿼리 실행 강제 종료(KILL)

MySQL 5.6에서는 KILL 명령어로 특정 커넥션이나 그 커넥션에서 실행 중인 쿼리만을 즉시 종료하는 기능을 제공하고 있다. MariaDB에서는 KILL 명령어의 기능을 조금 더 확장해서 즉시 종료 또는 특정 시간 동안 대기했다가 종료할 수 있으며, 또한 특정 사용자의 모든 커넥션을 강제로 종료하는 기능도 지원하고 있다. MariaDB 서버에서 제공하는 몇 가지 KILL 명령어의 사용 예를 살펴보자.

특정 커넥션 강제 접속 종료

MariaDB에서도 MySQL과 같이 특정 커넥션 아이디를 이용해서 해당 커넥션의 접속을 강제로 종료시킬 수 있다. 커넥션을 강제 종료하는 경우에는 반드시 스레드 아이디를 인자로 필요로 하는데, KILL 명령어 뒤의 CONNECTION 키워드는 생략할 수 있다.

```
MariaDB> KILL CONNECTION 11;
MariaDB> KILL 11;
```

특정 커넥션의 쿼리 강제 종료

특정 커넥션에서 실행 중인 쿼리만 종료하고 해당 커넥션은 그대로 남아 있도록 할 수 있다. 특정 커넥션에서 실행 중인 쿼리만 종료하고자 할 때에는 다음과 같이 KILL QUERY 명령을 사용하는데, 이 명령도 KILL CONNECTION과 같이 스레드의 아이디를 인자로 입력해야 한다.

```
MariaDB> KILL QUERY 11;
```

특정 커넥션의 쿼리를 쿼리 아이디로 강제 종료

MariaDB에서는 특정 커넥션에서 실행 중인 쿼리를 쿼리 아이디로 종료할 수도 있다. 이때에도 KILL QUERY 명령과 같이 해당 커넥션은 그대로 유지한다.

```
MariaDB> KILL QUERY ID 125;
```

그런데 MySQL이나 MariaDB에서는 "SHOW PROCESSLIST"의 결과에는 쿼리의 아이디가 출력되지 않는다. 쿼리 아이디로 실행 중인 쿼리를 종료할 때에는 INFORMATION_SCHEMA 데이터베이스에서 PROCESSLIST 테이블을 조회해서 실행 중인 쿼리와 그 쿼리의 아이디를 조회해서 사용해야 한다. 위의 예제에서 125는 스레드의 아이디가 아니라 쿼리의 아이디라는 것에 주의하자.

KILL QUERY 명령과 KILL QUERY ID 명령은 서로 동일한 기능을 수행하는 명령처럼 보이지만 KILL QUERY 명령은 대상 커넥션이 무슨 쿼리를 실행하고 있는지 확인하지 않고 현재 실행 중인 쿼리를 종료한다. 즉 관리자가 SHOW PROCESSLIST로 확인했을 때와 KILL QUERY를 실행할 때 서로 다른 쿼리가 실행되고 있다면 KILL QUERY 명령은 엉뚱한 쿼리를 종료시키게 될 것이라는 의미이다. 하지만 KILL QUERY ID 명령은 종료시키고자 했던 쿼리만 종료시킨다. 즉 관리자가 SHOW PROCESSLIST나 INFORMATION_SCHEMA의 PROCESSLIST 명령으로 확인하고 문제가 있을 것으로 확인했던 쿼리만 강제 종료하는 것이다.

특정 유저의 커넥션이나 쿼리 강제 종료

MySQL 서버나 MariaDB 서버에서는 때로는 특정 사용자에 의해서 생성된 커넥션이나 특정 사용자가 실행 중인 쿼리만 강제로 종료해야 할 때도 있다. 대표적으로 이런 요건은 MySQL 서버나 MariaDB 서버의 상태가 좋지 않아서 위급한 경우에 많이 발생한다. 하지만 MySQL 서버에서는 특정 사용자의 커넥션이나 쿼리를 강제 종료시킬 수는 없다. 그래서 이런 작업을 대신해주는 유틸리티를 직접 개발하기도 한다. MariaDB에서는 유저 기반의 강제 종료 기능을 다음과 같이 사용할 수 있다.

```
MariaDB> KILL CONNECTION USER 'matt';
MariaDB> KILL CONNECTION USER 'matt@'%'';

MariaDB> KILL QUERY USER 'matt';
MariaDB> KILL QUERY USER 'matt@'%'';
```

위의 예제에서 첫 번째 명령은 사용자 계정에서 호스트 부분은 신경 쓰지 않고 유저 명이 'matt'인 모든 커넥션을 강제 종료한다. 두 번째 명령은 사용자 계정에서 호스트 부분이 '%'이고 유저 명이 'matt'인 모든 커넥션을 강제 종료한다. 세 번째와 네 번째 명령은 커넥션을 종료하진 않고 그 커넥션에서 실행 중인 쿼리들만 강제 종료한다.

강제 종료의 수준 조절

때로는 특정 커넥션에서 실행 중인 쿼리가 강제 종료되었을 때 테이블의 데이터가 알 수 없는 상태(Inconsistent state)로 빠지게 될 위험이 있는 경우도 있다. 대표적인 경우가 MEMORY나 MyISAM그리고 Aria 스토리지 엔진과 같이 트랜잭션이 보장되지 않는 스토리지 엔진에서 자주 발생할 수 있다. MariaDB에서는 이렇게 데이터의 일관성에 영향을 미칠 수 있는 쿼리들은 강제 종료하지 않도록 KILL 명령을 실행할 수도 있다.

```
MariaDB> KILL HARD QUERY 11;
MariaDB> KILL SOFT QUERY 11;
```

첫 번째 KILL 명령에 사용된 HARD 옵션은 11번 스레드에서 실행 중인 쿼리를 즉시 강제 종료시킨다. 하지만 두 번째 KILL 명령에서 사용된 SOFT 옵션은 11번 스레드에서 실행 중인 쿼리가 데이터의 일관성에 악영향을 미칠 수 있는 REPAIR나 ALTER INDEX 등의 명령인 경우에는 종료하지 않는다.

7.2.7 GET DIAGNOSTICS

MySQL 스토어드 프로시저나 함수에서는 예외 핸들링 기능이 많이 부족했었다. MySQL 5.1에서는 사용자가 직접 예외를 발생시킬 수 있는 기능이 없었지만 MySQL 5.5 버전부터 SIGNAL이나 RESIGNAL 명령이 도입되어서 사용자가 직접 예외를 발생시키고 발생한 예외나 에러를 캐치(Catch)할 수 있게 되었다. 하지만 MySQL 5.5에서는 다음 예제와 같이 특정 에러 번호나 모든 SQL 예외에 대해서 핸들러를 정의할 수는 있었지만 발생한 에러의 에러 번호나 SQLSTATE 값을 조회할 수 있는 방법이 없었다.

```
DECLARE EXIT HANDLER FOR 1062 SET v_error := "Duplicate entry in table";
DECLARE EXIT HANDLER FOR sqlexception SET v_error := "Generic SQLException";
```

MySQL 5.6과 MariaDB 10.0.x 버전부터는 GET DIAGNOSTICS 명령이 도입되면서 실제 발생한 예
외의 에러 번호나 SQLSTATE값 그리고 에러 메시지를 스토어드 프로그램에서 참조할 수 있게 되었다.
간단히 GET DIAGNOSTICS 명령을 사용하는 예제를 살펴보자. 다음 예제는 employees 테이블에
INSERT만 수행하는 간단한 스토어드 프로시저이다.

```
DELIMITER ;;

CREATE PROCEDURE insertEmployee(
  p_empno INT,
  p_birthdate DATE,
  p_firstname VARCHAR(14),
  p_lastname VARCHAR(16),
  p_gender ENUM('M','F'),
  p_hiredate DATE)
BEGIN
  DECLARE v_sqlstate CHAR(5) DEFAULT '00000';
  DECLARE v_message TEXT;
  DECLARE v_errno INT;

  DECLARE EXIT HANDLER FOR SQLEXCEPTION
  BEGIN
    GET DIAGNOSTICS CONDITION 1
      v_sqlstate = RETURNED_SQLSTATE,
      v_errno=MYSQL_ERRNO,
      v_message = MESSAGE_TEXT;
    IF sqlstate_code <> '00000' THEN
      IF mysql_errno = 1062 THEN      # Duplicate employee no
        SIGNAL SQLSTATE '45000'
          SET MESSAGE_TEXT='Duplicate employee no';
      ELSEIF mysql_errno = 1048 THEN
        SIGNAL SQLSTATE '45000'
          SET MESSAGE_TEXT='Employee no must be not null';
      ELSE
        RESIGNAL;
      END IF;
```

```
    END IF;
  END;

  INSERT INTO employees (emp_no, birth_date, first_name, last_name, gender, hire_date)
  VALUES (p_empno, p_birthdate, p_firstname, p_lastname, p_gender, p_hiredate);
END;;
```

이 스토어드 프로시저에서 INSERT 문장을 실행하는 도중 에러가 발생하면 그 에러의 내용을 분석해서 사용자에게 더 친숙한 메시지로 변환해서 출력해 주기 위해서 "GET DIAGNOSTICS" 명령을 이용했다. 이제 이 스토어드 프로그램을 한번 호출해 보자.

```
MariaDB> CALL insertEmployee(10001, '1997-01-10', 'Matt', 'Lee', 'M', '2014-02-02');
ERROR 1644 (45000): Duplicate employee no

MariaDB> CALL insertEmployee(NULL, '1997-01-10', 'Matt', 'Lee', 'M', '2014-02-02');
ERROR 1048 (45000): Employee no must be not null
```

> **주의** 스토어드 프로그램이 아니라 자바나 PHP 등과 같은 프로그래밍 언어로 개발 중이라면 MariaDB 서버로부터 에러 번호와 SQLSTATE를 얻기 위해서 굳이 GET DIAGNOSTICS 기능까지 사용할 필요는 없다. 이런 언어에서는 이미 Exception이나 Error 핸들링 기능에 MySQL 서버의 에러 번호나 SQL STATE값을 구할 수 있는 기능들을 제공하고 있기 때문이다. GET DIAGNOSTICS 명령은 스토어드 프로그램에서 조금 더 유연한 에러 핸들링을 위한 기능이다.

7.3 개발 생산성 ⚡ MariaDB

MariaDB 서버는 5.5 버전부터 시작해서 조금씩 개발자의 편의나 생산성을 위한 기능을 조금씩 구현하고 있다. MariaDB 10.0의 시퀀스 스토리지 엔진과 같이 SQL 작성 편의를 위한 기능들을 대표적으로 들 수 있다. 또 하나 개발자들에게 많이 필요한 기능 중 하나가 과도한 시스템 사용을 제한해 줄 수 있는 기능이라고 볼 수 있다. 아무리 MariaDB 서버의 전문가라 하더라도 가끔 잘못 실행한 SELECT 쿼리 하나로 인해서 MariaDB 서버가 서비스용 쿼리를 수행하지 못하도록 만들어 버리는 경우를 종종 경험해 보았을 것이다. 또한 그 이외에도 PostgreSQL과 같은 RDBMS에서 제공되는 기능 중에서 많이 사용되는 기능도 MariaDB에 조금씩 구현되고 있다.

7.3.1 LIMIT ROWS EXAMINED

MariaDB 서버에서는 "LIMIT ROWS EXAMINED"라는 새로운 문법을 이용해 사용자가 요청한 SELECT 쿼리의 실행에서 조건절에 일치하는지 비교해 본 레코드의 건수가 특정 레코드 건수를 넘어서게 되면 쿼리를 중지할 수 있다. 여기에서 LIMIT ROWS EXAMINED의 판정 건수는 클라이언트로 전송되는 최종 결과 건수를 의미하는 것이 아니라 사용자가 요청한 결과를 만들어 내기 위해서 MariaDB 서버가 내부적으로 핸들링한 레코드의 건수를 의미한다. 다음 예제 쿼리를 한번 살펴보자.

```
MariaDB> SELECT * FROM employees WHERE last_name='Sudbeck' LIMIT ROWS EXAMINED 100;
Empty set, 1 warning (0.00 sec)

MariaDB> SHOW WARNINGS\G
   Level: Warning
    Code: 1931
 Message: Query execution was interrupted. The query examined at least 101 rows,
          which exceeds LIMIT ROWS EXAMINED (100).
          The query result may be incomplete.
```

위의 예제 쿼리는 employees 테이블에서 last_name='Sudbeck'인 사원의 정보를 조회하는 쿼리인데, 쿼리의 마지막에 LIMIT ROWS EXAMINED 100 조건을 추가했다. employees 테이블의 last_name 칼럼에는 인덱스가 없으므로 위의 예제 쿼리는 풀 테이블 스캔을 수행하면서 결과를 찾게 될 것이다. 풀 테이블 스캔 방식으로 employees 테이블의 레코드를 한 건씩 가져와서 last_name 칼럼이 'Sudbeck'인지 비교를 수행하게 된다. 하지만 LIMIT ROWS EXAMINED 100 조건으로 인해서 101번째 레코드를 비교하려는 순간 MariaDB 서버는 더 이상의 비교를 수행하지 않고 바로 경고를 발생하고 쿼리를 종료해 버린 것이다. 〈그림 7-5〉는 employees 테이블을 풀 스캔하다가 101번째 비교 작업에서 즉시 작업을 중단하고 리턴하는 것을 그림으로 표현했다.

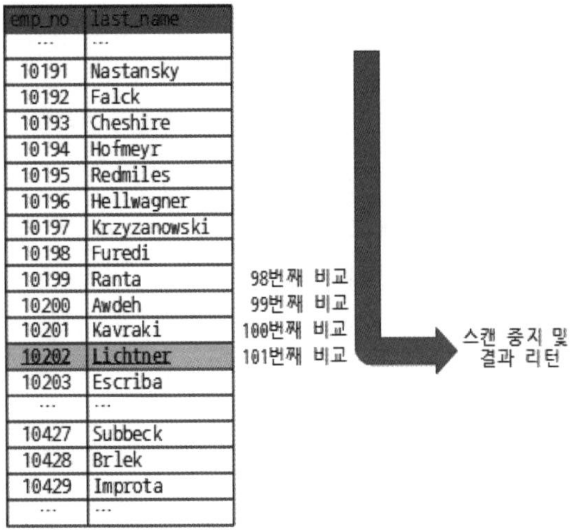

〈그림 7-5〉 LIMIT ROWS EXAMINED 작동 방식

"LIMIT ROWS EXAMINED n" 절은 쿼리 문장이 적절히 인덱스를 사용하지 못하는 경우 n건의 레코드를 반환하기도 전에 쿼리가 종료될 수 있다는 것을 기억해야 한다. 물론 WHERE절의 일부 조건이 인덱스를 사용한다 하더라도 WHERE 절의 모든 조건이 인덱스를 최적으로 사용하지 못하는 경우에는 쿼리의 결과 건수보다 비교를 위해서 참조한 레코드의 건수(EXAMINED ROWS)가 더 많을 수 있다는 것도 주의하자.

"LIMIT ROWS EXAMINED n" 절을 이용하면 최대 건수를 제한하면서 레코드의 건수를 가져오는 것도 가능하다. COUNT(*)를 사용하는 쿼리에서는 카운트할 레코드의 건수를 제한할 수 있는 방법이 없다. 물론 서브 쿼리로 임시 테이블을 만들어서 n건의 레코드를 SELECT한 다음, 외부에서 COUNT(*)를 수행하는 방법이 있지만 임시 테이블로 레코드 복사가 필요하므로 효율적이진 않다. 이제 LIMIT ROWS EXAMINED 절을 이용한 다음의 예제 쿼리를 한번 살펴보자.

```
MariaDB> SELECT COUNT(*) FROM dept_emp WHERE dept_no='d001' LIMIT ROWS EXAMINED 20000;
Empty set, 1 warning (0.02 sec)

MariaDB> SELECT COUNT(*) FROM dept_emp WHERE dept_no='d002' LIMIT ROWS EXAMINED 20000;
+----------+
| count(*) |
+----------+
|    17346 |
+----------+
```

위의 두 쿼리는 각 부서의 직원 수가 몇 명인지를 카운트하는 쿼리로 만약 최대 20000명 이상인 경우에는 더 이상 카운트하지 않는다. 첫 번째 쿼리는 결과가 없는데, LIMIT ROWS EXAMINED 절에 명시된 레코드 건수 제한으로 작업이 중지됐기 때문에 결과가 빈 셋(Empty set)으로 리턴됐다. 이 경우는 최소 20000건 이상이 존재한다는 것을 알 수 있다.[1] 하지만 WHERE 조건절을 만족하는 레코드가 20000건 미만이라면 두 번째 예제 쿼리에서처럼 정확한 결과를 리턴하게 된다.

> **주의**
>
> 위에서 살펴본 두 개의 예제 쿼리는 WHERE절의 조건이 모두 최적으로 인덱스를 활용할 수 있기 때문에 이렇게 건수가 제한된 COUNT(*)를 수행할 수 있는 것이다. 만약 다음과 같이 WHERE 절에 인덱스를 사용할 수 없는 조건이 포함된 경우에는 위에서 설명한 쿼리와 같이 LIMIT ROWS EXAMINED가 제한된 COUNT(*)를 수행하지 못할 수도 있다.
>
> ```
> MariaDB> SELECT COUNT(*) FROM dept_emp
>          WHERE dept_no='d001' AND from_date='1999-01-10'
>          LIMIT ROWS EXAMINED 20000;
> ```
>
> 위의 예제 쿼리에서는 dept_no 칼럼과 from_date 칼럼에 인덱스가 있지만 dept_no 칼럼의 인덱스를 사용하게 되면 from_date 조건이 인덱스를 사용하지 못하는 필터링 조건이 되고, from_date 칼럼의 인덱스를 사용하게 되면 dept_no 칼럼의 조건이 인덱스를 사용하지 못하는 필터링 조건이 되기 때문에 LIMIT ROWS EXAMINED가 제한된 COUNT(*)로 작동하지 못할 수도 있는 것이다.
>
> 만약 WHERE절에 명시된 조건이 작업 범위를 제한하는 조건인지 필터링 조건인지 명확히 구분할 수 없다면 여기에서 설명했던 LIMIT ROWS EXAMINED를 이용한 COUNT(*) 기능의 사용을 피하도록 하자.

7.3.2 DELETE ... RETURNING ...

MySQL 서버에서는 DELETE 문장이 실행될 때 삭제된 레코드를 확인할 수 있는 방법이 없었다. 하지만 PostgreSQL에서는 삭제된 레코드의 칼럼들을 선택적으로 가져올 수 있는 기능이 제공되고 있었는데, 이 기능이 MariaDB 10.0.5에서 새롭게 추가되었다. 삭제된 레코드의 칼럼들을 가져오기 위해서는 DELETE 문장의 마지막에 RETURNING 절을 추가해 주면 된다. RETURNING 절에는 집합 함수나 서브 쿼리 등은 사용할 수 없다. 간단하게 다음 예제를 한번 살펴보자.

---

1 물론 이 경우 경고 메시지까지 확인해서 경고 코드가 1931인지까지 확인한다면 더 정확한 결과를 얻게 될 것이다.

```
MariaDB> INSERT INTO EMPLOYEES VALUES (1, '1985-01-21','Matt','Lee','M','2014-01-10');

MariaDB> DELETE FROM employees WHERE first_name='Matt' AND last_name='Lee'
         RETURNING emp_no, first_name, last_name;

+--------+------------+-----------+
| emp_no | first_name | last_name |
+--------+------------+-----------+
|      1 | Matt       | Lee       |
+--------+------------+-----------+
1 row in set (0.05 sec)

MariaDB> SELECT * FROM employees WHERE first_name='Matt' AND last_name='Lee';
Empty set (0.00 sec)
```

위 예제에서는 삭제 테스트를 위해서 우선 employees 테이블에 한 건의 레코드를 INSERT했다. 그리
고 RETURNING절을 가진 DELETE 문장을 실행하고 있다. RETURNING 절에는 emp_no와 first_
name 그리고 last_name 칼럼을 나열했는데, DELETE 문장이 실행되고 삭제된 employees 테이블
의 레코드가 결과 값으로 리턴되었다. 다시 해당 레코드를 SELECT해보면 삭제된 것을 확인할 수 있다.
RETURNING 절에는 FROM 절을 명시할 수 없으며, 단순히 삭제된 레코드에서 가져올 칼럼들만 명
시할 수 있다.

7.3.3 마이크로 초 단위의 시간 저장

MariaDB에서는 5.3 버전부터 마이크로 초(1/1000000 초) 단위로 시간 정보를 저장할 수 있도록 개선
되었다. 기존에는 DATETIME이나 TIMESTAMP 타입에는 정밀도(Precision)를 정의할 수 없었거나
정의해도 큰 의미를 가지지 않았다. 하지만 MariaDB 5.3 버전부터는 정밀도로 저장될 시간 정보를 밀
리초 또는 마이크로 초 단위로 선택할 수 있게 되었다. 다음 예제는 정밀도를 0과 3 그리고 6으로 설정
해서 DATETIME 타입의 칼럼을 생성하고, 데이터를 저장하는 예제이다.

```
MariaDB> CREATE TABLE tb_microsecond(
           fd1 DATETIME(0), fd2 DATETIME(3), fd3 DATETIME(6));

MariaDB> INSERT INTO tb_microsecond VALUES (NOW(6), NOW(6), NOW(6));
MariaDB> SELECT * FROM tb_microsecond;
```

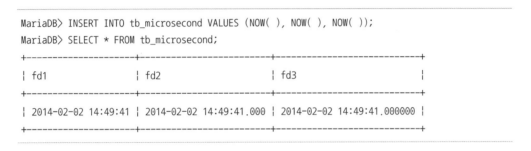

```
+--------------------+----------------------------+---------------------------+
| fd1                | fd2                        | fd3                       |
+--------------------+----------------------------+---------------------------+
| 2014-02-02 14:49:56 | 2014-02-02 14:49:56.298    | 2014-02-02 14:49:56.298633 |
+--------------------+----------------------------+---------------------------+
```

정밀도가 0으로 설정된 fd1 칼럼은 기존의 정밀도 없이 생성했던 DATETIME 칼럼과 동일하게 작동한
다. 하지만 정밀도가 3이나 6으로 설정되면 밀리초나 마이크로 초 단위로 시간 정보를 저장하고 조회할
수 있음을 보여준다. 여기에서 한 가지 주의해야 할 것은 현재 시간을 구하는 NOW( ) 함수에도 똑같이
정밀도를 6으로 사용했다는 것이다. 정밀도를 6으로 해서 NOW(6) 함수를 호출했기 때문에 모두 마이
크로 초 단위의 현재 시간을 가져올 수 있는 것이다. 위에서 생성했던 tb_microsecond 테이블에 정밀
도 없이 NOW( ) 함수를 사용해서 현재 시간을 INSERT하고 결과를 한번 확인해보자.

```
MariaDB> INSERT INTO tb_microsecond VALUES (NOW( ), NOW( ), NOW( ));
MariaDB> SELECT * FROM tb_microsecond;
+--------------------+----------------------------+---------------------------+
| fd1                | fd2                        | fd3                       |
+--------------------+----------------------------+---------------------------+
| 2014-02-02 14:49:41 | 2014-02-02 14:49:41.000    | 2014-02-02 14:49:41.000000 |
+--------------------+----------------------------+---------------------------+
```

위의 예제에서와 같이 정밀도를 사용하지 않은 NOW( ) 함수는 항상 초 단위로만 현재 시간을 가져오
기 때문에 fd2와 fd3처럼 DATETIME 타입의 칼럼이 정밀도가 높아도 저장되는 값은 항상 0인 것이다.
밀리초나 마이크로 초 단위의 시간 정보 저장이 가능해졌기 때문에 날짜나 시간 관련된 함수들도 대부
분 정밀도를 인자로 사용할 수 있도록 개선됐다.

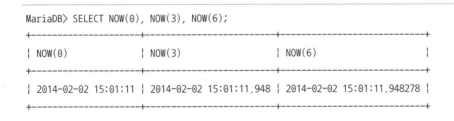

```
MariaDB> SELECT NOW(0), NOW(3), NOW(6);
+--------------------+----------------------------+---------------------------+
| NOW(0)             | NOW(3)                     | NOW(6)                    |
+--------------------+----------------------------+---------------------------+
| 2014-02-02 15:01:11 | 2014-02-02 15:01:11.948    | 2014-02-02 15:01:11.948278 |
+--------------------+----------------------------+---------------------------+
```

```
MariaDB> SELECT UNIX_TIMESTAMP(NOW(6));
+------------------------+
| UNIX_TIMESTAMP(NOW(6)) |
+------------------------+
|       1391320977.307304 |
+------------------------+


MariaDB> SELECT NOW(6), DATE_SUB(NOW(6), INTERVAL 100000 MICROSECOND);
+----------------------------+------------------------------------------------+
| NOW(6)                     | DATE_SUB(NOW(6), INTERVAL 100000 MICROSECOND)  |
+----------------------------+------------------------------------------------+
| 2014-02-02 15:04:04.762162 | 2014-02-02 15:04:04.662162                     |
+----------------------------+------------------------------------------------+
```

두 번째 예제에서 살펴본 UNIX_TIMESTAMP 함수는 인자가 없는 경우 현재 시점의 타임 스탬프를 반환하지만 밀리초나 마이크로 초 단위의 타임 스탬프를 반환하지는 못한다. 그래서 UNIX_TIMESTAMP 함수로 현재 시점의 밀리초나 마이크로 초를 가져오려면 NOW(3)이나 NOW(6)을 사용해야 한다. 세 번째 예제에서는 DATE_SUB나 DATE_ADD 함수에서도 시간을 더하거나 뺄 때 마이크로 초 단위를 지정할 수 있음을 보여주고 있다.

> **주의** MariaDB가 마스터로 그리고 MySQL 서버가 슬레이브로 복제가 구축되어 있다면 MariaDB 서버의 마이크로 초 단위의 DATETIME 타입은 사용하지 않는 것이 좋다. MySQL 5.5에서는 마이크로 초 단위의 데이터 타입이나 함수들을 지원하지 못하며, MySQL 5.6에서는 MariaDB와는 다른 방식으로 마이크로 초 단위의 정밀도를 바이너리 로그에 기록하기 때문이다. 만약 MariaDB와 MySQL 서버로 구축된 복제에서 MariaDB의 마이크로 초 단위의 데이터 타입을 사용한다면 복제 에러는 발생하지 않는다 하더라도 슬레이브로 사용되는 MySQL 서버에는 마이크로 초 단위 정보가 복제되지 않을 것이다.

7.3.4 DATETIME 타입의 기본값 설정

MySQL 5.5 버전이나 MariaDB 5.5 버전까지는 TIMESTAMP 타입은 현재 시간을 기본값으로 가지도록 할 수 있었지만 DATETIME 타입의 칼럼은 현재 시간을 기본값으로 가지도록 설정할 수 없었다. 하지만 MariaDB 10.0부터는 DATETIME 타입의 칼럼도 현재 시간을 기본값으로 설정할 수 있도록 개선되었다. 다음 예제를 한번 살펴보자.

```
MariaDB> CREATE TABLE tb_datetime (
         fd1 INT PRIMARY KEY,
         fd2 DATETIME DEFAULT CURRENT_TIMESTAMP);

MariaDB> INSERT INTO tb_datetime (fd1) VALUES (1);
MariaDB> SELECT * FROM tb_datetime;
+-----+---------------------+
| fd1 | fd2                 |
+-----+---------------------+
|   1 | 2014-02-02 14:40:50 |
+-----+---------------------+
```

MySQL의 FRM 파일의 특성으로 인해서 CURRENT_TIMESTAMP를 기본값으로 가지는 TIMESTAMP 타입 칼럼은 하나만 존재할 수 있다. 하지만 DATETIME 타입에는 이런 제한 사항이 없으므로 현재 시간을 기본값으로 가지는 DATETIME 타입의 칼럼을 얼마든지 생성할 수 있게 된 것이다. 또한 MariaDB 5.3 버전부터는 마이크로 초 단위까지 DATETIME이나 TIMESTAMP 타입에 저장할 수 있으므로 날짜와 시간 정보를 저장할 때 사용자가 선택할 수 있는 폭이 넓어진 것이다.

7.3.5 정규 표현식 기능 확장

MySQL 5.5와 5.6 서버는 POSIX 호환의 정규 표현식 라이브러리(http://www.arglist.com/regex/)를 사용하고 있지만 MariaDB 10.0.5에서는 PCRE(Perl Compatible Regular Expressions) 정규 표현식 라이브러리를 사용하도록 변경되었다. PCRE 정규 표현식은 MariaDB 서버에서 REGEXP( ) 함수나 RLIKE( ) 함수의 성능은 향상시키고 동시에 정규 표현식도 더 풍부하게 사용할 수 있도록 해준다. 기본적으로 PCRE 정규 표현식은 POSIX 정규 표현에서 사용되던 문법에 대해서 호환성을 보장하므로 기존 MySQL에서 개발된 정규 표현식을 사용하는 응용 프로그램의 SQL 문장도 크게 변경하지 않고 그대로 사용할 수 있다. MariaDB의 PCRE 정규 표현식 문법을 간략하게 확인하려면 MariaDB의 정규 표현식 소개 페이지를 참조하는 것이 많이 도움이 될 것이다.

- https://mariadb.com/kb/en/regular-expressions-overview/
- https://mariadb.com/kb/en/pcre-regular-expressions/

또한 MySQL에서는 정규 표현식을 이용해서 전체 일치 또는 부분 일치 여부만 확인할 수 있지만 MariaDB 10.0.5부터는 기존의 일치 여부 기능에 추가해서 정규 표현식을 이용한 위치 파악 및 문자열 대치 기능들이 보완되었다. MariaDB 서버에 추가된 정규 표현식 함수로는 다음 세 가지가 있다.

REGEXP_REPLACE(문자열, 정규표현식, 대체문자열)

첫 번째 인자로 주어진 문자열에서 정규 표현식에 일치하는 부분을 검색해서 일치된 부분을 "대체문자열"로 대체한 결과 문자열을 리턴한다. 이때 정규표현식에 일치하는 모든 부분을 대체해서 리턴한다. 칼럼에 기본으로 설정된 대소문자 구분을 무시하고 새로운 대소문자 비교 규칙을 적용하려면 "(?i)"와 "(?-i)" 옵션을 정규 표현식에 사용하면 된다. "(?-i)" 옵션은 대소문자 구분을 강제하며, "(?i)" 옵션은 대소문자 구분 없이 비교한다.

REGEXP_INSTR(문자열, 정규표현식)

REGEXP_INSTR 함수는 주어진 문자열에서 정규 표현식에 일치하는 문자열의 위치를 찾아서 리턴한다. 문자열의 위치는 바이트 단위가 아니라 문자 단위로 리턴된다. 만약 멀티 바이트 문자(대표적으로 한국어를 포함한 아시아권 언어)에서 정규 표현식으로 문자열의 위치를 바이트 단위로 찾을 때에는 BINARY로 타입 캐스팅 후 실행하면 된다.

REGEXP_SUBSTR(문자열, 정규표현식)

함수의 첫 번째 인자로 주어진 문자열에서 정규표현식에 일치하는 부분만 리턴한다. 대소문자 구분은 REGEXP_REPLACE와 같이 기존의 칼럼 규칙을 따라가지만 "(?i)"와 "(?-i)" 옵션으로 대소문자 구분 규칙을 재정의할 수 있다.

```
-- // 정규 표현식을 이용한 REPLACE
MariaDB> SELECT REGEXP_REPLACE('ab12cd','[0-9]','') AS remove_digits;
-> abcd

MariaDB> SELECT
        REGEXP_REPLACE('<html><head><title>title</title><body>body</body></htm>', '<.+?>',' ')
          AS tag_removed;
-> title  body

-- // 정규 표현식 REPLACE에서 대소문자 구분
MariaDB> SELECT REGEXP_REPLACE('ABC','(?-i)b','-') AS force_case_sensitive;
-> ABC

-- // 정규 표현식 REPLACE에서 대소문자 구분 없음
MariaDB> SELECT REGEXP_REPLACE(BINARY 'ABC','(?i)b','-') AS force_case_insensitive;
-> A-C

-- // 정규 표현식을 이용한 문자열 위치 찾기
MariaDB> SELECT REGEXP_INSTR('BJÖRN','N') AS pos;
-> 5

-- // 정규 표현식을 이용한 문자열 위치 찾기(문자의 위치가 아닌 바이트 위치)
```

```
MariaDB> SELECT REGEXP_INSTR(BINARY 'BJÖRN','N') AS binary_pos;
-> 6

-- // 정규 표현식을 이용한 패턴 일치 문자열 가져오기
MariaDB> SELECT REGEXP_SUBSTR('ab12cd','[0-9]+');
-> 12
```

참고 MySQL 5.6에서 사용 중인 확장 POSIX 정규 표현식과 MariaDB 10.0에서 사용 중인 PCRE 정규 표현식은 기본적인 문법은 비슷하지만 복잡한 형태의 표현식에 대해서는 문법이나 기능상 차이가 있다. 이 책에서 두 정규 표현식의 차이를 모두 나열하기에는 내용이 많아서 두 정규 표현식의 기능이나 문법 차이를 쉽게 비교해 볼 수 있는 참고 사이트를 공유하고자 한다.

- http://www.regular-expressions.info/refbasic.html

위의 사이트를 웹 브라우저로 열어보면 웹 페이지의 왼쪽에는 〈그림 7-6〉과 같이 정규 표현식의 기능별 목차가 표시된다.

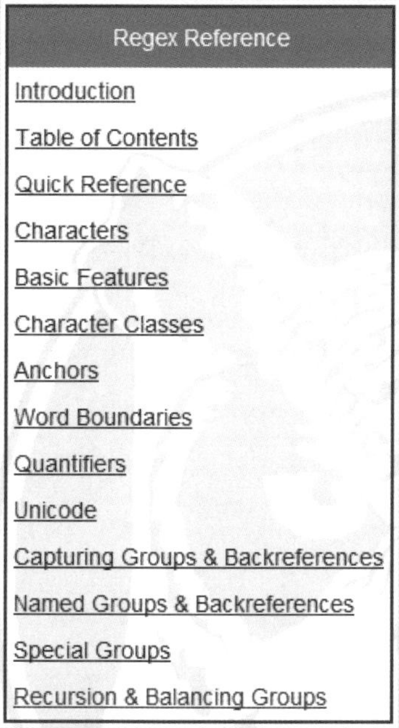
Regex Reference
Introduction
Table of Contents
Quick Reference
Characters
Basic Features
Character Classes
Anchors
Word Boundaries
Quantifiers
Unicode
Capturing Groups & Backreferences
Named Groups & Backreferences
Special Groups
Recursion & Balancing Groups

〈그림 7-6〉 정규 표현식의 기능별 목차

〈그림 7-6〉의 목차에서 "Basic Features"나 "Character Classes" 등의 항목을 클릭하면 다음 〈그림 7-7〉과 같이 각 정규 표현식의 기능 비교를 해볼 수 있는 페이지가 표시되는데, 이 페이지의 제목 하단에는 비교해 볼 정규 표현식을 선택할 수 있는 선택 상자가 2개 표시된다. 여기에서 왼쪽에는 "PCRE"를 선택하고 오른쪽 선택 상자에는 "POSIX ERE"를 선택해서 서로 비교해 보면 된다.

Regular Expression Reference: Basic Features

PCRE ▼   POSIX ERE ▼

Feature	Syntax	Description	Example	PCRE	POSIX ERE
Dot	. (dot)	Matches any single character except line break characters. Most regex flavors have an option to make the dot match line break characters too.	. matches x or (almost) any other character	YES	YES
Alternation	| (pipe)	Causes the regex engine to match either the part on the left side, or the part on the right side. Can be strung together into a series of options.	abc|def|xyz matches abc, def or xyz	YES	YES
Alternation	\\\| (backslash pipe)	Causes the regex engine to match either the part on the left side, or the part on the right side. Can be strung together into a series of options.	abc\\\|def\\\|xyz matches abc, def or xyz	no	no

〈그림 7-7〉 정규 표현식의 기능 비교

7.3.6 가상(Virtual) 칼럼

MariaDB에서는 5.2 버전부터 가상 칼럼 기능을 제공하고 있다. 가상 칼럼은 흔히 우리가 자주 이야기하는 "추출 칼럼" 또는 "파생 칼럼"이라는 이름이 더 적합해 보일 정도로 칼럼의 값이 다른 칼럼에 의해서 자동으로 설정되는 기능을 의미한다. 간단하게 예제를 하나만 먼저 살펴보도록 하자.

```
CREATE TABLE tb_virtual_emp (
  emp_no int(11) NOT NULL,
  birth_date date NOT NULL,
  first_name varchar(14) NOT NULL,
  birth_month TINYINT AS (MONTH(birth_date)) VIRTUAL,
  PRIMARY KEY (emp_no),
  KEY ix_firstname (first_name)
) ENGINE=InnoDB;
```

tb_virtual_emp 테이블은 employees 테이블에서 emp_no와 birth_date 그리고 first_name 칼럼만 복사해 온 테이블이다. tb_virtual_emp 테이블에는 employees 테이블에는 없는 birth_month라는

새로운 칼럼이 하나 더 있다. birth_month 칼럼은 VIRTUAL이라는 키워드를 이용해서 가상 칼럼으로 정의된 것이다. MariaDB 서버에서 가상 칼럼은 항상 칼럼의 정의 뒷 부분에 AS로 시작하는 표현식이 같이 정의되어야 한다. 사용된 표현식은 이 가상 칼럼의 값을 초기화하는 계산 식을 제공한다. tb_virtual_emp 테이블에서는 생일 칼럼(birth_date)에서 월만 잘라서(MONTH 함수) 저장하는 칼럼으로 정의된 것이다. 이 테이블에 값을 몇 개 복사해서 저장하고 SELECT해보자.

```
MariaDB> INSERT INTO tb_virtual_emp(emp_no, birth_date, first_name)
         SELECT emp_no, birth_date, first_name FROM employees;

MariaDB> SELECT * FROM tb_virtual_emp LIMIT 5;
+--------+------------+------------+-------------+
| emp_no | birth_date | first_name | birth_month |
+--------+------------+------------+-------------+
|  10001 | 1953-09-02 | Georgi     |           9 |
|  10002 | 1964-06-02 | Bezalel    |           6 |
|  10003 | 1959-12-03 | Parto      |          12 |
|  10004 | 1954-05-01 | Chirstian  |           5 |
|  10005 | 1955-01-21 | Kyoichi    |           1 |
+--------+------------+------------+-------------+
```

INSERT 문장에서는 birth_month 칼럼을 별도로 초기화하거나 값을 설정하지 않았지만 birth_month 칼럼의 값이 적절히 초기화되어 있다는 것을 확인할 수 있다.

이제 가상 칼럼의 특성을 몇 가지 살펴보자. 먼저 MariaDB의 가상 칼럼은 다음과 같은 제약 사항을 가지고 있다.

- 가상 칼럼의 표현식은 252문자 이내로 정의되어야 한다.
- 서브 쿼리와 같이 외부 테이블의 데이터를 참조하는 표현식은 사용 불가능하다.
- 사용자 정의 함수(UDF)와 스토어드 함수 그리고 NOT-DETERMINISTIC 함수(내장 함수 포함)를 이용하는 표현식은 사용 불가능하다.
- 상수 표현식은 가상 칼럼의 표현식으로 사용될 수 없다.
- 가상 칼럼의 표현식에 다른 가상 칼럼은 사용될 수 없다.

그리고 가상 칼럼은 다음 중 하나로 정의될 수 있다.

VIRTUAL

VIRTUAL 가상 칼럼은 이 기능을 지원하는 스토리지 엔진에서만 사용 가능하다. 현재 MariaDB에서 VIRTUAL 가상 칼럼을 지원하는 스토리지 엔진은 InnoDB와 Aria 그리고 MyISAM과 CONNECT 스토리지 엔진이다. VIRTUAL 가상 칼럼은 실제 스토리지에 값을 저장하는 것이 아니라 접근할 때마다 그때그때 값이 계산되기 때문에 인덱스를 생성할 수 없다. 또한 VIRTUAL 가상 칼럼은 SELECT 쿼리에서 접근하지 않으면 실제 내부적으로 계산하는 과정도 수행되지 않는다. 그리고 ALTER TABLE MODIFY나 CHANGE와 같이 칼럼의 정의를 변경하는 DDL은 사용될 수 없다.

PERSISTENT

PERSISTENT 가상 칼럼은 MariaDB에서 지원하는 스토리지 엔진에서는 모두 사용 가능하다. 또한 PERSISTENT 가상 칼럼은 실제 스토리지 엔진에서 하나의 칼럼으로 관리가 되기 때문에 프라이머리 키나 인덱스를 생성할 수 있다. ALTER TABLE MODIFY나 CHANGE와 같은 DDL 문장으로 칼럼의 정의를 변경할 수 있다.

마지막으로 VIRTUAL이나 PERSISTENT 가상 칼럼 둘 모두 INSERT된 이후 값을 변경하는 것은 불가하다. 다음 예제에서는 가상 칼럼인 birth_month의 값을 1로 변경하려고 하지만 경고 메시지만 발생하고 실제 레코드의 칼럼이 변경되지는 않았다. 이렇게 가상 칼럼을 변경하고자 하는 경우에는 경고 메시지(1906, The value specified for computed column 'birth_month' in table 'tb_virtual_emp' ignored)가 발생하게 된다.

```
MariaDB> SELECT * FROM tb_virtual_emp WHERE emp_no=10001;
+--------+------------+------------+-------------+
| emp_no | birth_date | first_name | birth_month |
+--------+------------+------------+-------------+
|  10001 | 1953-09-02 | Georgi     |           9 |
+--------+------------+------------+-------------+

MariaDB> UPDATE tb_virtual_emp SET birth_month=1 WHERE emp_no=10001;
Query OK, 0 rows affected, 1 warning (0.02 sec)
Rows matched: 1  Changed: 0  Warnings: 1

MariaDB> SELECT * FROM tb_virtual_emp WHERE emp_no=10001;
+--------+------------+------------+-------------+
| emp_no | birth_date | first_name | birth_month |
+--------+------------+------------+-------------+
|  10001 | 1953-09-02 | Georgi     |           9 |
+--------+------------+------------+-------------+
```

7.3.7 동적(Dynamic) 칼럼

MariaDB 서버 5.3 버전부터는 NoSQL 형태의 데이터 저장 및 접근을 위해서 동적 칼럼 기능을 제공하고 있다. 동적 칼럼은 하나의 대용량 칼럼을 정의하고, 그 칼럼에 여러 개의 임의 칼럼을 정의해서 사용할 수 있는 기능이다. 즉 MariaDB 서버에서 물리적으로는 하나의 칼럼만 가지지만 그 물리 칼럼에 여러 개의 논리적인 칼럼을 동시에 사용할 수 있는 것이다. 간단하게 먼저 예제로 동적 칼럼의 사용법을 살펴보자.

```
MariaDB> CREATE TABLE tb_dynamic_emp (
  emp_no INT NOT NULL,
  dyna_cols BLOB,
  PRIMARY KEY(emp_no)
);

MariaDB>INSERT INTO tb_dynamic_emp (emp_no, dyna_cols)
        VALUES (10001,
          COLUMN_CREATE('birth_date','1953-09-02',
                        'first_name','Georgi',
                        'last_name','Facello',
                        'gender','M',
                        'hire_date','1986-06-26')
);

MariaDB> SELECT * FROM tb_dynamic_emp\G
*************************** 1. row ***************************
   emp_no: 10001
dyna_cols:   ,     # ?S" genderhire_datelast_namebirth_datefirst_name!M!1986-06-26!Facello!1953-
09-02!Georgi
```

위의 예제는 employees 테이블에서 프라이머리 키인 emp_no만 제외하고 나머지 칼럼의 값을 모두 dyna_cols에 NoSQL과 같이 Key/Value 쌍으로 저장하고 있다. 그리고 아무런 유틸리티 함수 없이 tb_dynamic_emp 테이블을 조회해보면 dyna_cols 칼럼은 값이 깨어져서 보여진다. 즉 COLUMN_CREATE( ) 함수는 이진 데이터를 만들어서 저장한다는 것을 알 수 있다. 그래서 동적 칼럼으로 사용될 물리 칼럼의 타입은 반드시 이진 타입인 VARBINARY나 BLOB 타입만 사용 가능하다. 만약 동적 칼럼으로 사용될 물리 칼럼을 VARCHAR나 TEXT로 정의하면 INSERT나 UPDATE시에 다음과 같은 에러가 발생한다.

```
Error Code : 1366
Message : Incorrect string value: '\xD3\x00\x18\x00S\x01...' for column 'dyna_cols' at row 1
```

동적 칼럼을 저장하거나 변경 또는 삭제할 때 항상 유틸리티 함수들을 함께 사용해야 한다. MariaDB
에서 제공하는 동적 칼럼의 값을 핸들링하는 유틸리티 함수로는 다음과 같은 것들이 제공된다.

COLUMN_CREATE

COLUMN_CREATE 함수는 동적 칼럼을 초기화하면서 값을 저장할 때 사용되는데, 여러 개의 "칼럼명"과 "칼럼값"의
쌍을 인자로 사용한다. 즉 COLUMN_CREATE 함수는 다음 예와 같이 항상 칼럼명과 값의 쌍으로 인자를 필요로 하므
로 짝수 개의 인자를 필요로 한다. 또한 칼럼의 값은 단순히 문자열로 저장할 수도 있지만 "AS DATE"와 같이 타입을
명시해서 저장할 수도 있다.

```
COLUMN_CREATE('column_name1', 'column_value1', 'column_name2', 'column_value2' AS TYPE, ..)
```

COLUMN_ADD

이미 값을 가지고 있는 물리 동적 칼럼에 새로운 논리 동적 칼럼을 저장할 때 사용되는 함수이다. COLUMN_ADD 함
수는 COLUMN_CREATE 함수와 비슷하게 인자를 필요로 하지만 맨 먼저 물리 동적 칼럼의 이름을 명시해야 한다.

```
COLUMN_ADD(dyna_cols, 'column_name3', 'column_value3', ...);
```

COLUMN_GET

물리 동적 칼럼에서 논리 칼럼의 값을 가져오는 유틸리티 함수이다. 이 함수는 두 개의 인자를 필요로 하며, 항상 하나
의 논리 칼럼 값을 리턴한다.

```
COLUMN_GET(dyna_cols, 'column_name1' AS DATE)
```

COLUMN_GET 함수로 논리 칼럼의 값을 가져올 때는 항상 타입을 명시해야 한다. 이때 명시할 수 있는 타입은 다음과
같다.

- BINARY[(N)]
- CHAR[(N)]
- DATE
- DATETIME[(D)]
- DECIMAL[(M[,D])]
- DOUBLE[(M,D)]
- INTEGER

- SIGNED [INTEGER]
- TIME[(D)]
- UNSIGNED [INTEGER]

COLUMN_DELETE

논리 동적 칼럼을 삭제한다. COLUMN_DELETE 함수는 한 번에 여러 개의 논리 칼럼을 삭제할 수 있다.

```
COLUMN_DELETE(dyna_cols, 'column_name1', 'column_name2', ...)
```

COLUMN_EXISTS

지정된 이름의 논리 동적 칼럼이 존재하는지 체크한다. 한 번에 하나의 논리 칼럼 존재 여부만 확인할 수 있다.

```
COLUMN_EXISTS(dyna_cols, 'column_name1')
```

COLUMN_LIST

물리 동적 칼럼이 가지고 있는 모든 논리 동적 칼럼의 이름만 반환하는 유틸리티 함수이다.

```
COLUMN_LIST(dyna_cols)
```

COLUMN_CHECK

물리 동적 칼럼이 가지고 있는 값이 오류 없이 정상적으로 패키징되어 있는지 검사하는 유틸리티 함수이다. 이 함수가 1을 리턴하면 정상적으로 논리 칼럼들이 패키징되어 있는 것이며, 0을 리턴하면 값에 오류가 있는 것이다.

```
COLUMN_CHECK(dyna_cols)
```

COLUMN_JSON

물리 동적 칼럼이 가지고 있는 모든 논리 동적 칼럼들의 이름과 값을 JSON 포맷으로 반환한다. MariaDB의 동적 칼럼은 중첩되어서 사용될 수도 있는데, COLUMN_JSON 함수는 이렇게 중첩된 동적 칼럼에 대해서는 10 단계까지만 디코딩해서 가져온다.

```
COLUMN_JSON(dyna_cols)
```

위에서 살펴본 동적 칼럼에 접근하는 유틸리티 함수들의 간단한 예제를 하나씩 살펴보자.

```
MariaDB> UPDATE tb_dynamic_emp SET dyna_cols=COLUMN_ADD(dyna_cols, 'country','Korea');
Query OK, 1 row affected (0.05 sec)
```

```
Rows matched: 1  Changed: 1  Warnings: 0

MariaDB> SELECT emp_no, COLUMN_GET(dyna_cols, 'country' as CHAR) as v_country
        FROM tb_dynamic_emp;
+--------+-----------+
| emp_no | v_country |
+--------+-----------+
|  10001 | Korea     |
+--------+-----------+

MariaDB> UPDATE tb_dynamic_emp SET dyna_cols=COLUMN_DELETE(dyna_cols, 'country');
Query OK, 1 row affected (0.08 sec)
Rows matched: 1  Changed: 1  Warnings: 0

MariaDB> SELECT emp_no, COLUMN_EXISTS(dyna_cols, 'country') as existence FROM tb_dynamic_emp;
+--------+-----------+
| emp_no | existence |
+--------+-----------+
|  10001 |         0 |
+--------+-----------+

MariaDB> SELECT emp_no, COLUMN_LIST(dyna_cols) as col_list FROM tb_dynamic_emp;
+--------+--------------------------------------------------------+
| emp_no | col_list                                               |
+--------+--------------------------------------------------------+
|  10001 | 'gender','hire_date','last_name','birth_date','first_name' |
+--------+--------------------------------------------------------+

MariaDB> SELECT emp_no, COLUMN_CHECK(dyna_cols) as is_valid FROM tb_dynamic_emp;
+--------+----------+
| emp_no | is_valid |
+--------+----------+
|  10001 |        1 |
+--------+----------+

MariaDB> SELECT emp_no, COLUMN_JSON(dyna_cols) as is_valid FROM tb_dynamic_emp\G
*************************** 1. row ***************************
  emp_no: 10001
is_valid: {"gender":"M","hire_date":"1986-06-26","last_name":"Facello","birth_date":"1953-09-
02","first_name":"Georgi"}
```

MariaDB의 동적 칼럼은 두 가지 제약 사항을 가진다.

- 하나의 물리 동적 칼럼에 저장될 수 있는 논리 칼럼은 최대 65535개이다.

- 물리 동적 칼럼은 max_allowed_packet 시스템 변수에 설정된 바이트 수만큼의 값만 저장할 수 있다.

7.4 파티션 〔 MariaDB 〕 〔 MySQL 〕

MySQL 5.6과 MariaDB 10.0에서 파티션 기능은 사실 큰 변화가 없다. 파티션 테이블의 성능이나 파티션 테이블이 가지는 수많은 제약 사항도 개선되거나 변경된 것은 별로 없다. 그나마 MySQL 5.6과 MariaDB 10.0에서 파티션 테이블의 사용에 있어서 개선된 것은 파티션의 최대 개수가 1024개에서 8192개로 확장되었다는 것이다. 그리고 밑에서 자세히 살펴볼 명시적 파티션 지정과 파티션 테이블의 임포트와 익스포트 기능이 추가된 정도이다.

7.4.1 명시적 파티션 지정

MySQL 5.6과 MariaDB 10.0에서는 SQL 문장에서 사용할 대상 파티션을 직접적으로 명시할 수 있는 기능이 추가되었다. 다음 나열된 SQL 문장에서는 사용할 파티션을 직접 명시할 수 있도록 문법이 추가된 것이다.

- SELECT
- DELETE
- INSERT
- REPLACE
- UPDATE
- LOAD DATA
- LOAD XML

MySQL 5.5나 MariaDB 5.5 버전에서는 옵티마이저가 자동으로 필요한 파티션만 골라 내는 파티션 프루닝 기능은 SELECT 쿼리에서만 작동하지만 명시적 파티션 지정 기능은 대부분의 DML 문장과 SELECT 쿼리 문장에서 모두 사용할 수 있게 된 것이다. 명시적 파티션 지정 기능을 사용하기 위해서는 PARTITION(partition_name1, partition_name2, ...) 절을 FROM 절의 테이블 뒤에 사용해야 한다. 이때 PARTITION 절은 항상 그 파티션이 속한 테이블의 이름 뒤에 명시해야 한다. 만약 PARITION

절에 명시된 이름의 파티션이 존재하지 않는다면 MariaDB 서버는 "partition 'partition_name1' doesn't exist"라는 에러를 발생하게 된다.

7.4.1.1 명시적 파티션 지정 사용법

명시적 파티션 지정을 사용하는 방법을 간단히 예제로 살펴보자.

```
MariaDB> CREATE TABLE tb_partition_employees(
  emp_no int NOT NULL,
  birth_date date NOT NULL,
  first_name varchar(14) NOT NULL,
  last_name varchar(16) NOT NULL,
  gender enum('M','F') NOT NULL,
  hire_date date NOT NULL
) ENGINE=InnoDB
PARTITION BY RANGE COLUMNS(hire_date)(
  PARTITION p0 VALUES LESS THAN ('1990-01-01'),
  PARTITION p1 VALUES LESS THAN ('2000-01-01'),
  PARTITION p2 VALUES LESS THAN ('2010-01-01')
);


MariaDB> INSERT INTO tb_partition_employees SELECT * FROM employees;
Query OK, 300024 rows affected (6.73 sec)
Records: 300024  Duplicates: 0  Warnings: 0

MariaDB> SELECT COUNT(*) FROM tb_partition_employees;
+----------+
| COUNT(*) |
+----------+
|   300024 |
+----------+

MariaDB> SELECT COUNT(*) FROM tb_partition_employees PARTITION(p0);
+----------+
| COUNT(*) |
+----------+
|   164797 |
+----------+

MariaDB> SELECT COUNT(*) FROM tb_partition_employees PARTITION(p1, p2);
```

```
+----------+
| COUNT(*) |
+----------+
|   135227 |
+----------+          .
```

위 예제에서 employees 테이블은 사원의 입사 일자를 기준으로 레인지 파티션을 적용한 테이블
인데, 각 파티션은 지정된 10년 동안 입사한 사원의 정보를 가지게 된다. 그리고 employees 테이
블의 데이터 300024건을 모두 복사했다. 그리고 아무런 WHERE 조건 없이 "PARTITION(p0)"와
"PARTITION(p1)"으로 SELECT할 파티션을 직접적으로 명시만해서 쿼리를 실행했더니, 해당 파티션
의 레코드만 조회된 것을 확인할 수 있다.

명시적인 파티션 지정 기능을 사용할 때 SELECT와 DELETE 그리고 UPDATE를 제외한 나머지 SQL
에서는 저장되는 레코드가 명시된 파티션의 파티셔닝 기준에 맞지 않을 경우에는 다음과 같이 에러가
발생한다. 물론 SELECT와 DELETE 그리고 UPDATE는 명시된 파티션에서만 데이터를 찾기 때문에
일치하는 레코드가 없다고만 결과를 반환할 것이다.

```
MariaDB> INSERT INTO tb_partition_employees PARTITION(p0)
           VALUES (1, '1984-01-12', 'Matt', 'Lee', 'M', '2009-01-01');
ERROR 1748 (HY000): Found a row not matching the given partition set

MariaDB> SELECT * FROM tb_partition_employees WHERE emp_no=10001;
+--------+------------+------------+-----------+--------+------------+
| emp_no | birth_date | first_name | last_name | gender | hire_date  |
+--------+------------+------------+-----------+--------+------------+
|  10001 | 1953-09-02 | Georgi     | Facello   | M      | 1986-06-26 |
+--------+------------+------------+-----------+--------+------------+

MariaDB> SELECT * FROM tb_partition_employees PARTITION(p2) WHERE emp_no=10001;
Empty set (0.00 sec)

MariaDB> UPDATE tb_partition_employees PARTITION(p2) SET gender='F' WHERE emp_no=10001;
Query OK, 0 rows affected (0.01 sec)
Rows matched: 0  Changed: 0  Warnings: 0

MariaDB> UPDATE tb_partition_employees PARTITION(p0) SET gender='F' WHERE emp_no=10001;
Query OK, 1 row affected (0.16 sec)
Rows matched: 1  Changed: 1  Warnings: 0
```

위의 첫 번째 INSERT 문장에서는 p0 파티션(hire_date가 '1990-01-01'보다 작은 레코드가 저장된 파티션)을 명시적으로 지정하면서 hire_date는 '2009-01-01'을 저장하려 하고 있다. 즉 지정된 파티션과 저장되는 데이터가 서로 맞지 않는 경우인데, 이때에는 "Found a row not matching the given partition set" 에러가 발생한 것을 확인할 수 있다. 두 번째 SELECT 쿼리에서는 별도로 파티션을 지정하지 않고 emp_no=10001인 사원을 조회했기 때문에 원하는 결과를 조회할 수 있었다. 세 번째 SELECT 쿼리에서는 p2 파티션에서 emp_no=10001인 사원을 검색하고 있다. 하지만 실제 사원 번호가 10001인 사원은 p0 파티션에 저장되어 있기 때문에 "Empty set"이라고 결과가 반환된 것이다. 네 번째 쿼리의 UPDATE 문장에서도 SELECT와 동일하게 파티션이 잘못 지정된 경우에는 해당 레코드를 찾지 못해서 대상 레코드를 업데이트하지 못한 것을 확인할 수 있다.

파티션을 명시적으로 지정하는 SQL 문장에서 먼저 레코드를 찾아야 하는 SQL(SELECT, UPDATE, DELETE)은 모두 에러는 발생하지 않지만 원하는 작업은 수행되지 않는다는 것을 확인했다. 그리고 레코드를 INSERT해야 하는 쿼리에서는 모두 적절한 파티션이 지정되지 않으면 SQL 자체가 실패한다는 것도 확인했다. REPLACE 문장도 결국 INSERT를 수행해야 하기 때문에 에러가 발생하는 것이다.

7.4.1.2 명시적 파티션 지정 기능의 용도

명시적인 파티션 지정 기능은 옵티마이저가 파티션 프루닝을 제대로 처리하지 못할 때 명시적으로 사용할 파티션을 지정해 주는 용도로 사용할 수 있다. 하지만 실제 지금까지 옵티마이저가 파티션 프루닝을 제대로 최적화하지 못하는 경우를 저자는 경험한 적이 없다. 명시적 파티션 지정 기능의 또 다른 용도로는 WHERE 조건 절에 함수가 사용된 경우를 생각해 볼 수 있다. 실제 SQL 문장으로 한번 살펴보자.

```
-- // WHERE 조건 절에 사용할 함수 생성
CREATE FUNCTION getDate ( )
  RETURNS DATE
  NOT DETERMINISTIC
BEGIN
  RETURN '2000-01-02';
END;;

MariaDB> EXPLAIN PARTITIONS
        SELECT * FROM tb_partition_employees WHERE hire_date=getDate( )\G
*********************** 1. row ***********************
```

```
              id: 1
     select_type: SIMPLE
           table: tb_partition_employees
      partitions: p0,p1,p2
            type: ALL
   possible_keys: NULL
             key: NULL
         key_len: NULL
             ref: NULL
            rows: 3
           Extra: Using where

MariaDB> EXPLAIN PARTITIONS
        SELECT * FROM tb_partition_employees PARTITION(p2) WHERE hire_date=getDate( )\G
*************************** 1. row ***************************
              id: 1
     select_type: SIMPLE
           table: tb_partition_employees
      partitions: p2
            type: ALL
   possible_keys: NULL
             key: NULL
         key_len: NULL
             ref: NULL
            rows: 2
           Extra: Using where
```

위의 예제에서 두 개의 SELECT 쿼리는 getDate( )라는 함수를 WHERE 조건 절에서 사용하고 있는
데, 여기에서 getDate( ) 함수는 "NOT DETERMINISTIC"으로 정의되었다는 것에 주의하자. 만약
getDate( ) 함수가 DETERMINISTIC으로 생성되었다면 명시적 파티션 지정을 사용하지 않은 첫 번째
SELECT 쿼리도 p2 파티션만 사용하는 형태로 적절히 파티션 프루닝이 되었을 것이다. 하지만 여기에
서는 getDate( ) 함수가 DETERMINISTIC이 아니어서 옵티마이저는 getDate( ) 함수의 결과를 예측
할 수 없게 된다. 그래서 첫 번째 SELECT 쿼리는 모든 파티션을 검색할 수밖에 없는 것이다. 이때 두
번째 쿼리에서는 PARTITION(p2) 파티션만 사용하도록 명시적으로 지정했으므로 옵티마이저는 p2
파티션만 검색하도록 쿼리를 최적화한 것이다.

7.4.2 파티션 테이블 스페이스 교체(Exchange)

MySQL 5.6과 MariaDB 10.0에서는 파티션의 테이블 스페이스를 교체(Exchange)하는 기능도 추가
되었다. 여기서 교체는 두 개의 테이블 스페이스를 스와핑(Swapping)하는 것을 의미한다. 파티션 테
이블 스페이스 교체는 파티션의 테이블 스페이스와 파티션되지 않은 단일 테이블의 테이블 스페이스를
스와핑하는 형태로 진행된다. 우선 테이블 스페이스 교체가 실행되기 위한 조건을 몇 가지 살펴보자.

- 파티션 테이블과 테이블 스페이스를 스와핑할 테이블의 구조는 같아야 한다.
- 스와핑될 테이블 스페이스를 가진 테이블은 임시 테이블이 아니어야 한다.
- 스와핑될 테이블은 해당 파티션의 기준 칼럼 조건(파티션 범위)을 만족해야 한다.
- 스와핑되는 두 테이블은 다른 테이블과의 참조 관계(Foreign Key)가 없어야 한다.
- 해당 테이블에 대해서 ALTER와 INSERT 그리고 CREATE와 DROP 권한을 가지고 있어야 한다.

그리고 테이블 스페이스 스와핑이 실행될 때 기존 테이블들의 트리거는 호출되지 않으며,
AutoIncrement 칼럼이 있었다면 스와핑이 완료된 후 AutoIncrement 값은 다시 초기화된다. 여기에
서 초기화란 다시 1부터 시작된다는 의미가 아니라 테이블의 최댓값에서부터 시작하도록 재설정된다는
것을 의미한다. 즉 AutoIncrement 값이 100이고 테이블의 AutoIncrement 칼럼이 가진 가장 큰 값
이 90이었다면 스와핑이 완료되고 나면 다음 AutoIncrement는 101이 되는 것이 아니라 91이 된다는
것을 의미한다.

별로 쓸모가 없을 것 같은 기능이지만 사실 데이터 웨어하우스 시스템에서는 대용량의 데이터를 이
동해야 할 요건이 많이 있다. 뿐만 아니라 온라인 트랜잭션을 서비스하는 OLTP용 서버에서도 점
검이나 관리 작업을 위해서 자주 필요한 기능이다. 또한 이 기능은 "6.3.1.7 테이블 스페이스 복사
(Transportable tablespace)" 기능과 결합해서 파티션 테이블의 테이블 스페이스를 다른 MySQL 서
버나 MariaDB 서버로 복사하는 것이 가능하다. 이미 살펴보았던 "테이블 스페이스 복사" 기능은 파티

션되지 않은 테이블에서만 사용 가능한 기능이므로 파티션의 테이블 스페이스를 복사할 수 있는 기능은 없는 것이다. 그런데 파티션 테이블 스페이스 스와핑 기능을 이용하면 파티션의 테이블 스페이스를 단일 테이블로 변환한 다음 그 단일 테이블의 테이블 스페이스를 복사할 수 있는 것이다.

이제 파티션 테이블 스페이스의 스왑에 대한 간단한 예제를 한번 살펴보자. 우선 테이블 스페이스를 스와핑할 파티션 테이블과 별도의 임의 테이블을 하나 준비하도록 하자.

```
-- // 파티션 테이블 생성
MariaDB> CREATE TABLE tb_partition_employees(
  emp_no int NOT NULL,
  birth_date date NOT NULL,
  first_name varchar(14) NOT NULL,
  last_name varchar(16) NOT NULL,
  gender enum('M','F') NOT NULL,
  hire_date date NOT NULL
) ENGINE=InnoDB
PARTITION BY RANGE COLUMNS(hire_date)(
  PARTITION p0 VALUES LESS THAN ('1990-01-01'),
  PARTITION p1 VALUES LESS THAN ('2000-01-01'),
  PARTITION p2 VALUES LESS THAN ('2010-01-01')
);

-- // tb_partition_employees 테이블에 employees 테이블의 데이터를 예제로 복사
MariaDB> INSERT INTO tb_partition_employees SELECT * FROM employees;

-- // 스와핑에 사용할 예제 테이블 생성
MariaDB> CREATE TABLE tb_swap(
  emp_no int NOT NULL,
  birth_date date NOT NULL,
  first_name varchar(14) NOT NULL,
  last_name varchar(16) NOT NULL,
  gender enum('M','F') NOT NULL,
  hire_date date NOT NULL
) ENGINE=InnoDB;

MariaDB> INSERT INTO tb_swap VALUES (1, '1985-01-12', 'Matt', 'Lee', 'M', '1989-10-10');
```

tb_swap 테이블에 INSERT된 예제 레코드 한 건은 hire_date가 '1989-10-10'이므로 이 레코드는 tb_partition_employees 파티션 테이블의 p0 파티션에 속하는 데이터이다. 테이블 스페이스를 스와핑하기 전에 tb_partition_employees 테이블의 p0 파티션에 저장된 레코드의 건수와 tb_swap 테이블의 레코드 건수를 먼저 확인해보자.

```
MariaDB> SELECT COUNT(*) FROM tb_partition_employees PARTITION(p0);
+----------+
| COUNT(*) |
+----------+
|   164797 |
+----------+

MariaDB> SELECT COUNT(*) FROM tb_swap;
+----------+
| COUNT(*) |
+----------+
|        1 |
+----------+
```

이제 tb_partition_employees 테이블의 p0 파티션의 테이블 스페이스와 tb_swap 테이블의 테이블 스페이스를 서로 교체해 보자.

```
MariaDB> ALTER TABLE tb_partition_employees EXCHANGE PARTITION p0 WITH TABLE tb_swap;
Query OK, 0 rows affected (0.46 sec)
```

테이블 스페이스의 스와핑이 아무런 문제없이 완료되었다. 대략 시간은 0.46초 정도가 소요되었는데, 이 과정에서는 tb_partition_employees 테이블과 tb_swap 테이블에는 메타 데이터 잠금이 걸리기 때문에 INSERT나 UPDATE와 같은 DML 작업은 블로킹된다. 물론 테이블 스페이스 스와핑 과정이 실제 테이블의 레코드를 물리적으로 복사하는 것이 아니므로 아주 빠르게 처리되기는 할 것이다. 하지만 쿼리가 빈번하게 실행되는 테이블에서는 테이블 스페이스 스와핑을 주의해서 실행하도록 하자.

이제 스와핑된 결과를 확인해 보기 위해서 먼저 실행해 보았던 레코드 건수를 체크하는 쿼리를 다시 실행해 보자.

```
MariaDB> SELECT COUNT(*) FROM tb_partition_employees PARTITION(p0);
+----------+
| COUNT(*) |
+----------+
|        1 |
+----------+

MariaDB> SELECT COUNT(*) FROM tb_swap;
+----------+
| COUNT(*) |
+----------+
|   164797 |
+----------+
```

tb_partition_employees 테이블의 p0 파티션과 tb_swap 테이블의 레코드 건수가 스와핑 이전의 결과와 거꾸로인 것을 확인할 수 있다. 실제 테이블 스페이스가 바뀌었기 때문에 각 테이블의 레코드도 바뀐 것이다. 만약 테이블이 가진 레코드가 스와핑되는 파티션의 파티션 규칙(파티션의 범위)에 맞지 않을 경우에는 다음과 같은 에러가 발생하면서 작업이 실패하게 되므로 주의하도록 하자.

```
MariaDB> ALTER TABLE tb_partition_employees EXCHANGE PARTITION p1 WITH TABLE tb_swap;
ERROR 1737 (HY000): Found a row that does not match the partition
```

7.5 백업   MariaDB   MySQL

RDBMS에서 백업은 매우 중요하다. 복제를 통해서 똑같은 데이터가 마스터와 슬레이브에 각각 존재한다 하더라도 여전히 백업은 필수적이라고 볼 수 있다. 백업은 시스템 장애뿐만 아니라 사용자의 실수로 인한 데이터 삭제도 복구를 할 수 있어야 하기 때문이다. MySQL 5.0과 5.1 버전이 많이 사용되던 2012년까지는 mysqldump라는 논리적인 데이터 덤프 도구가 MySQL 서버의 유일한 무료 백업 도구였다. 물론 리눅스의 LVM(Logical Volume Manager)이나 DRBD와 같은 디스크 블록 복제를 통해서 물리 파일 백업을 수행할 수 있었지만 LVM과 DRBD는 성능이나 안정성 면에서 MySQL 서버와 같이 사용하기에는 조금 무리가 있었다.

mysqldump를 사용해 본 사람이면 누구나 알고 있겠지만 mysqldump로 대용량의 데이터 파일을 백업받는 것은 상당히 많은 문제점들을 내포하고 있었다. 백업 자체가 논리적인 백업이어서 MySQL 서버의 성능에도 많은 영향을 미쳤으며, 시간도 적지 않게 걸린다. 하지만 mysqldump 백업의 가장 큰 문제는 복구 과정에 있다. 100GB 데이터 파일을 mysqldump로 백업했다가 다시 복구해 본 사람이라면 그 고통을 잘 알고 있을 것이다. 지금 당장 서비스가 장애 상태인데, 10시간 12시간을 백업 복구로 시간을 낭비하고 있다는 것은 정말 안타까운 상황일 것이다.

이 모든 문제점을 해결해 준 것이 바로 Percona에서 만든 XtraBackup이라는 백업 도구이다. 오라클의 엔터프라이즈 백업과 Percona의 XtraBackup를 비교해 본다면 단연코 XtraBackup을 추천할 것이다. XtraBackup이 무료 소프트웨어이기 때문이 아니다. XtraBackup 은 오라클의 엔터프라이즈 백업이 가진 기능보다 더 많은 기능을 가지고 있을 뿐만 아니라 관리자가 고려하지 못하는 많은 문제점들까지 설정으로 조절할 수 있도록 배려한 훌륭한 도구이다. 긴 시간 동안 많은 시스템을 운영하고 컨설팅한 회사의 섬세함이 그대로 녹아 있다. XtraBackup은 MariaDB나 Percona의 PerconaServer에서만 백업을 수행할 수 있는 것이 아니다. 오라클의 MySQL 커뮤니티나 엔터프라이즈 버전의 백업까지 모두 수행할 수 있다.

그리고 한 가지 더 반가운 것은 MySQL 5.6과 MariaDB 10.0 버전부터는 원격 서버에서 바이너리 로그를 백업할 수있는 기능이 추가되었다는 것이다. 바이너리 로그는 복제를 위해서 사용되기도 하지만 PIT(Point In Time) 복구를 위해서도 사용될 수 있다. 여기에서는 MySQL 5.6과 MariaDB 10.0에서 새로 추가된 바이너리 로그 백업 방법과 XtraBackup의 기능을 상세히 살펴보도록 하겠다.

7.5.1 바이너리 로그 원격 백업

단순히 로컬 서버에서 바이너리 로그 파일을 백업하는 것은 그다지 어렵지 않지만 안전을 위해서 백업은 원격 서버에 보존되어야 하기 때문에 바이너리 로그 백업은 로컬 서버에서 복사해서 원격 서버로 보내는 과정을 거쳐야 한다. 이 과정은 사실 어려운 기술이 필요한 것은 아니지만 중간 중간 문제나 에러를 유발할 만한 요소들이 많이 포함되어 있다. 그래서 바이너리 로그 파일의 백업은 기능을 구현했다가도 제대로 운영이 되지 않는 경우가 많았다.

MySQL 5.6이나 MariaDB 10.0 버전부터는 mysqlbinlog 유틸리티 프로그램에 원격 서버의 바이너리 로그를 로컬 컴퓨터로 실시간으로 복사해올 수 있는 기능이 추가되었다. mysqlbinlog 유틸리티는 이진 형태로 저장된 바이너리 로그 파일을 텍스트 파일로 디코딩해서 사람이 읽을 수 있도록 해주거나 MySQL 서버에서 바이너리 로그 파일의 내용을 재실행할 수 있도록 해주는 유틸리티였다. MySQL

5.6이나 MariaDB 10.0 버전부터는 mysqlbinlog의 원래 기능에 추가로 원격 서버의 바이너리 로그 백업 기능이 추가된 것이다. MySQL 5.6 버전부터는 레플리케이션 API가 공개되었다. mysqlbinlog 의 실시간 바이너리 로그 백업 기능은 원격 서버의 파일을 복사해오는 것이 아니라 MySQL 5.6의 레플리케이션 API를 이용해서 실시간으로 바이너리 로그 이벤트를 가져오는 방식으로 실행된다. 실제 mysqlbinlog의 바이너리 로그 백업 기능이 하나의 MySQL 슬레이브로 실행되는 것처럼 작동한다는 것이다. 그래서 mysqlbinlog의 바이너리 로그 백업을 사용하기 위해서 별도로 원격 서버의 SSH나 운영체제 수준의 사용자 계정을 필요로 하지 않는다.

이제 바이너리 로그 백업을 수행하기 위해서 mysqlbinlog가 필요로 하는 옵션들을 한번 살펴보자.

──read─from─remote─server

이 옵션이 mysqlbinlog 유틸리티가 원격 서버의 바이너리 로그를 백업하도록 하는 핵심 옵션이다. 이 옵션이 명시되지 않으면 mysqlbinlog는 예전과 같이 로컬 디스크에 있는 바이너리 로그를 찾아서 텍스트 파일로 변환하는 작업만 수행할 것이다. mysqlbinlog 유틸리티가 ──read─from─remote─server 옵션과 함께 실행될 때에는 반드시 원격 서버에 접속할 때 필요한 정보인 ──host와 ──user 그리고 ──password와 ──port 옵션이 함께 사용되어야 한다.

──raw

이 옵션이 사용되면 mysqlbinlog 유틸리티는 가져온 이진 형태의 바이너리 로그를 그대로 디스크로 기록한다. 만약 이 옵션이 없으면 mysqlbinlog 유틸리티는 텍스트 형태로 변환된 바이너리 로그를 생성할 것이다.

──stop─never

mysqlbinlog 유틸리티를 사용해서 원격 서버에서 지정된 몇 개의 바이너리 로그만 가져올 수도 있고 지정된 바이너리 로그 파일부터 멈추지 않고 계속 생성되는 바이너리 로그 파일을 로컬 디스크로 저장하도록 할 수도 있다. ──stop─never 옵션이 사용되면 mysqlbinlog 유틸리티는 원격 서버가 종료되거나 커넥션이 끊어지지 않는 한 멈추지 않고 계속 원격 서버의 바이너리 로그를 복사한다.

──stop─never─slave─server─id=id

──stop─never 옵션이 사용되면 mysqlbinlog 유틸리티는 하나의 슬레이브처럼 작동한다. MySQL 복제에서 항상 모든 서버는 고유한 server─id를 가져야 한다. 이때 mysqlbinlog가 어떤 server─id를 사용할지를 지정해주는 옵션이다. 특별히 명시되지 않으면 최댓값인 65535로 초기화된다.

──result─file

원격 서버로부터 가져온 바이너리 로그 파일을 저장한 파일 명의 접두어(Prefix)를 설정한다. 예를 들어서 원격 서버의 바이너리 로그 파일이 mysql─bin.0000020이고 ──result─file 옵션이 "/backup/copied─"로 설정되어 있다면 mysqlbinlog는 백업해온 바이너리 로그를 "/backup/copied─mysql─bin.000002"라는 파일명으로 저장할 것이다. 만약 파일명을 원격 서버와 동일하게 유지하려면 --result-file 옵션에 "/backup/"과 같이 디렉터리명만 설정해주면 된다. 디렉터리인 경우에는 반드시 마지막에 디렉터리 구분자인 "/"를 포함하도록 하자.

--to-last-log

이 옵션이 mysqlbinlog와 함께 사용되면 mysqlbinlog는 지정된 바이너리 로그 파일뿐만 아니라 그 이후에 발생한 모든 바이너리 로그를 가져오게 된다. 만약 몇 개의 바이너리 로그 파일만 지정해서 그 파일만 백업하려면 이 옵션이 명시되면 안 된다. 그리고 --stop-never옵션이 사용되면 자동으로 --to-last-log 옵션도 활성화된다.

mysqlbinlog의 원격 서버의 바이너리 로그 파일을 복사를 할 때 어떤 것들이 조절 가능한지를 살펴보았다. MySQL 슬레이브는 복제 연결이 끊어지면 자동으로 다시 접속을 시도하지만 mysqlbinlog의 바이너리 로그 백업 기능은 MySQL의 슬레이브와 마찬가지로 커넥션이 끊어지면 다시 연결해서 복사를 시도하지 않는다는 것이다. 만약 원격 서버에서 점검 작업을 하면서 MySQL 서버를 재시작 했다거나 점검을 위해서 마스터 MySQL에서 모든 커넥션을 끊었다면 mysqlbinlog는 더 이상 바이너리 로그 파일을 복사하지 않을 것이다. 이런 경우에도 mysqlbinlog의 원격 바이너리 로그 백업이 자동으로 실행되도록 하고 싶다면 간단한 스크립트의 도움이 필요하다.

```sh
#!/bin/sh

BACKUP_BIN=/mysql5.6/bin/mysqlbinlog
LOCAL_BACKUP_DIR=/backup/binlog/

REMOTE_HOST=192.168.0.1
REMOTE_PORT=3306
REMOTE_USER=replication_user
REMOTE_PASS=replication_pass

# time to wait before reconnecting after failure
SLEEP_SECONDS=10


## 필요 시 디렉터리 생성
mkdir -p ${LOCAL_BACKUP_DIR}
cd ${LOCAL_BACKUP_DIR}


## while 루프를 돌면서 커넥션이 끊어지면 일정 시간 대기후 재접속하도록 구현
WHILE :
```

```
DO
  LAST_FILE='ls -1 ${LOCAL_BACKUP_DIR} | grep -v orig | tail -n 1'
  TIMESTAMP='date +%s'
  FILE_SIZE=$(stat -c%s "$LASTFILE")

  IF [ ${FILE_SIZE} -gt 0 ]; THEN
    echo "완성되지 않은 백업 파일을 리네임합니다."
    mv ${LAST_FILE} ${LAST_FILE}.orig_${TIMESTAMP}
  FI

  touch ${LAST_FILE}
  echo "${LAST_FILE} 바이너리 로그 파일부터 백업 재개합니다."
  ${BACKUP_BIN} --raw --read-from-remote-server --stop-never --host ${REMOTE_HOST} \
      --port ${REMOTE_PORT} --user ${REMOTE_USER} --password ${REMOTE_PASS} ${LAST_FILE}

  echo ">> mysqlbinlog가 종료되었습니다. 리턴 코드 : $?"
  echo ">> ${SLEEP_SECONDS} 초 이후에 다시 재접속 및 백업 재개합니다."
  sleep ${SLEEP_SECONDS}
DONE
```

위의 스크립트는 while 루프를 돌면서 만약 커넥션이 끊어지면 지정된 시간(10초) 동안 잠깐 대기했다가 다시 원격 서버에 접속해서 끊어진 파일부터 다시 백업하도록 하는 간단한 프로그램이다. 물론 이스크립트로 충분하지 않을수도 있지만 나름의 핵심 기능은 다 포함하고 있으므로 이 스크립트를 이용해서 필요한 서비스에 맞게 적절하게 보완해서 사용할 수 있을 것이다.

> **주의** 물론 이미 별도로 스크립트나 프로그램을 만들어서 원격 서버의 바이너리 로그를 백업하고 있는 사용자도 있을 것이다. 한 가지 중요한 것은 MySQL 서버나 MariaDB 서버와 별개로 기동되는 스크립트나 프로그램의 경우에는 MySQL 서버가 지금 쓰고 있는 바이너리 로그 파일의 백업은 할 수가 없다. 그래서 항상 MySQL 서버가 다 쓰고 다음 파일로 스위칭되면 그때에서야 비로소 백업이 가능한 것이다. 서비스의 특성에 따라서 바이너리 로그 파일 하나를 다 쓰는 데 걸리는 시간은 하루나 이틀이 될 수도 있다. 즉 백업 주기가 매우 길어질 수 있다는 것이다.
>
> 하지만 mysqlbinlog 유틸리티는 직접 MySQL 서버에 접속해서 바이너리 로그 이벤트가 발생할 때마다 실시간으로 로그를 백업하는 기능이기 때문에 일반적인 복제와 같이 마스터에서 이벤트가 발생 후 아무리 길어도 0.5~1초 이내에 백업이 되는 것이다.
>
> 이 책이 쓰여지는 시점에서야 비로소 MySQL 5.6.15가 출시되었는데, 안정 버전이긴 하지만 사실 바로 MySQL 5.6으로 버전 업그레이드를 하기는 어려움이 있을 것이다. 하지만 이 기능은 서비스 중인 MySQL 서버나 MariaDB와는 별개의 서버에 설치되므로 이미 서비스 중인 MySQL 5.5나 MariaDB 5.5 서버의 바이너리 로그를 실시간으로 백업하기 위해서 MySQL 5.6.0이나 MariaDB 10.0의 mysqlbinlog 유틸리티만 사용할 수도 있다.

이렇게 실시간으로 백업된 바이너리 로그는 XtraBackup의 PIT(Point In Time) 복구에서도 사용할 수 있으므로 만약 아주 중요한 데이터를 보관하는 MySQL 서버라면 실시간 바이너리 로그 백업을 적용해두는 것을 고려하자.

7.5.2 XtraBackup 소개

XtraBackup은 Percona에서 개발해서 오픈소스로 배포하는 물리 수준의 백업 도구이다. XtraBackup은 MySQL 엔터프라이즈 라이선스에 포함된 엔터프라이즈 백업 도구에서 제공하는 모든 기능들을 제공하고 있으며, 추가적으로 관리상 더 유용한 기능들도 제공하고 있다. 또한 XtraBackup 도구는 PerconaServer의 데이터만 백업할 수 있는 것이 아니라 MariaDB와 MySQL 서버의 데이터도 모두 백업할 수 있다. XtraBackup 프로그램은 Percona 사이트(http://www.percona.com/software/percona-xtrabackup)에서 다운로드할 수 있다.

7.5.2.1 XtraBackup 패키지 구성

XtraBackup에는 백업을 시작시켜 주는 스크립트(Perl 스크립트)인 innobackupex와 실제 InnoDB 나 XtraDB의 백업을 수행하는 xtrabackup[2] 바이너리 프로그램 그리고 몇 개의 유틸리티 프로그램들로 구성되어 있다. 간단히 각 프로그램들의 사용 방법이나 역할을 살펴보자.

innobackupex

innobackupex는 펄로 작성된 스크립트인데, XtraBackup에서 다른 백업 유틸리티들을 호출해서 전체적인 백업을 관장하는 역할을 한다. 즉 실제 백업을 수행해 주는 프로그램들의 껍데기(Wrapper) 역할을 하는 것이다. 또한 innobackupex 스크립트는 InnoDB나 XtraDB 이외의 스토리지 엔진을 사용하는 테이블들에 대한 백업을 직접 수행하기도 한다. 그래서 실제 MySQL이나 MariaDB 서버에서 데이터를 백업할 때에는 항상 innobackupex 스크립트를 이용한다. innobackupex 스크립트는 상당히 많은 옵션들을 사용할 수 있는데, 이 책에서는 필수적인 것들만 언급하고 있으므로 만약 더 많은 기능이 필요하다면 매뉴얼을 한번 확인하도록 하자.

xtrabackup

xtrabackup 프로그램은 C로 작성되어서 컴파일된 프로그램으로, 각 운영체제 종류별로 호환성을 보장하지 않는다. InnoDB나 XtraDB 스토리지 엔진을 사용하는 테이블들의 실시간 백업을 담당하는 프로그램이며, 주로 InnoDB 나 XtraDB의 리두 로그를 수집해서 아카이빙하거나 데이터 파일의 복사를 처리한다. xtrabackup 명령은 --backup 과 --prepare 옵션을 필요로 하는데, 사실 일반적으로는 innobackupex가 필요한 옵션으로 구동해 주기 때문에 xtrabackup 프로그램의 사용법은 중요치 않다.

---

2 여기에서 대문자로 시작하는 "XtraBackup"은 백업 패키지 자체를 지칭하며, 소문자로 "xtrabackup"이라고 기록한 것은 XtraBackup 패키지 내에 있는 바이너리 프로그램의 이름을 지칭한 것이다.

xbstream

xbstream은 XtraBackup이 만들어 내는 백업을 스트림으로 만들어 주는 역할을 담당한다. 백업이 스트림으로 처리된 다는 것은 유닉스의 파이프("|") 명령으로 다른 제3의 응용 프로그램의 표준 입력으로 리다이렉션한다거나 또는 원격 서버로 전송하는 작업을 할 수 있게 되는 것이기 때문에 xbstream은 상당히 중요한 프로그램이다. xbstream 프로그램 에서 사용할 수 있는 옵션은 7.5.3.1절 "스트리밍 백업"에서 다시 살펴보도록 하겠다.

xbcrypt

xbstream 프로그램이 XtraBackup의 결과를 스트림으로 만들어서 xbcrypt 프로그램의 표준 입력으로 리다이렉션 해 주면 xbcrypt는 몇 개의 암호화 알고리즘 중 하나를 이용해서 암호화된 백업 파일을 만들어 내는 역할을 한다. xbcrypt 프로그램도 7.5.3.3절 "암호화"에서 자세히 살펴보도록 하겠다.

XtraBackup 패키지가 어떤 프로그램들로 구성되어 있는지 그리고 각 프로그램들이 어떤 역할들을 하 게 되는지 간단하게 살펴보았다.

7.5.2.2 XtraBackup의 원리

XtraBackup의 기본 원리는 InnoDB 스토리지 엔진의 자동 장애 복구(Crash-Recovery) 기능을 활 용한 것이다. 우선 나머지 스토리지 엔진은 배제하고, XtraBackup을 사용해서 InnoDB나 XtraDB 스 토리지 엔진 테이블을 백업하고 복구하는 과정을 잠깐 살펴보자. 다음 〈그림 7-8〉부터 〈그림7-10〉은 00:00에 백업을 시작했는데, 시작 직후와 중간 시점 그리고 마지막으로 백업 완료 시점의 백업 진행 상 황과 백업이 진행 중인 상태에서 MariaDB로 유입되는 INSERT와 UPDATE 그리고 DELETE 쿼리들 의 처리 상황을 시간 순서대로 표현한 것이다.

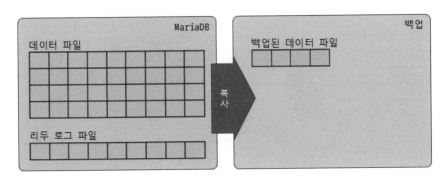

〈그림 7-8〉 백업이 시작된 직후 (00:10)

00:10분에는 일단 〈그림 7-8〉과 같이 아무런 데이터 변경이 없어서 MariaDB의 XtraDB 테이블의 디스크 데이터 파일이 전혀 변경되지 않았다고 가정하자. 그러면 XtraBackup은 MariaDB의 데이터 파일을 그대로 쭉 복사하면 될 것이다.

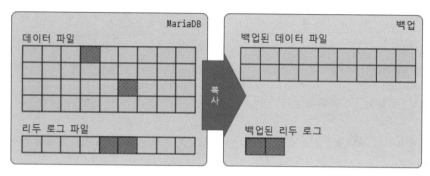

〈그림 7-9〉 백업이 시작된 후, 데이터가 변경된 시점 (00:20)

〈그림 7-9〉는 00:20분쯤의 백업 진행 상황이다. 이때에는 사용자가 UPDATE 문장을 실행해서 데이터 파일의 앞쪽 부분과 중간 부분이 변경되었다고 가정해보자. 하지만 이미 XtraBackup이 데이터 파일의 앞쪽은 복사했기 때문에 데이터 파일의 앞 부분 변경 내용은 백업에 적용되지 않았다. 그런데 이때 XtraBackup은 InnoDB나 XtraDB의 데이터 변경을 사항을 기록해 두는 리두 로그를 추적해서 변경된 부분만 별도의 백업 영역에 모아 두게 된다. 그것을 〈그림 7-9〉에서는 "백업된 리두 로그"라고 표현했으며, 때로는 아카이빙된 로그라고도 표현한다.

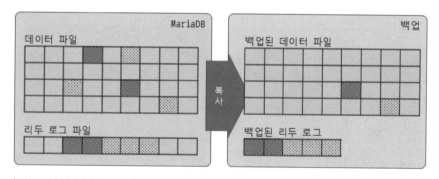

〈그림 7-10〉 백업이 완료된 시점 (00:30)

〈그림 7-10〉은 백업이 완료된 시점을 표현한 것이다. 이때 그림의 왼쪽에 있는 MariaDB 서버의 데이터 파일과 오른쪽에 있는 백업된 파일의 내용은 많이 다른 것을 알 수 있다. 이는 MariaDB 서버에 변

경사항이 계속 유입되는 상황에서 스냅샷(Snapshot) 기능 없이 데이터 파일을 백업으로 복사했기 때문이다. 백업이 특정 시점의 스냅샷으로 복사되지 않고 백업의 각 영역이 백업된 시점마다 달라서 일관성이 없는 상태인 것이다. 그리고 "백업된 리두 로그"는 MariaDB의 리두 로그가 기록된 이후에 내용을 추적했기 때문에 변경(Append)된 내용만 모아서 가지고 있을 수 있는 것이다.

XtraBackup이 완료되면 〈그림 7-10〉까지의 상태로 만들어진다. 백업이 완료된 상태이긴 하지만 이 백업은 데이터 파일이 일관적이지 않기(inconsistent) 때문에 사실 이대로 사용할 수는 없다. 그래서 백업을 실제 이용해서 복구를 할 때에는 "백업된 리두 로그"를 이용해서 백업된 데이터 파일의 변경 사항을 모두 백업 최종 시점으로 만들어 주어야 한다. 일반적인 RDBMS에서는 이 과정을 롤 포워드(Roll forward)라고 하는데, InnoDB나 XtraDB 스토리지 엔진의 장애 복구 과정과 동일한 과정이다. XtraBackup에서는 이 과정을 "apply-log"라고 표현하는데, XtraBackup이 실제 MySQL이나 MariaDB 서버가 시작될 때 거치는 과정을 똑같이 거치면서 복구가 실행된다. 이 과정을 거치고 나면 최종 백업된 데이터 파일의 모양은 〈그림 7-10〉의 왼쪽에 있는 "데이터 파일"과 같아지는 것이다.

지금까지는 InnoDB나 XtraDB와 같이 트랜잭션을 지원하는 스토리지 엔진의 설명이었다. 안타깝게도 MariaDB서버에서는 그 이외의 스토리지 엔진에 대해서 서비스 도중에 실시간 물리 백업 도구를 지원하지 않는다. 그래서 나머지 스토리지 엔진에 대해서는 모든 쿼리 실행을 중지시키고 물리 파일을 복사하는 형태로 백업이 진행된다. 이때 모든 쿼리 실행을 중지시키기 위해 XtraBackup에서는 FLUSH TABLES WITH READ LOCK 명령을 사용(물론 FLUSH TABLES WITH READ LOCK 명령은 이 이외의 목적으로 실행되기도 한다)한다. 모든 사용자 데이터가 InnoDB나 XtraDB 테이블이라면 나머지는 모두 크기가 아주 작은 MyISAM과 같은 테이블들이므로 글로벌 잠금이 필요한 시간이 아주 짧아서 크게 걱정하지 않아도 된다. 그리고 MariaDB나 MySQL 서버에 존재하는 MyISAM 테이블들은 대부분 거의 변경되지 않기 때문에 잠금을 걸지 않고 백업을 수행하기도 한다.

7.5.2.3 XtraBackup의 기본 사용법

이제 간단하게 XtraBackup 도구를 이용해서 백업을 실행하는 방법과 백업을 복구하는 방법을 살펴보자. XtraBackup의 전체 과정은 크게 다음 3가지 단계를 거치게 된다. 괄호 안에 기록한 내용은 innobackupex 프로그램을 실행할 때 사용해야 하는 옵션을 의미한다.

```
백업(--backup) ⟹ 로그 적용(--apply-log) ⟹ 복구(--copy-back)
```

7.5.2.3.1 백업

백업을 실행할 때에는 innobackupex 스크립트를 실행하는데, 기본적으로 다음 옵션들은 반드시 필요하다.

```
innobackupex \
  --host="127.0.0.1" \
  --user="backup_user" \
  --password='backup_user_password' \
  --port=3306 \
  --defaults-file="/etc/my.cnf" \
  --backup  /backup/
```

--defaults-file 옵션은 백업할 MariaDB 서버가 사용하는 my.cnf 파일의 경로를 설정하면 되고, --backup 옵션은 innobackupex 스크립트를 실행한 목적이 백업이라는 것을 알려 주는 용도로 사용되었다. 여기에서 --backup 옵션은 명시하지 않아도 되는데, innobackupex 스크립트는 --apply-log와 --copy-back 옵션 그리고 --backup 옵션이 하나도 명시되지 않으면 기본적으로 --backup을 디폴트로 사용한다. 마지막의 "/backup/"은 백업된 파일들을 저장할 경로를 설정하는 옵션이다. 다른 설정을 하지 않으면 백업은 "/backup/" 디렉터리 하위에 현재 시점의 타임 스탬프로 디렉터리를 만들고, 그 디렉터리에 백업 파일들을 저장한다. 위의 백업 명령이 실행되면 innobackupex 스크립트는 xtrabackup을 호출해서 InnoDB 백업을 수행하고, 이 작업이 완료되면 MyISAM이나 기타 스토리지 엔진 테이블의 데이터를 백업하게 된다. innobackupex 스크립트가 실행되면서 출력하는 메시지를 간략하게 살펴보자.

다음 메시지는 innobackupex가 실행되면서 라이선스나 백업 대상 MariaDB 서버의 버전과 접속 테스트등을 수행하는 로그들이 출력된 것이다.

```
InnoDB Backup Utility v1.5.1-xtrabackup; Copyright 2003, 2009 Innobase Oy
and Percona LLC and/or its affiliates 2009-2013.  All Rights Reserved.

This software is published under
the GNU GENERAL PUBLIC LICENSE Version 2, June 1991.

Get the latest version of Percona XtraBackup, documentation, and help resources:
http://www.percona.com/xb/p
```

```
140206 12:13:28  innobackupex: Connecting to MySQL server with DSN '...
140206 12:13:28  innobackupex: Connected to MySQL server
140206 12:13:28  innobackupex: Executing a version check against the server...
140206 12:13:28  innobackupex: Done.
IMPORTANT: Please check that the backup run completes successfully.
           At the end of a successful backup run innobackupex
           prints "completed OK!".


innobackupex: Using mysql server version 10.0.7-MariaDB-log
```

그다음으로 백업을 저장할 디렉터리를 생성하고, 그 디렉터리의 경로를 출력해 준다.

```
innobackupex: Using mysql server version 10.0.7-MariaDB-log
innobackupex: Created backup directory /backup/2014-02-07_22-35-43
```

이제부터 백업이 실행되는데, innbackupex 스크립트가 내부적으로 xtrabackup 프로그램을 기동한다. 이때 백업 대상 MySQL 서버의 버전별로 기동되는 xtrabackup 프로그램도 버전이 달라져야 한다. XtraBackup은 InnoDB나 XtraDB 스토리지 엔진의 장애 복구 과정을 그대로 사용하는데, 이 과정은 버전별로 차이가 있기 때문에 xtrabackup 프로그램이 MySQL버전별로 존재해야 하는 것은 당연한 것이다. 이 예제에서는 백업 대상 서버가 MariaDB 10.0이므로 xtrabackup_56이 실행된 것을 알 수 있다. 그리고 그 밑에는 xtrabackup_56 프로그램이 MariaDB 서버의 설정 정보들을 읽어 온 것을 알 수 있다.

```
140207 22:35:43  innobackupex: Starting ibbackup with command: xtrabackup_56  --defaults-
file="/etc/my.cnf"  --defaults-group="mysqld" --backup --suspend-at-end --target-dir= /
backup/2014-02-07_22-35-43 --tmpdir=/tmp --throttle=5
innobackupex: Waiting for ibbackup (pid=32516) to suspend
innobackupex: Suspend file '/backup/2014-02-07_22-35-43/xtrabackup_suspended_2'

xtrabackup_56 version 2.1.7 for MySQL server 5.6.15 Linux (x86_64) (revision id: 721)
xtrabackup: uses posix_fadvise( ).
xtrabackup: cd to /data/mysql
xtrabackup: using the following InnoDB configuration:
xtrabackup:   innodb_data_home_dir = /mysql
xtrabackup:   innodb_data_file_path = ibdata1:100M:autoextend
xtrabackup:   innodb_log_group_home_dir = /mysql/log
xtrabackup:   innodb_log_files_in_group = 2
```

```
xtrabackup:    innodb_log_file_size = 1572864000
2014-02-07 22:35:43 2b84e7d230f0 InnoDB: Using Linux native AIO
```

위의 메시지에서 하나 눈여겨봐야 할 부분이 "uses posix_fadvise( )" 부분이다. 이 함수는 리눅스의
커널 함수로, 이 옵션을 사용하면 읽고 쓰는 파일들의 내용이 리눅스의 운영체제 캐시에 저장되지 않고
바로 제거되도록 할 수 있다. 이 옵션 없이 100GB 데이터 파일을 백업한다고 가정하면 리눅스의 운영
체제 캐시는 남아 있는 모든 메모리를 한번 읽고 더 이상은 참조하지 않을 데이터로 꽉 채워져 버리게
될 것이다. 이는 더블 버퍼링의 문제도 있지만 때로는 리눅스의 캐시가 MySQL 서버의 InnoDB 버퍼
풀을 디스크로 스왑시켜 버리기도 한다. 이런 문제들을 해결하기 위해서 XtraBackup은 실행되는 과
정에서 읽고 쓰는 파일들은 posix_fadvise( ) 커널 함수를 호출해준다.

그다음으로는 이제 2개의 스레드가 작동하는데, 하나는 innoDB 테이블의 데이터 파일을 백업하고 다
른 하나의 스레드는 InnoDB의 리두 로그를 추적해서 변경(Append)되는 내용을 별도의 파일로 아카
이빙한다.

```
>> log scanned up to (742923074)
InnoDB: Allocated tablespace 764, old maximum was 0
[01] Copying /mysql/data/ibdata1 to /backup/2014-02-07_22-35-43/ibdata1
>> log scanned up to (742923074)
...
>> log scanned up to (742923074)
[01] Copying ./test/test.ibd to /backup/2014-02-07_22-35-43/test/test.ibd
[01]        ...done
[01] Copying ./test/test1.ibd to /backup/2014-02-07_22-35-43/test/test1.ibd
[01]        ...done
>> log scanned up to (742923074)
xtrabackup: Creating suspend file '/backup/2014-02-07_22-35-43/xtrabackup_suspended_2' with pid
'32516'
```

이렇게 InnoDB 테이블의 백업이 완료되면 innobackupex 프로그램이 InnoDB나 XtraDB 스토리
지 엔진을 사용하지 않는 테이블들을 복사하기 시작한다. innobackupex 프로그램이 데이터 파일
을 복사하는 동안 xtrabackup 프로그램은 계속 대기하면서 InnoDB의 리두 로그 변경 분을 추적하
면서 아카이브 파일로 수집한다. 최종적으로 innobackupex 프로그램이 데이터 파일 백업을 완료
하면 xtrabackup 프로그램은 리두 로그 수집을 중지하고 마지막으로 수집되었던 리두 로그의 위치

(LSN, Log Sequence Number)를 메시지로 출력해 준다. 맨 마지막의 "xtrabackup: Transaction log of lsn (742923074) to (742923074) was copied." 메시지는 이번 백업이 실행되면서 시작 LSN은 742923074이며 LSN 742923074 시점까지 백업을 완료했다는 것을 의미한다. 여기에서 마지막 LSN 시점은 증분(Incremental) 백업을 수행할 때에도 필요하기 때문에 백업 디렉터리의 xtrabackup_checkpoints 파일로도 기록해 둔다.

```
140207 22:36:07  innobackupex: Continuing after ibbackup has suspended

140207 22:36:07  innobackupex: Starting to backup non-InnoDB tables and files
innobackupex: in subdirectories of '/data/mysql'
innobackupex: Backing up files '${MYSQL_HOME}/performance_schema/*.{frm,isl,MYD,MYI,MAD,MAI,MRG
,TRG,TRN,ARM,ARZ,CSM,CSV,opt,par}' (18 files)
innobackupex: Backing up files '${MYSQL_HOME}/test/*.{frm,isl,MYD,MYI,MAD,MAI,MRG,TRG,TRN,ARM,A
RZ,CSM,CSV,opt,par}' (22 files)
innobackupex: Backing up files '${MYSQL_HOME}/mysql/*.{frm,isl,MYD,MYI,MAD,MAI,MRG,TRG,TRN,ARM,
ARZ,CSM,CSV,opt,par}' (79 files)
...
140207 22:36:08  innobackupex: Finished backing up non-InnoDB tables and files

140207 22:36:08  innobackupex: Waiting for log copying to finish

xtrabackup: The latest check point (for incremental): '742923074'
xtrabackup: Stopping log copying thread.
.>> log scanned up to (742923074)

xtrabackup: Creating suspend file '/backup/2014-02-07_22-35-43/xtrabackup_log_copied' with pid
'32516'
xtrabackup: Transaction log of lsn (742923074) to (742923074) was copied.
```

이렇게 해서 전체적인 백업 과정이 완료되었는데, 항상 백업이 정상적으로 완료되었는지 여부는 출력 메시지의 마지막에 있는 "completed OK!" 메시지를 통해 확인할 수 있다.

```
innobackupex: Backup created in directory '/backup/2014-02-07_22-35-43'
140207 22:36:09 innobackupex: Connection to database server closed
140207 22:36:09 innobackupex: completed OK!
```

백업이 실행된 이후 /backup/2014-02-06_12-13-28 디렉터리의 내용은 다음과 같다.

```
shell> ls -alh /backup/2014-02-06_12-13-28/
합계 101M
drwxr-xr-x 10 root root 4.0K  2월  7 22:40 .
drwxr-xr-x  3 root root 4.0K  2월  7 22:40 ..
-rw-r--r--  1 root root  360  2월  7 22:40 backup-my.cnf
-rw-r-----  1 root root 100M  2월  7 22:40 ibdata1
drwxr-xr-x  2 root root 4.0K  2월  7 22:40 mysql
drwxr-xr-x  2 root root 4.0K  2월  7 22:40 performance_schema
drwx------  2 root root 4.0K  2월  7 22:40 test
-rw-r--r--  1 root root   13  2월  7 22:40 xtrabackup_binary
-rw-r-----  1 root root   93  2월  7 22:40 xtrabackup_checkpoints
-rw-r-----  1 root root 2.5K  2월  7 22:40 xtrabackup_logfile
```

백업 디렉터리에는 데이터 파일 이외에도 다음과 같은 메타 정보들을 저장한 파일들이 있다.

xtrabackup_checkpoints
백업이 풀 백업인지 증분 백업인지 구분하는 정보와 백업의 마지막 LSN을 저장하고 있다.

xtrabackup_binlog_info
백업이 완료된 시점의 바이너리 로그 파일의 이름과 위치를 저장하고 있다.

xtrabackup_slave_info
innobackupex가 --slave-info 옵션과 같이 실행되었을 때만 생성되는 파일인데, 이 파일에는 백업이 수행되는 MySQL 서버 중 마스터 MySQL 서버의 바이너리 로그 파일 이름과 위치를 저장하고 있다. 즉 슬레이브에서 "SHOW SLAVE STATUS" 명령을 실행했을 때 알 수 있는 정보들이 저장되어 있다.

backup-my.cnf
백업 대상 MariaDB 서버의 my.cnf 설정 파일에서 백업 및 복구에 필요한 몇 가지 설정 내용(innodb_data_file_path, innodb_log_files_in_group, innodb_log_file_size, innodb_fast_checksum, innodb_page_size, innodb_log_block_size)들만 저장하고 있다.

xtrabackup_binary
InnoDB나 XtraDB 테이블을 백업하는 데 사용된 xtrabackup 프로그램의 이름이 저장되어 있다. 백업 시 사용된 xtrabackup 프로그램의 버전에 따라 복구할 때도 같은 버전의 xtrabackup 프로그램을 사용해야 한다.

백업 디렉터리의 xtrabackup_checkpoints 파일 내용은 다음과 같다. backup_type과 to_lsn 등의 정보는 나중에 복구나 증분 백업 시에도 참조되므로 변경하거나 삭제해서는 안 된다.

```
backup_type = full-backuped
from_lsn = 0
to_lsn = 742923074
last_lsn = 742923074
compact = 0
```

7.5.2.3.2 로그 적용

XtraBackup을 이용해서 백업이 수행되면 〈그림 7-10〉과 같이 백업된 데이터 파일과 백업을 복사하는 도중에 수집된 리두 로그 파일이 생성된다. 로그 적용은 InnoDB나 XtraDB의 장애 복구 과정을 의미하는데, 이는 이미 설명했듯이 백업된 파일의 모든 블록(페이지)이 특정 시점의 일관된 백업이 아니기 때문에 수집된 리두 로그를 백업된 데이터 파일에 적용하는 것을 의미한다. 매번 풀 백업만 수행한다면 로그 적용 과정은 백업이 완료된 직후 수행해도 되고 복구를 하기 직전에 수행해도 무방하다. 하지만 증분 백업을 사용한다면 복구 직전에 로그 적용을 하는 것이 좋다.

로그 적용은 아래와 같이 --apply-log 옵션으로 innobackupex 스크립트를 실행하면 된다.

```
shell> innobackupex --apply-log /backup/2014-02-07_22-35-43
```

백업할 때와 마찬가지로 처음에는 버전과 관련된 내용이 출력된다. 그리고 innobackupex가 어떤 옵션으로 xtrabackup 프로그램을 기동했는지를 보여준다. 그리고 xtrabackup은 백업의 설정 파일을 참조해서 리두 로그와 데이터 디렉터리를 화면에 정보성으로 출력한다. innobackupex 스크립트를 통해서 실행된 xtrabackup 프로그램은 이제 InnoDB/XtraDB의 장애 복구 과정을 실행하는데, 복구 과정에서 출력되는 모든 메시지는 "InnoDB:"로 시작된다. "InnoDB:"로 시작되는 메시지들은 InnoDB 엔진이 시작될 때 MariaDB 서버의 에러 로그에 출력되는 엔진 초기화 내용과 똑같은데, 실제로 xtrabackup 프로세스가 InnoDB 스토리지 엔진을 기동시키기 때문이다. 하지만 이때 기동되는 InnoDB는 백업된 파일만 참조한다. 즉 현재 작업 중인 서버에 다른 MySQL 서버나 MariaDB 서버가 설치되어 서비스를 하고 있는 중이라 하더라도 서로 아무런 영향도 주지 않는다. 리두 로그 적용 과정이 완료되면 "InnoDB: Shutdown completed" 메시지를 출력하고 종료된다.

140207 22:38:27   innobackupex: **Starting ibbackup with command: xtrabackup_56** --defaults-file="/backup/2014-02-07_22-35-43/backup-my.cnf" --defaults-group="mysqld" --prepare --target-dir=/backup/2014-02-07_22-35-43 --tmpdir=/tmp

xtrabackup_56 version 2.1.7 for MySQL server 5.6.15 Linux (x86_64) (revision id: 721)

xtrabackup: cd to /backup/2014-02-07_22-35-43

xtrabackup: This target seems to be not prepared yet.

xtrabackup: xtrabackup_logfile detected: size=2097152, start_lsn=(742923074)

xtrabackup: using the following InnoDB configuration for recovery:

xtrabackup: innodb_data_home_dir = ./

xtrabackup: innodb_data_file_path = ibdata1:100M:autoextend

xtrabackup: innodb_log_group_home_dir = ./

xtrabackup: innodb_log_files_in_group = 1

xtrabackup: innodb_log_file_size = 2097152

xtrabackup: using the following InnoDB configuration for recovery:

xtrabackup: innodb_data_home_dir = ./

xtrabackup: innodb_data_file_path = ibdata1:100M:autoextend

xtrabackup: innodb_log_group_home_dir = ./

xtrabackup: innodb_log_files_in_group = 1

xtrabackup: innodb_log_file_size = 2097152

xtrabackup: Starting InnoDB instance for recovery.

xtrabackup: Using 104857600 bytes for buffer pool (set by --use-memory parameter)

InnoDB: The InnoDB memory heap is disabled

InnoDB: Mutexes and rw_locks use GCC atomic builtins

InnoDB: Compressed tables use zlib 1.2.3

InnoDB: Using CPU crc32 instructions

InnoDB: Initializing buffer pool, size = 100.0M

InnoDB: Completed initialization of buffer pool

InnoDB: Highest supported file format is Barracuda.

InnoDB: The log sequence numbers 742895206 and 742895206 in ibdata files do not match the log sequence number 742923074 in the ib_logfiles!

InnoDB: Database was not shutdown normally!

InnoDB: Starting crash recovery.

InnoDB: Reading tablespace information from the .ibd files...

InnoDB: Restoring possible half-written data pages

InnoDB: from the doublewrite buffer...

InnoDB: In a MySQL replication slave the last master binlog file

InnoDB: position 0 5582949, file name mysql-binary.000002

InnoDB: Last MySQL binlog file position 0 627, file name /log/mysql-log/mysql-binary.000002

```
InnoDB: 128 rollback segment(s) are active.
InnoDB: Waiting for purge to start
InnoDB: 5.6.15 started; log sequence number 742923074

[notice (again)]
  If you use binary log and don't use any hack of group commit,
  the binary log position seems to be:
InnoDB: Last MySQL binlog file position 0 627, file name /mysql/log/mysql-binary.000002

xtrabackup: starting shutdown with innodb_fast_shutdown = 1
InnoDB: FTS optimize thread exiting.
InnoDB: Starting shutdown...
InnoDB: Shutdown completed; log sequence number 742924828
```

가끔 추가적인 작업이 필요한 경우에는 xtrabackup 프로그램이 InnoDB의 복구 과정을 다시 실행하면서 복구를 위해서 리두 로그 파일을 미리 생성하기도 한다.

```
140207 22:38:29  innobackupex: Restarting xtrabackup with command: xtrabackup_56  --defaults-
file="/backup/2014-02-07_22-35-43/backup-my.cnf"  --defaults-group="mysqld" --prepare
--target-dir=/backup/2014-02-07_22-35-43 --tmpdir=/tmp
for creating ib_logfile*

xtrabackup_56 version 2.1.7 for MySQL server 5.6.15 Linux (x86_64) (revision id: 721)
xtrabackup: cd to /backup/2014-02-07_22-35-43
...
InnoDB: The InnoDB memory heap is disabled
InnoDB: Mutexes and rw_locks use GCC atomic builtins
InnoDB: Compressed tables use zlib 1.2.3
InnoDB: Using CPU crc32 instructions
InnoDB: Initializing buffer pool, size = 100.0M
InnoDB: Completed initialization of buffer pool
InnoDB: Setting log file ./ib_logfile101 size to 1500 MB
InnoDB: Progress in MB: 100 200 300 400 500 600 700 800 900 1000 1100 1200 1300 1400 1500
InnoDB: Setting log file ./ib_logfile1 size to 1500 MB
InnoDB: Progress in MB: 100 200 300 400 500 600 700 800 900 1000 1100 1200 1300 1400 1500
InnoDB: Renaming log file ./ib_logfile101 to ./ib_logfile0
InnoDB: New log files created, LSN=742924828
InnoDB: Highest supported file format is Barracuda.
```

```
InnoDB: 128 rollback segment(s) are active.
InnoDB: Waiting for purge to start
InnoDB: 5.6.15 started; log sequence number 742925324

[notice (again)]
  If you use binary log and don't use any hack of group commit,
  the binary log position seems to be:
InnoDB: Last MySQL binlog file position 0 627, file name /mysql/log/mysql-binary.000002

xtrabackup: starting shutdown with innodb_fast_shutdown = 1
InnoDB: FTS optimize thread exiting.
InnoDB: Starting shutdown...
InnoDB: Shutdown completed; log sequence number 742926978
```

로그 적용 과정이 모두 완료되면 innobackupex 스크립트는 다음과 같이 화면에 "innobackupex: completed OK!" 메시지로 모든 과정이 완료되었음을 알려준다.

```
140207 22:38:57  innobackupex: completed OK!
```

로그를 적용하는 과정에서 출력되는 내용이 상당히 많음에도 이 내용을 모두 수록한 것은 실제 로그 적용을 수행하고 백업을 복구하는 시점에서는 여러 가지 정보들이 필요한데 그 정보들이 백업 복구 시점에 이렇게 출력된다는 것을 보여주기 위해서다. 각 과정에서 밑줄로 표시한 부분들은 눈여겨봐 둬야 할 부분들이다.

7.5.2.3.3 복구

이제 로그 적용 과정까지 모두 완료되었기 때문에 백업 내용을 그대로 MySQL 서버나 MariaDB 서버의 데이터 디렉터리로 복사만 하면 된다. 실제 이 과정은 그냥 백업 디렉터리를 통째로 복사해서 MySQL이나 MariaDB 서버의 데이터 디렉터리로 복사해 넣어도 된다. 하지만 이렇게 하면 불필요한 파일들이 MariaDB 서버의 데이터 디렉터리에 남게 되므로 가능하면 innobackupex 스크립트의 --copy-back 명령을 사용하도록 하자. innobackupex 명령이 실행되기 전에 반드시 MySQL 서버나 MariaDB 서버는 종료되어 있어야 하며, 데이터 디렉터리와 리두 로그 디렉터리는 비어 있어야 한다. 또한 copy-back이 실행되기 전에 MySQL이나 MariaDB 서버가 시작 가능한 상태로 미리 준비되어 있어야 한다. innobackupex 스크립트의 마지막 파라미터는 백업이 저장되어 있는 디렉터리를 명시해야 한다.

```
shell> innobackupex --copy-back /backup/2014-02-07_22-35-43
```

copy-back 작업이 실행되면 다음과 같이 MySQL 서버나 MariaDB가 실행되는 데 필요한 모든 설정 파일과 데이터 파일들 그리고 apply-log 과정에서 미리 생성해둔 리두 로그 파일을 MySQL 서버나 MariaDB의 각 디렉터리로 복사한다. 먼저 각 데이터베이스별 데이터 파일들과 테이블 메타 파일(.FRM)을 복사한다.

```
InnoDB Backup Utility v1.5.1-xtrabackup; Copyright 2003, 2009 Innobase Oy
and Percona LLC and/or its affiliates 2009-2013.  All Rights Reserved.

This software is published under
the GNU GENERAL PUBLIC LICENSE Version 2, June 1991.

Get the latest version of Percona XtraBackup, documentation, and help resources:
http://www.percona.com/xb/p

IMPORTANT: Please check that the copy-back run completes successfully.
           At the end of a successful copy-back run innobackupex
           prints "completed OK!".

Warning: xtrabackup: ignoring option '--innodb_adaptive_hash_index' due to invalid value 'OFF'
innobackupex: Starting to copy files in '/backup/2014-02-07_22-35-43'
innobackupex: back to original data directory '/mysq/data'
innobackupex: Copying '/backup/2014-02-07_22-35-43/xtrabackup_binlog_pos_innodb' to '/mysq/
data/xtrabackup_binlog_pos_innodb'
innobackupex: Creating directory '/mysq/data/performance_schema'
...
innobackupex: Creating directory '/mysq/data/test'
innobackupex: Copying '/backup/2014-02-07_22-35-43/test/test.frm' to '/mysq/data/test/test.frm'
innobackupex: Copying '/backup/2014-02-07_22-35-43/test/test1.ibd' to '/mysq/data/test/test1.
ibd'
innobackupex: Creating directory '/mysq/data/mysql'
...
innobackupex: Copying '/backup/2014-02-07_22-35-43/mysql/host.MYD' to '/mysq/data/mysql/host.
MYD'
innobackupex: Copying '/backup/2014-02-07_22-35-43/mysql/time_zone.frm' to '/mysq/data/mysql/
time_zone.frm'
```

```
innobackupex: Copying '/backup/2014-02-07_22-35-43/mysql/host.MYI' to '/mysq/data/mysql/host.
MYI'
innobackupex: Copying '/backup/2014-02-07_22-35-43/mysql/time_zone.MYI' to '/mysq/data/mysql/
time_zone.MYI'
innobackupex: Copying '/backup/2014-02-07_22-35-43/mysql/servers.frm' to '/mysq/data/mysql/
servers.frm'
innobackupex: Copying '/backup/2014-02-07_22-35-43/mysql/proc.frm' to '/mysq/data/mysql/proc.
frm'
innobackupex: Copying '/backup/2014-02-07_22-35-43/mysql/db.opt' to '/mysq/data/mysql/db.opt'
innobackupex: Copying '/backup/2014-02-07_22-35-43/mysql/func.MYD' to '/mysq/data/mysql/func.
MYD'
...
```

데이터 파일 복사가 완료되면 InnoDB나 XtraDB의 시스템 테이블 스페이스인 ibdata1, … 파일을 데
이터 디렉터리로 복사한다.

```
innobackupex: Starting to copy InnoDB system tablespace
innobackupex: in '/backup/2014-02-07_22-35-43'
innobackupex: back to original InnoDB data directory '/mysq/data'
innobackupex: Copying '/backup/2014-02-07_22-35-43/ibdata1' to '/mysq/data/ibdata1'
```

그리고 만약 언두 테이블 스페이스가 별도의 테이블 스페이스를 사용하도록 설정되어 있다면 언두 테
이블 스페이스 파일도 복사한다. 이 예제에서는 언두 테이블 스페이스가 따로 존재하지 않아서 아무것
도 복사되지 않았다.

```
innobackupex: Starting to copy InnoDB undo tablespaces
innobackupex: in '/backup/2014-02-07_22-35-43'
innobackupex: back to '/mysq/data'
```

마지막으로 InnoDB나 XtraDB의 리두 로그를 로그 디렉터리로 복사한다.

```
innobackupex: Starting to copy InnoDB log files
innobackupex: in '/backup/2014-02-07_22-35-43'
innobackupex: back to original InnoDB log directory '/log/innodb-log'
innobackupex: Copying '/backup/2014-02-07_22-35-43/ib_logfile0' to '/log/innodb-log/ib_
logfile0'
```

```
innobackupex: Copying '/backup/2014-02-07_22-35-43/ib_logfile1' to '/log/innodb-log/ib_
logfile1'
innobackupex: Finished copying back files.
```

모든 데이터 파일들과 리두 로그 파일들이 복사 완료되면 다음과 같이 완료되었다는 메시지가 출력된
다.

```
140207 22:41:35  innobackupex: completed OK!
```

7.5.2.3.4 MySQL/MariaDB 서버 시작

이제 백업 파일을 이용해서 복구하는 과정이 모두 완료되었으므로 MySQL 서버나 MariaDB 서버를
시작해 주기만 하면 된다. 그런데 MySQL/MariaDB 서버를 시작하기 전에 반드시 한 가지 해주어야
할 일이 있는데, 바로 데이터 파일과 리두 로그 파일들의 권한을 변경해 주는 것이다. 만약 MySQL이
나 MariaDB 서버가 mysql이라는 운영체제의 유저(db라는 운영체제 유저 그룹)로 실행된다면 다음과
같이 데이터 파일(/mysql/data)과 리두 로그(/mysql/log)의 권한을 변경하도록 하자.

```
shell> chown -R mysql:db /mysql/data /mysql/log
```

이제 MySQL이나 MariaDB 서버를 기동해보자. 만약 서버가 정상적으로 복구된 데이터 파일을 이용
해서 기동되었다면 서버의 에러 로그 파일에는 다음과 같은 내용들이 출력될 것이다. 아래의 내용에
서는 XtraDB가 시작되면서 마지막 백업 시점의 리두 로그 위치에서부터 시작되었다는 것을 알 수 있
다. 그리고 그 밑에는 CONNECT 스토리지 엔진이 설정 파일을 찾지 못했다는 메시지가 출력되었다.
MariaDB 10.0의 CONNECT 스토리지 엔진은 최근에 도입된 기능인데, 아직 XtraBackup이 이 설정
파일을 백업하도록 준비되어 있지 않아서 그런 것이다. 이렇게 XtraDB가 인지하지 못하는 파일들은
별도로 백업을 수행해주면 된다.

```
shell> cat /mysql/data/hostname.err
140207 13:42:22 mysqld_safe Starting mysqld daemon with databases from /mysql/data
140207 13:42:25 [Note] Plugin 'FEEDBACK' is disabled.
2014-02-07 13:42:25 2ac5aac145f0 InnoDB: Warning: Using innodb_additional_mem_pool_size is
DEPRECATED. This option may be removed in future releases, together with the option innodb_use_
sys_malloc and with the InnoDB's internal memory allocator.
```

```
140207 13:42:25 [Note] InnoDB: The InnoDB memory heap is disabled
140207 13:42:25 [Note] InnoDB: Mutexes and rw_locks use GCC atomic builtins
140207 13:42:25 [Note] InnoDB: Compressed tables use zlib 1.2.3
140207 13:42:25 [Note] InnoDB: Using Linux native AIO
140207 13:42:25 [Note] InnoDB: Using CPU crc32 instructions
140207 13:42:25 [Note] InnoDB: Initializing buffer pool, size = 1.0G
140207 13:42:25 [Note] InnoDB: Completed initialization of buffer pool
140207 13:42:25 [Note] InnoDB: Highest supported file format is Barracuda.
140207 13:42:25 [Note] InnoDB: 128 rollback segment(s) are active.
140207 13:42:25 [Note] InnoDB: Waiting for purge to start
140207 13:42:26 [Note] InnoDB: Percona XtraDB (http://www.percona.com) 5.6.14-62.0 started;
log sequence number 742926978
140207 13:42:26 [Note] CONNECT: connect.ini=/mysq/data/connect.ini
profile file /mysq/data/connect.ini not found
140207 13:42:26 [Note] Server socket created on IP: '::'.
140207 13:42:26 [Note] Server socket created on IP: '::'.
140207 13:42:26 [Note] Event Scheduler: Loaded 0 events
140207 13:42:26 [Note] /usr/local/mysql/bin/mysqld: ready for connections.
Version: '10.0.7-MariaDB-log'  socket: '/tmp/mysql.sock'  port: 3306  MariaDB Server
```

만약 백업이 복구된 서버를 다른 마스터 MySQL/MariaDB와 복제 연결을 해야 한다면 백업 디렉터리
에 저장되어 있던 바이너리 로그 위치 저장 파일들을 참조해서 해당 위치부터 복제를 연결해주면 복구
가 완료된다.

7.5.3 XtraBackup의 기능

XtraBackup은 MySQL 엔터프라이즈 백업 도구가 제공하지 않는 아주 유익한 기능들을 제공하고 있
다. 우선 XtraBackup이 가지고 있는 기능들과 특성에 대해서 하나씩 살펴보자.

7.5.3.1 스트리밍 백업

일반적으로 백업 도구들은 데이터베이스의 데이터 파일을 로컬 디스크나 네트워크 스토리지(NAS) 등
에 저장하는 것이 일반적이다. 그나마 네트워크 스토리지 시스템을 가지고 있다면 괜찮지만 그렇지 못
하다면 결국 백업을 로컬 디스크에 복사해야만 한다. 하지만 로컬 디스크에 백업을 보관할 때에는 두
가지 문제점이 발생할 수 있다. 첫 번째가 로컬 디스크에 백업을 기록하면서 발생하는 부하이며 두 번
째는 디스크의 여유 공간 문제이다. 로컬 디스크에 백업을 저장하는 것은 결국 로컬 디스크의 데이터

파일을 읽어서 로컬 디스크의 다른 공간에 복제 본을 만드는 것이다. 이런 로컬 백업의 가장 치명적인 문제는 그 서버에 장애가 발생해서 디스크의 데이터를 읽지 못할 때 복구할 데이터가 없다는 것이다. 그래서 이렇게 먼저 로컬 디스크에 백업 복제본을 만든 다음, 그 백업 파일을 네트워크를 통해서 다른 서버로 전송하는 경우도 많다.

XtraBackup에서는 이런 불필요한 중간 과정(로컬 디스크에 복제 본을 만드는 과정)을 제거하고, 로컬 디스크의 데이터 파일을 읽어서 바로 네트워크를 통해서 다른 서버로 전송할 수 있는 방법을 도입했는데 이를 스트리밍 백업이라고 한다. XtraBackup에서 스트리밍 모드로 백업을 실행하면 XtraBackup은 백업된 내용을 단순히 다른 디렉터리로 복사하는 것이 아니라 변형된 tar[3]나 xbstream 포맷으로 출력한다. 이렇게 스트리밍으로 백업을 전송하면 백업의 중간 과정에서 여러 가지 서드파티 도구들을 쉽게 적용할 수 있다. 예를 들어 백업을 압축한다면 백업의 출력 스트림을 압축 유틸리티의 입력 스트림으로 연결만 해주면 된다. 또다른 대표적인 예는 암호화를 들 수 있다. 암호화 유틸리티도 압축과 마찬가지로 유닉스의 파이프("|")를 이용해서 백업의 출력 스트림을 암호화 도구의 입력 스트림으로 연결해주기만 하면 되는 것이다.

XtraBackup으로 스트리밍 백업을 수행하기 위해서는 xbstream이라는 유틸리티가 필요한데, 이는 Percona에서 XtraBackup 유틸리티를 위해서 개발한 스트리밍 기반의 아카이빙 유틸리티이다. 사실 하는 일은 tar와 거의 비슷한데, tar나 cpio와 같은 유틸리티는 동적으로 생성되는 파일들을 처리하지 못하는 반면 xbstream은 동적 파일을 처리할 수 있게 개선된 것이다. xbstream 도구는 tar와 비슷한 옵션을 사용하는데, 그 중에서 대표적으로 다음 세 개의 옵션만 지원한다.

-x
아카이빙된 xbstream 파일에서 개별 파일들을 풀어낸다. -C 옵션이 없으면 현재 디렉터리에 개별 파일들을 해제한다.

-c
개별 파일들을 하나의 xbstream 아카이브 파일로 묶는다

-C
-x 옵션과 더불어 사용하면 개별 파일들을 지정된 디렉터리에 해제할 수 있다.

---

3 tar는 Percona에서 유닉스의 tar 유틸리티를 MySQL 백업용으로 사용할 수 있도록 변경한 버전인데, 지금은 xbstream이라는 도구가 대체를 하고 있기 때문에 tar는 거의 사용되지 않는다.

〈그림 7-11〉은 위에서 살펴보았던 XtraBackup의 스트리밍 백업이 어떻게 작동하는지를 보여 주고 있다. XtraBackup은 동시에 여러 개의 데이터 파일을 백업할 수 있는데, 이렇게 동시에 읽은 데이터 파일들이 xbstream 유틸리티를 거치면 하나의 파일로 묶여져서(아카이빙) 스트리밍 형태로 출력된다. 이 출력 스트림을 받아서 다시 압축이나 암호화를 거치게 되고, 최종적으로는 nc(NetCat)이나 rsync와 같은 유틸리티를 이용해서 원격의 백업 저장소 서버로 파일을 복사하는 것이다.

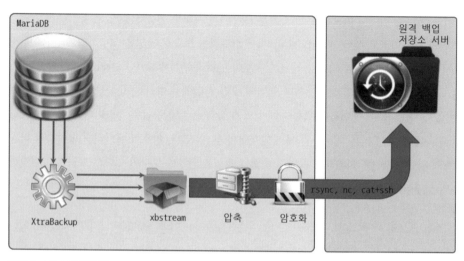

〈그림 7-11〉 스트리밍 백업

7.5.3.2 압축

현재 XtraBackup의 압축은 트랜잭션 로그나 데이터 파일 그리고 메타 데이터들을 모두 압축하는데, 압축 알고리즘은 "quicklz"만 지원한다. "quicklz" 알고리즘으로 압축된 파일은 qpress(qpress file archiver, http://www.quicklz.com/) 유틸리티로 압축을 해제할 수 있다.

7.5.3.3 암호화

많은 사람들이 서비스에서 사용 중인 MariaDB 서버의 보안에는 많은 노력을 기울이지만, 그 데이터베이스 서버에서 백업된 데이터 파일의 보안에 대해서는 소홀한 경우가 많다. 그래서 XtraBackup에서는 백업된 데이터 파일을 암호화해서 저장할 수 있는 기능이 추가되었다. 백업 암호화를 위해서 Percona에서는 xbcrypt라는 유틸리티를 개발했는데, 이 유틸리티는 AES128과 AES192 그리고 AES256 세 가지 대칭형 암호화 알고리즘 중 하나를 사용할 수 있다. xbcrypt 유틸리티는 백업 파일의 암호화와 복호화를 모두 수행할 수 있다.

xbcrypt 유틸리티는 아래와 같은 옵션들을 사용할 수 있다.

-d (--decrypt)
암호화된 파일을 복호화한다.

-i (--input=name)
암호화나 복호화할 파일을 명시한다. 입력 파일이 명시되지 않으면 xbcrypt 유틸리티는 표준 입력으로 들어오는 스트림 데이터를 암복호화한다.

-o (--output=name)
암호화나 복호화한 내용을 기록할 출력 파일을 명시한다. 출력 파일이 명시되지 않으면 xbcrypt 유틸리티는 표준 출력으로 암복호화된 데이터를 출력한다.

-a (--encrypt-algo=name)
암/복호화할 때 사용할 암호화 알고리즘을 명시한다. AES128과 AES192 그리고 AES256 세 가지 대칭형 암호화 알고리즘 중에서 선택할 수 있다.

-k (--encrypt-key=name)
암/복호화할 때 사용할 암호화 키를 명시한다.

-f (--encrypt-key-file=name)
암/복호화할 때 사용할 암호화 키 파일을 명시한다.

-s (--encrypt-chunk-size=#)
암호화할 때 사용할 버퍼의 크기를 설정하는데, 기본값은 64KB이다.

-v (--verbose)
암/복호화 과정의 상세한 처리 내용을 출력한다.

7.5.3.4 슬레이브 백업

MySQL이나 MariaDB 서버는 일반적으로 마스터와 슬레이브 구성으로 많이 구축한다. 이때 마스터 MySQL에서 백업을 수행하면 서비스에 악영향이 있을 수 있어서 주로 슬레이브에서 백업을 수행한다. 만약 XtraBackup으로 슬레이브 MySQL에서 백업을 수행할 때에는 백업을 수행한 시점의 마스터 MySQL 서버의 바이너리 로그 파일과 바이너리 로그 포지션을 알고 있어야 새로운 슬레이브를 구축하거나 마스터나 슬레이브 MariaDB 서버를 복구할 수 있다. XtraBackup은 이를 위해서 슬레이브에서 백업을 수행하는 시점의 마스터 MariaDB의 바이너리 로그파일과 위치를 xtrabackup_slave_info 파일로 기록해 준다. 이 정보를 이용해서 새로운 슬레이브를 구축하거나, 기존 슬레이브 장애 시 복구를 위해서 백업을 복구하고 데이터 손실없이 복제 연결을 할 수 있다. XtraBackup으로 슬레이브 백업 시에 마스터의 바이너리 로그 파일과 위치를 xtrabackup_slave_info 파일로 백업하도록 하기 위해서는 --slave-info 옵션을 사용해야 한다.

7.5.3.5 병렬(Parallel) 백업

xbstream을 이용해서 스트리밍으로 백업을 수행할 때 --parallel 옵션을 사용하면 동시에 여러 개의 데이터 파일을 복사할 수 있다. --parallel 옵션에는 데이터 파일 복사에 사용할 스레드의 개수를 지정한다. 병렬 백업 기능은 파일 단위로 작동하기 때문에 MariaDB 서버의 데이터 파일이 하나로 모여 있다거나 데이터 파일들의 크기 차이가 많이 나는 경우에는 크게 도움이 되지 않을 수도 있다.

데이터 파일의 백업뿐만 아니라 XtraBackup에서 압축을 수행할 때 --compress-threads 옵션을 이용해서 압축을 수행하는 스레드의 개수를 지정할 수도 있다. --parallel 옵션과 --compress-threads 옵션은 모두 스레드의 개수를 설정하면 된다.

7.5.3.6 백업 속도 조절

XtraBackup은 MariaDB 서버에 로그인해서 백업 데이터를 수집하는 방식이 아니라 MariaDB 서버와는 관계없이 물리적으로 데이터 파일을 복사하기 때문에 MySQL 서버나 MariaDB 서버의 쿼리 수행에 크게 영향을 미치지 않는다. 하지만 XtraBackup이 백업을 수행하면서 디스크의 대역폭을 모두 소진해 버리거나 한다면 MariaDB 서버의 쿼리 처리에 악영향을 미칠 수 있다.

XtraBackup에서는 이런 악영향을 제거하기 위해서 백업의 속도를 조절할 수 있는 기능을 제공하고 있다. --throttle=1 옵션을 사용하면 XtraBackup은 초 단위로 복사할 데이터 파일의 크기를 제한하게 된다. 〈그림 7-12〉는 XtraBackup의 백업 속도 조절 기능이 어떻게 작동하는지를 보여 주고 있다. 물론 그림에서처럼 1초에 디스크 읽고 쓰기를 3번만 하는 것은 아니고, 설명을 위해서 1초에 3번의 디스크 읽기와 쓰기를 한다고 가정한 것이다. throttle=0으로 설정되거나 아무 값도 설정하지 않으면 XtraBackup은 쉬지 않고 최대한 빠른 속도로 백업을 수행한다. 만약 throttle=1로 설정되면 1MB 단위의 읽고 쓰기를 1번 수행하고 1초 내에서 남은 시간 동안 대기하게 된다. 마찬가지로 2로 설정되면 1MB의 데이터 파일 읽기와 백업 파일 쓰기를 2번 수행하고 1초 내에서 남은 시간을 대기한다.

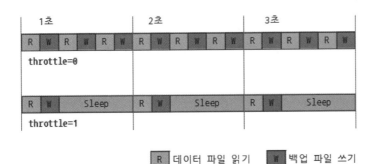

〈그림 7-12〉 XtraBackup의 백업 속도 조절 방식

throttle 옵션에 설정하는 값은 TRUE / FALSE 값이 아니라 1초에 1MB 단위의 읽고 쓰기를 몇 번 실행할 것인지를 설정한다는 것을 기억하자. 또한 백업이 수행되는 동안 XtraBackup은 InnoDB나 XtraDB의 리두 로그 파일도 스캔해서 복사해야 하므로 이 내용들을 충분히 감안해서 디스크 IO 가용량을 판단하도록 하자.

7.5.3.7 개별 테이블 복구

백업된 데이터의 전체 데이터 파일을 복구해야 할 때도 있지만 때로는 일부 테이블만 복구해야 할 경우도 있다. 백업된 파일의 전체 크기가 100GB인데 실제 복구하려는 데이터 파일은 100MB라면 전체 백업을 복구해서 해당 테이블만 다시 복사한다는 것은 상당히 불합리한 일일 것이다. 그래서 XtraBackup에서는 백업된 파일에서 필요한 일부 테이블의 데이터 파일만 복구할 수 있다. MySQL 5.6이나 MariaDB 10.0부터는 ALTER TABLE .. [DISCARD TABLESPACE | IMPORT TABLESPACE] 명령을 이용해서 InnoDB 테이블의 테이블 스페이스를 임포트하고 익스포트하는 기능이 추가되었으므로 개별 테이블 복구 기능을 아주 유용하게 사용할 수 있게 된 것이다. XtraBackup

의 개별 테이블 복구 기능은 InnoDB와 XtraDB 스토리지 엔진을 사용하는 테이블에 대해서만 사용할 수 있다.

7.5.3.8 FLUSH TABLES WITH READ LOCK 개선

슬레이브 MariaDB에서 백업을 실행하는 경우에는 백업의 마지막 시점에 마스터 MySQL 서버의 바이너리 로그 위치 정보를 수집하기 위해서 MySQL서버의 전역 잠금(FLUSH TABLES WITH READ LOCK)을 걸어야 한다. 그런데 주로 슬레이브는 오랜 시간 동안 실행되는 통계나 배치 쿼리용으로 사용되는 경우가 많다. FLUSH TABLES WITH READ LOCK 잠금 명령은 다른 커넥션의 새로운 쿼리 실행은 모두 중지시키고, 기존에 실행되던 쿼리들은 끝날 때까지 기다려야 한다. 쿼리 실행이 빠르게 완료되는 시스템에서 FLUSH TABLES WITH READ LOCK 명령은 크게 문제되지 않는다. 하지만 장시간 실행되는 배치나 통계 쿼리가 실행 중인 상태에서 FLUSH TABLES WITH READ LOCK 명령으로 잠금을 걸려고 하면, 오랜 시간 동안 실행되는 쿼리들이 모두 실행 완료되어야만 그때서야 비로소 전역 잠금을 획득할 수 있는 것이다. 장시간 실행되는 쿼리와 FLUSH TABLES WITH READ LOCK 잠금 명령이 서로 문제를 일으키는 경우는 상당히 빈번하게 발생한다. 이 때문에 슬레이브의 복제가 지연되어서 복제를 재구축해야 할 때도 있고, 복제 지연으로 마스터와 슬레이브 MySQL 서버의 데이터가 달라질 수도 있다.

예전 버전의 XtraBackup에서는 글로벌 잠금이 획득될 때까지 무한정 기다렸는데, 이런 문제점을 해결하기 위해서 XtraBackup 2.1에서는 FLUSH TABLES WITH READ LOCK 명령이 글로벌 잠금을 획득할 수 있도록 두 가지 옵션을 사용할 수 있다.

대기

글로벌 잠금을 획득하기 위해서 사용하는 FLUSH TABLES WITH READ LOCK 명령을 실행하기 전에 기다려야 할 시간을 설정할 수 있다.

- --lock-wait-timeout

글로벌 잠금을 획득하기 위해서 FLUSH TABLES WITH READ LOCK 명령을 실행하기 전에 대기하는 시간을 초 단위로 설정한다. 만약 이 시간 동안 기다렸는데도 장시간 실행되는 쿼리(--lock-wait-threshold에 설정된 초보다 더 오랜 실행되는 쿼리를 장시간 실행되는 쿼리로 판단)가 있으면, XtraBackup은 실행을 중지한다. 이 설정의 기본값은 0인데, 이 경우에는 XtraBackup이 대기하지 않고 바로 FLUSH TABLES WITH READ LOCK 명령을 실행한다.

- --lock-wait-query-type

이 옵션은 all과 update 둘 중 하나를 설정할 수 있는데, all인 경우에는 XtraBackup은 FLUSH TABLES WITH READ LOCK을 실행하기 전에 장시간 실행(--lock-wait-threshold에 설정된 초보다 더 오랜 실행되는 쿼리를 장시간 실행되는 쿼리로 판단)되는 모든 종류(INSERT, UPDATE, DELETE, SELECT, ...)의 쿼리들이 끝날 때까지 기다리도록 한다. 만약 update로 설정되면 SELECT를 제외한 DML(UPDATE/ALTER/REPLACE/INSERT) 쿼리들이 끝날 때까지 기다렸다가 FLUSH TABLES WITH READ LOCK 명령을 실행한다.

강제 종료

FLUSH TABLES WITH READ LOCK 명령을 실행한 시점부터 글로벌 잠금을 획득할 때까지 글로벌 잠금 획득을 방해하는 쿼리들 중에서 SELECT 쿼리들을 모두 강제 종료시킬 수도 있다.

- ──kill─long─queries─timeout

강제 종료 모드에서도 짧게 수행되는 쿼리들에 대해서는 조금 기다렸다가 FLUSH TABLES WITH READ LOCK 명령을 실행하는데, 이 명령이 실행되고 난 이후 짧게 기다리는 시간을 초 단위로 설정하는 옵션이다.

- ──kill─long─query─type

이 옵션은 all이나 select를 설정할 수 있다. FLUSH TABLES WITH READ LOCK 명령을 실행했는데 다른 쿼리들로 인해서 글로벌 잠금을 획득하지 못할 때 모든 쿼리를 강제 종료할지 SELECT 쿼리만 종료할지를 선택한다.

예를 들어서, 다음과 같은 옵션으로 XtraBackup을 실행했다면 XtraBackup은 60초 이상 걸리는 모든 쿼리(──lock─wait─query─type)들에 대해서 600초(10분) 이상 기다리지 않을 것이다. FLUSH TABLES WITH READ LOCK 명령을 실행한 뒤 30초 동안 글로벌 잠금을 얻기 위해서 기다릴 것이다. 그런데 만약 30초 이내에 글로벌 잠금을 획득하지 못한다면 XtraBackup은 FLUSH TABLES WITH READ LOCK 명령보다 이전에 실행된 쿼리들(──kill─long─query─type)을 모두 강제 종료시킬 것이다.

```
innobackupex --lock-wait-threshold=60 --lock-wait-query-type=all \
          --lock-wait-timeout=600 --kill-long-queries-timeout=30 \
          --kill-long-query-type=all /data/backups/
```

7.5.4 XtraBackup의 고급 사용법

지금까지는 XtraBackup의 가장 기본적인 사용법과 기능들에 대해서 살펴보았다. 이제 XtraBackup을 이용한 증분 백업이나 스트리밍 백업과 같은 고급 백업 방법들을 살펴보도록 하자. 여기에서는 지면을 절약하기 위해서 백업이나 복구 과정의 상세한 화면 출력 내용은 모두 생략하고 백업이나 복구를 실행하는 명령만 살펴보도록 하겠다.

7.5.4.1 PIT(Point In Time) 복구

PIT 복구는 특정 시점까지의 데이터만 복구하는 것을 의미한다. 일반적으로 PIT 복구는 유저나 관리자의 실수로 일부 데이터가 손실된 경우와 서버의 장애로 인해서 데이터 파일이 손상된 경우에 사용된다. PIT 복구도 우선 풀 백업이나 풀 백업과 증분 백업이 존재해야 하며, 해당 서버의 바이너리 로그 파일이 읽을 수 있는 상태로 보존되어 있어야 한다. 만약 바이너리 로그 파일이 저장된 디렉터리나 파일 시스템이 손상되어서 바이너리 로그 파일을 가져올 수 없다면 PIT 복구는 사용할 수가 없다. 이렇게 데이터 파일과 바이너리 로그 파일이 모두 동시에 손상되는 경우를 위해서 바이너리 로그 파일을 실시간으로 원격 서버에 백업하는 작업이 필요할 수도 있는데, 이럴 때에는 이미 살펴보았던 MySQL 5.6이나 MariaDB 10.0의 mysqlbinlog 유틸리티로 원격 서버의 바이너리 로그 파일을 백업할 수 있다.

이제 간단히 PIT 복구를 사용하는 방법을 살펴보자. 우선은 다음과 같이 2013년 1월 4일 10시 정각에 장애가 발생했고, 풀 백업과 바이너리 로그 파일들이 존재한다고 가정하자.

```
장애 발생 시점 : 2013년 4월 1일 10시 정각

마지막 풀 백업 : /backup/2013-04-01-03-00-00
  풀 백업이 완료된 시점의 바이너리 로그 파일과 위치 (mysql-bin.000003, 12345)
바이너리 로그 파일 :
  mysql-bin.000002 : 마지막 변경 일시(2013년 4월 1일 02시 20분)
  mysql-bin.000003 : 마지막 변경 일시(2013년 4월 1일 04시 20분)
  mysql-bin.000004 : 마지막 변경 일시(2013년 4월 1일 07시 30분)
  mysql-bin.000005 : 마지막 변경 일시(2013년 4월 1일 10시 정각)
```

먼저 4월 1일 03:00의 풀 백업을 복구한다. 풀 백업이 복구되면 복구된 MySQL 서버에는 mysql-bin.000003의 12345 위치까지의 바이너리 로그가 적용된다. 그러므로 mysql-bin.000003 이전의 바이너리 로그 파일은 필요치 않은 것이다. 복구된 MySQL 서버에서 mysqlbinlog 유틸리티를 이용해서 mysql-bin.000003 파일의 12345 위치부터 이진 파일 형태의 바이너리 로그를 SQL 파일로 변환해서 재 실행해주면 된다.

```
## 백업의 로그 적용
shell> innobackupex --apply-log /backup/2013-04-01-03-00-00
## 백업으로 MySQL 데이터 복구
shell> innobackupex --copy-back /backup/2013-04-01-03-00-00
```

```
## MySQL 서버 시작
shell> service mysql start

## 시작된 MySQL 서버에 바이너리 로그 파일을 순차적으로 적용
shell> mysqlbinlog --start-position=12345 mysql-bin.000003 | mysql -u root -p
shell> mysqlbinlog mysql-bin.000004 | mysql -u root -p
shell> mysqlbinlog mysql-bin.000005 | mysql -u root -p
```

만약 사용자나 관리자가 실수로 테이블을 삭제하는 명령을 실행해 버렸다면 이 명령만 빼고 바이너리 로그를 적용해야 할 것이다. 이럴 때에는 삭제 명령이 실행된 시간에 생성된 바이너리 로그를 mysqlbinlog 명령으로 SQL 파일로 변환한다. 그리고 그 파일을 열어서 DROP TABLE 명령을 찾아 그 이벤트 직전의 이벤트와 직후의 이벤트 시작 위치를 메모해두자. 만약 DROP TABLE 명령이 mysql-bin.000005번 파일에 기록되어 있으며, DROP TABLE 명령의 직전 이벤트가 123456이며 직후 이벤트가 123489라면 다음과 같이 DROP 명령만 빼고 바이너리 로그를 실행해줄 수 있다.

```
## 백업의 로그 적용
shell> innobackupex --apply-log /backup/2013-04-01-03-00-00
## 백업으로 MySQL 데이터 복구
shell> innobackupex --copy-back /backup/2013-04-01-03-00-00

## MySQL 서버 시작
shell> service mysql start

## 시작된 MySQL 서버에 바이너리 로그 파일을 순차적으로 적용
shell> mysqlbinlog --start-position=12345 mysql-bin.000003 | mysql -u root -p
shell> mysqlbinlog mysql-bin.000004 | mysql -u root -p

## mysql-bin.000005 바이너리 로그 파일의 DROP TABLE 명령 직전까지만 실행
shell> mysqlbinlog --stop-position=123456 mysql-bin.000005 | mysql -u root -p

## mysql-bin.000005 바이너리 로그 파일의 DROP TABLE 명령 직후부터 모두 실행
shell> mysqlbinlog --start-position=123489 mysql-bin.000005 | mysql -u root -p
```

mysqlbinlog 유틸리티를 사용할 때, --start-position이나 --stop-position 대신 --start-datetime이나 --stop-datetime 옵션으로 직접 시간을 명시할 수도 있다. 하지만 이렇게 시간을 명시하게 되면 원치 않게 같은 시점에 실행된 이벤트를 잃어버리거나 재실행하게 될 수도 있으니 주의하도록 하자.

7.5.4.2 증분(Incremental) 백업

증분 백업은 말 그대로 직전에 수행했던 풀 백업 시점부터 변경된 데이터들만 백업을 받는 것을 의미한다. 증분 백업은 실제 백업할 데이터 파일은 풀 백업과 마찬가지로 모두 읽어야 한다. 하지만 읽은 데이터 파일의 페이지(블록)를 풀 백업 시점의 로그 시퀀스 번호보다 큰 것들만 백업으로 복사를 한다. 그래서 증분 백업이 풀 백업에 비해서 아주 빠르게 실행되지는 않는다. 단지 증분 백업은 변경분만 백업으로 수집하기 때문에(서버의 워크로드에 따라서) 백업된 파일의 크기는 매우 작을 수 있다.

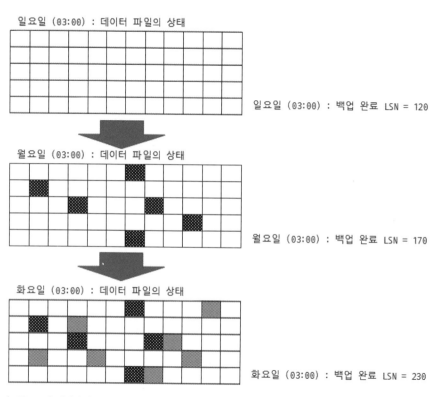

〈그림 7-13〉 데이터 파일의 변화

〈그림 7-13〉은 일요일부터 화요일까지 데이터 파일이 어떻게 변했는지를 보여주는 예제이다. 증분 백업은 변화된 데이터만 백업을 수행하기 때문에 백업 복구를 위해서는 반드시 기준이 되는 풀 백업이 한번은 있어야 하며, 그 풀 백업 시점부터 변경된 데이터만 수집한 증분 백업이 필요한 것이다. 증분 백업에서 기준은 InnoDB/XtraDB의 로그 시퀀스 번호(LSN)가 된다. 이미 기본적인 백업 및 복구에서 로그 시퀀스 번호가 어디에 저장되는지는 살펴보았는데, 그 값이 있어야 증분 백업을 할 수 있다는 것이

다. 〈그림 7-13〉과 같이 데이터가 변경되는 상태에서 매주 일요일 새벽 03:00에 풀 백업을 실행하고 나머지 요일의 새벽 03:00에는 증분 백업을 수행한다고 가정하면 풀 백업과 증분 백업의 로그 시퀀스 번호는 다음과 같이 될 것이다.

```
일요일 새벽 03:00 풀 백업    : 0 ~ 120 까지의 로그 시퀀스 번호에 해당하는 모든 데이터 백업
월요일 새벽 03:00 증분 백업 : 120 ~ 170까지의 로그 시퀀스 번호에 해당하는 모든 데이터 백업
화요일 새벽 03:00 증분 백업 : 170 ~ 230까지의 로그 시퀀스 번호에 해당하는 모든 데이터 백업
```

증분 백업은 항상 백업의 시작 로그 시퀀스 번호가 0보다 큰 값이지만 풀 백업은 항상 시작 로그 시퀀스 번호가 0이 되는 것이다. 이제 이 시나리오로 일요일과 월요일 그리고 화요일 실행해야 하는 백업 명령을 한번 살펴보자.

일요일 새벽 백업

```
innobackupex \
  --host="127.0.0.1" \
  --user="backup_user" \
  --password='backup_user_password' \
  --port=3306 \
  --no-lock \                    ## 슬레이브에서 백업일 때에는 no-lock 옵션 제거
  --slave-info \                  ## 마스터에서 백업일 때에는 slave-info 옵션 제거
  --defaults-file="/etc/my.cnf" \
  /backup/
```

월요일 새벽 백업

```
innobackupex \
  --host="127.0.0.1" \
  --user="backup_user" \
  --password='backup_user_password' \
  --port=3306 \
  --no-lock \                    ## 슬레이브에서 백업일 때에는 no-lock 옵션 제거
  --slave-info \                  ## 마스터에서 백업일 때에는 slave-info 옵션 제거
  --defaults-file="/etc/my.cnf" \
  --incremental \
  --incremental-lsn=120 \         ## 일요일 풀 백업 완료 시점의 로그 시퀀스 번호 (120)
  /backup/
```

화요일 새벽 백업

```
innobackupex \
  --host="127.0.0.1" \
  --user="backup_user" \
  --password='backup_user_password' \
  --port=3306 \
  --no-lock \                       ## 슬레이브에서 백업일 때에는 no-lock 옵션 제거
  --slave-info \                     ## 마스터에서 백업일 때에는 slave-info 옵션 제거
  --defaults-file="/etc/my.cnf" \
  --incremental \
  --incremental-lsn=170 \           ## 월요일 증분 백업 완료 시점의 로그 시퀀스 번호 (170)
  /backup/
```

풀 백업과 증분 백업을 순서대로 실행하는 방법을 살펴보았는데, 사실 이 방법은 매번 이전 풀 백업이나 증분 백업 완료 시점의 로그 시퀀스 번호를 알아내기 위해서 이전 백업의 내용을 살펴보아야 한다. 조금 귀찮은 작업일 수 있는데, 이를 위해서 XtraBackup에서는 incremental-lsn 옵션 대신 incremental-basedir이라는 옵션을 사용할 수도 있다. incremental-basedir 옵션에는 이전 백업의 경로를 설정해주면 되는데, 이전 백업에서 로그 시퀀스 번호를 찾는 것보다는 훨씬 수월할 것이다. 각 요일별 백업이 다음과 같은 디렉터리에 저장되었을 때 증분 백업 명령을 한번 살펴보자.

- 일요일 백업 : 2014-01-05-03-00-00

- 월요일 백업 : 2014-01-06-03-00-00

- 화요일 백업 : 2014-01-07-03-00-00

```
## 풀 백업 명령은 동일

## 월요일 증분 백업 명령
innobackupex \
  --host="127.0.0.1" \
  ...
  --incremental \
  --incremental-basedir=/backup/2014-01-05-03-00-00 \      ## 일요일 풀 백업 경로
  /backup/
```

```
## 화요일 증분 백업 명령
innobackupex \
  --host="127.0.0.1" \
  ...
  --incremental \
  --incremental-basedir=/backup/2014-01-06-03-00-00 \          ## 월요일 증분 백업 경로
  /backup/
```

이제 위에서 받아둔 풀 백업과 증분 백업을 복구하는 방법을 살펴보자. 풀 백업과 증분 백업을 이용해서 복구하는 과정도 풀 백업 복구와 마찬가지로 --apply-log 옵션과 --copy-back 옵션으로 처리한다. 단 여기에서는 한 가지 주의해야 할 사항이 있는데, 마지막 증분 백업 이전의 --apply-log 과정에서는 반드시 --redo-only 옵션을 사용해야 한다.

--apply-log 옵션은 아카이빙된(백업된) 리두 로그를 재실행(Roll forward)하면서 백업된 데이터 파일의 일관성을 맞추게 된다. 아카이빙된 리두 로그의 마지막까지 모두 실행을 했는데도 끝나지 않은 트랜잭션(COMMIT이나 ROLLBACK이 수행되지 않은 트랜잭션)이 남아있다면 그 트랜잭션들을 모두 롤백(ROLLBACK)한다. 그런데 어떤 트랜잭션이 〈그림 7-13〉과 같이 풀 백업 완료 시점보다 먼저 시작되었지만 풀 백업이 완료된 이후 시점에서야 비로소 커밋되었다고 가정해보자.

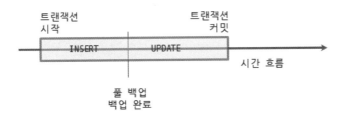

〈그림 7-14〉 하나의 트랜잭션이 증분 백업 완료 시점에 걸쳐서 실행된 경우

풀 백업 복구 과정에서 apply-log가 실행되면 〈그림 7-14〉와 같이 백업 완료 시점의 앞뒤로 연결된 트랜잭션은 모두 롤백되어버릴 것이다. 그리고 풀 백업 이후의 증분 백업을 apply-log하려고 하면 해당 트랜잭션을 찾을 수 없어서 apply-log가 실패하거나, apply-log가 수행된다고 하더라도 〈그림 7-14〉와 같은 트랜잭션의 데이터는 모두 사라져버리게 된다. 이렇게 풀 백업 이후 증분 백업을 덮어씌우는 증분 백업 복구 과정에서는(뒤에 더 apply-log를 수행할 증분 백업이 있다면) 반드시 완료(커

밋이나 롤백)되지 않은 트랜잭션을 롤백해서는 안 되고 그대로 유지시켜야 한다. --redo-only 옵션은 리두 로그를 재실행하기만 하고 롤백은 하지 못하도록 해주는 옵션이다.

이제 풀 백업과 증분 백업을 이용해서 복구하는 과정을 간단히 살펴보자. 증분 백업을 apply-log할 때에는 증분 백업의 디렉터리를 --incremental-dir 옵션에 명시하고, 백업 디렉터리는 제일 처음의 풀 백업 디렉터리를 명시해야 한다.

```
## 일요일 새벽의 풀 백업 apply-log
innobackupex --apply-log --redo-only  /backup/2014-01-05-03-00-00

## 월요일 새벽의 증분 백업 apply-log
innobackupex --apply-log --redo-only  /backup/2014-01-05-03-00-00 \
                        --incremental-dir=/backup/2014-01-06-03-00-00

## 화요일 새벽의 증분 백업 apply-log (화요일 증분 백업이 마지막이므로 여기에서는 redo-only 제
거)
innobackupex --apply-log  /backup/2014-01-05-03-00-00 \
                     --incremental-dir=/backup/2014-01-07-03-00-00

## 일요일 새벽의 풀 백업에서 apply-log 한번 더 실행
innobackupexp --apply-log /backup/2014-01-05-03-00-00
```

위의 과정을 거쳐서 apply-log가 모두 완료되면 월요일과 화요일의 증분 백업 내용이 일요일의 풀 백업에 병합이 된다. 그럼 이제 다음과 같이 풀 백업의 데이터 파일들을 copy-back으로 MySQL이나 MariaDB 서버로 복사하고, 데이터 파일의 권한을 조정한 후 MariaDB 서버를 시작하면 된다.

```
innobackupex --copy-back /backup/2014-01-05-03-00-00
```

7.5.4.3 부분(Partial) 백업

XtraBackup을 이용해서 전체 데이터베이스가 아니라 일부 테이블만 백업할 수도 있는데, 이를 부분(Partial) 백업이라고 한다. XtraBackup의 innobackupex 스크립트를 실행할 때 --inculde 옵션이나 --tables-file 옵션 그리고 --databases 옵션을 사용할 수 있는데, --include 옵션에는 백업할 대상 데이터베이스와 테이블들을 정규 표현식으로 나열할 수 있다. 그리고 --tables-file 옵션을 사용하면 정규 표현식으로 표현하기 어려운 경우라 하더라도 각각의 데이터베이스와 테이블들을 하나씩 직접 명시할 수도 있다. --databases 옵션은 데이터베이스 단위의 백업을 수행할 수 있게 해준다.

정규 표현식으로 부분 백업 실행

정규 표현식으로 백업할 테이블을 명시할 때에는 "데이터베이스명.테이블명"에 대해서 정규 표현식을 사용해야 한다. 다음 예제는 dbname이라는 데이터베이스에 있는 tablename이라는 테이블만 백업한다.

```
shell> innobackupex \
  --host="127.0.0.1" \
  --user="backup_user" \
  --password='backup_user_password' \
  --port=3306 \
  --no-lock \                 ## 슬레이브에서 백업일 때에는 no-lock 옵션 제거
  --slave-info \               ## 마스터에서 백업일 때에는 slave-info 옵션 제거
  --defaults-file="/etc/my.cnf" \
  --include='^dbname[.]tablename'
  /backup/
```

백업 대상 테이블을 파일로 명시

백업할 대상 테이블을 "데이터베이스명.테이블명" 형태로 별도의 파일에 나열해서 그 파일의 경로를 innobackupex 스크립트의 --tables-file 옵션에 명시한다.

```
shell> cat /tmp/backup_target.list
dbname1.tablename1
dbname2.tablename2

shell> innobackupex \
  --host="127.0.0.1" \
  --user="backup_user" \
  --password='backup_user_password' \
  --port=3306 \
  --no-lock \                 ## 슬레이브에서 백업일 때에는 no-lock 옵션 제거
  --slave-info \               ## 마스터에서 백업일 때에는 slave-info 옵션 제거
  --defaults-file="/etc/my.cnf" \
  --table-files=/tmp/backup_target.list
  /backup/
```

데이터베이스 단위 백업

innobackupex 스크립트를 --databases 옵션과 함께 사용하면 데이터베이스 단위로 백업을 수행할 수도 있다. 물론 이 경우에도 특정 데이터베이스에서는 일부 테이블만 백업하도록 할 수도 있다. 다음 예제의 경우 dbname1 데이터베이스에서는 tablename1 테이블만 백업하고, dbname2 데이터베이스에서는 모든 테이블을 백업하도록 한다.

```
shell> innobackupex \
  --host="127.0.0.1" \
  --user="backup_user" \
  --password='backup_user_password' \
  --port=3306 \
  --no-lock \                    ## 슬레이브에서 백업일 때에는 no-lock 옵션 제거
  --slave-info \                 ## 마스터에서 백업일 때에는 slave-info 옵션 제거
  --defaults-file="/etc/my.cnf" \
  --databases='dbname1.tablename1  dbname2'
  /backup/
```

이렇게 만들어진 부분 백업을 복구할 때에는 풀 백업이나 증분 백업의 복구와는 달리 개별 테이블 단위의 복구 방식을 사용해야 한다. 개별 테이블 복구 방식은 innobackupex 스크립트에 --apply-log 옵션과 --export 옵션을 함께 사용해야 한다.

```
shell> innobackupex --apply-log --export /data/2013-04-01-03-00-00
```

--export 옵션이 사용되면 apply-log를 실행하는 과정에서 아래와 같은 메시지들이 같이 출력되면서 백업된 테이블 단위로 .exp와 .ibd 그리고 .cfg 파일을 생성한다. 이 파일들을 이용하면 MySQL 서버 5.6의 테이블 스페이스 교체 방식으로 백업된 테이블을 MariaDB나 MySQL 서버에 적용할 수 있다.

```
..
xtrabackup: export option is specified.
xtrabackup: export metadata of table 'dbname1/tablename1' to file
'./dbname1/tablename1.exp' (1 indexes)
..
```

준비된 tablename1.cfg와 tablename1.ibd 파일을 이용해서 다음과 같이 개별 테이블 단위로 테이블 스페이스를 스와핑하는 형태로 복구할 수 있다.

```
shell> ALTER TABLE dbname1.tablename1 DISCARD TABLESPACE;
shell> ALTER TABLE dbname1.tablename1 IMPORT TABLESPACE;
```

7.5.4.4 컴팩트(Compact) 백업

XtraBackup과 같은 물리 백업 도구들은 일단 실행되면 기본적으로 데이터베이스의 디스크 파일들을 그대로 모두 복사하는 형태로 백업을 수행한다. 이와는 달리 mysqldump와 같은 논리 백업 도구들은 실제 테이블의 데이터만 백업한다. 그래서 XtraBackup과 같은 물리 백업 도구들보다 mysqldump와 같은 논리 백업 도구들이 만들어 내는 백업은 훨씬 사이즈가 작은 편이다. 이는 특별히 테이블에 인덱스가 많이 생성된 경우에 더욱 더 백업 사이즈의 차이가 크게 난다.

XtraBackup도 2.1 버전부터는 물리 백업을 수행하면서도 인덱스 페이지들은 모두 무시하고 테이블의 데이터 영역만 백업하는 컴팩트 백업이 가능해졌다. 컴팩트 백업을 수행하기 위해서는 innobackupex 스크립트를 --compact 옵션과 함께 실행하면 된다.

```
shell> innobackupex \
  --host="127.0.0.1" \
  --user="backup_user" \
  --password='backup_user_password' \
  --port=3306 \
  --no-lock \                    ## 슬레이브에서 백업할 때에는 no-lock 옵션 제거
  --slave-info \                 ## 마스터에서 백업할 때에는 slave-info 옵션 제거
  --defaults-file="/etc/my.cnf" \
  --compact \
  /backup/
```

--compact 옵션을 사용해서 백업된 경우에는 실제 백업된 데이터 파일에 인덱스 영역이 포함되어 있지 않기 때문에 백업의 크기는 작아서 디스크 공간을 많이 필요로 하지는 않는다. 하지만 백업이 복구될 때에는 백업되지 않은 인덱스 영역을 모두 복구해내야 하는데, 이 인덱스 재생 과정이 --apply-log 과정에서 실행된다. 그래서 컴팩트 백업은 백업의 용량을 줄여주지만 복구 과정이 오래 걸린다.

--compact 옵션으로 백업된 경우에는 백업 디렉터리의 xtrabackup_checkpoints 파일의 compact 옵션이 1로 설정되어 있어서 복구할 때는 이 값을 참조해서 인덱스를 새로 빌드할지를 판단한다.

```
shell> cat xtrabackup_checkpoints
backup_type = full-backuped
from_lsn = 0
to_lsn = 2888984349
last_lsn = 2888984349
compact = 1
```

7.5.4.5 스트리밍(Streaming) 백업

스트리밍 백업은 풀 백업이나 증분 백업등 다른 종류의 백업에 모두 같이 사용할 수 있다. 스트리밍 백업은 사실 백업의 종류가 아니라 백업된 데이터를 어떻게 로컬 디스크나 원격 서버로 전송할지에 대한 방법이기 때문이다. 백업된 데이터가 매우 커서 로컬 디스크에 저장할 여유 공간이 없다거나 암호화를 적용한다거나 해야 할 때에는 꼭 필요한 기능이다.

여기에서는 간단하게 스트리밍 백업을 이용해서 백업을 로컬 디스크에 기록하지 않고 원격 서버로 바로 전송해서 저장하는 방법을 살펴보도록 하겠다. 스트리밍 백업의 절차나 원리는 이미 살펴보았으므로 여기에서는 스트리밍 백업을 수행하는 명령만 살펴보겠다.

```
shell> innobackupex \
  --host="127.0.0.1" \
  --user="backup_user" \
  --password="backup_password" \
  --port=3306 \
  --defaults-file="/etc/my.cnf" \
  --stream=xbstream \
  /backup/ \
  | ssh -o StrictHostKeyChecking=no   remote_user@remote_host \
        "cat - > /backup/20130401.xbs"
```

위에서 --stream=xbstream 옵션이 백업의 결과를 스트림으로 출력하도록 하는 명령이다. --stream 옵션에는 스트림으로 아카이빙하는 유틸리티의 이름을 적어주면 된다. XtraBackup과 같이 사용할 수 있는 아카이빙 유틸리티는 xbstream만(변형된 tar도 있지만 지금의 거의 사용되지 않음)

제공된다. xbstream 유틸리티는 XtraBackup 패키지에 같이 포함되어서 배포되므로 별도의 설치를 할 필요는 없다. xbstream에 의해서 아카이빙된 백업 스트림은 ssh를 통해서 remote_host로 전송되는데, 이때 remote_user는 MySQL 서버의 유저가 아니라 유닉스 운영체제의 유저명이라는 것을 혼동하지 않도록 하자. 위의 명령에서 "-"(표준 입력 표기)와 ">"(리다이렉션 표기) 기호를 혼동한다거나 공백 구분을 누락하지 않도록 주의하자. 순서가 잘못되거나 하면 백업이 손상될 수도 있다. SSH의 "-o StrictHostKeyChecking=no" 옵션은 remote_host가 알려진 호스트(known_hosts)로 등록되지 않은 경우 키 파일을 저장할지 물어보는 대화형 모드를 제거하기 위해서 사용된 것이다.

이렇게 xbstream 유틸리티로 아카이빙된 백업으로부터 복구를 하기 위해서는 반드시 먼저 아카이빙된 파일을 일반 파일로 풀어야 한다. 이때에도 xbstream 유틸리티가 사용된다. 다음 명령은 20130401.xbs 파일로 아카이빙되어 있는 파일들을 /backup/extracted/ 디렉터리로 해제하는 명령이다. 두 명령 모두 똑같이 작동하므로 둘 중 아무거나 하나를 실행하면 된다. xbstream으로 아카이빙을 해제하면 XtraBackup으로 백업된 디렉터리의 구조를 확인할 수 있을 것이다.

```
shell> cat 20130401.xbs | xbstream -x -C /backup/extracted/
shell> xbstream -x -C /backup/extracted < 20130401.xbs
```

이렇게 아카이빙 해제된 백업은 전과 마찬가지로 innobackupex --apply-log 과정과 innobackupex --copy-back 과정을 거쳐서 복구하면 된다.

7.5.4.6 암호화(Encrypt) 백업

암호화 백업은 백업된 결과를 암호화해서 저장하고, 다시 복구할 때에는 복호화해서 apply-log와 copy-back 과정을 거친다. 물론 스트리밍 백업을 이용하면 서드파티 솔루션을 이용해서 백업을 암호화할 수도 있지만 XtraBackup에서는 자체적인 백업 암호화 기능을 제공하고 있다. XtraBackup 2.1.4 버전에서 지원하고 있는 암호화 알고리즘은 AES128과 AES192 그리고 AES256 세 가지이다. 암호화 백업을 사용하기 위해서는 먼저 사용할 알고리즘에 맞는 비트 수의 암호화 키를 생성해야 한다. 암호화 키를 생성하기 위해서는 openssl 명령을 사용하면 된다.

```
shell> openssl enc -aes-256-cbc -pass pass:yourpassword -P -md sha1
```

openssl 명령에서 enc 옵션은 대칭형 암호화를 위한 키를 생성하는 명령인데, "-aes-256-cbc" 옵션은 AES 256 암호화 알고리즘을 위한 CBC 모드의 256비트 암호화 키를 생성하는 옵션이다. 만약 XtraBackup의 암호화에 AES 256이 아니라 AES 128 암호화 알고리즘을 사용하려면 "-aes-128-cbc" 옵션을 사용하면 된다. -P 옵션은 생성된 키 내용을 화면으로 출력하라는 옵션이며, -md 옵션은 메시지 축소(Message Digest) 알고리즘으로 sha1을 사용하라는 옵션이다. openssl 명령은 이 책의 요점이 아닌 관계로 자세한 내용은 웹 사이트를 찾아보도록 하자. 일단 위의 명령이 실행되면 화면에 다음과 같은 내용이 출력된다. 출력된 내용에서 iv 항목의 값을 XtraBackup의 암호화 키로 사용하면 된다.

```
salt=A842CC4A0D4A8AA5
key=919EA523F3206FCE66246B983227B45D5F257E3C980CDE1907A4DF7A76FD07BF
iv =6004EF32FE1ACFD04C1FB955FAC136D5
```

> **주의** openssl enc 명령의 예제에서 암호화 키를 생성할 때 -pass 옵션으로 입력되는 비밀번호가 "pass:yourpassword"라고 사용되었다. 이때 실제 비밀번호 역할을 하는 부분은 "yourpassword"이며 그 앞 부분에 있는 "pass:"는 항상 명시해야 하는 키워드이다. 만약 비밀번호를 "abc"로 하고자 한다면 "-pass pass:abc"로 옵션을 사용해야 한다.

이제 생성된 암호화 키를 이용해서 암호화 백업을 실행해보자. XtraBackup으로 암호화 백업을 수행할 때 키를 명령행 인자로 사용할 수도 있고 키를 별도의 파일로 저장해두고 그 파일의 경로를 명령의 파라미터로 설정할 수도 있다.

```
## 암호화 키를 명령행 인자로 바로 사용할 경우
shell> innobackupex \
  --host="127.0.0.1" \
  --user="backup_user" \
  --password="backup_password" \
  --port=3306 \
  --defaults-file="/etc/my.cnf" \
  --encrypt=AES256 \
  --encrypt-key="6004EF32FE1ACFD04C1FB955FAC136D5" \
  /backup/
```

```
## 암호화 키를 별도의 파일로 저장할 경우
## (echo 명령의 -n 옵션은 문장의 끝에 개행 문자가 포함되지 않도록 해준다)
shell> echo -n "6004EF32FE1ACFD04C1FB955FAC136D5" > /backup/encrypt_key
shell> innobackupex \
  --host="127.0.0.1" \
  --user="backup_user" \
  --password="backup_password" \
  --port=3306 \
  --defaults-file="/etc/my.cnf" \
  --encrypt=AES256 \
  --encrypt-key-file=/backup/encrypt_key \
  /backup/
```

암호화되어서 백업된 데이터 파일들은 모두 확장자가 .xbcrypt라는 이름으로 생성되는데, 암호화된 데이터 파일들을 복호화할 때에는 innobackupex --decrypt 명령을 실행하면 된다. innobackupex --decrypt 명령을 실행할 때에는 --parallel 옵션을 함께 사용할 수 있다. --parallel=4와 같이 옵션이 설정되면 4개의 스레드가 동시에 복호화를 수행하게 된다.

```
shell> innobackupex --decrypt=AES256 \
       --encrypt-key="6004EF32FE1ACFD04C1FB955FAC136D5" /backup/2013-04-01_03-00-00/

shell> innobackupex --decrypt=AES256 \
       --encrypt-key-file=/backup/encrypt_key  /backup/2013-04-01_03-00-00/
```

암호화된 백업의 복호화가 완료되면 백업 디렉터리의 .xbcrypt 파일들은 모두 삭제되고 암호화되기 전의 .ibd 파일들이 생성되는데 이제 일반적인 풀 백업의 복구와 같이 apply-log와 copy-back 명령으로 복구하면 된다.

08

레플리케이션

레플리케이션은 고가용성(High Availability)뿐만 아니라 로드 밸런싱(Load Balance)을 위해서도 사용되는 MariaDB의 필수 기능이다. 오랜 기간 사용되면서 안정성이 있는 STATEMENT 기반의 복제와 STATEMENT의 문제를 해결하기 위해서 도입된 ROW 기반의 복제 등으로 많은 기능이 개선되었지만 여전히 레플리케이션에 대해서 해결되지 않은 요구 사항은 산적해 있는 상태이다. 그러한 요건들을 충족시키기 위해서 MariaDB 10.0과 MySQL 5.6에서는 레플리케이션의 기능이 많이 개선되었고 새로운 기능도 추가되었다.

대표적으로 오랜 시간 동안 많은 사용자들이 요구해 온 GTID(Global transaction ID)와 멀티 소스 레플리케이션이 MariaDB 10.0에서는 해결되었다. 멀티 소스 레플리케이션은 MariaDB 10.0에서만 지원되며, MySQL은 현재 개발 진행 중이어서 차기 버전인 5.7 버전에서 도입될 예정이다. 물론 그 이외에도 안정적인 복제 구현과 ROW 기반 복제의 용량과 관련된 문제들이 어느 정도 해결될 것으로 보인다. 또한 MariaDB 10.0과 MySQL 5.6의 복제에서 한 가지 주목할 사항은 바로 멀티 스레드 기반의 슬레이브(Multi-threaded slave)이다. 물론 멀티 스레드 슬레이브는 아직 만족할 만한 수준으로 개선된 것은 아니지만 Monty Program AB와 오라클에서 이런 기능들에 대한 준비를 하고 있다는 것은 많은 기대감을 가지게 해주고 있다.

이번 장에서는 MariaDB 10.0과 MySQL 5.6 버전의 복제 관련 새로운 기술들을 살펴보고, MariaDB와 MySQL 간의 복제 구성 호환성에 대해서도 살펴보도록 하겠다. 바이너리 로그의 혼합 사용 등에 대한 내용들을 살펴보겠다.

8.1 글로벌 트랜잭션 아이디(Global Transaction ID) 　♩ MariaDB　 🐬 MySQL

MariaDB(MySQL) 5.5 이전 버전에서도 MariaDB 10.0이나 MySQL 5.6과 같이 복제를 위해서 마스터 MySQL에서 실행된 트랜잭션의 정보를 바이너리 로그에 기록했다. 하지만 MariaDB 5.5에서는 각 트랜잭션이나 DML(INSERT와 UPDATE 그리고 DELETE 등) 단위로 별도의 아이디를 부여하는 형태가 아니었다. 그래서 MariaDB 5.5에서는 마스터의 바이너리 로그 이벤트를 가져오기 위해서 바이너리 로그 파일의 이름과 위치(Offset)를 전달하는 원시적인 방법을 사용했다. 이렇게 원시적으로 파일명과 파일 내에서의 위치만으로 이벤트를 식별하는 방법은 해당 로컬 서버의 파일에서만 의미를 가진다. 실제 동일한 바이너리 이벤트가 슬레이브 MariaDB에서도 동일한 파일명의 동일한 위치에 저장된다는 보장이 없었다. 한마디로 기존의 바이너리 로그 파일명과 위치 정보는 복제에 투입된 서버들끼리 전혀 호환이 되지 않았다.

이렇게 복제에 참여한 마스터와 슬레이브 MariaDB 서버간에 호환이 되지 않는 정보를 이용해서 복제를 구축함으로 인해 복제의 토폴로지를 변경하는 작업은 때로는 거의 불가능할 때도 많았다. 복제에 참여한 서버들 중에서 일부 서버에 장애가 발생했을 때 주로 복제의 토폴로지 변경이 필요한데, 토폴로지 변경이 어렵다는 것은 그만큼 복제를 이용한 장애 복구(Fail-over)가 어렵다는 것을 의미한다. 그래서 MHA나 MMM과 같은 MariaDB HA(High Availability) 솔루션들은 내부적으로 복잡한 바이너리 로그 파일의 위치 계산을 수행하거나 때로는 포기해 버리는 형태로 처리되기도 한다.

실제 글로벌 트랜잭션 아이디는 어느날 신기술로 도입된 것은 아니다. 이미 글로벌 트랜잭션 아이디 도입에 대한 요구 사항은 예전부터 있었던 것인데, MariaDB 10.0과 MySQL 5.6 버전에서야 비로소 도입된 것이다. 그러면 이제 글로벌 트랜잭션 아이디가 무엇인지 그리고 뭘 해결해줄 수 있는지를 살펴보도록 하자. 글로벌 트랜잭션 아이디에 대한 기본 개념은 MariaDB 10.0이나 MySQL 5.6 모두 동일하다. 하지만 실제 구현은 내부적으로 다르며, 관리에 필요한 명령이나 방식도 조금씩은 다르다. 여기에서는 MySQL 5.6과 MariaDB 10.0의 글로벌 트랜잭션 아이디 사용 방법을 나누어서 언급하도록 하겠다.

8.1.1 글로벌 트랜잭션 아이디(GTID)란?

MariaDB 5.5 버전의 바이너리 로그 파일명이나 위치(Offset)는 해당 이벤트가 저장된 물리적인 위치를 가리킨다. 반면 글로벌 트랜잭션 아이디는 논리적인 의미로 물리적인 파일의 이름이나 위치와는 전혀 무관하게 생성된다. MariaDB 10.0과 MySQL 5.6 모두 글로벌 트랜잭션 아이디는 2~3개의 영역으로 나누어 볼 수 있는데, 주로 서버의 "노드 아이디"와 "트랜잭션 아이디"로 구성되어 있다. 노드 아이디는 MariaDB 10.0과 MySQL 5.6 각각 구성 방식의 차이가 있지만 트랜잭션 아이디는 모두 동일하게 8바이트의 정수로 단순 증가하는 형태로 발급된다. 이렇게 글로벌 트랜잭션 아이디는 "노드 아이디"와 "트랜잭션 아이디"로 조합되기 때문에 마스터와 슬레이브 간에 중복될 가능성이 없으며, 하나의 클러스터(복제 구성에 참여한 노드들의 그룹)에서 유일한 아이디라는 것을 보장받는 것이다.

〈그림 8-1〉은 글로벌 트랜잭션 아이디가 기존의 바이너리 로그 이벤트와 어떻게 조합되어서 사용되는지를 보여주고 있다. 〈그림 8-1〉은 MariaDB 10.0의 글로벌 트랜잭션 아이디를 기준으로 표현된 것

이지만 여전히 중요한 컨셉은 MySQL 5.6과 동일하다. 우선 마스터 MariaDB에서는 트랜잭션이나 DML(INSERT와 UPDATE 그리고 DELETE 등) 그리고 DDL이 발생할 때마다 트랜잭션 아이디가 1씩 증가하면서 글로벌 트랜잭션 아이디가 생성되고, 바이너리 로그 이벤트와 매핑된다. 이렇게 기록된 바이너리 로그의 내용은 MariaDB 5.5와 동일한 방식으로 슬레이브로 전달되며, 슬레이브에서는 전달받은 이벤트를 릴레이 로그 파일이나 슬레이브의 바이너리 로그 파일로 다시 기록한다. 이때 릴레이 로그나 바이너리 로그의 파일명 및 이벤트가 저장된 위치(파일 내에서의 Offset)는 마스터와 다를 수 있다. 하지만 글로벌 트랜잭션 아이디 값은 그대로 유지된다.

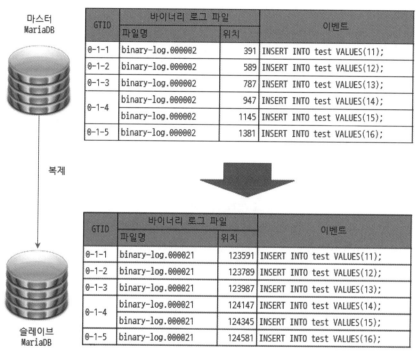

〈그림 8-1〉 글로벌 트랜잭션 아이디 개요

사실 글로벌 트랜잭션 아이디라는 개념은 참 단순하다. 기존 MariaDB 5.5의 바이너리 로그 파일에 글로벌 트랜잭션 아이디라는 값 하나만 더 저장한 것뿐이니 말이다. 하지만 글로벌 트랜잭션 아이디를 마스터와 슬레이브 간에 동일하게 유지해주기 위해서는 MariaDB나 MySQL 서버의 코드에서는 많은 변경들이 필요했을 것이다. 이 단순한 것 하나 때문에 우리가 기존에 사용해왔던 복제 관련 명령들을 사용하는 방법이 모두 바뀌게 되었다.

〈그림 8-1〉에서 한 가지 더 주의깊게 확인해야 할 것이 있는데, MariaDB 5.5의 바이너리 로그 파일명과 위치 정보가 반드시 하나의 고유한 글로벌 트랜잭션 아이디와 매핑되지는 않는다는 점이다. 〈그림 8-1〉에서 GTID가 "0-1-4"인 레코드를 보면 바이너리 로그 파일 "binary-log.000002"의 947번과 1145번 위치가 동일하게 "0-1-4" GTID 하나로 연결된 것을 알 수 있다. 각 이벤트(일반적으로 SQL 문장 하나)마다 여전히 하나의 바이너리 로그 파일의 위치(Offset)가 연결되어 있지만 글로벌 트랜잭션 아이디는 SQL 문장 단위로 발급되는 것이 아니라 거의 트랜잭션 단위로 하나의 GTID가 발급된다. 하지만 MariaDB 10.0이나 MySQL 5.6에서도 트랜잭션을 지원하지 않는 스토리지 엔진의 경우에는 거의 SQL 문장 단위로 GTID가 발급된다.

MariaDB 10.0과 MySQL 5.6의 글로벌 트랜잭션 아이디는 조합되는 방식뿐만 아니라 개념상으로도 조금 차이를 가지고 있다. MariaDB 10.0과 MySQL 5.6 둘 모두 글로벌 트랜잭션 아이디는 서버를 유니크하게 식별할 수 있는 아이디와 그 서버에서 단순 증가하는 형태의 트랜잭션 아이디로 구성[1]된다. 여기에서 각 서버에서 단순 증가하는 형태의 트랜잭션 아이디는 둘 모두 1부터 시작해서 매 트랜잭션이나 DML 혹은 DDL별로 1씩 증가한다. MySQL 5.6에서는 1씩 단순 증가하는 트랜잭션 아이디에서 중간에 누락된 값을 허용하지 않는다. 즉 트랜잭션 아이디가 1부터 10까지 발급되었는데, 그 이후에 10이 누락되고 11부터 시작되지 못한다는 것이다. 하지만 MariaDB 10.0의 글로벌 트랜잭션 아이디에서 트랜잭션 아이디는 이런 엄격한 제한 사항은 없다. 즉 누락된 트랜잭션 번호가 생길 수도 있는데, 이것이 문제되지 않는다는 것이다. 이 특성으로 인해서 MariaDB 10.0과 MySQL 5.6에서 글로벌 트랜잭션 아이디를 사용하는 복제에서 특정 바이너리 로그 이벤트를 무시하고 건너뛰는(Skip) 방법이 달라지게 된다.

또한 글로벌 트랜잭션 아이디가 MySQL 5.6과 MariaDB 10.0의 멀티 스레드 기반 복제 기능과 결합되면서 MySQL 5.6의 바이너리 로그 이벤트는 순서와 무관하게 실행될 수도 있지만 MariaDB 10.0에서는 반드시 하나의 마스터로부터 받아온 바이너리 로그는 순서대로 실행된다. 물론 더 정확하게 표현하면 MariaDB 10.0에서는 도메인 아이디가 동일하면 바이너리 로그가 순서대로 실행된다. 이로 인해서 MySQL 5.6과 MariaDB 10.0의 복제 관리 방식의 차이가 발생한다. 더 자세한 내용은 멀티 스레드 슬레이브에서 자세히 언급하겠다.

---

[1] 자세한 내용은 각각의 글로벌 트랜잭션 아이디 설명에서 언급하도록 하겠다.

8.1.2 글로벌 트랜잭션 아이디의 필요성

아마도 복제 구성이나 장애에 대한 복구 대책을 고민해 본 사용자라면 누구나 MariaDB 5.5 복제의 문제점을 알고 있을 것이다. 간단하게 우리가 자주 사용하는 복제 토폴로지를 예제로 살펴보자. 〈그림 8-2〉는 하나의 마스터에 두 개의 슬레이브가 연결되어 있는 복제 토폴로지이다. 이런 형태는 주로 슬레이브를 읽기 부하 분산 및 통계나 배치용으로 구성할 때 많이 사용한다. 〈그림 8-2〉에서는 현재 마스터의 바이너리 로그 위치가 "binary-log.000002 : 320"이고 슬레이브 B는 완전히 동기화가 되어서 똑같이 "binary-log.000002 : 320" 바이너리 로그 이벤트까지 완전히 실행 완료된 상태이다. B 서버는 SELECT 쿼리 분산용이었으며, C 슬레이브는 배치나 통계용으로 사용되고 있었다. 그런데 슬레이브 C는 조금 지연이 발생해서 마스터의 "binary-log.000002 : 120" 위치까지만 복제가 동기화된 상태였다.

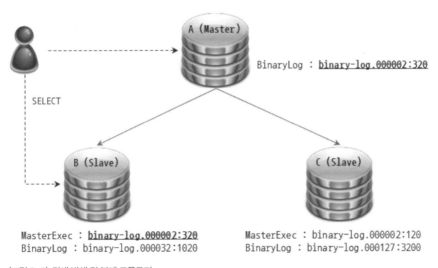

〈그림 8-2〉 장애 발생 전 복제 토폴로지

그런데 이때 마스터 서버인 A가 장애가 발생하면서 서버가 비정상적으로 종료됐다고 가정해보자. 그러면 B와 C 슬레이브 중에서 하나를 마스터로 프로모션(Promotion)하고, A 서버로 연결되어 있던 클라이언트 커넥션을 새로이 프로모션된 마스터 서버로 교체하고자 할 것이다. 이때 당연히 완전히 동기화되어 있는 B 슬레이브를 마스터로 프로모션할 것이다. 이제 그림 〈8-3〉과 같이 복제는 모두 끊어지고, B 서버로 사용자 트래픽이 유입되고 있다. 그러나 C 서버는 여전히 동기화가 되지 않은 상태여서 서비스에서 SELECT 용도로 사용할 수가 없는 상태이다.

INSERT, UPDATE,
DELETE, SELECT

inaryLog : binary-log.000002:320

MasterExec : binary-log.000002:320
BinaryLog : binary-log.000032:1020

MasterExec : binary-log.000002:120
BinaryLog : binary-log.000127:100

〈그림 8-3〉 장애 발생 후 B 서버를 마스터로 프로모션

B 서버가 새로운 마스터로 프로모션되어서 클라이언트의 쿼리 요청이 B 서버로 들어오기 시작하는데, 이미 B 서버는 SELECT 쿼리의 부하 분산용이었기 때문에 SELECT와 기존 마스터의 역할까지 겹치면서 과부하 상태로 빠지기 시작할 것이다. 그러면 기존 B 서버의 SELECT 쿼리를 C 서버를 옮겨서 실행하면 될 것이다. 하지만 안타깝게도 C 서버는 동기화가 되지 않은 상태에서 A 서버가 종료되어 버렸으므로 복제를 최종 시점까지 동기화할 방법이 없다.

물론 완전히 불가능한 것은 아니다. 슬레이브 B 서버의 릴레이 로그가 지워지지 않고 남아있었다면, (릴레이 로그에는 마스터의 바이너리 로그 위치가 같이 기록되어 있으므로) B 서버의 릴레이 로그를 가져와서 필요한 부분만 실행해주면 복구가 가능하다. 하지만 일반적으로 MySQL 서버의 릴레이 로그는 불필요한 시점에 자동으로 삭제되도록 사용하므로, 이 방법은 상당히 제한적이라고 볼 수 있다. 또한 수동으로 직접 체크해보는 방법도 있을 수 있다. 그런데 이게 말처럼 그렇게 간단한 문제가 아닐뿐더러 자동화는 거의 불가능할 것이다. 이와 같이 단순한 복제 구성에서도 복구가 쉽지 않다. 만약 〈그림 8-2〉에서 B나 C 서버에 다시 슬레이브가 복제로 연결되어 있었다면 어떻게 될까? 사실 이런 경우에는 마스터가 비정상 종료된다면 거의 복제를 새로 구축하는 것밖에 방법이 없을지도 모른다.

그럼 글로벌 트랜잭션 아이디로 복제가 되는 상황을 한번 고려해보자. 〈그림 8-4〉와 같이 우선 글로벌 트랜잭션 아이디를 이용해서 복제가 구성되어 있으며, 마스터 MariaDB 서버의 현재 글로벌 트랜잭션 아이디는 "0-1-120"이고, B 슬레이브는 "0-1-120"까지 완전히 동기화된 상태이며 C 슬레이브는 "0-1-98"번 글로벌 트랜잭션 아이디까지만 동기화된 상태이다.

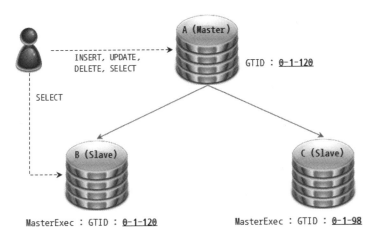

〈그림 8-4〉 GTID 사용 시 장애 발생 전 복제 토폴로지

이 상태에서 마스터 MariaDB 서버인 A에 장애가 발생하면 〈그림 8-5〉와 같이 B 서버를 C 슬레이브의 마스터가 되도록 "CHANGE MASTER TO master_host='B', master_port=3306;" 명령을 실행한다. 이때 B 서버의 바이너리 로그 파일명이 무엇인지 그리고 바이너리 로그 파일에서 어느 위치부터 이벤트를 가져와야 하는지 입력할 필요가 없다. A 서버에서 글로벌 트랜잭션 아이디가 "0-1-98"이었던 트랜잭션은 B 서버에서도 "0-1-98"이며 C 서버에서도 "0-1-98"이기 때문이다. 그래서 C 서버는 현재 "0-1-98"번 트랜잭션까지 실행했으므로 B 서버로 복제를 다시 연결할 때에도 B 서버에서 "0-1-98"번 이후의 바이너리 로그 이벤트를 가져와서 동기화하면 되기 때문이다.

이렇게 C 슬레이브가 새로운 마스터인 B 서버와 동기화할 수 있도록 준비되면 이제 사용자의 쿼리 요청을 B 서버와 C 서버로 나뉘어서 갈 수 있도록만 해주면 된다.

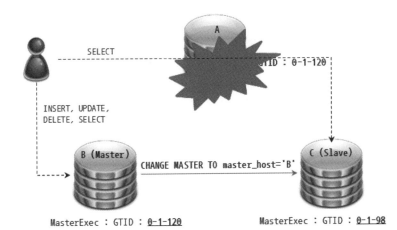

〈그림 8-5〉 GTID 사용 시 장애 발생 후 B 서버를 마스터로 프로모션

사실 글로벌 트랜잭션 아이디의 개념은 기대했던 것보다 훨씬 단순하고 별로 특별한 것 없이 보일 수도 있다. 하지만 트랜잭션의 아이디를 글로벌하게 확장함으로써 복제 토폴로지 변경 시 동기화에 대한 문제가 아주 간단히 해결되어 버렸다. 이런 단순함은 꼭 장애에 대응할 때만 활용할 수 있는 것은 아니다. MariaDB 서버를 운영하다 보면 데이터베이스에 슬레이브 확장이나 축소 또는 통합과 같은 여러 요건들이 있을 수 있다. 이럴때마다 복제 동기화 때문에 항상 관리자는 머리를 싸매야 하는데 이런 문제들도 함께 해결될 수 있을 것으로 보인다. 물론 글로벌 트랜잭션 아이디를 사용하기 위해서는 그만큼의 대가를 치러야 한다. 이제부터는 글로벌 트랜잭션 아이디가 도입됨으로 인해서 발생하는 문제점들이나 배워야 할 것들을 살펴보겠다.

> **주의** MariaDB 10.0과 MySQL 5.6의 글로벌 트랜잭션 구현에는 매우 중요한 차이가 있다. MariaDB 10.0과 MySQL 5.6의 글로벌 트랜잭션 아이디는 순차적으로 1씩 증가하도록 설계되었는데, MySQL 5.6의 글로벌 트랜잭션 아이디는 중간중간에 누락되는 것을 허용하지 않는다. 예를 들어서 마스터에서 전송되어 온 바이너리 로그 스트림이 "52ad4731-d3bb-454f-ae82-4889f5338954:1"부터 "52ad4731-d3bb-454f-ae82-4889f5338954:100"까지 전송되어서 슬레이브로 넘어오면, 슬레이브가 자체적으로 기록하는 바이너리 로그에도 반드시 "52ad4731-d3bb-454f-ae82-4889f5338954:1"부터 "52ad4731-d3bb-454f-ae82-4889f5338954:100"까지 그대로 누락되지 않고 기록되어야 한다는 것이다. 하지만 MariaDB의 글로벌 트랜잭션 아이디는 마스터에서 "0-1-1"부터 "0-1-100"까지의 이벤트가 발생했다 하더라도 슬레이브가 기록하는 바이너리 로그에는 중간의 "0-1-30"이 누락되어서 기록될 수도 있다.
>
> 별로 중요하지 않은 차이처럼 보이지만 사실 이 방식으로 인해서 MySQL 5.6과 MariaDB 10.0의 멀티 스레드 슬레이브가 작동하는 방식까지 달라지게 된다. 또한 MySQL 5.6의 글로벌 트랜잭션 아이디에서는 중간의 누락을 허용하지 않기 때문에 슬레이브에서 바이너리 로그 이벤트 하나를 그냥 건너뜀(skip) 수가 없다. 그래서 MySQL 5.6에서는 일부러 스레드 트랜잭션을 끼워넣는다거나 하는 방식으로만 건너뛰기(Skip slave)를 할 수 있다. 하지만 MariaDB 10.0은 중간에 누락되는 트랜잭션 번호를 허용하기 때문에 복제를 끊었다가 어느 위치에서든지 복제를 시작할 수도 있다.

8.1.3 MariaDB 10.0 글로벌 트랜잭션 아이디 🍃 MariaDB

MariaDB 10.0의 글로벌 트랜잭션 아이디는 기존 MariaDB 5.1이나 5.5에서 사용되던 server_id 시스템 변수를 그대로 사용해서 클러스터 전역적으로 유니크한 트랜잭션 아이디를 생성한다. MariaDB의 글로벌 트랜잭션 아이디는 다음과 같이 3 부분으로 나뉘어서 구성된다.

```
"도메인 아이디" - "서버 아이디" - "트랜잭션 아이디"
```

도메인 아이디는 MariaDB 10.0부터 새로 도입된 개념인데, 여기에서는 복제 클러스터 단위로 하나씩 할당되는 아이디 정도로만 이해하고 나중에 슬레이브의 병렬 처리에서 다시 자세히 살펴보도록 하자. 그리고 서버 아이디는 우리가 지금까지 복제에서 사용하던 server_id 시스템 변수를 의미한다. 마지막으로 트랜잭션 아이디는 1씩 단순 증가하는 8바이트의 정수 값이다. 실제 하나의 복제 클러스터에서 각각의 MariaDB 서버는 반드시 유니크한 서버 아이디를 사용해야 하므로 "서버 아이디"와 "트랜잭션 아이디"의 조합만으로도 글로벌 트랜잭션 아이디로 사용할 수 있다. 하지만 MariaDB 10.0에서는 멀티소스 레플리케이션(Multi source replication) 기능이 도입되면서 하나의 슬레이브가 여러 마스터 서버의 데이터를 동시에 복제할 수 있게 되었다. 이로 인해서 더 이상 "서버 아이디"와 "트랜잭션 아이디"만으로는 각 트랜잭션을 글로벌하게 구분할 수가 없게 된 것이다. 그래서 "도메인 아이디" 개념이 도입된 것이다.

MariaDB 10.0의 글로벌 트랜잭션 아이디 기능은 고유의 server_id 시스템 변수가 정의되면 기본적으로 활성화된다. 즉 MariaDB 5.5에서 MariaDB 10.0으로 업그레이드하면 그냥 별다른 설정 변경없이 디폴트로 글로벌 트랜잭션 아이디를 사용하게 된다는 것을 의미한다. MariaDB 10.0에서는 MariaDB 설정 파일에 server-id를 별도로 지정하지 않으면 server_id 시스템 변수는 기본값으로 1로 초기화된 것처럼 표시되지만 실제 글로벌 트랜잭션 아이디 기능은 활성화되지 않는다. 그래서 만약 MariaDB 설정 파일에 server-id를 명시적으로 설정하지 않고 서버를 기동한 상태에서 슬레이브에서 CHANGE MASTER 명령을 실행하면 다음과 같은 오류가 발생한다.

```
Errno: 1236
Error: Got fatal error 1236 from master when reading data from binary log:
      'Misconfigured master - server id was not set'
```

또한 MariaDB 10.0에서는 server_id 시스템 변수가 동적 변수로 변경되었다. 그래서 server_id를 언제든지 서버를 재시작하지 않고도 변경할 수 있게 되었다.

8.1.3.1 GTID를 이용한 복제 구축

글로벌 트랜잭션 아이디를 사용하도록 복제를 구축하는 과정은 사실 MariaDB 5.5 서버와 크게 다르지 않다.

바이너리 로그 파일과 위치 기반의 복제를 GTID로 변경

MariaDB 5.5에서 MariaDB 10.0으로 업그레이드되었다면 그 서버는 이미 아무런 설정 없이 글로벌 트랜잭션 아이디를 사용하도록 실행된 것이다. 또한 슬레이브도 마스터와 복제는 바이너리 로그 파일과 위치 기반으로 수행하고 있는 상태이지만 마스터로부터 GTID도 함께 받아서 추적을 하고 있는 상태가 되었을 것이다. 그래서 이 경우에는 다음과 같이 슬레이브에서 명령 한번만 실행해주면 된다.

```
MariaDB> STOP SLAVE;

MariaDB> CHANGE MASTER TO master_host='',master_port=3306,
              master_user='',master_password='', master_use_gtid=current_pos;

MariaDB> START SLAVE;
```

새로운 슬레이브를 GTID 사용하도록 구축

이미 데이터를 가지고 있는 MariaDB 10.0 서버에 슬레이브를 추가하는 과정은 다음과 같다. 다음 과정에서 기존 MariaDB 서버의 데이터를 백업하고 복구하는 과정은 "7.5 백업" 섹션을 참조하도록 하자.

1. 기존 MariaDB 서버의 데이터 백업

2. 새로운 슬레이브 MariaDB 서버에 백업된 데이터 복구

3. 백업된 시점의 바이너리 로그 파일명과 위치 확인

4. 3번에서 확인된 바이너리 로그 파일명과 위치를 이용해서 마스터의 GTID 확인

5. 새로 구축된 슬레이브의 GTID 값을 4번에서 확인된 GTID 값으로 변경

6. 새로 구축된 슬레이브에서 CHANGE MASTER 명령 실행

이 과정에서 글로벌 트랜잭션 아이디를 사용하는 복제 구축이 기존 MariaDB 5.5와 차이 나는 부분은 3번과 4번일 것이다. XtraBackup 2.1.4와 MariaDB 10.0.8에 포함된 mysqldump 유틸리티 모두 아직 백업 시 MariaDB 서버의 글로벌 트랜잭션 아이디를 백업하지는 않고 있다. 그래서 기존의 바이너리 로그 파일의 이름과 위치를 이용해서 글로벌 트랜잭션 아이디를 구해야 하는데, 이때에는 BINLOG_GTID_POS( ) 함수를 사용하면 된다. 만약 마스터에서 백업된 시점의 바이너리 로그 위치가 "binary-log.000002:1145"라면 다음과 같이 BINLOG_GTID_POS( ) 함수를 실행하면 글로벌 트랜잭션 아이디를 조회할 수 있다.

```
MariaDB> SELECT BINLOG_GTID_POS("binary-log.000002", 1145);
+---------------------------------------------+
| BINLOG_GTID_POS("binary-log.000002", 1145)  |
+---------------------------------------------+
| 0-1-4                                       |
+---------------------------------------------+
```

이제 바이너리 로그 파일 "binary-log.000002"에서 위치(Offset)가 1145에 있는 이벤트의 글로벌 트랜잭션 아이디가 "0-1-4"라는 것을 알게 되었다. 글로벌 트랜잭션 아디를 알고 있는 상태라 하더라도 이 값으로 바로 CHANGE MASTER 명령을 실행할 수는 없다. MariaDB 10.0에서 글로벌 트랜잭션 아이디를 사용해서 복제를 연결할 때에는 아래 세 가지 방법 중 하나를 사용해야 한다.

```
## MariaDB 5.5와 그 이번 버전에서 사용하던 전통적인 방법
CHANGE MASTER TO master_host='',master_port=3306,
                master_user='',master_password='', master_log_file='', master_log_pos='';

## MariaDB 10.0 버전부터 사용 가능한 방법
CHANGE MASTER TO master_host='',master_port=3306,
                master_user='',master_password='', master_use_gtid=current_pos;

CHANGE MASTER TO master_host='',master_port=3306,
                master_user='',master_password='', master_use_gtid=slave_pos;
```

위의 예제에서 첫 번째 예제는 바이너리 로그 파일의 이름과 바이너리 로그 파일의 위치를 명시하는 방법으로, 이미 우리가 익숙하게 사용해오던 문법 그대로이다. 이 방법은 실제 글로벌 트랜잭션 아이디를 이용한 복제는 아니지만 언제든지 복제가 연결된 상태에서 글로벌 트랜잭션을 사용한 복제로 전환할 수 있도록 해준다. 그리고 두 번째와 세 번째 예제는 MariaDB 10.0 버전부터 사용할 수 있는데, CHANGE MASTER 명령의 master_use_gtid=current_pos와 master_user_gtid=slave_pos 옵션은 모두 문자열 그대로 사용해야 한다. 두 번째와 세 번째 방법은 글로벌 트랜잭션 아이디를 이용해서 복제를 수행하는 것이다. 현재 복제가 글로벌 트랜잭션 아이디를 이용하고 있는지는 "SHOW SLAVE STATUS" 명령에서 "Using_Gtid" 칼럼의 값으로 확인해볼 수 있다. "Using_Gtid" 칼럼 값이 "No"라면 글로벌 트랜잭션 아이디로 복제되고 있지 않다는 것을 의미한다.

두 번째와 세 번째 예제의 master_use_gtid 옵션에 사용된 slave_pos와 current_pos는 각각 다음과 같은 용도로 사용된다.

master_use_gtid=slave_pos

글로벌 트랜잭션 아이디를 사용해서 복제를 처음 구축할 때 복제를 시작해야 할 글로벌 트랜잭션 아이디를 알고 있을 때 사용한다. master_use_gtid=slave_pos를 CHANGE MASTER 명령과 함께 사용하면 MariaDB 서버는 gtid_slave_pos 시스템 변수에 설정되어 있는 GTID 값을 이용해서 마스터와 복제를 연결한다. 그리고 gtid_slave_pos 시스템 변수는 동적 변수이므로 필요 시 SET 명령을 이용해서 변경할 수 있다.

master_use_gtid=current_pos

글로벌 트랜잭션 아이디를 이용하는 복제 환경에서 한번도 슬레이브가 되었던 적이 없는 MariaDB 서버는 gtid_slave_pos 시스템 변수에 아무런 값도 설정되어 있지 않다. 예를 들어서 A가 마스터이고 B가 슬레이브로 복제가 구축되어 있을 때 A 서버가 계속 마스터로만 사용되었다면 A 서버의 gtid_slave_pos 시스템 변수는 비어 있게 되는 것이다. 그런데 이때 마스터와 슬레이브를 스위칭해서 B를 마스터로 프로모션하고 A를 다시 B의 슬레이브로 구축하고자 할 때에는 CHANGE MASTER 명령에 master_use_gtid=slave_pos 옵션을 사용할 수 없는 것이다.

이럴 때에는 CHANGE MASTER 명령과 master_use_gtid=current_pos 옵션을 사용하면 된다. master_use_gtid 옵션이 사용되면 MariaDB 서버는 gtid_current_pos 시스템 변수에 저장된 GTID부터 복제를 시작한다. MariaDB 서버에서는 자신이 실행하고 바이너리 로그에 기록한 트랜잭션의 GTID 값을 항상 gtid_current_pos 시스템 변수에 저장하는데, A 서버가 마스터였을 때 마지막으로 실행했던 GTID 값이 gtid_current_pos 시스템 변수에 저장되어 있는 것이다. 그래서 A 서버에서 CHANGE MASTER .. master_use_gtid=current_pos 명령이 실행되면 A 서버가 지금까지 실행했던 트랜잭션 이후의 트랜잭션을 B 서버로부터 가져오는 것이다.

위의 세 가지 방법 중 어떤 방법을 사용하든지 MariaDB 슬레이브는 마스터 MariaDB로부터 바이너리 로그 이벤트를 전달받을 때마다 글로벌 트랜잭션 아이디를 함께 전달받게 된다. 그러면 슬레이브는 전달받은 글로벌 트랜잭션 아이디를 계속 추적하면서 그 정보를 gtid_slave_pos와 gtid_current_pos 시스템 변수에 저장한다. 또한 MariaDB 서버가 재시작되었을 때 복제를 다시 연결하기 위해서는 마지막으로 실행했던 바이너리 로그 이벤트의 위치를 기억하고 있어야 하므로 mysql 데이터베이스의 gtid_slave_pos라는 테이블에 저장한다.

이제 다시 원래의 글로벌 트랜잭션 아이디를 이용한 복제 구축으로 돌아가보자. 여기에서는 새롭게 GTID를 이용해서 복제를 구축하는 것이므로 gtid_slave_pos나 gtid_current_pos 시스템 변수가 모두 비어 있을 것이다. 그래서 다음과 같이 백업 시점의 GTID를 gtid_slave_pos에 설정하고, CHANGE MASTER .. master_use_gtid=slave_pos 명령으로 복제를 연결해 주면 된다.

```
MariaDB> SET GLOBAL gtid_slave_pos='0-1-4';

MariaDB> CHANGE MASTER TO master_host="127.0.0.1", master_port=4000,
                         master_user="root", master_use_gtid=slave_pos;
```

```
MariaDB> START SLAVE;
MariaDB> SHOW SLAVE STATUS\G
*************************** 1. row ***************************
                Slave_IO_State: Waiting for master to send event
                   Master_Host: 127.0.0.1
                   Master_User: root
                   Master_Port: 4000
                 Connect_Retry: 60
               Master_Log_File: binary-log.000002
           Read_Master_Log_Pos: 353
                Relay_Log_File: relay-bin.000002
                 Relay_Log_Pos: 641
         Relay_Master_Log_File: binary-log.000002
              Slave_IO_Running: Yes
             Slave_SQL_Running: Yes
...
            Exec_Master_Log_Pos: 353
               Relay_Log_Space: 941
               Until_Condition: None
                Until_Log_File:
                 Until_Log_Pos: 0
...
          Seconds_Behind_Master: 0
Master_SSL_Verify_Server_Cert: No
...
               Master_Server_Id: 1
...
                     Using_Gtid: Slave_Pos
                    Gtid_IO_Pos:
1 row in set (0.00 sec)
```

CHANGE MASTER 명령에 master_use_gtid 옵션을 사용하면 SHOW SLAVE STATUS의 "Using_
Gtid" 필드에 "Slave_Pos" 또는 "Current_Pos"가 표시된다. 이 정보는 나중에 다시 마스터와 연결되
어야 할 때에 재사용된다.

MariaDB 10.0에서 GTID 값을 저장하기 위해서 내부적으로 mysql 데이터베이스의 gtid_slave_pos
테이블을 사용한다. 또한 gtid_slave_pos 테이블에 저장된 값은 gtid_slave_pos 시스템 변수에도 똑
같이 관리된다. 그래서 MariaDB 5.5에서 10.0으로 업그레이드를 했다면 반드시 mysql_upgrade 유

틸리티를 실행해서 MariaDB 10.0에서 필요한 딕셔너리 테이블들이 생성될 수 있도록 해주는 것이 좋다. 만약 MariaDB 서버가 비정상적으로 종료되는 경우에도 gtid_slave_pos 값이 손실되지 않고 보존되도록 하고 싶다면 mysql 데이터베이스의 gtid_slave_pos 테이블을 InnoDB나 XtraDB 스토리지 엔진으로 생성해야 한다. gtid_slave_pos 테이블은 UPDATE나 INSERT 등의 DML 문장으로 직접 값을 편집하지 않도록 주의하자. 만약 gtid_slave_pos 값을 변경해야 한다면 위의 예제에서와 같이 "SET GLOBAL gtid_slave_pos='...';" 명령을 사용하자.

mysql 데이터베이스의 gtid_slave_pos 테이블의 구조는 다음과 같다. 테이블의 각 칼럼은 글로벌 트랜잭션 아이디를 잘라서 각 부분을 저장하는 용도로 사용된다. sub_id 칼럼은 글로벌 트랜잭션과 관계없이 슬레이브에서 병렬로 복제가 처리될 때를 위해서 사용되는 아이디 값이다. 실제 sub_id 칼럼은 복제의 위치 정보와는 무관하며, 만약 슬레이브가 4개의 스레드로 처리된다면 gtid_slave_pos 테이블에 4개의 레코드가 생성된다. 각 슬레이브의 스레드는 gtid_slave_pos 테이블에서 각자의 레코드만 업데이트하고, 최종의 슬레이브 실행 위치는 4건의 레코드에서 가장 마지막 seq_no를 가진 값으로 결정된다. 이는 멀티 스레드로 실행되는 슬레이브가 서로 병목을 일으키지 않도록 설계된 것이다.

```
CREATE TABLE gtid_slave_pos (
  domain_id INT UNSIGNED NOT NULL,
  sub_id BIGINT UNSIGNED NOT NULL,
  server_id INT UNSIGNED NOT NULL,
  seq_no BIGINT UNSIGNED NOT NULL,
  PRIMARY KEY (domain_id, sub_id)
) ENGINE=InnoDB;

MariaDB [mysql]> SELECT * FROM gtid_slave_pos;
+-----------+--------+-----------+--------+
| domain_id | sub_id | server_id | seq_no |
+-----------+--------+-----------+--------+
|         0 |      3 |         1 |     14 |
+-----------+--------+-----------+--------+
```

또한 gtid_slave_pos 테이블은 도메인 아이디별로도 서로 다른 레코드를 가지는데, 이는 멀티 소스 레플리케이션이나 인위적으로 쿼리들이 슬레이브에서 병렬로 처리되도록 할 때 유용하다. 이는 멀티 소스 레플리케이션과 멀티 스레드 슬레이브에서 자세히 살펴보도록 하겠다.

8.1.3.2 GTID를 사용한 복제 관리

MariaDB 10.0에서는 글로벌 트랜잭션 아이디를 사용하는 복제에 대해 복제를 연결하거나 멈추는 등의 관리자용 명령들이 몇 가지 제공된다. 물론 MariaDB 5.5에서 사용하던 복제 관리 명령과 크게 다르지 않지만 글로벌 트랜잭션 아이디의 포맷이 기존과는 달라지면서 명령이 필요로 하는 옵션들이 조금씩 변경되었다.

바이너리 로그 파일명과 위치로 글로벌 트랜잭션 아이디 찾기

일반적으로 XtraBackup이나 mysqldump와 같은 도구들은 아직 MariaDB의 글로벌 트랜잭션 아이디를 지원하지 않을 수도 있다. 그래서 백업된 시점의 바이너리 로그가 글로벌 트랜잭션 아이디가 아니라 바이너리 로그의 파일명과 위치(Offset)인 경우가 많은데, 이 때에는 BINLOG_GTID_POS( ) 함수를 이용해서 기본 버전의 바이너리 위치 정보를 이용해서 GTID 값을 조회할 수 있다.

```
SELECT BINLOG_GTID_POS('binary-log.000002', 123);
==> '0-1-12'
```

글로벌 트랜잭션 아이디까지 대기

MySQL 5.5나 MariaDB 5.5에서 MASTER_POS_WAIT( ) 함수를 아마도 사용해본 적이 있을 것이다. MASTER_POS_WAIT( ) 함수는 바이너리 로그 파일명과 위치를 인자로 해서 함수를 호출하면 슬레이브가 해당 지점까지 동기화되면 함수가 리턴하게 된다. 즉 슬레이브의 동기화에 대한 알람 역할을 해주는 것이다. 그런데 MariaDB 10.0부터 사용할 수 있는 글로벌 트랜잭션 아이디는 MASTER_POS_WAIT 함수를 사용할 수 없다. 그래서 MASTER_GTID_WAIT이라는 함수가 MariaDB 10.0.9부터 도입될 예정이다. MASTER_GTID_WAIT( ) 함수는 MASTER_POS_WAIT( ) 함수의 GTID 버전이긴 하지만 MASTER_POS_WAIT( ) 함수와는 조금 차이가 있다. MariaDB 10.0의 멀티 소스 복제에서 MASTER_POS_WAIT( ) 함수는 하나의 복제에 대해서만 실행이 가능하다. 하지만 MASTER_GTID_WAIT( ) 함수는 멀티 소스 복제를 수행하고 있는 슬레이브에서 모든 복제 채널에 대해서 대기가 가능하다. 또한 MASTER_GTID_WAIT( ) 함수는 두 번째 인자로 시간을 사용하는데, 이 시간이 그냥 정수인 경우에는 초 단위를 의미한다. 그런데 이 값에 소수점 값을 사용할 수도 있는데, 이때에는 밀리초나 마이크로 초 단위의 타임 아웃을 설정할 수도 있다.

```
SELECT MASTER_GTID_WAIT('0-1-12', 10);
```

초기 복제 연결

글로벌 트랜잭션 아이디를 사용하도록 복제를 연결할 때에는 gtid_slave_pos 시스템 변수에 연결하고자 하는 시점의 GTID를 먼저 설정해야 한다. 그리고 CHANGE MASTER 명령을 실행하는데, 복제 연결이 gtid_slave_pos 시스템 변수에 설정한 GTID부터 시작하도록 master_use_gtid=slave_pos 옵션을 같이 사용해야 한다.

```
SELECT BINLOG_GTID_POS('binary-log.000002', 123);
SET GLOBAL gtid_slave_pos='0-1-12';

CHANGE MASTER TO master_host='',master_port='',
   master_user='',master_passsword='',master_use_gtid=slave_pos;
```

복제 멈춤 및 복제 관련 설정 제거

복제를 멈추거나 복제 관련 메타 정보를 모두 삭제하는 명령은 MariaDB 5.5와 동일하게 사용하면 된다.

```
STOP SLAVE;
RESET SLAVE ALL;
```

바이너리 로그 파일과 위치 기반의 복제를 GTID 기반으로 변경

먼저 복제가 이전 버전의 방식으로 바이너리 로그 파일명과 위치로 복제가 연결되어 있을 때, 이를 GTID 사용 모드로 변경하고자 할 때에는 다음과 같이 CHANGE MASTER 명령에 master_use_gtid=current_pos 옵션을 같이 넣어서 사용한다. 마스터 MariaDB 서버에서 바이너리 로그에 GTID를 설정하도록 준비되어 있다면 복제가 이전 방식인 바이너리 로그 파일명과 위치로 연결되어 있다 하더라도 슬레이브는 마스터로부터 GTID도 같이 전송받아서 추적하고 있는 상태가 된다. 이때 슬레이브가 바이너리 로그 이벤트를 실행하면서 계속적으로 gtid_current_pos 시스템 변수에 저장을 하게 된다. CHANGE MASTER 명령에 master_use_gtid=current_pos 옵션이 사용되면 복제가 gtid_current_pos 시스템 변수에 설정된 GTID부터 시작되도록 해준다.

```
STOP SLAVE;
CHANGE MASTER TO master_host='',master_port='',
   master_user='',master_passsword='',master_use_gtid=current_pos;
START SLAVE;
```

마스터 MariaDB 변경

마스터 MariaDB 서버가 장애가 발생했다거나 계획적으로 마스터와 슬레이브를 스위칭해야 할 때가 자주 있다. 이런 경우에 글로벌 트랜잭션 아이디를 기반으로 복제가 구성되어 있다면 다음과 같이 CHANGE MASTER 명령에서 master_host 옵션을 새로운 마스터가 될 MariaDB 서버의 호스트명을 입력해주면 된다. 그러면 MariaDB 서버는 이전 마스터에서 마지막에 실행했던 바이너리 로그 위치(GTID) 뒤부터의 이벤트를 새로운 마스터 MariaDB 서버로부터 전송받아서 복제 동기화를 진행하게 된다. 글로벌 트랜잭션 아이디를 사용하는 경우 이렇게 복제의 마스터를 새로운 호스트로 전환하는 경우에 별도로 바이너리 로그의 위치나 GTID를 설정하지 않아도 된다.

```
STOP SLAVE;
CHANGE MASTER TO master_host='new_master',master_port=3306,master_user='',master_passsword='';
START SLAVE;
```

특정 위치까지 실행후 복제 멈춤

이미 MySQL 5.5나 MariaDB 5.5에서도 START SLAVE UNTIL MASTER_LOG_FILE='mysql-bin.000002,MASTER_LOG_POS=1230과 같이 특정 위치의 바이너리 로그까지만 복제가 진행되도록 설정할 수 있었다. 글로벌 트랜잭션 아이디를 사용하는 경우에는 다음과 같이 복제를 시작하지만 지정된 GTID까지 동기화되면 자동으로 복제가 멈추도록 할 수 있다.

```
STOP SLAVE;
START SLAVE UNTIL master_gtid_pos='0-1-15';
```

> **주의** MariaDB 10.0의 복제 관련 명령어들은 사실 이보다 많이 복잡해졌다. 글로벌 트랜잭션 아이디에 대한 변경도 있지만 멀티 소스 복제에 대한 기능들도 추가되면서 CHANGE MASTER나 START SLAVE 그리고 STOP SLAVE 명령의 문법이 변경되었기 때문이다. 우선 여기에서는 멀티 소스 복제에 대한 부분은 고려하지 말고, 글로벌 트랜잭션 환경에서 복제 관련 명령어는 이렇게 작성한다는 것까지만 기억하도록 하자.

8.1.3.3 GTID를 이용한 슬레이브에서 트랜잭션 건너뛰기

사용자의 실수 또는 MariaDB 서버의 비정상 종료로 인해서 슬레이브에서는 다음과 같은 중복 키 에러가 자주 발생했었다.

```
Errno: 1062
Error: Error 'Duplicate entry '17' for key 'PRIMARY'' on query.
       Default database: 'test'. Query: 'insert into test.test values (17)'
```

MariaDB 5.5의 바이너리 로그 파일과 위치를 기반으로 수행되던 복제에서는 이런 경우 SQL_SLAVE_SKIP_COUNTER 시스템 변수를 이용해서 문제되는 이벤트만 건너뛰도록 해서 문제를 해결했었다. 하지만 글로벌 트랜잭션 아이디를 사용하는 복제 환경의 슬레이브에서는 더 이상 SQL_SLAVE_SKIP_COUNTER 시스템 변수를 사용할 수가 없다. MariaDB 10.0.7 버전에서는 아무런 경고나 에러 메시지 없이 SQL_SLAVE_SKIP_COUNTER 시스템 변수의 값을 무시해 버리는 것이 확인되었는데, 이는 현재 버그로 레포팅되어 있는 상태이다. 여기에서 SQL_SLAVE_SKIP_COUNTER 시스템 변수를 1로 설정했을 때, 실제 바이너리 로그의 이벤트 하나를 건너뛰지 못하는 것은 의도된 작동 방식(이 자체가 버그는 아니라는 의미)이다. 단지 SQL_SLAVE_SKIP_COUNTER 시스템 변수의 값에 1 이상의 값을 설정하는 것이 잘못된 것인데, 이에 대해서 아무런 경고나 에러 메시지가 없다는 것을 지적(버그 레포팅)한 것이다.

어찌되었거나 글로벌 트랜잭션 아이디를 사용한다 하더라도 이런 문제들은 여전히 발생할 것으로 보인다. 더 이상 SQL_SLAVE_SKIP_COUNTER 시스템 변수를 사용할 수 없으므로 바이너리 로그 이벤트를 하나씩 확인하고 건너뛰는 것도 예전처럼 쉽지는 않을 듯하다. MariaDB 10.0부터는 바이너리 로그를 무시하고 건너뛰기 위해서는 다음과 같이 gtid_slave_pos 시스템 변수의 값을 (건너뛰고) 새로 시작할 GTID 값으로 재설정해야 한다.

```
MariaDB> SHOW SLAVE STATUS\G
*************************** 1. row ***************************
               Slave_IO_State: Waiting for master to send event
                  Master_Host: 127.0.0.1
                  Master_User: root
                  Master_Port: 4000
                Connect_Retry: 60
              Master_Log_File: binary-log.000002
          Read_Master_Log_Pos: 1744
               Relay_Log_File: relay-bin.000002
                Relay_Log_Pos: 680
        Relay_Master_Log_File: binary-log.000002
             Slave_IO_Running: Yes
            Slave_SQL_Running: No
...
                    Last_Errno: 1062
                    Last_Error: Error 'Duplicate entry '17' for key 'PRIMARY'' on query. Default
database: 'test'. Query: 'insert into test.test values (17)'

....
                    Using_Gtid: Slave_Pos
                   Gtid_IO_Pos: 0-1-7

MariaDB> SHOW GLOBAL STATUS VARIABLES LIKE 'gtid_slave_pos';
+-------------------+-------+
| Variable_name     | Value |
+-------------------+-------+
| gtid_slave_pos    | 0-1-6 |
+-------------------+-------+

MariaDB> STOP SLAVE;
MariaDB> SET GLOBAL gtid_slave_pos='0-1-7';
MariaDB> START SLAVE;
```

위의 예제에서는 복제가 에러로 멈췄을 때 GTID 값을 확인하기 위해서 gtid_slave_pos 시스템 변수의 값을 확인했다. 현재 에러가 발생한 지점의 GTID가 "0-1-6"이라는 것을 확인했으므로 이벤트 그룹 하나를 건너뛰기 위해서는 GTID 값을 "0-1-7"("0-1-6"에서 도메인 아이디와 서버 아이디는 그대로 유지하고 마지막의 트랜잭션 아이디만 1 증가시킴)로 재설정하면 된다. 물론 SQL_SLAVE_SKIP_COUNTER를 조정할 때와 같이 복제를 멈추고 변경한 다음 복제를 다시 시작한다.

참고

사실 큰 고민없이 SQL_SLAVE_SKIP_COUNTER 시스템 변수를 이용해서 바이너리 로그의 이벤트를 무시하는 경향이 있는데, 사실 이는 트랜잭션을 사용하는 InnoDB나 XtraDB에서는 상당히 위험한 것이다. 단순히 AutoCommit 모드에서 트랜잭션이 쿼리 하나씩만 가지고 있다면 크게 문제되지 않을 것이다. 하지만 하나의 트랜잭션이 여러 개의 INSERT나 UPDATE 그리고 DELETE 문장들을 가지고 있다면 그 트랜잭션이 실행되는 도중에 SQL_SLAVE_SKIP_COUNTER를 이용해서 이벤트를 무시해 버리는 것은 상당히 위험할 수 있다.

마스터와 슬레이브는 ROW 포맷의 바이너리 로그로 복제되고 있고, 다음과 같이 tb_skip이라는 테이블이 있는데, 어떤 이유로 인해서 마스터와 슬레이브의 데이터가 달라지게 되었다고 가정해보자.

```
CREATE TABLE tb_skip (id INT PRIMARY KEY) ENGINE=InnoDB;

MariaDB_Master> SELECT * FROM tb_skip;
+----+
| id |
+----+
| 1 |
| 2 |
| 3 |
+----+

MariaDB_Slave> SELECT * FROM tb_skip;
+----+
| id |
+----+
| 1 |
| 3 |
+----+
```

이 상태에서 만약 마스터에서 다음과 같이 하나의 트랜잭션으로 3개의 레코드를 각각 삭제하게 되면 슬레이브에서는 id=2인 레코드를 찾지 못할 것이므로 복제 에러가 발생한다.

```
MariaDB_Master> BEGIN;
MariaDB_Master> DELETE FROM t WHERE id = 1;
MariaDB_Master> DELETE FROM t WHERE id = 2;
MariaDB_Master> DELETE FROM t WHERE id = 3;
MariaDB_Master> COMMIT;
```

슬레이브의 에러를 확인하고 SQL_SLAVE_SKIP_COUNTER 시스템 변수를 1로 설정해서 복제 에러를 무시해버리게 되면 어떻게 될까?

```
MariaDB_Slave> SHOW SLAVE STATUS\G
*************************** 1. row ***************************
...
Last_SQL_Errno: 1032
Last_SQL_Error: Could not execute Delete_rows event on table test.tb_skip; Can't find
record in 'tb_skip', Error_code: 1032; handler error HA_ERR_KEY_NOT_FOUND; the event's
master log binary-log.000002, end_log_pos 1892910
...

MariaDB_Slave> STOP SLAVE;
MariaDB_Slave> SET GLOBAL SQL_SLAVE_SKIP_COUNTER=1;
MariaDB_Slave> START SLAVE;
MariaDB_Slave> SELECT * FROM tb_skip;
+----+-----+
| id | pid |
+----+-----+
|  1 |   1 |
|  3 |   3 |
+----+-----+
```

마스터에서는 tb_skip 테이블의 레코드가 모두 삭제되었지만 슬레이브의 tb_skip 테이블 레코드는 그대로 남아 있다. 이는 ROW 포맷에서 GLOBAL SQL_SLAVE_SKIP_COUNTER가 작동하는 방식 때문에 트랜잭션 전체가 무시되어 버린 것이다. 하지만 이런 문제는 STATEMENT 포맷의 바이너리 로그를 사용하는 경우에도 충분히 발생할 수 있다.

SQL_SLAVE_SKIP_COUNTER 시스템 변수가 1로 설정되면 MySQL이나 MariaDB 서버에서는 실제로 DML 문장 하나를 가진 바이너리 로그 이벤트 1개를 무시하는 것이 아니라 현재 이벤트를 포함한 이벤트 그룹을 무시한다. 이벤트 그룹은 트랜잭션을 지원하는 테이블의 경우에는 트랜잭션이 하나의 이벤트 그룹이 되며, 트랜잭션을 지원하지 않는 테이블에서는 DML 문장 하나하나가 이벤트 그룹이 된다. 즉 위에서 예제로 살펴본 경우와 같이, InnoDB/XtraDB 테이블에 대해서는 하나의 트랜잭션에 여러 DML 쿼리가 있다면 그 트랜잭션의 모든 DML 문장들을 다 무시해 버리게 된다.

8.1.4 MySQL 5.6 글로벌 트랜잭션 아이디 `MySQL`

MySQL 5.6의 글로벌 트랜잭션 아이디의 체계는 MariaDB 10.0의 글로벌 트랜잭션 아이디 체계와 구조가 다르다. MySQL 5.6에서는 이미 우리가 익숙하게 사용해 오던 server_id라는 개념을 글로벌 트랜잭션 아이디에서 전혀 사용하지 않고 별도로 서버 UUID라는 개념을 도입했다. 그래서 MySQL 5.6의 글로벌 트랜잭션 아이디는 다음과 같은 체계로 구성된다.

```
"서버 UUID" : "트랜잭션 번호"
```

트랜잭션 번호는 MariaDB 10.0과 같이 1부터 1씩 단조 증가하는 형태로 발급된다. 서버 UUID는 사용자가 별도로 설정하는 것이 아니라 자동으로 MySQL 서버가 시작되면서 발급된다. 물론 이미 발급된 서버 UUID를 그대로 사용할 수도 있다. MySQL 5.6 서버는 시작되면서 자동으로 데이터 디렉터리에 auto.cnf라는 파일이 생성되는데, 그 파일에는 "[auto]"라는 섹션이 있고 그 하위에 현재 서버의 UUID가 저장된다.

```
[auto]
server-uuid= 6c27ed6d-7ee1-11e3-be39-6c626d957cff
```

> **주의** XtraBackup이나 오라클의 엔터프라이즈 백업을 이용해서 백업해둔 데이터 파일을 새로운 슬레이브 구축에 그대로 사용한다면 실수로 auto.cnf 파일까지 그대로 사용할 수도 있다. 하지만 MySQL 5.6의 서버 UUID는 server-id보다 더 제약이 심한 편이다. server-id는 복제 그룹 내에서만 유니크한 번호가 할당되면 되지만 MySQL 5.6의 서버 UUID는 글로벌하게 유니크하게 할당된다. 개인적으로 왜 오라클은 기존의 server-id 값을 재활용하지 않고, 서버 UUID와 같은 새로운 개념을 도입했는지는 잘 이해되지 않는다.

MySQL 5.6에서 글로벌 트랜잭션 아이디를 사용하기 위해서는 기본적으로 아래 몇 가지 사항이 충족되어야 한다.

- 바이너리 로그 활성화(log-bin 시스템 변수)

- 서버 아이디 설정(server-id 시스템 변수)

- 슬레이브가 복제를 통해서 실행한 데이터 변경을 바이너리 로그에 기록(log-slave-updates 시스템 변수)

- GTID 컨시스턴트 모드 활성화(enforce-gtid-consistency 시스템 변수) – 권장 사항

- GTID 사용 활성화(gtid-mode 시스템 변수)

즉 MySQL 5.6의 글로벌 트랜잭션 아이디 사용을 위해서는 슬레이브가 실행하는 모든 DML과 DDL을 바이너리 로그에 기록해야 하며, GTID 컨시스턴트(Consistent) 모드를 활성화해야 한다. GTID 컨시스턴트 모드를 활성화하면 다음 두 가지 패턴의 쿼리를 사용할 수 없게 된다.

- CREATE TABLE ... SELECT ...
- CREATE TEMPORARY TABLE (트랜잭션 내에서 임시 테이블 생성 불가)

CREATE TABLE ... SELECT ... 문장은 DDL과 DML이 결합된 형태의 트랜잭션이다. 또한 트랜잭션에 포함된 CREATE TEMPORARY TABLE ... 명령 또한 마찬가지인데, 이런 문장들의 조합이 허용되지 않는 이유는 바로 글로벌 트랜잭션 아이디는 하나의 트랜잭션 그룹 단위로 할당되기 때문이다. CREATE TABLE ... SELECT ... 명령을 슬레이브가 실행하는데, 테이블은 생성했지만 SELECT해서 INSERT하는 과정에서 에러가 발생했다고 가정해보자. 그러면 MySQL 슬레이브는 CREATE TABLE... 명령을 롤백해야 하는데, DDL은 롤백을 할 수가 없다. 그래서 MySQL 5.6의 enforce-gtid-consistency 활성화 모드에서는 위의 두 패턴 쿼리를 사용하지 못하도록 막아버린 것이다. 하지만 MariaDB10.0에서는 이 문제를 해결하기 위해서 CREATE OR REPLACE라는 새로운 문법을 구현하고 있다. 자세한 내부 히스토리는 잘 모르지만 그냥 단순 사용자의 입장에서 볼 때 두 회사의 문제 해결 방법은 참 많이 다른 것처럼 보인다.

> **주의** MySQL 5.6의 gtid-mode 옵션은 ON과 OFF로 설정되지만 사실 gtid-mode는 내부적으로 불리언 타입의 시스템 변수가 아니라 열거형(Enumerator) 타입이기 때문에 0 또는 1과 같이 정수 타입의 불리언 값을 설정해서는 안 된다. 아직 사용되진 않지만 gtid-mode 시스템 변수에는 UPGRADE_STEP_1과 UPGRADE_STEP_2도 설정할 수 있다.

MySQL 5.6의 글로벌 트랜잭션 아이디는 기본적으로 비활성화된 상태이며, 별도로 gtid-mode 옵션을 ON으로 변경 하지 않으면 글로벌 트랜잭션 아이디를 사용할 수 없다. MariaDB 10.0에서는 기본적으로 글로벌 트랜잭션 아이디가 활성화되어 있으며 비활성화할 수 있는 방법이 없다는 것과 비교하면 글로벌 트랜잭션에 대한 두 버전의 방향성이 조금 다르다거나 활용면에서도 많은 차이가 있을 것으로 생각된다. 실제 MySQL 5.6의 글로벌 트랜잭션 아이디는 복제에 참여하는 모든 MySQL 서버가 똑같이 gtid-mode 시스템 변수가 ON으로 활성화되어야만 복제에 참여할 수 있다. MySQL 5.5 방식의 복제로 서비스 중인 MySQL 서버가 글로벌 트랜잭션 아이디를 사용하도록 전환하기 위해서는 일시에 복제에 참여한 모든 서버를 종료해야 하며, 별도의 점검 시간이 필요할 것으로 보인다.

8.1.4.1 GTID를 이용한 복제 구축

이미 살펴본 것처럼 MySQL 5.6에서 글로벌 트랜잭션 아이디를 사용하기 위해서는 복제에 참여하는 모든 MySQL 서버의 설정 파일이 다음과 같이 설정되어 있어야 한다. 이미 기존에 운영 중이던 MySQL 서버라면 위의 설정을 변경하고 MySQL 서버를 재시작해야 한다.

```
gtid-mode = ON
enforce-gtid-consistency
log-bin = /log/binary-log
server-id = 1
log-slave-updates
```

매뉴얼에는 enforce-gtid-consistency 시스템 변수 사용이 권장 사항으로 되어 있지만 만약 gtid-mode만 ON으로 설정되고 enforce-gtid-consistency가 설정되지 않으면 다음과 같은 에러를 발생시키면서 MySQL 서버가 기동되지 않았다.

```
2013-10-13 11:39:13 17060 [Note] InnoDB: 5.6.15 started; log sequence number 3592460330
2013-10-13 11:39:13 17060 [ERROR] --gtid-mode=ON or UPGRADE_STEP_1 requires --enforce-gtid-
consistency
2013-10-13 11:39:13 17060 [ERROR] Aborting
```

바이너리 로그 파일과 위치 기반의 복제를 GTID 기반 복제로 변경

이미 서비스에 사용되고 있던 MySQL 서버라면 gtid-mode가 활성화된 상태에서 복제가 글로벌 트랜잭션 아이디를 사용하도록 하기 위해서 다음과 같이 CHANGE MASTER 명령을 실행하면 된다.

```
STOP SLAVE;

CHANGE MASTER TO master_host='',master_port=3306,master_user='',master_password='',
                master_auto_position=1;

START SLAVE;
```

GTID를 사용하도록 새로운 슬레이브를 구축

새로운 슬레이브를 구축하고, 그 슬레이브가 글로벌 트랜잭션 아이디를 사용해서 복제에 참여하도록 하려면 MariaDB에서 살펴보았던 것처럼 마스터에서 백업을 받아서 슬레이브를 구축해야 한다.

1. 기존 MySQL 서버의 데이터 백업 (mysqldump 또는 XtraBackup)

2. 새로운 슬레이브 MySQL 서버에 백업된 데이터 복구

3. 백업된 시점의 GTID 확인

4. 새로 구축된 슬레이브의 gtid_purged 시스템 변수를 3번에서 확인된 GTID 값으로 변경

5. 새로 구축된 슬레이브에서 CHANGE MASTER 명령 실행

MySQL 마스터에서 데이터를 백업받을 때, 만약 mysqldump 유틸리티를 이용한다면 "--master-data=2" 옵션과 "--set-gtid-purged" 옵션을 같이 사용해야 한다. 이 옵션이 없으면 덤프된 결과 파일에 덤프 완료된 시점의 GTID를 확인할 수 있는 방법이 없기 때문에 복제 연결을 할 수가 없게 된다. 이 두 옵션이 사용되면 덤프된 파일의 최상단에 다음과 같이 덤프된 시점의 GTID가 기록되어 있는 것을 확인할 수 있다.

```
SET @@GLOBAL.GTID_PURGED='9a511b7b-7059-11e2-9a24-08002762b8af:1-13';
```

그리고 MySQL 마스터에서 데이터를 XtraBackup 도구를 이용한다면 기본적으로 백업된 디렉터리에 xtrabackup_binlog_info 파일이 생성된다. 이 파일에는 다음과 같이 기존의 바이너리 로그 파일의 이름과 위치(Offset)와 함께 백업된 시점의 GTID가 함께 기록되어 있다.

```
shell> cat xtrabackup_binlog_info
mysql-bin.000002    1232        c777888a-b6df-11e2-a604-080027635ef5:1-4
```

MySQL 5.6에는 GTID와 관련된 대표적인 두 개의 시스템 변수가 있다.

gtid_executed
바이너리 로그 파일에 기록된 모든 모든 GTID셋을 저장

gtid_purged
바이너리 로그 파일에서 삭제된 모든 GTID 셋을 저장

mysqldump로 백업된 내용을 복구했을 때는 다음과 같이 gtid_executed와 gtid_purged 시스템 변수 값이 자동으로 조정된다.

```
MySQL_Slave> SHOW GLOBAL VARIABLES LIKE 'gtid_executed';
+---------------+-------+
| Variable_name | Value |
```

```
+--------------+-------+
| gtid_executed |       |
+--------------+-------+

MySQL_Slave> SHOW GLOBAL VARIABLES LIKE 'gtid_purged';
+--------------+-------+
| Variable_name | Value |
+--------------+-------+
| gtid_purged  |       |
+--------------+-------+

MySQL_Slave> SOURCE mysqldump.sql;
...

MySQL_Slave> SHOW GLOBAL VARIABLES LIKE 'gtid_executed';
+--------------+-------------------------------------------+
| Variable_name | Value                                     |
+--------------+-------------------------------------------+
| gtid_executed | 9a511b7b-7059-11e2-9a24-08002762b8af:1-13 |
+--------------+-------------------------------------------+

MySQL_Slave> SHOW GLOBAL VARIABLES LIKE 'gtid_purged';
+--------------+-------------------------------------------+
| Variable_name | Value                                     |
+--------------+-------------------------------------------+
| gtid_purged  | 9a511b7b-7059-11e2-9a24-08002762b8af:1-13 |
+--------------+-------------------------------------------+
```

하지만 XtraBackup으로 백업을 받은 경우에는 xtrabackup_binlog_info 파일의 GTID 값을 gtid_purged 시스템 변수에 직접 설정해 주어야 한다.

```
MySQL_Slave> SET GLOBAL gtid_purged="c777888a-b6df-11e2-a604-080027635ef5:1-4";
```

gtid_purged 시스템 변수는 gtid_executed 시스템 변수가 빈 문자열(Empty String)로 설정되어 있을 때에만 변경할 수 있다. 즉 한번이라도 다른 MySQL 서버의 슬레이브로 사용되었던 MySQL 서버에서는 gtid_executed와 gtid_purged 시스템 변수가 빈 문자열이 아닌 유효한 문자열로 설정되어 있을 것이다. 이런 경우에는 다음과 같이 슬레이브 서버에서 "RESET MASTER" 명령을 이용해서 먼저 gtid_executed와 gtid_purged 시스템 변수를 초기화해야 한다. 이렇게 gtid_executed와 gtid_ purged 시스템 변수가 빈 문자열로 초기화되면 "SET GLOBAL gtid_purged="" 명령으로 슬레이브가 복제를 시작할 위치를 설정할 수 있게 된다.

```
MySQL_Slave> SHOW GLOBAL VARIABLES LIKE '%gtid%';
+--------------------------+------------------------------------------+
| Variable_name            | Value                                    |
+--------------------------+------------------------------------------+
| enforce_gtid_consistency | ON                                       |
| gtid_executed            | 5b9f35ee-94a3-11e3-8c1a-180373fbd40d:1-2 |
| gtid_mode                | ON                                       |
| gtid_owned               |                                          |
| gtid_purged              | 5b9f35ee-94a3-11e3-8c1a-180373fbd40d:1-2 |
+--------------------------+------------------------------------------+

MySQL_Slave> RESET MASTER;
Query OK, 0 rows affected (0.08 sec)

MySQL_Slave> SHOW GLOBAL VARIABLES LIKE '%gtid%';
+--------------------------+-------+
| Variable_name            | Value |
+--------------------------+-------+
| enforce_gtid_consistency | ON    |
| gtid_executed            |       |
| gtid_mode                | ON    |
| gtid_owned               |       |
| gtid_purged              |       |
+--------------------------+-------+
```

이제 mysqldump나 XtraBackup으로 데이터를 복구하고 글로벌 트랜잭션 아이디를 이용해서 복제가 연결될 수 있도록 준비가 되었다. 마지막으로 다음과 같이 CHANGE MASTER 명령으로 복제를 연결하기만 하면 된다. 이때 CHNAGE MASTER 명령과 함께 master_auto_position=1 옵션을 함께 사용해야 한다.

```
MySQL_Slave> CHANGE MASTER TO
              master_host='',
              master_user='',
              master_password='',
              master_auto_position=1;
```

이 명령이 실행되면 MySQL 슬레이브는 gtid_purged 시스템 변수의 내용을 참조해서 해당 시점부터 마스터와 복제를 연결해서 데이터를 동기화하게 된다.

```
MySQL_Slave> SHOW SLAVE STATUS\G
...
Slave_IO_Running: Yes
Slave_SQL_Running: Yes

...
Retrieved_Gtid_Set: c777888a-b6df-11e2-a604-080027635ef5:5
Executed_Gtid_Set: c777888a-b6df-11e2-a604-080027635ef5:1-5

...
```

> **주의** 위의 예제들에서 MySQL 5.6의 글로벌 트랜잭션에서는 GTID의 표기법이 MariaDB 10.0의 글로벌 트랜잭션 아이디와는 조금 다르다는 것을 느꼈을 것이다. 물론 MySQL에서는 서버 UUID를 사용하고 MariaDB에서는 도메인 아이디와 서버 아이디를 사용한다는 것도 다르지만 MySQL 5.6의 GTID에서는 마지막 트랜잭션 번호가 단일 정수로 표시되는 경우도 있지만 "1-5"와 같이 범위 (1번 트랜잭션부터 5번 트랜잭션까지)로 표시되는 경우가 많다. MySQL 5.6에서는 이를 GTID 셋(Set)이라고 표현한다.
>
> GTID 셋에 대해서는 멀티 스레드 슬레이브(Multi-threaded slave)에서 다시 자세히 살펴보겠다.

8.1.4.2 GTID 관련 함수

MySQL에서도 MariaDB와 같이 GTID에 관련된 명령이나 함수들이 추가되었다. 대표적으로 GTID_SUBSET( )이나 GTID_SUBTRACT( ) 그리고 WAIT_UNTIL_SQL_THREAD_AFTER_GTIDS( ) 함수인데, 아직 사용자에게 GTID_SUBSET( )이나 GTID_SUBTRACT( ) 함수의 용도는 명확하지 않은 듯 하여 생략하겠다. WAIT_UNTIL_SQL_THREAD_AFTER_GTIDS( ) 함수는 MySQL의 복제 스레드(SQL 스레드)가 바이너리 로그의 어느 위치까지 실행 완료될 때까지 기다리는 기능을 GTID 기반으로 사용할 수 있도록 만들어진 함수이다. 이 함수는 인자로 사용된 GTID까지 실행이 완료되기를 기다리다가 복제의 SQL 스레드가 해당 GTID 이벤트까지 실행되면 결과 값을 반환한다. 이때 WAIT_UNTIL_SQL_THREAD_AFTER_GTIDS( ) 함수가 반환하는 값은 정수 타입으로, 함수 호출이 시작된 시점부터 함수가 리턴할 때까지 실행된 글로벌 트랜잭션의 개수를 의미한다.

```
MySQL_Slave> SELECT
             WAIT_UNTIL_SQL_THREAD_AFTER_GTIDS('c777888a-b6df-11e2-a604-080027635ef5:1-5');
```

```
+-----------------------------------+
| WAIT_UNTIL_SQL_THREAD_AFTER_GTIDS |
+-----------------------------------+
|                                10 |
+-----------------------------------+
```

그리고 MySQL 5.6에서는 CHANGE MASTER 명령문에서도 글로벌 트랜잭션 아이디를 사용하여 복제 연결이 가능하도록 master_auto_position 옵션이 추가되었다. master_auto_position 옵션은 1이나 0을 사용할 수 있는데, CHANGE MASTER 명령에 master_log_file과 master_log_pos 옵션이 명시되면 1을 사용할 수 없다. 즉 master_log_file과 master_log_pos 옵션이 사용되면 글로벌 트랜잭션 아이디를 사용하지 않고 MySQL 5.5와 그 이전 버전의 복제 방식으로 연결되는 것이다.

```
MySQL_Slave> CHANGE MASTER TO master_host='',master_port='',
                              master_user='',master_password='',master_auto_position=1;
```

master_auto_position을 1로 설정하면 슬레이브는 마스터 MySQL 서버에 연결할 때 글로벌 트랜잭션 아이디 기반으로 복제를 연결한다. 이때 슬레이브는 글로벌 트랜잭션 아이디로 어디까지 전송받았는지 또는 어디까지 실행했는지를 마스터 MySQL 서버로 전송한다. 슬레이브는 바이너리 로그를 어디까지 실행했는지 또는 어디까지 전송받았는지를 알아내기 위해서 gtid_executed 시스템 변수에 설정된 GTID나 SHOW SLAVE STATUS 명령의 Retrieved_gtid_set 칼럼의 값을 조사한다. 그리고 복제를 설정할 때 슬레이브에서 gtid_purged 시스템 변수를 복제 시작 위치로 설정했었는데, gtid_purged 시스템 변수에 특정 GTID가 설정되면 이 값이 자동으로 gtid_executed 시스템 변수에도 설정된다. MySQL 5.6 서버에서 gtid-mode가 ON으로 설정되었을 때에만 CHANGE MASTER 명령에서 master_auto_position=1 옵션을 사용할 수 있다.

8.1.4.3 GTID 이벤트 건너뛰기

MySQL 5.6의 글로벌 트랜잭션은 서버 UUID와 트랜잭션 번호로 구성되어 있는데, 이 중에서 뒤의 트랜잭션 번호는 절대 누락된 번호가 있어서는 안 된다. 이는 MySQL 5.6의 글로벌 트랜잭션 관리에 있어서 매우 중요한 특성이다. 이로 인해서 MySQL 5.6에서는 더 이상 SQL_SLAVE_SKIP_COUNTER 시스템 변수를 이용해서 바이너리 로그의 이벤트를 무시할 수 없게 되었다. 이는 MariaDB 10.0에서도 마찬가지이지만 MySQL 5.6의 글로벌 트랜잭션에서는 누락된 트랜잭션 번호를 허용하지 않기 때문에 별도의 더미 트랜잭션을 슬레이브에서 강제로 넣어주어야 한다.

우선 MySQL 5.6에서 글로벌 트랜잭션 아이디로 복제가 구성되어 있는 상태에서 슬레이브에서 다음과 같이 중복된 키로 인해서 INSERT 쿼리가 실패한 상태로 복제가 멈춰져 있다고 가정해보자.

```
MySQL_Slave> SHOW SLAVE STATUS \G
*************************** 1. row ***************************
               Slave_IO_State: Waiting for master to send event
                  Master_Host: master_mysql_host_ip
                  Master_User: replication_user
                  Master_Port: 3306
                        ...
             Slave_IO_Running: Yes
            Slave_SQL_Running: No
                        ...
                   Last_Errno: 1062
                   Last_Error: Error 'Duplicate entry '2' for key 'PRIMARY'' on query. Default
database: 'test'. Query: 'insert into tb_pk values(2)'
                        ...
              Master_Server_Id: 1
                  Master_UUID: 5b9f35ee-94a3-11e3-8c1a-180373fbd40d
                        ...
           Retrieved_Gtid_Set: 5b9f35ee-94a3-11e3-8c1a-180373fbd40d:3-7
            Executed_Gtid_Set: 5b9f35ee-94a3-11e3-8c1a-180373fbd40d:1-6
                Auto_Position: 1
```

위의 SHOW SLAVE STATUS 결과에서 마지막의 Auto_Position 칼럼의 값이 1인 것으로 보아 현재 복제는 글로벌 트랜잭션 기반으로 연결되어 있다는 것을 알 수 있다. 그리고 복제는 현재 SQL 스레드에서 중복 키 에러(Error 'Duplicate entry '2' for key 'PRIMARY'' on query'...)로 인해서 멈춰 있다는 것도 알 수 있다. 그리고 하단의 Retrieved_Gtid_Set 칼럼의 값과 Executed_Gtid_Set 칼럼의 값을 보면 현재 슬레이브가 마스터 MySQL 서버로부터 "5b9f35ee-94a3-11e3-8c1a-180373fbd40d:3-7" GTID 셋(Set)을 가져왔고, 슬레이브에서 실행된 GTID 셋은 "1-6"(1번부터 6번까지)라는 것을 알 수 있다.

> **주의** 만약 슬레이브 복제가 중복 키 에러로 멈추도록 하기 위해서 슬레이브에서 강제로 INSERT 문장을 실행했다면 SHOW SLAVE STATUS의 Executed_Gtid_Set 칼럼은 위의 예제와 같지 않고 Executed_Gtid_Set 칼럼의 값이 다음과 같이 2개 이상의 GTID 셋이 ","로 구분되어서 표시될 것이다.
>
> ```
> Retrieved_Gtid_Set : 5b9f35ee-94a3-11e3-8c1a-180373fbd40d:3-7
> Executed_Gtid_Set  : 0639742e-94a4-11e3-8c1f-180373fbdcfb:1,
>                      5b9f35ee-94a3-11e3-8c1a-180373fbd40d:1-6
> ```

여기에서 Executed_Gtid_Set 칼럼의 "5b9f35ee-94a3-11e3-8c1a-180373fbd40d:1-6" 값은 마스터에서 가져온 바이너리 로그에 기록되어 있던 최종(에러가 발생하기 전까지) GTID 셋이며, "0639742e-94a4-11e3-8c1f-180373fbdcfb:1"는 방금 에러를 발생시키기 위해서 슬레이브에서 강제로 실행한 INSERT 문장의 GTID 셋이다. MySQL 서버에서는 마스터 하나와 여러 개의 슬레이브로 구성된다고 하더라도 실제 슬레이브에서 INSERT나 UPDATE와 같은 DML을 실행할 수도 있기 때문에 실제 Retrieved_Gtid_Set이나 Executed_Gtid_Set 칼럼의 값에는 위와 같이 ","로 구분된 여러 개의 GTID 셋이 표시될 수 있다.

여기에서 "5b9f35ee-94a3-11e3-8c1a-180373fbd40d:7" 글로벌 트랜잭션을 마스터에서 가져오긴 했지만 실제 실행을 하지 못하고 에러가 난 상태라는 것을 확인할 수 있다. 이때 에러가 발생한 "5b9f35ee-94a3-11e3-8c1a-180373fbd40d:7" 트랜잭션을 슬레이브에서 무시하려면 다음과 같이 복제를 멈추고 빈(Dummy) 트랜잭션을 슬레이브에서 강제로 만들어서 바이너리 로그 스트림에 밀어 넣어 주면 된다.

```
## 다음 작업은 슬레이브 MySQL 서버에서 실행해야 함
## 그래서 MySQL 서버가 read_only 모드라면, SUPER 권한이 필요함

MySQL_Slave> STOP SLAVE;
Query OK, 0 rows affected (0.02 sec)

## gtid_next 변수 값을 문제가 발생한 트랜잭션의 GTID인
## "5b9f35ee-94a3-11e3-8c1a-180373fbd40d:7"로 설정
MySQL_Slave> SET gtid_next='5b9f35ee-94a3-11e3-8c1a-180373fbd40d:7';
Query OK, 0 rows affected (0.00 sec)

## 아무런 DML도 없는 빈 트랜잭션을 생성
MySQL_Slave> BEGIN; COMMIT;
Query OK, 0 rows affected (0.00 sec)

## gtid_next 변수 값이 자동으로 초기화될 수 있도록 설정
MySQL_Slave> SET gtid_next='AUTOMATIC';
Query OK, 0 rows affected (0.00 sec)

## 복제 시작
MySQL_Slave> START SLAVE;
Query OK, 0 rows affected (0.02 sec)

MySQL_Slave> SHOW SLAVE STATUS\G
*************************** 1. row ***************************
```

```
         Slave_IO_State: Waiting for master to send event
            Master_Host: master_mysql_host_ip
            Master_User: replication_user
            Master_Port: 3306
                     ...
        Slave_IO_Running: Yes
       Slave_SQL_Running: Yes
                     ...
          Last_IO_Errno: 0
          Last_IO_Error:
         Last_SQL_Errno: 0
         Last_SQL_Error:
                     ...
     Retrieved_Gtid_Set: 5b9f35ee-94a3-11e3-8c1a-180373fbd40d:3-7
      Executed_Gtid_Set: 5b9f35ee-94a3-11e3-8c1a-180373fbd40d:1-7
          Auto_Position: 1
```

> **주의** 이 예제에서 마스터에서 가져온 GTID 셋은 3번부터 7번까지인데, 실행한 GTID 셋은 1번부터 7번까지다. 즉 슬레이브는 가져오지도 않은 1번부터 2번까지의 GTID 셋도 이미 실행했다고 판단하고 있는 것이다. 이는 마스터의 GTID 셋이 1번부터 2번까지이던 시점에 마스터에서 백업을 받아서 슬레이브에 백업을 복구하고 3번 트랜잭션부터 복제 연결을 했기 때문이다.

8.2 멀티 소스 복제(Multi-source replication) MariaDB

멀티 소스 복제에 대해서 살펴보기 전에 먼저 멀티 소스 복제가 무엇을 의미하는 것인지 단어 정리를 해두면 혼동을 막을 수 있을 듯하다. MySQL 5.5나 MariaDB 5.5에서는 기본적으로 마스터 서버에만 INSERT와 UPDATE 그리고 DELETE를 수행하기 때문에 이러한 쓰기 쿼리들에 대한 확장성을 복제로는 확보할 수가 없었다. 그나마 쓰기를 조금이라도 확장해 보고자 〈그림 8-6〉과 같이 두 대의 MySQL 서버를 상호 복제 관계로 연결하고, 양쪽 서버로 모두 INSERT나 UPDATE 그리고 DELETE 쿼리들을 실행하도록 하는 복제 구조를 사용하기도 했었다. 물론 이 구조도 쓰기 성능을 그다지 확장해 주진 못하지만 어쨌거나 이런 구조를 사용하는 곳도 있었는데, 이렇게 양쪽이 모두 마스터가 되는 구조를 "마스터-마스터 복제"라고 흔히들 불러 왔다.

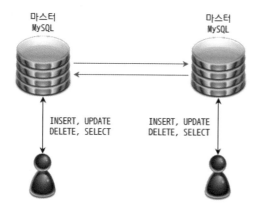

〈그림 8-6〉 마스터 – 마스터 복제

MySQL 5.5나 MariaDB 5.5까지의 복제에서는 하나의 슬레이브가 두 개 이상의 마스터를 가질 수는 없었다. MySQL 5.5나 MariaDB 5.5 버전까지의 복제 구성에서 절대 불가능한 구성이 바로 두 개 이상의 마스터를 동시에 복제하는 것이었었다. 하지만 MariaDB 10.0부터는 〈그림 8-7〉과 같이 하나의 슬레이브가 두 개 이상의 마스터 MariaDB로부터 데이터를 복제하는 것이 가능해졌는데, 이를 "멀티 소스(Multi-source) 복제"라고 한다.

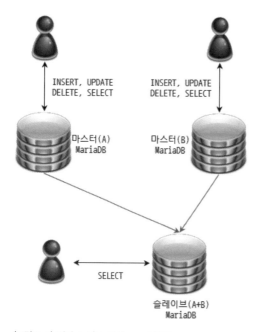

〈그림 8-7〉 멀티 소스(Multi-Source) 복제

〈그림 8-7〉의 멀티 소스 복제도 사실은 두 개의 마스터로부터 데이터를 복제하는 형태이기 때문에 사실 "마스터-마스터 복제" 형태로 볼 수 있다. 그래서 MariaDB에서는 〈그림 8-6〉과 〈그림 8-7〉의 복제 구성을 구분하기 위해서 "멀티 소스 복제"라는 이름으로 명명한 것이다. 멀티 소스 복제는 MariaDB 10.0에서만 가능하며, MySQL 5.6은 지원하지 않는다. 현재 MySQL 5.7의 개발 사이트 사이트나 작업 로그 보면 멀티 소스 복제에 대한 기능을 구현하고 있는 것으로 보인다.

8.2.1 멀티 소스 복제 관련 명령

멀티 소스 복제에서 한 가지 더 알고 있어야 할 것이 있다. 기존의 MySQL 5.6이나 MariaDB 5.5와 같이 하나의 마스터 서버만 연결을 가진 경우에는 복제 연결의 이름을 구분할 필요가 없었다. 하지만 멀티 소스 복제에서는 하나의 슬레이브가 여러 개의 마스터 서버와 연결을 가지고 있기 때문에 복제 관련 명령(복제 중지나 시작 등과 같은)을 사용할 때 이 명령이 어느 마스터 서버와 연결된 복제에 대해서 실행될지를 선택할 수 있도록 복제 연결의 이름을 명시해야 한다.

MariaDB 10.0부터는 다음과 같은 복제 관리 명령에 모두 "connection_name" 옵션을 명시할 수 있도록 문법이 보완되었다. 복제를 관리하는 명령에서 "connection_name" 옵션은 선택 사항이다. 만약 복제 관리 명령에서 "connection_name" 옵션이 명시되지 않으면 MariaDB 서버는 default_master_connection 시스템 변수(세션 변수)에 설정된 복제 연결 이름을 사용하게 된다. default_master_connection 시스템 변수의 초기 값은 ""로 빈 문자열인데, 이는 멀티 소스 복제를 사용하지 않고 MariaDB 5.5와 같이 하나의 마스터로부터만 복제하는 경우를 위한 것이다. 즉 멀티 소스 복제를 사용하지 않을 때에는 default_master_connection 시스템 변수에 별도로 특정한 값을 설정하지 않으면 MariaDB 5.5에서와 같이 "connection_name" 옵션을 사용하지 않고 모든 복제 관련 작업들을 수행할 수 있다는 것을 의미한다.

- CHANGE MASTER ['connection_name'] ...
- FLUSH RELAY LOGS ['connection_name']
- MASTER_POS_WAIT(....,['connection_name'])
- RESET SLAVE ['connection_name']
- SHOW RELAYLOG ['connection_name'] EVENTS
- SHOW SLAVE ['connection_name'] STATUS

- START SLAVE ["connection_name"...]]

- STOP SLAVE ["connection_name"] ...

위의 복제 관련 명령들은 이미 MariaDB 5.5에서부터 사용되던 명령들이라 자세한 설명은 생략하겠다. 위 명령들에서 "[ ]"는 선택 사항 옵션으로 입력하지 않아도 된다는 의미이다. 그리고 MariaDB 10.0에서는 다음과 같이 멀티 소스 복제를 사용하는 상태에서 모든 복제 연결에 대해서 동시에 상태를 조회한다거나 시작과 멈춤을 수행할 수 있도록 하기 위해 새로 도입된 명령들이다.

- SHOW ALL SLAVES STATUS

- START ALL SLAVES ...

- STOP ALL SLAVES ...

8.2.2 멀티 소스 복제 구축

멀티 소스 복제라고 해서 기존 MariaDB 5.5나 MySQL 5.5의 복제와 큰 차이를 가지고 있는 것은 아니다. 단지 복제를 연결하기 위해서 특정 시점의 데이터를 슬레이브로 가져와야 하는데, 이 부분의 작업이 조금 까다롭거나 번거로울 뿐이다. 즉 두 개의 서로 다른 마스터 MySQL 서버로부터 데이터를 가져와서 하나의 슬레이브 MariaDB 서버에 적재해야 한다는 것이 조금 번거롭거나 까다로운 작업이 될 것이다.

만약 멀티 소스 복제를 아무런 데이터를 가지지 않은 상태에서 구축한다면 초기 데이터가 없으므로 그냥 멀티 소스 복제 연결만 하면 된다. 또는 멀티 소스 복제를 연결하는 마스터 중에서 한 서버만 데이터를 가진 상태라면 데이터를 가진 마스터에서만 백업한 데이터를 슬레이브에 복구하면 될 것이다. 하지만 만약 멀티 소스 복제로 연결할 마스터들 중에서 두 개 이상의 마스터에서 데이터를 가져와야 한다면 mysql 데이터베이스와 같이 공통으로 가지고 있는 데이터베이스와 InnoDB/XtraDB의 시스템 테이블 스페이스의 충돌과 병합을 고려해야 한다.

mysqldump와 같은 논리 수준 백업 이용

마스터의 데이터를 mysqldump를 이용해서 백업할 때에는 InnoDB나 XtraDB의 시스템 테이블 스페이스를 물리적으로 백업하는 것이 아니므로 이런 병합에 문제가 발생하지는 않는다. 그래서 차례대로 백업을 슬레이브에 적재해서 복제 연결을 해도 크게 문제되지는 않을 것이다. 물론 mysql 데이터베이스에 저장되는 스토어드 프로시저나 함수 그리고 유저 정보나 권한 관련된 테이블은 중복될 가능성이 있지만 이런 테이블들은 그다지 레코드가 많지 않기 때문에 수작업으로 조정이 가능하다. 하지만 백업된 데이터가 매우 크다면 mysqldump로는 백업과 적재에 상당히 오랜 시간이 소요될 것이다.

XtraBackup과 같은 물리 수준 백업 이용

XtraBackup과 같은 물리 수준의 백업 도구를 이용하면 대용량의 데이터베이스를 빠르게 슬레이브 서버로 가져올 수 있다. InnoDB/XtraDB 스토리지 엔진과 같은 테이블은 MariaDB의 .FRM 파일 이외에도 스토리지 자체적으로 시스템 테이블 스페이스에 테이블의 정보를 따로 보관한다. 그런데 XtraBackup과 같은 물리 수준의 백업은 시스템 테이블 스페이스를 포함해서 MariaDB 서버의 모든 데이터 파일들을 그대로 복사해서 복구하게 된다. 이때 두 마스터 서버에서 가져온 시스템 테이블 스페이스를 하나로 병합할 수 있는 방법이 없다.

적절히 여러 서버의 데이터를 가져와서 손쉽게 슬레이브의 초기 데이터를 적재하는 방법은 mysqldump와 XtraBackup을 적절히 혼합해서 사용하는 것이다. 예를 들어서 두 마스터 서버 A와 B의 데이터를 이용해서 C 서버에서 멀티 마스터 복제를 연결한다고 가정해보자. 이때 A 서버와 B 서버의 데이터 크기에 따라서 적절히 방법을 혼합해서 어떤 순서대로 복구할지를 살펴보자.

A와 B 서버 모두 데이터가 크지 않을 경우

두 마스터 서버 모두 가지고 있는 데이터가 크지 않고 mysqldump로 충분히 백업하고 슬레이브 서버에서 주어진 시간 내에 복구할 수 있을 듯하다면 A 서버와 B 서버의 mysqldump 결과를 차례대로 C 슬레이브 서버에 적재하고 스토어드 프로시저나 함수 그리고 유저 정보와 권한만 적절히 확인해 주면 된다.

A 서버의 데이터는 크고 B 서버의 데이터가 상대적으로 훨씬 작은 경우

A와 B 서버가 가지고 있는 데이터의 크기 차이가 심하다면 데이터가 작은 쪽은 mysqldump 그리고 데이터가 큰 쪽은 XtraBackup을 이용하면 된다. 이때 A 서버의 데이터가 크므로 먼저 A 서버의 데이터를 XtraBackup으로 백업해서 C 슬레이브 서버에 복구한다. 그리고 B 서버의 데이터는 mysqldump로 백업해서 C 슬레이브에 적재한다. 물론 이 경우에도 스토어드 프로시저나 함수 그리고 유저 정보와 권한 정보는 확인해 주는 것이 좋다.

A와 B 서버 모두 데이터가 큰 경우

A와 B 마스터 서버 모두 큰 데이터를 가지고 있다면 둘 다 XtraBackup을 이용해서 물리 백업을 수행한다. 그리고 테이블의 개수가 많은 쪽을 먼저 C 슬레이브 서버에 복구한다. 이제 남은 백업은 InnoDB/XtraDB의 시스템 테이블 스페이스 충돌로 인해 XtraBackup의 copy-back 명령으로는 복구할 수가 없다. 그래서 남은 백업에서 InnoDB/XtraDB 테이블들의 ibd 파일을 InnoDB 익스포트 명령으로 C 슬레이브에 임포트하는 형태로 진행한다. 이렇게 테이블 스페이스를 익스포트하고 임포트하는 작업은 모두 수동으로 테이블 하나씩 진행해야 하므로 가능하면 테이블의 개수가 적은 쪽의 백업에 대해서 이 방법을 수행하는 것이 좋다.

이제 두 마스터 A와 B 서버의 데이터를 모두 C 슬레이브로 가져왔고, A 서버와 B 서버의 데이터를 복사(백업)한 시점의 바이너리 로그가 각각 다음과 같다고 가정하고 멀티 소스 복제를 연결해보자.

```
A 서버 바이너리 로그 위치 : binary-log.000002 : 100
B 서버 바이너리 로그 위치 : binary-log.000011 : 200
```

복제를 시작해야 할 바이너리 로그 위치만 알고 있다면 MariaDB 5.5에서 사용했던 CHANGE MASTER 명령과 START SLAVE 명령을 이용해서 복제를 연결하고 시작하면 된다. 단, 위에서 살펴보았던 것처럼 CHANGE MASTER와 START SLAVE 명령에 각 복제 연결 단위로 "connection_name"을 할당하는 부분만 잊지 않으면 된다.

```
-- // 마스터 A와 복제 연결
MariaDB_Slave> CHANGE MASTER 'replication_A' TO master_host='hostname_A',
                    master_user='replication_user', master_password='replication_pass',
                    master_port=3306,
                    master_log_file='binary-log.000002', master_log_pos=100;

-- // 마스터 B와 복제 연결
MariaDB_Slave> CHANGE MASTER 'replication_B' TO master_host='hostname_B',
                    master_user='replication_user', master_password='replication_pass',
                    master_port=3306,
                    master_log_file='binary-log.000011', master_log_pos=200;

-- // 마스터 A와 B의 복제를 순서대로 시작
MariaDB_Slave> START SLAVE "replication_A";
MariaDB_Slave> START SLAVE "replication_B";

MariaDB_Slave> SHOW ALL SLAVES STATUS\G
```

만약 "connection_name" 명령을 매번 명시하는 것이 번거롭다면 다음과 같이 default_master_connection 시스템 변수(세션 변수)에 "connection_name"을 한번 설정하고 CHANGE MASTER와 START SLAVE 등의 명령은 예전 MariaDB 5.5에서와 같이 사용할 수도 있다.

```
-- // 마스터 A와 복제 연결
MariaDB_Slave> SET SESSION default_master_connection="replication_A";
MariaDB_Slave> CHANGE MASTER TO master_host='hostname_A',
                    master_user='replication_user', master_password='replication_pass',
                    master_port=3306,
                    master_log_file='binary-log.000002', master_log_pos=100;
MariaDB_Slave> START SLAVE;

-- // 마스터 B와 복제 연결
MariaDB_Slave> SET SESSION default_master_connection="replication_B";
MariaDB_Slave> CHANGE MASTER TO master_host='hostname_B',
```

```
            master_user='replication_user', master_password='replication_pass',
            master_port=3306,
            master_log_file='binary-log.000002', master_log_pos=100;
MariaDB_Slave> START SLAVE;
```

> **주의** MariaDB 5.5에서 복제 사용과 마찬가지로 MariaDB 10.0의 멀티 소스 복제에서도 복제에 참여하는 모든 서버의 server-id는 유일한 값이 설정되어야 한다는 것은 꼭 기억하도록 하자. 또한 글로벌 트랜잭션 아이디에서 살펴보았던 domain-id도 서로 중복되지 않는지 꼭 확인하도록 하자.

8.2.3 멀티 소스 복제와 글로벌 트랜잭션

글로벌 트랜잭션 아이디를 사용하는 MariaDB에서도 멀티 소스 복제를 사용할 수 있다. 글로벌 트랜잭션 아이디를 사용하는 MariaDB에서도 mysqldump나 XtraBackup 등을 사용해서 여러 마스터 서버의 데이터를 슬레이브로 복사해 올 수 있는데, 이때 방법은 "8.2.2 멀티 소스 복제 구축"에서 살펴보았던 방법을 그대로 사용하면 된다. BINLOG_GTID_POS( ) 함수를 이용해서 바이너리 로그의 파일 이름과 위치(Offset)로 GTID를 구하는 방법은 이미 설명했으므로 잘 기억나지 않는다면 글로벌 트랜잭션 아이디의 설명을 다시 참조하도록 하자.

마스터 A 서버와 B 서버의 데이터를 슬레이브 C에서 복제 연결하는 방법을 살펴보자. 두 마스터 A와 B 서버의 데이터를 모두 C 슬레이브로 가져왔고, A 서버와 B 서버의 데이터를 복사(백업)한 시점의 바이너리 로그에서 GTID가 각각 다음과 같다고 가정하고 멀티 소스 복제를 연결해보자.

```
A 서버 바이너리 로그 GTID : 1-1-2
B 서버 바이너리 로그 GTID : 2-1-2
```

우선 슬레이브 C에서 GTID 관련 시스템 변수의 값이 다음과 같이 초기화되어 있는지 확인하자. 만약 이 시스템 변수들이 이전에 사용하던 쓰레기 값으로 채워져 있다면 "RESET MASTER" 명령을 이용해서 모두 초기화하면 되는데, 이 부분 또한 글로벌 트랜잭션 아이디 챕터를 참조하자.

```
MariaDB_Slave>SHOW GLOBAL VARIABLES LIKE 'gtid%';
+------------------+-------+
| Variable_name    | Value |
+------------------+-------+
```

```
| gtid_binlog_pos    |      |
| gtid_binlog_state  |      |
| gtid_current_pos   |      |
| gtid_domain_id     | 0    |
| gtid_slave_pos     |      |
| gtid_strict_mode   | OFF  |
+--------------------+------+
```

GTID를 이용한 복제를 연결하기 전에는 먼저 복제 동기화를 시작할 GTID 값을 gtid_slave_pos 시스템 변수에 설정해야 한다. 이때 마스터 서버가 단 하나만 있는 경우는 이미 살펴보았는데, 멀티 소스 복제와 같이 여러 대의 마스터가 있는 경우에는 각 마스터 서버의 GTID 값을 ","로 연결해서 한 번에 설정해야 한다.

```
MariaDB_Slave>SET GLOBAL gtid_slave_pos='2-1-2,1-1-1';

MariaDB_Slave>SHOW GLOBAL VARIABLES LIKE 'gtid%';
+--------------------+-------------+
| Variable_name      | Value       |
+--------------------+-------------+
| gtid_binlog_pos    |             |
| gtid_binlog_state  |             |
| gtid_current_pos   | 1-1-1,2-1-2 |
| gtid_domain_id     | 0           |
| gtid_slave_pos     | 1-1-1,2-1-2 |
| gtid_strict_mode   | OFF         |
+--------------------+-------------+
```

gtid_slave_pos 시스템 변수에 A 서버와 B 서버의 GTID 값을 나열하는 순서는 중요하지 않고 ","로 연결해서 모두 한 번에 설정해 주기만 하면 된다.

```
-- // 마스터 A 서버와 복제 연결
MariaDB_Slave> CHANGE MASTER 'replication_A' TO
               master_host='hostname_A', master_port=3306,
               master_user='replication_user', master_password='replication_pass',
               master_use_gtid=slave_pos;

-- // 마스터 B 서버와 복제 연결
MariaDB_Slave> CHANGE MASTER 'replication_B' TO
```

```
            master_host='hostname_B', master_port=3306,
            master_user='replication_user', master_password='replication_pass',
            master_use_gtid=slave_pos;

-- // 마스터 A와 B 서버의 복제 동기화 시작
MariaDB_Slave> START SLAVE 'replication_A';
MariaDB_Slave> START SLAVE 'replication_B';

MariaDB_Slave> SHOW SLAVE 'replication_A' STATUS \G
*************************** 1. row ***************************
             Slave_IO_State: Waiting for master to send event
                Master_Host: hostname_A
                Master_User: replication_user
                Master_Port: 3306
                            ...
            Master_Log_File: mysql-binary.000001
        Read_Master_Log_Pos: 589
             Relay_Log_File: mysql-relay-replication_A.000002
              Relay_Log_Pos: 798
      Relay_Master_Log_File: mysql-binary.000001
           Slave_IO_Running: Yes
          Slave_SQL_Running: Yes
                            ...
                 Using_Gtid: Slave_Pos
                Gtid_IO_Pos: 1-1-2,2-1-2
```

글로벌 트랜잭션 아이디를 사용할 때에도 default_master_connection 시스템 변수를 이용하면 각 복제 관리 명령에서 매번 "connection_name"을 입력하지 않아도 된다.

8.3 멀티 스레드 복제 `MariaDB` `MySQL`

MariaDB 10.0과 MySQL 5.6 둘 모두 멀티 스레드 기반의 복제 기능을 가지고 있다. 하지만 이 둘 또한 글로벌 트랜잭션 아이디만큼이나 다른 철학을 가지고 구현되었기 때문에 조금씩 작동하는 방식과 사용하는 방법이 다르다. MySQL에서는 서버 UUID를 사용하고 MariaDB에서는 도메인 아이디와 서버 아이디를 사용한다는 것도 다르다. MySQL 5.6의 GTID에서는 마지막 트랜잭션 번호가 단일 정수가 표시되는 경우도 있지만 "1-5"와 같이 범위(1번 트랜잭션부터 5번 트랜잭션까지)로 표시되는 경우가 많다. MySQL 5.6에서는 이를 GTID 셋(Set)이라고 표현한다. 하지만 MariaDB에서는 이렇게 셋 단위로 표시되는 경우는 없으며 항상 하나의 트랜잭션 번호로 표기된다. 왜 이런 차이가 발생하는지 MariaDB 10.0과 MySQL 5.6의 멀티 스레드 복제를 살펴보고, 둘을 서로 비교해 가면서 살펴보도록 하자.

8.3.1 MySQL 5.6의 멀티 스레드 복제

MySQL 5.6의 멀티 스레드 복제는 MySQL 5.5와 같이 글로벌 트랜잭션 아이디를 사용하지 않는 복제 환경이나 MySQL 5.6의 글로벌 트랜잭션 아이디를 사용하는 환경 모두 사용될 수 있다. 그리고 MySQL 5.6의 멀티 스레드 복제는 데이터베이스 단위로 병렬 처리를 지원한다. 즉 MySQL 5.6 서버에 데이터베이스가 하나만 있다면 멀티 스레드 복제는 아무런 장점을 가지지 못한다. 또한 하나의 MySQL 서버에 데이터베이스가 있다면 그 개수만큼 슬레이브의 스레드 개수를 설정해주는 것이 좋다. 〈그림 8-8〉은 MySQL 5.6의 데이터베이스 단위 멀티 스레드 작동 방식을 표현하고 있다. 코디네이터는 릴레이 로그 파일의 바이너리 로그 이벤트를 읽어서 데이터베이스 단위로 이벤트를 분리하고 슬레이브의 각 SQL 스레드에 작업을 나누어 주는 역할을 담당한다.

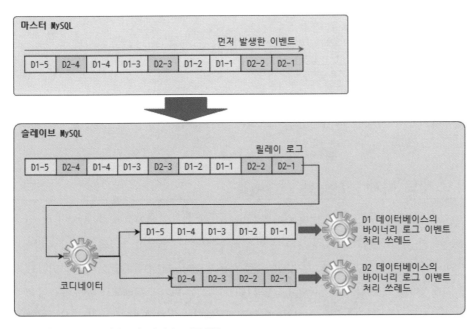

〈그림 8-8〉 MySQL 5.6 멀티 스레드 슬레이브 작동 방식

코디네이터는 단순히 데이터베이스 단위로 바이너리 로그 이벤트를 SQL 스레드별로 분산해주는 역할만 하는 것은 아니다. 예를 들어서 SQL 스레드가 3개이며, 데이터베이스도 DB1과 DB2 그리고 DB3 세 개가 있을 때 다음과 같은 바이너리 로그를 처리한다고 가정해보자. 첫 번째와 두 번째 트랜잭션은 DB1 또는 DB2만 사용하는데, 세 번째 트랜잭션은 DB3를 변경하고 다시 DB1을 변경하는 쿼리로 구성되어 있다.

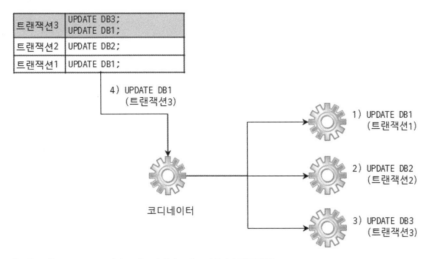

〈그림 8-9〉 MySQL 5.6 멀티 스레드 슬레이브의 코디네이터 작동 방식

이때 코디네이터는 〈그림 8-9〉와 같이 첫 번째 SQL 스레드에게 "UPDATE DB1" 이벤트를 처리하라고 전달하고, 그 후 바로 "UPDATE DB2" 이벤트를 두 번째 SQL 스레드에게 전달한다. 그리고 세 번째 트랜잭션의 첫 번째 DML 문장인 "UPDATE DB3" 또한 첫 번째 SQL 스레드와 두 번째 SQL 스레드가 수행하는 DB1과 DB2가 서로 충돌되지 않으므로 즉시 세 번째 SQL 스레드로 전달한다. 그리고 세 번째 트랜잭션의 두 번째 DML인 "UPDATE DB1"을 수행하려고 하는데, 이 DML은 지금 첫 번째 SQL 스레드가 실행 중인 "UPDATE DB1"과 같은 데이터베이스를 변경하는 쿼리이므로 세 번째 SQL 스레드로 넘기지 않고 첫 번째 스레드가 "UPDATE DB1"을 완료할 때까지 기다리게 된다. 물론 트랜잭션 1번의 "UPDATE DB1"과 트랜잭션 3번의 "UPDATE DB1"은 같은 테이블의 같은 레코드를 변경하는 쿼리일 수도 있고 같은 데이터베이스일뿐 테이블이나 레코드는 다를 수도 있다. 하지만 MySQL 5.6의 멀티 스레드 슬레이브는 테이블이나 레코드 수준까지의 충돌 여부는 고려하지 않고, 데이터베이스가 동일한지 아닌지만 비교해서 멀티 쓰레딩을 수행한다.

MySQL 5.6에서 멀티 스레드 슬레이브를 사용하기 위해서는 slave_parallel_workers 시스템 변수에 사용할 슬레이브 SQL 스레드의 개수를 설정하면 된다. slave_parallel_workers 시스템 변수에는 0부터 1024까지 설정할 수 있는데, 0으로 설정하면 멀티 스레드 슬레이브를 사용하지 않고 MySQL 5.5와 같이 단일 스레드 슬레이브 모드로 복제를 수행한다. slave_parallel_workers 시스템 변수를 1로 설정하는 것과 0으로 설정하는 것은 차이가 있는데, slave_parallel_workers 값이 1인 경우에는 멀티 스레드 슬레이브를 위한 코드 블록(멀티 슬레이브 스레드 간의 동기화나 코디네이션 작업)이 모두 실행되면서 멀티 스레드 슬레이브의 오버헤드가 발생하지만 실제 복제는 단일 스레드로 수행된다. 하지만 0으로 설정되면 멀티 스레드 슬레이브가 없던 MySQL 5.5 시절의 코드 블록이 수행된다. 그래서 slave_parallel_workers를 1로 설정하지는 않는 것이 좋다.[2] slave_parallel_workers 시스템 변수 이외에도 멀티 스레드 슬레이브와 연관된 몇 개의 시스템 변수가 추가로 도입되었다.

slave-checkpoint-period

슬레이브가 실행 중인 바이너리 로그 이벤트의 위치는 SHOW SLAVE STATUS 명령의 결과나 릴레이 로그 정보가 저장된 파일(relay-log.info)에 기록되어야 한다. 이때 너무 자주 이 정보를 디스크로 기록하면 서버의 부하를 많이 발생시키게 되므로 적절한 주기에 의해서 업데이트해 주는 것이 좋다. slave-checkpoint-period 시스템 변수는 밀리초 단위로 설정한다. 이 변수에 설정된 값 주기로 릴레이 로그 정보 파일이나 SHOW SLAVE STATUS 명령의 결과 값이 현재 상태 값으로 갱신된다.

slave-checkpoint-group

slave-checkpoint-period 시스템 변수와 동일한 역할로 사용되는데, slave-checkpoint-group 시스템 변수에는 시간 대신 트랜잭션의 개수를 지정한다. 즉 slave-checkpoint-group이 10으로 설정되면 슬레이브가 10개의 트랜잭션을 실행한 뒤에 릴레이 로그 정보 파일(relay-log.info) 파일과 SHOW SLAVE STATUS가 사용하는 바이너리 로그 이벤트 정보를 갱신한다.

slave-pending-jobs-size-max

멀티 스레드 슬레이브에서는 코디네이터가 먼저 바이너리 로그 이벤트를 읽어서 실제 처리를 담당하는 슬레이브 SQL 스레드에게 작업을 넘기게 된다. 이때 코디네이터가 실행해야 할 바이너리 로그 이벤트를 SQL 스레드로 넘길 때에는 큐를 사용한다. 이때 slave-pending-jobs-size-max 시스템 변수는 큐의 메모리 크기를 설정한다. 단 slave-pending-jobs-size-max 시스템 변수에는 메모리 크기를 MB로 설정하지 않고 블록의 개수로 지정한다. 그래서 slave-pending-jobs-size-max 시스템 변수에 1024(기본값)를 설정하면 메모리 상의 큐 사이즈는 16MB(16KB * 1024)가 되는 것이다. 이 값은 마스터 MySQL의 max_allowed_packet 시스템 변수에 설정된 최대 패킷 사이즈보다 작으면 안 된다.

---

2 이 내용은 책을 집필하고 있는 지금 최신 버전인 MySQL 5.6.15 버전에 해당하는 내용으로, 향후 출시되는 버전에서는 개선될 수도 있으므로 자세한 내용은 릴리즈 노트를 참조하도록 하자.

MySQL 5.6의 멀티 스레드 복제를 사용하면 MySQL 서버의 master.info 파일과 relay-log.info 파일의 쓰기 부하가 높아질 때가 많다. 이때에는 master_info_repository와 relay_log_info_repository 시스템 변수를 TABLE로 설정해서 디스크의 쓰기 부하를 낮출 수 있다. 이 두 시스템 변수의 기본값은 FILE인데, 이는 MySQL 서버의 데이터 디렉터리에 master.info 파일과 relay-log.info 파일과 연관된 설정이다. 이 두 개의 시스템 변수를 TABLE로 변경하면 MySQL 5.6은 데이터 디렉터리의 master.info와 relay-log.info 파일 대신 mysql 데이터베이스의 slave_relay_log_info 테이블을 사용하게 된다. 그리고 master_info_repository 시스템 변수를 TABLE로 설정하면 master.info 파일 대신 mysql 데이터베이스의 slave_master_info 테이블을 사용하게 된다.

MySQL 5.6에서는 하나의 마스터에서 발생한 바이너리 로그를 슬레이브에서는 멀티 스레드로 수행하게 된다. 이렇게 슬레이브에서 멀티 스레드로 수행되면 실제 바이너리 로그 파일에 기록된 이벤트 순서대로 슬레이브에서 실행되지는 않게 된다. 즉 〈그림 8-8〉에서 D2 데이터베이스의 바이너리 로그는 가벼워서 매우 빨리 실행된다면 D2 데이터베이스의 이벤트는 슬레이브에서 빠르게 복제되는 반면 D1 데이터베이스의 이벤트는 느리게 복제될 것이다. 실제 마스터에서 발생한 순서대로 슬레이브에서 복제되는 것이 아니어서 MySQL 5.6에서는 슬레이브에서 현재까지 복제된 시점의 바이너리 로그 위치를 하나의 GTID 값으로 표시할 수 없게 된 것이다. 그래서 MySQL 5.6에서는 GTID 셋이라는 개념이 도입되었고 MySQL 5.6 복제에서는 대부분 GTID 셋이 표시된다. GTID 셋은 지금까지 실행된 모든 글로벌 트랜잭션의 범위를 모두 표현하게 되는데, "서버UUID:시작트랜잭션번호-마지막트랜잭션번호" 포맷으로 구성된다.

그런데 만약 GTID 셋에 누락된 번호가 생겨버린다면 이렇게 GTID 셋을 표기하기 위해서 상당히 많은 범위들이 포함되어야 한다. 예를 들어서 지금까지 1번부터 100번까지 트랜잭션이 수행되었는데, 이 중에서 10번과 20번 그리고 30번 트랜잭션이 누락되었다면 표기를 "UUID:1-9:,UUID:11-19,UUID:21-29,UUID:31-100"으로 표현해야 할 것이다. 만약 누락된 트랜잭션 번호들이 더 많다면 이 수많은 값들을 어떻게 저장해야 할까? 사실 뾰족한 방법이 없다. 그래서 MySQL 5.6의 글로벌 트랜잭션에서는 누락된 트랜잭션 번호를 허용하지 않는 것이다.

8.3.2 MariaDB 10.0의 멀티 스레드 복제

MariaDB 10.0에서도 멀티 스레드 복제를 지원하는데, MariaDB 10.0의 멀티 스레드 복제는 MySQL 5.6과는 조금 다른 방식으로 작동한다. 이미 살펴본 것처럼 MySQL 5.6에서는 슬레이브의 멀티 스레드는 자동으로 데이터베이스 단위로 작동하게 된다. 즉, MySQL 서버의 관리자나 개발자가 뭔가 조작해서 병렬 처리를 수행하는 것이 아니라는 의미다. 하지만 MariaDB 10.0의 멀티 스레드 복제는 순차 복제와 비순차 복제라는 두 가지의 멀티 스레드 복제 기능을 제공한다. 멀티 스레드 복제(Multi-threaded replication)는 줄여서 MTS(Multi-Threaded Slave)라고도 표현한다.

8.3.2.1 비순차 복제(Out-of-order multi threaded replication)

MariaDB 10.0의 비순차 멀티 스레드 복제는 도메인 아이디(gtid_domain_id 시스템 변수)를 기준으로 작동하며, 데이터베이스 단위의 멀티 스레드는 제공되지 않는다.

멀티 소스 복제에서는 각 마스터 MariaDB 서버의 도메인 아이디가 서로 다른 값이 설정되므로 자동으로 슬레이브에서는 멀티 스레드 복제로 각 스레드가 여러 마스터 MariaDB 서버로부터 전달된 바이너리 로그 이벤트를 실행하게 된다. 그럼 하나의 마스터만 있는 경우에는 어떻게 슬레이브에서 복제를 병렬로 처리하게 할 수 있을까? 아래와 같이 하나의 마스터 MariaDB 서버에 배치 프로그램과 사용자가 동시에 접속해서 데이터를 변경하는 간단한 시나리오를 가정해보자.

```
배치 프로그램 :
    INSERT INTO tab_b ..
    UPDATE tab_b ..

사용자 :
    INSERT tab_a ..
    UPDATE tab_a ..
```

MariaDB 서버의 기본 도메인 아이디(gtid_domain_id 시스템 변수)는 0으로 설정돼 있다. MariaDB 서버에서는 도메인 아이디 단위로 슬레이브의 SQL 스레드가 병렬 처리되는데, MariaDB 서버의 도메인 아이디는 글로벌 변수임과 동시에 세션 변수로 정의돼 있다. 그래서 배치 프로그램의 데이터 변경과 사용자의 데이터 변경이 전혀 무관하게 작동한다면 배치 프로그램에서는 도메인 아이디를 임시로 변경해서 쿼리를 수행해도 아무런 문제가 없다. 이렇게 도메인 아이디를 변경한 후 쿼리를 실행하게 되면 슬레이브에서는 〈그림 8-10〉과 같이 도메인 아이디별로 쿼리를 각각의 병렬 스레드로 처리되게 해준다.

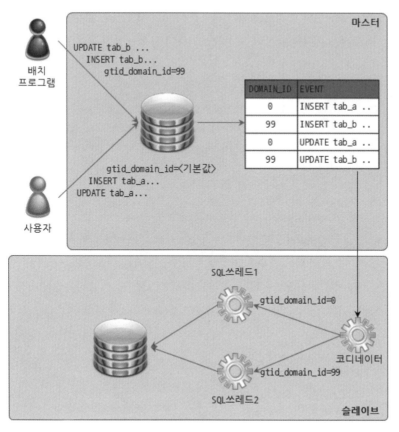

〈그림 8-10〉 MariaDB 10.0의 멀티 스레드 슬레이브

MariaDB 10.0의 멀티 스레드 슬레이브는 멀티 소스 복제를 위해서도 사용되지만 시간이 많이 소요되는 대용량의 데이터 변경 작업이 슬레이브에서 복제 지연을 유발하지 않게 하는 데 사용될 수 있다. 물론 MariaDB 10.0의 멀티 스레드 복제는 MySQL 5.6과 달리 수동적이며, 사용자나 응용 프로그램이 슬레이브에서 각 쿼리들이 병렬로 처리될지 순차적으로 실행되게 할지를 결정할 수 있는 구조다.

MySQL 5.6과 MariaDB 10.0의 멀티 스레드 복제는 각각의 장점과 단점을 가지고 있다. 어느 쪽이 더 나은지는 사실 개발자나 서비스의 특성에 따라 다르게 느껴질 수 있을 것으로 보인다. 하지만 한 가지 확실한 것은 데이터베이스 단위의 멀티 스레드 복제는 자동화가 가능하지만, 궁극적으로 레코드 단위의 멀티 스레드 복제는 지금 수준에서는 상당히 어려움이 있을 것으로 보인다. 레코드 수준에서의 멀티 스레드 복제는 결국 사용자가 응용 프로그램이 그때그때 업무 로직에 맞춰서 결정할 수밖에 없는데, 이런 요건들을 만족하기 위해서는 자동 멀티 스레드 복제가 아니라 MariaDB 10.0과 같은 수동 멀티 스레드 복제(사용자가 멀티 스레드 복제 여부를 결정)가 필수적인 기능이 될 가능성이 높아 보인다.

> **주의** MariaDB 10.0의 비순차 멀티 스레드 복제는 반드시 도메인 아이디가 필요하다. 그런데 도메인 아이디(gtid_domain_id)는 글로벌 트랜잭션 아이디가 활성화되고, 글로벌 트랜잭션 아이디로 복제가 수행되는 경우에만 의미가 있다. 즉 MariaDB 10.0의 멀티 스레드 복제는 글로벌 트랜잭션을 사용하는 경우에만 활성화된다는 것을 기억하자. MySQL 5.6의 멀티 스레드 복제는 글로벌 트랜잭션 아이디의 사용 여부와 관계없이 2개 이상의 데이터베이스를 사용하고 쿼리만 데이터베이스 단위로 실행된다면 비순차 멀티 스레드 복제를 사용할 수 있다.

MariaDB 10.0의 멀티 스레드 복제는 slave-parallel-threads 시스템 변수를 0이 아닌 양의 정수 값을 설정하면, 그 수만큼의 슬레이브 SQL 스레드가 실행된다. slave-parallel-threads 시스템 변수는 동적 변수이므로 언제든지 슬레이브의 스레드 개수를 조정할 수 있다. 단 slave-parallel-threads를 변경하기 위해서는 STOP SLAVE이후에 실행해야 하며, 그리고 다시 START SLAVE로 복제를 시작해야 새로 설정된 슬레이브 스레드 개수가 적용된다. 현재 MariaDB 10.0에서 비순차 멀티 스레드로 복제될 수 있는 쿼리는 아래와 같다.

- 다른 도메인 아이디를 가진 쿼리들
- 멀티 소스 복제에서 서로 다른 마스터로부터 가져온 쿼리들

MariaDB에서는 멀티 스레드 슬레이브를 위해서는 설정 파일(my.cnf)에 slave-parallel-max-queued라는 설정을 해야 하는데, 이는 slave-parallel-threads 시스템 변수가 0보다 큰 정수가 설정될 때만 효력을 발휘한다. MariaDB의 멀티 스레드 슬레이브가 활성화되면 MariaDB는 바이너리 이벤트들을 멀티 스레드로 실행 가능한지를 검토하기 위해 바이너리 로그의 이벤트를 미리 메모리 큐에 저장하게 된다. slave_parallel_max_queued 시스템 변수는 이 메모리 큐의 용량을 얼마나 할당해 둘지를 결정한다. 서로 다른 도메인 아이디를 사용하고 글로벌 트랜잭션 아이디를 사용하는 복제 환경에서는 이 메모리 큐가 꼭 필요하다.

예를 들어 도메인 아이디가 1인 트랜잭션과 도메인 아이디가 2인 트랜잭션이 연속으로 실행되어 슬레이브에서 특정 슬레이브 스레드가 1번 도메인 아이디의 쿼리를 실행하고 있다고 가정해보자. 이때 다음 바이너리 로그 이벤트를 읽어서 메모리로 읽어서 분석을 해봐야 그 트랜잭션의 도메인 아이디가 2이고 다른 슬레이브 스레드에서 병렬로 실행해도 된다는 것을 파악할 수 있게 되는 것이다. 또한 도메인 아이디가 1인 트랜잭션의 크기가 slave_parallel_max_queued 시스템 변수보다 작아야만 비로소 도메

인 아이디 2번의 쿼리가 실행될 수 있는 것이다. 즉, 트랜잭션 하나에 포함된 SQL 문장이나 레코드 정보가 매우 많고 크다면 slave-parallel-max-queued를 적절히 늘려서 멀티 스레드로 슬레이브가 제대로 처리될 수 있게 해야 한다.

8.3.2.1 순차 복제(In-order multi threaded replication)

MariaDB 10.0의 비순차 복제는 멀티 소스 복제를 사용하지 않는다면 도메인 아이디(gtid_domain_id 시스템 변수)를 수동으로 변경하면서 슬레이브에서 멀티 스레드로 실행될지를 제어해야 한다. 데이터베이스 관리자가 장시간 실행하는 스키마 변경 등과 같은 작업에서는 유용하지만 응용 프로그램에서 매번 도메인 아이디를 변경하면서 슬레이브의 멀티 스레드 처리 여부를 판단 및 설정한다는 것은 조금 어려울 수도 있다. 그래서 MariaDB 10.0에서는 순차 방식의 멀티 스레드 복제 기능도 함께 제공한다.

MariaDB 10.0의 순차 멀티 스레드 복제를 이해하려면 MariaDB 10.0의 바이너리 로그 그룹 커밋(Group Commit)을 이해해야 한다. 우선 MariaDB 10.0의 바이너리 로그 그룹 커밋 기능을 간단히 살펴보자.

8.3.2.1.1 바이너리 로그 그룹 커밋

바이너리 로그의 그룹 커밋 기능은 MySQL 5.0 시절부터 바이너리 로그 쓰기 성능 향상을 위해 계속 이슈가 돼 왔던 기능이다. 물론 MySQL 5.6 버전도 가지고 있는 기능이지만 이 기능이 MySQL 5.6이나 MariaDB 10.0에서 처음 구현된 기능은 아니며, 예전부터 추가됐다가 다른 제약 때문에 제거됐다가 다시 구현된 기능이다. 여기서는 MariaDB 10.0의 바이너리 로그 그룹 커밋 기능에 대해서만 살펴보고, MySQL 5.6의 바이너리 로그 그룹 커밋 기능에 대해서는 나중에 자세히 살펴보겠다.

그룹 커밋은 여러 개의 아이템(바이너리 로그 이벤트나 트랜잭션 등..)을 한번에 모아서 처리하는 기능을 의미할 때 자주 선택되는 용어이기도 한데, MariaDB의 바이너리 로그의 그룹 커밋 기능은 단순히 이벤트를 바이너리 로그 파일에 모아서 기록하는 수준이 아니라, 실제 트랜잭션의 커밋 처리까지 모아서 수행하는 것을 의미한다. 이는 그룹 커밋 관련된 설정에 따라 트랜잭션의 커밋(Commit) 성능이 영향을 받을 수 있음을 의미하기도 한다. 하지만 서비스의 특성이나 요건(SLA, Service Level Agreement)에 따라 적절한 수치를 설정한다면 서비스에 대한 악영향 없이 바이너리 로그 그룹 커밋과 순차 멀티 스레드 효율도 높일 수 있다. MariaDB 10.0에서는 바이너리 이벤트의 그룹 커밋을 위해 아래와 같은 두 개의 시스템 변수를 지원한다.

binlog_commit_wait_usec

짧은 간격을 두고 여러 클라이언트에서 커밋되는 트랜잭션을 모아서, 한 번에 바이너리 로그 파일로 기록하게 된다. 이때 순수하게 동시점에 수행된 트랜잭션만 그룹 커밋 대상으로 선정할 수도 있지만 MariaDB 서버가 사용자로부터 요청된 커밋을 즉시 처리하지 않고 일정 시간을 기다리면서 다른 사용자로부터 커밋되는 트랜잭션까지 모아서 처리하게 할수도 있다. 이때 MariaDB 서버가 최대 얼마만큼의 시간을 기다리게 할지를 설정하는 시스템 변수다. binlog_commit_wait_usec 시스템 변수는 마이크로 초단위로 설정하므로 만약 최대 10밀리초 이내에는 커밋이 처리되게 하고 싶다면 binlog_commit_wait_usec을 10000으로 설정하면 된다.

binlog_commit_wait_count

MariaDB 서버가 그룹 커밋을 이용하기 위해 binlog_commit_wait_usec에 설정된 시간만큼 항상 기다려야만 하는 것은 아니다. binlog_commit_wait_usec 시스템 설정이 10000으로 설정됐더라도 그보다 짧은 시간 내에 binlog_commit_wait_count 시스템 변수에 설정된 만큼의 트랜잭션 커밋이 요청되면 즉시 지금까지의 트랜잭션을 모아서 그룹 커밋을 실행하게 된다. 이때 binlog_commit_wait_count 시스템 변수에 설정되는 값은 바이너리 로그의 이벤트 개수나 쿼리의 수가 아니라 트랜잭션(커밋)의 개수를 의미한다.

어떤 트랜잭션들이 얼마나 모아서 그룹 커밋 처리됐는지는 바이너리 로그 파일의 내용을 살펴보면 알 수 있다. 먼저 칼럼 3개를 가지는 test라는 테이블을 생성하고, 4개의 커넥션을 통해 동시에 각각 INSERT문장을 실행해봤다. 여기서 동시라는 것은 아주 정밀하게 나노초까지 같아야 한다는 것을 의미하는 것은 아니다. 이렇게 여러 개의 커넥션에서 뭔가를 동시에 처리하고자 한다면 csshx(https://code.google.com/p/csshx/) 같은 유틸리티를 이용하면 된다. 동시에 여러 개의 창에서 명령을 실행하기가 어렵다면 아래 예제에서 binlog_commit_wait_usec을 1000000(1초) 정도로 조금 길게 설정해서 테스트해 볼 수 있다. 하지만 한 가지 주의해야 할 것은 INSERT 명령을 하나의 커넥션에서 순차적으로 실행해서는 원하는 결과를 얻을 수 없다. 또한 이 예제에서는 AutoCommit 모드에서 테스트되고 있다는 점도 주의하자.

```
MariaDB [test]> CREATE TABLE test (fd1 INT, fd2 INT, fd3 INT) ENGINE=InnoDB;

-- // global binlog_commit_wait_usec 시스템 변수를 5 밀리초로 설정
MariaDB [test]> SET GLOBAL global binlog_commit_wait_usec=5000;
Query OK, 0 rows affected (0.00 sec)

-- // global binlog_wait_count 시스템 변수를 50개로 설정
MariaDB [test]> SET GLOBAL binlog_commit_wait_count=50;
Query OK, 0 rows affected (0.00 sec)

MariaDB-Client 1 > INSERT INTO test VALUES (1,1,1);
```

```
MariaDB-Client 2 > INSERT INTO test VALUES (2,2,2);
MariaDB-Client 3 > INSERT INTO test VALUES (3,3,3);
MariaDB-Client 4 > INSERT INTO test VALUES (4,4,4);
```

위와 같이 4개의 커넥션에서 INSERT 문장이 실행되면 각 트랜잭션은 최대 5 밀리초를 기다렸다가 커밋을 수행한다. 즉, MariaDB 서버가 클라이언트 1번의 요청을 가장 먼저 처리했다면 1번은 정확히 5밀리초만큼 기다리게 될 것이다. 하지만 그 이후에 처리되는 나머지 커밋 요청들은 5밀리초보다는 조금 적게 기다리게 될 것이다. 만약 MariaDB 서버가 클라이언트 1번보다 4 밀리초 정도 늦게 클라이언트 4번을 처리했다면 클라이언트 4번은 1밀리초만 기다리게 된다. 그리고 클라이언트 4번이 클라이언트 1번보다 6밀리초 늦게 처리됐다면 4번 클라이언트의 INSERT 문장은 클라이언트 1번과는 동일 그룹으로 커밋되지 못하게 되는 것이다.

이때 같은 그룹으로 커밋된 바이너리 로그 이벤트(바이너리 로그 파일에 기록된 트랜잭션)들은 동일한 "커밋 아이디(COMMIT ID)"를 갖게 된다. 커밋 아이디는 mysqlbinlog나 SHOW BINLOG EVENTS 명령의 결과로 디코딩된 바이너리 로그 파일에서 "cid"라는 이름으로 표시된다. 위의 INSERT 명령 실행 결과로 생성된 바이너리 로그 파일의 내용은 아래와 같았다.

```
MariaDB [test]> SHOW BINLOG EVENTS IN 'binary-log.000015';
+-----------+------+-------------+------------------------------------------------+
| Log_name  | Pos  | Event_type  | Info                                           |
+-----------+------+-------------+------------------------------------------------+
| binary-lo |    4 | Format_desc | Server ver: 10.0.11-MariaDB-log, Binlog ver: 4 |
| binary-lo |  248 | Gtid_list   | [0-1-1213]                                     |
| binary-lo |  287 | Binlog_chec | binary-log.000014                              |
| binary-lo |  327 | Binlog_chec | binary-log.000015                              |
| binary-lo |  367 | Gtid        | BEGIN GTID 0-1-1214 cid=1786                   |
| binary-lo |  407 | Query       | use `test`; insert into test values (3,3,3)    |
| binary-lo |  501 | Xid         | COMMIT /* xid=1786 */                          |
| binary-lo |  528 | Gtid        | BEGIN GTID 0-1-1215 cid=1786                   |
| binary-lo |  568 | Query       | use `test`; insert into test values (1,1,1)    |
| binary-lo |  662 | Xid         | COMMIT /* xid=1788 */                          |
| binary-lo |  689 | Gtid        | BEGIN GTID 0-1-1216 cid=1787                   |
| binary-lo |  729 | Query       | use `test`; insert into test values (4,4,4)    |
| binary-lo |  823 | Xid         | COMMIT /* xid=1787 */                          |
| binary-lo |  850 | Gtid        | BEGIN GTID 0-1-1217 cid=1787                   |
| binary-lo |  890 | Query       | use `test`; insert into test values (2,2,2)    |
| binary-lo |  984 | Xid         | COMMIT /* xid=1789 */                          |
+-----------+------+-------------+------------------------------------------------+
```

이 테스트 결과에서 4개의 트랜잭션의 cid 값이 모두 1786인 것으로 봐서 운 좋게도 4개의 트랜잭션이 모두 하나의 그룹으로 커밋된 것을 알 수 있다. 이렇게 그룹 커밋된 트랜잭션 4개는 멀티 스레드 복제가 활성화된 슬레이브로 전달되면 SQL 스레드에 의해서 동시에 실행될 수 있다.

8.3.2.1.2 그룹 커밋 단위의 멀티 스레드 복제

순차 멀티 스레드 복제 방식은 위에서 소개한 동일 그룹으로 커밋된 트랜잭션들을 대상으로 처리된다. 슬레이브의 코디네이터 스레드(Coordinator thread)는 마스터로부터 가져온 바이너리 로그(릴레이 로그)에서 (cid 값을 이용해) 동일 그룹으로 커밋된 트랜잭션들을 모두 가져와서 멀티 스레드로 실행되고 있는 SQL 스레드들에게 나눠서 처리하게 한다. 순차 멀티 스레드에서 멀티 스레드 복제를 활성화하는 방법은 비순차 멀티 스레드 복제와 동일하게 slave_parallel_max_queued와 slave_parallel_threads 시스템 변수를 이용하면 된다.

이렇게 전혀 무관한 여러 트랜잭션이 동시에 멀티 스레드로 처리가 가능한 이유는 하나의 그룹 커밋 내에 있던 모든 트랜잭션들은 서로 충돌되는(동일 레코드를 서로 변경하려고 하는) 경우가 없다는 것이 이미 마스터에서 검증됐기 때문이다. 즉, 여러 개의 서로 다른 트랜잭션이지만 동시에 모두 모아서 그룹으로 커밋됐기 때문에 동시에 실행돼도 데드 락이나 레코드 잠금 대기를 유발시키지 않는다는 것이다.

마스터에서 하나의 그룹 커밋 내에 포함된 트랜잭션이 많으면 많을수록 순차 멀티 스레드 복제의 동시 처리 성능이 높아지게 되는 것이다. 일반적으로 데이터를 변경하는 쿼리들이 많지 않은 경우에는 슬레이브의 복제 지연이 발생하지 않기 때문에 멀티 스레드 복제를 고민할 필요가 없다. 하지만 변경 쿼리가 많은 경우에는 그룹 커밋을 이용한 순차 멀티 스레드 복제가 아주 훌륭한 복제 지연 해결책이 될 것이다.

MariaDB 10.0에서 비순차 멀티 스레드 복제없이 순차 멀티 스레드 복제만 적용(바이너리 로그 그룹 커밋 기반)한 상태에서 슬레이브의 복제 처리 성능을 비교해봤다. 〈그림 8-20〉과 〈그림 8-21〉은 초당

UPDATE 문장이 15000번 실행되는 환경에서 테스트한 결과이며, 〈그림 8-22〉와 〈그림 8-23〉은 초
당 UPDATE 문장이 25000번 실행되는 환경에서 복제 처리 성능을 테스트해본 결과다.

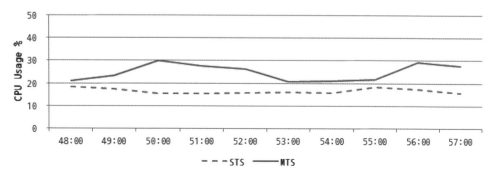

〈그림 8-20〉 초당 15000 UPDATE 실행 시 슬레이브의 CPU 사용률

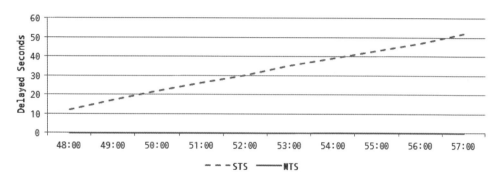

〈그림 8-21〉 초당 15000 UPDATE 실행 시 슬레이브의 복제 지연(초)

초당 15000 UPDATE 문장이 실행되는 경우 싱글 스레드 슬레이브(STS, Single Thread Slave)에서는
조금씩 복제 지연이 누적되면서 10분 정도 테스트를 진행했을 때 1분 정도 지연이 발생하는 반면 멀티
스레드 복제(Multi Threaded Slave)에서는 전혀 지연이 발생하지 않는다는 것을 확인할 수 있다. 그
리고 이 때는 슬레이브의 멀티 스레드 복제가 싱글 스레드 기반인 경우보다 CPU 사용량이 크게 높지
않다는 것을 알 수 있다.

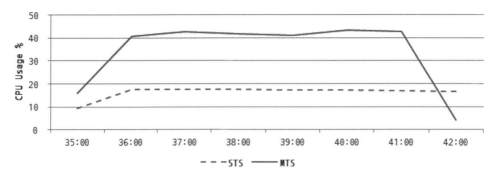

〈그림 8-22〉 초당 25000 UPDATE 실행 시 슬레이브의 CPU 사용률

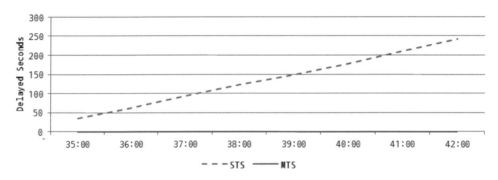

〈그림 8-23〉 초당 25000 UPDATE 실행 시 슬레이브의 복제 지연(초)

이번에는 초당 25000 UPDATE 문장이 실행되는 환경인데, 싱글 스레드 기반의 복제에서는 초당 15000 UPDATE 경우보다 훨씬 빠르게 복제 지연이 누적되는 것을 관찰할 수 있지만 여전히 멀티 스레드 복제에서는 지연이 발생하지 않는 것을 알 수 있다. 하지만 멀티 스레드 복제를 수행하는 슬레이브의 CPU 사용량은 싱글 스레드 복제보다는 CPU 사용량이 꽤 높은데, 멀티 스레드 복제는 쿼리 처리뿐만 아니라 슬레이브의 각 SQL 스레드와 코디네이터 간 동기화에도 많은 CPU 사이클을 소비하기 때문이다.

순차 멀티 스레드 복제는 빠르게 실행되는 가벼운 변경 쿼리들이 매우 빈번하게 실행되는 환경에서는 크게 도움될 것이다. 만약 초당 20000번의 UPDATE 실행되는 MySQL 서버라면 평균적으로 1밀리초에 20개의 UPDATE 문장이 실행되는 것이다. 이런 경우라면 마스터에서 binlog_commit_wait_usec 시스템 변수를 500(0.5 밀리초)으로 설정하더라도 슬레이브에서는 10개의 UPDATE 문장이 동시에 멀티 스레드로 처리될 수 있게 되는 것이다. 하지만 데이터 변경 SQL 문장 하나하나가 아주 무거운 쿼리

(실행 시간이 오래 걸리는)이면서 실행 빈도가 크지 않다면 순차 멀티 스레드 복제는 지연 해결에 크게 도움되지 않을 것이다. 이런 경우라면 비순차 멀티 스레드 복제의 적용을 고려해보자.

8.4 크래시 세이프(Crash safe) 슬레이브 `MariaDB` `MySQL`

MySQL과 MariaDB의 복제는 〈그림 8-11〉과 같이 IO 스레드와 SQL 스레드가 협업해서 마스터와 데이터 동기화를 수행한다. IO 스레드는 마스터로부터 바이너리 로그 이벤트를 네트워크를 통해서 가져온 후 슬레이브의 로컬 디스크에 파일로 저장하는 역할을 담당하며, SQL 스레드는 IO 스레드가 가져온 바이너리 로그 이벤트를 실제 MySQL 서버에서 재실행(Replay)하는 역할을 담당한다. 이 과정에서 IO 스레드가 어디까지의 바이너리 로그를 가져왔는지 정보는 master.info 파일에, 그리고 SQL 스레드는 어디까지 쿼리를 재실행했는지에 관한 정보는 relay-log.info 파일에 저장해 둔다. MySQL 서버가 종료되었다가 다시 실행되면 이 파일들을 참조해서 복제를 어느 시점부터 다시 시작해야 할지를 판단하게 된다.

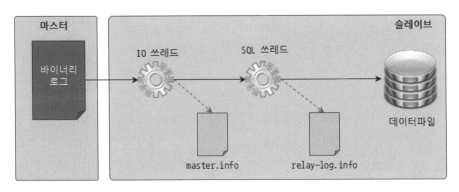

〈그림 8-11〉 master.info 파일과 relay-log.info 메타 파일 관리

바이너리 로그 이벤트 하나 하나가 복제될 때마다 이 파일들의 정보를 변경하고 디스크에 동기화하는 작업은 많은 디스크 작업을 필요로 한다. 그래서 일반적으로는 이 파일들의 변경을 비동기로 처리하는 경우가 많다. 즉 파일에 매번 기록은 하지만(때로는 바이너리 로그 이벤트 몇 개를 모아서 한 번에) 디스크 동기화는 운영체제에게 맡기는 형태로 처리됨을 의미한다. 이렇게 메모리와 디스크의 데이터가 다른 상태에서 운영체제가 비정상적으로 종료되면 메모리의 정보가 디스크로 동기화되지 못하기 때문에 그 정보들이 손실되는 것이다. 그 상태에서 MySQL 서버가 다시 기동되면 master.info나 relay-log.info 파일의 정보는 이전의 정보이기 때문에 이미 실행했던 부분부터 다시 재실행하게 되는 것이다. 그래서 나타나는 대표적인 현상이 "Duplicate key" 에러인 것이다.

MariaDB 10.0과 MySQL 5.6에서는 이런 문제점을 막기 위해서 master.info 파일과 relay-log.info 파일의 내용을 디스크 파일이 아니라 MySQL 서버의 테이블로 저장할 수 있도록 개선되었다. 이 기능을 매뉴얼에서는 "크래시 세이프 복제(Crash-safe replication)"라고 명명하고 있다. MariaDB 10.0과 MySQL 5.6에서 크래시 세이프 복제를 구현하고 있는 방법은 조금 차이는 있지만 기본적인 원리는 동일하다. 기본적인 원리를 간단히 살펴보고, MariaDB와 MySQL의 구현 차이를 보도록 하자.

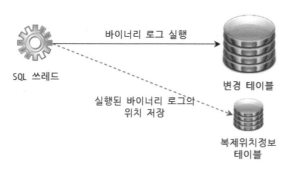

〈그림 8-12〉 크래시 세이프 복제 구조

〈그림 8-11〉에서 바이너리 로그의 위치 정보를 파일로 기록하는 방법을 살펴보았다. 〈그림 8-11〉에서 바이너리 로그 이벤트를 데이터베이스에서 실행하는 작업과 master.info나 relay-log.info 파일에 위치 정보를 업데이트하는 작업은 원자 단위의 작업(Atomic)이 아니다. 그래서 자주 메모리와 디스크의 값이 달라질 가능성이 높으며, 이로 인해서 복제 슬레이브의 동기화 문제가 유발되는 것이다. 그래서 크래시 세이프 복제에서는 〈그림 8-12〉와 같이 실행된 바이너리 로그 이벤트의 위치 정보를 테이블로 저장한다. 즉 바이너리 로그 이벤트로 데이터가 변경되는 작업과 "복제위치정보" 테이블의 위치 변경을 하나의 트랜잭션으로 묶어서 실행하는 것이다. 이때 "복제위치정보" 테이블이 InnoDB/XtraDB와 같이 트랜잭션을 지원하는 스토리지 엔진을 사용하게 된다면 바이너리 로그 이벤트로 인한 테이블 변경과 복제 위치 정보는 항상 동기화될 수밖에 없게 되는 것이다. 실제 이는 InnoDB나 XtraDB의 innodb_flush_log_at_trx_commit 시스템 변수의 값이 0이냐 1이냐와는 전혀 무관하게 항상 동기화가 되는 것이다. 하지만 만약 "복제위치정보" 테이블이 MyISAM이나 Aria 스토리지 엔진과 같이 트랜잭션을 지원하지 않는 스토리지 엔진을 사용하도록 생성된다면 크래시 세이프 복제는 보장되지 않는다.

8.4.1 MariaDB 10.0의 크래시 세이프 복제

MariaDB 10.0에서는 글로벌 트랜잭션 아이디를 사용하는 경우 슬레이브가 실행한 복제 위치 정보가 mysql 데이터베이스의 gtid_slave_pos라는 테이블에 자동으로 저장되며, gtid_slave_pos는 MariaDB 서버의 기본 스토리지 엔진을 사용해서 생성된다. 즉 MariaDB 서버의 기본 스토리지 엔진이 MyISAM으로 설정되어 있었다면 크래시 세이프 복제는 작동하지 않는다는 것을 의미한다.

만약 MariaDB 10.0에서 글로벌 트랜잭션을 사용하지 않는다면 크래시 세이프 복제 또한 활성화되지 않는다. gtid_slave_pos 테이블은 글로벌 트랜잭션 아이디가 활성화되어서 복제에 사용되는 경우에만 사용되기 때문이다. gtid_slave_pos 테이블에 대한 자세한 내용은 글로벌 트랜잭션 아이디를 참조하자.

8.4.2 MySQL 5.6의 크래시 세이프 복제

MySQL 5.6의 크래시 세이프 복제는 글로벌 트랜잭션 아이디와는 무관하게 사용할 수 있다. 대표적으로 다음 2개 시스템 변수로 크래시 세이프 복제를 사용할지 여부를 결정할 수 있다.

master-info-repository

master-info-repository 시스템 변수에는 TABLE 또는 FILE을 설정할 수 있다. 만약 FILE이 설정되면 마스터로부터 가져온 바이너리 로그 파일의 정보가 디스크의 master.info 파일로 기록된다. TABLE로 설정되면 크래시 세이프 복제가 활성화되는데, 이때에는 master.info 파일 대신 mysql 데이터베이스의 slave_master_info 테이블에 저장된다. 기본값은 FILE이다.

relay-log-info-repository

master-info-repository 시스템 변수와 같이 TABLE 또는 FILE 중에서 선택할 수 있다. FILE로 설정되면 SQL 스레드가 어느 위치의 바이너리 로그 이벤트까지 슬레이브에서 실행했는지에 관한 정보를 디스크의 relay-log.info 파일로 기록한다. TABLE로 설정되면 mysql 데이터베이스의 slave_relay_log_info 테이블에 기록한다. 역시 기본값은 FILE이다.

master-info_repository와 relay-log-info-repository 시스템 변수가 모두 TABLE로 설정되면 MySQL 5.6 서버는 자동으로 바이너리 로그 파일의 위치를 테이블에 업데이트하는 작업을 바이너리 로그 이벤트 실행과 같은 트랜잭션으로 처리한다. 즉 두 시스템 변수가 TABLE로 설정되면 크래시 세이프 복제가 활성화되는 것이다.

8.5 ROW 기반의 복제 기능 개선   `MariaDB`   `MySQL`

이미 복제에서 STATEMENT 포맷을 사용했던 사용자들이 ROW 포맷으로 옮겨가지 못하는 대표적인 2가지 이유가 있었다. 첫 번째는 ROW 포맷의 바이너리 로그는 용량이 STATEMENT보다 크고, 두 번째는 ROW 포맷에서는 사용자나 응용 프로그램이 실행한 SQL 문장이 그대로 기록되지 않는다는 것이었다. MySQL 5.6과 MariaDB 10.0에서는 이런 문제들을 해결할 새로운 기능들이 추가되었다.

8.5.1 ROW 포맷의 용량 최적화   `MySQL`

MySQL 서버의 바이너리 로그 포맷은 크게 STATEMENT와 ROW 그리고 MIXED 포맷이 제공되고 있다. 전통적으로 STATEMENT 포맷이 많이 사용되고 있지만 STATEMENT 포맷의 바이너리 로그는 UUID 함수와 같이 비결정적 함수(NOT DETERMINISTIC)나 기능들에 대해서는 복제를 수행할 수 없다는 단점을 가지고 있다. 하지만 ROW 포맷의 바이너리 로그 포맷은 최종적으로 테이블에 적용된 칼럼의 값을 바이너리 로그에 기록하기 때문에 이런 제한 사항이 없다. 하지만 ROW 포맷의 바이너리 로그는 일반적으로 STATEMENT 포맷보다는 많은 저장 공간을 필요로 한다. 이 두 포맷의 장점과 단점이 너무 명확하여 STATEMENT 포맷과 ROW 포맷의 장점만을 사용할 수 있는 MIXED 포맷이 도입된 것이다.

하지만 MIXED 포맷의 바이너리 로그를 사용한다고 하더라도 여전히 바이너리 로그의 크기가 커져서 더 많은 저장 공간과 네트워크 트래픽을 유발할 가능성은 남아 있게 된다. MySQL 5.6에서는 ROW 포맷의 바이너리 로그 이벤트 용량을 최소화하기 위해서 binlog_row_image라는 시스템 변수를 도입하였다. binlog_row_image 시스템 변수는 다음과 같이 세 개의 옵션 중에서 하나를 설정할 수 있다.

FULL

MySQL 5.5의 ROW 포맷 바이너리 로그와 같이 칼럼의 변경 여부와 관계없이 변경된 레코드의 모든 칼럼을 바이너리 로그에 기록하는 방식이다. INSERT와 UPDATE 그리고 DELETE 문장별로 바이너리 로그 파일에 기록되는 정보는 달라진다. INSERT 문장의 경우 새롭게 INSERT된 레코드의 모든 칼럼(After-Image)들만 바이너리 로그 파일에 기록되며, UPDATE의 경우에는 변경 전의 레코드(Before-Image)와 변경 후의 레코드(After-Image) 칼럼들이 모두 바이너리 로그에 기록된다. 그리고 DELETE 문장의 경우에는 변경 전(Before-Image)의 레코드 칼럼들만 바이너리 로그로 기록된다

MINIMAL

MySQL 5.6부터 도입된 새로운 기능으로, 변경된 내용을 슬레이브에 적용할 때에 꼭 필요한 칼럼 값만 바이너리 로그에 기록한다. INSERT와 UPDATE 그리고 DELETE 문장별로 바이너리 로그에 기록되는 내용은 밑에서 다시 자세히 살펴보겠다.

NOBLOB

FULL 옵션을 설정한 것과 동일하게 작동하지만 BLOB 칼럼은 변경되지 않았다면 바이너리 로그 파일에 기록하지 않는다.

binlog_row_image 시스템 변수가 MINIMAL로 설정되었을 때 INSERT와 UPDATE 그리고 DELETE 문장에 따라서 바이너리 로그에 기록되는 내용은 다음과 같다. 여기에서 PKE(Primary Key Equivalent)는 프라이머리 키 또는 프라이머리 키 역할의 칼럼 조합을 의미하는데, 각 테이블의 특성에 따라서 PKE는 다음과 같이 결정된다.

- 프라이머리 키가 있는 테이블 : 해당 테이블의 프라이머리 키가 PKE로 취급된다.
- 프라이머리 키가 없을 경우 : 해당 테이블에 NOT NULL로 정의된 유니크 인덱스가 있다면 그 유니크 인덱스가 PKE로 취급된다. 만약 NOT NULL로 정의된 유니크 인덱스가 없다면 레코드의 모든 칼럼 조합이 PKE로 취급된다.

	변경 전 레코드(Before Image)	변경 후 레코드(After Image)
INSERT	(없음)	INSERT된 레코드에서 값이 명시된 모든 칼럼과 AutoIncrement 값(테이블에 AutoIncrement 칼럼이 있는 경우)
UPDATE	PKE	INSERT된 레코드에서 값이 명시된 모든 칼럼
DELETE	PKE	(없음)

> **주의** 아직 binlog_row_image 시스템 변수가 MINIMAL이나 NOBLOB인 경우는 MariaDB에서 구현되지 않았다. 현재 Monty Program AB에서는 MySQL 5.6과 같이 ROW 포맷의 바이너리 로그 이벤트 크기를 줄이기 위해서 동일한 기능을 구현하고 있는 중이다.

8.5.2 ROW 포맷 바이너리 로그를 위한 정보성 로그 이벤트

아직도 많은 사용자들이 STATEMENT 포맷의 바이너리 로그를 사용하고 있는데, ROW 포맷의 바이너리 로그를 사용하지 못하는 이유 중에서 대표적인 것이 바로 감사 기능이다. STATEMENT 포맷을 사용하면 실제 사용자나 응용 프로그램이 바이너리 로그 파일을 통해서 SQL 문장을 확인할 수 있다. 하지만 ROW 포맷에서는 SQL 문장에 의해서 변경된 레코드만 기록되므로 정확한 SQL 문장을 확인할 수 있는 방법이 없다. 이런 단점을 보완하기 위해서 MariaDB는 5.3 버전부터 주석 이벤트(Annotate row log event)를 도입했으며, MySQL은 5.6 버전부터 정보성 로그 이벤트(Informational log event)를 도입했다.

8.5.2.1 MariaDB 주석 이벤트

MariaDB 5.3부터는 ROW 포맷의 바이너리 로그를 사용하는 경우 변경된 레코드 정보가 바이너리 로그에 기록되기 전에 사용자가 실행한 SQL 문장을 "Annotate_rows" 바이너리 로그 이벤트로 기록하도록 기능이 보완되었다. 주석 이벤트를 활성화하기 위해서는 binlog-annotate-row-events 시스템 변수를 ON으로 설정하면 된다.

다음 예제는 ROW 포맷의 바이너리 로그를 사용하는 MariaDB 서버에서 binlog-annotate-row-events를 활성화하고 간단히 몇 개의 SQL을 실행한 후 바이너리 로그의 내용을 조회해 본 것이다.

```
MariaDB> SHOW BINLOG EVENTS IN 'binary-log.000001';
+------------------+----+-----------+-----------+-----------+--------------------------------+
|Log_name          |Pos |Event_type |Server_id  |End_log_pos|Info                            |
+------------------+----+-----------+-----------+-----------+--------------------------------+
|binary-log.000001 |4   |Format_desc|100        |240        |Server ver: 5.5.24-MariaDB      |
|binary-log.000001 |240 |Query      |100        |331        |DROP DATABASE IF EXISTS test    |
|binary-log.000001 |331 |Query      |100        |414        |CREATE DATABASE test            |
|binary-log.000001 |414 |Query      |100        |499        |use 'test'; CREATE TABLE t1(a int)|
|binary-log.000001 |499 |Query      |100        |567        |BEGIN                           |
|binary-log.000001 |567 |Annotate_rows|100      |621        |INSERT INTO t1 VALUES (1), (2), (3)|
|binary-log.000001 |621 |Table_map  |100        |662        |table_id: 16 (test.t1)          |
...
```

위의 예제에서 "Annotate_rows"라는 이벤트가 바로 주석 이벤트인 것이다. Annotate_rows 이벤트는 단순히 주석 역할만 하며, 실제 슬레이브에서 재실행된다거나 하지 않는다. 또한 슬레이브 MariaDB 서버에서는 replicate-annotate-row-events 시스템 변수를 활성화(ON)하면 마스터로부터 가져온 주석(Annotate_rows) 이벤트를 그대로 슬레이브의 바이너리 로그에도 기록할 수 있다. 또한 MariaDB의 mysqlbinlog 유틸리티를 실행하면 만약 바이너리 로그에 주석 이벤트가 있다면 이를 같이 화면 상에 출력하는데, 주석 이벤트가 필요치 않다면 skip-annotate-row-events 옵션을 명시해주면 된다. 다음 예제는 mysqlbinlog 유틸리티로 바이너리 로그를 덤프했을 때 주석 이벤트가 출력되는 내용이다.

```
shell> mysqlbinlog binary-log.000001
...
# at 1221
#100516 15:36:18 server id 100  end_log_pos 1289          Query    thread_id=2    exec_time=0
```

```
error_code=0
SET TIMESTAMP=1274009778/*!*/;
BEGIN
/*!*/;
# at 1289
# at 1351
# at 1392
#100516 15:36:18 server id 100   end_log_pos 1351          Annotate_rows:
#Q> INSERT DELAYED INTO t3 VALUES (1), (2), (3)
#100516 15:36:18 server id 100   end_log_pos 1392          Table_map: 'test'.'t3' mapped to number
18
#100516 15:36:18 server id 100   end_log_pos 1426          Write_rows: table id 18 flags: STMT_
END_F

BINLOG '
stjvSxNkAAAAKQAAAHAFAAAAABIAAAAAAAAABHRlc3QAAnQzAAEDAAE=
stjvSxdkAAAAIgAAAJIFAAAQABIAAAAAAAEAAf/+AQAAAA==
'/*!*/;
### INSERT INTO test.t3
### SET
###   @1=1 /* INT meta=0 nullable=1 is_null=0 */
# at 1426
# at 1467
#100516 15:36:18 server id 100   end_log_pos 1467          Table_map: 'test'.'t3' mapped to number
18
#100516 15:36:18 server id 100   end_log_pos 1506          Write_rows: table id 18 flags: STMT_
END_F
```

8.5.2.2 MySQL 5.6의 정보성 로그 이벤트

MySQL 5.6에서도 MariaDB와 마찬가지로 주석 이벤트 기능을 도입했다. MySQL 5.6에서는 이를
정보성 로그 이벤트(Informational log event)라고 명명하고 있으며, binlog-rows-query-log-
events 시스템 변수를 이용해서 이 기능을 사용할지 말지를 결정할 수 있다. MariaDB와 마찬가지로
ROW 이벤트 직전에 SQL 문장이 출력되는데, Event_type은 Rows_query라는 이름으로 표시된다.

```
mysql> SHOW BINLOG EVENTS IN 'binary-log.000001';
+-----------------+-----+-----------+---------+-----------+--------------------------------------------+
| Log_name        | Pos |Event_type |Server_id|End_log_pos|Info                                        |
+-----------------+-----+-----------+---------+-----------+--------------------------------------------+
|binary-log.000001|   4 | Format_desc|100     |114        | Server ver: 5.6.15-log, Binlog ver: 4      |
```

```
|binary-log.000001| 114 | Query       |100 |200 | use 'test'; CREATE TABLE NUM_INTS (a INT) |
|binary-log.000001| 200 | Query|100   |268 | BEGIN                                        |
|binary-log.000001| 268 | Rows_query  |100 |323 | # INSERT INTO NUM_INTS VALUES (1), (2), (3)|
|binary-log.000001| 323 | Table_map   |100 |364 | table_id: 54 (test.NUM_INTS)                |
|binary-log.000001| 364 | Write_rows  |100 |408 | table_id: 54 flags: STMT_END_F              |
|binary-log.000001| 408 | Query|100   |477 | COMMIT                                       |
...
```

MySQL 5.6의 mysqlbinlog 유틸리티로 바이너리 로그의 내용을 SQL 파일로 변환할 때에도 정보성 로그 이벤트를 화면에 같이 덤프할 수 있도록 기능이 보완되었다. MySQL 5.6의 mysqlbinlog 유틸리티에서는 "-vv" 옵션을 사용하면 SQL 문장도 함께 확인할 수 있다.

```
shell> mysqlbinlog -vv binary-log.000001
...
# at 268
#110401 14:24:29 server id 1  end_log_pos 323    Rows_query
# INSERT INTO t1 VALUES (1), (2), (3)
# at 323
#110401 14:24:29 server id 1  end_log_pos 364    Table_map: 'test'.'NUM_INTS' mapped to number
54
# at 364
#110401 14:24:29 server id 1  end_log_pos 408    Write_rows: table id 54 flags:STMT_END_F
```

8.6 지연된 복제 ⟍ MySQL

MySQL이나 MariaDB 서버의 복제는 최대한 빠르게 동기화해서 마스터와 슬레이브 간의 데이터를 동기화시키는 것이 원래의 목적이다. 즉 마스터와 슬레이브 간의 지연이 없으면 없을수록 슬레이브를 이용한 장애 복구(Fail-Over)가 용이해지며, 또한 이런 요건은 서비스용으로 슬레이브를 사용할 때에도 꼭 필요하다. 하지만 때로는 일부러 마스터와 슬레이브 간의 복제를 지연시켜야 할 때도 있다. 예를 들어서 개발자나 관리자가 마스터 MySQL 서버에서 실수로 중요한 테이블을 DROP하거나 DELETE했다고 가정해보자. 이미 실수를 눈치챘을 때에는 슬레이브에서도 삭제 쿼리가 실행되어버렸을 것이다. 어쩔 수 없이 서비스를 멈추고 백업으로 삭제된 테이블이나 데이터를 복구해야 할 것이다.

MySQL 5.6에서는 이런 부분을 조금 더 유연하게 대처할 수 있도록 지연된 복제 기능을 추가했다. 물론 이 기능은 써드파티 소프트웨어로도 제공이 되고 있긴 했었다. MySQL 5.6의 지연된 복제 기능은

CHANGE MASTER 명령으로 복제를 연결할 때에 얼마나 지연시켜서 복제를 수행할 것인지를 설정해 주면 된다. 다음 예제에서는 CHANGE MASTER 명령에 master_delay라는 옵션이 추가되었으며, 이 옵션에서는 3600(초)가 설정되었다. 이제부터 이 슬레이브의 데이터는 마스터보다 한 시간씩 늦게 반영될 것이다.

```
MySQL> CHANGE MASTER TO master_host='',master_port=3308,
                        master_user='',master_password='',
                        master_log_file='binary-log.000019',master_log_pos=120,
                        master_delay=3600;
```

지연된 복제가 활성화되면 SHOW SLAVE STATUS 명령의 결과에도 얼마나 지연되어서 실행되고 있는지 그리고 다음 이벤트를 실행할 때까지 얼마나 시간이 남았는지를 보여준다.

```
MySQL> SHOW SLAVE STATUS\G
*************************** 1. row ***************************
              Slave_IO_State: Waiting for master to send event
                 Master_Host: 127.0.0.1
                 Master_User: root
                 Master_Port: 3308
                        ...
       Seconds_Behind_Master: 0
                        ...
                   SQL_Delay: 3600
         SQL_Remaining_Delay: 3555
      Slave_SQL_Running_State: Waiting until MASTER_DELAY seconds after master executed event
                        ...
```

위의 SHOW SLAVE STATUS 명령의 결과에서는 SQL_Delay가 3600초이며, 다음 이벤트를 실행할 때까지 3555초가 남았음을 보여주고 있다. 이렇게 복제가 지연 처리되는 경우 슬레이브의 지연을 알려주는 Seconds_Behind_Master 칼럼의 값은 3600초 이상이 지연되지 않는 한 0으로 표시된다. 또한 이렇게 지연된 복제를 사용한다고 하더라도 마스터의 바이너리 로그는 즉시 슬레이브의 릴레이 로그 파일로 복사된다. 단지 SQL 스레드가 실행을 지연시키는 것일 뿐이다. 그래서 만약 마스터 서버가 장애로 디스크의 데이터가 복구 불가능하다 하더라도 슬레이브의 릴레이 로그를 이용해서 복구한다면 지연된 복제를 사용하지 않는 복제와 같이 슬레이브 장비로 장애 복구가 가능하다.

8.7 MariaDB와 MySQL 서버간의 복제

MySQL을 사용하는 상태에서 MySQL 5.6으로 업그레이드를 한다거나 MariaDB로 마이그레이션을 할 때 서비스를 멈추지 않고 실시간으로 마이그레이션을 하기 위해서는 MariaDB 서버의 복제 기능이 꼭 필요하다. 아래의 표는 버전 간 복제 기능의 호환성을 간단한 쿼리로 확인해 본 결과를 정리한 것이다.

슬레이브 마스터	MariaDB 5.5	MariaDB 10.0	MySQL 5.5	MySQL 5.6
MariaDB 5.5	O	O	O (MicroSecond 기능 불가)	O (MicroSecond 기능 불가)
MariaDB 10.0		O		O (GTID 사용 불가)
MySQL 5.5	O	O	O	O
MySQL 5.6		X		O

기본적으로 MySQL이나 MariaDB 모두 마스터가 슬레이브보다 새로운 버전(이후에 릴리즈된 버전)인 경우에는 공식적으로 복제를 지원하지 않는다. 위의 표에서 검정 색으로 표시된 부분이 이 경우를 표시한 것이다. 그리고 마스터가 MySQL 서버 5.6 버전인 경우 슬레이브는 5.6 버전일 때만 문제 없이 복제가 진행되었다. 만약 마스터가 MySQL 5.6인 상태에서 슬레이브가 MySQL 5.6 버전이 아닌 경우에는 다음과 같이 마스터의 바이너리 로그 자체를 이해하지 못했다. 내용상으로는 뭔가 바이너리 로그 파일의 위치(Offset)가 잘못 설정된 것처럼 보이지만 사실은 바이너리 포그의 포맷이 서로 다르기 때문인 것으로 보인다.

```
Got fatal error 1236 from master when reading data from binary log: 'Client requested mas
ter to start replication from impossible position'
```

그리고 MySQL 5.5나 MariaDB 5.5 버전을 MySQL 5.6이나 MariaDB 10.0으로 업그레이드하는 부분은 특별한 문제는 없어 보인다. 하지만 MySQL 5.5나 MySQL 5.6버전이 MariaDB 5.5의 슬레이브로 설치된 경우에는 마스터 MariaDB에서 마이크로 초와 밀리초 단위의 DATETIME과 TIME 타입을 사용할 수 없었다.

MariaDB는 MySQL과 최대한 바이너리 포맷의 호환성을 유지하기 위해서 마스터가 MariaDB이고 슬레이브가 MySQL 서버인 경우에는 호환되지 않지만 무시될 수 있는 바이너리 로그는 슬레이브로 전송하지 않도록 작동한다. 또한 마스터가 MySQL이고 MariaDB가 슬레이브인 경우에도 MariaDB에는 불필요한 바이너리 로그 이벤트인 경우 에러를 발생하지 않고 받아줄 수 있도록 노력하고 있다. 하지만 이런 방식으로의 호환성은 상당히 제한적일 수밖에 없다. 반드시 MariaDB와 MySQL 서버 간의 복제가 필요하다면 장시간 테스트를 진행하면서 여러 가지 케이스에 대해서 호환성을 검증할 필요성이 있다.

> **주의** 이 표에서 제시한 내용은 기본적인 DML 문장(INSERT와 UPDATE 그리고 DELETE 문장과 DDL 명령)들에 대해서 복제 가능 여부를 살펴본 것이다. 실제 서비스 환경에서 발생하는 다양한 형태의 SQL과 DML 문장들이 문제 없이 100% 작동하는지 여부는 각 서비스 환경에 맞게 시스템을 구축해서 테스트해볼 필요가 있어 보인다.
>
> 또한 현재 MySQL 5.6의 바이너리 로그 포맷을 MariaDB 10.0에서는 이해하지 못했다. 하지만 이는 MariaDB 서버가 안정화되면 아마도 MariaDB 10.0이 MySQL 5.6의 바이너리 로그 포맷을 이해할 수 있도록 기능이 개선될 것으로 보인다.

8.8 그 외의 기타 기능 개선 `MariaDB` `MySQL`

MariaDB 10.0과 MySQL 5.6은 지금까지 소개된 큰 기능 이외에도 소소하게 많은 기능들이 보완되었는데, 그 중에서 몇 가지 알고 있어야 할 것들만 간단히 살펴보도록 하자.

8.8.1 바이너리 로그 체크섬

MariaDB에서는 5.3 버전부터 바이너리 로그 체크섬 기능이 도입되었으며, MariaDB의 바이너리 로그 체크섬 기능은 다음 세 개의 시스템 변수로 사용할지 여부를 결정할 수 있다.

binlog_checksum

binlog_checksum 시스템 변수는 바이너리 로그를 기록할 때, 각 이벤트에 대해서 체크섬을 계산해서 같이 넣을지와 어떤 알고리즘을 사용할지를 결정한다. binlog_checksum 시스템 변수는 불리언 타입으로 0(ON) 또는 1(OFF)를 설정한다.

master_verify_checksum

슬레이브가 마스터에서 바이너리 로그를 읽어갈 때에는 마스터의 바이너리 로그 덤프 스레드가 바이너리 로그를 읽어서 슬레이브에게 넘겨준다. 이때 마스터의 바이너리 로그 덤프 스레드가 바이너리 로그의 체크섬을 체크할지 여부를 결정한다. master_verify_checksum 시스템 변수는 불리언 타입으로 0(ON) 또는 1(OFF)를 설정한다.

slave_sql_verify_checksum

슬레이브의 SQL 스레드에서 마스터로부터 전달받은 바이너리 로그의 체크섬을 계산해서 바이너리 로그 이벤트가 손상되지 않았는지 체크할지 여부를 결정한다. slave_sql_verify_checksum 시스템 변수는 불리언 타입으로 0(ON) 또는 1(OFF)을 설정한다.

MySQL은 5.6 버전에서도 바이너리 로그의 손상을 체크하기 위해서 바이너리 로그 체크섬 기능이 도입되었다. 바이너리 로그 체크섬 기능은 다음 세 개의 시스템 변수에 의해서 활성화 및 비활성화가 가능하다.

binlog_checksum

binlog_checksum 시스템 변수는 바이너리 로그를 기록할 때 각 이벤트에 대해서 체크섬을 계산해서 함께 넣을지와 어떤 알고리즘을 사용할지를 결정한다. MySQL 5.6에서는 MariaDB와 달리 CRC32와 NONE 중 하나를 선택할 수 있는데, NONE으로 설정되면 바이너리 로그의 체크섬을 넣지 않는다. CRC32가 설정되면 ISO-3309 CRC32 알고리즘으로 계산된 체크섬을 바이너리 로그에 같이 기록한다.

master_verify_checksum

MariaDB의 master_verify_checksum 시스템 변수와 같은 목적으로 똑같이 불리언 값으로 설정한다.

slave_sql_verify_checksum

MariaDB의 slave_sql_verify_checksum 시스템 변수와 같은 목적으로 똑같이 불리언 값으로 설정한다.

만약 슬레이브의 SQL 스레드에서 바이너리 로그 체크섬을 계산해서 검증하던 중 문제가 발생하면 다음과 같은 에러가 발생한다.

```
MySQL_Master> SHOW BINLOG EVENTS FROM 198232;
ERROR 1220 (HY000): Error when executing command SHOW BINLOG EVENTS: Wrong offset or I/O error

MySQL_Slave> SHOW SLAVE STATUS\G
...
Last_SQL_Errno: 1594
Last_SQL_Error: Relay log read failure: Could not parse relay log event entry. The possible
reasons are: the master's binary log is corrupted...
...
```

MySQL 마스터 서버에서 손상된 바이너리 로그를 읽으려고 하면 ".. Wrong offsest or I/O error"라는 에러가 발생하게 된다. 체크섬이 잘못되었다는 메시지가 출력되지 않고 파일 읽기가 실패했다는 메시지가 표시되었다. 그리고 손상된 바이너리 로그가 슬레이브로 전달되면 슬레이브에서는 "the master's binary log is corrupted"라는 에러와 함께 복제가 멈출 것이다.

8.8.2 바이너리 로그 API

MySQL 5.6 버전부터는 C/C++ 프로그래밍 언어를 이용해서 MySQL 서버에 직접 접속하거나 디스크에 저장된 바이너리 로그 파일을 분석할 수 있도록 API를 제공하고 있다. 바이너리 로그 API를 이용하면 직접 MySQL 서버에 접속해서 바이너리 로그를 가져와서 HBase나 Cassandra와 같은 NoSQL 데이터베이스로 데이터를 전달해주는 프로그램을 개발할 수도 있다. 또한 MySQL 서버에 저장되는 데이터를 자동으로 Memcached나 Redis와 같은 캐시 서버로 자동으로 저장(SET)해 주는 프로그램을 개발할 수도 있다.

즉 바이너리 로그 API를 이용하면 오라클 데이터베이스의 CDC(Change Data Capture) 기능을 사용할 수 있는 것이다. 실제 MySQL 서버에서도 이를 CDC라고도 한다. 바이너리 로그 API에 대한 자세한 내용은 MySQL 연구팀의 블로그(MySQL Search Team)인 http://intuitive-search.blogspot.kr/를 참조하자.

8.8.3 바이너리 로그 그룹 커밋

MySQL 5.5 버전까지는 sync_binlog 옵션이 1로 설정되면 매번 트랜잭션이 발생할 때마다 바이너리 로그를 디스크로 기록하고 플러시까지 수행했다. 〈그림 8-13〉은 트랜잭션이 커밋될 때마다 바이너리 로그가 기록되고 플러시가 수행된 후 최종적으로 스토리지 엔진에 커밋이 수행되는 과정을 보여주고 있다. 이때 MySQL 서버에서는 "Prepare"와 "Commit" 두 단계를 거치는데, 이를 분산 트랜잭션(XA, Two-Phase Commit)이라고 한다. MySQL 서버에서는 바이너리 로그도 하나의 스토리지 엔진처럼 작동하기 때문에 스토리지 엔진과 바이너리는 분산 트랜잭션으로 동기화된다. MySQL에서는 스토리지 엔진과 바이너리 로그 파일 간의 분산 트랜잭션을 내부 분산 트랜잭션(Internal two phase commit)이라고도 한다.

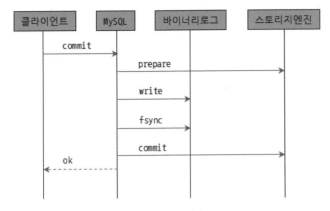

〈그림 8-13〉 트랜잭션 커밋과 바이너리 로그 플러시

하지만 sync_binlog 옵션을 1로 설정하면 디스크의 쓰기 부하가 상당히 높아지기 때문에 데이터 파일의 읽기나 쓰기가 느려질 수 있다. MySQL 5.6에서는 바이너리 로그 그룹 커밋이 다시 도입되었으며, 이는 트랜잭션이 커밋될 때마다 바이너리 로그를 디스크로 기록하긴 하지만 여러 개의 트랜잭션 바이너리 로그를 모아서 한 번에 쓰고 플러시를 수행한다. 〈그림 8-14〉는 MySQL 5.6에서 트랜잭션 커밋과 바이너리 로그의 그룹 커밋의 작동 방식을 보여주고 있다.

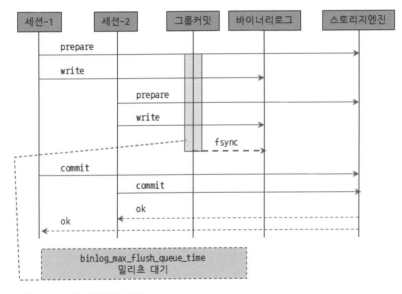

〈그림 8-14〉 그룹 커밋의 작동 방식

바이너리 로그 그룹 커밋은 특별한 옵션 없이 자동으로 활성화되며, 그룹 커밋을 지원하지 않는 스토리지 엔진이라 하더라도 MySQL 엔진 레벨에서 바이너리 로그가 그룹으로 묶여서 그룹 커밋을 실행한다. 하지만 InnoDB 스토리지 엔진을 사용하는 경우에는 몇 가지 튜닝을 할 수 있도록 옵션을 제공하고 있다.

binlog_order_commits={0|1}

binlog_order_commit 시스템 변수는 불리언 변수이므로 0이나 1 또는 ON이나 OFF로 설정한다. 이 시스템 변수가 1로 설정되면 이벤트가 바이너리 로그 파일에 기록된 순서대로 커밋이 실행된다. 0으로 설정되면 트랜잭션은 병렬로 처리되며, 트랜잭션이 매우 많은 경우에는 조금의 성능 향상을 보이기도 한다. 물론 동일 시점에 커밋된 트랜잭션이므로 하나의 레코드를 동시에 변경하는 트랜잭션이 그룹 커밋이 될 가능성은 거의 없으므로 바이너리 로그의 순서와 커밋의 순서를 꼭 함께 가져갈 필요까지는 없어 보인다. InnoDB의 커밋과 바이너리 로그의 기록 순서가 달라져도 특별히 문제되지 않는다면 binlog_order_commits 시스템 변수를 0으로 설정해서 시스템의 성능을 조금은 높일 수 있다.

binlog_max_flush_queue_time

binlog_max_flush_queue_time 시스템 변수의 값이 0보다 크게 설정되면 커밋이 실행될 때마다 바이너리 로그는 플러시 큐에서 일정 시간 동안을 기다리다가 디스크로 플러시된다. 이때 플러시 큐에서 대기할 시간을 마이크로 초 단위로 설정한다. binlog_max_flush_queue_time이 0으로 설정되면 커밋이 실행되자마자 즉시 디스크로 플러시되지만 커넥션이 많고 실시간으로 짧은 쿼리들이 아주 빈번하게 실행되는 MySQL 서버에서는 여전히 그룹 커밋의 효과를 얻을 수 있다.

바이너리 로그 그룹 커밋은 동시에 바이너리 로그 쓰기가 많이 발생하는 경우에만 성능 향상 효과가 있기 때문에 sync_binlog 시스템 변수가 0이거나 4~5 이상으로 높게 설정된 경우에는 크게 성능 향상 효과가 없다.

MariaDB는 5.3 버전부터 그룹 커밋을 지원하고 있는데, MariaDB의 그룹 커밋은 InnoDB의 로그 파일과 MariaDB의 바이너리 로그 파일에 모두 공통으로 적용된다. 그룹 커밋 방식은 MySQL 5.6과 마찬가지로 디스크에 바이너리 로그를 쓰기는 여러 스레드에서 동시에 하더라도 플러시(fsync나 fdatasync 시스템 콜)는 모아서 한 번만 수행하도록 하는 방식이다. 그리고 MariaDB에서는 그룹 커밋 기능이 아무런 시스템 변수의 설정없이 자동으로 활성화되며, 바이너리 로그의 그룹 커밋이 얼마나 효율적으로 실행되고 있는지 상태 변수로도 확인해볼 수 있다.

Binlog_commits

트랜잭션이 커밋되면서 바이너리 로그가 기록된 횟수를 저장한다.

Binlog_group_commits

트랜잭션 커밋시에 얼마나 많은 트랜잭션을 한 번에 모아서 그룹 커밋을 했는지 횟수를 저장한다.

Binlog_commits와 Binlog_group_commits 상태 변수의 차이 값이 크면 클수록 그룹 커밋의 효과가 큰 것으로 판단할 수 있다. MariaDB의 innodb_flush_logs_at_trx_commit 시스템 변수나 sync_binlog 시스템 변수가 1로 설정된 경우에만 그룹 커밋의 효과가 있으며, 이 시스템 변수들이 0으로 설정된 경우에는 그룹 커밋으로 인한 성능 향상 효과는 별로 없다.